Nicht alles verstehen

Nicht alles verstehen

Wege und Umwege in der deutschen Ethnologie

Herausgegeben von Holger Jebens

Reimer

Bibliografische Information der Deutschen Nationalbibliothek
Die Deutsche Nationalbibliothek verzeichnet diese Publikation in der Deutschen Nationalbibliografie; detaillierte bibliografische Daten sind im Internet über http://dnb.d-nb.de abrufbar.

Umschlaggestaltung: Elmar Lixenfeld
Umschlagabbildungen: Siehe Bildnachweis

Satz und Layout: Peter Mischung

Schrift: Simoncini Garamond

Papier: Profi Bulk 115 g/m²

Druck: Prime Rate Kft.

© 2019 by Dietrich Reimer Verlag GmbH, Berlin
www.reimer-verlag.de

ISBN 978-3-496-01626-7

INHALTSVERZEICHNIS

EINLEITUNG

Holger Jebens

I.

Die in diesem Band gesammelten Texte gehen auf den Aufsatz „Glimpses of the unmentionable in the history of British social anthropology" von Edmund Leach (1984) zurück, auf den ich einige Jahre nach seiner Veröffentlichung eher zufällig gestoßen war. In ihm vertritt Leach die These, daß sich die persönlichen Eigenschaften von prominenten britischen Ethnologen in ihren Beiträgen zur Ethnologie widerspiegeln (1984:16) und daß die Rezeption dieser Beiträge und damit die Geschichte des Faches insgesamt von dem jeweiligen sozialen Hintergrund der Akteure beeinflusst wird.[1] So sei zum Beispiel der schnelle Aufstieg des Amateurbotanikers T.T. Barnard zum Professor für Social Anthropology in Cape Town (1926–1934) „on the basis of ultra high status but almost zero knowledge" erfolgt, wohingegen die Zeitgenossen in Cambridge für die Arbeit von W.H.R. Rivers und Alfred Court Haddon – letzterer kein „gentleman" und ersterer ohne Studium in Oxford oder Cambridge (1984:5) – lediglich „nonrecognition" übrig gehabt hätten (1984:7).

Als ich mich Anfang 2000 wieder an den Aufsatz von Leach erinnerte, war es jedoch nicht die Stringenz seiner Argumentation, die Brillanz seines Stils oder die Schärfe seines Urteils,[2] an die ich zuerst dachte, sondern der Absatz, mit dem der Text beginnt:

> It has become an established feature of the Annual Review of Anthropology that the opening essay should be written by a retired senior practitioner on the theme of „Anthropology in my time". I have been personally acquainted with most of the previous authors of these autobiographical essays, and two of them, Raymond Firth and Meyer Fortes, were my teachers and closest associates throughout my academic career (1984:1).

Der autobiographische Rückblick eines „retired senior practitioner" als „opening essay" – dies schien mir – bezogen allerdings auf die deutschsprachige Ethnologie – auch

---

[1]   Leach bezieht sich vor allem auf die Zeit zwischen 1900 und 1936. Zwar habe er sich zunächst sehr versucht gefühlt, auch über die Gegenwart zu schreiben, dann aber eingesehen, daß dies nicht praktikabel sei und zu viel Anstoß erregen würde, denn, so Leach wörtlich, „British academics are far too sensitive about such matters" (1984:3).

[2]   So schreibt Leach zum Beispiel im Bezug auf die späten 1930er Jahre: „If anyone had asked me then or later what I thought of Gluckman, I would probably have said that I considered him to be an uncivilized and fundamentally uneducated egocentric whose attempts at theoretical generalization were of quite puerile incompetence", um dann wie folgt fortzufahren: „My views of Radcliffe-Brown were not all that different, though perhaps I would have qualified the uneducated" (1984:20).

eine gute Idee für die Zeitschrift Paideuma zu sein, für die ich etwa zwei Jahre zuvor die Schriftleitung übernommen hatte. Der damals als Herausgeber firmierende Karl-Heinz Kohl war einverstanden, und nach kurzer Diskussion beschlossen wir, daß ich mein Glück zunächst bei Hans Fischer versuchen solle. Unter Berufung auf das Vorbild des Annual Review of Anthropology lud ich ihn ein, darüber zu schreiben, wie er zur Ethnologie gekommen sei, wie beziehungsweise in welchen Konstellationen sich sein Berufsweg entwickelt und wie sich aus seiner Sicht das Fach von damals bis heute verändert habe. Fischer antwortete wenige Tage später mit den Worten „Meine ersten Reaktionen waren: Ogott, bin ich schon so alt? Und die zweite: Haben wir in Deutschland wirklich keinen besseren?",[3] aber nach kurzen Rückfragen zu Umfang und Abgabetermin erklärte er sich rasch bereit, die Aufgabe zu übernehmen. Sein Text, versehen mit einem Bild des Autors,[4] erschien 2001 im Band 47 von Paideuma und trug den programmatischen Titel „Fünfzig Jahre Ethnologie".

So ermutigt schlug ich in den folgenden Jahren auch anderen pensionierten beziehungsweise emeritierten Fachvertretern vor, auf die Fragen „Wie kam ich zur Ethnologie? Wie war es damals? Was hat sich geändert?" zu antworten. Die Auswahl erfolgte auf der Basis von Gesprächen zwischen Karl-Heinz Kohl und mir. Sicher haben dabei in dem einen oder anderen Fall persönliche Sympathien, bereits bestehende Kontakte oder Empfehlungen von Kollegen eine Rolle gespielt. Allerdings war es auch nicht unsere Absicht, ein möglichst ausgewogenes oder gar repräsentatives Bild der deutschsprachigen Ethnologie zu entwerfen. In der Regel reagierten die Angeschriebenen ähnlich wie Fischer: Sie zögerten zunächst ein wenig,[5] fragten nach Umfang und Abgabetermin und stimmten dann zu. Absagen blieben die Ausnahme,[6] und so entstanden von 2001 bis 2018 insgesamt achtzehn autobiographische Beiträge, die hier in der Reihenfolge ihrer Veröffentlichung abgedruckt sind.

Die Autoren sind zum größten Teil in den 1930er und 1940er Jahren geboren, gehören aber keineswegs derselben Generation an.[7] Sie stammen aus verschiedenen

---

[3]   E-Mail von Hans Fischer an Holger Jebens (21. Mai 2000), Korrespondenzordner „Redaktion Paideuma 2000", Verwaltungsarchiv des Frobenius-Instituts

[4]   Ich hatte Fischer im Zuge unseres E-Mail-Verkehrs um ein Portraitfoto gebeten, auch hier dem Vorbild des Annual Review of Anthropology folgend, wobei sich die entsprechenden Aufnahmen dort über eine ganze Seite erstrecken und meist mit einer Unterschrift des Abgebildeten versehen sind.

[5]   Einer der Angeschrieben behauptete, er habe über seine Vergangenheit im Fach noch nie gründlich nachgedacht, ein anderer betonte, daß er sich eigentlich „zu jung für einen Nachruf zu Lebzeiten" fühle, und ein dritter bat mich, ihn „auf die Warteliste" zu setzen, sollte ich „einen Älteren finden, oder einen noch Älteren im Geiste".

[6]   Sie wurden jeweils damit begründet, daß man die ethnographische Literatur der letzten Jahre nicht mehr ausreichend verfolgt habe, „zu beschäftigt für einen elegischen Rückblick" sei oder über keinen „Drang zur Nabelschau" verfüge.

[7]   So reichen die Geburtsdaten von 1924 (Nachtigall) und 1927 (Schott) bis zu 1945 (Feest, Streck) und 1947 (Behrend).

Ländern,[8] gelangten auf unterschiedlichen Wegen zur Ethnologie,[9] und ihre regionalen Spezialisierungen beinhalten Afrika, Asien und Ozeanien ebenso wie Nord-, Mittel- und Südamerika, während ihre thematischen Interessen von der Religions-, Rechts- und Kunstethnologie über die Beschäftigung mit Geschichte, Mythen und materieller Kultur bis zur Megalithforschung reichen. Von daher überrascht es nicht, daß sich die hier präsentierten Rückblicke als ausgesprochen heterogen erweisen. Zwar stehen die meisten Autoren durchaus selbst im Mittelpunkt ihrer Schilderungen, gleichzeitig hat es jedoch mitunter den Anschein, als würden sie versuchen, die eigene Person mit ihren ganz spezifischen Prägungen und Gefühlshaltungen auszublenden beziehungsweise zum Verschwinden zu bringen. Müller beginnt seinen Text dagegen mit dem Satz „Ich muß persönlich werden" und scheut auch nicht davor zurück, auf eigene Enttäuschungen etwa im Rahmen von Bewerbungen oder Publikationsvorhaben einzugehen.[10] Während manche Beiträge lange und komplexe Schachtelsätze enthalten oder das Nacheinander verschiedener Forschungsprojekte in einem trockenen, an Rechenschaftsberichte erinnernden Ton abhandeln, lesen sich andere wie literarische Texte, wohlformuliert, humorvoll und sogar mit einem Schuß Selbstironie.

II.

Alles in allem neigen die Autoren dazu, die Vergangenheit um so ausführlicher zu behandeln, je weiter sie zurückliegt, sich dagegen eher bedeckt zu halten, je mehr sie sich den späteren Abschnitten ihrer Biographie oder gar der Gegenwart nähern. So schreibt Mark Münzel, er wolle von den Jahren seiner Professur in Marburg „ein andermal" erzählen, Christian Feest schließt mit dem Zeitpunkt seiner Promotion,[11] und Meinhard Schuster beschränkt sich auf seine „Studenten- und Assistentenjahre". Er begründet dies unter anderem damit, daß ein Weiterführen seiner Erinnerungen bedeutet hätte, „den autobiographischen Aspekt, dessen Darlegung wegen der unvermeidlichen Hervorhebung der eigenen Person sowieso nicht leicht fällt, zusätzlich [zu] unterstreichen". Insofern mag die Zurückhaltung gegenüber der rezenteren Vergangenheit mit dem bereits erwähnten Versuch mancher Autoren zusammenhängen, sich in ihren Texten unsichtbar zu machen.

---

[8]   Neben der ehemaligen Bundesrepublik Deutschland zählen dazu Serbien (Thiel), die Tschechoslowakei (Feest), Österreich (Jungraithmayr, Wernhart), die Schweiz (Baer), die ehemalige Deutsche Demokratische Republik (Stein) und England (Lydall).

[9]   Klaus E. Müller stand bereits kurz davor, Opernregisseur zu werden, als er zum Studium der Ethnologie wechselte, Josef Franz Thiel war zunächst Ordensmitglied und Missionar und mit Herrmann Jungraithmayr und Volker Heeschen zählen auch zwei ausgewiesene Linguisten zu den Autoren.

[10]   Bernhard Streck sieht Enttäuschung gar als ein mögliches „Leitwort" für seinen Beitrag insgesamt, und zwar, wie er schreibt, „weniger pessimistisch als aufklärerisch gemeint, etwa im Sinne einer erfolglosen Demaskierung oder unverdrossenen Schälung der kernlosen Zwiebel".

[11]   Das von ihm gewählte Portraitfoto zeigt ihn als Einundzwanzigjährigen.

Rüdiger Schott setzt gewissermaßen vor dem Zeitpunkt seiner Geburt ein, wenn er zu Beginn seines Beitrages die Vorfahren seines Vaters erwähnt.[12] In einem Abschnitt mit dem Titel „Einige Stichpunkte zu meiner Familie" berichtet Beatrix Heintze, daß ihr Großvater mütterlicherseits wegen seiner Beteiligung am Widerstand gegen Hitler und den Nationalsozialismus hingerichtet wurde.[13] Thiel, dem Münzel eine „in schlimmen Prüfungen gewachsene Lebensreife" attestiert, beschreibt über mehrere Seiten das Leben in dem 1944 von Partisanen befreiten Dorf seiner Kindheit, bevor er kurz auf das Lager Gakova eingeht, in dem er noch vor seinem 15. Geburtstag für mehr als zwei Jahre interniert war. So wie für Thiel dürfte der Zweite Weltkrieg auch für viele andere Autoren eine einschneidende Erfahrung gewesen sein. Selbst wenn sie nicht, wie Schott und Müller, als Kindersoldaten rekrutiert wurden, erwähnen sie das Thema doch häufig, und Horst Nachtigall beginnt seinen Text sogar mit den Worten: „Geboren am 4. Februar 1924 in Berge, im Havelland, war ich bei Kriegsausbruch 15 Jahre alt".

Nach dem Krieg war die Vorstellung einer von den Greueln der jüngeren Vergangenheit unberührten Ferne offenbar besonders anziehend, und zwar sowohl in zeitlicher als auch in räumlicher Hinsicht. So berichtet Schuster, es sei ihm bereits als Schüler darum gegangen, „sozusagen europafreies und anscheinend menschheitsgeschichtlich altes Material heranzuziehen" und deshalb habe er sich „in allgemeinerer Weise mit Religionen südamerikanischer Waldlandindianer befaßt", wodurch wiederum „die Weichen in Richtung Völkerkunde gestellt" worden seien. Für Gerhard Baer stand „ganz am Anfang der Wunsch, […] zu den Ursprüngen zurückzukehren", und zwar mit Hilfe der Ägyptologie zu den Ursprüngen von Hochkulturen, Schrift und Kunst sowie durch Ethnologie und Urgeschichte „zu den ursprünglichen Formen menschlicher Gemeinschaften". Eine weniger zeitlich als räumlich bestimmte Ferne hatte dagegen Fischer im Sinn, als die Abbildungen in Egon von Eickstedts Buch „Rassenkunde und Rassengeschichte der Menschheit" sein Interesse, wie er schreibt, „auf die ganz anderen Menschen, das Fremde, das Exotische" lenkten.[14] Andere Autoren nennen andere Bücher als wichtige Anregungen oder Impulse auf ihrem Weg zur Ethnologie: eines über das Alte Ägypten (Baer), „Kunst der Welt: Indonesien" von Frits A. Wagner (Münzel),

---

12   Karl Wernhart schreibt noch im ersten Absatz seines Beitrages unter der Überschrift „Familiäre Streiflichter", daß sein Vater promovierter Rechtsanwalt war und nach dem Studium in Wien „seine spätere Gemahlin, eine Glasermeisterstochter" kennenlernte.

13   Müller schreibt, daß sich sein Vater „offen wider den Nationalsozialismus erklärt[e]" und daß er „gut dreimal" von der Gestapo verhört wurde. Von „Schwierigkeiten mit der Nazi-Partei und der Gestapo", die sein (zunächst allerdings freiwillig in die NSDAP und in die SA eingetretener) Vater hatte, berichtet auch Schott. Laut Wernhart war die „NS-Zeit" für seinen Vater und Großvater „eine schwierge Zeit, da beide nicht linientreu sein konnten und wollten". – Von einer Unterstützung des Nationalsozialismus oder auch nur von entsprechenden Sympathien bei den eigenen Verwandten oder gar der eigenen Person ist demgegenüber in keinem der Beiträge die Rede.

14   Fischer berichtet sozusagen von einer retrospektiven Auseinandersetzung mit dem Nationalsozialismus, wenn er feststellt, daß er Eickstedts Buch konsultiert habe, um zu erfahren, „was es mit Ariern und Nichtariern und anderen Untermenschen auf sich hatte".

Karl Mays „Winnetou" (Heintze),[15] aber auch die Romane von James Fenimore Cooper (Feest).[16] Karl Wernhart wiederum verweist auf die kindliche Lektüre einer „Erzählung über den Kasperl Larifari", bei der dieser durch ein Bohrloch auf die andere Seite der Erde gerät und dort auf Polynesier trifft.

Noch vor dem eigentlichen Beginn des Studiums haben manche der hier vertretenen Autoren bereits etablierte Ethnologen zu Beratungsgesprächen aufgesucht. Dabei wurde ihnen gesagt, daß es für Absolventen der Ethnologie „keine offenen Stellen" (Alfred Bühler zu Baer) beziehungsweise „kaum Berufschancen" (Josef Haekel zu Feest) gebe.[17] Nun könnte man sicher darüber streiten, ob sich an diesem Befund bis heute viel geändert hat, gleichwohl unterscheiden sich die in vielen Berichten ausführlich dargelegten Bedingungen des Ethnologiestudiums in den 1950er und frühen 1960er Jahren ganz erheblich von denen der Gegenwart.[18] In Frankfurt „mußte jeder", wie Schuster schreibt, „drei Wochen lang in den Trümmerhaufen der […] Universitätsgebäude praktische Aufbauarbeit leisten, indem er den festen Mörtel von den Backsteinen losschlug".[19] In Hamburg gab es laut Fischer Anfang der 1950er Jahre „kein Seminar oder Institut, weder Räume noch Personal. Es gab nur das Museum [für Völkerkunde], und da verteilte man sich irgendwie". In Bonn, so Schott, fanden „die ,Völkerkundlichen Übungen' in der Privatwohnung von Hermann Trimborn statt", und für München berichtet Müller von „zwei enge[n] Kellerräumen", in denen das dortige Institut anfangs untergebracht war.[20] Entsprechend sahen die Studentenzahlen aus: Lothar Stein,

---

[15] Während Heintze bereits im ersten Satz ihres Beitrages bekennt, ihr „ethnologischer ,Stein'" sei „durch die Lektüre von Karl Mays ,Winnetou' ins Rollen" gekommen, schreiben Feest und Münzel, „Winnetou" habe sie gelangweilt.

[16] Wieder andere Autoren berichten von Vorträgen beziehungsweise Vorlesungen, die sie besonders beeindruckten und die von dem Anthropologen Hans Grimm (Stein), Hermann Baumann (Müller) und Hans Fischer (Heeschen) gehalten wurden.

[17] Mit einer etwas blumigeren Formulierung wurde Heintze von Helmut Petri darauf hingewiesen, „daß das Studium der Völkerkunde ein ,langer, langer Weg' sei, an dessen Ende ein Tor stünde, auf dem mit güldenen Lettern ,Hunger' geschrieben stehe!" Im Bezug auf die Mitte der 1960er Jahre berichtet Heike Behrend von einem Gespräch mit Eike Haberland: „Er erklärte mir äußerst freundlich und (damals) zufriedenstellend, was Ethnologie sei und lud mich ein, ihn auf seine nächste Feldforschung nach Äthiopien zu begleiten". Dies habe jedoch ihrer Mutter nicht gefallen und so sei Behrend stattdessen nach München gereist, um dort bei Hermann Baumann zu studieren.

[18] Schuster und Heintze konnten noch auf ihre alten Studienbücher zurückgreifen, während Fischer sogar über ein altes Notizbuch verfügt, in dem, wie er schreibt, der damalige Ordinarius Franz Termer ab 1936 „für jedes Semester die Seminare, Referatsthemen und Teilnehmer sogfältig handschriftlich" eingetragen hat. Dieses Buch sei von Termers Nachfolger Erhard Schlesier weitergeführt worden und 1967 an ihn, Fischer, gegangen.

[19] Die Mainzer Universität verlangte Nachtigall zufolge „vor jeder Einschreibung für das jeweils nächste Semester eine gewisse Anzahl von Arbeitsstunden beim Wegräumen von Schutt". Diese Arbeit konnte jedoch durch das Ablegen von „Fleißprüfungen über Vorlesungen des vorausgegangenen Semesters" ersetzt werden.

[20] Von einfachsten Lebensbedingungen für die Studenten berichtet Fischer, der in Hamburg in einer „etwa sechs Quadratmeter große[n] Wohnung ohne Heizung" lebte, in der er sich im Winter zum Lesen „mit Pudelmütze, Handschuhen und dicken Socken" ins Bett legen mußte. In München hatte Heintze ein „kleines möbliertes Altbauzimmer ohne Heizung, Warmwasser und Telefon".

der sein Studium 1953 in Leipzig antrat, berichtet: „[W]ir begannen zu sechst im ersten Studienjahr und insgesamt gab es nicht mehr als 25 Hörer im Hauptfach". Schuster erinnert sich daran, daß Mitte der 1950er Jahre „die Zahl der Dozierenden in der
Frankfurter Ethnologie höher war als diejenige der Studierenden, beide im einstelligen
Bereich", und Müller zufolge blieb man Anfang der 1960er Jahre in München „ein
kleiner Haufen von ca. 12 bis 15 Studierenden (bei annähernd gleicher Geschlechterverteilung!)".[21] „Jeder kannte jeden", heißt es bei Feest im Bezug auf Wien, und so
schreibt Schuster im Rückblick auf seine Frankfurter Zeit von „zumal in heutiger Perspektive quantitativ und qualitativ geradezu idyllischen wissenschaftlichen Betreuungsverhältnissen und Möglichkeiten".

Anders als heute war es in den 1950er und 1960er Jahren offenbar durchaus üblich, das gesamte Studium an ein und demselben Ort zu verbringen,[22] wobei man sehr
breit gefächerte Interessen verfolgte und neben der Ethnologie bis zu fünf (Kramer,
Thiel), sieben (Fischer) oder gar acht (Schott) weitere Fächer belegte, darunter so „exotische" wie Missionswissenschaft (Fischer), Mongolistik (Müller) oder Meteorologie
(Schott). Die Auswahl dieser Fächer blieb offenbar ebenso jedem selbst überlassen wie
die Entscheidung darüber, welche Lehrveranstaltungen im Einzelnen besucht wurden.
Es gab weder Studienpläne, Scheine oder gar Credit Points noch Magister-, Master-
oder gar Bachelorprüfungen, und so war für viele Studenten, wie Schuster schreibt, „die
erste benotete Prüfung, die man nach dem Abitur ablegte, die Promotion".[23]

Das System setzte sozusagen auf ein hohes Maß an Eigeninitiative und persönlichem Engagement, gleichzeitig muß man aus heutiger Sicht von einer extremen Abhängigkeit beziehungsweise von einem starken Hierarchiegefälle im Verhältnis zu den Professoren sprechen: Studenten durften noch 1965 bei einem Symposium der Deutschen
Gesellschaft für Völkerkunde nicht von sich aus das Wort ergreifen,[24] und sie konnten
das Thema ihrer Promotionsforschung nicht selbst bestimmen.[25] Vor allem die älteren
Autoren haben dies allem Anschein nach problemlos hingenommen und dementspre-

---

[21]   Ebenfalls in München, aber erst zum Wintersemester 1966/67 begann Behrend, wie sie schreibt, „als
       einzige Studentin mit dem Studium der Völkerkunde […]. Im Jahr davor hatte sich niemand für das
       Fach eingeschrieben. Nachwuchs und Zukunft verkörperten sich für ein Semester in meiner Person".

[22]   Wie Schuster sich erinnert, war „die Mobilität unter den Studierenden […] nicht groß und beschränk-
       te sich mehrheitlich darauf, bei einem Dozenten an einer anderen Universität ein Spezialgebiet zu hö-
       ren, das an der eigenen Universität nicht vertreten war". Jedenfalls nennen die meisten Autoren jeweils
       nur einen Studienort, in manchen Fällen sind es auch zwei, während Behrend und Heeschen mit drei
       beziehungsweise fünf Studienorten Ausnahmen bilden.

[23]   Von einer gewissermaßen späteren Wiederkehr solcher „Regellosigkeit", aber unter den geänderten
       Verhältnissen des damaligen Westberlin, berichtet Behrend, die dort von 1973 bis 1978 als wissen-
       schaftliche Mitarbeiterin tätig war: „Es gab keinen Studienplan, die Themen der Lehrveranstaltungen
       bestimmten die Studenten zusammen mit den Dozenten".

[24]   Heintze schreibt: „Ich erinnere mich, wie […] von den anwesenden Professoren einige Zeit darüber
       debattiert wurde, ob man eine Wortmeldung eines Studenten – entgegen der Satzung – zulassen dürfe.
       Mit Baumanns Hinweis, daß es sich um einen Doktoranden handele, der unmittelbar vor der Promo-
       tion stehe, wurde sein Diskussionsbeitrag schließlich – ausnahmsweise! – zugelassen".

[25]   „Eigene Themenwahl war nicht", heißt es bei Münzel lapidar.

chend erwähnen sie zum Teil die Studentenbewegung der späten 1960er Jahre allenfalls mit ironischer Distanz, Unverständnis oder gar Ablehnung,[26] während die jüngeren zumindest auf die Motive oder Folgen der studentischen Proteste eingehen (Kramer) oder gar aus der Perspektive mehr oder weniger aktiver Teilnehmer berichten (Behrend, Lydall u. Strecker, Streck).

Nach dem Abschluß der Promotion und damit des Studiums sind die meisten derjenigen, die hier zurückblicken, zu ihren ersten Feldforschungen aufgebrochen.[27] Oft folgten weitere, mal jeweils in denselben, mal auch in verschiedenen Regionen, und in vielen Fällen begleitet durch die eigene Ehefrau.[28] In manchen Beiträgen wird fast mehr von der Zeit im Feld als von der Zeit am heimischen Schreibtisch geschrieben und von daher scheint die Feldforschung eine besondere Wertschätzung zu genießen, auch wenn sie noch lange nicht Gegenstand der universitären Lehre war.[29] Nachtigall, der zusammen mit Frau und Tochter „in einem als Wohnmobil umgebauten VW-Bus" durch Argentinien reiste, erklärt, daß „ethnologische Feldforschungen" seiner Auffassung nach „die Grundlage der Völkerkunde als Wissenschaft bilden", verzichtet aber ebenso wie andere Autoren auf eine nähere Bestimmung der Methode. Lediglich Münzel verweist meiner Ansicht nach auf einige ihrer zentralen Aspekte, indem er sie als eine existentielle Form der Fremderfahrung und als einen Möglichkeitsraum schildert, in dem sich Perspektiven umkehren und in dem Überraschungen unerwartete Einsichten erzeugen können.[30]

In den 1950er und früheren 1960er Jahren wurden laut Schuster „akademische Stellen durchweg noch keineswegs öffentlich ausgeschrieben", und so erfuhr Schott 1964 durch einen überraschenden Anruf, daß er „für den Ethnologie-Lehrstuhl in Münster vorgesehen" sei. „Ich wußte in der Tat nichts davon", berichtet Schott, „nicht einmal gerüchteweise. Damals konnte man sich auf Professorenstellen nicht selbst bewerben, sondern man wurde auf Vorschlag der jeweiligen Fakultät vom Kultusminister auf

---

[26]   Fischer spricht von der „sogenannten[n] ‚Studentenrevolution', in deren Nachwonne sich noch heute einige ältliche Herren wälzen", Nachtigall meint, daß es bei „damals üblichen Diskussionen mit den ‚fortschrittlichen Studenten' […] meist nur um ein Dutzend Argumente über Ursprung und Entwicklung der Menschheit ging, die ein Völkerkundler leicht beantworten beziehungsweise widerlegen konnte", und Schott bekundet, nicht zu sehen, „was die 68er dem Fach Ethnologie Neues und Gutes gebracht haben".

[27]   Dies gilt für Baer, Heeschen, Jungraithmayr, Nachtigall, Schott und Wernhart. Bereits vor Beendigung der Promotion haben dagegen Münzel, Schuster und Stein Feldforschungen durchgeführt (wobei Stein sein Studium in der ehemaligen DDR mit einer Diplomarbeit abgeschlossen hatte).

[28]   Auf eine solche Begleitung weisen Baer, Münzel, Nachtigall, Schott, Schuster, Stein und Wernhart hin.

[29]   Heintze, die in München studiert hat, stellt fest, daß dort von Feldforschung „überhaupt recht wenig die Rede war" und daß sie nicht als Voraussetzung für eine Doktorarbeit gesehen wurde. Letzteres konstatiert Schuster auch für Frankfurt, wo man die Feldforschung – offenbar verstanden als „Expedition" im Sinne der entsprechenden, von Frobenius begründeten Tradition – gleichwohl als „das eigentliche Salz der Ethnologie" gesehen habe: „[W]irklich neues Wissen wurde dort generiert".

[30]   Münzel glaubt allerdings, daß die so verstandene Feldforschung in Zukunft vielleicht abgelöst wird, und zwar von der „systematische[n] Befragung" im Sinne eines „Wikipedia-Zugriff[es]", der weniger „hinterfragt, als daß er nach abfragbarem Wissen sucht".

eine solche Stelle berufen". Manche Autoren waren allerdings auch in unterschiedlichen Funktionen an Völkerkundemuseen beschäftigt,[31] nachdem die Arbeit an Objekten der materiellen Kultur – etwa im Rahmen von „Bestimmungsübungen" – offenbar für viele noch ganz selbstverständlich zum Studium gehört hatte. So erinnert sich Fischer, daß in seiner Wahrnehmung als Student „Völkerkundler halt am Museum arbeiteten. Alle mir bekannten Völkerkundler taten das".

Für Kramer ist die Ethnologie, die er studiert hat, „spätestens seit den 1980er Jahren obsolet oder ins Reich des Klassischen entrückt", Fischer weist auf die „Ausweitung der Arbeitsbereiche des Faches" hin und Baer hält es für denkbar, „daß sich die frühere Einheit der Ethnologie beziehungsweise Kulturanthropologie auflöst".[32] Gleichzeitig ist die Ausbildung laut Münzel „systematischer" geworden, so daß seine Dissertation heute „gerade noch als gute Magisterarbeit durchgehen" würde. Eine weitere Änderung der letzten Jahre und Jahrzehnte sieht Thiel darin, daß sich „die Museen derart weit von den Universitätsethnologen wegentwickelt [haben], daß den einen die theoretische Sicht ihrer Objekte und den anderen die materielle Kultur abhanden gekommen ist".[33] Dabei bleibt die Erschließung „des unerschöpflichen Archivs unserer ethnographischen Museen und Sammlungen" für Kramer „nach wie vor Aufgabe der Ethnologie" und sie sollte, wie Baer schreibt, „in enger Zusammenarbeit mit den Ursprungsgesellschaften" erfolgen.[34] Müller wiederum verweist auf den Aufklärungsauftrag der Ethnologie, der „die Verpflichtung zum bedingungslosen Engagement in Forschung und Lehre, zu kognitiver Redlichkeit" und „zur soliden Popularisierung des ethnologischen Wissens und Erkenntniszugewinns" einschließe.[35] Demgegenüber scheint Münzel eher auf Intuition

---

[31] Feest trat noch während des Studiums eine Stelle am Wiener Museum für Völkerkunde an. Er schreibt: „Das Museum erwies sich als wahrer Zauberberg voller höchst eigentümlicher Protagonisten, der sich mir nur langsam durch teilnehmende Beobachtung erschloß". Münzel war „Kustos der Amerika-Sammlungen des Frankfurter Völkerkundemuseums", Schuster in Basel „Konservator der Ozeanien-Abteilung" sowie Ordinarius und Fischer in Hamburg Direktor des Museums sowie ebenfalls Ordinarius. Darüber hinaus hatten Baer, Feest (lange nach der Zeit, über die er in seinem Beitrag berichtet), Stein und Thiel jeweils den Posten eines Museumsdirektors inne, während Ivo Strecker sogar als Gründer eines ethnographischen Museums hervorgetreten ist, und zwar des South Omo Museum and Research Centre in Äthiopien.

[32] Dabei könnten sich, so Baer, aus dieser Einheit „einzelne ,Folkloren' oder nationale Ethnologien (oder Volkskunden) entwickeln, die nicht zuletzt von den Repräsentationswünschen der neuen Staaten bestimmt sind".

[33] Dementsprechend beschreibt Baer Bühler, bei dem er in Basel studierte, als typischen Vertreter „einer Ethnologie, die Universität und Museum verbindet und die Theorien nicht abgehoben von der materiellen Ausstattung der Gesellschaften entwickeln möchte". Für Baer wurde dies „in der deutschsprachigen Ethnologie leider in den letzten Jahren etwas vernachlässigt, während es in der englisch- und französischsprachigen Forschung heute längst wieder aktueller Stand ist".

[34] Schott betont, daß die von den Ethnographen „untersuchten ethnischen Gruppen" und deren Repräsentanten heute „nicht mehr bloße Objekte wissenschaftlichen Studiums, sondern als Subjekte mehr oder weniger aktiv an der ethnographischen Datenerhebung selbst beteiligt" sind.

[35] Entsprechend einer solchen Verpflichtung zur Popularisierung erklärt Fischer „Untersuchungen zur tatsächlichen Wirkung oder Auswirkung ethnologischer Tätigkeiten, Kenntnisse und Erkenntnisse" zu einem Desiderat (wobei er davon ausgeht, daß sich „die Wahrheit wissenschaftlicher Aussagen […]

und Offenheit zu setzen, wobei er seinen Beitrag mit einem Wunsch für die Zukunft beschließt: „Noch immer freilich verstehen Ethnologen nicht alles, noch immer können einige von ihnen staunen, sich überraschen lassen und mit surrealen Paradoxien leben, anstatt sie auflösen zu wollen. Und das bleibt hoffentlich auch so".

III.

Die achtzehn autobiographischen Rückblicke, die hier präsentiert werden, lassen sich als Beiträge zur Geschichte der deutschsprachigen Ethnologie lesen – ein Thema, das im Grunde seit Beginn der 1990er Jahre, seit der intensiveren Auseinandersetzung mit der Zeit des Nationalsozialismus auf zunehmendes Interesse stößt.[36] Zu nennen wären unter anderem die umfangreichen Monographien von Hans-Jürgen Hildebrand (2003), Werner Petermann (2004), Dieter Haller (2012) und Han Vermeulen (2015), wobei Vermeulen vor allem das 18. Jahrhundert und Haller die Entwicklung des Faches in der Bundesrepublik von 1945 bis 1990 behandelt. Haller stützt sich auf „rund sechzig berufsbiographische Interviews mit Experten und Zeitzeugen" (2012:10), zu denen auch viele der hier vertretenen Autoren zählen.[37] Während Bernhard Streck die Ansicht vertritt, daß Haller damit „ein einmaliger Wurf zur Autoethnographie der Ethnologen gelungen [sei], der alle bisherigen Ansätze zur Fach-Geschichtsschreibung weit hinter sich lässt" (2013:28), spricht Andre Gingrich zwar im Bezug auf die erwähnten Interviews von einer „unschätzbare[n] Fundgrube an Wissen, Einsichten und Erfahrungen",[38] gleichzeitig attestiert er Haller jedoch „recht überraschende Lücken an elementarer ethnologischer Allgemeinbildung" (2013:289–290, Fn. 1) beziehungsweise eine

---

[36] nur an der Praxis erweisen [lasse]"), und für Wernhart „bleibt [...] die Frage nach dem gesellschaftspolitischen Anspruch des Faches und seiner Leistung als Maß der Akzeptanz in der Bevölkerung bestehen".

[36] Auf der 1991 in München stattfindenden Tagung der Deutschen Gesellschaft für Völkerkunde wurde eine Sektion „Geschichte der Ethnologie" gegründet (Streck 2018:285). Ein Jahr davor hatte Hans Fischer das Buch „Völkerkunde im Nationalsozialismus" veröffentlicht. Siehe auch Hauschild (1995) und Streck (2000).

[37] Im Einzelnen handelt es sich um Fritz Kramer, Klaus E. Müller, Meinhard Schuster, Bernhard Streck, Ivo Strecker und Josef Franz Thiel. Darüber hinaus führt Haller „Hintergrundgespräche mit bzw. Hintergrundinformationen von" unter anderem Hans Fischer, Beatrix Heintze und Mark Münzel an (2012:374). In den erwähnten Interviews verweisen Kramer, Schuster und Streck jeweils auf ihre zuerst in Paideuma veröffentlichten Rückblicke, während Haller wiederum aus den entsprechenden Beiträgen von Schuster (2012:72) sowie von Fischer (2012:72, 266), Müller (2012:25), Thiel (2012:320) und Schott (2012:72) zitiert. Haller schreibt, daß „fast alle fachhistorischen Publikationen" die Zeit nach 1945 vernachlässigen (2012:22), und er fügt in einer Fußnote hinzu: „Die seit einigen Jahren von der Fachzeitschrift *Paideuma* publizierte Reihe ethnologischer Selbstporträts ist allerdings ein erster wichtiger Schritt, um dem entgegenzuwirken" (2012:22, Fn. 35; Kursivsetzung im Original).

[38] Gingrich (2013:286). Die Interviews sind *online* über www.germananthropology.com zugänglich.

mangelnde Quellenkenntnis, durch die sein Werk „streckenweise und unerwartet, aber immer wieder in Randbereiche und Schlaglöcher der Inkompetenz hineinstolpert".[39]

In vielen Äußerungen zur Geschichte der deutschsprachigen Ethnologie erscheint das Fach tendenziell als ein Sammelsurium von Solipsisten, als ein Reservat von Einzelgängern, die, weitgehend unbeachtet von ihren Kollegen im In- und Ausland, ihren jeweils eigenen Partikular- und Spezialinteressen nachgehen, ohne sonderlich an Austausch, an gemeinsam verfolgten Fragestellungen oder an Theoriedebatten interessiert zu sein.[40] In einem Aufsatz von 1981 schreibt Schott, daß die deutsche Ethnologie „[s]eit den dreissiger Jahren [...] zu den internationalen theoretischen Diskussionen des Faches keinen nennenswerten Beitrag mehr geleistet, geschweige denn selbst international anerkannte Maßstäbe gesetzt [hat]" (1981:40), und in einem 1989 erschienen Band der Zeitschrift Trickster, in dem sich Fachvertreter – angeregt durch einen von der Redaktion versandten Fragebogen – um eine Selbstverständigung bemühen, werden die folgenden Attribute als „bekannt" aufgelistet: „langweilig, gründlich, pedantisch, museal und materialbezogen, realitätsfremd, theoriefeindlich, konservativ" (Kapfer *et al.* 1989:4). Im selben Band erklärt Hans Peter Duerr, die deutschen Ethnologen seien „fast durch die Bank Kriecher, die nichts wagen",[41] und Lorenz Löffler sieht „[d]en Vorteil der deutschsprachigen Ethnologie [...] darin, daß sie international nicht zur Kenntnis genommen zu werden braucht".[42]

Eine gewisse Theorieferne beziehungsweise „silence about theoretical subjects" hat Westphal-Hellbusch bereits 1959 konstatiert. Diese lasse sich zumindest zum Teil dadurch erklären, daß man vor 1945 für eine mangelnde Übereinstimmung mit der NS-Weltanschauung und nach 1945 genau für eine solche Übereinstimmung diskriminiert worden sei und deshalb die politischen Konsequenzen von wissenschaftlichen Diskussionen scheue.[43] Fast fünfzig Jahre später schreibt dagegen Gingrich, daß es der

---

[39]   Gingrich (2013:290). In der Tat stützt sich Haller bei der Beschreibung verschiedener Epochen der bundesrepublikanischen Geschichte oft nur auf Wikipedia-Einträge oder Zeitungsartikel und auch sein eigener Stil erscheint über weite Strecken als eher journalistisch. Darüber hinaus neigt Haller in seinen Interviews dazu, sich auf das Abarbeiten vorgefaßter Themen zu beschränken, so daß er mehrfach Gelegenheiten verstreichen läßt, mithilfe von Nach- oder gar Kontrast- und Konfrontationsfragen (Schlehe 2008:134) in die Tiefe zu gehen.

[40]   Sigrid Westphal-Hellbusch spricht in diesem Sinne von einer „tendency of German ethnologists to go their own way" und von einem „marked individualism in the German system of education" (1959:853). Vergleiche Haller (2012:321–322).

[41]   „Sie sind voller Angst", so fährt Duerr fort, „und buckeln vor importierten Theorien, auch wenn es sich um amerikanischen Schrott von vorgestern handelt. Niemand wagt einen großen Wurf, denn der könnte ja danebengehen" (1989:63).

[42]   Löffler (1989:27). Für Bierschenk, Krings und Lentz hat „sich das Fach seit der Zwischenkriegszeit und bis in die 1970er Jahre von den disziplinären Entwicklungen in Frankreich, England und den USA weitgehend [isoliert]" (2013:15), während Gingrich noch für 1989 von einer marginalisierten Position gegenüber dem „international mainstream" spricht, auch wenn die Welt der deutschsprachigen Ethnologie mittlerweile über weit geöffnete Fenster und Türen verfüge (2005:153).

[43]   Westphal-Hellbusch (1959:854). Für Wolfdietrich Schmied-Kowarzik und Justin Stagl wollten sich „[d]ie deutschen Ethnologen der Wiederaufbau-Generation [...] nicht mehr ideologisch vereinnah-

„[u]nchallenged brain drain from the prewar years" und „post-1945 personal and intellectual continuities" gewesen seien, die zum Absturz der deutschsprachigen Ethnologie
in die internationale Bedeutungslosigkeit und zu einer „domestic intellectual stagna-
tion" beigetragen hätten (2005:139). Laut Haller verweist auch Johannes Fabian auf
Kontinuitäten nach 1945, wenn er einen „grey mouse effect" ausmacht, den er wie folgt
bestimmt: „Mostly former nazis lying low in all theoretical debates, training [and pla-
cing] successors with similar attitudes".[44] Dementsprechend seien die „klassischen Ethnologen" der 1950er und 1960er Jahre wiederum von ihren Nachfolgern als „eine ‚graue
Generation' von ‚Flanellträgern' gesehen worden.[45] Sicher spielen hier Auseinandersetzungen zwischen Anhängern der 1968er Studentenbewegung und damals etablierten
Fachvertretern ein Rolle, aber es hieße zu kurz zu greifen, wollte man die negativen
Urteile über die Ethnologie und die Ethnologen allein auf den entsprechenden Generationenkonflikt zurückführen. Für Karl-Heinz Kohl klingt vielmehr im „Selbstbild
von der langweiligen, biederen und mediokren deutschen Völkerkunde" (1997:105) beziehungsweise in dem entsprechenden Mangel an Selbstbewußtsein „immer noch das
Nachkriegssyndrom nach", und er schreibt: „Weit davon entfernt, den deutschen Grös-
senwahn wirklich überwunden zu haben, hat man ihn […] nur in sein Gegenteil verkehrt, um an der Überzeugung von der eigenen Einzigartigkeit festhalten zu können".[46]

Gleichwohl teilen Ethnologen in vielen Ländern das Gefühl, sich in einer prekären Lage zu befinden, ja die Geschichte des Faches insgesamt läßt sich von den 1830er
Jahren bis zur Gegenwart als eine Geschichte der Krisen, Gefahren und Bedrohungen
beschreiben.[47] Auch die früheren Völkerkundemuseen fühlen sich offenbar einer zunehmenden Verunsicherung ausgesetzt und darauf haben manche von ihnen reagiert,
indem sie sich zum Beispiel in „Museum der Kulturen" (Basel), „Museum der Weltkulturen" beziehungsweise „Weltkulturen Museum" (Frankfurt am Main) oder gar „Welt-

---

men lassen, wie dies ihren Lehrern im Dritten Reich ergangen war und wie sie es […] in der DDR als
abschreckendes Beispiel vor Augen hatten". Deshalb zog man sich, so Schmied-Kowarzik und Stagl
weiter, „auf das empirische Material und auf dessen Bearbeitung zurück". Dies wiederum habe zu
einem „Rückfall hinter einen schon früh erreichten und noch immer in Reichweite befindlichen Re-
flexionsstand" geführt, so daß die Ethnologie „in eine ‚sekundäre Primitivität'" geraten sei (1993:8).

[44]   Haller zitiert aus einer persönlichen E-Mail, die er von Fabian erhielt (2012:148).

[45]   Hier beruft sich Haller, der an anderen Stellen seiner Monographie auch von „als ‚grau' gescholtenen
Schülern" der „schwarzen Väter (und Mütter)" (2012:113), von „sogenannten grauen Langweiler[n]"
(2012:154) und von einer „Nachfolgegeneration der braunen und schwarzen Väter" spricht, die „als
‚grau' gescholten" wurde (2012:180), auf zwei kurze Veröffentlichungen von Hans Peter Duerr, in
denen jedoch jeweils nur von einer „Wissenschaft im grauen Flanell" (1982a:29) beziehungsweise von
einem „Ethnologe[n] im Flanell" (1982b:95) die Rede ist (2012:148).

[46]   Kohl (1997:109). Diese Argumentation wird in einem Aufsatz mit dem Titel „Homöophobie und Allophilie als Dilemma der deutschsprachigen Völkerkunde" entwickelt, in dem Kohl „die angsterfüllte
Ablehnung des Eigenen" zusammen mit einer „übertriebene[n] Liebe gegenüber allem Fremden" als
„eine in unserem Fach weit verbreitete Grundhaltung" identifiziert (1997:101).

[47]   Vergleiche Jebens (2011). Für Schmied-Kowarzik und Stagl (1993:8) sowie für Bierschenk, Krings und
Lentz (2013:27) setzt dagegen in Deutschland die Vorstellung von einer Krise des eigenen Faches erst
in den 1960er Jahren ein.

museum" (Wien) umbenannten.[48] Dies hat sie freilich nicht vor Angriffen bewahrt, die im Kontext öffentlicher Debatten um das geplante Humboldt-Forum, Restitutionsforderungen und Kolonialismusvorwürfen nicht nur die Institution Museum, sondern auch die Ethnologie als solche in Frage stellen.[49] Etwa zur gleichen Zeit, das heißt während ihrer Jahrestagung 2017, nahm die Deutsche Gesellschaft für Völkerkunde den Namen „Deutsche Gesellschaft für Sozial- und Kulturanthropologie" an (Dilger, Röttger-Rössler und Zenker 2017), begleitet beziehungsweise gefolgt von Auseinandersetzungen im Netz, bei denen sich wiederum ein Generationenkonflikt andeutete.[50] So warfen ältere Fachvertreter, die der Umbenennung skeptisch gegenüberstanden, den jüngeren Befürwortern „Geschichtsvergessenheit" (Haller 2018) oder „Geschichtsverdrängung" (Vermeulen 2018) vor, was diese ihrerseits als Ausdruck von Ignoranz gegenüber aktuellen „Transformationen der akademisch-universitären Welt" interpretierten.[51]

---

[48]   Für Harris und O'Hanlon verdeutlicht die gegenwärtige Unsicherheit „about what to call the museums that were, or still are, associated with anthropology", wie sehr „the ethnographic museum has been undergoing an identity crisis" (2013:9), während Schindlbeck die „Namensänderungen der völkerkundlichen Museen" als einen Ausdruck der Krise interpretiert, in der sich die Ethnologie insgesamt befindet (2013:129). Siehe auch Macdonald (1998) und Jebens (2016).

[49]   Siehe in diesem Zusammenhang auch den viel diskutierten „Restitution report" von Felwine Sarr und Bénédicte Savoy (2018) sowie zu dessen Rezeption unter anderem von Oswald (2018), Bahners (2018) und Schüttpelz (2018), für den bei Sarr und Savoy hundert Jahre Ethnologie und ethnologische Forschung in Museen auf „colonial violence as the ‚original sin'" reduziert werden. Während Förster und von Bose lediglich von einer *Ethnologiekritik* (critique of ethnology) in postcolonial debates" sprechen (2019:48; Kursivsetzung im Original), konstatiert Schüttpelz, daß die Ethnologie „zum Sündenbock aller anderen Sozial- und Kulturwissenschaften" geworden ist (2017a) beziehungsweise „in der breiten Medienöffentlichkeit jede Woche aufs Neue als Sündenbock und Buhmann der Diskussion um die ethnographischen Sammlungen" dient (2019:56). „Der Angriff auf die Ethnologie", so Schüttpelz weiter, „nimmt kein Ende und bestreitet ihr am Ende jegliche Kompetenz für die eigenen Sammlungen" (2017a). In der Kampagne „No Humboldt 21!" will man sogar die „Legitimität des Besitzes ethnologischer Objekte, die im kolonialen Kontext – das heißt im Kontext einer Beziehung der Ungleichheit und des Unrechts – ‚gesammelt' wurden", zur Debatte stellen (Heller 2017:6), Förster spricht von einer „Legitimationskrise" der ethnographischen Museen und ethnographischen Sammlungen (2013:190), und laut Schüttpelz (2017b) wird die Ethnologie insgesamt „delegitimiert", indem ihr „die Kunstszenen und Kulturwissenschaften" das „unter die Nase […] reiben, was sie selbst über ihre vergangenen Verfehlungen zu sagen hatte". Von daher überrascht es nicht unbedingt, daß die Ethnologie „im Laufe der Entwicklung des Humboldt Forums ausgebootet" (Schüttpelz 2019:59) beziehungsweise „von der Leitungsebene […] ausgeschlossen worden [ist]", was für Schüttpelz „wie die Bestrafung eines wissenschaftlichen Fachs durch dessen Unmündigkeitserklärung" klingt (2017b). Vergleiche Kohl *et al.* (2019:13, 33).

[50]   Siehe den von der Zeitschrift für Kulturwissenschaften, dem Kölner Global South Studies Center und dem Siegener Sonderforschungsbereich „Medien der Kooperation" kuratierten Blog „What's in a name – Wofür steht die Umbenennung der Deutschen Gesellschaft für Völkerkunde?" (https://blog. uni-koeln.de/gssc-whatsinaname/).

[51]   Lange (2018) bezieht sich hier auf ebenfalls im Netz, aber international geführte Diskussionen, die sich vor allem an der Zeitschrift Hau entzündeten (s. Kalb 2018, Kapferer 2018). Dabei stellt Lang die Frage, warum „deutsche Ethnolog*innen" in diesen Diskussionen „nahezu unsichtbar" seien (2018). – Siehe auch die von Paige West (2018b) gesammelten Beiträge, mit denen Fachvertreter auf die Frage geantwortet haben, welche Art von Ethnologie sie „as important and relevant for the future of the field and the future of training students" sehen (West 2018a).

Angesichts der Herausforderungen, denen sich die Ethnologie gegenwärtig ausgesetzt sieht, mag man sich fragen, inwieweit die in diesem Band gesammelten autobiographischen Rückblicke Relevanz beanspruchen können. In den Kriegs- oder Nachkriegsjahren aufgewachsen, wurden die Autoren zum Teil von Erfahrungen geprägt, die sich heute nur noch schwer nachvollziehen lassen, und so mögen manche ihrer Ansichten vielleicht etwas überholt wirken.[52] Es wäre jedoch wenig produktiv, ihnen dies zum Vorwurf zu machen.[53] Wenn zum Beispiel Heike Behrend und Jean Lydall und Ivo Strecker das spezifische Verhältnis beziehungsweise das wechselseitige Zusammenwirken zwischen Ethnologen und ihren Gewährsleuten mit den Begriffen „geteilte Ethnographie" (Behrend) und „merging horizons" (Lydall u. Strecker) kennzeichnen und wenn Volker Heeschen auf das utopische Potential der Ethnologie hinweist,[54] dann kommen Positionen zum Ausdruck, die durchaus zeitgemäß sind und an die man anschließen könnte, um sich im Sinne einer fachgeschichtlich informierten Selbstverständigung der Besonderheiten und Stärken der eigenen Disziplin zu vergewissern. Dies schiene jedenfalls weitaus sinnvoller als sich gleichsam umstandslos mit den gegen die Institution Museum beziehungsweise gegen die Ethnologie insgesamt gerichteten Angriffen zu identifizieren.[55] Wie Bernhard Streck im Bezug auf „scheinbar zeitgeistlich gebotene Umbenennungen" schreibt, sollte das Fach einer möglichen Entwertung „nicht durch Selbstauflösung in die Hände arbeiten" (2018:288). Die nach dem Vorbild von Edmund Leachs „Glimpses into the unmentionable" ins Leben gerufenen, von 2001 bis 2018 zuerst in Paideuma veröffentlichten und hier zum ersten Mal im Zusammenhang präsentierten Beiträge geben vielmehr Anlaß, auch den heutigen Krisen, Gefahren und Bedrohungen mit Selbstbewußtsein zu begegnen.

---

[52] Dies gilt zum Beispiel für die Vorstellung, es handele sich bei „Religionen südamerikanischer Waldlandindianer" um „anscheinend menschheitsgeschichtlich altes Material" (Schuster) oder man könne mithilfe von Ägyptologie und Ethnologie „zu den Ursprüngen" zurückkehren (Baer). Darüber hinaus erinnert es an das alte Paradigma einer „salvage anthropology" oder „Rettungsethnologie", wenn Herrmann Jungraithmayr von „der immer noch großen Aufgabe" spricht, „Gestalt und Gehalt des überaus umfangreichen afrikanischen Sprachenschatzes noch fünf Minuten vor zwölf zu kommentieren und so für künftige Generationen zu bewahren".

[53] Dementsprechend hat Ian Jarvie schon 1975 geschrieben, daß es für Ethnologen an der Zeit sei, „to cease treating their own predecessors the way they accused those predecessors of treating savages, namely as backward, stupid, etc." (1975:263) und Bernhard Streck hält eine „Einübung in zeitrelativistische Bescheidenheit" für „vielleicht den wichtigsten Ertrag aus der Beschäftigung mit der Fachgeschichte" (1994:19).

[54] Für Heeschen verknüpft sich das, „was die Völkerkunde selber zu erzählen vermag", mit dem „Gedanke[n] daran, daß der Beobachter Alternativen zu seiner Lebensweise entdecken kann", so daß der „Bericht vom Anderen, von dem, was jenseits unseres Horizontes liegt, [...] immer auch utopische Momente [hat]".

[55] Meiner Ansicht nach reproduziert zum Beispiel Heike Behrend in ihrem Beitrag gängige Vorurteile, wenn sie „ethnographische Methoden" als etwas bezeichnet, das die Gewährsleute von Ethnologen „erleiden" müßten oder wenn sie von „der Geschichte der klassischen Ethnologie" als „einer Geschichte kolonialer Expeditionen, des ungleichen Tauschs, des Raubs und des Diebstahls" spricht.

LITERATURVERZEICHNIS

BAHNERS, Patrick
2019   „Sie glauben an ihre Sendung", *Frankfurter Allgemeine Zeitung* 22. Januar 2019:1.
         Https://www.faz-biblionet.de/faz-portal/document?uid=FAZ__FD1N201901225617
         287&token=6f3803eb-d5a0-49f7-bedf-1483baad1bbe&p._scr=faz-archiv&p.q=%22S
         ie+glauben+an+ihre+Sendung%22&p.source=&p.max=10&p.sort=&p.offset=0&p._
         ts=1554975657722&p.DT_from=01.11.1949&p.timeFilterType=0 (konsultiert am 11.
         April 2019)

BIERSCHENK, Thomas, Matthias KRINGS und Carola LENTZ
2013   „Was ist ethno an der deutschsprachigen Ethnologie der Gegenwart?", in: Thomas Bier-
         schenk, Matthias Krings und Carola Lentz (Hrsg.), *Ethnologie im 21. Jahrhundert*, 7–34.
         Berlin: Dietrich Reimer Verlag

DILGER, Hansjörg, Birgitt RÖTTGER-RÖSSLER und Olaf ZENKER
2017   „Umbenennung der Deutschen Gesellschaft für Völkerkunde e.V. in Deutsche Gesell-
         schaft für Sozial- und Kulturanthropologie e.V. am 6.10.2017 in Berlin", *Zeitschrift für
         Ethnologie* 142:133–140

DUERR, Hans Peter
1982a   „Fröhliche Wissenschaft (1977)", in Hans Peter Duerr, *Satyricon*, 27–34. Berlin: Kramer
         ([1]1977)
1982b   „Der Wissenschaftler als Hexe. Ein Interview (1978)", in Hans Peter Duerr, *Satyricon*,
         93–97. Berlin: Kramer ([1]1979)
1989   „Auf dem Zaun oder zwischen den Stühlen. Ein Gespräch mit Hans Peter Duerr, in:
         ohne Herausgeber, Wüste und blühendes Land? Zur deutschsprachigen Ethnologie,
         58–64. *Trickster* 17

FISCHER, Hans
1990   *Völkerkunde im Nationalsozialismus*. Aspekte der Anpassung, Affinität und Behauptung
         einer wissenschaftlichen Disziplin. Berlin und Hamburg: Reimer

FÖRSTER, Larissa
2013   „Öffentliche Kulturinstitution, internationale Forschungsstätte und postkoloniale
         Kontaktzone. Was ist ethno am ethnologischen Museum?", in: Thomas Bierschenk,
         Matthias Krings und Carola Lentz (Hrsg.), *Ethnologie im 21. Jahrhundert*, 189–210.
         Berlin: Dietrich Reimer Verlag

FÖRSTER, Larissa und Friedrich VON BOSE
2019   „Concerning curatorial practice in ethnological museums: an epistemology of postcolo-
         nial debates", in: Philipp Schorch und Conal McCarthy (Hrsg.), *Curatopia: museums and
         the future of curatorship*, 44–55. Manchester: Manchester University Press

GINGRICH, Andre

2005   „The German-speaking countries. Ruptures, schools, and nontraditions: reassessing the history of sociocultural anthropology in Germany", in: Frederik Barth, Andre Gingrich, Robert Parkin, Sydel Silverman, *One discipline, four ways: British, German, French, and American anthropology*. The Halle lectures. With a foreword by Chris Hann, 61–153. Chicago, London: University of Chicago Press

2013   „Aller Anfang ist schwer. Dieter Hallers ‚Geschichte der Ethnologie in der Bundesrepublik 1945–1990'", *Paideuma* 59:285–293

HALLER, Dieter

2012   *Die Suche nach dem Fremden*. Geschichte der Ethnologie in der Bundesrepublik 1945– 1990. Frankfurt am Main und New York: Campus

2018   „Die Umbenennung. Moralisches Schulterklopfen und Geschichtsvergessenheit", *What's in a name – Wofür steht die Umbenennung der Deutschen Gesellschaft für Völkerkunde?* [Blog]. Https://blog.uni-koeln.de/gssc-whatsinaname/2018/04/17/die-umbenennung-moralisches-schulterklopfen-und-geschichtsvergessenheit/ (konsultiert am 11. April 2019)

HARRIS, Clare und Michael O'HANLON

2013   „The future of the ethnographic museum", *Anthropology Today* 29(1):8–12

HAUSCHILD, Thomas (Hrsg.)

1995   *Lebenslust und Fremdenfurcht*. Ethnologie im Dritten Reich. Frankfurt am Main: suhrkamp taschenbuch wissenschaft

HELLER, Mareike

2017   „Einleitung", in: AfricAvenir International e.V., *No Humboldt 21!* Dekoloniale Einwände gegen das Humboldt-Forum, 6–15. Berlin: AfricAvenir Internationl e.V.

HILDEBRANDT, Hans-Jürgen

2003   *Bausteine zu einer wissenschaftlichen Erforschung der Geschichte der Ethnologie. Zugleich eine exemplarische Anleitung für die Historiographie wissenschaftlicher Disziplinen*. München: Herbert Utz

JARVIE, I[an].C.

1975   „Epistle to the anthropologists", *American Anthropologist* 77(2):253–266

JEBENS, Holger

2011   „The crisis of anthropology", in: Holger Jebens und Karl-Heinz Kohl (Hrsg.), *The end of anthropology?*, 13–36. Wantage: Sean Kingston

2016   „Anthropology, museums and utopia", *Baessler-Archiv* 63:69–81

KALB, Don

2018   „HAU not: for David Graeber and the anthropological precariate", *FocaalBlog* 26 Juni 2018. www.focaalblog.com/2018/06/26/don-kalb-hau-not-for-david-graeber-and-the-anthropological-precariate (konsultiert am 11. April 2019)

KAPFER, Reinhard, Richard KRAKEN, Werner PETERMANN, Margarete REINHART und
    Ralph THOMS
1989   „Auf der Suche nach einer deutschsprachige Ethnologie der Gegenwart", in: ohne Her-
          ausgeber, Wüste und blühendes Land? Zur deutschsprachigen Ethnologie, 4–16. *Trick-
          ster* 17

KAPFERER, Bruce
2018   „The Hau complicity: an event in the crisis of anthropology", *FocaalBlog* 9 Juli 2018.
          Www.focaalblog.com/2018/07/09/bruce-kapferer-the-hau-complicity-an-event-in-the-
          crisis-of-anthropology (konsultiert am 11. April 2019)

KOHL, Karl-Heinz
1997   „Homöophobie und Allophilie als Dilemma der deutschsprachigen Völkerkunde", *Zeit-
          schrift für Ethnologie* 122(1):101–110

KOHL, Karl-Heinz, Fritz KRAMER, Johann Michael MÖLLER, Gereon SIEVERNICH und Gi-
    sela VÖLGER
2019   *Das Humboldt-Forum und die Ethnologie*. Ein Gespräch zwischen Karl-Heinz Kohl,
          Fritz Kramer, Johann Michael Möller, Gereon Sievernich, Gisela Völger. Frankfurt am
          Main: Kula-Verlag

LANGE, Christoph
2018   „Ein Blick von außen nach innen? – Desinteresse, Unbehagen und notwendige Positio-
          nierung", *What's in a name – Wofür steht die Umbenennung der Deutschen Gesellschaft
          für Völkerkunde?* [Blog]. Https://blog.uni-koeln.de/gssc-whatsinaname/2018/07/31/
          das-flurgespraech-als-ethnographisches-feld/ (konsultiert am 11. April 2019)

LEACH, Edmund R.
1984   „Glimpses of the unmentionable in the history of British social anthropology", *Annual
          Review of Anthropology* 13:1–23

LÖFFLER, Lorenz G.
1989   „Verdienstvolle Autodidakten", in: ohne Herausgeber, Wüste und blühendes Land? Zur
          deutschsprachigen Ethnologie, 27–28. *Trickster* 17

MACDONALD, Sharon
1998   „Introduction", in: Sharon Macdonald und Gordon Fyfe (Hrsg.), *Theorizing museums:
          representing identity and diversity in a changing world*, 1–18. Oxford, Malden: Blackwell
          Publishers ([1]1996)

PETERMANN, Werner
2004   *Die Geschichte der Ethnologie*. Wuppertal: Peter Hammer

SARR, Felwine und Bénédicte SAVOY
2018   *The restitution of African cultural heritage: toward a new relational ethics*. Http://restitu-
          tionreport2018.com/sarr_savoy_en.pdf (konsultiert am 11. April 2019)

SCHINDLBECK, Markus

2013   „Ethnographische Objekte in Museen. Ein Zwischenbericht zum Humboldt-Forum und
        ein Vergleich rezenter ethnologischer Ausstellungen", *Mitteilungen der Berliner Gesell-
        schaft für Anthropologie, Ethnologie und Urgeschichte* 34:111–130

SCHLEHE, Judith

2008   „Formen qualitativer ethnographischer Interviews", in: Bettina Beer (Hrsg.), *Methoden
        ethnologischer Feldforschung*. Zweite, überarbeitete und erweiterte Auflage, 119–142.
        Berlin: Reimer

SCHMIED-KOWARZIK, Wolfdietrich und Justin STAGL

1993   „Vorwort der Herausgeber", in: Wolfdietrich Schmied-Kowarzik und Justin Stagl
        (Hrsg.), *Grundfragen der Ethnologie*. Beiträge zur gegenwärtigen Theorie-Diskussion.
        Zweite, überarbeitete und erweiterte Auflage, 7–12. Berlin: Reimer (Ethnologische Pa-
        perbacks)

SCHOTT, Rüdiger

1981   „Aufgaben der deutschen Ethnologie heute", in: Wolfdietrich Schmied-Kowarzik und
        Justin Stagl (Hrsg.), *Grundfragen der Ethnologie*. Beiträge zur gegenwärtigen Theo-
        rie-Diskussion, 39–62. Berlin: Reimer (Ethnologische Paperbacks)

SCHÜTTPELZ, Erhard

2017a   „Was für ein Wirbel. Zweiter Teil: Ein Besuch im Souvenirladen", *Wie weiter mit Hum-
        boldts Erbe?* Ethnographische Sammlungen neu denken [Blog]. https://blog.uni-koeln.
        de/gssc-humboldt/was-fuer-ein-wirbel-2/(konsultiert am 11. April 2019)

2017b   „Was für ein Wirbel. Erster Teil: Splitter und Balken", *Wie weiter mit Humboldts
        Erbe?* Ethnographische Sammlungen neu denken [Blog]. Https://blog.uni-koeln.de/
        gssc-humboldt/was-fuer-ein-wirbel/

2018   „Everything must go: looting the museum as compensation for looting the world.
        Raubkunstforschung als angewandte Wissenschaft", *Wie weiter mit Humboldts Erbe?*
        Ethnographische Sammlungen neu denken [Blog] 28. November 2018. Https://blog.
        uni-koeln.de/gssc-humboldt/everything-must-go-looting-the-museum-as-compensa-
        tion-for-looting-the-world/ (konsultiert am 11. April 2019)

2019   „Ein Kapitel für sich", *Rotary*. Magazin für Deutschland und Österreich Februar: 54–59

STRECK, Bernhard

1994   *Die Ahnen der „Scientific Community" oder: Warum wir über Ethnologiegeschichte for-
        schen*. Berlin: Das Arabische Buch (Sozialanthropologische Arbeitspapiere 55.)

2013   „Das Auge des Ethnografen. Zur perspektivischen Besonderheit der Ethnologie" , in:
        Thomas Bierschenk, Matthias Krings und Carloa Lentz (Hrsg.), *Ethnologie im 21. Jahr-
        hundert*, 34–54. Berlin: Dietrich Reimer Verlag

2018   „*Solve et coagula*. Wer Fach und Fachgeschichte trennt, soll sie auch zusammenfügen",
        Paideuma 64:285–292

STRECK, Bernhard (Hrsg.)

2000   *Ethnologie und Nationalsozialismus*. Gehren: Escher (Veröffentlichungen des Institutes
        für Ethnologie der Universität Leipzig: Reihe: Fachgeschichte 1.)

VERMEULEN, Han F.

2015   *Before Boas: the genesis of ethnography and ethnology in the German enlightenment.* Lincoln und London: University of Nebraska Press (Critical Studies in the History of Anthropology)

2018   „Die Geschichtsverdrängung der Ethnologen als gesellschaftliches Problem", *What's in a name – Wofür steht die Umbenennung der Deutschen Gesellschaft für Völkerkunde?* [Blog] 29. Juni 2018. Https://blog.uni-koeln.de/gssc-whatsinaname/2018/05/29/die-geschichtsverdraengung-der-ethnologen-als-gesellschaftliches-problem/ (konsultiert am 11. April 2019)

VON OSWALD, Margareta

2019   „The ,restitution report': first reactions in academia, museums, and politics", *Wie weiter mit Humboldts Erbe?* Ethnographische Sammlungen neu denken [Blog]. Https://blog.uni-koeln.de/gssc-humboldt/the-restitution-report/ (konsultiert am 11. April 2019)

WEST, Paige

2018a   „Introduction: from reciprocity to relationality", *Hot Spots series „Fieldsights"* 26 September 2019. Https://culanth.org/fieldsights/introduction-from-reciprocity-to-relationality-west (konsultiert am 11. April 2019)

WEST, Paige (Hrsg)

2018b   *From reciprocity to relationality: anthropological possibilities. Hot Spots series „Fieldsights"* 26 September 2018. Https://culanth.org/fieldsights/series/from-reciprocity-to-relationality-anthropological-possibilities (konsultiert am 11. April 2019)

WESTPHAL-HELLBUSCH, Sigrid

1959   „The present situation of ethnological research in Germany", *American Anthropologist* 61(5):848–865

FÜNFZIG JAHRE ETHNOLOGIE

Hans Fischer

VORAUSSETZUNGEN

Wie kam ich dazu? Wie war es damals? Was hat sich verändert? Wie sehe ich das heute?
– Auf diese inhaltlichen Fragen für den hier vorgelegten Beitrag hatte ich mich mit der
Redaktion geeinigt. Wen interessiert das schon? fragte ich mich allerdings als Nächstes.
Ich gehe also von eigenen Grundannahmen zu Wissenschaftsgeschichte aus: daß man
Abstand braucht, um etwas zu bemerken, daß man Prozesse nur über einen längeren
Zeitraum wahrnehmen kann und daß man im Vergangenen das Heutige oft besser ver-
steht, weil man weniger direkt betroffen ist.

   Es gibt da aber ein paar Vorausannahmen, die ich wohl als Warnung formulieren
sollte: daß man mit dem Älterwerden immer skeptischer gegenüber Neuem („Modi-
schem") wird, daß schon der Versuch, Vergangenheit darzustellen, die Schwierigkeiten
einer Verständigung überwältigend deutlich macht und daß man seine eigene Sicht
dabei sehr bald als „Froschperspektive" erkennt, in meinem Falle etwa lokal als Hamburger Froschperspektive. Aus der Froschperspektive sind auch die Betonungen dieses

Beitrags: Ich werde mich auf Fragen der wissenschaftlichen Disziplin und auf Studium und Lehre konzentrieren und weniger oder gar nicht auf theoretische und inhaltliche fachliche Fragen eingehen. Das mögen die nächsten Beiträge dann tun. Etwa zu „Postmoderne" oder „Diskursanalyse", „political correctness" oder anderen Fortschritten.

1. DAMALS

Wie kam ich dazu?

Wie kommt jemand dazu, Völkerkunde zu studieren? Ich bleibe hier absichtlich bei diesem Wort „Völkerkunde", weil es noch etwas von dem Klang hat wie zu der Zeit, als ich mich dafür entschied. Letztlich ist eine solche Entscheidung wohl immer eine unentwirrbare Mischung aus zeitgeschichtlichen Zusammenhängen und Zwängen sowie persönlichen Erfahrungen und Haltungen. Für mich waren es Erfahrungen aus Tausendjährigem Reich und Krieg, Flucht und Lagern und Transporten. Der letzte solche Transport endete Weihnachten 1946 auf einer ostfriesischen Insel. Ob die Ungarn, Rumänen und Kroaten in den Lagern in Wien und Kärnten, die Russen der Wlassow-Armee, die sowjetischen und britischen Truppen in der Tschechoslowakei und Österreich und nun die ebenso schwer verständlichen Ostfriesen sich auf mein späteres Studium auswirkten, weiß ich nicht.

Aber nun erst und nachträglich kam das Erschrecken über eine Zeit, in der ich angeblich kein vollwertiger Mensch gewesen war. Ich wollte jetzt wissen, was es mit den Ariern und Nichtariern und anderen Untermenschen auf sich hatte. „Den Eickstedt" (die „Rassenkunde und Rassengeschichte der Menschheit") fand ich in der Schulbibliothek. Eigentlich wollte ich „den Günther", den Rassenpapst der Nazis haben, aber der blieb unter Verschluß. Und dann waren es ausgerechnet die Abbildungen bei Eickstedt, die mein Interesse auf die ganz anderen Menschen, das Fremde, das Exotische lenkten. Daß ich mir dadurch vielleicht selbst weniger exotisch unter den Inselfriesen vorkam, vermute ich nur nachträglich.

Ich hatte Glück. Das Internat, zu dem ich als „Dorfschüler" täglich marschierte, war so kurz nach dem Krieg noch unsicher, ungeordnet, provisorisch: genau das Richtige. Der Dorfpastor gab Religionsunterricht. Er verschonte uns mit frommen Sprüchen und Gesängen und vermittelte Taoismus, Konfuzianismus, Buddhismus und selbst die Bon-Religion. Früher war er Pastor der deutschen Gemeinde in Tsingtao gewesen. Schulbücher gab es noch nicht (die alten waren verboten). Der Geographielehrer behalf sich mit allem Geographie-Ähnlichen aus der Schulbibliothek. Dazu gehörten auch Reisebeschreibungen und ein paar völkerkundliche Stammesmonographien. Uns Schüler muß eine über südamerikanische Indianer besonders beeindruckt haben. „Du alte Kürbisrassel" wurde zu unserer Begrüßung. Dann kam, ich gestehe es ungern, auch Hermann Hesse mit „Siddharta" dazu und schließlich der Übergang von klassischer

Musik zum Jazz und dessen afrikanischen Wurzeln. Aber vor allem wirkten sich wohl die Enge und Abgeschlossenheit der vorhergegangenen Zeit und dieses Landes aus – und jetzt die Insel. Das Fremde und Entfernte, das Unbegrenzte und Weite, das Andere und Neue war die traumhafte Alternative.

Als ich das Abitur machte, wußte ich, daß ich „Völkerkunde" studieren wollte, vielleicht auch Musikwissenschaft. Ich wäre aber auch Graphiker geworden oder Kaufmann. Die Völkerkunde erwies sich dann als das Fach, in dem ich alles auf einmal haben konnte.

Studium

Als ich 1951 das Studium in Hamburg begann, war ich 18. Eltern, die mir das finanzieren konnten, hatte ich nicht. BAföG gab es noch nicht. Ein späteres Angebot, mich für die Studienstiftung des Deutschen Volkes vorzuschlagen, lehnte ich ab. Teils, weil deren Ruf so schrecklich konservativ war. Eher aber wohl, weil ich bald – nach anfänglichem Teppichklopfen und Briefekouvertieren – ausreichend verdiente und das auch beibehalten wollte: dezent als Barmusiker, etwas lauter bei Betriebsausflügen, mit Cellospielen bei Beerdigungen (das Largo von Händel, traurig) und Hochzeiten (dasselbe, fröhlich) und zeitweilig als Kontrabassist in einem Kammerorchester oder bei Oratorienaufführungen. Es gab da einen klaren Klassenunterschied innerhalb der Studierenden: auf der einen Seite die ersten Verbindungsstudenten, auf der anderen wir, die besseren, die Werkstudenten (die „Jobber").

Wir waren in Hamburg etwa ein Dutzend Hauptfachstudierende der Völkerkunde (inklusive „Amerikanistik") und ungefähr ebenso viele Nebenfächler. Die höheren Semester (oder schon Promovierten) waren, teils nach Kriegsdienst und Kriegsgefangenschaft, erheblich älter als ich. Die meisten Namen finden sich in einem Notizbuch, das Franz Termer, der damalige Direktor des Hamburgischen Museums für Völkerkunde und Ordinarius, ab 1936 führte, und in das er für jedes Semester die Seminare, Referatsthemen und Teilnehmer sorgfältig handschriftlich eintrug. Ich hüte diesen Schatz, der über Termers Nachfolger Erhard Schlesier (der das weiterführte) 1967 an mich kam. Die meisten Namen erinnere ich: Hans Becher, Ursula Schlenther, Wolfgang Haberland, Marianne Kiessling, Thomas Barthel, Franz Caspar, Heinz Walter, Ulla Johansen, Jürgen Zwernemann und Brigitte Menzel. Da war noch einer, pflegten wir später zu erzählen, aber dessen Namen verschwieg man schamhaft. Er ist Journalist geworden. Übrigens siezten sich Studierende damals, so weit man nicht persönlich befreundet war.

Studenten hatten „Buden", möblierte Zimmer zur Untermiete. Meine erste Bude war etwa sechs Quadratmeter groß, hatte keine Heizung und das Fenster blickte auf eine zwei Meter entfernte Wand. Um zu lesen, legte ich mich im Winter ins Bett unter die Bettdecke, mit Pudelmütze, Handschuhen und dicken Socken. Das Bad der Familie durfte ich nicht benutzen (es gab eine Waschschüssel im Zimmer), einmal die Woche ging ich in ein öffentliches Wannenbad. Ich kann mich nicht erinnern, daß mich das alles sehr gestört hätte. Gegen Morgen kam ich von der Arbeit, ging nach etwas Schlaf zum Leichtathletik-Training auf den Uni-Sportplatz und anschließend in eine Vorlesung. Manche von uns hatten etwas größere Zimmer, aber Brigitte Menzel etwa wohnte im „Pik-As", der Hamburger Obdachlosen-Unterkunft, zur Untermiete.

Rückblickend erst wird mir klar, daß ich nicht viele Gedanken daran verschwendete, was ich mit dem Studium eigentlich anfangen wollte. Das scheint mir nachträglich erstaunlich, zum einen, weil es zu der Zeit noch „normal" war, seinen Unterhalt möglichst bald selbst zu verdienen und einen lebenslangen Beruf zu haben. Zum anderen habe ich später Studierenden gegenüber immer darauf bestanden, sie sollten darüber nachdenken, wozu sie eigentlich studierten. Ich erkläre mir dieses damalige Desinteresse heute mit zwei Tatsachen: daß ich als Musiker jederzeit meine Brötchen verdienen konnte – und daß Völkerkundler halt am Museum arbeiteten. Alle mir bekannten Völkerkundler taten das.

Es gab in Hamburg kein Seminar oder Institut, weder Räume noch Personal. Es gab nur das Museum, und da verteilte man sich irgendwie. Franz Termer hielt pro Semester eine Vorlesung und ein Seminar ab. Gelegentlich gab es noch eine Übung „im Auftrag des Direktors" durch einen der Abteilungsleiter des Museums. Meist waren das „Bestimmungsübungen an Objekten". Eine Aufteilung nach Semestern, nach Anfängern und Fortgeschrittenen konnte es nicht geben. Das dürftige Lehrangebot in der Ethnologie störte eigentlich nicht. Das Studium war nicht von Anfang an festgelegt auf Haupt- und Nebenfächer, und ich schwankte im Laufe der Semester zwischen Völkerkunde und Musikwissenschaft als Hauptfach. Man mußte sich erst bei der Prüfung entscheiden. Studienpläne, inhaltliche Anforderungen gab es sowieso nicht. So holte man sich seine Kenntnisse eben aus den unterschiedlichsten Fächern. In meinem Fall waren das neben den beiden genannten noch Phonetik, Südseesprachen, Philosophie, Psychologie, Afrikanistik, Vor- und Frühgeschichte und Missionswissenschaft. Und Lesen war sowieso wichtiger als Hören.

Ich erinnere mich zwar an mündliche Referate in Seminaren, aber nicht an schriftliche Fassungen, die ich abgegeben hätte. Sollte es doch (sehr wahrscheinlich) der Fall gewesen sein, dann jedenfalls handschriftlich. Arme Professoren. Ich erinnere mich auch nicht an Besprechungen oder Beurteilungen solcher Referate. Der Nachteil des Systems war, daß schriftliche Arbeiten nicht trainiert wurden, sehr viel weniger jedenfalls als mündliche Referate. Übrigens gab es auch noch keine Kopiergeräte. Das hatte den Vorteil, daß man jede Karte, die man brauchte, mit Pergamentpapier durchzeichnen mußte. Die vielen Stunden dafür waren keineswegs vergeudet. Was man so kopierte, behielt man fast ein Leben lang im Kopf: jedes Dorf in Guatemala, jede Insel der Karolinen.

Es gab Studiengebühren, und jede Lehrveranstaltungen mußte „belegt" werden. Man trug sie also in sein Studienbuch ein und zahlte bei der Uni-Verwaltung für jede einzelne. Von diesem Geld (nach meiner Erinnerung 20 Mark) bekam der Lehrende die Hälfte. Das System hatte Vorteile: Der Dozent war an mehr Hörern (Hörergeldern) interessiert; der Student überlegte genau, welche Lehrveranstaltung er besuchen wollte (weil es kostete) und ging dann auch regelmäßig hin (sonst war das rausgeschmissenes Geld). Am Ende des Semesters „testierte" der Lehrende die Teilnahme im Studienbuch durch Unterschrift. Es gab keine „Scheine".

Wichtiger ist in meiner Erinnerung, daß man die Studiengebühren des Semesters zurückbekam, wenn man zu zwei Lehrveranstaltungen in verschiedenen Fächern „Fleißprüfungen" ablegte, also mündliche Prüfungen zum Thema der Lehrveranstaltung. Auf diese Weise waren jedes Semester mindestens zwei Vorlesungen oder Seminare der Aufmerksamkeit sicher. Nach acht Semestern hatte ich 16 mündliche Prüfungen hinter mir und war nicht nur prüfungserfahren, sondern auch mit 16 Themen intensiv vertraut. Ich kannte meine Lehrer und künftigen Prüfer, und sie kannten mich. Die Abschlußprüfung war ein Klacks, vertraut und streßfrei.

Warum Hamburg? Von Ostfriesland aus war es zunächst für mich einfach die nächste Universität mit Völkerkunde. Es gab in den frühen fünfziger Jahren sehr viel weniger ethnologische Institute als heute. Und es gab da auch eine Aufteilung der theoretischen Ausrichtungen nördlich und südlich des Weißwurst-Äquators (des Mains), von der man bald beeinflußt wurde. Dort unten im Süden wurde „Kulturhistorie" gelehrt, gar „Kulturkreislehre". Außerdem waren noch die großen alten Herren am Ruder: Baumann, Mühlmann, Plischke, Haekel und Jensen. Franz Termer in Hamburg war ursprünglich Geograph, er war empirisch und deskriptiv und auf materielle Kultur ausgerichtet, und ich erinnere das Wort „Theorie" eigentlich nur in dem Zusammenhang „b l o ß e Theorie". Der letzte Stand der Dinge waren Boas und seine Schüler. Wenn ich das recht überlege, habe ich am meisten von meinen Mitstudenten gelernt, vor allem von Franz Caspar, einem älteren Schweizer (er lebte von seinem berühmten Buch „Der Dackel Waldi") – und von den Abteilungsleitern des Museums, vor allem Richard Schröter, Kunz Dittmer, Wilhelm Bierhenke und Herbert Tischner: Namen, die heute wohl kaum noch jemand kennt.

Danach

Das Thema für meine Dissertation fand ich irgendwann im zweiten oder dritten Semester in einer „Bestimmungsübung an Objekten", die der Leiter der Südseeabteilung des Museums abhielt. Als Musiker und mit Musikwissenschaft als Nebenfach bekam ich die Musikinstrumente hingelegt. Daraus wurde ein paar Semester später die Doktorarbeit über „Schallgeräte in Ozeanien". Ein spottliebender Kollege sprach später zwar von „Fischers Schallgräten", aber dieser Typus von Dissertationen hatte offenbar seine Berechtigung. Die meisten von uns schrieben solche Verbreitungsstudien (ohne, um Gottes Willen, an Kulturkreise zu denken). Daß meine „Schallgeräte" – obwohl es noch keinen Druckzwang gab – über dreißig Jahre hinweg zwei deutsche und zwei englischsprachige Auflagen erlebten, spricht mindestens für Interesse daran.

1956 promovierte ich im 9. Semester (ich ärgerte mich doch tatsächlich, daß es nicht nach genau acht Semestern war). Es folgten anderthalb Jahre Volontärzeit am Hamburgischen Museum für Völkerkunde, anderthalbjährige Feldforschungen in Neuguinea und ab dem Wintersemester 1959/1960 eine Assistenz in Tübingen. Thomas Barthel hatte den dort gerade eingerichteten Lehrstuhl für Völkerkunde bekommen, gemeinsam bauten wir das Institut auf. Gemeinsam: das bedeutete, daß ich die Arbeiten der Sekretärin machte (später bekamen wir eine halbe Stelle), in jedem Falle die Verwaltung von Bücherbestellungen bis Abrechnungen, die Bibliothek selbst und eine gar nicht so kleine Sammlung. Dazu kamen Hilfsarbeiten für Barthel: Zeichnungen anfertigen, Literaturbeschaffung und Exzerpte.

Später wurde diese Abhängigkeit der Assistenten von ihren Professoren als geradezu Sklaverei verurteilt. Es gab die berühmte Meldung von dem Assistenten, der für den seinen privat „Leibchen zählen" mußte. Da schon damals keiner so ganz genau wußte, was das bedeutete, klang es besonders gefährlich und brutal. Thomas Barthel war etwas hypochondrisch. Deshalb fuhr ich ihn einmal (zur sprachlosen Verwunderung der Studenten) in seinem Schreibtischsessel sitzend und einen riesigen schwarz-weiß karierten Schal um den Hals, leidend in den Hörsaal. So ganz ernst hat er sich dabei allerdings selbst nicht genommen. – Ich fand übrigens auch die festen Dienstzeiten und -stunden noch selbstverständlich und erinnere diese Zeit vor allem durch das eine: daß ich gelernt habe, was ich nachher brauchte.

1963 habilitierte ich mich in Tübingen mit einer Arbeit über Seelenvorstellungen. Ich bekam eine „Diätendozentur", auf der ich gern noch eine Weile geblieben wäre. Bezahlt wie eine Assistentenstelle, außer zwei Lehrveranstaltungen gab es aber keine weiteren Verpflichtungen. 1965 folgte ein weiteres Jahr Neuguinea und 1967 erhielt ich den Ruf nach Hamburg. Hier kam dann die Zeit, an die ich nicht unbedingt mit Begeisterung zurückdenke. Ich war 34 und hatte das Ordinariat und das Direktorat des Museums am Hals – im Museum meine früheren Lehrer und ältere Mitstudenten. Die Zahl durchgeführter oder vorbereiteter Lehrveranstaltungen war noch nicht groß, und als einziger Lehrender war ich allein verantwortlich für alles, was da ablief (und schieflief). Denn die Zeiten wurden noch etwas komplizierter. Aus Protest gegen diesen „altmodischen Kram" lehnte ich es ab, zur Eröffnungsfeier des Wintersemesters im Talar aufzutreten. Als die anderen Fakultätsmitglieder danach den Saal verließen, zogen zwei Studenten (dunkle Anzüge, weiße Hemden und feine Schlipse) vor ihnen her mit einem Transparent: „Unter den Talaren Muff von tausend Jahren". Die sogenannte „Studentenrevolution", in deren Nachwonne sich noch heute einige ältliche Herren wälzen, hatte begonnen.

Was dann kam, war vor allem ungeheuer ermüdend: Sitzungen, die bis zu zwölf Stunden dauerten, Diskussionen teils um ihrer selbst willen, aber auch Neufassungen von Ordnungen und Regeln, Versuche etwas anders zu machen und sicherlich auch Formen der Demokratisierung. Da war aber auch die Chance für dessen Bedürftige, sich aufzuspielen und hervorzutun: je unverständlicher und abgehobener die Formulierungen, desto begeisterter der Beifall der Anhänger. Und wenn man mit allen Tricks die Andersgläubigen daran hindert zu Wort zu kommen, ist es mit den demokratischen Idealen wohl nicht weit her. Die studentischen „Vollversammlungen", bei denen abweichende Meinungen niedergeschrieen wurden (oder zufällig das Mikrophon ausfiel), nährten meine ersten Zweifel. Unter den eigenen Studenten war da eher (todernst) Amüsantes. Als ich eines Tages aus meinem Zimmer kam, bellte es mich im Vorzimmer heftig an. Unter dem Schreibtisch dort saß einer, der wohl das Bedürfnis danach verspürte. Er hat später in Mainz promoviert, wie ich hörte. Jahrzehnte später erst, bei der Feier aus Anlaß meiner Emeritierung, behauptete in einer Ansprache einer der damaligen Studenten (und heutiger Professor), was ihn (oder sie) am meisten in jener Zeit geärgert habe, sei gewesen, daß ich meist sowieso das wollte, was die Studierenden forderten. Außerdem hatte ich meinen Marx tatsächlich gelesen. Das muß frustriert haben.

Was heute frustriert, ist die Tatsache, daß die meisten der um 1970 eingeführten Verbesserungen an Universitäten inzwischen wieder rückgängig gemacht werden. Da gab es immerhin demokratisch funktionierende Gremien (Instituts-Ausschuß, Fachbereichsrat, Konzil, akademischer Senat), die ihre Regeln selbst machten und ihre Vorsitzenden als ausführende Organe wählten. Auch den Geschäftsführenden Direktor des Instituts und auch den Sprecher des Fachbereichs. Heute gibt es in Hamburg wieder den nur nach oben verantwortlichen Dekan mit dem Fachbereichsrat als beratendem Gremium.

Die in Auseinandersetzung neu gefaßten Prüfungsordnungen und Studienordnungen sollten beide Seiten binden, Lehrende wie Studierende. Noch wichtiger: Die Studienordnungen legten zum ersten Mal inhaltlich fest, was sich Studierende aneignen mußten (leider nicht, daß Lehrende das auch zu lehren hatten).

Die Zeit dieser Auseinandersetzungen ist identisch mit der Zeit der Zunahme der Zahl Studierender, aber auch der Zahl Lehrender, der besseren Ausstattungen und mehr ethnologischer Institute. Für die Forschung war sie wohl nicht so fruchtbar, weil jedenfalls die hauptamtlich Lehrenden mit anderem – zum Beispiel den Mammutsitzungen in Gremien – voll beschäftigt waren.

2. HEUTE

Quantitäten

Unterschiede werden mit größerem zeitlichem Abstand deutlicher und sind deshalb besser zu formulieren. Ich werde mich auf die Frage konzentrieren, was die auffälligsten Unterschiede im Fach zwischen der Zeit meines eigenen Studiums in den frühen fünfziger Jahren und heute sind – eine zeitliche Differenz also von einem halben Jahrhundert. Dabei werde ich mich nur auf den Universitätsbereich beziehen, weil ich (obwohl mal

Museumsdirektor) vom Museumsbereich inzwischen zu wenig weiß. Und schließlich war ich Hochschullehrer von Beruf.

Für mich sind die auffälligsten Unterschiede zunächst solche von Quantitäten, von Zahlen, geradezu von Massen. Im Einzelnen betreffen sie (und ich gehe dabei jeweils zunächst von Hamburg aus):

(1) Die Zahl der Studierenden
Aus dem Dutzend Hauptfächler und einem weiteren Dutzend Nebenfächler sind trotz jahrzehntelangem Numerus Clausus in Hamburg heute über tausend Studierende geworden.

(2) Die Zahl der Lehrenden
Der einzige Professor war gleichzeitig Direktor des Museums. – Im Jahr 2000 gibt es in Hamburg vier Professoren, zwei Dozenten, einen Assistenten und wechselnd bis zu zehn zusätzlich Lehrende von lehrbeauftragten Magistern bis zum emeritierten Ordinarius.

(3) Die Zahl der Lehrveranstaltungen
Es gab pro Semester eine Vorlesung, ein Seminar und eventuell eine Übung. – Im Jahr 2000 werden um 30 Lehrveranstaltungen angeboten.

(4) Die institutionelle Ausstattung
In den fünfziger Jahren gab es weder Institut, noch Assistent, noch Sekretärin. Das Studium fand in den Räumen des Museums statt. Dessen Bibliothek und dessen Personal war auch für die Studierenden zuständig. – Das Institut (seit den sechziger Jahren) ist zwar im Keller des Museums, aber es hat 12 Räume, es gibt eine eigene Bibliothek, eine Sekretariatsstelle, eine halbe Angestelltenstelle sowie studentische Hilfskräfte. Die erheblich bessere Bibliothek des Museums ein Stockwerk höher kann genutzt werden.

(5) Die Zahl der Institute
Was hier exemplarisch über Hamburg gesagt wird, gilt für die gesamte Bundesrepublik, auf die ich mich zunächst beschränken will. Hinzu kommt dann aber noch, daß auch die Zahl der Institute und die Zahl der Universitäten, an denen Ethnologie gelehrt wird, ganz erheblich zugenommen hat.

(6) Die Zahl der Länder, in denen Ethnologie gelehrt wird
Um es an einem Beispiel zu verdeutlichen: Auch in meinem Hauptforschungsgebiet Papua-Neuguinea ist Social Anthropology (wie in anderen „Drittweltländern") an der Universität vertreten. Andererseits gibt es auch in anderen Ländern mit längerer Tradition in unserem Fach dieselbe quantitative Entwicklung wie in Deutschland.

(7) Die quantitative Zunahme an Publikationen

Dies scheint mir die folgenreichste Entwicklung der letzten fünfzig Jahre. Ich wage gar nicht, hier mit Zahlen zu arbeiten. Die Masse an Büchern und Zeitschriften ist unglaublich angeschwollen (und weitere Möglichkeiten der Publikation im Internet kommen ständig hinzu). Die Ursachen erklären sich zunächst unschwer aus den oben angeführten Quantitäten: je mehr Ethnologen, je größer die Konkurrenz („publish or perish"), je wichtiger für die Mittelzuweisung, je leichter die Finanzierung, um so mehr wird publiziert. Es gibt allerdings noch eine weitere, eine technische Ursache: Die Produktion ist sehr viel leichter und schneller geworden. Meine ersten Bücher habe ich noch nach handschriftlichen Feldnotizen oder Exzerpten handschriftlich in mehreren Fassungen nacheinander, dann in wenigstens zwei maschinenschriftlichen produziert. Dann wurde gesetzt, es gab Fahnen- und Umbruchkorrekturen. Heute schreibe ich schon Feldnotizen oder Exzerpte in den Laptop, korrigiere dort, und vom Verlag gibt es keine Korrekturfahnen mehr. Natürlich produziere ich auch dadurch mehr als es mir vor vierzig Jahren schlicht möglich gewesen wäre.

Was sind die Konsequenzen dieser Veröffentlichungsflut? Sollte man nicht glücklich und stolz sein, daß so viel Wissenschaft produziert wird? Aber ist Quantität oberstes Ziel? Sind es nicht eher Qualität, Kontrolle, Ergänzung, Auseinandersetzung und nicht zuletzt auch Innovation, Wahrheit, Kenntnisnahme und Nutzen? Zunächst bestehen aber die Folgen darin, daß prozentual immer weniger von dem, was produziert wird, auch zur Kenntnis genommen werden kann, gar kritisch zur Kenntnis genommen werden kann. Die Bereiche, über die ich noch einen Überblick behalte, werden immer kleiner, wenn man von „Überblick" überhaupt noch reden kann. Selbst bei meinen engeren Arbeitsgebieten Neuguinea, Feldforschungsmethodik oder Wissenschaftsgeschichte bin ich ziemlich sicher, daß ich noch nicht einmal alle relevanten Zeitschriften dem Namen nach kenne. Folge: Die Auswahl dessen, was ich noch zur Kenntnis nehme, wird ständig willkürlicher, zufälliger und prozentual zum Publizierten kleiner. Ich schreibe Dinge, die vielleicht vor Jahren jemand in Australien schon geschrieben hat, ich übersehe wichtige Aspekte, die meiner Publikation eine ganz andere Richtung geben würden – es sei denn, ich suchte ehrlich alles ab, was es geben könnte, dann käme ich überhaupt nicht mehr dazu, etwas selbst zu formulieren.

Eine Konsequenz müßte ich aber in jedem Falle ziehen: meine Arbeitsgebiete einschränken, um wenigstens über Teilchen noch so etwas wie einen Überblick zu behalten. Nur dann sind auch Kooperation, Kontrolle, Auseinandersetzung und Kritik noch möglich. Zu wie vielen Büchern können schon noch Rezensionen erscheinen – und gar solche, die mehr als Inhaltsangaben sind? Ein immer größerer Teil aller Publikationen wird nicht mehr gelesen, nicht mehr rezensiert, nicht mehr genutzt, wird bald vergessen. Denn da ist noch eine Konsequenz: Der Zeitraum zwischen Veröffentlichung und der Möglichkeit einer Kenntnisnahme wird bei zunehmenden Zahlen immer größer, während andererseits die Tendenz nur „das Neueste" zu nutzen deutlich zunimmt. So wird ein immer größerer Teil des Publizierten wohl schlicht dem Vergessen anheimfallen.

(8) Die Ausweitung der Arbeitsbereiche des Faches

Sie steht der Zunahme an Publikationen diametral gegenüber und soll hier als letzter Punkt quantitativer Veränderungen angeführt werden. War die Ethnologie einmal die wissenschaftliche Disziplin, die sich mit „schriftlosen" oder mit „stärker von der Natur abhängigen", mit „vorstaatlichen" oder „vorindustriellen", „fremden" oder „außereuropäischen" Völkern beschäftigt hat, und die das auch mit Methodenproblemen oder der Nichtbehandlung durch andere Disziplinen begründen konnte, so gilt heute eigentlich nichts mehr davon. Alles ist jetzt Gegenstand der Ethnologie: Botokuden und Behörden, Großstädte und Grabsteine, Dialekte und Diaspora, Medien und Mienenspiel. Und was für den „Gegenstand" gilt, gilt ebenso für Probleme, Methoden und theoretische Ansätze.

Allerdings: Auch Politologen wildern in Papua-Neuguinea und Volkskundler in Namibia, die ethnologische Feldforschung wird von Soziologen benutzt oder alles und jedes heißt „Feldforschung". Diese Ausweitung der Arbeitsbereiche, Methoden und theoretischen Ansätze ist also bei anderen Disziplinen ebenfalls zu beobachten. Um das aber sofort klarzustellen: Für die Forschung ist es gleichgültig, wer wo was mit welchen Methoden macht, so lange er oder sie zu wissenschaftlich überprüfbaren Ergebnissen kommt.

Wo liegt also das Problem bei dieser Ausweitung (oder Auflösung) der Disziplinen? Wie ich meine, vor allem in zwei Bereichen: In der Ausbildung zum einen und in der Wirkung in die Öffentlichkeit (und der Anwendung) zum anderen. Daß man nicht alles lernen und lehren, sich aneignen und beherrschen kann, ist simpelste Erkenntnis. Also muß man auswählen, muß sich konzentrieren. Die Behauptung, „Wir machen alles", wie das ein Werbeblatt weismachen will, mag schon die Wahrheit treffen. Wir machen alles, bloß können könn' wir's nich'. Je mehr wir machen, um so oberflächlicher wird es – und damit unverantwortlich. Für die außerethnologische Öffentlichkeit heißt das aber auch immer stärker: Was können diese Ethnologen eigentlich? Wofür sind sie zuständig? Was beherrschen sie? Worin unterscheiden sie sich von anderen Fächern? Warum also sollte man sich an sie wenden?

Die Antwort kann wohl nur „Konzentration" heißen, Konzentration von (zu) vielem auf Weniges, von allem auf Bestimmtes. Und genau das muß bei der Ausbildung anfangen, bei der Ausbildung aller Ethnologen, also im Studium. Das Ziel muß sein, wenigstens einheitliche Grundlagen zu schaffen. Dazu kann später jederzeit anderes aus anderen Disziplinen kommen, durch Übernahme und Kooperation. Es beläßt aber das für alle Gemeinsame, den zentralen Bereich der Ethnologie, das, was alle Ethnologen können (sollten). Hier ist sicherlich in erster Linie eine lokal übergreifende wissenschaftliche Vereinigung gefragt, eine Vereinigung der Wissenschaftler des Faches. Genau diese Fragen sind vernachlässigt worden – Fragen, was eine (diese) Disziplin ausmachen soll und kann, wo das Zentrum liegt, wozu überhaupt wissenschaftliche Disziplinen gut sind.

Übrigens ist noch eine zweite Form der Konzentration hier gemeint: die Konzentration der Institute. Leider müssen wir bei Anträgen an Geldgeber (auch die Universität) immer wieder mit dem Argument der tollen „Breite des Faches" arbeiten. Daß an einem ethnologischen Institut noch niemand Afrika lehrt, überzeugt die Kunsthistoriker oder die Afrikanisten im Fachbereich und möglicherweise selbst den Kultusminister davon, daß eine neue Stelle geschaffen werden müsse. Aber wir haben uns auf diese Weise Breitband-Institute geschaffen, die viel mehr Lehrende als früher haben, aber weniger Profil. Die Lehrenden haben nur noch wenig miteinander gemeinsam, wenig Kontrolle und Anregung. Der Afrikanist plus Wirtschaftsethnologe hat mit dem Ozeanisten plus Religionsethnologen neben sich meist wenig Gemeinsames. Wenn jeweils einer der Bereiche übereinstimmte (regional oder sachlich), sähe das anders aus – mehr noch, wenn es außerdem eine ähnliche theoretische Grundhaltung gäbe. Ich trauere hier also den früher eindeutigen Profilen von Instituten wie in Frankfurt, Berlin oder Wien in den fünfziger Jahren nach.

Ziel sollte es eher sein, die Institute regional oder sachlich (oder theoretisch) begrenzter und konzentrierter auszurichten mit Lehrenden, die jeweils in größeren Teilbereichen übereinstimmen. Nicht jeder Kontinent muß gelehrt werden, nicht jeder Teilbereich der Ethnologie an jedem Institut. Und was für das Grundstudium aus der Wirtschaftsethnologie wichtig ist, sollte auch ein Religionsethnologe beherrschen und umgekehrt – dann jedenfalls, wenn man sich auf zentrale Bereiche der Disziplin einigte, die für Grund- und Nebenfachstudium verbindlich wären.

Noch ein Nachtrag zur Quantität: Quantitäten sind nicht nur zu beobachten, sie scheinen auch zur Wertvorstellung zu werden. Als Beispiel mag die Entwicklung (wieder an der Universität Hamburg) dienen, wonach Mittelzuweisungen für Institute abhängig gemacht werden von bestimmten Quantitäten: Studentenzahlen, Zahlen von (bestandenen) Examina, aber auch Zahlen von Publikationen der Lehrenden etwa oder der Höhe von Drittmitteln, die ein Fach einwirbt. Während ich den ersten Punkt noch akzeptieren würde, machen die beiden anderen deutlich, daß Menge *per se* gut ist. Und darauf gehen Lehrende dann eben auch ein: Die Zahl wird zum Selbstzweck, zum Ausweis des Wertes.

Aber das scheint mir nur Teil einer allgemeineren Entwicklung dieser Gesellschaft zur „Mediengesellschaft" zu sein: Das Medium wird zunehmend zum Selbstzweck, das Äußere zum Inneren, der Weg mit dem Ziel verwechselt. „Projekte", Vortragsreihen, Tagungen, Kongresse, Sammelbände, Publikationsreihen, ausländische Vortragende, internationale Beziehungen, benutzte Programme im Computer, Zeit verbracht im Internet – all dies ist *per se* gut. Bewundernswert. Wer fragt schon, was dabei herauskommt.

Studium und Lehre

Daß sich die Zahl Studierender der Ethnologie in den hier betrachteten fast fünfzig Jahren vervielfacht (in Hamburg bei Haupt- und Nebenfächlern fast verfünfzigfacht) hat, war unter den „Quantitäten" schon vermerkt worden. Ich stelle dieser Tatsache eine andere gegenüber: In der Deutschen Gesellschaft für Völkerkunde hat sich auch die Zahl der Arbeitsgruppen vervielfacht. Ursprünglich gab es davon nur zwei: die der Museumsethnologen und die andere für „Hochschul- und Studienfragen". Ich erinnere mich, sie selbst einmal geleitet zu haben. Die Tatsache, um die es mir dabei geht, ist das auffallende Desinteresse an dieser Arbeitsgruppe. Während die Museumsethnologen zeitweilig sogar eine eigene Zeitschrift herausbrachten, sehr aktiv waren, sich jährlich trafen und austauschten, befand sich die Hochschulgruppe die meiste Zeit im Tiefschlaf. Warum?

Ich möchte dem eine zweite Tatsache zur Seite stellen: Wir haben (mit ein oder zwei Ausnahmen) so gut wie keine Lehrbücher, Einführungen in die Teilbereiche des Faches, die an wohl allen Instituten zur Grundausbildung gehören: Wirtschaftsethnologie oder Religionsethnologie, Ethnologie der Verwandtschaft oder Politik, Feldforschungsmethodik oder Geschichte des Faches, Völkerkunde Afrikas oder Hirtenkulturen und eine ganze Reihe denkbarer anderer. In den siebziger Jahren schlug ich (mit Rundschreiben) dies vor: Wenn aus jedem Institut nur ein Lehrender eines seiner Standardthemen (meist eine Vorlesung) in Skriptenform aufbereiten würde, hätten wir bald genügend Lehrbücher oder Einführungen, die dann an allen Instituten Grundlage des Unterrichts werden könnten. Der Dietrich Reimer Verlag gründete eine Reihe, die „Skripten zur Ethnologie", die ich herausgeben wollte. Erschienen ist 1981 die „Wissenschaftstheorie für die ethnologische Praxis" von Lang, Riese, Gerdsmeier und Schweizer. Schon Band 2 („Ethnologische Zeitschriften" von Peter Junge) kam erst 1987 und entsprach thematisch nicht mehr den Zielsetzungen. Dann war Schluß. Nicht ein einziger Kollege hatte es geschafft.

Natürlich waren wir durch die rasant zunehmenden Zahlen Studierender alle überlastet. Aber so überlastet? Und vor allem: Mit ein bißchen Überlegung war klar, daß Kooperation der Lehrenden, Absprache und Konzentration auf zentrale Bereiche der Ausbildung und eben auch die Erstellung von Lehrbüchern oder Einführungen gleich mehrere Probleme gemildert hätten: Die Lehre hätte sich auf solche lesbaren Grundlagen stützen können, sie wäre erheblich erleichtert worden, denn die Lehrenden hätten nicht alles jeweils für sich neu erarbeiten und vortragen müssen. Eine gewisse Einheitlichkeit des Faches wäre erhalten geblieben. Nicht zuletzt wäre für Prüfungen klar gewesen, welches die erwarteten Grundkenntnisse sind.

Das alles hat auch mit den Zahlen Studierender zu tun und mit der Dauer des Studiums – und das Zweite mit dem Ersten, denn je kürzer die Studiendauer, desto niedriger die Studentenzahlen. Die Studiendauer hängt von der Konzentration des Studiums auf zentrale Inhalte, von Lehrbüchern, von der Klarheit über die Studien- und

Prüfungsinhalte ab und von der Ausrichtung auf Grundstudium und Studierende im Nebenfach. Nebenfächler machen den größeren Teil der Studierenden aus (in Hamburg mehr als zwei Drittel).

Bei den Studierenden im Hauptfach wäre ein schneller Abschluß durch die Magisterprüfung nicht nur für sie selbst und ihre berufliche Zukunft, sondern auch (siehe oben) für die Zahlen Studierender wichtig. Als ich selbst studierte, gab es als Abschluß nur die Promotion und außer der Festlegung, daß man acht Semester studiert haben mußte, keine Regelungen. Als in den siebziger Jahren die Magisterprüfung eingeführt wurde, standen diese Zielvorstellungen dahinter: das Studium könnte schneller abgeschlossen werden, es würde weniger Studienabbrecher geben und nur diejenigen, die in der Wissenschaft und Forschung bleiben wollten, sollten weitermachen, das heißt promovieren. Entsprechend sollte die Magisterarbeit keine Forschungsleistung darstellen und in sechs Monaten abgeschlossen sein.

Tatsächlich hat in der Praxis der Magisterabschluß eher gegenteilige Auswirkungen gehabt. Die Themen wurden nicht aus dem Bereich festgelegter Studieninhalte g e s t e l l t, sondern von Studierenden aus möglichst speziellen Bereichen selbst gewählt. An die Frist von sechs Monaten hielt man sich nur insofern, als die Meldung zur Prüfung sechs Monate vor Abgabe erfolgte. Davor konnten auch mal zwei Jahre Aufenthalt in Madagaskar liegen. Professoren gründeten Reihen, in denen Magisterarbeiten (*ad maiori dei gloriam*) publiziert wurden – auf Kosten der Magistranden, versteht sich. Das Alter der Magister ging immer höher, so hoch, daß vielen nichts anderes als eine Promotion übrigblieb, weil sie für den Übergang in einen vernünftigen Beruf zu alt wurden. – Wenn ich das hoffnungsfrohe Gerede über die Einführung des BA höre, graust es mir: nicht daß die Idee schlecht wäre, aber man wird sie schon wieder vermasseln, wie beim Magister.

Daß wir zu viele Studierende in Relation zu den Ausstattungen und der Zahl Lehrender haben, ist unbestreitbar. Eine der Konsequenzen davon ist natürlich, daß wir auch eine zu große Zahl fertiger Ethnologen haben. Selbstverständlich könnte der Zusammenhang heißen: je mehr Ethnologen, desto mehr Forschung, desto mehr Kontakte, Zusammenarbeit, Auseinandersetzungen und desto mehr Ergebnisse. Aber Menschen müssen leben, müssen essen, müssen die Zeit für die Wissenschaft übrig haben, müssen irgendwann – und nicht erst mit fünfzig – einen Job (oder sogar eine feste Stelle) dazu haben.

Die großen Zahlen sind aber leider auch Ergebnis mangelnder Beratung, viel zu guter Noten (man sollte endlich „super plus ausgezeichnet" einführen) und inkonsequenter Förderung. Das Prinzip scheint manchmal „Lasset die Kindlein zu mir kommen". Je mehr Doktoranden und Habilitanden ich habe, desto mehr Ansehen (leider heißt das künftig vielleicht auch mehr Geld für das Institut). Sie sind ja alle so erwachsen und können für sich selbst entscheiden. Ich meine, daß genau hier die Lehrenden ihrer Verantwortung nicht gerecht wurden und daß man im Extrem durch Förderung Menschen in eine Zukunft rennen läßt, in der der Übergang von Abschluß der Ausbildung in höherem Alter über Arbeitslosigkeit oder Aushilfsjobs direkt in die Sozialhilfe verläuft. Noch ist der Zeitpunkt wohl nicht ganz erreicht, weil die Generation davor einiges zu vererben hat.

Hier noch ein Nachwort zur Lehre: Wenn das Vorige eine Kritik an uns, den Lehrenden der Vergangenheit ist, dann müßte sich in neuerer Zeit doch einiges ändern, denn da gibt es ja die „Evaluation": ein Zauberwort, geträumt auch von höchsten Hochschulautoritäten. Das erinnert mich an eine dämliche Promi-Sendung im ZDF, die immer mit „Alles wird gut" endet. Evaluation, das heißt, die Leistungen der Lehrenden werden beurteilt (und sollen sich dadurch verbessern). Auch in Hamburg gab es eine Spieltruppe, die das tat. Ob die Studierenden (diejenigen, die sowieso kamen und blieben und antworteten) das gut fanden, was der Lehrende da gesagt und getan hat, wird gefragt. Die Ebene der Beurteilung erinnert mich an den amerikanischen Geschichtsprofessor, der seine Vorlesungen jeweils in der Tracht der Periode gehalten haben soll, über die er sprach: mit Allonge-Perücke für das 17. Jahrhundert und mit Vatermörder für das neunzehnte (vielleicht mit Braunhemd für das zwanzigste?). Er soll rauschenden Erfolg gehabt haben. Das erinnert mich auch an einen Philosophieprofessor während meines Studiums, der miserabel (und mit einem Sprachfehler) vortrug, zu dem wir aber begeistert gingen wegen des Inhalts dessen, was er sagte.

Und hier scheint mir die Crux dieser Evaluationen zu liegen: Es geht doch nicht darum festzustellen, ob die Studierenden den Vortrag schön, in ihrem Sinne, vergnüglich, unterhaltsam, „interessant" oder politisch korrekt fanden, sondern darum, ob der Lehrende vermitteln konnte, was vermittelt werden sollte. Und das kann man nur an den Studierenden feststellen. Was in einem Test als von allen verstanden deutlich wird, wurde erfolgreich vermittelt, was keiner kapiert hat, offenbar nicht. Klausuren nach Vorlesungen haben mir schon vor Jahrzehnten deutlich gemacht, wie verquast ich da gelegentlich geredet haben muß.

Theorie, Empirie und Praxis

Daß Franz Termer eher empirisch und deskriptiv als theoretisch ausgerichtet war, hat wohl nicht meine eigene Haltung zu Wissenschaft bestimmt, bestärkte sie aber vielleicht. An erster Stelle stand für mich zunächst (und eben später wieder) die Frage: Was bringt das wem? – Die Frage also nach dem Nutzen von Wissenschaft, die von allen und auf Kosten von anderem finanziert wird. Während des Studiums stand ich damit wohl ziemlich abseits. „Die Umstände", praktische Notwendigkeiten und berufliche Anforderungen ließen dann meine ursprünglichen Haltungen bald und ziemlich lange in den Hintergrund der alltäglichen Überlastung treten. Meine heutige Skepsis vom Wert dieser (unserer) Wissenschaft hat aber noch und wieder damit zu tun, daß ich meine, die Wahrheit wissenschaftlicher Aussagen lasse sich nur an der P r a x i s erweisen. Das setzt allerdings voraus, daß wissenschaftliche Aussagen als wahr oder falsch bestätigt werden können, daß Wissenschaft nicht nur „Elitediskurs" ist und interner Austausch von Überzeugungen und modischen Ideologien. Ich weiß, daß dem heute nicht unbedingt viele zustimmen werden.

Die einzige Gelegenheit, bei der ich selbst einen solchen direkten Bezug zur Praxis hatte, war eine Gutachtertätigkeit in den neunziger Jahren für die Asiatische Entwicklungsbank und die Regierung von Papua-Neuguinea. Es ging um die Einschätzung der Chancen einer bestimmten Form der Wiederaufforstung. Dorfbewohner selbst sollten ihr Land im eigenen Interesse wiederaufforsten, nur das Pflanzgut sollte geliefert werden und fachmännische Beratung erfolgen. Zunächst wurde ein Dorf für einen ersten Versuch ausgewählt. Gemeinsam mit einem Forstwissenschaftler, einem Agronomen, einem Ökonomen und zwei einheimischen Angestellten des Department of Agriculture and Forests taten wir das. Ich selbst lief als „sociological expert", und für mich war interessant, welche Kenntnisse und Fähigkeiten gefragt waren. Es handelte sich um Landeskenntnisse, Sprachkenntnisse, Erfahrungen im Umgang mit Einheimischen und bestimmte Kenntnisse der einheimischen Kulturen, etwa der Arbeitsteilung der Geschlechter, denn in dem Projekt sollte unbedingt ein „angemessener besonderer Anteil für Frauen" enthalten sein. Welche fachliche Ausbildung ich hatte – ob Soziologe, Politologe, Psychologe, Ethnologe oder sonst was – war völlig gleichgültig. Daß ich schließlich auch als Dolmetscher für meine Kollegen fungierte, machte mir aber meine Hauptaufgabe klar: eben Dolmetscher zu sein – wenn auch nicht nur für Sprachen, sondern für ganze Lebensweisen. Diese Dolmetscher- oder Übersetzerfunktion habe ich immer für einen der wichtigsten Aspekte der Ethnologie gehalten. Auch eine Übersetzung kann in der Praxis überprüfbar (relativ) richtig oder falsch sein.

Übrigens war das Ergebnis unserer Begutachtung negativ, vor allem aufgrund meiner Feststellungen. Die Bewohner des ausgewählten Dorfes im östlichen Hochland Neuguineas sprachen sich gegen das Projekt aus: Sie wollten gar keinen Wald, sondern die ihnen vertrauten Grasflächen behalten, in denen sie ihre Felder anlegten. Und gegen das Projekt waren vor allem die Frauen: Sie wollten nicht den ihnen „angemessenen besonderen Anteil", denn sie meinten zu Recht, ihr Arbeitsanteil sei sowieso schon zu hoch.

Meine Skepsis gegenüber „bloßer Theorie" ist im Laufe der Jahrzehnte – mit dem Kommen und Gehen der Theorien – sicherlich eher größer geworden. Das hat in erster Linie mit der Beschäftigung mit Wissenschaftsgeschichte zu tun. Wissenschaftsgeschichte, die eben dieses Kommen und Gehen der Theorien deutlich macht und damit die Unwahrscheinlichkeit, daß die heute akzeptierten oder modischen es morgen noch sein werden. Kaum jemand wird Theorien, wie sie Malinowski formuliert hat, heute so gelten lassen. Seine Materialien über die Trobriander allerdings können auch heute noch in anderen Zusammenhängen und für andere Fragestellungen genutzt werden. Das ist eine meiner Begründungen für den Versuch, auch theorie-unabhängige, in unterschiedlichsten Zusammenhängen und Fragestellungen nutzbare Daten aus empirischer Forschung vorzulegen.

Wissenschaftsgeschichte (Wissenschaft über Zeiträume oder zu anderen Zeitpunkten betrachtet) halte ich aber vor allem für eine der Möglichkeiten, sich dem gesellschaftlichen Nutzen von Wissenschaft, langfristigen Prozessen, Moden, Einflüssen von außen, Abhängigkeiten, Unfreiheiten, Bleibendem und Vergehendem, den Zufälligkeiten der Anerkennung und ungehobenen Schätzen der Vergangenheit (das „Steinbruch"-Argument) zu nähern. Untersuchungen zur Ethnologie in Hamburg, zu Randfiguren der Wissenschaft, zu Ethnologie und Kolonialismus und zur Völkerkunde im Nationalsozialismus sind Produkte dieses Interesses gewesen.

Ich meine aber vor allem, daß wir uns im Fach zu wenig mit der Frage des Nutzens dieser Wissenschaft beschäftigen. In verschiedenen Zusammenhängen bin ich schon darauf zu sprechen gekommen – bei der Frage etwa, was diese Ethnologen eigentlich können, wenn sie alles machen, was die anderen auch tun. Wir behaupten den Nutzen (oder den „Wert") dieser Disziplin ständig: gegenüber möglichen Geldgebern und in akademischen Gremien, öffentlich in der Presse und intern gegenüber Studierenden. Und vieles davon klingt ja auch ganz überzeugend: Verstehen und Verständnis, Erklärung und Handlungsgrundlage, Abbau von Fremdenhaß und Rassismus.

Was mir aber eines der Desiderate in unserem Fach scheint, das sind Untersuchungen zur tatsächlichen Wirkung oder Auswirkung ethnologischer Tätigkeiten, Kenntnisse und Erkenntnisse. Es geht also nicht nur darum, daß die Diskussion um die Möglichkeiten, um mögliche Zielsetzungen und eventuelle Anwendungen für meine Begriffe zu kurz kommt. Es geht auch nicht um die vollmundigen Behauptungen, was man alles könne und was die Ethnologie bewirke. Schon gar nicht geht es um bloße Dar-, Vor- und Verstellung in der Öffentlichkeit und die Verwechslung von Prominenz mit Wirklichkeit. Haben wir mehr als nur „zur Verfügung gestellt" durch Publikation oder Weitergabe? Sind ethnologische Kenntnisse irgendwo, irgendwann von irgendwem tatsächlich genutzt worden? Haben Politiker Entscheidungen danach getroffen? Oder kann sich halt jeder heraussuchen, was in seine Ideologie paßt? Haben wir die Einstellung von mehr als fünf Personen zu irgend etwas geändert? Wurde etwas verändert oder erhalten? Und ist das an der Praxis nachgewiesen? Aber vielleicht kann man das ja gar nicht untersuchen. Dann allerdings blieben wir völlig auf der Glaubensebene. Eine empirische Wissenschaft hat aber für meine Begriffe die Verpflichtung, auch sich selbst, ihre Stellung und Bedeutung in der Gesellschaft und ihre Auswirkungen empirisch zu untersuchen und Folgerungen aus den Ergebnissen zu ziehen.

Um es bildhaft und simpel zu formulieren: Wo sind die Brücken, die auf ethnologischen Erkenntnissen gebaut wurden – über die Menschen gehen können – und die nicht zusammenbrechen? Dies wäre eine Praxis, die die Brauchbarkeit und damit Wahrheit einer wissenschaftlichen Tätigkeit oder Aussage erst bestätigen würde.

MEIN WEG ZUR UND IN DER ETHNOLOGIE

Rüdiger Schott

Darum lobte ich die Freude, daß der Mensch nichts
Besseres hat unter der Sonne denn Essen und Trinken
und fröhlich sein; und solches werde ihm von seiner Arbeit
sein Leben lang, das Gott gibt unter der Sonne
(Prediger Salomon, 8, 15).

„Ich glaube, der Großvater ist geschrumpft", bemerkte kürzlich meine fünfjährige Enkeltochter Elisabeth. Ihre Beobachtung eines objektiv gegebenen Faktums verband sie mit der heute von postmodernen Ethnologen[1] geforderten Skepsis gegenüber allen subjektiven Aussagen („ich glaube...") und seien sie noch so unbezweifelbar. Bevor ich physisch und intellektuell gänzlich dahinschrumpfe, möchte ich versuchen, die mir in bezug auf die Ethnologie gestellten Fragen „Wie kam ich dazu? Wie war es damals? Was hat sich geändert?" zu beantworten. Ergänzend gehe ich auf die Fragen ein: „Womit habe ich mich in der Ethnologie befaßt?" und „Wie geht es weiter?"

---

[1] Ich verzichte auf die Genusunterscheidung im Plural. Vergleiche dazu die Duden-Grammatik der deutschen Gegenwartssprache: „Besonders bei Berufsbezeichnungen [...] verwendet man die maskuline Form vielfach auch dann, wenn das natürliche Geschlecht unwichtig ist oder männliche und weibliche Personen gleichermaßen gemeint sind" (Duden 1984:200).

WIE KAM ICH ZUR ETHNOLOGIE?

In seinem autobiographischen Beitrag zum „Annual Review of Anthropology" beklagte Edmund Leach, daß einige Abhandlungen zur Geschichte der britischen Social Anthropology so gut wie keine Angaben zur sozialen Herkunft der besprochenen Autoren machen: „We are thus provided with only the barest minimum of information about the geographical, ethnic, family, and class background of the individuals concerned [...]. Such deficiencies are serious" (Leach 1984:2–3). Diesem Mangel möchte ich vorbeugen, indem ich feststelle:

1.

Mein Vater Albert Schott war Assyriologe. Er hat 1934 das Gilgamesch-Epos ins Deutsche übersetzt und im Reclam-Verlag veröffentlicht (A. Schott 1999). Wenn meine Geschwister und ich abends nicht einschlafen wollten oder konnten, erzählte uns unser Vater Episoden aus dem Gilgamesch-Epos, aber auch aus der Ilias und der Odyssee. Frühzeitig wurde ich so mit der Dichtung alter und fremder Völker bekannt.

2.

Meine Großmutter (MuMu) las uns Märchen (unter anderem der Gebrüder Grimm und von Andersen) vor, wenn wir krank im Bett lagen. Als ich später des Lesens kundig war, setzte ich diese Lektüre fort beispielsweise auch mit einer deutschen Übersetzung der Indianermärchen von Stith Thompson, der mir Jahrzehnte später mit seinem monumentalen „Motif-Index of Folk-Literature" (1958) wiederbegegnen sollte. Ich war als Junge häufig krank – seit frühester Kindheit leide ich unter Bronchialasthma – und las im Bett außer Märchen auch zahlreiche Reiseberichte und ethnographische Populärliteratur. Imagination (und Illusion) als Fiktionen in Märchen, aber auch als Triebkräfte menschlichen Handelns und Entdeckens, sind ein Gegenstand, der mich bis heute in der Ethnologie beschäftigt.

3.

Meine Großmutter (MuMu) war eine geborene (baltendeutsch: *jeboorene*) Gräfin Keyserling. Zu ihren Vettern gehörten der Roman- und Novellenschriftsteller Eduard und der Kulturphilosoph Hermann v. Keyserling sowie Alfred Graf v. Keyserling (MuMu-VaBrSo). Letzterer berichtet in einem 1937 erschienenen Buch, daß er als hoher Beamter des Zarenreiches ab 1889 im russischen Amurgebiet fungierte:

> [...] ich erhielt den Auftrag, mich mit dem Leben und Treiben der Nomaden und Jagdvölker Transbaikaliens bekannt zu machen. Dieses Studium hat mich damals sehr interessiert

und zwei Sommer beschäftigt. Meine Aufgabe bestand darin, zu prüfen, ob diese Völker zum Wehrdienst herangezogen werden könnten, was sich damals als unmöglich erwies (Keyserling 1937:124).

– Ein frühes Beispiel „angewandter Ethnologie" im Dienste der russischen Kolonial-verwaltung Sibiriens. In einem Teil seines Buches, betitelt „Von den Fremdvölkern des Amurgebietes", berichtet er ausführlich von seinen ethnographischen Forschungen un-ter den Burjaten (Keyserling 1937:187–327). Bekannter als Alfred ist Hermann Graf v. Keyserling durch sein zweibändiges „Reisetagebuch eines Philosophen" (1919). Seine Frage nach dem Sinngehalt von Kulturen, die er auf seinen ausgedehnten Reisen ken-nenlernte, bewegt auch mich – allerdings habe ich mit seinen kultur- und lebensphilo-sophischen Anschauungen nichts im Sinn.

Die patrilinearen Vorfahren meines Vater waren Müller; sie besaßen in Franken nachweislich seit 1593 zu Lehen verschiedene Mühlen in der Gegend zwischen Hof und Bayreuth. Erst mein Ururgroßvater wurde evangelischer Pastor, ebenso sein Sohn, der nach Meran, später nach Südrußland und schließlich ins Baltikum auswanderte, wo 1901 mein Vater als Sohn eines Architekten und – nach Begründung der Republik Estland – des Intendanten des Deutschen Theaters in Reval (Tallinn), zur Welt kam.

4.

Von klein auf erlebte ich den Gegensatz zwischen Baltendeutschen und den „Leuten" (Esten, Letten), wie meine Großmutter (MuMu) zu sagen pflegte. Aber auch „Räichs-döötsche" waren nach Ansicht vieler Baltendeutschen meist „Knoten", das heißt, sie wurden verachtet als unkultivierte Menschen, die sich nicht zu benehmen wissen. Den blasierten, oft sogar arroganten Hochmut mancher Baltendeutschen gegenüber Esten (und Letten) erlebte ich in den dreißiger Jahren vor allem während der Sommerferien, die ich häufig in Estland bei Verwandten verbrachte. Die dort herrschende sozusagen „postkoloniale" Situation führte mich zu Fragen nach dem Wesen und der Bedeutung ethnischer Unterschiede, Stereotype und Vorurteile.

5.

Mein Vater war, wie viele Baltendeutsche, glühender Nationalist und Bolschewisten-hasser. Er trat 1933 in die NSDAP und die SA ein. 1934 aber verließ er beide Organi-sationen unter Protest wieder, weil er eine Rede anläßlich einer „Sonnenwendfeier" als „Schmähung des Christentums" empfand. Er bezeichnete sich selbst als „gläubigen Christen".[2] Im Jahre 1937 verweigerte er die Eidesleistung auf Adolf Hitler, da sie ihm

---

[2]   Archiv der Universität Bonn, Personalakte Nr. 9061, Bl. 6: Schreiben vom 9.1.1935

„nicht mit seinem christlichen Glauben vereinbar" erschien.[3] Er wurde deswegen aus dem NS-Dozentenbund ausgeschlossen[4] und hatte später Schwierigkeiten mit der Nazi-Partei und der Gestapo. Seine unbeugsame Haltung als evangelischer Christ lutherischer Konfession hat mich geprägt – allerdings ist mir jede Form von Fundamentalismus fremd: So glaube ich nicht, daß das Christentum die alleinseligmachende Religion ist. Die Religion jedenfalls ist ein Thema, das mich auch als Ethnologe bis auf den heutigen Tag umtreibt.

6.

Ich war (und bin) gänzlich unsportlich, und ich habe bis heute eine tiefe Abneigung gegen Massenveranstaltungen jeglicher Art. Das machte mich in der Nazi-Zeit zum traurigen *misfit*, dessen *survival* nach den geltenden sozialdarwinistischen Anschauungen überaus beschwerlich war.

Ich erinnere mich, daß ich im November 1938 im Alter von zehn Jahren, mit dem Omnibus aus der Schule kommend, an der brennenden Synagoge in Bonn-Poppelsdorf vorbeifuhr. Unser „Dienstmädchen" (wie man damals ohne Hemmungen sagte) prophezeite uns Kindern am selben Abend: „Das ist der Anfang vom Ende!" Sie bewies damit mehr Einsicht als viele „Gebildete" unseres Volkes, Universitätsprofessoren eingeschlossen. In und außerhalb der Schule lernte ich, daß alle Juden, als „Rasse" die Verkörperung des Bösen, wahre Teufel waren. In medizinischer Sicht waren sie Parasiten, Schädlinge und Ungeziefer, die das deutsche Blut vergifteten und zersetzten. Die Drangsalierung, Vertreibung und Vernichtung dieser Teufel oder Schädlinge durch arische Lichtgestalten blonder Jünglinge war eine wenn nicht gottgefällige, so doch das deutsche Volk, ja die ganzen Welt von einem Erzübel befreiende Tat.

Für diese und andere fixe Ideen scheint mir die Spezies Homo sapiens besonders anfällig. Nicht alle hatten so katastrophale Folgen wie der Antisemitismus. Als ich meinen Vater in Bonn im November 1944 zum letzten Male in meinem Leben sah, meinte er, wenn ich schon studierte, sollte ich mich der Erforschung der Fragen von „Rasse", „Kultur" und „Volk" widmen. Als Dolmetscher für Russisch war er bei der Wlassow-Armee. Seit Kriegsende im Mai 1945, er war damals 44 Jahre alt, ist er in der Tschechoslowakei verschollen.

7.

Ich selbst diente 1944 mit 16 Jahren als Luftwaffenhelfer, später im Reichsarbeitsdienst, und noch am 30. Januar 1945 wurde ich zu einer Luftnachrichtendienst-Einheit der

---

[3]   Archiv der Universität Bonn, Personalakte Nr. 9061, Bl. 25: Schreiben vom 20.4.1937, Bl. 47–48: Schreiben vom 21.4.1937

[4]   Archiv der Universität Bonn, Personalakte Nr. 9061, Bl. 51: Schreiben vom 7.5.1937

Wehrmacht eingezogen. Ich hatte mich dazu freiwillig gemeldet, um nicht von der Waffen-SS vereinnahmt zu werden. Am 2. Mai 1945 wurde ich noch auf den Groß-admiral Dönitz vereidigt. Das Ende des Krieges wenige Tage später erlebte ich in der Tschechoslowakei. In der Nacht vom 8. zum 9. Mai verschwanden alle Offiziere un-serer Einheit heimlich unter Mitnahme aller Fahrzeuge, sämtlicher Verpflegung und der Wehrmachtshelferinnen. Sie überließen uns 15–17jährige Kindersoldaten unserem Schicksal. Letzte Illusionen vom Ethos des deutschen Offiziers gingen mir in dem Cha-os der Auflösung der Wehrmacht verloren. Ich entging knapp der sowjetischen Kriegs-gefangenschaft, kam in US-amerikanische Zivilinternierung auf eine Wiese, nährte mich von den Kräutern des Waldes und war im Juli 1945 wieder bei meiner Mutter und meinen Geschwistern, dort, wo sie in Süddeutschland evakuiert waren. Im Herbst 1945 kehrten wir nach Bonn in unser durch Bomben beschädigtes und inzwischen von lieben „Volksgenossen" gründlich ausgeplündertes Haus zurück.

WIE WAR ES DAMALS?

Mein Vater, zunächst in Bonn Privatdozent, ab 1935 nichtbeamteter außerordentlicher Professor für Assyriologie, hatte nur ein sehr bescheidenes Einkommen und war ohne jeden Versorgungsanspruch für sich oder seine Familie. Meine Mutter mußte also ihre fünf Kinder und ihre eigene Mutter allein unter widrigen Umständen durchbringen. Nur gelegentlich bekam sie etwas Geld aus der Hilfskasse der Bonner Universität als Gnadenbrot überwiesen. Was Geldnot, Hunger und Frieren bedeuten, habe ich in den Nachkriegsjahren reichlich am eigenen Leibe zu spüren bekommen.

Dennoch entschloß ich mich zum Studium. Bevor ich jedoch zugelassen wurde, mußte ich das ganze Sommersemester 1947 hindurch in einem studentischen Bautrupp Aufbauhilfe für die zerstörte Bonner Universität leisten. Ich betätigte mich unter ande-rem beim Bau einer Mauer des gerichtsmedizinischen Instituts. Dafür wurde ich an den Wochenenden an einer irischen Speckspende beteiligt.

Ich wollte „Völkerkunde" studieren, wie das Fach damals auf gut Deutsch hieß. Alle meine Bekannten und Verwandten waren entsetzt: Wie sollte ich mit diesem „brot-losen Fach" je meinen Lebensunterhalt verdienen? Ich selbst machte mir nur vage Vor-stellungen: Ich hoffte, mich als Journalist irgendwie durchzuschlagen.

Ich begann mein Studium der Völkerkunde im Wintersemester 1947/48 bei Prof. Hermann Trimborn an der Universität Bonn. Als Bonner „Dozentensohn" brauchte ich außer den Sozialabgaben keine Gebühren zu zahlen. Ich belegte im ersten Semester bei Trimborn eine Vorlesung über „Völkerkunde von Südamerika" sowie „Völkerkundliche Übungen", außerdem Lehrveranstaltungen in Geographie und Vor- und Frühgeschich-te. Später hörte ich auch Vorlesungen in Meteorologie, Geschichte, Philosophie und Theologie. Ich begriff die Universität als eine Einrichtung, an der man grundsätzlich alles Wissenswerte in völliger Freiheit studieren konnte. Es gab in meinen Haupt- und

Nebenfächern damals keinerlei Studienpläne, niemand sagte einem, was man hören sollte oder gar mußte, und man machte in Übungen und Seminaren keinerlei „Scheine". Als Student nahm ich mir das damals noch sehr schmale Vorlesungsverzeichnis vor und stellte mir danach das „Menü" der mich interessierenden Lehrveranstaltungen für jedes Semester nach eigenem Gusto zusammen. Ich bin im Studium, wie später auch, meinen wissenschaftlichen Neigungen nachgegangen und nicht einem vorgefaßten Plan, geschweige denn einem Schielen nach geldlichen Fördermitteln.

Im zweiten Semester fanden die „Völkerkundlichen Übungen" in der Privatwohnung von Hermann Trimborn statt. Wir befaßten uns ausschließlich mit dem gerade in erster Auflage erschienenen Buch von Adolf E. Jensen: „Das religiöse Weltbild einer frühen Kultur" (1948). Der ceramesische Mythos vom Mädchen Hainuwele wurde mir unvergeßlich. Vor allem aber beeindruckte mich Jensens Versuch, das den alten Pflanzerkulturen zugeschriebene „Weltbild in seiner Geschlossenheit und Folgerichtigkeit" (Jensen 1948:142–157) darzustellen: Schweineopfer, Kopfjagd, Kannibalismus, Totenreise und Totenreich, Jagd, Krieg und Wettkampf, Geheimbund und Reifezeremonie sowie Fruchtbarkeitskulte und anderes mehr bildeten nach Jensens Meinung Aspekte eines Kulturkomplexes. Ich machte mich mit Leo Frobenius' „Paideuma" (1921) und seinen Auffassungen von der Entstehung von Kulturen und Kulturgütern aus einem Zustand der „Ergriffenheit" vertraut, das nach seiner Theorie regelmäßig in ein Stadium des „Ausdrucks" übergeht und in bloßer „Anwendung" endet.

So sehr mich diese Forschungen und Gedanken der Frankfurter Schule auch ergriffen, ich war nach zwei Semestern des Studiums der Völkerkunde ratlos und drauf und dran, es aufzugeben. Der Gegenstand des Faches erschien mir einerseits uferlos, andererseits beschränkt auf den „dummen Rest" der schriftlosen – und deshalb kulturlosen – primitiven Völker, die, bedeutungslos für den Gang der Weltgeschichte, an den Rändern der Ökumene in Urwäldern, Steppen und Wüsten dahinvegetierten. Unklar blieben mir auch die Ziele des Faches: Eine weltumspannende Kulturgeschichte auf der Grundlage auch des ethnographischen Materials zu schreiben, schien mir überspannt. Ebenso unsinnig schien mir aber auch die wahllose Beschäftigung mit buchstäblich allem, was Menschen verschiedener Völker je produziert haben und produzieren: von Pfeilspitzen über polygame Familienstrukturen bis hin zum Hochgottglauben und vielem, vielem anderen. Was schließlich die Methoden des Faches anbelangte, war ich vollends verwirrt: Ging es einer Richtung um die pedantische Kartierung einzelner Kulturelemente zur Feststellung von „Kulturkreisen", so ging es anderen um so konturlose Begriffe wie denen des „Paideuma" oder der „Kulturseele", welche sich angeblich in allen Äußerungen einer jeden Kultur zu erkennen gab.

Um von meinem Lehrer Hermann Trimborn eine Orientierung in diesem Chaos zu erhalten, fragte ich ihn: „Was soll ich lesen?" Indem er auf die Regale der Bibliothek deutete, antwortete er mir: „Hier stehen doch die Bücher!" Er dachte also nicht daran, mich auf irgendeine Fährte des Faches zu lenken; ich sollte und mußte mir selbst meinen Weg suchen. Göttliche Fügung oder der pure Zufall brachten mich zu den

„richtigen" Büchern: Der eigenen Lektüre wies Hermann Trimborn ungleich größere Bedeutung zu als dem, zu dem er uns in seinen überaus lebendigen Lehrveranstaltungen anregte. Niemals hätte er sich darauf eingelassen, uns Studenten eine „Leseliste" mit empfohlener oder gar obligatorischer Lektüre an die Hand zu geben. Wer nicht von selber den Weg zur wissenschaftlichen Literatur fand, war verloren – für das Studium der Ethnologie ungeeignet.

Nach dem zweiten Studiensemester glaubte ich, daß dies, mich betreffend, der Fall sei. Im dritten Semester (WS 1948/49) nahm ich dann an einem Seminar über „Megalithkultur" teil, das Trimborn gemeinsam mit Kollegen der Geographie und der Ur- und Frühgeschichte veranstaltete.[5] Ich übernahm ein Referat zum Thema „Megalithen in Ozeanien". Zum ersten Mal kam ich dabei zum wissenschaftlichen Arbeiten: Ich mußte Literatur zu diesem Thema in Büchern und Zeitschriften ausfindig machen, was so kurz nach dem Kriege, als viele Bibliotheken zerstört waren, auf viele Schwierigkeiten stieß. Ich trampte häufig nach Köln zur einigermaßen erhaltenen Bibliothek des Rautenstrauch-Joest-Museums für Völkerkunde. Ich exzerpierte fleißig (Kopiergeräte waren damals unbekannt), suchte Abbildungen von Steinsetzungen in Melanesien, Mikronesien und Polynesien heraus, um davon Schwarzweiß-Dias anfertigen zu lassen, und schrieb schließlich mein Referat zusammen. Es kam bei Professoren und Mitstudenten gut an, was für mich in meiner damaligen Unsicherheit wichtig war, vor allem aber: Ich hatte mich recht intensiv mit zahlreichen Inseln Ozeaniens befaßt und einen nachhaltigen Eindruck von der Ethnographie einer großen Region gewonnen.

Der Erfolg brachte mir Aufwind. Ich wechselte meine Nebenfächer zur Vergleichenden Religionswissenschaft und Psychologie und fing an, mich ernsthaft in die Literatur zur allgemeinen Ethnologie einzulesen. Ich arbeitete Richard Thurnwalds fünfbändiges Werk „Die menschliche Gesellschaft in ihren ethno-soziologischen Grundlagen" (1931–1934) durch und legte eine systematische Zettelsammlung mit Exzerpten an.

Bald erschien mir die Beschränkung auf die deutschsprachige Ethnologie viel zu eng. Eine amerikanische Familie, die uns nach dem Kriege selbstlos mit Lebensmittelpaketen versorgte, erfüllte meine Bitte auch nach ethnologischer Fachliteratur. Auf diese Weise kam ich in den Besitz von Albert L. Kroebers großem Werk „Anthropology" (1948), dessen 850 Seiten ich gründlich durchstudierte und teilweise exzerpierte. Ebenso verfuhr ich mit mehreren Werken von Robert H. Lowie (1921, 1927, 1937, 1950), mit Melville J. Herskovits' Büchern (1948, 1952) und anderen Autoren der von Franz Boas begründeten amerikanischen Cultural Anthropology.

Ausgangspunkt für meine Beschäftigung mit dieser Richtung der Ethnologie bildete das mir ebenfalls von unseren amerikanischen Freunden geschenkte, von Franz Boas selbst noch herausgegebene Sammelwerk „General Anthropology" (1938). Die

---

[5]   Interdisziplinäre Seminare hielt Hermann Trimborn mit Vorliebe ab; er hielt nichts von der Ethnologie als isolierter Disziplin.

Frage nach der Prägung von Menschen verschiedener Völker durch ihre jeweiligen
Kulturen war eine der Fragen, die mich zur Ethnologie brachten. Mein Studium der
Psychologie betrieb ich in der Hoffnung, dort mehr über das Problem von *culture and
personality* zu erfahren. Ich las mit größtem Interesse die Bücher von Margaret Mead
(1928, 1930, 1935).

Hermann Trimborn vertrat, damals in Bonn der einzige Dozent für das Fach Völkerkunde, eine „kulturhistorische" Richtung. Die vielgeschmähte „Kulturkreislehre"
wurde von Trimborn jedoch nur als eine unter anderen Richtungen und Methoden
der Ethnologie abgehandelt. Trimborns Vorgänger Fritz Graebner hat übrigens den
Ausdruck „Kulturkreislehre" stets verworfen; Wort und Begriff „Kulturkreis" spielten
in seinen Schriften keine große Rolle (vgl. R. Schott 1996a:Sp.600).[6] Graebner geht in
seiner „Methode der Ethnologie" erst ab der Seite 125 auf „Kulturkreise" und „Kulturschichten" ein (Graebner 1911). Die von ihm angeregte kulturgeographische Methode
ähnelte den Culture Area-Forschungen der US-amerikanischen Cultural Anthropology. Trimborn hielt allerdings an dem Ziel fest, eine universale Kulturgeschichte der
Menschheit unter Einbeziehung auch des ethnographischen Materials schriftloser Völker in Zusammenarbeit mit der Ur- und Frühgeschichte zu schreiben. Er stand damit
nicht allein; ich erinnere mich einer eindrucksvollen Vorlesung des Historikers Fritz
Kern über „Universalgeschichte", in der er diese Auffassung, wie auch schon in seiner
Schrift „Die Anfänge der Weltgeschichte" (Kern 1933), vertrat. Trimborn stand auf dem
Standpunkt, daß die Völkerkunde ein historisches Fach sei. Zugleich aber vertrat er
auch in seinen Vorlesungen und Seminaren nachdrücklich die These: „Das Mensch-
liche ist gleich im Urgrund aller Kulturen" – so lautete der Titel einer von ihm in den
„Beiträge[n] zum Geschichtsunterricht" verfaßten Schrift (Trimborn 1948).

Hermann Trimborn kam vom Studium der Wirtschaftswissenschaft zur Ethnolo-
gie; Wirtschafts- und Rechtsethnologie waren seine Hauptforschungsgebiete. Ich schlug
ihm vor, für meine Doktordissertation über die Nahrungsverteilung bei Sammler- und
Jägervölkern zu arbeiten. In der Folgezeit machte ich mich mit den Grundlagen der
Nationalökonomie und des Eigentumsrechts vertraut. Methodisch folgte ich in meiner
Doktorarbeit den Richtlinien, die Walter Eucken in der 6. Auflage seines Buches „Die
Grundlagen der Nationalökonomie" (Eucken 1950) diesem Fache gab.

Zum Sommersemester 1951 wurde ich in die Studienstiftung des deutschen Volkes aufgenommen.[7] Ohne ihre Förderung hätte ich mein Studium nicht beenden kön-

---

[6]   Ein vollständiges Verzeichnis meiner Veröffentlichungen bis zum Jahre 1991 ist in der von Werner
        Krawietz, Leopold Pospíšil und Sabine Steinbrich 1993 herausgegebenen und mir gewidmeten Fest-
        schrift enthalten.

[7]   Diese Institution wurde 1925 gegründet, um Studenten nach der Zeit der Inflation ein anspruchs-
        volles Studium zu ermöglichen. 1933 wurde sie von den Nazis abgeschafft, da sie nach Meinung des
        damaligen „Führers der deutschen Studentenschaft" „[...] mit Reichsmitteln hauptsächlich sozialde-
        mokratische und liberale Studenten fördere. Neue, am Nationalsozialismus orientierte Auswahlricht-
        linien seien notwendig" (Heinz Haerten, zit. nach Altner 2001:34). 1948 wurde die Studienstiftung
        neu gegründet.

nen, vor allem aber hätte ich nicht 1952 meinen halbjährigen Aufenthalt in London finanzieren können. In der Bibliothek des Britischen Museums – dort, wo Karl Marx sein „Kapital" schrieb – suchte ich mir in mühseligem Exzerpieren das Material für meine Doktorarbeit über „Wirtschaftsordnung und Nahrungsverteilung bei Wildbeutervölkern" zusammen. Nach meiner Promotion im Februar 1954 erschien diese Dissertation unter dem, wie mir scheint, etwas bombastischen Titel „Anfänge der Privat- und Planwirtschaft" in einer von Georg Eckert und Hermann Trimborn edierten Reihe „Kulturgeschichtliche Forschungen" (R. Schott 1955).

Unmittelbar nach meiner Promotion arbeitete ich vier Jahre lang in Bonn als Wissenschaftliche Hilfskraft unter der Leitung von Hermann Trimborn an einem aus Mitteln der Deutschen Forschungsgemeinschaft geförderten Forschungsvorhaben zur „Frühgeschichte des Eigentums". Im Rahmen dieses Projektes befaßte ich mich unter anderem eingehend mit den Eigentums- und Erbrechten im Kontext der komplizierten Familien- und Klanstrukturen der Nordwestküsten-Indianer (Schott 1957). Mit großem Respekt studierte ich die Schriften von Franz Boas, der vor allem unter den Kwakiutl-Indianern ethnographische Beobachtungen angestellt und Texte in einem außerordentlichen Umfange und von hervorragender Qualität aufgenommen hatte. Als Begründer der amerikanischen Cultural Anthropology, hierzulande immer noch irreführend mit „Kulturanthropologie" übersetzt, sehe ich in ihm einen meiner geistigen Ahnen (R. Schott 1994a).[8]

Nach Abschluß des Projektes „Frühgeschichte des Eigentums" erhielt ich von der Deutschen Forschungsgemeinschaft für weitere zwei Jahre ein Habilitationsstipendium für Untersuchungen über „Völkerbeziehungen in Südafrika", die sich im Wesentlichen auf das Verhältnis der San zu den umwohnenden Bantu-Völkerschaften bezogen. Im Zusammenhang mit dieser Arbeit nahm ich im Sommersemester 1960 als Gasthörer an einem Postgraduate Course der London School of Economics (LSE) teil.

Im September 1960 suchte der bedeutende Politikwissenschaftler Arnold Bergstraesser meine Frau und mich in unserer bescheidenen Mansardenwohnung in Bonn auf. Bergstraesser war während seiner Emigration in Chicago Robert Redfield begegnet. Seither stand für ihn fest, daß die von ihm konzipierte „Arbeitsstelle für kulturwissenschaftliche Forschung" – das *post mortem* nach ihm benannte „Arnold-Bergstraesser-Institut" – unbedingt auch einen Ethnologen als Mitarbeiter haben sollte. Mich beeindruckte die Offenheit, mit der Arnold Bergstraesser die sozio-kulturellen Aspekte des politischen Wandels in unserer Welt begriff. Ich war begeistert von Bergstraessers Gedanken, junge Wissenschaftler als Vertreter verschiedener Disziplinen und regionaler Interessen in einer Arbeitsstelle für kulturwissenschaftliche For-

---

[8] Völlig zu Unrecht wird ihm die akribische Edition von Texten in den Indianersprachen und anderer ethnographischer Einzelheiten als „Theoriefeindlichkeit" vorgeworfen. Es ist absurd, daß in einem deutschsprachigen Sammelband „Klassiker der Kulturanthropologie. Von Montaigne bis Margaret Mead" (Marschall 1990) ausgerechnet Franz Boas kein eigener Beitrag gewidmet wurde. In diesem Bande wird keiner so oft zitiert wie er!

schung zusammenwirken zu lassen. Die Begegnung der Kulturen sollte aber nicht nur in Gedanken stattfinden, sondern es sollten, und auch dafür sorgte Arnold Bergstraesser, Menschen aus verschiedenen Kulturen in diesem Institut zu wissenschaftlicher Arbeit zusammenkommen.

Am 1. April 1961 trat ich als Assistent in seine neu gegründete „Arbeitsstelle für kulturwissenschaftliche Forschung" in Freiburg i.Br. ein. Als Ethnologe und Referent für die Afrika südlich der Sahara betreffenden Fragen leitete ich Arbeitsgemeinschaften mit Studenten und nahm beratend am Aufbau des Instituts, vor allem seiner Bibliothek, teil. Außerdem hielt ich im Rahmen des von Arnold Bergstraesser geleiteten Seminars für wissenschaftliche Politik und Soziologie der Universität Freiburg Übungen über ethnosoziologische Themen ab.

Arnold Bergstraesser ermöglichte mir im November und Dezember 1962 eine Studienreise nach Ghana, wo ich anläßlich des 1. Internationalen Afrikanisten-Kongresses in Accra einen Vortrag über das Thema meiner inzwischen abgeschlossenen Habilitationsschrift hielt. Dieser Vortrag wurde ohne mein Wissen und Zutun ins Polnische übersetzt und in Warschau publiziert (R. Schott 1963). Von Accra aus unternahm ich auf eigene Faust eine Reise über Kumasi in den Norden des Landes, nach Tamale und Bolgatanga. Die Veröffentlichungen von Meyer Fortes (1945, 1949) über die Tallensi hatten mein lebhaftes Interesse an dieser Region und den in ihr lebenden Völkern geweckt. In diese Gegend sollte ich vier Jahre später zu ethnographischen Feldforschungen zurückkehren.

Meine Habilitationsschrift über „Soziale Beziehungen zwischen ethnischen Gruppen in Südafrika" reichte ich 1963 ein; sie blieb unveröffentlicht, da ich meine Absicht, ethnographische Feldforschungen in Südafrika, vor allem in Botswana, als Ergänzung zu meinen Literaturstudien durchzuführen, aus verschiedenen Gründen nicht mehr durchführen konnte. Mein Habilitationsvortrag und -kolloquium fanden am 19. Februar 1964 vor der Philosophischen Fakultät in Bonn statt. Am 24. Februar starb Arnold Bergstraesser. Mit seinem Tode endeten auch zahlreiche der von ihm initiierten Forschungsvorhaben. Im Laufe des Sommers 1964 verließ ich Freiburg mit großem Bedauern, denn ich hatte dort nicht zuletzt dank der Förderung durch Arnold Bergstraesser und im Kreise seiner zahlreichen Schüler und Mitarbeiter für mein weiteres Leben und meine weiteren Arbeiten überaus fruchtbare und anregende Jahre verbracht, an die ich heute noch gerne zurückdenke.

In Bonn erhielt ich die *venia legendi* für das Fach Völkerkunde und war von Mai 1964 bis Februar 1965 als Privatdozent an der Universität Bonn tätig. Beim Senat der Universität wurde eine Diätendozentur für mich beantragt. Dank solcher Dozenturen konnten habilitierte Privatdozenten ihr Dasein bis zur Berufung auf eine Professorenstelle fristen. Kurz nach Weihnachten 1964 rief mich mein Onkel (VaSwMa), Prof. Otto Plöger, der damals als Alttestamentler im Senat der Universität saß, zu Hause an und teilte mir mit: „Aus deiner Diätendozentur wird nichts!" Ich war tief enttäuscht, zumal diese Dozenturen, wenn eine frei wurde, streng nach der zeitlichen Reihenfolge der Habilitationen vergeben wurden. Mein Onkel fügte hinzu: „Ja, aber weißt du denn nicht, daß du für den Ethnologie-Lehrstuhl in Münster vorgesehen bist?" Ich wußte in der Tat nichts davon, nicht einmal gerüchteweise. Damals konnte man sich auf Professorenstellen nicht selbst bewerben, sondern man wurde auf Vorschlag der jeweiligen Fakultät vom Kultusminister auf eine solche Stelle berufen.[9]

Im März 1965 machte ich mich nach Münster auf, eine Stadt, die ich nie zuvor besucht hatte. Ich führte dort vorbereitende Gespräche mit dem Dekan und mit Professoren der Philosophischen Fakultät sowie mit der Universitätsverwaltung. Bei einer Besichtigung fielen mir die drei eisernen Käfige an der Lambertikirche auf. In ihnen wurden seinerzeit die führenden Leute der „Münsterer Rotte" zur Schau gestellt, nachdem ihre Wiedertäuferherrschaft über die Stadt Münster 1535 gescheitert war. Als ich im Lauf der Zeit feststellte, daß die Münsteraner noch heute stolz sind auf diesen barbarischen Akt der Gegenreformation, wurde mir klar, daß ich in dieser ansonsten schönen Stadt nie wirklich heimisch werden würde.

Zum 1. April 1965 wurde ich mit 37 Jahren als ordentlicher Professor auf den neu errichteten Lehrstuhl für Ethnologie der Universität Münster berufen sowie zum Direktor des ebenfalls neu begründeten Seminars für Völkerkunde ernannt. Nachdem dieses in der Studtstraße 32 einigermaßen eingerichtet war, unternahm ich mit Unterstützung der Deutschen Forschungsgemeinschaft von August 1966 bis April 1967 während eines Forschungsfreisemesters meine erste ethnographische Feldforschung in Nordghana. Ich hatte mich zuvor bei mehreren Fachkollegen im In- und Ausland – unter anderem Prof. Jürgen Zwernemann (Hamburg), Dr. Annemarie Schweeger-Hefel (Wien) und Prof. Meyer Fortes (Cambridge) – danach erkundigt, welche Ethnien im Norden Ghanas ethnographisch am wenigsten erforscht waren. Man machte mir ein halbes Dutzend Vorschläge; während der ersten sechs Wochen unternahm ich eine Rundreise durch Nordghana und blieb schließlich beim Volke der Bulsa südwestlich der Stadt Navrongo. Über die Bulsa existierten außer einigen verstreuten Notizen nur fünfeinhalb Seiten in R.S. Rattray's Werk „The Tribes of the Ashanti Hinterland" (Rattray 1932:398–403). Auf der Überfahrt mit dem 1966 noch regelmäßig zwischen Liverpool und Tema, der Hafenstadt bei Accra verkehrenden Postschiff, hatte ich einen presbyterianischen Pastor aus Schottland kennengelernt, der seit vielen Jahren bei den Bulsa missionierte. Er lud mich ein, die erste Zeit in seinem Hause zu wohnen. Ich nahm dieses Angebot an; er beschaffte mir auch einen einheimischen Assistenten und Dolmetscher, einen jungen, kurz zuvor arbeitslos gewordenen Krankenpfleger, Mr. Godfrey Achaw. Dieser führte mich bei seinen Verwandten ein und half mir in jeder Beziehung, so gut er konnte, mich in dieser fremden Umgebung unter dürftigen Verhältnissen zurechtzufinden. Nicht unerwähnt will ich lassen, daß meine Frau Helga Schott mich auf allen meinen Forschungsreisen während der letzten Monate begleitete, vieles fotografierte und selbständig Interviews mit Frauen durchführte. Vor allem aber fütterte sie mich

---

[9] Beide Verfahren – Berufung und Bewerbung – haben in meinen Augen ihre Vor- und Nachteile.

vom „Hunger- und Angstgeripppe" (W. Busch) wieder einigermaßen auf, soweit es die dortigen kargen Verhältnisse zuließen.

Über erste „Ergebnisse völkerkundlicher Forschungen bei den Bulsa in Nord-Ghana 1966/67" berichtete ich im Juli 1968 vor der Arbeitsgemeinschaft für Forschung des Landes Nordrhein-Westfalen (der heutigen Nordrhein-Westfälischen Akademie der Wissenschaften) in Düsseldorf in einem Vortrag über „Leben und Dichtung eines westafrikanischen Bauernvolkes" (R. Schott 1970). Schon damals machte ich erste Versuche auf dem Gebiet der *oral art*, indem ich Lieder und Erzählungen der Bulsa veröffentlichte. Nach der strukturalistischen Methode Lévi-Strauss' analysierte ich eine „Mythe von den frevelhaften Zwillingen" (R. Schott 1970:54–82). Ähnliche Geschichten aus Westafrika sollten französische Erzählforscherinnen in einem Sammelband „Histoires d'enfants terribles" (Görög *et al.* 1980) zehn Jahre später veröffentlichen. Inzwischen arbeite ich mit diesen Kolleginnen eng zusammen.

Weitere jeweils etwa sieben Monate dauernde ethnographische Forschungsreisen zu den Bulsa veranstaltete ich während Forschungsfreisemestern 1974/75 und 1988/89. Anders als zumeist in der deutschen ethnographischen Forschungstradition üblich, unternahm ich keine ausgedehnten Reisen innerhalb des Forschungsgebietes zu mehreren ethnischen Gruppen, sondern ich folgte der Arbeitsweise der intensiven „stationären Feldforschung" bei einer einzigen Ethnie, wie Malinowski (1922) sie maßgeblich vertreten hat. Sehr bald begriff ich, daß die Ethnographie auch nur e i n e s schriftlosen Volkes von einem einzigen Forscher bei Lebzeiten nicht zu bewältigen ist. Ich war und bin deshalb nicht der Auffassung, daß ein „Stamm" oder „Volk" gleichsam das Privatrevier eines Ethnographen sein sollte. Ich ermunterte vielmehr mehrere meiner Studenten, eigene Feldforschungen unter den Bulsa über verschiedene Themen zu betreiben.[10]

Ein Forschungsfreijahr erlaubte mir einen längeren Aufenthalt bei den ebenfalls ethnographisch unzulänglich erforschten Lyela in Burkina Faso (ehedem: Obervolta) von August 1982 bis September 1983 und im Februar und März 1984. Auf diese Reise hatte ich drei Studentinnen mitgenommen, die bei mir zuvor ein gutes oder sehr gutes Magisterexamen abgelegt hatten. Alle drei sollten die soziale und kulturelle Situation der Frauen unter den Lyela erforschen, aber in verschiedenen Siedlungen: Sabine Steinbrich in einem abseits der Hauptstraße gelegenen „Buschdorf" (Steinbrich 1987), Sabine Dinslage in einem Vorort des Hauptortes Réo (Dinslage 1986) und Anne Brüggemann im semiurbanen Zentrum von Réo.

---

[10]   Vergleiche Blanc (1993, 1999), Heermann (1981), Kröger (1978, 1982, 1992, 2001) und Meier (1993).

WOMIT HABE ICH MICH IN DER ETHNOLOGIE BEFASST?

Auf folgenden Forschungsfeldern habe ich von 1965 bis 1995 hauptsächlich gearbeitet:

1. Sozialer und kultureller Wandel

Ich bin der Auffassung, daß die Hauptaufgabe der Ethnologie darin besteht, die kulturellen Leistungen, die Lebensformen und Anschauungen fremder Völker, vor allem schriftloser Völker, in Bild, Ton und Schrift für die Nachwelt – vor allem für die Nachkommen der betreffenden Völker selbst – zu dokumentieren.

Zugleich aber sind die Ethnologen gehalten, die h e u t i g e n Zustände, unter denen fremde Völker leben, sowie den kulturellen und sozialen Wandel, den sie durchmachen, zu untersuchen und – mit aller Vorsicht – Verbesserungsvorschläge zu machen.

Während meines Aufenthaltes in Burkina Faso lud der Botschafter der Bundesrepublik Deutschland zum 23. Mai 1983 alle Deutschen im Lande zur Feier des „Verfassungstages" ein. Ich traf dort mehr als 200 Deutsche an, die alle in irgendwelchen Entwicklungsprojekten tätig waren. Da wurde mir klar, daß mögliche Einwände oder Bedenken von Ethnologen gegen konkrete Projekte in aller Regel nicht auf offene Ohren stoßen, denn wer sägt sich schon selbst den Ast ab, auf dem er sitzt? Zu Fehlentwicklungen, die ich in Burkina Faso und in Ghana zu sehen bekam, möchte ich hier nichts sagen. Oft braucht es kein Ethnologiestudium, sondern nur ein wenig gesunden Menschenverstand, um Fehlentwicklungen vorherzusagen oder um ihnen vorzubeugen. Nur ein Beispiel: Ein amerikanischer Entwicklungshelfer mühte sich bei den Lyela darum, die Bauern mehrerer Dörfer zur Anpflanzung von Fruchtbäumen zu bewegen, um der Desertifikation vorzubeugen. In eineinhalb Jahren hatte er eine Baumschule mit einer Bewässerungsanlage aufgebaut, er besaß genügend einheimische Hilfskräfte, Transportmittel und alle sonstigen Voraussetzungen für ein erfolgreiches Projekt. Er war jedoch tief enttäuscht, weil die Leute in der Trockenzeit nicht die frisch gepflanzten Bäumchen wässerten. Jeder, der in der Trockensavanne gelebt hat, weiß aber, daß Wasser in der Trockenzeit etwas so Kostbares ist, das man es zum Kochen und zur Körperhygiene gebraucht, aber niemals, um damit Bäume zu wässern.

In anderen Fällen sind ethnologische Vorstudien unerläßlich. Mein Mitarbeiter Godfrey Achaw berichtete mir Folgendes: Als Junge bekam er von seinem Vater Schläge, als er die Nuß eines Karité- oder Schibutterbaumes (Butyrospermum parkii) auf dem väterlichen Grundstück beim Hause in die Erde versenkte. Er tat dies in bester Absicht, denn die Früchte des Karitébaumes liefern wertvolles Pflanzenfett. Sein Vater aber beschimpfte ihn: Die Erde verbietet die Anpflanzung wildwachsender Bäume auf kultiviertem Land; diese Handlung ist gleichsam so, als wollte man den mühsam der Wildnis abgerungenen Boden wieder „verwildern" lassen. Eine größere Anpflanzung von Karitébäumen, die eine Entwicklungshilfeorganisation in den siebziger Jahren in dieser Gegend vornahm, wurde von der Bevölkerung als Frevel gegen die heilige Erde angesehen und rücksichtslos abgeholzt.

Als ich im Oktober 1966 meine Feldforschungen unter den Bulsa anfing, hatte ich vor, eine wirtschaftsethnologische Studie durchzuführen, um daraus Anregungen für die Entwicklung der Landwirtschaft der Bulsa abzuleiten. Mit meinem Assistenten vermaß ich die Felder seiner Verwandten, um später die auf den einzelnen Feldern erzielten Ernteerträge festzustellen. Kurz darauf kam im Ort das Gerücht auf, ich sei von der ghanaischen Regierung beauftragt, die Felderträge zu berechnen, damit die Bauern auch noch darauf – und nicht nur auf Vieh, Frauen und Fahrräder – Steuern zahlen sollten. Kein Wunder, daß ich auf verschlossene Türen und taube Ohren stieß! Ich gab mein Vorhaben sehr rasch auf und stellte meine Forschungen auf Themen um, die die Leute selbst interessierten und zu denen sie mir freiwillig Auskunft gaben.

Je länger ich mich in Afrika aufhielt, desto mehr wurde mir klar, daß der Forscher kaum etwas von dem erfährt, was einem die Leute nicht von sich aus mitteilen wollen. Vergleichbar einem Kriminalbeamten stellte ich mir zwar aus zahlreichen Puzzleteilen auf verschiedenen Gebieten der Ethnographie ein Bild zusammen, das aber immer große Lücken aufwies. Außerdem verzichtete ich im Lauf der Zeit immer mehr darauf, meinen Informanten Fragen zu stellen. Ich versuchte vielmehr, sie zum Reden zu bringen – was zwar auch nicht ganz ohne Fragen ging, aber ich versuchte, statt viel zu fragen, so viel wie möglich zuzuhören.

2. Rechtsethnologie

In dem von Hans Fischer herausgegebenen Lehrbuch „Ethnologie. Einführung und Überblick", bereits in vierter Auflage erschienen, schrieb ich den Abschnitt über „Rechtsethnologie" (R. Schott 1998a).

Ich laste es mir als ein Versagen an, daß es mir in den 28 Jahren meiner Lehrtätigkeit in Münster nicht gelungen ist, auch nur einen Studenten der Ethnologie für eine Dissertation auf dem Gebiete der Rechtsethnologie zu gewinnen. Alles, was mit *law and order* zu tun hat, ist seit 1968 unter den Studenten einem Anathema ausgesetzt.

In zahlreichen Einzelarbeiten habe ich auf die moderne Rechtssituation in Ghana bei den Bulsa und in Burkina Faso bei den Lyela aufgrund meiner ethnographischen Forschungen hingewiesen (s. zum Beispiel R. Schott 1978). Während sich von meinen Fachkollegen in Deutschland niemand für die Rechtsethnologie interessierte, wurde ich von französischen Kollegen, vor allem von M. Raymond Verdier, dem ehemaligen Direktor des Centre Droit et Cultures in Paris, mehrfach zu Vorträgen und Kolloquien über rechtsethnologische Themen eingeladen.[11] Leider sind die intensiven Beziehungen zu französischen Rechtsethnologen, die vor allem auch Prof. Trutz v. Trotha vorangetrieben hat, in den letzten Jahren zum Erliegen gekommen.

---

[11]   Vergleiche R. Schott (1980a, b, 1981, 1984, 1987a, b, 1991a, b, 1993a, b, 1994b, 1995, 1996b).

Zu meiner Freude wird die Rechtsethnologie in Deutschland künftig im neu begründeten Max-Planck-Institut für ethnologische Forschung zu Halle/Saale unter der Leitung des aus den Niederlanden kommenden Ehepaares Kebeet und Franz von Benda-Beckman tatkräftig gefördert werden.

3. Religionsethnologie

Vor mehr als 40 Jahren erschien in dieser Zeitschrift mein Aufsatz „Religiöse und soziale Bindungen des Eigentums bei Naturvölkern" (1960). Die Zusammenhänge zwischen Recht und Religion haben mich später wieder intensiv beschäftigt.[12]

Die Bedeutung der Religion für das Leben und Denken der Menschen kam mir bei meinen ethnographischen Feldforschungen unter den Bulsa voll zu Bewußtsein.

4. Erzählforschung

Seit mehr als 30 Jahren befasse ich mich mit afrikanischen Erzählungen (R. Schott 1970); es ist dies inzwischen mein Hauptarbeitsgebiet. Mit meinen ghanaischen und deutschen Mitarbeitern habe ich während meiner oben erwähnten Feldforschungsaufenthalte von 1966 bis 1989 mehr als 1200 Erzählungen der Bulsa aufgenommen (vgl. R. Schott 1989b). Mit Unterstützung der Deutschen Forschungsgemeinschaft wurde dieses Korpus von meinen Mitarbeitern und mir in einer „Arbeitsstelle für Erzählforschung" des Seminars für Völkerkunde der Universität Münster nach Genres, Themen und Typen geordnet. Die langwierige Arbeit zur Erstellung eines Typenindex der Bulsa-Erzählungen beschäftigt mich derzeit und weiterhin. Besonders versuche ich der Frage nachzugehen, ob und wie afrikanische Erzählungen als religionsethnologische Quellen herangezogen werden können (R. Schott 1990b).

Von Anfang an interessierten mich die Erzählungen der Bulsa und anderer afrikanischer Völker auch deswegen, weil sie soziale Konflikte widerspiegeln.

Ähnlich wie meine Arbeiten zur Rechtsethnologie stießen auch meine Bemühungen um die afrikanistische Erzählforschung bei meinen deutschen Fachkollegen kaum auf Interesse, während ich unter den französischen Kollegen und Kolleginnen viele Gesprächspartner fand.[13]

---

[12] Vergleiche R. Schott (1980b, 1987a, b, 1989a, 1990a, 1991b, 1992, 1993a).

[13] An einer internationalen Arbeitstagung über „Die heutige Bedeutung oraler Traditionen", die ich gemeinsam mit Prof. Walther Heissig im November 1995 veranstaltete, beteiligten sich 32 Teilnehmer aus 14 Ländern; außer mir war nur noch ein anderer Ethnologe aus Deutschland als stiller Teilnehmer zugegen (vgl. R. Schott 1998b).

5. Mündliche Geschichtsüberlieferungen

Mündliche Geschichtsüberlieferungen bilden ein weiteres Forschungsgebiet, mit dem ich mich seit vielen Jahren befasse. „Das Geschichtsbewußtsein schriftloser Völker" bildete das Thema meiner Antrittsvorlesung am 26. Januar 1966 in Münster (R. Schott 1968). Während meiner zweiten Forschungsreise zu den Bulsa 1974/75 nahm ich zahlreiche orale Traditionen zur Geschichte der Ortschaften und Klane der Bulsa auf (R. Schott 1977), ebenso 1982–1984 bei den Lyela in Burkina Faso. Diese Materialien sind größtenteils noch nicht publiziert.

„Schriftlose Geschichte in akephalen Gesellschaften" (R. Schott 2000) interessiert mich als e i n spekt der Grundfrage: Was geht in den Köpfen von Menschen vor, die den von ihrer Gruppe bestimmten Vorstellungen folgen, wenn sie „Recht" oder soziale Normen durchsetzen wollen, dabei im Glauben an numinose Mächte handeln und bestimmte Typen des Handelns und Handelnder in oralen Traditionen im weitesten Sinne (Märchen, Fabeln, Sprichwörter, geschichtliche Überlieferungen) vor ihrem inneren Auge haben? Ethnologie als die Wissenschaft von dem und den Fremden versucht, unter anderem diese Frage zu beantworten auf der Grundlage empirischer Erfahrungen, die sie durch (teilnehmende) Beobachtung, Informantenbefragung und die Aufnahme von „Texten" im weitesten Sinne gewinnt. Letzteres war bereits eine methodische Forderung Malinowskis (1922:22–24), die oft übersehen wird. Für Franz Boas war sie selbstverständlich.

WAS HAT SICH GEÄNDERT?

Zu den erfreulichsten Erinnerungen meiner Studentenzeit gehören die Rhein-Main-Treffen der völkerkundlichen Seminare von Nijmegen, Köln, Bonn, Mainz, Frankfurt und Straßburg. Diese Treffen fanden in der vorlesungsfreien Zeit der Pfingstferien statt – meist in Jugendherbergen oder auf Schlössern und Burgen am Rhein oder in der Eifel. In Frankfurt versammelte man sich im Frobenius-Institut in der Liebigstraße 41, wo wir auswärtigen Studenten einmal auch auf Feldbetten im obersten Stock übernachteten. Aus jedem Seminar trug jeweils ein Student oder eine Studentin etwas aus seiner oder ihrer Arbeit vor, was dann von allen diskutiert wurde. An den Abenden wurde gefeiert und getanzt. Studenten der verschiedenen Seminare lernten sich sowie die Professoren der anderen Universitäten kennen. Das Seminar für Völkerkunde der Universität Münster schloß sich diesem Brauch nach meiner Berufung dorthin an – jedoch nur für wenige Jahre. Im Jahr 1969, nach Ausbruch der 68er Studentenrevolte, beschlossen die Studenten, das „offizielle" Programm der Seminare bei dem Treffen zu boykottieren. Ein eigenes Parallelprogramm war zwar geplant, kam jedoch nicht zustande. So geschah es denn, daß eine hochschwangere Doktorandin über ihre Feldforschungen in Südafrika referierte, während die Studenten sich vor dem Gebäude auf dem Rasen herumlümmelten. Das war das Ende der Rhein-Main-Treffen.

Im Übrigen möchte ich mich zu den Vorgängen nach 1968 nicht im Einzelnen äußern. Gewiß: die sogenannte „Ordinarien-Universität" wurde abgeschafft. Jedoch sollte man als Ethnograph in (notgedrungen) teilnehmender Beobachtung genauer hinsehen: Wurden die hierarchischen Strukturen an den Universitäten wirklich „abgebaut"? Leistet die „demokratisierte" Universität wirklich mehr und Besseres in Forschung und Lehre? Geändert hat sich fraglos, daß die Zahl und Dauer von Sitzungen in den Fachbereichsversammlungen, Kommissionen und Gremien inflationsartig zugenommen hat. Professoren haben die Neigung, ausführlich ihre Meinung zu äußern und grundsätzlich anderer Meinung als die Kollegen zu sein. Wenn nach zeitraubender Diskussion Beschlüsse gefaßt wurden, waren sie meist gegenstandslos, da alle wichtigen Entscheidungen an der Universität nach wie vor von der staatlichen Verwaltung nach Vorgaben des Ministeriums gefällt werden.

Geändert hat sich nach 1968 das Klima in vielen Fakultäten und Instituten, weil die Studenten sich als „ausgebeutete Klasse" gegenüber den mit sagenhaften „Privilegien" ausgestatteten Professoren, ihren „Ausbeutern", gerierten. In einem Klima des generellen Mißtrauens, gleichsam als „Klassenfeind" an der Universität zu arbeiten, war für mich nach 1968 nicht leicht. Über Einzelheiten schweige ich, da ich nicht sehe, was die 68er dem Fach Ethnologie Neues und Gutes gebracht haben.[14]

Ich maße mir auch nicht an, im Rückblick über ein halbes Jahrhundert zu sagen, wie sich die Ethnologie als Fach verändert hat. Die großen erdumspannenden Entwürfe des ethnologischen Evolutionismus und des Diffusionismus einer „Welt-Kulturgeschichte" unter Einschluß auch der schriftlosen Völker sind endgültig gescheitert. Ebensowenig durchgesetzt haben sich die hauptsächlich in den USA entwickelten Methoden der diffusionistischen Culture Area-Forschung, der New Ethnography, der Ethnolinguistik, der Ethnosemantik und der Cognitive Anthropology oder des Neo-Evolutionismus, des Cultural Materialism und anderer mehr. Passé sind aber auch andere Methoden und Moden in der Ethnologie wie der Funktionalismus und Strukturalismus britischer und französischer Prägung, jedenfalls soweit sie Ausschließlichkeit beanspruchen. Bereits 1950 (!) fiel E.E. Evans-Pritchard in Großbritannien vom rechten Glauben an den Funktionalismus und Strukturalismus Radcliffe-Brownscher und Malinowskischer Prägung ab: Er „[...] regarded social anthropology as being closer to certain kinds of history than to the natural sciences" (Evans-Pritchard 1962:46).

Die Verbindung historischer, soziologischer und ethnographischer Methoden scheint für viele neuere und neueste Untersuchungen über interethnische und intraeth-

---

14   „Das Neue ist nicht gut und das Gute ist nicht neu", pflegte mein Lehrer Hermann Trimborn in solchen Fällen zu sagen.

nische Prozesse und Konflikte charakteristisch zu sein.[15] Der Methodenpluralismus macht sich auch auf vielen anderen Gebieten der Ethnologie bemerkbar.

Die sogenannte „postmoderne" Ethnologie zeichnet der fundamentale Zweifel an der Möglichkeit „objektiver" Aussagen über fremde Völker und ihre Kulturen aus. Im Extremfall wird der Ethnograph oder die Ethnographin als Romanschreiber und nicht als Wissenschaftler angesehen. Der Einfluß subjektiver Faktoren auf die Auswahl des Quellenmaterials und die Art der Darstellung ist der historischen Quellenkritik seit mehr als einem Jahrhundert geläufig – also auch hier „nichts Neues unter der Sonne". Deswegen denken die Historiker doch nicht daran, ihre jeweiligen Gegenstände in subjektivistischer Willkür und Beliebigkeit abzuhandeln. Das B e m ü h e n um Objektivität sollte auch der Ethnograph oder die Ethnographin nicht aufgeben, selbst und gerade wenn ihm oder ihr die Zeitbedingtheit dieses Bemühens bewußt ist. Dolmetscher zwischen der eigenen und den fremden Kulturen zu sein, ist und bleibt eine der Hauptaufgaben der Ethnologie, auch wenn man sich stets bewußt ist, daß jeder *traduttore* zwangsläufig zum *traditore* wird.

Der Gegenstand der Ethnologie hat sich grundlegend insofern geändert, als es von allen Außeneinflüssen isolierte „primitive" Gemeinschaften nirgendwo auf Erden mehr gibt. Nicht zufällig befaßte sich der britische Strukturfunktionalismus vorwiegend mit insularen Gesellschaften (Andamaner, Trobriand-Insulaner, die Bewohner von Tikopia und andere mehr). Auch diese Gesellschaften haben nie in völliger Isolation gelebt. Die fluktuierenden Beziehungen zwischen ländlichen und städtischen Gemeinschaften sind heutzutage ebenso Gegenstand ethnographischer Untersuchungen wie die einzelner Berufsgruppen, sozialer Schichten und ethnischer Minderheiten. Die Grenzen der Ethnologie zur Soziologie waren und sind seit jeher fließend, wobei jedoch die Methode – richtiger: die Arbeitstechnik – der Datenerhebung durch stationäre Feldforschung nach wie vor ein Charakteristikum der Ethnographie ist.

Vor allem aber hat sich das Verhältnis zwischen den Ethnographen und den von ihnen untersuchten ethnischen Gruppen und ihren Repräsentanten gewandelt: Letztere sind nicht mehr bloße Objekte wissenschaftlichen Studiums, sondern als Subjekte mehr oder weniger aktiv an der ethnographischen Datenerhebung selbst beteiligt. Der aus der Fremde kommende Ethnograph oder die Ethnographin nimmt heutzutage im Regelfall mehr Rücksicht auf die Interessen der von ihm oder ihr „ethnographierten" Gruppe; er oder sie sucht die Zusammenarbeit mit ihr. Allerdings kann die Rücksichtnahme auf die erforschte Gruppe und das Verschweigen von Tatbeständen, deren Bekanntwerden ihr oder einzelnen ihrer (führenden) Mitglieder unerwünscht oder nachteilig ist, zu einer Zensur oder Selbstzensur des Forschers oder der Forscherin führen, die nicht der Wahrheitsfindung dient. Wenn im Sinne übertriebener *political correctness* der Mantel des Schweigens über politische Bestrebungen oder bestimme kulturelle Erscheinun-

---

15   Vergleiche beispielsweise die von Kuba, Lentz und Werthmann herausgegebenen Studien zur Ausbreitung der Dagara in Burkina Faso (2001).

gen (zum Beispiel die Mädchenbeschneidung) gebreitet wird, entsteht unter Umständen doch wieder das romantisierende Bild der Idylle des „guten Wilden", das mit der Wirklichkeit der von Spannungen und Konflikten gebeutelten Gesellschaften nichts zu tun hat. Welcher Ethnologe oder welche Ethnologin untersucht und beschreibt Gesellschaften, die in die in vielen Teilen der Welt tobenden Bürgerkriege (*guerilla warfare*) und ihre Begleiterscheinungen – mafioser Waffen- und Rauschgifthandel, Bewaffnung von Kindersoldaten, Kinderprostitution, Hunger und Krankheiten etc. – verstrickt sind?

Wie geht es weiter?

Bis ans Ende meines Lebens habe ich auch und gerade als Emeritus mehr als genug Arbeit vor mir. Es bedrückt mich, vor allem gegenüber meinen Bulsa- und Lyela-Informanten, daß sehr viele der aufgenommenen Erzählungen, oralen Geschichtstraditionen und ethnographischen Aufzeichnungen noch immer unveröffentlicht sind. Ich hoffe aber, daß ich, begleitet von meiner Frau, meinen vier Töchtern und sechs Enkelkindern, noch einige Zeit wissenschaftlicher Arbeit vor mir habe.

Im Frühjahr 1994 bin ich nach Bonn in mein Elternhaus zurückgekehrt. Schon im folgenden Jahr fragte mich der inzwischen verstorbene Kollege Hans-Joachim Klimkeit, ob ich nicht in seinem Institut für Vergleichende Religionswissenschaft ethnologische Lehrveranstaltungen abhalten möchte. Nach einiger Überwindung – auch im Hinblick auf meine unveröffentlichten ethnographischen Materialien – sagte ich zu. Seither gebe ich pro Semester eine Vorlesung über religionsethnologische Themen. Gelegentlich bewillige ich mir allerdings auch ein „Forschungsfreisemester".

Aus gesundheitlichen Gründen werde ich keine Forschungsreisen nach Afrika mehr unternehmen können. In anderem Zusammenhang meinte dazu meine eingangs zitierte fünfjährige Enkeltochter Elisabeth: „Gesundheit ist wichtiger als Reisen".

Literaturverzeichnis

Archivquellen

Archiv der Universität Bonn
Personalakte Nr. 9061
Bl. 6: Schreiben vom 9.1.1935
Bl. 25: Schreiben vom 20.4.1937
Bl. 47–48: Schreiben vom 21.4.1937
Bl. 51: Schreiben vom 7.5.1937

Veröffentlichte Quellen

ALTNER, Helmut
2001   „75 Jahre Studienstiftung des deutschen Volkes", in: Studienstiftung (Hrsg.), *Jahresbericht 2000. Fakten und Analysen*, 28–39

BLANC, Ulrike
1993   *Lieder in Erzählungen der Bulsa*. Eine musikethnologische Untersuchung. Münster, Hamburg: Lit
1999   *Musik und Tod bei den Bulsa (Nordghana)*. Münster, Hamburg, London: Lit

BOAS, Franz (Hrsg.)
1938   *General Anthropology*. Boston u.a.: D.C. Heath

DINSLAGE, Sabine
1986   *Kinder der Lyela*. Kindheit und Jugend im kulturellen Wandel bei den Lyela in Burkina Faso. Hohenschäftlarn bei München: Klaus Renner Verlag

DUDEN
1984[4] *Duden*. Band 4: Grammatik der deutschen Gegenwartssprache. Mannheim, Wien, Zürich: Bibliographisches Institut, Dudenverlag

EUCKEN, Walter
1950   *Die Grundlagen der Nationalökonomie*. Berlin, Göttingen, Heidelberg: Springer

EVANS-PRITCHARD, E. E.
1962   „Anthropology and History (1961)", in: E.E. Evans-Pritchard, *Essays in Social Anthropology*, 46–65. London: Faber and Faber ([1]1950, The Marrett Lecture)

FORTES, Meyer
1945   *The Dynamics of Clanship among the Tallensi*. London
1949   *The Web of Kinship among the Tallensi*. London

FROBENIUS, Leo
1921   *Paideuma*. Umrisse einer Kultur- und Seelenlehre. München: Beck

GÖRÖG, Veronika *et al.*
1980   *Histoires d'enfants terribles (Afrique noire)*. Paris: G.-P. Maisonneuve et Larose

GRAEBNER, Fritz
1911   *Methode der Ethnologie*. Heidelberg: Carl Winter's Universitätsbuchhandlung

HEERMANN, Ingrid
1981   *Subsistenz- und Marktwirtschaft im Wandel*. Wirtschaftsethnologische Forschungen bei den Bulsa in Nord-Ghana. Hohenschäftlarn bei München: Klaus Renner

HERSKOVITS, Melville J.
1948   *Man and His Works*. The Science of Cultural Anthropology. New York: Alfred A. Knopf
1952   *Economic Anthropology*. A Study in Comparative Economics. New York: Alfred A. Knopf

JENSEN, Adolf E.
1948   *Das religiöse Weltbild einer frühen Kultur*. Stuttgart: Albert Schröder

KERN, Fritz
1933   *Die Anfänge der Weltgeschichte*. Leipzig, Berlin: Teubner

KEYSERLING, Alfred Graf v.
1937   Graf Alfred Keyserling erzählt.... Niedergeschrieben von Otto von Gruenewaldt. Kaunas, Leipzig: Ostverlag

KEYSERLING, Hermann Graf v.
1919   *Das Reisetagebuch eines Philosophen*. München und Leipzig: Duncker & Humblot

KRAWIETZ, Werner, Leopold POSPÍŠIL und Sabine STEINBRICH (Hrsg.)
1993   *Sprache, Symbole und Symbolverwendungen in Ethnologie, Kulturanthropologie und Recht*. Festschrift für Rüdiger Schott zum 65. Geburtstag. Berlin: Duncker & Humblot

KROEBER, A. L.
1948   *Anthropology*. New Edition. New York: Harcourt, Brace and Company

KRÖGER, Franz
1978   *Übergangsriten im Wandel*. Kindheit, Reife und Heirat bei den Bulsa in Nord-Ghana. Hohenschäftlarn bei München: Klaus Renner
1982   *Ancestor Worship among the Bulsa of Northern Ghana*. Religious, Social and Economic Aspects. Hohenschäftlarn bei München: Klaus Renner
1992   *Buli-English Dictionary*. With an Introductory Grammar and an Index English-Buli. Münster, Hamburg: Lit
2001   *Materielle Kultur und traditionelles Handwerk bei den Bulsa (Nordghana)*. Münster und Hamburg: Lit

KUBA, Richard, Carola LENTZ und Katja WERTHMANN (Hrsg.)
2001   *Les Dagara et leurs voisins: Histoire de peuplement et relations historiques au sud-ouest de Burkina Faso*. Frankfurt am Main (Berichte des Sonderforschungsbereichs 268 „Kulturentwicklung und Sprachgeschichte im Naturraum Westafrikanische Savanne") Frankfurt am Main

LEACH, Edmund R.
1984   „Glimpses of the Unmentionable in the History of British Social Anthropology", *Annual Review of Anthropology* 14:1–23

LOWIE, Robert H.
1921   *Primitive Society*. London: Routledge & Kegan Paul

1927   *The Origin of the State.* New York: Russel and Russel
1937   *The History of Ethnological Theory.* New York: Rinehart & Company
1950   *Social Organization.* London: Routledge & Kegan Paul

MALINOWSKI, Bronislaw
1922   *Argonauts of the Western Pacific.* London: Routledge & Kegan Paul

MARSCHALL, Wolfgang (Hrsg.)
1990   *Klassiker der Kulturanthropologie.* Von Montaigne bis Margaret Mead. München: C.H.
        Beck

MEAD, Margaret
1928   *Coming of Age in Samoa.* New York: William Morrow & Company
1930   *Growing Up in New Guinea.* New York: William Morrow & Company
1935   *Sex and Temperament in Three Primitive Societies.* New York: William Morrow & Com-
        pany

MEIER, Barbara
1993   *Doglientiri.* Frauengemeinschaften in westafrikanischen Verwandtschaftssystemen,
        dargestellt am Beispiel der Bulsa in Nordghana. Münster, Hamburg: Lit

RATTRAY, R. S.
1932   *The Tribes of the Ashanti Hinterland.* Band 2. Oxford: Clarendon Press

SCHOTT, Albert
1999   *Das Gilgamesch-Epos.* Übersetzt und mit Anmerkungen versehen von Albert Schott.
        Neu herausgegeben von Wolfram von Soden. Stuttgart: Reclam (Reclam-Universalbib-
        liothek 7235.) ([1]1934)

SCHOTT, Rüdiger
1955   *Anfänge der Privat- und Planwirtschaft. Wirtschaftsordnung und Nahrungsverteilung bei
        Wildbeutervölkern.* Braunschweig: Albert Limbach
1957   „Erbrecht und Familiengüterrecht bei den Nordwestküsten-Indianern", *Zeitschrift für
        vergleichende Rechtswissenschaft* 59:34–82
1960   „Religiöse und soziale Bindungen des Eigentums bei Naturvölkern", *Paideuma* 7(3):115–
        132
1963   „Etniczna stratyfikacja w Beczuanie. Jej historia i struktura", in: Stefan Strelcyn (Hrsg.),
        Problemy afrykanistiki. Wybór materia ow z Pierwszego Mi dzynarodwego Kongresu
        Afrykanistów (Akra, Grudzie 1962), 54–64. Warszawa
1968   „Das Geschichtsbewußtsein schriftloser Völker", *Archiv für Begriffsgeschichte* 12(2):166–
        205
1970   *Aus Leben und Dichtung eines westafrikanischen Bauernvolkes.* Ergebnisse völkerkund-
        licher Forschungen bei den Bulsa in Nord-Ghana 1966/67. Köln, Opladen (Veröffent-
        lichungen der Arbeitsgemeinschaft für Forschung des Landes Nordrhein-Westfalen,
        Reihe Geisteswissenschaften 163.)
1977   „Sources for a History of the Bulsa in Northern Ghana", *Paideuma* 23:141–168

1978   „Das Recht gegen das Gesetz: Traditionelle Vorstellungen und moderne Rechtspre-
        chung bei den Bulsa in Nordghana", in: Friedrich Kaulbach und Werner Krawietz
        (Hrsg.), *Recht und Gesellschaft*. Festschrift für Helmut Schelsky zum 65. Geburtstag,
        605–636. Berlin: Duncker & Humblot

1980a   „Le droit contre la loi: conceptions traditionnelles et juridiction actuelle chez les Bul-
        sa au Ghana du Nord", in: Gérard Conac (Hrsg.), *Dynamiques et finalités des Droits
        africains*, 279–306. Paris (Recherches Panthéon-Sorbonne, Université de Paris I, Série:
        Sciences Juridiques)

1980b   „Triviales und Transzendentes: Einige Aspekte afrikanischer Rechtstraditionen unter
        besonderer Berücksichtigung der Bulsa in Nord-Ghana", in: Wolfgang Fikentscher,
        Herbert Franke und Oskar Köhler (Hrsg.), *Entstehung und Wandel rechtlicher Traditio-
        nen*, 265–301. Freiburg i.Br., München (Historische Anthropologie 2.)

1981   „Vengeance and Violence among the Bulsa of Northern Ghana", in: Raymond Verdier
        (Hrsg.), *La Vengeance*. Études d'ethnologie, d'histoire et de philosophie. Band 1: Ven-
        geance et pouvoir dans quelques sociétés extra-occidentales, 167–199. Paris: Éditions
        Cujas

1984   „Contrôle social et sanctions chez les Lyéla de Burkina Faso (Haute-Volta)", *Droit et
        Cultures*. Revue semestrielle d'anthropologie et d'histoire 8, 87–103. Paris

1987a   „Serment et voeux chez des ethnies voltaïques (Lyela, Bulsa, Tallensi) en Afrique Occi-
        dentale", *Droit et Cultures*. Revue semestrielle d'anthropologie et d'histoire 14, 29–56

1987b   „Traditional Law and Religion among the Bulsa of Northern Ghana", *Journal of African
        Law* 31:58–69

1989a   „Heil, Unheil und Verantwortung bei schriftlosen Völkern", *Jahrbuch für Rechtssoziolo-
        gie und Rechtstheorie* 14:97–120

1989b   „Bericht über laufende Forschungen zur Motivanalyse afrikanischer Erzählungen im
        Seminar für Völkerkunde der Universität Münster", *Fabula*. Zeitschrift für Erzählfor-
        schung 30:83–95

1990a   „Das Gesetz gegen die Religion? Recht und Religion im sozialen Wandel. Dargestellt
        an Beispielen aus Westafrika", in: Ludwig Hagemann und Ernst Pulsfort (Hrsg.), *„Ihr
        alle aber seid Brüder"*. Festschrift für A.Th. Khoury zum 60. Geburtstag, 557–574.
        Würzburg (Würzburger Forschungen zur Missions- und Religionswissenschaft)

1990b   *Afrikanische Erzählungen als religionsethnologische Quellen*. Dargestellt am Beispiel
        von Erzählungen der Bulsa in Nordghana. Opladen: Westdeutscher Verlag (Rheinisch-
        Westfälische Akademie der Wissenschaften, Geisteswissenschaften, Vorträge G 305.)

1991a   „Richard Thurnwald, le fondateur de l'ethnologie juridique en Allemagne", *Droit et
        Cultures*. Revue semestrielle d'anthropologie et d'histoire 21:124–139

1991b   „La loi contre la religion? Sur le rapport du droit et de la religion dans le changement
        social à partir d'exemples de l'Afrique de l'Ouest", *Droit et Cultures*. Revue semestrielle
        d'anthropologie et d'histoire 21:16–31

1992   „Die Verfügung über Leben und Tod in traditionellen afrikanischen Gesellschaften",
        in: Bernhard Mensen (Hrsg.), *Recht auf Leben-Recht auf Töten: ein Kulturvergleich*,
        9–58. Nettetal (Vortragsreihe der Akademie Völker und Kulturen, St. Augustin 15.)

1993a   „Le sang et le sacré. La violence et sa réglementation dans deux sociétés segmentaires
        de l'Afrique occidentale: les Bulsa (Ghana du Nord) et les Lyéla (Burkina Faso)", in: E.
        Le Roy und Trutz von Trotha (Hrsg.), *La violence et l'état*. Formes et évolution d'un
        monopole, 73–83. Paris

1993b   „Synthèses et perspectives des discussions du colloque ‚La violence et l'état'", in: E. Le
         Roy und Trutz von Trotha (Hrsg.), *La violence et l'état*. Formes et évolution d'un mono-
         pole, 243–251. Paris

1994a   „Kultur und Sprache. Franz Boas als Begründer der anthropologischen Linguistik", in:
         Volker Rodekamp (Hrsg.), *Franz Boas 1858–1942*. Ein amerikanischer Anthropologe
         aus Minden, 55–85. Bielefeld (Texte und Materialien aus dem Mindener Museum 11.)

1994b   „La légitimation des autorités traditionnelles de deux sociétés ‚lignagères' en Afrique
         occidentale: les Bulsa (Ghana) et les Lyéla (Burkina Faso)", in: Wilhelm J.G. Möhlig
         und Trutz von Trotha (Hrsg.), *Legitimation von Herrschaft und Recht*. La légitimation
         du pouvoir et du droit. 3. Kolloquium Deutsch-Französischer Rechtsanthropologen, St.
         Augustin, 20.–25. November 1992, 185–198. Köln

1995   „Le jugement chez deux peuples ‚acéphales' en Afrique occidentale: les Bulsa (Ghana)
         et les Lyéla (Burkina Faso)", *Droit et Cultures*. Revue semestrielle d'anthropologie et
         d'histoire 29:177–208

1996a   „Kulturkreislehre", in: Rudolf Wilhelm Brednich (Hrsg.), *Enzyklopädie des Märchens*.
         Handwörterbuch zur vergleichenden und vergleichenden Erzählforschung, 8:Sp. 599–
         603. Berlin, New York: Walter de Gruyter

1996b   „Qui juge dans les sociétés sans juges? Les limites du pouvoir et de l'autorité dans les
         sociétés acéphales", in: Association Française d'Anthropologie du Droit (Hrsg.), *Le juge:
         une figure de l'autorité*. Actes du premier colloque organisé par l'Association Française
         d'Anthropologie du Droit, Paris 24–26 novembre 1994, sous la Direction de Claude
         Bontems, 203–231. Paris

1998a   „Rechtsethnologie", in: Hans Fischer (Hrsg.), *Ethnologie*. Einführung und Überblick.
         Vierte, überarbeitete Auflage, 171–195. Berlin, Hamburg: Dietrich Reimer

1998b   [zusammen mit Walther Heissig] „Die heutige Bedeutung oraler Traditionen. Ihre Ar-
         chivierung, Publikation und Index-Erschließung. Bericht über eine internationale Ar-
         beitstagung in St. Augustin bei Bonn", in: Walther Heissig und Rüdiger Schott (Hrsg.),
         Die heutige Bedeutung oraler Traditionen. Ihre Archivierung, Publikation und Index-
         Erschließung, 15–25. Opladen, Wiesbaden: Westdeutscher Verlag (Abhandlungen der
         Nordrhein-Westfälischen Akademie der Wissenschaften 102.)

2000   „Schriftlose Geschichte in akephalen Gesellschaften der westafrikanischen Savanne",
         Saeculum. Jahrbuch für Universalgeschichte 51:175–190

STEINBRICH, Sabine
1987   *Frauen der Lyela*. Die wirtschaftliche und soziale Lage der Frauen von Sanje (Burkina
         Faso). Hohenschäftlarn bei München: Klaus Renner

THOMPSON, Stith
1958   *Motif-Index of Folk-Literature*. Revised and enlarged edition. 6 Bände. Bloomington and
         Indianiapolis: Indiana University Press

THURNWALD, Richard
1931–34 *Die menschliche Gesellschaft in ihren ethno-soziologischen Grundlagen*. 5 Bände. Berlin,
         Leipzig: Walter de Gruyter

TRIMBORN, Hermann
1948   *Das Menschliche ist gleich im Urgrund aller Kulturen*. Braunschweig: Albert Limbach

STUDENTEN- UND ASSISTENTENJAHRE
IM FROBENIUS-INSTITUT 1948–1965

Meinhard Schuster

Der freundlichen Anregung von Herausgeber und Schriftleiter dieser Zeitschrift, aus der Sicht des mittlerweile Zweiundsiebzigjährigen (und seit Oktober 2000 Emeritierten) auf das eigene Berufsleben als Ethnologe und damit zugleich in der beschränkten Perspektive eines Einzelnen auf den Wandel des Fachs in dieser Zeit zurückzublicken, komme ich um so lieber nach, als „Paideuma" seinerzeit für den im Frankfurter Frobenius-Institut Studierenden und als Assistent Tätigen selbstredend die Hauszeitschrift war (parallel zu den „Studien zur Kulturkunde" als Reihe) und nach wie vor – von Band 1 (1938) bis zur neuesten Nummer – einen besonders geschätzten Teil der privaten Bibliothek bildet. Trotz dieser Kontinuität will ich mich jedoch nicht gleichgewichtig dem gesamten Zeitraum von meinem Studienbeginn im Oktober 1948 bis heute zuwenden, sondern vor allem meinen siebzehn Frankfurter Jahren bis 1965, dem Jahr also, in dem Adolf Ellegard Jensen kurz nach seiner Emeritierung starb und ich selbst nach Basel wechselte. In den anschließenden 37 Jahren in Basel habe ich zwar den – verkehrstechnisch leichten – Kontakt mit Institut und Museum in Frankfurt vorwiegend auf persönlicher Basis, seit ein paar Jahren auch als Mitglied des Wissenschaftlichen Beirats des Frobenius-Instituts mit Freude aufrechterhalten, stand jedoch – trotz der einen oder anderen Funktion im Rahmen von DGV, DFG und Max-Planck-Gesellschaft – weder den Frankfurter Institutionen im einzelnen noch der deutschen Völkerkunde im ganzen kontinuierlich nahe genug, um aus der Erinnerung ein kohärentes, detailliertes Bild zeichnen zu können; statt dessen aber linear mit meiner Basler Zeit weiterzufahren, würde zum einen den autobiographischen Aspekt, dessen Darlegung wegen der unvermeidlichen Hervorhebung der eigenen Person sowieso nicht leicht fällt, zusätzlich unterstreichen und zum anderen angesichts der reichen völkerkundlichen Tradition in Basel und des in nicht wenigen Hinsichten (zum Beispiel organisatorischen, politischen, mentalen) doch deutlich anderen schweizerischen Kontextes einen eigenen umfangreichen Bericht erfordern, um die dortigen Aktivitäten und Entwicklungen ab 1965 angemessen darzustellen. Einzelne Bezugnahmen auf meine spätere Tätigkeit in Basel werden dadurch natürlich nicht ausgeschlossen.

Die Konzentration dieses Berichtes auf die erwähnten Nachkriegsjahre hat ihre Berechtigung vor allem aber darin, daß dies fast genau die Jahre waren, in denen Ad.E. Jensen in Personalunion Ordinarius für Kultur- und Völkerkunde, Leiter des Frobenius-Institutes, Direktor des Seminars für Völkerkunde und Direktor des Städtischen Museums für Völkerkunde war – also eine bei der heutigen Größe solcher Institutionen nicht mehr praktikable Zahl leitender Exekutivfunktionen während fast zweier Jahrzehnte in seiner Hand vereinigte und damit die Ethnologie sowohl an der Frankfurter Universität als auch im weiteren Rahmen der Stadt prägte. Dadurch war nicht nur jederzeit ein Maximum an Beziehungsdichte zwischen diesen verschiedenen Ebenen wissenschaftlicher und administrativer Tätigkeit gegeben, sondern auch das Planen und Handeln über die Jahre hinweg durch ein hohes Maß an Kontinuität und Verläßlichkeit gekennzeichnet; auch ist auf das relativ geringe Maß an inhaltlichen, organisatorischen und personellen Veränderungen in jenen Jahren hinzuweisen, so daß es im Rückblick zulässig erscheint, diesen Zeitraum im Blick auf unser Thema als einen vergleichsweise einheitlichen zu behandeln und die chronologische Abfolge von Ereignissen und Prozessen zwar nicht auszublenden, aber in den Hintergrund treten zu lassen. Auch hinsichtlich der Vollständigkeit im Faktischen ist natürlich keine Chronik der Frankfurter Völkerkunde geplant; vielmehr soll es darum gehen, für die genannten Jahre die Arbeits- und Lebenswelt des Frobenius-Instituts auch mit mancher Einzelheit aus der Erinnerung nachzuzeichnen, ohne dem Anekdotischen und Persönlichen zu viel Raum zu geben. Ich denke auch, daß diese Phase meines beruflichen Weges am ehesten das Interesse von Leserinnen und Lesern der Zeitschrift „Paideuma" finden könnte. Dabei will ich mich gerne an den für diese Artikelfolge von der Redaktion vorgegebenen Fragen orientieren: Wie kam ich dazu? Wie war es damals? Was hat sich verändert? Wie sehe ich das heute? – jedoch mit der Maßgabe, den beiden ersten Fragen explizit die größere Aufmerksamkeit zuzuwenden und die Antworten auf die beiden anderen Fragen eher implizit zu geben beziehungsweise den Lesenden zu überlassen, denen die heutigen Verhältnisse an Universitäten und Museen ja aus eigenem aktuellen Erleben – wenngleich in jeweils anderer lokaler Form – vertraut sind, ein Vergleich also leicht möglich ist.

Wie also kam ich dazu? Der Entschluß, überhaupt zu studieren und dabei, je nach Fakultätsregelung, ein bestimmtes Fach als Hauptfach, andere als Nebenfächer zu wählen, ist wohl immer das Ergebnis des Zusammenwirkens allgemeiner zeitgeschichtlicher Bedingungen, familiärer und schulischer Vorprägungen, individueller Prioritäten und ökonomischer Möglichkeiten. Der historische Kontext, in dem diese Entscheidung zu fällen und von manchen meiner früheren Klassenkameraden durch ihr Fernbleiben von der „Höheren Schule" nach 1945 schon vorweggenommen worden war, ist mit dem üblichen Begriff der „Nachkriegszeit" gewiß zutreffend charakterisiert – zweifellos chronologisch, denn es ging um die Jahre 1946–1948, vor allem aber qualitativ in dem Sinne, daß es kaum einen Lebensaspekt gab, in dem nicht der gerade zu Ende gegangene Zweite Weltkrieg direkt oder indirekt noch gegenwärtig gewesen wäre – sei es das jeweilige Familienschicksal mit Tod, Vertreibung, Ausbombung und anderem Leid, seien es die zu Trümmerhaufen gewordenen Städte, seien es Hunger, Wohnungsnot und alle anderen materiellen Notlagen, seien es die erst wieder zu errichtenden Institutionen des öffentlichen Lebens. Dabei spielten im Blick auf Quantität und Qualität der sich bietenden Möglichkeiten der Wohnort und damit der Zufall der Besatzungszone eine wesentliche Rolle: Die Spannweite erstreckte sich von der sowjetischen Besatzungszone („Ostzone") mit ihren besonderen Schwierigkeiten über die französische mit ihren besseren Chancen bis zu den beiden anglophonen Zonen mit ihren für Deutsche noch günstigeren Verhältnissen. Was ich berichte, gilt also zunächst nur unter diesem – im damaligen Alltag wichtigen – Vorbehalt: Es betrifft den Raum Frankfurt am Main in der amerikanischen Besatzungszone beziehungsweise in dem bald gegründeten Land Hessen, also einen Teilbereich der „Westzonen" beziehungsweise ab 1949 der jungen Bundesrepublik Deutschland. Die US-Zone mit hohen militärischen Kommandostellen in Frankfurt und Heidelberg war im damaligen Deutschland attraktiv, auch und zumal als Fluchtziel aus dem Osten; der europäische Brückenkopf der überlegenen Siegermacht des Zweiten Weltkrieges bot nicht nur vergleichsweise gute Chancen auf dem Weg zu Wiederaufbau und Renormalisierung, sondern auch Sicherheit im beginnenden Kalten Krieg, in dem die USA naheliegenderweise ein lebhaftes Interesse an der Errichtung einer stabilen, ihnen freundlich gesonnenen Gesellschaft westlich-demokratischen Stils in Deutschland hatten und diese Entwicklung durch entsprechende Hilfsmaßnahmen (Marshallplan, Fulbright-Stipendien, CARE-Pakete und andere) förderten.

Dazu gehörte auch die Weiterführung des bestehenden Schul- und Hochschulsystems unter Ausschaltung seiner direkt mit dem „Dritten Reich" zusammenhängenden beziehungsweise in diesem erst entstandenen Elemente – *idealiter* also in der Form, in der es 1933 bestanden hatte, und damit so, wie es den nicht wenigen Deutschen, die in die USA emigriert waren, in Erinnerung geblieben war. Das bedeutete in den Schulen unter anderem, daß die Organisationsform und der Fächerkanon im wesentlichen dieselben blieben, daß aber die bei Kriegsende noch verbliebenen alten beziehungsweise aus anderen Gründen nicht zur Wehrmacht eingezogenen Lehrer ebenso wie die wenigen, allmählich aus der Gefangenschaft zurückkehrenden jüngeren zu „entnazifizieren" waren und wir in vielen Fächern die normalerweise in den – jetzt nicht mehr verwendbaren – Schulbüchern stehenden Texte nach Diktat des Lehrers in neuer Form selbst zu schreiben hatten. Es bedeutete in der amerikanischen Besatzungszone ferner, daß einerseits das Englische als Sprache, die wir schon vor 1945 in der vereinheitlichten deutschen „Oberschule" seit der ersten Klasse (vor dem in der dritten in gleichem Umfang dazukommenden Latein und dem später auch im „Realgymnasium" recht stiefmütterlich behandelten Französisch) vergleichsweise ausführlich gelernt hatten, und andererseits „Amerika" als geographisch-historisch-politische Größe eine betonte, durch die Alltagspräsenz des US-Amerikanischen (Truppen, Zeitungen, Sender, Musik) zusätzlich verstärkte Rolle spielten. Selbstverständlich wurden die USA im Rahmen der „reeducation" und der „German Youth Activities" auch als Beispiel für ein demokratisches Staatswesen vorgestellt; daß sie nicht zum Vorbild wurden, lag daran, daß uns dieses nähere Vertrautwerden mit „den Amis" eben auch einen genaueren Blick auf die nach historischen europäischen Maßstäben weniger befriedigenden Aspekte dieser Staatsform und Lebenswelt ermöglichte. Gleichwohl dürfte in der allgemeinen Dominanz der USA in jenen Jahren auch ein Grund dafür liegen, daß mir (und wohl nicht wenigen anderen deutschen Ethnologie-Studierenden) später der Blick auf die „Cultural Anthropology" der USA zunächst wie selbstverständlich näher lag als der auf andere ethnologische Richtungen – natürlich auch vor dem Hintergrund der damals noch lebendigeren alten wissenschaftlichen Traditionslinien zwischen dem deutschsprachigen Raum und den USA.

Meine Schulklasse – das heißt diejenigen, die an Ostern 1939 mit mir in die „Höhere Schule" eingetreten oder später einzeln dazugekommen waren – bestand in der Hauptsache aus Angehörigen der Geburtsmonate von Sommer 1928 bis Sommer 1929; dazu kamen ein paar Ältere und ich selbst mit Geburtsmonat Mai 1930 als Jüngster (nach drei Jahren Volksschule). Mit diesem Geburtsdatenspektrum wurden wir – anders als die Klasse über uns – jedenfalls im Rhein-Main-Gebiet gerade nicht mehr als Soldaten, Flakhelfer oder zum „Volkssturm" eingezogen, so daß unsere direkte Kriegserfahrung auf die Luftangriffe und den individuell unterschiedlich erlebten Prozeß der Besetzung durch die alliierten Truppen 1945 beschränkt blieb; das genaue Geburtsdatum beeinflußte gegen Kriegsende wesentlich die Chancen des Überlebens. Im Januar 1946 wurde in meiner Heimatstadt Offenbach am Main die Schule nach einer rund neunmonatigen Unterbrechung auch auf meiner Klassenstufe wieder eröffnet; in neuer Klassenzusammensetzung aus verschiedenen Schulen und in anderem Gebäude bestanden wir im Juni 1948, praktisch zeitgleich mit der Währungsreform, als erster Nachkriegsjahrgang wieder ein „normales", damals in Hessen zentral durchgeführtes Abitur, während die allmählich aus der Gefangenschaft zurückkehrenden Jahrgänge über uns ihr noch während des Krieges abgelegtes „Notabitur" durch Teilnahme an einem der damals angebotenen Abiturkurse zu einem vollgültigen Reifezeugnis ausbauen mußten.

Selbstverständlich spielte in diesen zweieinhalb Jahren das Bemühen um die Befriedigung elementarer Bedürfnisse an Nahrung, Bekleidung und Wohnung eine nicht geringe Rolle; doch war es keineswegs so, daß davon – beziehungsweise vom Beklagen dieser Situation – alle anderen Lebensaspekte überdeckt worden wären. Im Gegenteil erscheint mir in meiner Erinnerung jene Zeit trotz – oder gerade wegen – ihrer gravierenden äußeren Einschränkungen als eine lebendige, bewegliche, wache, deren existentielle Grundbefindlichkeit durch den einfachen, aber entscheidenden Umstand bestimmt wurde, daß der Krieg vorbei war und daß es nun galt, neue eigene Wege in eine durchaus offene Zukunft zu finden. Das bedeutete im Schulalltag unter anderem, daß geographisch neben dem bisher in nationaler Perspektive auf Deutschland und Europa konzentrierten Unterricht nunmehr auch die weitere Welt deutlicher ins Blickfeld trat; thematisch schloß diese allgemeine Erweiterung des Horizontes einmal die Berücksichtigung der bisher tabuisierten Bereiche moderner Literatur und Kunst, zum anderen den Vergleich unterschiedlicher religiöser und politischer Systeme in idealer und ethischer Hinsicht und damit die Erörterung ihrer Relativität ein. Das aktuelle und historische europäische Angebot auf diesem Feld war uns aus der Tagespublizistik und unserem eigenen Erfahrungshintergrund nicht unvertraut; mir schien es jedoch sinnvoll, für die grundsätzlichen Aspekte solcher Diskussionen in der Schule noch ganz anderes, sozusagen europafreies und anscheinend menschheitsgeschichtlich altes Material heranzuziehen, weshalb ich mich in allgemeinerer Weise mit Religionen südamerikanischer Waldlandindianer zu befassen begann. Diese Wahl hing auch damit zusammen, daß ich – angeregt von brasilianischen Bekannten meiner Eltern – neben der Schule in einem je einjährigen Sprachkurs zunächst Portugiesisch und dann Spanisch lernte, beides auch im Hinblick auf einen zunächst erwogenen späteren Beruf im sprachlichen Bereich und als Öffnung zum lateinamerikanischen Teil der Welt. Doch waren damit *de facto* die Weichen in Richtung Völkerkunde gestellt, auch wenn der Architektenberuf angesichts der zerstörten Städte und des Bedarfs an funktional gut durchdachten kleineren Wohnungen längere Zeit eine verlockende Alternative blieb; wegen mangelnder Begabung im Freien Zeichnen und in der Mathematik (daß es Statiker für das Rechnen gab, wußte ich damals nicht) habe ich die interessierte Beschäftigung mit dem Hausbau jedoch nicht durch ernsthafte Schritte in Richtung eines Architekturstudiums ausgebaut. Daß die Wahl der Ethnologie mit der bis heute beibehaltenen (und im Frobenius-Institut natürlich geförderten) Akzentuierung der Religionsethnologie auch meinem Elternhaus – einem Lehrerhaushalt mit philologisch-historischer Ausrichtung – und der weiteren Familie aus Lehrern, Pfarrern und Bauern deutlich besser entsprach als zum Beispiel ein Beruf mit kaufmännischem Profil, ist mir heute im Rückblick deutlicher als damals, wo das Studium der Völkerkunde vor allem durch seine Distanz zu landläufigen Ausbildungswegen auffiel; schlechte Berufsaussichten im ökonomischen Sinn spielten jedoch zu jenem Zeitpunkt im Umfeld der Währungsreform und lange vor dem „Wirtschaftswunder", als noch kaum jemand „etwas hatte" und sich praktisch alle Berufe – auch diejenigen mit Beamtenstatus – aus dem einen oder ande-

ren Grund als risikobehaftet erwiesen hatten, bei der Berufswahl generell eine weit ge-
ringere Rolle als heute. Daß es – wenigstens temporär – notwendig werden könnte, sich
den Lebensunterhalt weit außerhalb des angestrebten akademischen Berufs verdienen
zu müssen, war jedem klar; ich selbst hatte mich für diesen – dann aber nicht eingetretenen – Fall beim Erwerb einer Fahrerlaubnis direkt für den Lastwagen-Führerschein
entschieden (der denjenigen für Personenwagen einschloß).

In dieser Situation war denn auch der Andrang an die organisatorisch noch dar-
niederliegenden, vielfach zerstörten und zudem nur wenigen Universitäten vor allem
durch die Kriegsheimkehrer, die manchmal bis zu zehn Ausbildungsjahre durch die
Abfolge von Arbeitsdienst und Wehrpflicht, Krieg und Gefangenschaft verloren hatten,
im Verhältnis zu den vorhandenen Möglichkeiten in den meisten Fächern sehr stark;
so schien es mir geraten, mich schon 1947, ein knappes Jahr vor dem Abitur, im Frobenius-Institut vorzustellen und nach den Aussichten für eine Zulassung zum Studium
der Völkerkunde an der Frankfurter Universität zu erkundigen. Jensen, damals 48 und
seit August 1946 amtierender Ordinarius für Kultur- und Völkerkunde unter insgesamt
dreizehn ordentlichen Professoren in der Philosophischen Fakultät, empfing mich, damals 17, freundlich-väterlich in seinem Zimmer, in dem er im Hause Myliusstraße 29
arbeitete und wohnte, meinte aber, jetzt solle ich erst einmal das Abitur machen. Daß
ich in Frankfurt studieren wollte, stand außer Frage: der Name Leo Frobenius war mir
bekannt, von anderen völkerkundlichen Seminaren wußte ich nichts, und Frankfurt
(wo bereits meine Schwester studierte und in den 20er Jahren meine Mutter studiert
hatte) war eine kostensparende, praktische Lösung, weil ich weiterhin in der elterlichen
Mietwohnung im nahe gelegenen Offenbach bleiben und mit Straßen- oder Eisenbahn
nach Frankfurt pendeln konnte. Diese im Vergleich zur Lebenssituation anderer Studierender günstigen Lebensumstände mit einem aus dem Krieg zurückgekehrten und
wieder berufstätigen Vater waren auch der Grund dafür, daß ich bei meiner – auf Vorschlag von Jensen erfolgten – Aufnahme in die Studienstiftung des Deutschen Volkes
1951 richtigerweise keine laufende Unterstützung, wohl aber zweimal (für eine kunsthistorische Exkursion nach Frankreich und die spätere Expedition nach Venezuela) eine
Beihilfe erhielt, für die ich sehr dankbar war; auch in Erinnerung daran habe ich später
von Basel aus beim Aufbau einer Schweizerischen Studienstiftung mitgewirkt.

Nach bestandenem Abitur also meldete ich mich für das Wintersemester 1948/49
in Frankfurt an, erfuhr jedoch, daß dies allein für eine Zulassung zum Studium nicht
ausreichte: neben einer Bescheinigung des Fachvertreters, daß in seinem Seminar noch
Platz sei, war eine mündliche Zulassungsprüfung bei dem damaligen Mittellateiner
Otto Schumann erforderlich, die aus der Übersetzung eines Textes aus Einhards „Vita
Caroli Magni" bestand, und darüber hinaus mußte jeder drei Wochen lang in den
Trümmerbergen der Frankfurter Universitätsgebäude praktische Aufbauarbeit leisten,
indem er den festen Mörtel von den Backsteinen losschlug und dadurch deren Wieder-
verwendung ermöglichte. Danach konnte ich mein erstes Semester mit Ethnologie als
Hauptfach, Kunstgeschichte und Klassischer Archäologie als frei gewählten Nebenfä-

chern beginnen. Die Wahl dieser beiden kunstwissenschaftlichen Disziplinen war jedoch nicht das Ergebnis einer genaueren Überlegung über ihr spezifisches Verhältnis zur Ethnologie, sondern die unmittelbare Folge entsprechender Anregungen in den oberen Schulklassen und schlug auch eine Brücke zur Architektur, zum Beispiel in Gestalt der mittelalterlichen Sakralbaukunst, die mich innerhalb der Kunstgeschichte (vertreten durch Harald Keller) besonders ansprach und mir eine Tür zur mittelalterlichen Geisteswelt als einem in seiner Geschlossenheit wie in seiner Ferne und Fremdheit dem klassischen ethnologischen Gegenstand vergleichbaren Forschungsfeld öffnete; die Klassische Archäologie jedoch gab ich nach vier durchaus beeindruckt studierten Semestern zugunsten der Vorgeschichte auf, die zum Wintersemester 1949/50 als Fach neu eingerichtet worden war (zunächst mit Hanns Potratz, ab 1956 mit Günter Smolla als Dozent), der Ethnologie – wie ich inzwischen bemerkt hatte – im ganzen näher stand und meinem Interesse an materiellen Kulturgütern wie meinen allgemeineren handwerklich-technischen Neigungen stärker entgegenkam. Gewiß war dieser späte Nebenfachwechsel zumal unter den damaligen offenen Studienbedingungen nicht schwer zu bewältigen; doch war diese eigene Erfahrung bleibender Anlaß, als akademischer Lehrer in Basel mit den Erstsemestern auch die Wahl ihrer Nebenfächer einzeln durchzusprechen – weil das Studium der Nebenfächer natürlich für diejenigen Teilgebiete des Hauptfachs, mit denen sie sich thematisch berühren, von großem Nutzen ist (in meinem Fall: das Fach Kunstgeschichte für die dort nicht behandelte außereuropäische Kunst) und das Nebenfachstudium im ganzen nicht als ein vom Grundsatz des Dreifächerstudiums erzwungenes Ärgernis aufgefaßt, sondern als nachhaltige Vertiefung des Hauptfachstudiums in dessen persönlich gesetzten Schwerpunkten verstanden und angelegt werden sollte.

Die Beantwortung der zweiten Frage, „wie es damals war", sei mit einem Blick auf die Räumlichkeiten in Frankfurt und ihre Nutzung begonnen. Mit der oben genannten Adresse war das Privathaus von Karin Hissink gemeint, eine relativ geräumige, jedoch durchaus auf Familienbetrieb zugeschnittene und mit dem Nachbarhaus Myliusstraße 31 zusammengebaute ältere Westendvilla. Frau Hissink, Kustodin der Amerika-Abteilung des Städtischen Museums für Völkerkunde, aber immer auch dem Institut eng verbunden und seit 1949 auch offiziell Instituts-Assistentin, während des Krieges Institut und Museum – wo sie die Auslagerung der Sammlungen organisierte – gemeinsam mit anderen verwaltet und nach dem Krieg mehrere Räume ihres Hauses als Arbeitsort für die beiden langsam wieder erstehenden Institutionen, die durch die Zerstörung des in der Innenstadt gelegenen Thurn-und-Taxis'schen Palais im Bombenkrieg heimatlos geworden waren, zur Verfügung gestellt. Dort fanden denn alle Seminarveranstaltungen in einem großen, zum Garten zu gelegenen Zimmer im Erdgeschoß statt (Vorlesungen in der Universität), die Foto-Abteilung war in der Küche untergebracht, das Sekretariat in einem anderen kleinen Raum; die Bücher der Bibliothek standen im Keller des erwähnten Nachbarhauses unmittelbar bei den Kohlen, so daß die Arbeit der studentischen Hilfsassistenten in der Bibliothek vor allem im Herauftragen der Bände in den

Garten, in ihrem Abstauben beziehungsweise Ausklopfen und ihrem Wiederheruntertragen bestand. So hatte man schließlich alle Bücher „einmal in der Hand gehabt". Gewiß waren das beengte und teilweise auch kuriose, aber damals als Vorzug empfundene Verhältnisse; sie bewirkten, daß man als Student von Anfang an auch zu älteren Institutsangehörigen und ihrer wissenschaftlichen Arbeit in kontinuierlichen persönlichen Kontakt trat, und sie bedeuteten, daß das Institut nicht ein abstrakter administrativer Begriff blieb, sondern eine physisch greifbare, sinnlich wahrnehmbare Dimension besaß und man sich „behaust" fühlte – weit mehr, als dies bei anderen Seminaren hinter zwei, drei Türen an einem Flur im Hauptgebäude der Universität der Fall war. Dorthin benötigte man im übrigen nur rund zehn Minuten zu Fuß, so daß der Ortswechsel in der akademischen Viertelstunde ohne weiteres möglich war und das Institut durchaus nicht isoliert lag. Größer waren die Entfernungen zu seinen eigenen Außenstellen: zur Merianschule, wo die umfangreichen Archivbestände Platz gefunden hatten und vor Ort betreut wurden sowie zum Luftschutzbunker in der Riederwald-Siedlung, in dem die Sammlungen des Museums lagen, gemäß ihrer geographischen Herkunft nach Zellen geordnet. In die meterdicke Bunkerwand hatte man mühsam an einer Stelle ein Fenster gesprengt, um einen direkt belichteten und belüfteten Arbeitsplatz für Hermann Niggemeyer zu schaffen, Kustos der Indonesien-Abteilung, der aber auch für die Arbeitsabläufe des Museums, denen sich Jensen selbst weniger zuwandte, im ganzen zuständig war und die für alle Studierenden obligatorischen zwei Museumsübungen leitete, die in der Bestimmung und wissenschaftlichen Beschreibung je einer begrenzten Sammlung im Museum bestanden (in meinem Fall: von Krisen aus verschiedenen Teilen Borneos und aller Gegenstände von den Nyamwezi).

Zu den Funktionen des Hauses Myliusstraße 29 als vielfältiger Arbeitsort, dem man sich schnell zugehörig fühlte, und als Zentrale in einem Netz von Institutionen paßte aber auch, daß es sozusagen erweiterungsfähig war: nämlich außer dem schon erwähnten Keller durch weitere Räume im Nachbarhaus Nr. 31, in denen Helmut Petri, Hermann Baumann, Willy Schulz-Weidner und andere zu Arbeit oder Wohnen kürzer oder länger Aufnahme fanden, oder durch die breite Toreinfahrt, in der der Mercedes-Laster in Ruhe beladen werden konnte, der 1950 die erste Nachkriegsexpedition des Instituts über Marseille nach Äthiopien brachte. Daß der erwähnte große Parterre-Raum auch für die recht häufigen Feste – einerseits in der Frobenius-Tradition, andererseits als allgemeiner Ausdruck des befreiten Lebensgefühls der Nachkriegszeit – wie angemessen war, sei gerne festgehalten: unter anderem an Frobenius' Geburtstag Ende Juni, an Weihnachten (mit gegenseitigen Geschenken und einem längeren Gedicht von einem – zugleich als Weihnachtsmann auftretenden – Assistenten oder älteren Studenten), an Fastnacht, nach bestandenen Examina und bei Verabschiedungen, durchweg ebenfalls poetisch umrankt.

Dieses Bild vom Frobenius-Institut in seinen räumlich-organisatorischen Aspekten blieb strukturell auch erhalten, als das Institut 1956 um ein paar Straßenecken im Frankfurter Westend an die Liebigstraße 41 in ein wesentlich größeres, fünfstöckiges

Gebäude umzog; jedoch konnten die Räume dank ihrer viel größeren Zahl (je 10 allein im 1. und 2. Stock) jetzt klar nach Funktionen und Personen einzeln zugeteilt werden. Die nach meiner Erinnerung schon damals deutlich über 50 000 Einheiten zählende, sehr gut erschlossene und ständig weiter wachsende Bibliothek erhielt dadurch, daß sie das ganze Erdgeschoß benutzen konnte, einen enormen Zuwachs an Stellfläche, der Seminarraum bot mehr Platz, Archivbestände konnten hereingenommen werden, und auch für jüngere Assistenten gab es eigene kleinere Arbeitszimmer – kurzum, die Raumprobleme des Instituts schienen für lange Zeit gelöst (sie waren es, wie wir heute wissen, für 45 Jahre). Zudem lagen die Arbeitsräume dank einem klugen alten Grundriß jeweils um einen recht geräumigen zentralen Flur herum, so daß man sich beim Kommen und Gehen und auch zwischendurch sah und zwanglos miteinander im wissenschaftlichen und persönlichen Gespräch blieb – im 1. Stock vermehrt dadurch, daß dort neben anderen Räumen das Sekretariat und das Zimmer Jensens lagen, die Körbchen für die Post und den von Jensen sorgfältig betreuten Aktenumlauf unter den Mitarbeitern (mit Abzeichnungspflicht per Kürzel) standen und Besucher empfangen wurden. Am neuen Standort war es auch möglich, im 3. Stock ein bescheidenes Zimmer einzurichten, in dem neben Übernachtungsgästen auch – zumal ausländische – Wissenschaftler, die am Seminar lehrten, länger wohnen konnten (zum Beispiel Paul Kirchhoff und Egon Schaden) oder Asyl fanden wie László Vajda nach dem Ungarnaufstand; und weil wir ja durchweg ganztägig anwesend waren, wurde später dort oben auch ein sehr geschätzter, der kurzen Mittagspause angemessener warmer Mittagstisch für alle im Hause Tätigen begründet. Diese von uns damals als Maximum des Erreichbaren empfundene Behausung eines Instituts war denn auch ein wesentlicher Impuls dafür, daß ich mich bei meinen Berufsverhandlungen in Basel 1969 neben anderen kleineren Forderungen ganz auf die Zuweisung eines Institutsgebäudes in unmittelbarer Nachbarschaft des Museums für Völkerkunde und seiner Verwaltung am Basler Münsterplatz konzentrierte und es auch in Gestalt eines schönen spätmittelalterlichen Hauses (Nr. 19) erhielt, in dem mein Basler Amtsvorgänger Alfred Bühler schon vorher zwei Räume hatte gewinnen können.

Für das weiterhin mit dem Frobenius-Institut eng verbundene Frankfurter Völkerkundemuseum hat sich damals eine so befriedigende Lösung der Raumfrage leider nicht ergeben, auch wenn 1961 der Umzug der Sammlungen aus dem erwähnten Luftschutzbunker am Ostrand der Stadt in den frei gewordenen Neckermann-Bau am Ostbahnhof mit seinen vom Versandhandel herrührenden großen Lagerflächen ein Stück weit eine parallele Entwicklung zu mehr Platz und weit besseren Organisationsverhältnissen bedeutete und Museumsverwaltung, Fotoabteilung und Handwerker im Raumprogramm der Liebigstraße 41 integriert waren. Denn der entscheidende Mangel war und blieb eben doch, daß das Museum über keinen permanenten eigenen Ausstellungsraum verfügte und wir an fremden Orten und mit entsprechenden Einschränkungen nur temporär an die Öffentlichkeit treten konnten: mit der den neueren Expeditionen gewidmeten Ausstellung „Ferne Völker - Frühe Zeiten" auf dem Messegelände, mit

mehreren Ausstellungen im Senckenberg-Museum (zum Beispiel „Prärie-Indianer Nor-
damerikas", „Kunstsinniges Indonesien"), mit einer Sepik-Ausstellung im Städelschen
Kunstinstitut und anderen, bei deren Aufbau und Durchführung ebenfalls neben den
Museumsbeamten selbstverständlich auch die Institutsassistenten je nach regionaler
Zuständigkeit mitwirkten.

Werfen wir nun unter Zuhilfenahme der Frankfurter Vorlesungsverzeichnisse
vom Wintersemester 1946/47 bis zum Sommersemester 1965, also von 38 Semestern,
sowie meines „Studienbuchs" (WS 1948/49–WS 1953/54) einen gedrängten Blick auf
Lehre und Forschung in jenen Jahren. Die rund 25 Haupt- und Nebenfachstudieren-
den, in deren Kreis ich im Oktober 1948 eintrat (wohl nicht als einziger, aber jedenfalls
nicht zusammen mit einer größeren Gruppe), waren knapp zur Hälfte Frauen (darunter Gisela Odermann) und standen in ihrem ca. zweiten bis vierten Semester; denn
spätestens seit 1946 war das Studium in Frankfurt wieder möglich (Jensen, der sich
1933 habilitiert hatte, aber später wegen seiner „halbjüdischen" zweiten Frau „entha-
bilitiert" worden war, bot gemäß dem ältesten mir vorliegenden Vorlesungsverzeichnis
bereits im Wintersemester 1946/47 zusammen mit Adolf Friedrich ein Lehrprogramm
von 11 Wochenstunden an). Unter den Männern, die praktisch alle eine oft lange Zeit
als Soldaten hinter sich hatten und deshalb deutlich älter waren als ich, befanden sich
Helmut Straube und Eike Haberland; mit Peter Snoy, Siegfried Seyfarth und anderen
kamen jedoch schon bald auch Angehörige meiner Altersstufe beziehungsweise Jüngere
hinzu. Die Stimmung in diesen frühen Jahren im Seminar war unvermeidlich zwar auch
durch den Erfahrungshintergrund des Krieges geprägt (Straube, später Ordinarius in
München, hatte sich mit einem zerschossenen rechten Arm besonders mühsam durch-
zubeißen), doch wurde auffallend selten darüber gesprochen, und zwar weder über
die Zeit als Soldat noch über die in Gefangenschaft – offenkundig in dem Bemühen,
diese Lebensphase, die man selbstverständlich nicht vergessen konnte, wenigstens nicht
noch zusätzlich und willkürlich wiederzubeleben. Damit korrespondierte eine deutli-
che Abwehrhaltung gegen Kollektive jeglicher Art, so daß studentische Vereinigun-
gen und Organisationen, welcher Richtung auch immer, keine Chance hatten; man war
froh, den erfahrungsgemäß damit verbundenen Regulierungen und Zwängen enthoben
zu sein und sein Leben individuell gestalten zu können. Das lief jedoch keineswegs
auf Vereinzelung oder gar Asozialität hinaus, sondern setzte nur den Akzent auf persönliche Freundschaften und die je nach Anlaß und Gelegenheit freiwillig gesuchte
beziehungsweise organisierte Geselligkeit. Man war sich des ungewohnten Vorzugs,
jetzt machen zu können, was man selbst nach gut überlegter Entscheidung und in ganz
und gar eigener Verantwortung tun wollte, voll bewußt – zum Beispiel, Ethnologie
zu studieren – und widmete sich diesem Tun entsprechend seriös. Jensen trug diesem
Grad an Erwachsensein und Reife voll Rechnung, indem er jede Nähe zu Schule und
Verschulung vermied und beispielsweise auch Referate nicht benotete, sondern sie in
zurückhaltenden, sorgfältig gewählten Formulierungen beurteilte, in denen auch das,
was nicht gesagt wurde, von Bedeutung war. Nach meiner Erinnerung wurde in dem

hier betrachteten Zeitraum dieser noble Stil von beiden Seiten auch dann durchgehalten, als die unmittelbare Nachkriegszeit mit ihren besonderen Verhältnissen vorbei war und die Studierenden sich im ganzen verjüngt hatten.

Das etwa hälftige Verhältnis zwischen männlichen und weiblichen Studierenden in der Ethnologie blieb, wenn ich mich recht erinnere, auch während dieser späteren Jahre erhalten; wahrscheinlich hat es sich schon damals durch den relativ hohen Frauenanteil von den Verhältnissen in anderen Fächern – vielleicht mit Ausnahme der kunstwissenschaftlich ausgerichteten – unterschieden, doch entsprach institutsintern diese Situation bereits dem Geschlechterverhältnis auf der Ebene der älteren Mitarbeiter. Denn dem unter Jensens Vorsitz in Form der „Dienstbesprechung" tagenden engeren wissenschaftlichen Leitungsgremium von Institut und Museum gehörten neben den schon genannten beiden Museumsbeamten Karin Hissink und Hermann Niggemeyer noch die insbesondere mit der Schriftleitung von „Paideuma" betraute Afrikanistin Hildegard Klein und der mehr im Universitätsbereich tätige Ozeanist Helmut Petri an, der sich dann auch bald habilitierte – beide am Institut angestellt. Darüber hinaus waren im Zusammenhang mit den von Frobenius begonnenen und nach dem Krieg weitergeführten Felsbildforschungen neben einem Zeichner auch mehrere expeditionserprobte Zeichnerinnen am Institut tätig, so daß uns Jüngeren die intensive Mitwirkung von Frauen in der Ethnologie einschließlich der Teilnahme an der Feldforschung als ganz selbstverständlich erschien. Auffällig war der Rückgang der Gesamtzahl der Studierenden um die Mitte der fünfziger Jahre, als diejenigen, die direkt nach dem Krieg an die Universität gekommen waren, ihr Studium abgeschlossen hatten und allgemein der wirtschaftliche Nutzen eines Studiums bei der Fächerwahl eine stärkere Rolle zu spielen begann; mir ist in Erinnerung geblieben, daß in einem jener Semester die Zahl der Dozierenden in der Frankfurter Ethnologie höher war als diejenige der Studierenden – beide im einstelligen Bereich.

Unter solch persönlich akzentuierten Bedingungen konnten sich die Regelungen für das Studium, der freiheitlichen Tradition der deutschen Philosophisch-Historischen Fakultäten entsprechend, auf ein Minimum beschränken. Weil der Magistergrad in Deutschland noch nicht eingeführt war und es für die Ethnologie – deren Anerkennung als Schulfach damals auch von Jensen für Hessen betrieben, aber nicht erreicht wurde – auch kein „Staatsexamen" gab, war die erste benotete Prüfung, die man nach dem Abitur ablegte, die Promotion. Je nach der eigenen Energie und den Lebensumständen war man also vielleicht für eine lange Reihe von Jahren „Abiturient" beziehungsweise „Student" oder „Doktorand" oder „cand.phil." – jedenfalls ein Studierender ohne akademischen Abschluß und damit für berufliche Positionen, die ein Examen voraussetzten, noch nicht qualifiziert; auch amtliche „Zwischenprüfungen" – zum Beispiel nach dem vierten Semester – gab es naheliegenderweise nicht. Ebensowenig war die Studienzeit begrenzt: es gab weder eine strikte Befristung noch so etwas wie eine „Regelstudienzeit", sondern nur eine von den Dozierenden getragene und vermittelte Vorstellung darüber, wann es anstandshalber Zeit sei, mit einer Dissertation (aus Gleichheitsgrün-

den in Frankfurt ausschließlich auf der Basis von Fachliteratur und nicht von eigener
Feldforschung, auf der ich später in Basel als zwingender Voraussetzung bestand) zu
beginnen – nach meiner Erinnerung ca. im 6. oder 7. Semester. Dieser Zeithorizont
(einschließlich des damit in Aussicht genommenen Promotionstermins rund zwei Jahre
später) korrespondierte mit der einzigen Stufung des ethnologischen Studiengangs: Sie
bestand darin, daß man nach zwei bis drei guten Referaten in den „Übungen" – also
nach dem 3. oder 4. Semester – von Jensen beziehungsweise einem Dozenten in seinem
Auftrag persönlich darüber informiert wurde, jetzt an der „Kulturmorphologischen
Arbeitsgemeinschaft", der höchstrangigen Lehrveranstaltung, als Vollmitglied teilnehmen zu dürfen. Wie ihr natürlich von Frobenius hergeleiteter, ihren Inhalt jedoch inad-
äquat einengender und zuspitzender Name andeutet, war sie eigentlich ein allgemeines
Gesprächsforum für ausgebildete, also mindestens promovierte Wissenschaftler wie die
Mitarbeiter des Instituts und eingeladene Gäste, zu denen zum Beispiel Hermann Baumann während seines längeren Aufenthalts in Frankfurt zählte; folgerichtig bezog sich
der erste Vortrag, den man als Student dort hielt, auf die eigene Dissertation, wenn diese relativ weit fortgeschritten war, also ein diskutierbares Forschungsergebnis darstellte. Insofern entsprach diese Lehrveranstaltung besonders deutlich dem Charakter des
Frobenius-Instituts im ganzen, also dem eines vergleichsweise selbständigen, von Bund,
Land und Stadt zu je einem Drittel finanzierten Forschungsinstituts mit eigenem Kura-
torium – einem Status, der sich auch im Verhältnis des Instituts zur Universität in der
bis heute verwendeten Formulierung „an der Universität" statt „der Universität" nie-
derschlug. Studientechnisch war die Kulturmorphologische Arbeitsgemeinschaft also
oberhalb der Stufe „Seminar" angesiedelt, wenn mit diesem Terminus eine generell von
Studierenden höherer Semester zu besuchende und aktiv durch eigene Beiträge mitzu-
gestaltende Veranstaltung gemeint ist; diese Funktion wurde von den – nur nach Thema, nicht nach Semesterstufe unterschiedlichen – Übungen wahrgenommen, in denen
Studierende aller Semester beieinander saßen, die fortgeschrittenen in ihren Referaten
die anspruchsvolleren Einzelthemen behandelten, die – zunächst eher schweigsamen –
Jüngeren von den Älteren lernten und die vertikale Kommunikation mindestens das
gleiche Gewicht besaß wie die horizontale. Andererseits nahmen diese Übungen, an
denen man vom ersten Semester an mit eigenen Beiträgen teilnehmen durfte und sollte,
auch die Stelle von Proseminaren ein; entsprechend streuten sie inhaltlich breit von der
ergänzenden Behandlung von Einzelfragen aus Vorlesungen, die im gleichen Semester
stattfanden, über die Beschäftigung mit ethnologischer Fachliteratur, Museumsgegenständen und einheimischen Sprachen bis hin zur Bearbeitung größerer ethnologischer
Sachgebiete, einzelner Bereiche der regionalen Ethnologie oder von Themen aus Methodik und Theorie, die durchweg auch der Gegenstand von Vorlesungen hätten sein
können.

Dieses geringe Maß vertikaler Strukturierung der seminarmäßigen Lehrveranstaltungen spiegelte sich auch in der Ausgestaltung des Vorlesungsangebots: jede Vorlesung
war für Studierende aller Semester zugänglich, die Themen der Vorlesungen wechselten

von Semester zu Semester, ein strenger Rhythmus im Sinne einer festen Themenabfolge oder der Wiederkehr des gleichen Themas nach einer vorgegebenen Zahl von Semestern bestand nicht, es gab keine Vorlesung, die den Besuch einer früheren zwingend voraussetzte, und der Studienbeginn war in jedem Semester möglich. So nahm das Einzelwissen nicht linear, sondern mosaikartig zu, doch wuchsen selbstredend durch die Auseinandersetzung mit jedem neuen Stoff und die mit ihm verbundenen spezifischen Fragestellungen auch die Fachkompetenz und das ethnologische Urteilsvermögen im ganzen. Eine bestimmte Wochenstundenzahl war dabei nicht gefordert; man schrieb die Lehrveranstaltungen, die man besuchen wollte, in das „Studienbuch" ein, bezahlte ein „Unterrichtsgeld" („Kolleggeld") in der Höhe von DM 2,50 pro Semester-Wochenstunde an die Universität und ließ sich den Besuch dieser Lehrveranstaltungen zu Beginn und Ende des Semesters von dem betreffenden Dozenten durch seine Unterschrift im Studienbuch testieren („Scheine" gab es nicht). Die angebotenen Lehrveranstaltungen zwar nach eigenem Ermessen, aber doch in relativ großem Umfang und, wenn man seine Wahl getroffen hatte, regelmäßig zu besuchen, war zu Beginn der fünfziger Jahre ebenso das Normale wie der Besuch von Einzelvorträgen im Rahmen des Instituts – zum Beispiel denjenigen der „Deutschen Gesellschaft für Kulturmorphologie" Donnerstags abends – und entsprach dem Rang, den die Universität als Institution und das Studium als Prozeß für den Einzelnen und in der Öffentlichkeit damals besaßen; ich selbst kam im Durchschnitt meiner 11 Studiensemester (bis und mit Wintersemester 1953/54) gemäß Studienbuch auf je 25 Wochenstunden – Hauptfach, Nebenfächer und andere Lehrveranstaltungen, unter denen die Vorlesungen von Hans-Georg Gadamer (bis und mit Sommersemester 1950) zu den eindrucksvollsten zählten, zusammengenommen. Daß sich unter den „belegten" Wochenstunden stets eine zweistellige Zahl von ethnologischen befinden konnte, hing natürlich mit dem reichhaltigen Lehrangebot zusammen, das während meiner Studienzeit – je nach Abwesenheit der Lehrenden auf Expeditionen – zwischen 12 und 23 Wochenstunden pro Semester schwankte und im Verhältnis zur Zahl der Studierenden recht hoch war; im Hinblick auf die Übungen, die ja auf Beiträgen der Studierenden aufbauten, folgte daraus, daß man schließlich auch eine recht große Zahl von Referaten schrieb – weil man einerseits die Möglichkeiten des Hauses nutzen wollte und andererseits auf die Frage der Dozierenden (die man ja relativ gut kannte), ob man nicht auch ein Referat übernehmen wolle, schlecht nein sagen konnte. In meinem Fall waren es schließlich 27, also zwei bis drei pro Semester; dabei ist jedoch im Auge zu behalten, daß wir keine schriftlichen Texte abgeben mußten, sondern einen ausführlichen Vortrag zu halten hatten, der zusammen mit etwas Diskussionszeit die Sitzung – und bisweilen noch eine zweite Sitzung – füllte. Ob man sich dabei auf ein ausformuliertes Manuskript, hand- oder maschinenschriftlich, oder auf mehr oder weniger ausgearbeitete Stichwörter stützte, war jedem Einzelnen überlassen – und lief deshalb mindestens in den Anfangssemestern meist doch auf einen ausgeschriebenen Text hinaus; in Basel habe ich dann – auch als Vorübung für das Schreiben der Lizentiatsarbeit – voll ausgearbeitete schriftliche Fassungen verlangt, die eine

Woche vor dem Referatstermin an alle Teilnehmer und Teilnehmerinnen von Seminar beziehungsweise Proseminar verteilt, zwischenzeitlich mit dem oder der Dozierenden besprochen und in der Sitzung selbst natürlich nicht mehr vorgelesen wurden, sondern als Basis für einen vertiefenden beziehungsweise ergänzenden kürzeren Vortrag des Autors oder der Autorin und für die Diskussion dienten. Auch in meinen Nebenfächern war die Zahl der Referate, die man während des Studiums zu halten hatte, nicht vorgeschrieben (ich selbst schrieb wenige), ebensowenig die Zahl der Wochenstunden, die man pro Semester oder in ihrer Summe während eines Studiums zu belegen hatte; das System funktionierte auf der Basis stiller, gleichwohl elastischer Selbstverständlichkeiten und des persönlichen Lehrer-Schüler-Verhältnisses. Dazu gehörte in der Ethnologie im weiteren auch die Erwartung, daß man unabhängig von der schulischen Vorbildung wissenschaftliche Texte in Englisch und Französisch bei Studienbeginn lesen konnte, sich die entsprechende Fertigkeit für Holländisch (wegen Indonesien) und Italienisch (wegen Nordostafrika) bald hinzuerwarb und im Falle längerfristiger Beschäftigung mit Amerika diese Liste um Spanisch und Portugiesisch sowie im Bezug auf Nordasien – wenn immer möglich – um Russisch erweiterte.

Wie schon dieser Anspruch zeigt, bezog das ethnologische Lehrangebot in Frankfurt in Vorlesungen und Übungen im Laufe der Semester alle außereuropäischen Kontinente mit wechselnder thematischer Ausrichtung ein; allerdings waren die „asiatischen Hochkulturen" dabei vor allem durch ihre nördlichen und südlichen Ausläufer beziehungsweise Einflußbereiche vertreten. Personell wurde dieses Angebot neben Jensen, der bis 1964 las, vor allem von Adolf Friedrich und Helmut Petri bestritten. Friedrich, Extraordinarius in Mainz, hatte in den 1930er Jahren in Frankfurt studiert, und hielt aus Verbundenheit mit dem Institut seit 1946 zusätzlich in Frankfurt regelmäßig zweistündige, von besonderem Einfühlungsvermögen in fremde Lebenswelten getragene Vorlesungen und wirkte kontinuierlich in der „Kulturmorphologischen Arbeitsgemeinschaft" mit; er starb schon 1956, 42 Jahre alt, auf einer Hindukusch-Expedition in Rawalpindi. Petri, der gleichfalls schon in der Vorkriegszeit am Institut tätig war, habilitierte sich 1949 in Frankfurt und wurde 1958 als Ordinarius nach Köln berufen. Dabei läßt sich zusammenfassend sagen, daß Jensen die verschiedenen Regionen Afrikas sowie Indonesien und Südamerika behandelte, Friedrich sich dem subarktisch-arktischen Großraum von Finnland über Sibirien als Kerngebiet bis Nordamerika und Grönland widmete, aber auch Hinterindien und die Gebirgsvölker von Westchina bis zu den Alpen mit einbezog und Petri über alle Teilgebiete der Südsee mit Australien als Schwerpunkt, aber auch – als Sonderfall – über Süditalien las. Ferner wirkten der als Museumsethnologe schon genannte Hermann Niggemeyer seit 1958 mit einem Lehrauftrag für Südasien und Otto Zerries von 1950 bis zu seinem Weggang nach München 1956 als Amerikanist mit Schwerpunkt Südamerika in der Lehre mit – beide ebenfalls schon in der Vorkriegszeit mit dem Institut verbunden; als Gastprofessoren lasen Paul Kirchhoff (Mexiko) im WS 1961/62 über indianische „Hochkulturen", insbesondere Mexikos sowie Egon Schaden (Sâo Paulo) 1964/65 zur Völkerkunde Brasiliens. Gegen

Ende der fünfziger und Anfang der sechziger Jahre kamen dann aus Frankfurt Eike Haberland, Helmut Straube und ich selbst, aus Mainz Wolfgang Lindig als jüngere Generation von Lehrenden hinzu – zunächst als Assistenten, die, wie damals üblich, im Namen des Institutsleiters (und deshalb im Vorlesungsverzeichnis ungenannt) Übungen abhielten, später dann in selbständiger Position: Haberland seit 1963 als Privatdozent, die anderen seit 1964 mit regional und thematisch unterschiedlich formulierten Lehraufträgen; der Kreis der Assistenten wurde in jenen Jahren durch Klaus Müller aus München, Andreas Kronenberg aus Wien und – im Blick auf die Felsbildforschungen des Hauses – durch den Prähistoriker Helmut Ziegert erweitert.

Zwar hatten Jensen, Friedrich, Petri und Zerries, wie ja auch ihre Publikationen deutlich zeigen, ihren thematischen Schwerpunkt in der Religionsethnologie – Jensen im Bereich von Mythos, Kult und allgemeiner religionswissenschaftlicher Theorie, Friedrich im Schamanismus und im jägerzeitlichen Denken und Handeln, Petri im australischen Medizinmannwesen und in modernen religiösen Entwicklungen wie Prophetentum und messianischen Bewegungen, Zerries in Vorstellungswelt und Ritual der Indianer des südamerikanischen Waldlandes, insbesondere ihrer „Zauberärzte"; doch weil Religion als geistige Gestaltung, die die Welt – genauer: den jeweils von ihr bewußt wahrgenommenen und als wichtig bewerteten Teil – deutet und ordnet, in ihrer je spezifischen Form nicht ohne den Blick auf die natürliche und historische Gesamtsituation im betreffenden ethnischen Raum verstanden werden kann, kamen auch die anderen kulturellen Ebenen (wie etwa Wirtschaft, Gesellschaft und materielle Güter) mit ihren vielfältigen Verzweigungen und Akzentuierungen in den einzelnen Lehrveranstaltungen und im Gesamtangebot deutlich zu Wort. Im Ganzen lassen sich dabei von ihrem inhaltlichen Zuschnitt her für den behandelten Zeitraum *grosso modo* fünf Gruppen beziehungsweise Typen von Lehrveranstaltungen unterscheiden, die im folgenden durch jeweils drei charakteristische Titel (aus einer Vielzahl weiterer) illustriert seien:

– regionale Übersichten („Völkerkunde Nordost-Afrikas", „Ethnologie von Südamerika", „Die Kulturen Melanesiens");
– die Behandlung bestimmter Themen in geographischer Begrenzung („Der Schamanismus der sibirischen Völker", „Staatenbildungen im pazifischen Raum", „Übungen zur Agrarethnographie Afrikas");
– die Betrachtung kultureller Phänomene in globaler Perspektive („Die darstellende Kunst der Naturvölker als Quellenmaterial der Religionswissenschaft", „Wirtschaftsethnologische Übungen", „Akkulturationserscheinungen im naturvölkischen Leben");
– Vorlesungen und Übungen zum Theorie-Bereich im engeren Sinne („Geschichte der völkerkundlichen Theorien", „Ethnologische Theorien über den Ursprung der Religion", „Funktionalismus und historische Völkerkunde");
– die Besprechung interdisziplinärer Themen in Verbindung mit der Vorgeschichte („Übungen zum Problem der Migrationen", „Übungen zu vorgeschichtlichen Felsbildern", „Übungen zum Megalithproblem").

Lehrveranstaltungen solcher Art – wenn auch nicht immer aus allen genannten Gruppen – bildeten das jeweils neue, anders kombinierte und mit Spannung erwartete Programm jedes Semesters; daneben wurden eine Einführung in die Ethnologie sowie Übungen über neuere völkerkundliche Literatur und über materielle Kultur anhand von Museumsgegenständen praktisch kontinuierlich angeboten. Auch die schon erwähnte Kulturmorphologische Arbeitsgemeinschaft mit Vorträgen über eigene Forschungen und über aktuelle Themen des Faches – zum Beispiel die damals breit diskutierten vorkolumbischen transpazifischen Beziehungen oder die Megalithkulturen – fand in jedem Semester statt.

Wie schon diese Titelauswahl erkennen läßt, war die Ethnologie in Frankfurt im Stil der klassischen Völkerkunde recht strikt auf außereuropäische Erdteile (in damaliger Diktion: die „Naturvölker") ausgerichtet; Europa wurde nur am Rande berührt (so von Friedrich in seiner schon erwähnten mehrteiligen Gebirgsvölker-Vorlesung und in einer anderen über „Das finnische Nationalepos Kalewala und die Volksdichtung der sibirischen Völker" sowie von Petri in einer Reihe von Vorlesungen über Süditalien beziehungsweise Sizilien); Kontakte zur Volkskunde, die von Mathilde Hain vertreten wurde und sich stark an die Germanistik anlehnte, bestanden *de facto* ebensowenig wie zu Martin Block, außerplanmäßigem Professor in Marburg, der seine Vorlesungen über Südosteuropa im Rahmen der Völkerkunde mit anzeigte. Auch zu anderen benachbarten Fächern – mit Ausnahme der schon erwähnten Vorgeschichte – waren institutionelle Kontakte, etwa in Form interdisziplinärer, gemeinsam von zwei oder drei Dozenten geleiteter Lehrveranstaltungen, eher gering, so zum Beispiel zur Geographie; später in Basel habe ich solche gemeinsamen Veranstaltungen zu wechselnden Themen mit nicht wenigen anderen Fächern zumal aus der Philosophisch-Historischen Fakultät in größerem Umfang durchgeführt – so zum Beispiel die von dem Basler Archäologen Karl Schefold angeregte „Archäologisch-Ethnographische Arbeitsgemeinschaft" unter Beteiligung zahlreicher weiterer Dozierender von 1969 bis 1984 oder die in Zusammenarbeit mit der Volkskunde alle zwei Jahre im europäischen Raum stattfindenden „Übungen in ethnographischer Feldarbeit". Damals in Frankfurt schloß die Konzentration auf die Vorgeschichte jedoch offenkundig die freundlichsten persönlichen Beziehungen nicht aus, die Jensen und andere Mitarbeiter und Mitarbeiterinnen des Instituts mit vielen Vertretern anderer Fächer innerhalb und außerhalb Frankfurts verbanden, zum Beispiel mit dem Geographen Herbert Lehmann, dem Wissenschaftshistoriker Willy Hartner, dem Sinologen Wolfram Eberhard, dem Indologen Herman Lommel, dem Religionswissenschaftler Werner Müller, den Altphilologen Karl Reinhardt, Walter F. Otto, Karl Kerényi und Helmut Rahn. Zu diesem Kreis der Gäste, bei deren – durchweg von eigenen Vorträgen begleiteten – Besuchen im Institut sich immer auch Zeit für Gespräche mit den Studierenden fand, zählten ferner die in der Situation um 1950 – als man sich überall in Deutschland um die Aufnahme beziehungsweise Wiederaufnahme internationaler Beziehungen bemühte – besonders beachteten ausländischen Ethnologen, die wie zum Beispiel Robert H. Lowie, Robert Heine-Geldern, Paul Leser und

Carl Schuster (mit dem der Schreibende nicht verwandt ist) nach 1933 aus „rassischen"
Gründen oder schon vorher in die USA emigriert waren, oder auch andere ausländische
Wissenschaftler wie zum Beispiel der Basler Ethnologe Paul Wirz, dessen Forschungen über die Marind-anim in Süd-Neuguinea der von Jensen ausgearbeitete Begriff
der Dema-Gottheit entstammte. Als länger Anwesende wären Karl Jettmar und Walter
Dostal aus Wien zu nennen, die als Gastassistenten im Institut arbeiteten, während aus
dem Inland insbesondere Hermann Trimborn – auch als Mitglied des Kuratoriums –
und Hans Rhotert, der vor dem Krieg zusammen mit Jensen und dem unmittelbar vor
Kriegsende gefallenen Ewald Volhard dem älteren Mitarbeiterstab von Frobenius an-
gehört hatte, kontinuierliche Gesprächspartner innerhalb des Faches waren. Selbstverständlich sind dies nur einige Namen aus zufälliger Erinnerung; im ganzen hatten wir
damals Studierende den Eindruck, daß wir doch eine recht große Zahl meist älterer
Fachkollegen, die wir zunächst ja nur vom Namen her kannten (oder vielleicht nicht
einmal das), als Personen und damit Persönlichkeiten im Institut selbst zu Gesicht
und Gehör bekamen. In diesem Gesamtkontext setzte der Besuch von Léopold Sédar
Senghor als deutscher Staatsgast – mit Polizeieskorte und rotem Teppich – im biederen
Mietshaus des Instituts in der Liebigstraße 41 einen eigenen Akzent; er war ausdrücklich wegen Goethe und Frobenius von Bonn nach Frankfurt gekommen und begrüßte
dort Editha Frobenius, die uns als würdige alte Dame im Institutskreis vertraute Witwe
von Leo Frobenius, mit besonderer Wärme.

    Relativ eng waren auch die Kontakte mit anderen ethnologischen Instituten in
Deutschland. Wir trafen uns auf den DGV-Tagungen und anderen Kongressen sowie in
den fünfziger Jahren einmal jährlich innerhalb der Rhein-Main'schen Seminare, deren
Reichweite sich von der Kerngruppe Frankfurt-Mainz-Bonn-Köln allmählich bis Straßburg und Nijmegen erstreckte, zu einem zweitägigen Treffen mit Referaten und einem
größeren „gesellschaftlichen Teil" zum Beispiel auf einer Burg oder an einem anderen
freundlichen Ort – so daß sich viele der Hauptfachstudierenden gegenseitig kannten
und uns auch die Ethnologie-Professoren anderer Universitäten nicht fremd blieben.
Das galt – zum Nutzen der Jüngeren – auch umgekehrt: in einer Zeit, in der akademische Stellen durchweg noch keineswegs öffentlich ausgeschrieben wurden (einschließlich der Professuren) und man sich also nicht selbst bewerben konnte, war es wichtig,
daß die Institutsleiter nicht nur die eigenen Leute kannten. Denn die Mobilität unter
den Studierenden war, wenn ich mich recht erinnere, nicht groß und beschränkte sich
mehrheitlich darauf, bei einem Dozenten an einer anderen Universität ein Spezialgebiet
zu hören, das an der eigenen Universität nicht vertreten war. Ich selbst fuhr ein Semester lang einmal wöchentlich von Frankfurt nach Bonn, um bei Hermann Trimborn
Quechua zu lernen (was ich zeitlebens als großen Gewinn schätzte), wechselte aber
auch dabei nicht im ganzen zum Studium dorthin.

    Die dargelegte Breite des Lehrangebots in Frankfurt war naturgemäß nicht syste-
matisch geplant, aber durchaus gewollt. Jensen baute – bei aller persönlichen, zumal
seine späteren Lebensjahre dominierenden Zuneigung zu Afrika – das Institut beim

Neubeginn nach dem Kriege nicht als Afrika-Institut im engeren Sinne aus, sondern setzte die mit den Expeditionen nach Ostindonesien und Nordwestaustralien in den dreißiger Jahren noch von Frobenius selbst eingeleitete geographische Öffnung fort. Sie wurde auch nahegelegt – und andererseits ermöglicht – durch die oben skizzierte, zum Teil schon in der Vorkriegszeit angelegte unterschiedliche kontinentale Ausrichtung der älteren Mitarbeiter und durch die Ceram-Forschungen von Jensen selbst; für die Studierenden bedeutete sie, daß diejenigen, deren persönliche Interessen nicht primär auf Afrika gerichtet waren (wie in meinem Fall), niemals irgendeine Benachteiligung erfuhren, daß man schon im Laufe des Studiums für mehrere Weltregionen ethnographisch-ethnologisches Sockelwissen erwarb, das sich bei Bedarf deutlich leichter ausbauen ließ, als wenn man bei Null und nur über die Literatur – ohne begleitende Vertiefung im akademischen Unterricht – hätte anfangen müssen, und daß man frühzeitig lernte, allgemeinere ethnologische Schlußfolgerungen nicht vom Einzelfall herzuleiten, sondern abweichende beziehungsweise konträre Situationen von Anfang an ebenfalls in den Blick zu nehmen – eine Erfahrung, die später neben den verschiedenen Kompetenzen der Dozierenden und den unterschiedlichen Präferenzen der Studierenden zur Ausgestaltung des Basler Lehrangebots mit seinen Hauptgebieten Ozeanien, Amerika und Afrika beitrug (letzteres in gesamtschweizerischer Perspektive verstärkt ab 1990, als nach der Emeritierung von Hugo Huber deutlich geworden war, daß die afrikanistische Ausrichtung an der Universität Fribourg nicht erhalten bleiben würde). Einen Anreiz für geographische Flexibilität bildeten natürlich auch die spärlichen Berufsaussichten in einer Wissenschaft, deren Beschäftigungsmöglichkeiten damals *de facto* auf Universität und Museum beschränkt und zudem regional definiert waren. Welches Gewicht Jensen diesem Aspekt zumaß, wurde Haberland, Straube und mir deutlich, als er uns drei Jüngere eines Tages – es muß 1958 oder 1959 gewesen sein – zu sich bat und uns wissen ließ, daß wir uns neben den Erdteilen, in denen wir bisher auch auf Expeditionen gearbeitet und über die wir in Übungen zu lehren begonnen hatten, im Interesse unseres beruflichen Fortkommens jeweils noch mit einer ganz anderen Weltregion unserer Wahl gründlicher vertraut machen sollten: der Afrikanist Eike Haberland entschied sich für Ozeanien, der Afrikanist Helmut Straube für Nordasien (und lernte Russisch), ich selbst als Amerikanist ebenfalls für die Südsee (die in unserer Studienzeit ja von Petri eingehend behandelt worden war). Mir wurde die Nützlichkeit dieser größeren geographischen Spannweite insofern besonders deutlich, als ich 1961 – nach einem 1960 in Basel vorausgegangenen sehr freundlichen und ausführlichen Gespräch von Jensen, Haberland und mir mit dem dortigen Museumsdirektor und Ordinarius Alfred Bühler, der kurz zuvor das Flußgebiet des Sepik in Nordneuguinea selbst zweimal aufgesucht hatte – gemeinsam mit Haberland, damals gleichfalls Institutsassistent, im Auftrag des Frankfurter Städtischen Museums für Völkerkunde und mit städtischen Mitteln im Sepik-Gebiet während fünf Monaten eine relativ große Sammlung anlegen konnte, die sich jetzt im Frankfurter Museum befindet; diese museumsbezogene Felderfahrung in Neuguinea und die Zuwendung zur Südsee im ganzen waren wie-

derum die wichtigsten Gründe dafür, daß sich wenige Jahre später in Basel mit seiner
starken melanesischen Tradition für mich berufliche Perspektiven eröffneten.

Die Betonung der regionalen Dimension durch Jensen war natürlich auch in der
von Frobenius herrührenden Expeditionstradition des Instituts begründet: Feldforschung war das eigentliche Salz der Ethnologie, wirklich neues Wissen wurde dort generiert, und die Expeditionen der Vergangenheit – und damit auch kommende – waren
als Horizont direkten Erlebens und authentischer wissenschaftlicher Erfahrung eine im
akademischen Unterricht wie im allgemeineren Gespräch stets bedeutsame Referenze-
bene. So war es naheliegend, daß sich das Institut, als ab 1950 längerfristige deutsche
Forschungsreisen – mit Hilfe der DFG, aber auch von Sachspenden aus der Industrie
und im ganzen mit sparsamsten Mitteln, also per Schiff – wieder möglich wurden, mit
einer Reihe von „Frobenius-Expeditionen" an dieser ersten, etwa bis 1956 dauernden
Welle der Wiederbelebung traditioneller Feldforschung beteiligte. Von Frankfurt aus
hatten diese jeweils mit mehreren Teilnehmern beziehungsweise Teilnehmerinnen
durchgeführten, durchweg mindestens einjährigen und zum Teil wiederholten Reisen
Südwestäthiopien, Nordwestaustralien, Ostperu, Indien (Orissa) und Südvenezuela
zum Ziel; an der letztgenannten, zu den Waika als Teilgruppe der Yanomami und zu
den benachbarten Makiritare führenden Reise an den oberen Orinoco von Februar
1954 bis August 1955 konnte ich selbst als studentischer Mitarbeiter von Otto Zerries teilnehmen. Daß die ethnologische Feldforschung bald nach dem Krieg in solchem
Umfang von den älteren, bereits lehrend tätigen Institutsmitgliedern unter Einbeziehung von jüngeren wieder aufgenommen wurde, bedeutete natürlich auch, daß die
dem Institut von Idee, Struktur und Geschichte her gewissermaßen angeborene enge
Verbindung von Forschung und Lehre eine neue Belebung erfuhr. Es waren aber auch
solche Expeditionen, die neben der besonderen Gestalt von Leo Frobenius, den – 1938
gestorben – noch alle älteren Mitarbeiter persönlich gekannt hatten und dessen Kon-
turen sie uns Jüngeren in vielen Berichten und Geschichten nachzeichneten, den Stil
des Frobenius-Institutes im ganzen prägten. Dieser war familiär und herzlich, liberal
und großzügig mit einem deutlichen Schuß Bohème, so daß man sich sowohl auf das
freundlichste betreut als auch an die zwanziger Jahre gemahnt fühlte, soweit man sie
aus Texten und Bildern kannte; und er schloß neben den aktuellen Mitarbeitern des
Instituts auch die heranwachsenden oder die als „Exstitut" bezeichneten ehemaligen
mit ein, die die Verbindung mit dem Haus bewahrt hatten. Diesen entspannten, offenen Stil trug Jensen, obgleich vom Naturell her eher zurückhaltend, ja spröde, als
patriarchalisch-fürsorglicher Chef, dessen Autorität nie bestritten war, voll mit, und es
läßt sich leicht vorstellen, daß man sich auch als Student in einem solchen Umfeld mit
seinen zumal in heutiger Perspektive quantitativ und qualitativ geradezu idyllischen
wissenschaftlichen Betreuungsverhältnissen und Möglichkeiten sehr wohl und im Vergleich mit anderen Studienorten privilegiert fühlte.

Der allgemeinere theoretische Hintergrund derart gestalteter Lehre und Forschung ist in den Werken von Jensen und Frobenius gut zu greifen und auch von an-

derer Seite oft dargestellt worden, so daß ich mich an dieser Stelle auch aus Raum-
gründen auf ein paar Anmerkungen aus der Sicht des damals Studierenden und damit
aus der Institutspraxis beschränken kann. Zur wissenschaftlichen Kennzeichnung von
Forschungsansatz und Erkenntnisziel der damaligen Frankfurter Ethnologie wurde
von innen wie von außen durchweg der schon erwähnte, von Frobenius übernomme-
ne Begriff der „Kulturmorphologie" verwendet, der zu seinen Ahnen auch Oswald
Spengler zählte, später in der Geschichtsauffassung Arnold Toynbees ebenfalls sichtbar
wurde und ohne das Bestimmungswort „Kultur-" natürlich an Goethe erinnerte und
auch erinnern sollte; das bedeutete unter anderem, daß neben der zu einem bestimmten Zeitpunkt, zum Beispiel der Gegenwart, erfaßbaren „Gestalt" einer Kultur immer
auch deren Wandel mit ins Auge zu fassen war: poetisch gesprochen ihr Werden und
Vergehen, in nüchterneren Worten alle Veränderungsprozesse auch in Teilbereichen,
aber andererseits auch das oft lange Überleben früherer Gestaltungen in insgesamt
verändertem Kontext, auf das schon der Tylor'sche „Survival"-Begriff und lange vor
ihm Thukydides aufmerksam gemacht hatten. Insofern dachte die Kulturmorphologie,
die zunächst statische Kulturbilder zu entwerfen schien, bei der Analyse schriftloser
Kulturen immer auch historisch – also, weil datierte Dokumente fehlten, in den Kategorien Früher und Später, Älter und Jünger, Ausdruck und Anwendung, Substrat und
Überschichtung sowie anderen, die ein Nacheinander enthielten – mit dem Ziel einer
relativen zeitlichen Verortung kultureller Phänomene, die erst durch die Einbeziehung
von Aussagen der prähistorischen Forschung den Anschluß an eine absolute Chronologie finden konnte. Mit diesem Verhältnis zur Dimension des Historischen und vor
allem der Grundüberzeugung, daß Kulturen tendenziell hochintegrierte, systematisch
strukturierte und funktional verdichtete Ganzheiten seien, war die Kulturmorphologie
jedoch von der „Kulturkreislehre", die oft als besonders augenfälliges Beispiel kulturhistorischen Denkens herangezogen wurde, weit entfernt, weil sich aus der Addition
von *per definitionem* unzusammenhängenden Einzelelementen zu einem Kulturkreis
gerade keine „Gestalt" ergeben konnte; entsprechend wurde in Frankfurt die „Wiener
Schule" Schmidt/Koppers'scher Prägung nur als wissenschaftshistorische Position ge-
wertet, aus deren nicht tragfähigem Ansatz zu lernen war. Deutlich wichtiger aber als
historische Einordnung und Abfolge war in Vorlesungen und Seminarveranstaltungen
neben dem sorgfältigen, quellenkritischen Beschreibung das Bemühen, den Sinn von
uns fremdartigen, das heißt sich unserem Begreifen sperrig entgegenstellenden einhei
mischen Gedanken und Handlungen nachverstehend zu ermitteln und dabei gerade
nicht ihre oft leicht beobachtbare aktuelle Funktion auch schon für ihren eigentlichen
Sinn zu halten, der einmal zu ihrer Entstehung geführt hatte. Das war jedoch kaum am
Einzelfall zu leisten, sondern setzte die Erfassung der maßgeblichen gedanklichen Inhalte einer gegebenen Kultur in ihrer Gesamtheit voraus, in denen das Einzelne seinen
logischen Ort hatte. In diesem Prozeß der Erschließung – nicht der Sortierung – fremder Denkwelten, der nur unter Berücksichtigung aller ihrer Ausdrucksformen gelingen
konnte, also in der hermeneutischen Annäherung und Aneignung, lag der intellektuelle

Reiz der Ethnologie; es ist im Kern kein anderes, sondern nur ein noch schwieriger zu erreichendes Ziel, als wir es auch bei der wissenschaftlichen Durchdringung vergangener Phasen unserer eigenen Geistesgeschichte verfolgen und bietet die Chance, uns von dem Vorurteil zu befreien, außereuropäische schriftlose Kulturen wegen ihres „exotischen" Erscheinungsbildes auch nur auf der Basis ganz eigener (und bisweilen eigenartiger) theoretischer Grundannahmen untersuchen zu können. Der gelernte (und promovierte) Philosoph Jensen war zutiefst überzeugt vom hohen Rang einheimischen Denkens, das er keineswegs als alogisch oder irrational, „mystisch" oder „magisch" ansah und dem er sich vorwiegend auf der Basis der Mythentexte als verbaler Zeugnisse von Religion und Philosophie näherte; er hat dies in seinem „Religiösen Weltbild einer frühen Kultur" (Stuttgart 1948, Studien zur Kulturkunde 9.), einem großen Wurf, exemplarisch dargetan und in dem bald darauf erschienenen „Mythos und Kult bei Naturvölkern" (Wiesbaden 1951, Studien zur Kulturkunde 10.) unter Einbezug vieler weiterer religiöser Phänomene breiter ausgebaut. Die Lektüre beider Werke war – ebenso wie die der wichtigeren Bücher von Frobenius – für uns selbstverständlich; sie waren im Lehrbetrieb bei entsprechenden Themen durch Bezugnahme und Verweis präsent, wurden jedoch nicht *in extenso* abgehandelt (schon gar nicht von Jensen selbst) und wirkten vor allem auch durch das an ihrem Material gewonnene allgemeine Bild vom Menschen als einem – knapp formuliert – erkennenden und darstellenden, unterschiedliche Aspekte der Wirklichkeit seiner Lebenswelt in schöpferischen Gestaltungen aufgreifenden Wesen, das von den Handlungen, durch die in der Urzeit die Welt und die Menschen in ihrem je besonderen Sosein geschaffen worden waren, das heute gültige Weltbild herleitete und zugleich jene frühen Ereignisse durch ihre „symbolische" Wiederholung im Kult auch als Teil der Gegenwart erlebte – *mutatis mutandis* dem Abendmahl in der christlichen Glaubenswelt vergleichbar.

Das Wörtchen „einer" im Titel der früheren Publikation war dabei keineswegs nebensächlich. Es ließ erkennen, daß Jensen die von ihm dort untersuchte Kultur trotz ihrer weiten Verbreitung und ihres vielfältigen Fortwirkens – zum Beispiel im Phänomen des „Opfers" – durchaus nicht für die allein bedeutsame und geschichtsmächtige der menschlichen Frühzeit hielt. Denn in ähnlicher Weise, wie er dieses „altpflanzerische" Weltbild vom ceramesischen Hainuwele-Mythologem her entwickelt hatte, dachte er auch an die Rekonstruktion eines anderen, mit dem „Prometheus-Mythologem" – also dem Pflanzendiebstahl im Himmel – verbundenen Weltbildes, das er den als kulturgeschichtlich jünger angesehenen Körnerbauern zuordnete; dies kam in Seminardiskussionen ebenso zum Ausdruck wie in seiner mit Carl August Schmitz vor dessen Berufung zu seinem Nachfolger geführten mythologischen Diskussion. In einem breiteren, nicht notwendig auf Nordostafrika beschränkten Sinne glaubten wir auch Andeutungen von Jensen auf einen „nilotischen", das heißt durch eine aus Feldbau und Viehzucht gemischte Wirtschaftsform geprägten, und einen „kuschitischen" Kulturhorizont, für den der erstmalige Besitz der genauen Zahl charakteristisch sei, verstehen zu können; doch kam es nicht mehr zur vergleichbaren Ausarbeitung solcher Überlegungen. Die jä-

gerische Geisteswelt dagegen, die in so reicher Sinnfülle und verblüffender Gleichartig-
keit in weiten Räumen Nordeurasiens und Nordamerikas belegt ist, hat Adolf Friedrich
durchaus im Sinne eines Weltbildes mit dem Jagdtier im Mittelpunkt von Denken und
Handeln vor allem in seinen Vorlesungen eindrücklich nachgezeichnet; für Südamerika wurde dieser Komplex, dem Jensen selbst ferner stand, im Kreise des Institutes vor
allem von Otto Zerries sowie in ihren Dissertationen von Helmut Straube (für Afrika)
und Johanna Herweg (für Nordamerika) bearbeitet.

Abschließend sei der autobiographische Faden des Anfangs stichwortartig und
chronologisch noch einmal aufgenommen. Nach der Rückkehr aus Venezuela im August 1955 stellte ich meine zuvor begonnene, aber leider nicht abgeschlossene Dissertation über die indonesische Kopfjagd (auf Literaturbasis) fertig, wurde im Sommer
1956 promoviert, erhielt für zwei Jahre ein Stipendium der DFG zur Auswertung der
Expeditionsergebnisse und wurde dann auf die durch die Berufung von Petri nach
Köln 1958 freigewordene Assistentenstelle am Institut übernommen; da ich kein huma-
nistisches Abitur hatte, lernte ich in dieser Zeit auch klassisches Griechisch und legte
an einem Frankfurter Gymnasium das Graecum ab, das für die geplante Habilitation
damals in der Frankfurter Philosophisch-Historischen Fakultät verlangt wurde. Im
Sommersemester 1962 wurde ich schließlich mit der Wahrnehmung der neugeschaffe-
nen Assistentenstelle am Seminar für Völkerkunde „der" Universität betraut und damit
– gegenüber den BAT-Stellen am Frobenius-Institut – zum „Beamten auf Widerruf";
das Seminar hatte zwar nominell auch schon vorher existiert, meines Wissens aber über
keinen eigenen Etat verfügt, weil seine Aufgaben stellvertretend vom Institut erfüllt
worden waren (und im wesentlichen zunächst auch weiterhin wurden). Ab WS 1964/65
erhielt ich, wie schon angedeutet, einen Lehrauftrag für „Übungen zur Methode der
Völkerkunde sowie zur Völkerkunde Amerikas und der Südsee". Als dann Schmitz
1965 Nachfolger von Jensen geworden war und von Basel nach Frankfurt kam, stellte
sich in Basel die doppelte Frage nach seiner Nachfolge als Leiter der großen Ozeanien-
Abteilung des „Museums für Völkerkunde und Schweizerischen Museums für Volkskunde" (so der volle Name damals; jetzt „Museum der Kulturen") und einer schon
geplanten neuen Sepik-Expedition, deren Finanzierung durch den Schweizerischen
Nationalfonds bereits gesichert war. Auf eine entsprechende Anfrage von Schmitz im
Namen von Bühler, zur Wahrnehmung beider Aufgaben nach Basel zu kommen, habe
ich dann zustimmend geantwortet und begann meine Basler Zeit mit einer erneuten
Ausreise nach Neuguinea, wo ich zusammen mit meiner Frau und dem Basler Studenten Christian Kaufmann, der am Sepik die Feldforschung für seine Dissertation über
Töpferei durchzuführen beabsichtigte, von Ende 1965 bis Anfang 1967 in verschiedenen Gebieten am mittleren und oberen Sepik und seinen Nebenflüssen vor allem
mit der eingehenderen Dokumentation früherer Sammlungen in Basel, aber auch mit
ergänzenden Erwerbungen tätig war. Zunächst als Assistent am Basler Museum angestellt, wurde ich 1967 zum Konservator der Ozeanien-Abteilung ernannt und habe
1968/69 während der Abwesenheit des Museumsdirektors Gerhard Baer auf Feldfor-

schung in Ostperu das Museum als sein Stellvertreter geleitet. 1968 wurde ich in Basel auf der Basis einer Arbeit über die Makiritare habilitiert und 1970 als Nachfolger von Alfred Bühler auf das 1963 errichtete Ordinariat für Ethnologie berufen, das die Gründung des Ethnologischen Seminars einschloß; zuvor, das heißt seit 1914, hatten an der Universität Basel die Museumsdirektoren Felix Speiser und Alfred Bühler als Dozenten und Professoren den akademischen Unterricht (einschließlich von Promotionen und Habilitationen) in Ethnologie erteilt. Meine Frau und ich wurden in Basel vor allem von den Mitarbeiterinnen und Mitarbeitern des Museums und ihrem Freundeskreis, dann auch an der Universität so herzlich und hilfsbereit aufgenommen, daß sich die von Anfang an gehegte Absicht, in der schönen alten Universitätsstadt am Dreiländereck zwischen der Schweiz, Deutschland und Frankreich mit ihrem großen, im Bewußtsein der Stadt lebendigen Völkerkundemuseum, ihrem regen kulturellen Leben im ganzen und ihrer verkehrsgünstigen, landschaftlich reizvollen Lage zwischen Schwarzwald, Vogesen und Jura auf Dauer seßhaft zu werden, zunehmend verfestigte; daran hatte neben den beruflichen Möglichkeiten, die sich in Basel boten, die sympathische Atmosphäre in Seminar, Museum und Stadt einen nicht geringen Anteil.

An der Diktion dieses Berichts wird deutlich geworden sein, daß mir Studium und Assistentenzeit im Frankfurt jener Jahre in der positivsten Erinnerung geblieben sind; im Rückblick heute urteile ich nicht anders als damals beziehungsweise 1970, als ich in Basel nach fünf Jahren am Museum – das dank seiner vielfältigen Vernetzung mit der städtischen Öffentlichkeit wie mit der kantonalen Verwaltung für unsere Integration in Basel von größtem Gewicht und Gewinn war – an die Universität zurückkehrte und selbst die Leitung eines Instituts übernahm. So lag es nahe, daß ich mich bei der Konzeption des künftigen Lehrprogramms am Ethnologischen Seminar nicht nur um die Weiterführung der in Basel in Jahrzehnten herangewachsenen Arbeitsschwerpunkte – wie vor allem der Forschungen in Melanesien – bemühte, sondern neben anderen Ideen stets auch Anregungen aus meinem Frankfurter Erfahrungshintergrund auf ihre Verwendbarkeit und Ausbaufähigkeit in Basel hin überdachte; dafür boten manche Gemeinsamkeiten zwischen den ethnologischen Institutionen beider Orte günstige Voraussetzungen: die Verbindung von Institut und Museum (wenn auch mit umgekehrtem Größenverhältnis); die starke Gewichtung der ethnologischen Feldforschung; das betonte Interesse an der historischen Dimension, dem handwerklich-künstlerischen Ausdruck und der religiösen Fundierung kultureller Gestaltungen; die Wertschätzung des Authentisch-Eigenständigen – aber auch eine ähnliche Vorstellung darüber, was Ethnologie sein und leisten soll, sowie der gleiche Geist des Hauses bei Arbeit und Fest. Doch dies im einzelnen darzulegen, würde sich nicht mehr unter den Titel fügen, der über diesem Text steht.

VOM FERNWEH ZUR WISSENSCHAFT

Horst Nachtigall

Geboren am 4. Februar 1924 in Berge, im Havelland, war ich bei Kriegsausbruch 15 Jahre alt. Mich interessierten, neben Reisebeschreibungen, auch stets Kriegsberichte, insbesondere Bücher über die Fliegerei. Der Krieg ließ den Wunsch, Flieger zu werden und dadurch, wie ich glaubte und hoffte, ferne Länder kennenzulernen, in greifbare Nähe rücken. Auf der Kriegsschule Dresden bin ich 1942/43 als Flugzeugführer ausgebildet worden. Im Sommer 1945 aus amerikanischer Kriegsgefangenschaft entlassen, kehrte ich in meine Heimatstadt Nauen, etwa fünfzig Kilometer westlich von Berlin gelegen, zurück, wo ich aber „vorsichtshalber" nicht lange blieb, denn die Sowjetarmee benötigte gesunde Arbeitskräfte. Meine Mutter tauschte ihre goldene Armbanduhr bei den Russen gegen 25 Liter Schnaps ein und verkaufte ihn für 250 Reichsmark. Das war mein „Startkapital", mit dem ich in die Britische Besatzungszone ging. Im Winter 1945/46 war ich Brückenbau-Gehilfe bei der im Krieg zerstörten Weserbrücke in Rinteln. Das hatte den Vorteil, daß ich stets „Abfallholz" zur Verfügung hatte und damit sowohl mein Zimmer als auch die Wohnung meiner Wirtsleute beheizen konnte.

UNIVERSITÄTS-STUDIUM

Im Frühjahr 1946 bemühte ich mich um einen Studienplatz für ein Jurastudium, von uns „Brotstudium" genannt. Da an den bekannten Universitäten nirgendwo ein Studienplatz für Studienanfänger frei war, empfahl man mir, nach Mainz zu gehen, wo in der ehemaligen Flak-Kaserne eine neue Universität gegründet werden sollte. Von der Juristerei riet man mir ab, da es unmittelbar nach dem Krieg keine traditionellen Rechtsverhältnisse gab, sondern die zivile Verwaltung sich überwiegend an den Erlassen der Militärregierung orientierte. Man glaubte vielfach, dieser Zustand würde ewig so bleiben. Im Sommersemester hörte ich an der im Aufbau befindlichen Gutenberg-Universität mancherlei Vorlesungen, darunter auch die von dem Frankfurter Professor Ad. E. Jensen angebotene „Ethnographie von Südafrika". Ich fragte ihn, ob man als Ethnologe später auch im Ausland arbeiten könne. Er stellte mir dies in Aussicht. Ich studierte deshalb als Nebenfächer die Afrikanischen Sprachwissenschaften bei E.L. Rapp, der vor dem Krieg Missionar in Akropong, an der Goldküste war. Weitere Studienfächer umfaßten insbesondere die Archäologie bei Roland Hampe und die Vor- und Frühgeschichte bei Herbert Kühn. Bei einer prähistorischen Lehrgrabung eines Hügelgrabes erlernte ich die Technik der Grabung und die Grabungsaufnahme. Ad. E. Jensens Nachfolger wurde im Sommersemester 1947 Adolf Friedrich, bei dem ich im Sommersemester 1950 auch mein Rigorosum ablegte.

Die damaligen Studiengebühren waren mit 250 Reichsmark pro Semester – dem Gegenwert eines schwarz gehandelten halben Pfundes Butter – relativ gering. Da die ehemalige Mainzer Kaserne, nunmehrige Universität, aber noch immer in Teilen zerstört war, verlangte die Universität vor jeder Einschreibung für das jeweils nächste Semester eine gewisse Anzahl von Arbeitsstunden beim Wegräumen von Schutt. Diese Arbeit konnte aber erlassen werden, wenn man Fleißprüfungen über Vorlesungen des voraufgegangenen Semesters ablegte. Was ich natürlich tat. Dabei aber nicht den später damit verbundenen Vorteil ahnte: Wenn man nämlich vier bis sechs Fleißprüfungen abgelegt hatte, waren die Prüfungen bei den gleichen Professoren im Rigorosum eine Kleinigkeit. Nur der Hauptfachprüfer der Völkerkunde, Adolf Friedrich, dessen erster Doktorand ich war, verhielt sich etwas ungeschickt: Er hatte sich zuvor alle Prüfungsfragen aufgeschrieben, dazu „Hilfsfragen", falls der Kandidat nicht wie erwartet antworten konnte. Da man sich in der Mainzer Philosophischen Fakultät unter Afrikanischer Sprachwissenschaft offensichtlich wenig vorstellen konnte, nahmen Dekan und Prodekan, der Altphilologe Franz Dirlmeier und der Orientalist Helmut Scheel, am Rigorosum teil. Professor Rapp hatte mich zuvor gefragt, in welchen afrikanischen Sprachen ich geprüft werden möchte. Meine Antwort: „Wenn möglich, nur in einer, nämlich in Suaheli". Darauf Rapp:

> Völlig falsch! Das Rigorosum dauert dreißig Minuten. Wenn Sie in dieser Zeit statt in einer
> in drei Sprachen geprüft werden, bleiben für jede Sprache zehn Minuten. Davon gehen

jeweils fünf Minuten für grammatikalische Grundsatzbemerkungen ab, und es bleiben für jede Sprache allenfalls fünf Minuten.

So wählte ich als erste Sprache Suaheli, eine sogenannte agglutinierende Sprache, mit acht „Klassen", entfernt vergleichbar unseren drei grammatischen Geschlechtern. Ich verwendete dabei einige Minuten für die Behandlung des Problems, warum der Löwe zur Menschenklasse gehört. Die zweite geprüfte Sprache war Hausa, eine flektierende Sprache, vergleichbar dem Indogermanischen. Die dritte war das Twi der Goldküste, eine Tonhöhensprache, vergleichbar dem Chinesischen. Im Twi kannte ich mich relativ gut aus. Denn während es im Suaheli bis zu einem halben Dutzend Studenten gab, die überwiegend Missionar werden wollten, war ich im Twi der einzige. Man kannte sich, und Dekan und Prodekan waren von dieser Sprachprüfung sehr angetan. Natürlich auch E.L. Rapp, der den anderen Sprachwissenschaftlern der Fakultät erstmals zeigen konnte, wie interessant afrikanische Sprachsysteme sind.

Da es damals kein Bafög gab, verdienten sich viele Studenten in der „Reichsmarkzeit" ihren Lebensunterhalt durch Schwarzhandel. Nach der Währungsreform, im Juni 1948, wurde ich für das Jahr 1948/49 Gutenbergpreisträger der Stadt Mainz. Der zuvor übliche Schwarzhandel, oft über die Zonengrenze hinweg, wurde weniger interessant, und deshalb nahm ich eine Arbeit als nächtlicher Werkswächter bei den Dyckerhoff-Zementwerken in Wiesbaden-Amöneburg an. Das war relativ praktisch, denn ich brauchte in jeder Stunde nur einmal das Werksgelände zu umrunden, um insbesondere die Kohlenlager zu inspizieren. In der Zwischenzeit hatte ich Muße, afrikanische Vokabeln zu lernen.

Das Thema meiner Doktorarbeit war „Die Plattformbestattung".[1] Die mündliche Doktorprüfung legte ich nach acht Semestern, am 24. Juli 1950 ab und bald danach hatte ich geheiratet, natürlich mit Trauung im Mainzer Dom. Meine Museumsausbildung erhielt ich bei Hermann Niggemeyer im Frankfurter Völkermuseum, das sich damals in einem Bunker in der Nähe des Ostbahnhofs befand.

ERSTE FELDFORSCHUNG IN KOLUMBIEN

Ein älterer Studienkollege hatte sein Examen in Geographie abgelegt und dann in Kolumbien eine Tätigkeit auf einem der Landgüter übernommen. Dort lernte er den Präsidenten der kolumbianischen Akademie der Wissenschaften, Prof. Dr. Pérez Arbeláez, kennen, der in München studiert hatte, dort auch promoviert worden war und der einen seiner Schüler in Deutschland studieren lassen wollte. Er bot dafür einen Arbeitsplatz im kolumbianischen „Instituto Etnológico Nacional" in Bogotá an. Die Deutsche Forschungsgemeinschaft (DFG) finanzierte die Reise nach Kolumbien, die

---

[1]   zum Teil abgedruckt in Nachtigall (1953)

ich zusammen mit meiner Frau auf einem Bananendampfer antrat. Als wir im August 1952 in Kolumbien eintrafen, hatte gerade ein Militärputsch durch den General Rojas Pinilla stattgefunden. Bei dieser Gelegenheit machten wir die für uns neue Erfahrung, daß bei einem Regierungswechsel alle staatlichen Positionen ausgetauscht werden können. Das „Instituto Etnológico Nacional" wurde als Folge des Regierungswechsels im September 1952 in „Instituto Colombiano de Antropología" umbenannt, und der Direktor sowie die meisten Abteilungsleiter wurden entlassen, darunter auch der fachlich ausgezeichnete Archäologe Luis Duque Gomez. Er gehörte allerdings einer der angesehensten Familien von Bogotá an und erhielt nach seiner Entlassung die Position eines Direktors des Goldmuseums des „Banco de la República". Die goldenen Objekte des Museums wurden seit längerer Zeit von den Guaqueros, Raubgräbern, aufgekauft, und zwar, wie man mir sagte, zum doppelten Preis, der von den Schwarzhändlern und den in- und ausländischen Käufern der Goldkunstwerke gezahlt wurde. Da die Raubgräber und Händler beim Verkauf an das Goldmuseum keine strafrechtlichen Folgen zu befürchten hatten, gelangten sehr viele indianische Goldkunstwerke in das Goldmuseum.

Da ich promoviert war und wegen teilweiser Entlassungen im Anthropologischen Institut Mangel an Fachleuten bestand, bekam ich die Position eines „Jefe de Arqueología". Die archäologische Abteilung umfaßte praktisch das gesamte Nationalmuseum. Es gab zwar im Keller eine Ethnographische Sammlung, die war aber nicht zugänglich, da Ethnographica zur damaligen Zeit als Dokumente von Indianern keinen Ausstellungswert hatten. Mir bot sich angesichts meiner Position die Möglichkeit, viele Hunderte der wichtigsten archäologischen Objekte des Nationalmuseums fotografisch aufzunehmen. Anhand meines Materials konnte ich eine verbesserte Typologie der kolumbianischen archäologischen Objekte vornehmen (s. Nachtigall 1955, 1961a, b). Meiner Habilitationsschrift „Die amerikanischen Megalithkulturen" (1958), die auf meinen Arbeiten im südkolumbianischen megalithischen Fundort San Agustin basierte, hatte ich den Untertitel „Vorstudien zu einer Untersuchung" gegeben. Tatsächlich war das veröffentlichte Material über die Gesamtheit der amerikanischen Megalithen recht ungenügend. Attraktiver zur Darstellung indianischer Kultur, insbesondere ihrer Architektur, sind die oft publizierten Großsteinbauten, Tempel und Pyramiden. Außerdem hatte ich die Absicht, die von mir behandelten amerikanischen megalithischen Fundorte zum Zwecke der genauen Aufnahme nach und nach zu besuchen. Das ist mir im Verlaufe fast eines halben Jahrhunderts auch weitgehend gelungen, von den Großen Seen Nordamerikas bis Chile.

Da ich von Deutschland aus mit dem kolumbianischen Erziehungsministerium einen festen Arbeitsvertrag abgeschlossen hatte, bekam ich mein Gehalt vom Finanzministerium regelmäßig ausgezahlt, während die anderen Abteilungsleiter und Angestellten bisweilen monatelang auf die Auszahlung ihrer Gehälter warten mußten. Ich bemerkte bei diesen Gelegenheiten, daß ihre Arbeitszeiten im Institut zum Teil mit Bemühungen um zukünftige Arbeitsplätze „vertan" wurden. Besonders fiel mir dies bei meiner Arbeit in San Agustin auf. Der Verwalter des Parks saß vor seinem Haus und las elektrotechnische Handbücher. Ich bat ihn anfangs, mich zu den im Umkreis von bis zu zwanzig Kilometer befindlichen megalithischen Plätzen zu begleiten. Er antwortete, dazu habe er leider keine Zeit. Im Augenblick habe er zwar eine feste staatliche Position, aber deshalb müsse er diese Zeit benutzen, um sich auf seine dann folgende Tätigkeit vorzubereiten. Gott sei Dank gab es einen in San Agustin aufgewachsenen, sehr kenntnisreichen Aufseher, „Don Victor", der meine Frau und mich zu Pferde überallhin führte, wo es Megalithen gab. Grabungen in San Agustin hatte Konrad Theodor Preuss im Jahre 1914 durchgeführt und insgesamt 120 Megalithstatuen inventarisiert. 1937 entdeckte der spanische Archäologe José Pérez de Barradas 48 neue Megalithstatuen. Da die Grabräuber ständig am Werke waren, unternahm ich 1952 eine erneute und bis heute letzte vollständige Zählung, mit genauer Vermessung und leider noch unpublizierter Inventarisierung. Sie ergab insgesamt 283 steinerne Statuen und Steinsarkophage, von denen 107 erstmals von mir beschrieben worden sind.

Für mich persönlich, als Ethnologen, ist es selbstverständlich, daß die archäologischen Hinterlassenschaften, die sich bereits seit Jahrhunderten im Boden befinden, dort noch längere Zeit unausgegraben bleiben können, zumal die Möglichkeiten der Grabungstechnik und der Interpretation der Objekte ständig verbessert werden. Inzwischen lassen sich sogar das Erbgut und die Eiweißstrukturen der prähistorischen Knochen ermitteln. Nach den Grabungen sind die topographischen Befunde, trotz – zeitgemäßer – sorgfältiger Arbeit, naturgemäß zerstört. Viel wichtiger war und ist mir deshalb die möglichst vollständige Aufnahme der Kultur der Eingeborenen. Diese werden gemäß der Terminologie der UNO bekanntlich als „Indigene Völker" definiert und als „Menschen, die historische und traditionelle Beziehungen zu ihrem Land" haben.

Der Direktor des Mainzer Völkerkundlichen Seminars, Adolf Friedrich, verstarb Anfang März 1955, im Verlaufe einer mit drei Begleitern unternommenen völkerkundlichen Feldforschung in Pakistan. Als sein ältester Doktorand verfaßte ich seinen Nachruf (1956). Nach dem Tode Adolf Friedrichs wurde Wilhelm Emil Mühlmann, der zuvor bereits als Professor der Soziologie in Mainz tätig war, dessen Nachfolger. Durch die Teilnahme an Mühlmanns soziologischen Seminaren konnte ich meine Venia Legendi auf „Völkerkunde und Ethnosoziologie" erweitern.

FELDFORSCHUNGEN IN NORDAFRIKA

Da ethnologische Feldforschungen nach meiner Auffassung die Grundlage der Völkerkunde als Wissenschaft bilden, unternahm ich vom März bis zum April 1960 mit meinem eigenen Auto und finanzieller Unterstützung des Mainzer Ministeriums für Unterricht und Kultur meine ersten Feldforschungen in Tunesien bei Feldbauern und Nomaden. Ich untersuchte dort auch berberische Höhlenwohnungen (1960, 1961c, 1962, 1965a). In den Oasen um den Salzsee Dscherid interessierte ich mich unter anderem für den Feldbau, insbesondere für die Problematik der recht komplizierten Wasserverteilung. Der ständig wehende Wind erfordert zudem die häufige Verlegung der Wohnplätze. Aus dieser Erfahrung heraus widmete ich mich später im Steppengebiet von Ost-Senegal, unter Mitwirkung von Entwicklungshelfern der Mission Forrestière Allemande, der Wasserversorgung der teilnomadischen Bevölkerung. Zur französischen Kolonialzeit waren dort Tiefbrunnen gebohrt worden, aus denen mit Hilfe von Dieselpumpen Wasser gefördert wurde. Inzwischen waren die Bedienungsinstrumente der Dieselpumpen zum Teil verschlissen, und das Wasser strömte ununterbrochen in die längst übergelaufenen Brunnen. Niemand dachte daran, daß es sich hier um – begrenztes – fossiles Wasser handelt, das mit Sicherheit einmal zu Ende gehen wird. Während des ständig fließenden Wassers hat sich die Zahl der Tiere der Nomaden naturgemäß stark vermehrt, auf Kosten der Weidegründe. Die Hirten schlagen deshalb die Zweige und Äste der Bäume für die Nahrung ihrer Tiere ab, und so geht der zuvor gar nicht so geringe Baumbestand ein. Ich sprach darüber mit den Vertretern der sudanesischen Regierung. Doch diese konnten – oder wollten – nichts dagegen unternehmen, da es angeblich keine Ersatzteile für die Pumpen gab. Ich schlug deshalb vor, für den Wasserverbrauch der Herden Gebühren zu verlangen. Doch dies lehnte man, da sonst bei der nächsten Wahl die Opposition gewählt werden würde, die bereits die weitere kostenlose Nutzung des Wassers angekündigt hatte.

Die deutschen Entwicklungshelfer hatten außerdem in einem Projekt dafür gesorgt, daß Flächen von etwa drei bis fünf Hektar eingezäunt und sich selbst überlassen wurden. Mit Erstaunen bemerkte ich, daß hier in ein bis zwei Jahren in großer Fülle Gras, Büsche und Bäume wuchsen. Die Flächen wurden zwar von der Polizei bewacht, aber vor den Zäunen standen die Hirten mit ihren hungrigen Herden. Früher oder später wurden die Zäune eingedrückt, und die Tiere strömten hinein. Die Polizei wagte nicht, gegen die Hirten mit Gewalt vorzugehen, und die Mühe der Wiederbegrünung war vergeblich.

Feldforschungen in Südamerika

Durch meine Forschungen in Kolumbien fachlich auch in Argentinien bekannt, übertrug mir die Universität Buenos Aires auf Empfehlung des seit Kriegsende in Argentinien tätigen ehemaligen Wiener Prähistorikers Oswald Menghin für das Semester vom 1.9.1961 bis zum 28.2.1962 die „Cátedra de Etnografía Extraamericana" für die Lizentiatenausbildung von mehr als fünfzig Studierenden der Anthropologie. Eine von der Universität gewünschte Verlängerung dieser Professur konnte ich nicht wahrnehmen, denn ich hatte bereits für meine anschließend in Peru geplanten Feldforschungen von der Deutschen Forschungsgemeinschaft die nötigen finanziellen Mittel erhalten. Für diese Feldarbeiten hatte ich einen als Wohnmobil umgebauten VW-Bus nach Buenos Aires mitgenommen. Zunächst unternahm ich mit meiner Frau und unserer damals achtjährigen Tochter Reisen durch weite Teile Argentiniens. Danach folgten ethnographische Feldforschungen in der nordwestargentinischen Puna de Atacama (1965b), die zum Teil durch die Deutsche Forschungsgemeinschaft, zum Teil durch das „Departamento de Antropología" der Universität Buenos Aires finanziert wurden. Bereits zuvor und auch danach hatte ich mich in mehreren Publikationen mit dem Problem des Nomadismus im allgemeinen und des indianischen Großviehzüchtertums im besonderen befaßt (1961c, 1965b, c, 1966, 1970).

Im Auftrage der Encyclopaedia Cinematographica, Göttingen, filmte ich in der Puna de Atacama unter anderem das Markieren der Lamas (EC 639). Dadurch konnten wir uns bei unseren folgenden Reisen im Hochland von Bolivien und Peru unter den indianischen Lamazüchtern als „Spezialisten" ausweisen und Freunde gewinnen. Die städtische Bevölkerung pflegte nämlich in günstigen Gebieten Land für die Errichtung von Haciendas aufzukaufen, was die Eingeborenen natürlich nicht gerne sahen. Uns hingegen schätzte man. Unsere Tochter spielte mit den Indio-Kindern, und bald kamen auch die Mütter, die Kontakte zu meiner Frau aufnahmen, so daß es mir nicht schwer fiel, Informanten zu finden. Bei den Quechua der Puna de Moquegua in Südperu konnten wir sogar erstmals die seit der Conquista nur aus Berichten bekannten Opfer zur Vermehrung der Lamas filmen, bei denen dem lebenden Tier das Herz herausgerissen wird.[2]

TÄTIGKEIT AN DER PHILIPPS-UNIVERSITÄT MARBURG

Nach der Emeritierung des Marburger Völkerkundlers Martin Block, 1963, und nach Einrichtung eines Völkerkundlichen Seminars an der Philipps-Universität wurde mir die Direktoren-Position dieses Seminars übertragen. Aus der sehr langen völkerkundlichen Tradition an der Universität Marburg wären unter anderem Hans Staden, Theodor Waitz, Karl von den Steinen, Leonhard Schultze Jena, Heinrich Ubbelohde-Doering, Karl Schmitthenner und Karl H. Dietzel zu erwähnen, die allerdings im Hauptfach Geographen waren. Es bedurfte einiger Zeit, bis das Völkerkundliche Seminar mitsamt seiner Völkerkundlichen Sammlung von rund 1000 Exponaten geeignete Räume zur Verfügung gestellt bekam. Im Anschluß daran konnte die Sammlung allerdings in relativ kurzer Zeit durch Zukäufe und Schenkungen auf über 4000 Exponate erweitert werden. Hier sind die Ankäufe von Ethnographica im Rahmen meiner Feldarbeiten bei den Beni Mguild in Marokko zu erwähnen, wovon unter anderem fünf Lehrfilme Zeugnis ablegen.[3]

---

[2]   (Encyclopaedia Cinematographica EC 641). Siehe dazu ausführlicher Nachtigall (1966) mit der Angabe einer größeren Anzahl von weiteren Publikationen über meine Feldarbeiten in Peru.

[3]   EC 1092–EC 1096. Nähere Informationen sowie umfangreichen Anmerkungen zur völkerkundlichen Methodik finden sich in meiner Broschüre „Die Völkerkundliche Sammlung Marburg" (n.d.).

Die hochschulpolitische Situation an der Philipps-Universität war insbesondere in den siebziger Jahren für die Völkerkunde nicht günstig. Gegen meinen ausdrücklich erklärten Willen wurde das Völkerkundliche Seminar dem prokommunistischen Fachbereich Gesellschaftswissenschaften zugeordnet, da man beabsichtigte, die Völkerkunde zu einer „Sozialistischen Ethnologie" umzugestalten. Auf einer „Basisgruppen-Konferenz" im April 1970 wurde beschlossen, die „Völkerkunde alter Art" zu zerschlagen und „über eine kritische zur sozialistischen Ethnologie" zu gelangen, um „die Befreiungskämpfe in der Dritten Welt zu unterstützen". Diese Tendenz konnte „ausgestanden" werden, unter anderem auch aufgrund meines in die damalige aktuelle Politik eingreifenden Buches „Völkerkunde, von Herodot bis Che Guevara".[4] Die damals üblichen Diskussionen mit den „fortschrittlichen Studenten" ließen sich relativ einfach führen, da es meist nur um ein Dutzend Argumente über Ursprung und Entwicklung der Menschheit ging, die ein Völkerkundler leicht beantworten beziehungsweise widerlegen konnte. Natürlich wurde auch verlangt, daß nicht nur die Professoren die Studenten beurteilen, sondern, als Beweis für „Fortschrittlichkeit", auch die Studenten die Professoren. Von den Kollegen beteiligte sich meines Wissens niemand daran. Ich hingegen bat in jedem Jahr die Hörer meiner Vorlesungen um eine schriftliche „Professoren-Beurteilung" meiner Kollegs, mit Noten zwischen -5 (schlechteste Note) und +5 (beste Note). Die Fragebögen wurden von studentischen Hilfskräften ausgewertet. Die Fragen des Beurteilungsbereiches umfaßten:

1. Vorbereitung des Professors
2. Klarheit des Stoff-Vortrages
3. Illustrierung des Dargestellten durch Abbildungsmaterial
4. Konnte Interesse für den Stoff geweckt werden?
5. Sind die Literaturangaben ausreichend?
6. Kann die angegebene Literatur weiterhelfen?
7. Bietet die Vorlesung Hinweise für die Wissenschaftsproblematiken der Völkerkunde und damit Anregungen für ein wissenschaftliches Studium?
8. Zusätzliche Beurteilung

Als negatives Urteil gab es meist nur eines: Meine Handschrift an der Wandtafel sei nur schwer zu entziffern. Gegen die damals nicht unüblichen studentischen „Streiks" hatte ich ein Flugblatt verteilt, unter anderem mit dem Hinweis, daß die Verwendung des Begriffes „Streik" für studentisches Fernbleiben von Lehrveranstaltungen eine Verhöhnung der Arbeiterschaft und ihrer opfervollen, vielhundertjährigen Arbeitskämpfe bedeute. Studenten und Universität stehen nicht in einem Arbeitsverhältnis. Studenten sind keine Arbeiter, auch keine „Klasse", sondern sie stellen nur ein Übergangsstadium dar. Sie können deshalb auch nicht „streiken", sondern nur schwänzen, sich drücken, boykottieren, fernbleiben und ähnliches.

---

4   Nachtigall (1972). Siehe auch Nachtigall (1974, 1976, 1977).

LETZTE FELDARBEITEN IN ASIEN UND MITTELAMERIKA

In den 1970er Jahren konnte ich auch wieder die für mich normalen völkerkundlichen Feldforschungen weiterführen, so unter anderem zwei Reisen – 1987 und 1994 – nach China und Tibet unternehmen. Bereits 1952 hatte ich eine Studie über „Das tibetische Inkarnationsdogma" und 1959 eine Untersuchung über „Dalai Lama und Pantschen Lama in Religion und Geschichte Tibets" publiziert.

Einer meiner ehemaligen Mainzer Studenten, der Indonesier Dr. Soeprdjo Adikusumo, befaßte sich als Dekan der Sozialwissenschaftlichen Fakultät der Universität Bandung, mit meiner wissenschaftlichen Unterstützung, mit „Transmigrationsproblemen". Aus der übervölkerten Insel Java sollten Javaner unter anderem als Lehrer, Kaufleute, Verwaltungsangestellte und Polizisten die indonesische Sprache und Kultur verbreiten. Die Javaner waren, wegen der dort andersartigen Kultur, davon wenig angetan und auch die Bewohner der Inseln zeigten meist wenig Neigung, sich die indonesisch-javanische Kultur anzueignen, so daß der Erfolg dieses „Transmigrasi-Unternehmens" relativ gering blieb.

Zuvor hatte ich, vom März bis zum August 1973, mit finanzieller Unterstützung der Deutschen Forschungsgemeinschaft, zusammen mit meiner Frau und unserer inzwischen 19-jährigen Tochter, in Guatemala gearbeitet. Unser Hauptarbeitsgebiet waren die Ixil-Maya, deren Wohnbereiche wir mit Hilfe unseres Wohnmobils wieder leicht bereisen konnten. Die Hauptergebnisse dieser Arbeit fanden ihren Niederschlag in dem Buch „Die Ixil. Maya-Indianer in Guatemala" (1978). Bei Gelegenheit der völkerkundlichen Feldarbeiten in Guatemala konnten auch die megalithischen Fundorte in Honduras und in El Salvador besucht werden, deren Erforschung ich seit den fünfziger Jahren zu meiner – wohl nie zu einem Ende führenden – Lebensaufgabe gemacht hatte. Aufgrund meines guatemaltekischen ethnographischen Materials konnten auch meines Erachtens neuere Erkenntnisse über „Eingeborene und Nicht-Eingeborene, gem. Definitionen und gegenseitigem Verhältnis aufgrund von Befragungen" (1979) erarbeitet werden. Hinzu kamen Studien über „Probleme nachindustrieller Gesellschaften" (1982a), über „Völkerkundliche Probleme der Entwicklungshilfe" (1982b) sowie über „Demokratie und traditionelle Herrschaft in Entwicklungsländern" (1984).

Meine letztere größere Feldarbeit, mit Subventionierung durch die Deutsche Forschungsgemeinschaft, führte ich zusammen mit meiner Frau bei den westmexikanischen Tarasken durch, insbesondere in den Regionen um Pátzcuaro, Tzintzuntzan, Zacapu und Tingambato – was sich wieder mit dem eigenen Auto leicht bewerkstelligen ließ. Zuvor hatten wir bedeutende megalithische Fundstätten in Nordamerika aufgesucht. Schwer erkrankt, mußte meine Frau am 17.9.1983, aus voller Arbeit bei den Tarasken herausgerissen, nach Deutschland zurückkehren, wo sie am 19. November des gleichen Jahres verstarb.

Zum Abschluß der mit meiner Frau begonnenen mexikanischen Feldarbeiten führte ich vom 2.3. bis zum 9.4.1986 ergänzende Arbeiten bei den Tarasken durch. Die wissenschaftlichen Ergebnisse auch dieser Feldarbeit sind in einer Buchpublikation niedergelegt (1992).

PERSÖNLICHE SCHLUSSBEMERKUNG

Über Aufgaben und Zukunft der Völkerkunde habe ich mich mehrfach öffentlich geäußert, zuerst auf der Tagung der Deutschen Gesellschaft für Völkerkunde in St. Augustin, worüber Willi Herzog in der FAZ am 23.10.1967 berichtet hat und wo ich für die Völkerkunde eine Zweiteilung vorschlug: in die kulturhistorische Völkerkunde und in die Akkulturationsforschung, wozu auch die ethnologischen Filme gehören. Mein fachwissenschaftliches Gutachten vom 27.3.1997 für die Erhaltung des „angeschossenen" (D. Kleindienst-Andrée) Instituts für den Wissenschaftlichen Film, Göttingen, hat wesentlich zum Erhalt dieses unersetzlichen Instituts beigetragen. Zur Völkerkunde gehören meines Erachtens auch Studien über die Behandlung der Eingeborenen durch die Europäer, einschließlich der Sklaverei, gemäß modernen Menschenrechtsnormen. Das würde der Völkerkunde große Aufmerksamkeit verschaffen. Ich fände es sogar gut und wirkungsvoll, wenn vor den ethnologischen Museen, gemäß dem Hauptanteil ihres Materials, Gedenktafeln über die teilweise oder völlige Ausrottung von Naturvölkern angebracht würden.

Die völkerkundliche Museologie hätte sich meines Erachtens ebenfalls zweifach zu gliedern: in die Sammlungen, mit Darstellung der stilistischen und technischen Bearbeitung des Museumsmaterials im Stile traditioneller Archäologischer und Kunsthistorischer Museen sowie in die materiellen Änderungen in Kunst und Material der Völkerkunde unter dem Einfluß der modernen Technik. Hier könnte eine nahezu „grenzenlose" Zusammenarbeit mit der Industrie auch zum Ansehen der völkerkundlichen Museologie beitragen, zum Wohle des im allgemeinen zu geringen Ansehens der Völkerkunde in Presse und Öffentlichkeit.

Akkulturations-Studien sind ein äußerst wichtiger Aspekt der völkerkundlichen Forschung, einschließlich der Aufnahme der geradezu „rasant" abnehmenden Eingeborenensprachen. Gemäß der Weltkulturorganisation UNESCO ist die Hälfte der in der Welt gesprochenen 6000 Sprachen vom Aussterben bedroht. In Sachen Akkulturation hätte die Völkerkunde eine „unendliche" Aufgabe, nämlich aufgrund gediegener Fachkenntnisse zu erforschen, in welcher Form und nach welchen Gesichtspunkten die Kulturangleichungen der ehemaligen Naturvölker an die jeweiligen Landeskulturen, bis hin zur sogenannten „Globalisierung", erfolgen. Hier könnten in guter Zusammenarbeit mit Politik und Industrie, durch Beobachtungen von Entwicklungen, auch im Tourismus, Einflüsse auf wirtschaftliche und politische Tendenzen gewonnen werden. Das aber gehört bedauerlicherweise nicht zu den Hauptaufgaben der gegenwärtigen Völkerkunde.

Erfreulicherweise wurden meine mit Datum vom 3.5.1996 der Deutschen Forschungsgemeinschaft eingereichten „Reformvorschläge für die Deutsche Forschungsgemeinschaft e.V., mit dem Ziel zeitgerechter Durchschaubarkeit" sowohl vom Wissenschaftsministerium als von den Kultusministerien zur Kenntnis genommen. Die DFG hat daraufhin einen „Ehrenkodex" erlassen, wonach eine unabhängige Instanz, etwa in Gestalt eines Ombudsmanns oder auch eines Gremiums in Fragen guter wissenschaftlicher Praxis und ihrer Verletzung durch wissenschaftliche Unredlichkeit zur Verfügung stehen soll. Dieser 16 Punkte umfassende „Ehrenkodex" ist in „Forschung und Lehre" des Deutschen Hochschulverbandes (2/98) sowie in der FAZ vom 24.12.1997 abgedruckt worden.

Die Zukunft des fachwissenschaftlichen Materials meiner eigenen völkerkundlichen Arbeiten ist ungewiß. Mein von mir errichtetes Marburger Einfamilienhaus, in dem ich jahrzehntelang praktisch alles unterbringen konnte, habe ich verkauft und in absehbarer Zeit werde ich in eine „Senioren-Residenz" umziehen, mit naturgemäß wenig Platz für mein fachwissenschaftliches Material. Mein Marburger Nachfolger im Amt, der unter „Völkerkunde" etwas anderes versteht (s. FAZ vom 13.12.2001 und vom 10.1.2002), ist an meinen rund 10 000 Diapositiven und etwa der gleichen Anzahl von unveröffentlichten Negativen meiner Feldarbeiten nicht interessiert. Erfreulicherweise hat sich das Bonner Institut für Altamerikanistik und Ethnologie bereit erklärt, mein Material zu übernehmen.

LITERATURVERZEICHNIS

Für das Institut für den Wissenschaftlichen Film, Göttingen, publizierte Lehrfilme

1965a   Atacameños, Nordargentinien (Puna de Atacama): Weben am Trittwebstuhl. Encyclopedia Cinematographica (EC) 639
1965b   Quechua, Südperu (Puna de Moquegua): Opfer zur Vermehrung der Lamas (Tincay). EC 641
1965c   Nordperu, Westküste: Herstellen eines Binsenfloßes (Caballito). EC 642
1965d   Nordperu, Westküste: Fischen vom Binsenfloß im Brandungsbereich. EC 643
1966a   Beni Mguild (Nordafrika, Mittlerer Atlas): Binden eines Turbans. EC 1092
1966b   Beni Mguild (Nordafrika, Mittlerer Atlas): Anlegen einer Frauentracht. EC 1093
1968a   Beni Mguild (Nordafrika, Mittlerer Atlas): Weben einer Zeltbahn am waagerechten Griffwebgerät. EC 1094
1968b   Beni Mguild (Nordafrika, Mittlerer Atlas): Anfertigen und Aufstellen eines Zeltes. EC 1095
1968c   Beni Mguild (Nordafrika, Mittlerer Atlas): Reiterspiele „fantasía". EC 1096

Ausgewählte Publikationen

1952   „Das tibetische Inkarnationsdogma", *Paideuma* 5(5):255–263
1953   „Die erhöhte Bestattung in Nord- und Hochasien", *Anthropos* 48:43–70
1955   *Tierradentro.* Archäologie und Ethnographie einer kolumbianischen Landschaft. Zürich: Origo-Verlag (Mainzer Studien zur Kultur- und Völkerkunde 2.)
1956   „Adolf Friedrich", *Zeitschrift für Ethnologie* 81(2):303–306
1958   *Die amerikanischen Megalithkulturen.* Vorstudien zu einer Untersuchung. Berlin: Dietrich Reimer Verlag
1959   „Dalai Lama und Pantschen Lama in Religion und Geschichte Tibets", *Geschichte in Wissenschaft und Unterricht* 10(11):680–696
1960   „Ethnographische Notizen zu Feldbau und Handwerk in Nordost-Tunesien", *Zeitschrift für Ethnologie* 85(2):234–251
1961a   *Indianerkunst der Nord-Anden.* Beiträge zu ihrer Typologie. Berlin: Dietrich Reimer Verlag
1961b   *Alt-Kolumbien.* Vorgeschichtliche Indianerkulturen. Berlin: Dietrich Reimer Verlag
1961c   „Beiträge zur Ethnographie der tunesischen Nomaden", *Baessler Archiv N. F.* 9:151–185
1962   „Zum Problem der Höhlenwohnungen in Süd-Tunesien", *Ethos*, 129–149
1965a   „Dolmen von Enfidaville (Ost-Tunesien)", *Zeitschrift für Ethnologie* 90(2):296–297
1965b   „Beiträge zur Kultur der indianischen Lamazüchter der Puna de Atacama (Nordwest-Argentinien)", *Zeitschrift für Ethnologie* 90(2)
1965c   „Probleme des indianischen Großviehzüchtertums", *Anthropos* 60:177–197
1966   *Indianische Fischer, Feldbauer und Viehzüchter.* Beiträge zur peruanischen Völkerkunde. Berlin: Dietrich Reimer Verlag
1970   „Zur Entstehungsgeschichte der Großviehhaltung. Probleme der indianischen Lama-Domestikation", *Saeculum* 21(1):34–30
1974   *Völkerkunde.* Eine Einführung. Stuttgart: Suhrkamp (Suhrkamp Taschenbuch 184.)
1977a   „Völkerkunde und Spätmarxismus – marxistische Dogmen im Lichte neuerer völkerkundlicher Forschungsergebnisse", in: Alois Rummel (Hrsg.), *Bonn aktuell*, 35–62. Stuttgart. Verlag Bonn aktuell
1977b   *Wieweit und wozu ist der Mensch erziehbar?.* Würzburg, Verlag Johann Wilhelm (Reden zur Zeit 16.)
1978   *Die Ixil.* Maya-Indianer in Guatemala. Berlin: Dietrich Reimer Verlag
1979   „Eingeborene und Nicht-Eingeborene in Guatemala. Definitionen und gegenseitiges Verhältnis aufgrund von Befragungen", in: R. Hartmann und U. Oberem (Hrsg.), *Estudios Americanistas.* Band 2, 92–99. St. Augustin (Coll. Inst. Anthr. 21.)
1982a   „Utopien über eine nachindustrielle Gesellschaft", in: J. Gross, W. Linder und H. Nachtigall, *Solidarität mit unserer Zukunft*, 79–140. Köln. Informedia Verlags-GmbH
1982b   „Völkerkundliche Probleme der Entwicklungshilfe", in: *Christliches ABC heute und morgen.* Handbuch für Lebensfragen und kirchliche Erwachsenenbildung 3, 39–59. Bad Homburg, DIE Verlag H. Schäfer
1984   „Demokratie und traditionelle Herrschaftsformen in Entwicklungsländern", in: *Unregierbarkeit als Weltproblem.* Positionen 7, 63–106. München: Nymphenburger Verlagshandlung
1985   „Darwinism and Anthropology", *Zeitschrift für Ethnologie* 110(2):173–176

1992   *West-Tarasken*. Beiträge zur Archäologie, Ethnologie und Akkulturation eines westmexikanischen Volkes. Berlin: Dietrich Reimer Verlag (Marburger Studien zur Völkerkunde Band 10.)

1996   *Reformvorschläge für Deutsche Forschungsgemeinschaft e.V., mit dem Ziel zeitgerechter
Durchschaubarkeit.* Unveröffentlichtes Manuskript

o.J.   *Die Völkerkundliche Sammlung Marburg.* Wegweiser durch die Ausstellung. Marburg:
Buch- und Offsetdruckerei H. Krombächer

MEIN WEG ZUR ETHNOLOGIE

Lothar Stein

Lothar Stein in seinem
Arbeitszimmer im
Museum (1998)

In der Vorbereitung auf das Abitur an der traditionsreichen Nikolaischule in Leipzig
wurden wir eines Tages im Frühjahr 1953 zum „Tag der offenen Tür" an die Universität geschickt, um uns dort an den verschiedenen Instituten umzuschauen und dabei
eventuell Anregungen für das eigene Studium zu holen. So betrat ich vor fünfzig Jahren
zum ersten Mal im Leben das Institut für Ethnologie in der Schillerstraße 6 und kam
dort zufällig in eine Vorlesung, die Prof. Dr. med. Dr. phil. Hans Grimm (Direktor des
Anthropologischen Instituts der Humboldt-Universität Berlin) über die Buschmänner
hielt. Das hat mich hell begeistert, und ich beschloß auf der Stelle, mich für diese Fach-
richtung zu bewerben. – Liebe auf den ersten Blick? Meine Bewerbung hatte Erfolg
und so begann im Herbst 1953 mein erstes Semester am „Julius-Lips-Institut für Ethnologie und Vergleichende Rechtssoziologie" der Karl-Marx-Universität Leipzig. Rektor
war zu dieser Zeit der legendäre Prof. Dr. Georg Meyer, eine unvergeßliche Persönlichkeit. Die Zahl der Studenten war überschaubar, wir begannen zu sechst im ersten
Studienjahr und insgesamt gab es nicht mehr als 25 Hörer im Hauptfach. Das Institut
wurde geleitet von der Amerikanistin Frau Prof. Dr. Eva Lips. Prof. Dr. Hans Damm

hielt als Museumsdirektor ein Kolleg über die „Technologie der Naturvölker", Prof. Dr. Paul Nedo, ein Sorbe, las Deutsche Volkskunde, Physische Anthropologie hörten wir bei Prof. Dr. Dr. Hans Grimm aus Berlin, Vor- und Frühgeschichte bei Prof. Dr. Friedrich Behn, Afrikanische Volksdichtung lehrte Prof. Dr. Ernst Dammann, der in Leipzig eine Gastprofessur innehatte. Obligatorischer Sprachunterricht wurde in Englisch, Französisch und Russisch erteilt. Später, als sich meine Spezialisierung auf Nordafrika und den Vorderen Orient schon abzeichnete, belegte ich noch einen Arabischkurs bei dem Semitisten Prof. Dr. Wolfgang Reuschel. Seit der Wiedereröffnung des Museums für Völkerkunde zu Leipzig am 24. November 1954 machten einige von uns Studenten dort Führungen durch die neue Südsee-Ausstellung auf Honorarbasis, und für unsere Studien durften wir auch die reichhaltige Bibliothek des Museums nutzen. Eine andere Fundgrube war die wissenschaftliche Bibliothek des Deutschen Instituts für Länderkunde, wo ich auch ein Instituts-Praktikum absolvierte.

Als die Thematik für die Diplomarbeit festzulegen war, stellte ich mich vor eine große Landkarte und entschied ich mich aus rein pragmatischen Gründen für das Europa nahe liegende Gebiet von Nordafrika, denn ich wollte unbedingt die Forschungsregion aus eigener Anschauung kennenlernen, und Nordafrika erschien mir für einen DDR-Bürger ein realistischeres Reiseziel zu sein als etwa Ozeanien oder Neuguinea, und im Frühjahr 1957 reichte ich dann eine Studie über „Die Wirtschaft der Völker des Tschadseegebiets in vorkolonialer Zeit" als Abschlußarbeit ein.[1] Kurze Zeit nach den Abschlußprüfungen erreichte mich eine überaus erfreuliche Nachricht: Prof. Dr. Fritz Hintze, der Direktor des Ägyptologischen Instituts der Humboldt-Universität Berlin plante schon seit längerem eine Forschungsreise in den Sudan (Hintze u. Hintze 1966) und suchte für sein Team noch einen Ethnologen. Er wandte sich deshalb mit seinem Anliegen an die Institutsleitung in Leipzig. Ich wurde gefragt und sagte begeistert zu. So war meine Rechnung mit der Wahl des Diplom-Themas aufgegangen.

Im Oktober 1957 begannen schon die intensiven Vorbereitungen auf die „Butana-Expedition". Mit einigen Studenten aus dem Sudan, die sehr hilfreich waren, übte ich intensiv den im Nordsudan gesprochenen Dialekt des Arabischen und stellte sorgfältig die Tropenausrüstung zusammen, wobei mir Eva Lips beratend zur Seite stand. Im Dezember des gleichen Jahres begann die große Reise in den Sudan via Prag, Zürich, Athen, Kairo, und nach drei Tagen erreichten wir wohlbehalten und voller Tatendrang die sudanesische Hauptstadt Khartoum mit dem Ziel, eine Übersicht über die archäologischen Fundstätten des Königreichs Meroe zu gewinnen, um weitere Forschungen planen zu können. Für mich war es eine gute Gelegenheit, die nomadischen Viehzüchter in der Butana-Steppe aus nächster Nähe kennenzulernen. Gleich in den ersten Tagen nach der Ankunft besuchte ich das Ethnographische Museum des Sudan, das noch während der Kolonialzeit gegründet worden ist, und der sudanesische Leiter, Sayed Sadiq el-Nur,

---

[1]   Ein Kapitel dieser wirtschaftsethnologischen Untersuchung wurde in der Festschrift für Hans Damm zum 65. Geburtstag veröffentlicht (Stein 1961).

öffnete mir sogar die Magazine in dem schon etwas heruntergekommenen ehemaligen Gebäude des britischen Offiziersklubs „Navy, Army and Air Force Institution" (NAAFI). Damals ahnte ich nicht, daß mir fünfzehn Jahre später die Leitung dieses altehrwürdigen Instituts als Nachfolger von Prof. Dr. Andreas Kronenberg übertragen werden würde.

Das erste Expeditionslager unserer Arbeitsgruppe wurde Anfang Januar 1958 am Fuße des Djebel Qeili eingerichtet. Hier galt es zahlreiche Felsbilder aus meroitischer Zeit aufzunehmen (Latex-Abklatsche), und ich hatte dabei die erste Begegnung mit den Schukriya, einem der großen Nomadenstämme des Nordsudan, die ihre großen Kamelherden in der Butana weiden lassen in enger Nachbarschaft mit den Batahin, die vor allem Rinderzüchter waren; beide Stämme bauten in der Regenzeit Sorghumhirse an und kamen später zur Ernte zurück. In diesem Gebiet konnte ich auch die ersten ethnographischen Objekte für das Leipziger Museum erwerben.[2] Das nächste Standlager wurde bei Ban Naqa, ca. 120 Kilometer nördlich vom Djebel Qeili aufgeschlagen, dort befand sich in unmittelbarer Nachbarschaft ein 76 Meter tiefer Brunnen (Bir al-Hukuma), der im Tag- und Nachtbetrieb von den Schaiqiya und Hassaniya genutzt wurde, um ihre zahlreichen Herdentiere zu tränken. Hier konnte ich etwa zwei Wochen lang das geschäftige Treiben der Nomaden am Brunnen studieren und nicht nur die technologischen Einzelheiten der Wasserbeschaffung dokumentieren, sondern auch die soziale Seite, etwa die Arbeitsteilung innerhalb der Familie, kennenlernen, die mit dieser elementaren Tätigkeit der Wüstenaraber verbunden ist.

Im März 1958 kehrte ich nach Leipzig zurück und begann umgehend mit der Auswertung meiner Feldnotizen, Zeichnungen und Fotoaufnahmen. Die meisten Beobachtungen hatte ich wie gesagt bei der täglichen Arbeit der Butana-Nomaden an ihren Brunnen machen können, entsprechend lautete auch das Thema meiner ersten wissenschaftlichen Studie: „Die Wasserversorgung – ein wichtiges Regulativ im Wirtschaftsleben der Nomaden" (Stein 1958/59). Bei meinen ersten Versuchen in der ethnologischen Feldarbeit im Nordsudan war ich immer wieder schnell an die Grenzen des Möglichen gestoßen, weil mir die sprachlichen Voraussetzungen fehlten. Ich kam zu der Erkenntnis, daß ohne eine solide Beherrschung der arabischen Sprache (und ihrer Dialekte) umfassende Feldforschungen nicht möglich sind. Ich beschloß also, ein Zusatzstudium der arabischen Sprache zu beginnen und bewarb mich an der Universität Bagdad, weil ich gehört hatte, daß die DDR und die junge Republik Irak einen Studentenaustausch vereinbart hatten, so daß dort gute Möglichkeiten zu bestehen schienen, mein Vorhaben zu verwirklichen. Nur, die Antwort auf meine Bewerbung ließ auf sich warten, so daß meine anfängliche Hoffnung allmählich wieder schwand.

In der Zwischenzeit suchte das Museum für Völkerkunde zu Leipzig einen wissenschaftlichen Mitarbeiter für den Vorderen Orient und Nordafrika, und ich reichte dafür meine Bewerbungsunterlagen ein. Am 1. Oktober 1960 wurde ich von Hans

---

[2] Es handelt sich um Geräte für die Landwirtschaft, darunter eine *selluka* (Trittgrabstock).

Damm eingestellt und machte mich zunächst mit dem Sammlungsbestand meiner Region vertraut. In den Katalogen stieß ich immer wieder auf die lakonische Anmerkung „Kriegsverlust", und ich gelangte zu der herben Erkenntnis, daß der größte Teil der Sammlungsbestände aus Westasien bei dem schweren Bombenangriff vom 4. Dezember 1943 zerstört worden war. Ich erinnerte mich noch genau an jene unheilvolle Bombennacht, in der halb Leipzig in eine Trümmerlandschaft verwandelt worden war: Wir wohnten nur wenige Kilometer vom Leipziger Johannisplatz entfernt, und ich hatte als achtjähriges Kind das Grassi-Museum mit eigenen Augen in Flammen stehen sehen. Da es kein Löschwasser gab, haben die Objekte drei Tage lang gebrannt, bis sie verglüht sind. So war es eigentlich nur ein kleiner Schritt bis zu dem Entschluß, in Zukunft meinen Teil zur Wiederbeschaffung der verlorenen Kulturschätze beizutragen. Immerhin hatten die Kataloge das Inferno überstanden, so konnte ich Listen anfertigen über die eingetretenen Verluste und rechtzeitig nach Ersatz Ausschau halten, wenn das zunächst auch nur rein kontemplativ möglich war. Irgendwann im November kam dann doch noch die Zusage von der Universität Bagdad, und schon Anfang Dezember 1960 startete ich via Damaskus, um mich noch einmal als Student für Arabisch an der Kulliat al-ʿadab der Universität Bagdad immatrikulieren zu lassen. Mein Arbeitsverhältnis mit dem Leipziger Völkerkundemuseum würde weiterbestehen und eine ethnographische Sammlung von den verschiedenen Volksgruppen des Landes anzulegen, war als eine Teilaufgabe meiner Mission im Irak vereinbart.

STUDIEN IM IRAK

In dem Bestreben, möglichst alle im Irak lebenden ethnischen Gruppen durch Beispiele ihrer materiellen Kultur zu dokumentieren, wurden keine Mühen gescheut, auch in die entlegensten Landesteile zu reisen, um dort Ethnographica zu sammeln. Diese Reisen führten im einzelnen:

1. in den mittleren Irak: nach Hillah, Diwaniya, Nedjef und Kerbela, die heiligen Stätten der Schiiten, nach Nasiriya, Samawa, Suq asch-Schuyukh und Kut al-Amara;
2. in den Norden nach Mosul, Sindjar (das Wohngebiet der Yeziden) und nach Kurdistan: Kirkuk, Erbil, Sulaimaniya, Penschwin, Halabdja, Dohok, Zersenk und Amadiya. Auch die Wohngebiete der irakischen „Turkmenen" wurden bereist und Objekte aus Altun Köprü und Tell ʿAfer beschafft;
3. in den südlichen Irak: nach Basra, Zubeir und Fao, in das Sumpfgebiet des Hor al-Hamar, wo die Maʾdan zu Hause sind;
4. in die Beduinen-Streifgebiete am mittleren Euphrat (Djenabat), östlich vom Tigris (Muntefiq und Beni Lam) sowie in die Djezira (Schammar-Konföderation).

Wie dieses anspruchsvolle Vorhaben dann Schritt für Schritt in die Praxis umgesetzt werden konnte, habe ich in meinem 1964 erschienenen Irak-Buch ausführlich geschildert.[3] Die ethnographische Sammlung umfaßte am Ende 280 Exponate (Katalog-Nummern WAs 1975–2254) und wurde in zwei Jahrbuchaufsätzen (Band XX und XXI) vorgestellt (Stein 1964b, 1965). Die feierliche Eröffnung der Dauerausstellung, Abteilung Vorderer Orient, erfolgte dann im Herbst 1964 in Leipzig. Die durch Kriegsverluste entstandene Lücke im Sammlungsbestand war nun wenigstens für diese Region im wesentlichen wieder geschlossen.

Meine Studien im Irak hatten noch eine dritte Komponente, die hier Erwähnung verdient: Feldforschungen unter Beduinen. Ich beabsichtigte, mit Beduinen in engeren Kontakt zu kommen, um bei ihnen zu leben und mit der Methode der Teilnehmenden Beobachtung ethnographisches Material zu sammeln, das am Ende vielleicht eine Dissertation ergeben könnte. Durch die freundliche Vermittlung des Dekans der Philosophischen Fakultät der Universität Bagdad, Dr. Yussif Abboud, kam eine Verbindung mit dem Oberhaupt der Schammar-Beduinen im Irak zustande. Der Dekan schrieb mir einen Empfehlungsbrief, mit dem ich während der ausgedehnten Semesterferien in den Nordirak aufbrach, nachdem ich die Sprache schon einigermaßen beherrschte. Im Februar 1962 stand ich dann dem imposanten Oberscheich der Schammar-Djerba, Misch'an al-Feisal al-Ferhan, gegenüber, überreichte das Empfehlungsschreiben und erklärte mein Vorhaben noch einmal persönlich. Als wir uns nach etwa einer Stunde wieder trennten, hatte ich von ihm die Einladung, nach dem Fastenmonat Ramadan bei den Schammar zu Gast zu sein und für einige Zeit ihr Leben zu teilen (vgl. Teichmann u. Völger 2001:153–154). So geschah es dann, und im März/April lebte ich als Beduine unter Beduinen, mir widerfuhr sogar das Glück, nach einiger Zeit von Scheich Misch'an adoptiert zu werden. Seitdem trage ich den Beduinennamen Abdallah Misch'an al-Feisal- al-Ferhan al-Sfuq al-Faris usf. den ganzen Stammbaum der Schammar-Djerba bis auf 17 Generationen zurück. Die Adoption selbst ist für Beduinen keineswegs ungewöhnlich, sie haben auf diese Weise schon seit jeher Lücken aufgefüllt, die durch Raubzüge und Blutrache in ihren Reihen entstanden waren. In meinem Falle war es wohl eher eine Maßnahme, um die Belastungen der traditionellen Gastfreundschaft zu mildern, die nach dem Gewohnheitsrecht der Beduinen zwangsläufig entstehen, wenn ein Gast länger als drei Tage bleibt.

Diese hohe gesellschaftliche Einbindung war mit Vor- und Nachteilen verbunden, aber am Ende erwies sich das gesammelte Material als ausreichend, um eine Dissertation anzufertigen, mit der ich im Dezember 1965 an der Philosophischen Fakultät der Karl-Marx-Universität Leipzig mit „magna cum laude" promoviert wurde. Das Thema der Arbeit lautete: „Wirtschaftsgrundlagen und Wirtschaftswandel der Sammar-Gerba unter Berücksichtigung der Veränderung der sozialen Verhältnisse". Im Nebenfach legte ich ein Examen in Physischer Anthropologie ab, und in der öffentlichen Verteidigung der Dissertation gab es eine sehr ausgedehnte und lebhafte Diskussion. Anfang

---

3   Stein (1964a). Siehe darin insbesondere das Kapitel 10: „Die Jagd nach Ethnographica" (1964a:133–
     152).

1967 erschien diese Arbeit dann im Akademie-Verlag Berlin und wurde mehrfach rezensiert. Die Habilitation erfolgte 15 Jahre später im September 1982, ebenfalls an der
Philosophischen Fakultät der Karl-Marx-Universität, mit einer Studie über „Siwa und
die Aulad Ali", auf der Grundlage von Feldforschungen, die ich gemeinsam mit dem
Berliner Ethnographen Walter Rusch in Ägypten durchgeführt hatte.[4]

Meine ethnologische Forschungstätigkeit setzte ich zunächst in Ägypten fort, wo
ich für 1968/69 ein Stipendium der Universität Kairo erhalten hatte. Ich arbeitete erst
in den Oasen des „Neuen Tals", Kharga und Dakhla, und später dann in der Oase
Siwa sowie im Stammesgebiet der Aulad Ali-Beduinen (Stein 1969). An dem Studien-
aufenthalt in Siwa und bei den Aulad Ali war auch meine Ehefrau Heidi Stein beteiligt,
die dort als Orientalistin besonders bei der ethnographischen Sammelarbeit mitwirken
konnte, weil für sie der Kontakt zu den Frauen und Mädchen leichter herzustellen war
(vgl. Stein 2002). Auf diese Weise erwarben wir Silberschmuck und Frauenkleidung für
die Museumssammlung. Der Erwerb einer historischen Inschriftentafel aus der Oase
Dakhla (Katalog-Nr. NAf 5549) ist besonders hervorzuheben, weil mit ihrer Hilfe Ein-
blicke sowohl in das lokalhistorische Geschehen als auch in die sozialen Verhältnisse
und religiösen Vorstellungen der Oasenbewohner gewonnen werden können (Stein
1975). Von Kairo aus unternahmen wir kurzfristige Abstecher in den Sudan. Ich wurde zu Vorträgen an die Universität Khartoum eingeladen, und bei dieser Gelegenheit
hatte ich erfahren, daß der Posten des „Government Ethnologist" am Nationalmuseum
vakant war und eine öffentliche Ausschreibung erfolgt ist. Da ich glaubte, durch eine
mehrjährige einschlägige Museumspraxis und entsprechende Forschungstätigkeit für
diesen Posten qualifiziert zu sein, reichte ich meine Unterlagen zur Bewerbung ein und
erhielt dann einige Zeit später tatsächlich den Zuschlag.

EINSATZ AM ETHNOGRAPHISCHEN MUSEUM DES SUDAN

Es dauerte danach noch einige Zeit, bis die nötigen Formalitäten erledigt waren, aber
im Januar 1972 konnte ich die Stelle voller Hoffnung antreten und die Leitung des
Ethnographischen Museums in Khartoum übernehmen, was mich mit großer Freude
erfüllte, obwohl die Arbeitsbedingungen im Sudan recht kompliziert waren. Ich verschaffte mir zunächst einen Überblick über die noch vorhandenen Sammlungsbestände
und ihren Erhaltungszustand und beantragte beim Generaldirektor des Nationalmuseums, Sayed Negmedin Mohammed Sherif, eine Stelle für eine weiteren wissenschaftlichen Mitarbeiter. Mein Antrag wurde genehmigt, und ich konnte Sayed Hamuda al-

---

[4]   Rusch und Stein (1988). Professor Walter Rusch ist leider schon im Juni 2000 im Alter von 63 Jahren
        nach längerer Krankheit verstorben (vgl. Stein 2000).

Scheikh als wissenschaftlichen Assistenten einstellen.[5] Zusammen bereiteten wir eine ausgedehnte Sammelreise durch den Westsudan vor und führten sie dann zwischen Januar und März 1973 erfolgreich durch (vgl. Stein 1981a). Zu unserem Team gehörten folgende Mitarbeiter des Nationalmuseums:

> Hamuda el-Scheikh, Assistent
> Abderrahman ben Yussuf, Kraftfahrer des Geländefahrzeugs
> Mohammed Kheir, Kraftfahrer des Lastkraftwagens, später ersetzt durch
>   Mekki Abdel Latif
> Otidj Gak Kur, Koch und Faktotum (ein Schilluk)

Die im Westsudan zurückgelegte Gesamtstrecke betrug 5 730 Kilometer. Wir bereisten die Nuba-Berge im südlichen Kordofan, die Weidegebiete der Baggara-Nomaden im südlichen Darfur, die Bergdörfer der Fur im Djebel Marra (ein Hochgebirge über 3 000 Meter), Dar Masalit an der Grenze zur Republik Tschad und Dar Kababisch im nördlichen Kordofan. Wir sammelten insgesamt 252 ethnographische Objekte bei folgenden ethnischen Gruppen:

> Bediriya
> Bergnuba
> Baggara (Messiriya, Rizeiqat, Beni Halba, Ta'ischa, Humr)
> Fur
> Masalit
> Berti
> Kawahla
> Kababish
> Fellata, auch Fulbe oder Bororó genannt
> Zaghawa

Diesen ethnischen Gruppen entsprechend wurde dann die inhaltliche Gestaltung der Sonderausstellung im 250 qm großen Ausstellungsraum des Nationalmuseums in Khartoum vorgenommen. Nach einer Einführung mit Texten in Arabisch und Englisch, Großfotos und einer farbigen Karte mit der Reiseroute im Vestibül begann der Besucher seinen Rundgang, auf dem ihm die Lebensweise und Kultur der Bergnuba, der Baggara-Nomaden, der nichtarabischen Fur und Masalit sowie der arabischen Kababisch vermittelt wurde. Visuelle Höhepunkte in der Ausstellung bildeten eine vollständig eingerichtete Rundhütte der Baggara-Rinderzüchter sowie die lebensgroße Nachbildung eines mit Original-Objekten aufgezäumten Reitstieres der Baggara mit attraktivem Hörnerschmuck aus Straußenfedern, ledernem Kopfputz und gepolstertem

---

5   Hamuda El-Scheikh wurde später vom Leiter des sudanesischen Nationalmuseum in die DDR geschickt, um seine Ausbildung als Museologe zu vervollkommnen. Während eines Heimaturlaubs in Kordofan verunglückte er im Alter von 26 Jahren tödlich bei einem Verkehrsunfall.

Reitsattel aus gelbem Leder. Künstlerische Mitarbeiter des Nationalmuseums fertigten eine Reihe von Porträtbüsten aus Ton an, die Baggara-, Masalit- und Furfrauen darstellten, welche mit dem traditionellen Silber- und Perlenschmuck versehen wurden, sowie eine Männerporträtbüste, mit der die *kalamsiya* vorgestellt wurde, der traditionelle Kopfputz der Prinzen des Sultans von Darfur. Am Ausgang des Saales stand eine zwei Meter hohe reich verzierte Kamelreitsänfte der Kababisch, in der die Frauen und Kinder der Hirtenfamilie während der Wanderung zum nächsten Weidegrund sicher untergebracht sind.

Die Ausstellung wurde in Anwesenheit des Diplomatischen Korps vom Kulturminister der Republik Sudan, Sayed Omar Hadj Musa, am 25. Mai 1973 eröffnet, dem sudanesischen Nationalfeiertag. Am nächsten Tag erschien Präsident Numeiri gemeinsam mit seinem Staatsgast, Mu'ammar al-Qaddhafi, in der Exposition. Laut Mitteilung der sudanesischen Presse besuchten über 50 000 Sudanesinnen und Sudanesen in den ersten zwei Monaten diese Dokumentation über das „Kulturelle Erbe des Westsudan" (Stein 1974). Was mich besonders gefreut hat, war die Tatsache, daß besonders viele Besucher, oft mit der ganzen Familie, aus dem Westsudan ins Museum kamen, die jetzt als Zuwanderer in der Umgebung der Hauptstadt angesiedelt waren. Als ich 1976 abermals für ein halbes Jahr wieder am Ethnographischen Museum in Khartoum beschäftigt war, mußte ich betrübt feststellen, daß die dort allgegenwärtigen Termiten zahlreiche Sammlungsobjekte, die wir drei Jahre zuvor gesammelt hatten, vernichtet hatten.

Neue Aufgaben

Am 3. Dezember 1979 verstarb plötzlich und unerwartet der Direktor unseres Museums, Dr. Wolfgang König, im Alter von 54 Jahren (Stein 1981b). Unmittelbar vor dem Beginn einer Internationalen Konferenz, die unser Museum ausgerichtet hatte, waren wir, seine Freunde und Mitarbeiter, alle geschockt und ratlos, wie es nun ohne Wolfgang König weitergehen sollte. Nach einer angemessenen Bedenkzeit wurde ich vom zuständigen Minister für das Hoch- und Fachschulwesen gefragt, ob ich bereit sei, die verantwortungsvolle Position des Direktors zu übernehmen. Ich willigte ein, knüpfte daran aber die Bedingung, meine Habilitationsschrift, die sich kurz vor dem Abschluß befand, fertigzustellen, da ich befürchten mußte, in der neuen Funktion nicht mehr die erforderliche Zeit für intensive Forschungsarbeit zu finden, und ich bekam auf meinen Antrag hin ein halbes Jahr Arbeitsurlaub zugebilligt. Meine Amtseinführung als neuer Direktor des Museums für Völkerkunde zu Leipzig durch den Stellvertretenden Minister für Hoch- und Fachschulwesen der DDR erfolgte dann am 15. Juni 1980. Zu dieser Zeit hatte unser Museum über siebzig Mitarbeiter (einschließlich der Aufsichten) und gehörte zu den bedeutendsten ethnographischen Einrichtungen der DDR.

Unser „Markenzeichen" in Leipzig war eine Dauerausstellung, die sich in einem Rundgang über zwei Etagen des Hauses erstreckte, in der die Kulturen der Völker aller

Erdteile gezeigt werden konnten. Daneben veranstalteten wir pro Jahr vier Sonderausstellungen zu speziellen Themen beziehungsweise Gastausstellungen. Die Bibliothek
stand im Schriftenaustausch mit über 200 Museen und Instituten in allen Erdteilen,
und wir pflegten enge wissenschaftliche Beziehungen zu den Ethnographischen Museen in Leningrad, Prag und Budapest. Wir arbeiteten aktiv im Internationalen Muse-
umsrat (ICOM) und unterstützten außerdem die Tätigkeit der Internationalen Union
der Anthropologischen und Ethnologischen Wissenschaften (I.U.A.E.S.), indem wir
an den entsprechenden Konferenzen teilnahmen, wenn sie an Orten stattfanden, die
für uns erreichbar waren. Zum Beispiel nahmen wir mit einer größeren Delegation an
dem I.U.A.E.S.-Kongreß teil, der im August 1964 in Moskau stattfand. Die persönliche
Begegnung mit solch internationalen Berühmtheiten wie Thor Heyerdahl, Kay Birket-
Smith und Henry Field wird mir unvergeßlich bleiben.

Das große Handicap für uns DDR-Bürger bestand bekanntlich in den stark ein-
geschränkten Reisemöglichkeiten. Von diesen Beschränkungen teilweise ausgenom-
men waren die sogenannten Reisekader, zu denen ich offensichtlich gehörte. Allerdings
war auch das kein Dauerstatus, sondern es mußte für jede Reise beim Ministerium für
Hoch- und Fachschulwesen erneut ein ausführlich begründeter Antrag gestellt werden,
und in vielen Fällen erfolgte eine Absage ohne Angabe von Gründen. Als Mitglied der
„Commission on Nomadic Peoples" der I.U.A.E.S. durfte ich an verschiedenen Konferenzen und Workshops teilnehmen, was ich als außerordentlich hilfreich empfand,
weil man hier mit den führenden Nomadismusforschern aus aller Welt in persönlichen
Kontakt kam und seine eigenen Forschungsergebnisse zur Diskussion stellen konnte. Ich erinnere mich sehr gern an die Beratungen der Internationalen Nomadismus-
Kommission 1978 in London, auf der ich zum ersten Mal mit einem Vortrag über die
Nomadenforschung in der DDR aufgetreten bin, was dazu führte, daß ich als Mitglied
des Editorial Board der Zeitschrift „Nomadic Peoples" vorgeschlagen und später auch
aufgenommen worden bin (Stein 1981c). Weitere interessante Konferenzen in diesem
Gremium, an denen ich mit Vorträgen teilnehmen konnte, fanden in Den Haag (1983)
und Zagreb (1988) statt. Auf dem letztgenannten Kongreß traf ich nach langer Zeit
zum ersten Mal wieder mit meinem tschechischen Freund und Kollegen Ladislav Holy
aus Prag zusammen, der 1968 nach Großbritannien emigriert war und später am St.
Andrews College eine Professur innehatte, nachdem er mehrere Jahre das Ethnographische Museum in Livingstone (Zambia) geleitet hatte. In diesem Zusammenhang sollte
auch das internationale Nomaden-Symposium erwähnt werden, zu dem unser Museum
im Dezember 1975 eingeladen hatte und das unter dem Motto stand „Die Nomaden
in Geschichte und Gegenwart".[6] Etwa achtzig Teilnehmer diskutierten an zwei Konfe-
renztagen die Beiträge von 27 Referenten unter anderem aus der Sowjetunion, Ungarn,
Dänemark, Sudan, Kuwait, Somalia und den USA. Das Symposium war von einer sehr

---

[6]   Die Beiträge zu diesem Symposium sind abgedruckt im Heft 33 der „Veröffentlichungen des Muse-
      ums für Völkerkunde zu Leipzig" 1981.

aufgeschlossenen Atmosphäre gekennzeichnet, und die meisten Teilnehmer erinnern sich noch gern daran. Ich selbst hielt einen Vortrag über die Veränderungserscheinungen im Leben der Beduinen unter dem Einfluß der sich rapide entwickelnden Erdölwirtschaft in der arabischen Welt (Stein 1981d).

Wie stark die Lebensweise der Beduinen schon durch die Erdölindustrie verändert worden ist, wurde mir auf einer Studienreise durch Libyen klar, zu der ich zusammen mit meinem Kollegen Wolf-Dieter Seiwert vom „Center for Libyan Studies" der Universität Tripolis eingeladen worden war. Wir suchten wochenlang vergeblich nach einem Beduinenzelt und trafen allenthalben auf Kamelherden, die von ihren Besitzern freigelassen worden waren. Die meisten Beduinen wohnten jetzt in festen Häusern, bezogen vom Staat eine finanzielle Unterstützung und fuhren mit dem Pick-up zum Markt. In den Oasen lagen die Gärten und Felder brach, die Bewässerungskanäle waren versandet und niemand fand sich noch bereit, die fruchttragenden Dattelpalmen und Olivenbäume abzuernten. Die malerische Altstadt der berühmten Handelsstadt Ghadamis war verlassen. Wir hatten öfter den Eindruck, daß wir zu spät gekommen waren (Seiwert u. Stein 1982). Nur einige der Höhlenwohnungen im Djebel Gharyan fanden wir noch bewohnt.

FORSCHUNGSARBEIT IN SÜDARABIEN

Im Jahre 1982 ergab sich für mich eine Studienreise nach Südjemen, mit der für mich gewissermaßen ein neues Kapitel der Forschungstätigkeit begann, das mich eigentlich bis heute gefangen nimmt. Auf der ersten Jemenreise konnte ich die Provinzen Hadhramaut, Mahra und Schabwa besuchen und dort ebenfalls einige ethnographische Objekte für das Museum erwerben.[7] Die Forschungsergebnisse aus Hadramaut sind in einem Text- und Bildband dokumentiert, den ich zusammen mit dem Architekten Karl-Heinz Bochow publiziert habe.[8] Diese Sammeltätigkeit konnte ich dann 1984/85 systematisch fortsetzen, als sich die Möglichkeit bot, auf der für Ausländer nur schwer zugänglichen Insel Sokotra für die Zeit von November bis Januar Feldforschungen auszuführen. Dies waren Sternstunden in meiner Forschungstätigkeit als Ethnologe, weil sich auf dieser abgelegenen Insel sehr archaische Lebensformen erhalten haben, wie man sie heute nur noch selten vorfindet (Stein 1986). Mit den neu erworbenen Gegenständen von Sokotra wurde noch im Jahre 1986 eine Sonderausstellung in Leipzig eröffnet, die insofern bemerkenswert ist, daß es weltweit die erste Exposition war, die über die Bevölkerung dieser sagenhaften Insel veranstaltet wurde. Die Sokotra-Sonderaus-

---

[7]   Vergleiche dazu meinen Aufsatz „Reiseskizzen aus der Volksdemokratischen Republik Jemen", Mitteilungen aus dem Museum für Völkerkunde zu Leipzig 48:6–15

[8]   Bochow und Stein (1986). Dieses Werk ist auch ins Arabische übersetzt worden. Karl-Heinz Bochow ist leider im September 2001 an einer heimtückischen Krankheit verstorben.

stellung konnte später noch auf Einladung der Universität Graz im Schloß Stainz und 1992 im Humboldt-Haus in Berlin-Steglitz gezeigt werden (in Zusammenarbeit mit der Gesellschaft für Erdkunde, Berlin, und der Deutsch-Jemenitischen Gesellschaft e.V.).

Mit dem Ergebnis der ersten Sammelreise nach Sokotra war ich noch nicht restlos zufrieden, weil speziell auf dem Gebiet „Kleidung und Schmuck" noch etliche Lücken vorhanden waren, die am besten durch die Mithilfe meiner Frau geschlossen werden konnten, die voraussichtlich keine Probleme haben würde, mit den Frauen der Insel zu kommunizieren. So unternahmen wir von Januar bis März 1989 eine gemeinsame Reise nach Sokotra mit einem ganz kurzen Zwischenaufenthalt in Aden, um dieses Ziel zu verwirklichen. Unser Plan ging auf, denn nach einer kurzen Phase des gegenseitigen Kennenlernens zeigten sich die Frauen von Sokotra sehr aufgeschlossen und weihten meine Frau bereitwillig in die Geheimnisse ihrer handwerklichen Fertigkeiten und kosmetischen Gepflogenheiten ein. Auf diese Weise wurde unsere ethnographische Sammlung um zahlreiche Schmuckgegenstände und Kleidungsstücke bereichert, die ich allein wohl nicht hätte erwerben können, weil auf Sokotra einem ausländischen Mann in dieser Hinsicht Grenzen gesetzt sind. Einige Ergebnisse der gemeinsamen Forschungsarbeit haben wir im Jemen-Report 1992 veröffentlicht. Während unseres mehrwöchigen Aufenthalts auf der Insel trafen wir auch mit der sowjetischen Ethnographisch-archäologischen Expedition der Akademie der Wissenschaften unter Leitung von Vitali Naumkin zusammen und lernten ihr Forschungsprojekt kennen, das bereits über mehrere Jahre hinweg realisiert wurde (Naumkin 1993).

ARBEIT UNTER NEUEN BEDINGUNGEN

Gleich nach dem politischen Umschwung in Deutschland, der in Leipzig seinen Anfang nahm und uns nicht nur die begehrte D-Mark bescherte, sondern auch neue Reisemöglichkeiten brachte, nutzte ich im Mai 1990 die Chance zu einem neuerlichen Besuch im Irak, mit dem Ziel, die Schammar-Beduinen im Nordirak erneut aufzusuchen und die bei ihnen in dreißig Jahren eingetretenen Veränderungen zu studieren. Ich stellte also bei den Behörden in Bagdad einen offiziellen Antrag auf Einreise in die Provinz Mosul und erlebte eine äußerst herbe Enttäuschung: Nach einigen Tagen des Wartens auf eine Reisegenehmigung wurde ich vom irakischen Geheimdienst festgenommen und nach längerem Verhör des Landes verwiesen. Als Vorwand diente die Tatsache, daß ich das Haus fotografiert hätte, in dem ich vor dreißig Jahren gewohnt habe; dabei wurde ich offenbar beobachtet. Der eigentliche Grund für meine Verhaftung und anschließende Ausweisung wurde mir klar, als ich am nächsten Vormittag von Bagdad aus mit einer Linienmaschine nach Norden geflogen bin, in großer Höhe über das Stammesgebiet meiner Beduinenfreunde hinweg. Die irakische Führung hatte die Djezira in ein militärisches Aufmarschgebiet verwandelt. Die Invasion Kuwaits erfolgte drei Monate später. Das war einfach nicht die Zeit für ethnologische Forschungen unter Nomaden.

Ein wesentlich erfreulicheres Erlebnis bescherte mir drei Jahre später eine Einladung an das israelische Institut für Wüstenforschung nach Sede Boqer im Herzen der Negev-Wüste. Prof. Dr. Gideon Kressel, der Direktor des Instituts und selbst ein bekannter Beduinenforscher, hatte mich als Gastprofessor für einen zweimonatigen internationalen Sommerkurs (Juni–August 1993) eingeladen, um dort von meinen Erfahrungen mit Beduinen zu berichten und Vorlesungen zu bestimmten Themen zu halten. Die Studenten kamen aus Japan, China, Schottland, den Niederlanden, Südafrika, den USA, Deutschland und Israel und hatten teilweise schon akademische Grade an den Universitäten ihrer Heimatländer erworben. Nach Beendigung der akademischen Veranstaltungen reiste ich weiter nach Jerusalem, wo ich im Gästehaus der Österreichischen Mission wohnte, besuchte von dort Bethlehem und das Tote Meer. Eine andere Exkursion führte mich bis zum Katharinenkloster auf der Sinai-Halbinsel, das ich bereits aus den Beschreibungen der deutschen Pilger im 15. und 16. Jahrhundert kannte und nun zum ersten Mal mit eigenen Augen sehen durfte. Ich traf auch wiederholt auf Beduinen, die sich inzwischen offenbar ganz in den Dienst der Touristen gestellt hatten und mit ihnen jetzt „Abenteuerreisen" durch die Schluchten des Sinai-Gebirges hoch zu Kamel veranstalteten.

Eine Odyssee wird beendet

Ende der siebziger Jahre waren auf Grund einer staatlichen Vereinbarung zwischen der Sowjetunion und der DDR eine große Zahl „kriegsbedingt verlagerter Kulturgüter", die sich seit dem Ende des Krieges in der Leningrader Kunstkammer befunden hatten, nach Leipzig transportiert und im Museum für Völkerkunde eingelagert worden. Das ganze geschah unter möglichst großer Geheimhaltung, denn die ca. 45 000 ethnographischen Gegenstände waren Eigentum des Berliner Museums für Völkerkunde (Stiftung Preußischer Kulturbesitz). Sie wurden schon gleich nach Kriegsbeginn auf ein Schloß in Schlesien ausgelagert und dort von den vorrückenden Truppen der Roten Armee nach Leningrad in Sicherheit gebracht. Wir ließen diesen einmaligen Schatz in den originalen Transportkisten ruhen und stellten nur ganz vereinzelte Stücke aus, wie etwa eine beschnitzte Signaltrommel (!) aus dem Kameruner Grasland, um damit gegenüber den Museumskollegen in Westberlin eine Signalwirkung zu erzielen, daß diese Sammlung den Krieg überdauert hatte. Gleich nach der Wende rief ich meinen Kollegen Prof. Dr. Klaus Helfrich, den Direktor des Berliner Völkerkundemuseums, an und lud ihn zu einem Besuch nach Leipzig ein. Ihm standen die Freudentränen in den Augen, als er die in unserem Sonderausstellungsraum bis unter die Decke aufgetürmten Transportkisten mit ihrem kostbaren Inhalt erblickte. Nun wurde die offizielle Übergabe vereinbart und die riesige Sammlung nach einer längeren, für alle Beteiligten höchst arbeitsaufwendigen Transport- und Umlagerungsaktion im Rahmen einer großen Pressekonferenz in Berlin-Dahlem übergeben. Es wurde darauf hingewiesen, daß diese Kulturgüter bereits zu Beginn des Zweiten Weltkrieges von Berlin nach Schlesien, auf Schloß Schräbsdorf verlagert worden waren, um sie vor Kriegseinwirkungen zu bewahren. Dort wurden sie zu Kriegsende von der Roten Armee sichergestellt und nach Leningrad verbracht. Nun hatte die Odyssee nach fast einem halben Jahrhundert ihr glückliches Ende gefunden. Dieser erstaunliche Vorgang war von einem außerordentlich starken Interesse der Medien begleitet. Der Rücktransport von Leipzig nach Berlin erfolgte zwischen 1990 und 1992. Der Erhaltungszustand der Sammlungsobjekte wurde nach dem Auspacken von den Fachleuten als „überaus zufriedenstellend" bezeichnet.

KAMPF UM DEN ERHALT DER BENIN-SAMMLUNG

Vergleichsweise dramatisch verlief dagegen der Kampf um den Erhalt der Beninsammlung für das Leipziger Museum – wertvolle Bronzefiguren und Elfenbeinschnitzereien aus der „Leihgabe Hans Meyer" (Göbel 1994), die seit Beginn des 20. Jahrhunderts dem Völkerkundemuseum anvertraut waren und die unmittelbar nach der Wende von Vertretern einer westdeutschen Erbengemeinschaft zurück gefordert worden sind. Zunächst wurde der Rechtsstreit vor Gericht ausgefochten, wobei zuerst die Klage wegen Verjährung abgewiesen wurde, während das Urteil in der nächsten Instanz auf Herausgabe der Sammlungsstücke an die Erbengemeinschaft lautete, dabei sei allerdings der Freistaat Sachsen, nach Auffassung des Gerichts, selbst Mitglied der Erbengemeinschaft. Am Ende kam es zu einem außergerichtlichen Vergleich zwischen den streitenden Parteien und dank der großzügigen finanziellen Unterstützung durch die Kulturstiftung der Länder, der Stiftung Preußischer Kulturbesitz, der Stadt Leipzig und weiterer Geldgeber konnte die Erbengemeinschaft abgefunden werden, und die kostbare Kunstsammlung ist auf diese Weise dem Museum erhalten geblieben.

> Hans Meyer war ohne Zweifel einer der größten Mäzene des Museums für Völkerkunde zu Leipzig. Zwischen 1883 und 1929 überließ er dem Museum über 60 Sammlungen aus aller Welt – überwiegend Schenkungen – und finanzierte weitere Ankäufe. Der kulturelle und materielle Wert, den diese Sammlungen heute verkörpern, kann gar nicht hoch genug bewertet werden (Kulturstiftung der Länder 2002:46).

Aus verschiedenen Dokumente, die im Archiv des Museums aufbewahrt werden, geht hervor, daß es ganz dem Bestreben Hans Meyers entsprach, die Benin-Sammlung insgesamt im Museum zu belassen, weil ihr kulturhistorischer Wert gerade in ihrer Geschlossenheit besteht.

DIE HUNDERTFÜNFUNDZWANZIG-JAHRFEIER

Ein Ereignis, an dem auch die Leipziger Öffentlichkeit großen Anteil nahm, war die 125jährige Wiederkehr der Gründung unseres Museums im November 1994. Da uns 1969 von DDR-Regierungsstellen die Hundertjahrfeier des Museums, auf die wir uns schon lange gefreut hatten, faktisch mit Hinweis auf die angeblich „unbewältigte koloniale Vergangenheit des Hauses" untersagt worden war und wir statt dessen den 100. Geburtstag Lenins würdigen mußten, hatten wir uns vorgenommen, die 125-Jahrfeier besonders festlich zu begehen. So wurde von der Deutschen Bundespost am 8. September 1994 eine Sonderbriefmarke herausgegeben, die eine kreisrunde Gesichtsmaske der Makonde aus unserer Afrika-Sammlung zeigt. Des weiteren wurde eine sehr schöne Gedenkmedaille in limitierter Auflage geschaffen und an markanten Punkten der Innenstadt hatten wir Schaufenster-Ausstellungen gestaltet, die sich als sehr werbewirksam erwiesen. Im Rahmen des International Committee of Museums of Ethnography (ICME), einem der 26 Komitees des ICOM, veranstalteten wir eine zweitägige wissenschaftliche Konferenz, die sich auf Grund einer beängstigenden Zunahme von Erscheinungen von Fremdenfeindlichkeit in der Gesellschaft mit diesem Phänomen befaßte.[9] Die gesellschaftspolitische Relevanz der Veranstaltung wurde von 85 Teilnehmer aus 19 Ländern sowie durch die persönliche Anwesenheit der ICOM-Generalsekretärin Elisabeth des Portes (Paris) unterstrichen. Den Festvortrag hielt Jürgen Zwernemann, langjähriger Direktor des Hamburgischen Museums für Völkerkunde, der die jahrelange enge Zusammenarbeit zwischen Leipzig und Hamburg würdigte (Zwernemann 1994). Im Anschluß an den Festakt erfolgte die Eröffnung einer Sonderausstellung über „Keramik und Steinkunst aus Ecuador", danach gab es eine Führung durch die Ausstellung „Kunst aus Benin" und als krönenden Abschluß am Abend ein Klavierkonzert mit dem australischen Pianisten Michael Leslie. Die Beiträge der Konferenz sind in einem ICME-Sonderheft 1995 in Den Haag publiziert worden (Bettenhaussen 1995).

SCHLUSSBETRACHTUNG

Wenn ich mir am Ende meines kurzen Berichts die Frage stelle, was sich alles verändert hat, seitdem ich vor genau fünfzig Jahren mein Studium begonnen habe, so denke ich unter anderem an die Art des Ethnologie-Studiums: In Leipzig wurden in den fünfziger Jahren und auch danach jeweils nur so viele Studenten immatrikuliert, wie dann später in der Praxis auch gebraucht wurden. Das heißt, jeder Absolvent konnte sich berechtigte Hoffnung auf einen Arbeitsplatz machen. Heute studieren Hunderte von jungen Leuten, in erster Linie Frauen, ohne die geringste Chance auf eine spätere Anstellung im Studienfach.

---

[9]   Siehe zum Programm der Konferenz Stein (1997).

Das Gebäude des Grassimuseums, in dem unser Völkerkundemuseum unterge-bracht ist und in dem ich vierzig Jahre tätig war, davon zwanzig Jahre als Direktor, ist seit drei Jahren eine einzige Baustelle. Das Sächsische Staatsministerium für Wissen-schaft und Kunst, dem unsere Einrichtung nach der Wende unterstellt worden ist, hat dreißig Millionen Euro zur Verfügung gestellt, um das Gebäude, in dem sich noch das Museum für Kunsthandwerk und das Musikinstrumentenmuseum der Universi-tät Leipzig befinden, gründlich zu sanieren. Die Sammlungsbestände sind ausgelagert und befinden sich jetzt ebenso wie die umfangreiche Bibliothek auf dem Gelände der alten Messe. Die Fertigstellung ist für 2004 vorgesehen und es bleibt zu hoffen, daß wir danach in einem schönen Haus unserem Publikum wieder eine anspruchsvolle Ausstel-lung über die Kulturen der Völker der Erde zeigen können.

Im Oktober 2003 fand eine internationale Fachkonferenz in Leipzig statt, auf der über Inhalt und Gestalt der neu zu schaffenden Ausstellungen beraten wurde

LITERATURVERZEICHNIS

BETTENAUSSEN, Peter (Hrsg.)
1995   *Museums and Xenophobia*. What Museums can do to counter this Phenomenon. Papers presented at ICME's 1994 conference at the occasion of the 125th anniversary of the Ethnological Museum in Leipzig. Grafisch Centrum Abcoude. The Netherlands

BOCHOW, Karl-Heinz und Lothar STEIN
1986   *Hadramaut*. Geschichte und Gegenwart einer südarabischen Landschaft. Leipzig: VEB F.A. Brockhaus-Verlag

GÖBEL, Peter
1994   *Kunst aus Benin*. Afrikanische Meisterwerke aus der Sammlung Hans Meyer. Leipzig: Museum für Völkerkunde zu Leipzig

HINTZE, Fritz und Ursula HINTZE
1966   *Alte Kulturen im Sudan*. Leipzig: Verlag Edition Leipzig

KULTURSTIFTUNG DER LÄNDER (Hrsg.)
2002   Kunst aus Benin – Sammlung Hans Meyer. Leipzig: Museum für Völkerkunde zu Leip-zig

NAUMKIN, Vitali
1993   *Island of the Phoenix*. An Ethnographic Study of the People of Socotra. Reading: Ithaca Press

RUSCH, Walter und Lothar STEIN
1988   *Siwa und die Aulad Ali.* Darstellung und Analyse der sozialökonomischen, politischen und ethnischen Entwicklung der Bevölkerung der Westlichen Wüste Ägyptens und des Prozesses ihrer Integration in den ägyptischen Staat von Beginn des 19. Jahrhunderts bis 1976. Berlin: Akademie-Verlag (Veröffentlichungen des Museums für Völkerkunde zu Leipzig, Heft 35)

SEIWERT, Wolf-Dieter und Lothar STEIN
1982   „Unterwegs in Libyen", *Mitteilungen aus dem Museum für Völkerkunde Leipzig* 46:2–11

STEIN, Lothar
1958/59   „Die Wasserversorgung – ein wichtiges Regulativ im Wirtschaftsleben der Nomaden", *Wissenschaftliche Zeitschrift der Karl-Marx-Universität Leipzig* 8 ,Gesellschafts- und Sprachwissenschaftliche Reihe, Heft1:145–158
1961   „Der Handel mit Nahrungsmitteln im Tschadseegebiet während des 19. Jahrhunderts", *Beiträge zur Völkerforschung.* Veröffentlichungen des Museums für Völkerkunde zu Leipzig 11:639–653
1964a   *Abdallah bei den Beduinen.* Durch Städte und Steppen des Irak. Leipzig: VEB F.A. Brockhaus
1964b   „Eine neue Sammlung iraqischer Ethnographica, Teil I (Araber)", *Jahrbuch des Museums für Völkerkunde zu Leipzig* XX:178–206
1965   „Eine neue Sammlung iraqischer Ethnograpica, Teil II (Kurden und andere nationale Minderheiten)", *Jahrbuch des Museums für Völkerkunde zu Leipzig* XXI:81–90
1967   *Die Sammar-Gerba.* Beduinen im Übergang vom Nomadismus zur Seßhaftigkeit. Berlin: Akademie-Verlag (Veröffentlichungen des Museums für Völkerkunde zu Leipzig, Heft 17.)
1969   „Ethnographische Feldforschungen im Wadi al-gadid. Vorbericht", *Jahrbuch des Museums für Völkerkunde zu Leipzig* XXVI:247–265
1974   „Kulturelles Erbe im Westsudan", *Mitteilungen aus dem Museum für Völkerkunde Leipzig* 39:17–22
1975   „Eine Inschriftentafel aus der Oase Dahla", in: *Festschrift für Siegfried Wolf,* 267–269. Berlin: Akademie-Verlag (Abhandlungen und Berichte des staatlichen Museums für Völkerkunde Dresden 34.)
1981a   „Ethnographische Sammelexpedition nach Kordofan und Darfur", *Jahrbuch des Museums für Völkerkunde zu Leipzig* XXXIII:91–100
1981b   „In memoriam Wolfgang König", *Veröffentlichungen des Museums für Völkerkunde zu Leipzig* 33:5–7
1981c   [in cooperation with Wolfgang König and Wolf-Dieter Seiwert] „Recent Research on Nomadic Peoples: Contributions from the German Democratic Republic", *Nomadic Peoples* 8:1–11
1981d   „Beduinen in neuen Berufen – Versuch einer Analyse"." in: *Die Nomaden in Geschichte und Gegenwart,* 159–170 (Veröffentlichungen des Museums für Völkerkunde zu Leipzig 33.)
1986   „Feldforschung auf Sokotra", *Mitteilungen aus dem Museum für Völkerkunde Leipzig* 51:2–7

1997   „Tätigkeitsbericht des Museums für die Jahre 1994 und 1995", *Jahrbuch des Museums für Völkerkunde zu Leipzig* XLI:1–26

2000   [Nachruf auf Walter Rusch], *Mitteilungen der Deutschen Gesellschaft für Völkerkunde e. V.* 31:32

2002   „Die Siwa-Sammlung des Museums für Völkerkunde Leipzig", in: *Friedrich Konrad Hornemann in Siwa.* 200 Jahre Afrikaforschung, 65–75 Hildesheim (Hildesheimer Universitätsschriften 11.)

STEIN, Lothar und Claus SCHÜRITZ

1989   „Sokotra - Insel im Indischen Ozean. Bericht über eine Sonderausstellung im Museum für Völkerkunde zu Leipzig", *Jahrbuch des Museums für Völkerkunde zu Leipzig* XXXVIII:5–31

STEIN, Lothar und Heidi STEIN

1992   „Die Insel Sokotra aus völkerkundlicher Sicht", *Jemen-Report* 1:5–14

1999   „Die Bewohner der Insel Sokotra", in: Wolfgang Wranik (Hrsg.), *Sokotra.* Mensch und Natur, 195–226. Wiesbaden: Dr. Ludwig Reichert Verlag (Jemen-Studien 14.)

TEICHMANN, Gabriele und Gisela VÖLGER (Hrsg.)

2001   *Faszination Orient.* Max von Oppenheim. Forscher, Sammler, Diplomat. Köln: DuMont

ZWERNEMANN, Jürgen

1997   „Aus den frühen Jahren des Museums für Völkerkunde zu Leipzig. Festansprache aus Anlaß der 125-Jahrfeier am 24. November 1994", *Jahrbuch des Museums für Völkerkunde zu Leipzig* XLI:27–46

ÜBER DIE MISSION ZUR ETHNOLOGIE

Josef Franz Thiel

Es ist ein weiter Weg aus einem Dorf in Serbien bis zur Ethnologie und nach Afrika; andererseits kann der Weg auch sehr kurz sein, wenn man Ethnologie als das Verstehen und Erleben fremder Völker und ihrer Kulturen, ihrer Sprachen und Religionen auffaßt.

Ich wurde 1932 in dem deutschsprachigen Dorf Filipovo in der Vojvodina (im früheren Jugoslawien), etwa fünfzig Kilometer nordwestlich der Stadt Novi Sad, geboren. Es hatte damals um die 5 000 Einwohner. In einem der Nachbardörfer lebten Slowaken, in einem anderen zum Beispiel Ungarn, Kroaten, Ruthänen, Serben, Bunjevazen, Deutsche und „Zigeuner“. Ebenso gemischt waren Sprachen, Religionen, Trachten und Brauchtum. Für einen Handwerker oder Bauern, der Märkte oder Geschäfte in der Region besuchte, war es selbstverständlich, daß er Serbisch und Ungarisch sprach. In gleicher Weise konnte auch jeder Händler, ob er nun Bosanaz oder „Zigeuner“ war, Deutsch.

Als im Frühjahr 1941 beim Einmarsch der deutschen Truppen Jugoslawien kapitulierte und unser Dorf zu Ungarn kam, wurde Ungarisch die Staatssprache und unsere Provinz hieß nun Bácska (Batschka). Seit Hitlers Machtergreifung hatte sich Deutschland intensiv um die Auslandsdeutschen gekümmert: Man bot jungen Studenten Stipendien für Deutschland an, schickte nationalsozialistische Literatur und Emissäre ins Land, die den einfachen Menschen einredeten, ihnen als dominanter Rasse stünde die Herrschaft im Lande zu. Sie überzeugten leider zu viele Menschen, daß das Dritte Reich unser Vaterland sei, das es als SS-Soldaten zu verteidigen gelte. Damit war der Anfang vom Ende unserer relativ friedlichen Koexistenz mit den anderen Völkern des Landes vorgezeichnet und die spätere Katastrophe ab Herbst 1944 vorprogrammiert.

Mein Vater betrieb eine kleine Tischlerei mit ein bis zwei Angestellten, die bei uns im Haus lebten; sie kamen gewöhnlich von auswärts und gehörten anderer Sprache und Religion an. Meine Mutter hatte also, da wir auch sechs Kinder waren, eine große Familie zu versorgen.

Das Dorf war seit der Besiedlung der Region durch Kaiserin Maria-Theresia ab 1762 ständisch gegliedert. Die oberste Schicht bildeten die sogenannten „Herreleit". Dazu gehörten Arzt, Apotheker, Lehrerschaft, Notar, Postmeister sowie der Pfarrer mit den Kaplanen und den Nonnen. Das Dorf war katholisch, andere Dörfer orthodox oder evangelisch. Die Bauern bildeten die wohlhabende Schicht. Die Handwerker und Händler waren in der Mehrheit ärmer als die Bauern, aber sie hielten sich doch für etwas Besseres, da sie mehr Schulen besucht hatten und weiter im Land herumgekommen waren. Die nächste Schicht waren die Tagelöhner. Sie rekrutierten sich aus ehemaligen Knechten und Mägden; die Tagelöhner standen bei einem großen Bauern in festem Arbeitsverhältnis. Sie wurden zum Teil in Naturalien entlohnt, hatten aber einen eigenen Hausstand und ihr eigenes Häuschen.

Die unterste Schicht bildeten die Knechte und Mägde. Da man in der Zwischenkriegszeit den Hanfanbau – Hanf wurde hauptsächlich nach Deutschland exportiert und war sehr lukrativ –immer stärker forciert hatte, wechselten die Deutschsprachigen der unteren Schicht vielfach in die Hanfverarbeitung: Die Männer wurden Hechler, die Frauen arbeiteten in den Hanffabriken. Die Bauern waren daher auf nicht-deutsche Mägde und Knechte angewiesen. Es waren vor allem Slowaken, Serben, Kroaten, Bosnier, seltener Ungarn. Dieser Umstand trug unter anderem auch zur Geringschätzung der Anderssprachigen bei: Man empfand sie als Knechte.

Die Gliederung der Bevölkerung in Stände hatte große Auswirkungen auf das soziale Leben. Meist erkannte man schon an der Tracht, welchem Dorf und Stand jemand angehörte. Am Sonntag ging jeder Stand in sein eigenes Wirtshaus. Ebenso gehörte man immer Kameradschaften der eigenen Schicht an. Aus seiner Schicht hinauszuheiraten, war nur in Ausnahmefällen möglich. In einen höheren Stand einheiraten zu wollen, galt als überheblich, und wurde gesellschaftlich mißbilligt. Meine Mutter pflegte in so einem Fall zu sagen: „Wann a Bettl'r a Roß reit, reit 'r's tot; er soll laafe!" In eine andere Ethnie oder Konfession zu heiraten, war noch verpönter, außer es geschah in der Schicht der „Herreleit"; die genossen eine gewisse Narrenfreiheit.

Ambitionen, in die Schicht der „Herreleit" aufzusteigen, waren durchaus vorhanden, aber fast immer damit verbunden, daß man das eigene Dorf verlassen mußte. Der einfachste Weg führte über das Priestertum oder den Ordensberuf. Aus Filipovo waren bis Anfang der 1880er Jahre über 50 Priester und über 150 Nonnen hervorgegangen. Dazu kamen unter anderem Lehrer, Ärzte und Rechtsanwälte. Da jeder Haushalt viele Kinder hatte – fünf bis sieben waren normal –, suchten besser gestellte Familien über Studium und Ordenseintritt ihre nachgeborenen Kinder zu versorgen. Wer in die Schicht der „Herreleit" vordringen wollte, mußte seine deutsche Muttersprache hintanstellen, denn im öffentlichen Leben konnte man damit wenig anfangen. Dies war auch mit ein Grund, weshalb mein Vater mich auf ein ungarisches Gymnasium schickte. Ungarisch galt als die Sprache der Vornehmen. Nach Belgrad ging man zur Hochschule, wenn man mußte; lieber ging man nach Sarajewo oder Zagreb. Aber auch in Ungarn konnte ein Deutscher nur etwas werden, wenn er sich „magyarisieren" ließ. So wurde aus einem, der im Dorf Fischer hieß, ein „Halász", aus König „Király" und aus Schmied „Kovács". Die Ungarn waren zu uns Donauschwaben bezüglich unserer Sprache viel weniger tolerant als die Slawen.

Für die Bewohner der deutschsprachigen Ortschaften der Batschka hatten die Kirchen nicht nur eine religiöse, sondern auch eine sozio-kulturelle Funktion. Nur im Umfeld der Kirche konnte man seine Muttersprache und seine Traditionen leben. Deshalb war es selbstverständlich, daß bis zur Nazizeit alle in der Kirche mitmachten. Es gab Kulturheime und Bibliotheken, die von der Pfarrei eingerichtet und unterhalten wurden. In der Zeit der Ansiedlung war jede Pfarrei mit reichlich Ackerland und Weide ausgestattet worden, so daß der Pfarrer nicht selten zu den reichsten Bauern des Dorfes gehörte. Man nannte ihn auch „Pfarrherr"; der Titel rückte ihn an die Spitze der „Herreleit". Diese kirchliche Einrichtung spiegelte die Verhältnisse des alten ländlichen Ungarn wider. Gewöhnliche Dörfler wurden niemals als „Herr" oder „Frau" angesprochen, auch wenn sie noch so reich waren. Man nannte sie in höflichem Gespräch „Vetter" oder „Beesl".

Die Kirchen Österreichs und Deutschlands hatten sich seit jeher große Mühe gegeben, die deutschsprachigen Gemeinden im Osten mit religiösen und kulturellen Schriften zu versorgen. In meinem Elternhaus gab es unter anderem immer diverse Missionszeitschriften. Ich erinnere mich, daß meine ältere Schwester, als ich noch nicht lesen konnte, mir daraus vorlas; später verschlang ich die Missionsberichte selbst. Bisweilen kam auch ein Missionar ins Dorf, um Geld zu sammeln. Dann hielt er oft Vorträge mit Lichtbildern. Erst in späteren Jahren wurde mir der panegyrische Charakter dieser Vorträge bewußt. Aber trotz allem waren sie für mich Fenster in eine faszinierende, doch scheinbar unerreichbare Welt. Heute kann man sich kaum vorstellen, was es für einen jungen Menschen, der in einem Dorf ohne feste Straßen, Autos oder Radios aufwächst, bedeutet, Bilder von Afrika, Neuguinea oder Indonesien zu sehen. Ich war verzaubert von der Weite der Welt.

In meiner Grundschulklasse waren wir 66 Buben meines Jahrgangs. Es gab in jedem Jahr nur eine Klasse für Buben und eine für Mädchen, auch wenn an die hundert Kinder in eine Klasse kamen. Im 4. Schuljahr wurde mein Vater vom Lehrer einbestellt. Pfarrer und Lehrer schlugen ihm vor, mich in die Stadt aufs Gymnasium zu schicken, denn ich wäre, wohl aus Langeweile, zu unruhig in der Schule. Mein Vater hörte es gern, denn durch den Ersten Weltkrieg konnte er selbst nicht studieren, sondern sein jüngerer Bruder kam zum Zuge. Ich war gut zehn Jahre alt, als meine Mutter mein Bündel schnürte, und mein Vater mich in die Stadt Szabadka (heute Subotica) in ein ungarisches Internat brachte. Es gab damals in der Batschka auch ein deutschsprachiges Gymnasium, aber es war mit Lehrern nationalsozialistischer Ideologien durchsetzt, und mein Vater, ein strikter Gegner der „Erneurer", wie sich die Nazi bei uns nannten, lehnte das deutsche Gymnasium ab. Meine Mutter sah mich nicht gerne fortgehen, sie litt darunter. Ich jedoch war stolz, ins Internat zu dürfen. Ich habe damals allerdings nicht gewußt, daß ich nie wieder länger als einige Wochen bei meinen Eltern und Geschwistern verbringen würde.

Als ich 1944 wegen der Kriegswirren nicht mehr ins Gymnasium gehen konnte, gaben mich meine Eltern zu meinem Onkel in die Lehre; er war Maschinenschlosser an der Walzenmühle im Nachbardorf. „Seine" Mühle war die einzige im Umkreis, die noch voll arbeitete. Später habe ich hier mit 14 Jahren das Gesellendiplom erhalten, damit ich selbständig eine Schicht fahren konnte. Da Tausende deutsche Kriegsgefangene die Donaubrücke bei Bogojevo bauten, mußte zu ihrer Versorgung Tag und Nacht gearbeitet werden.

Mein Vater hatte seine Einberufung zur Waffen-SS im Juni 1944 erhalten. Er war jedoch nicht zu seiner Truppe nach Budapest eingerückt, sondern untergetaucht. Einige Wochen später verhafteten die SS-Truppen kurz vor dem Einmarsch der Tito-Partisanen meine Mutter. Da sie meinen kleinen Bruder noch stillte, hatte sie ihn mitgenommen, so ließ man sie nach einigen Tagen wieder frei. Als im Oktober 1944 die Partisanen einmarschierten, jubelten wir ihnen zu, weil wir glaubten, wir seien befreit, aber die Enttäuschung sollte noch groß werden.

Im November 1944 wurden 228 Männer meines Heimatdorfes von den Partisanen brutal liquidiert und außerhalb des Dorfes verscharrt. Mein Vater war zum Glück gerade auf Robot und entging so dem Massaker. An Weihnachten wurden alle Männer des Dorfes und alle jungen Frauen ab 18 Jahren für fünf Jahre zur Zwangsarbeit in die Sowjetunion verschleppt; diesmal war mein Vater dabei. An Ostern 1945 kam die übrige Bevölkerung – mehrheitlich Alte und Frauen mit Kindern – in das Konzentrationslager Gakovo, nahe der Grenze zu Ungarn; mit 14 kam man bereits ins Arbeitslager. Ein Großteil der Dorfbewohner erlag den jahrelangen Strapazen in den Lagern.

Ich war mit meiner Mutter und vier jüngeren Geschwistern nach Gakovo gekommen. Es gab im Lager meist über 30 000 Insassen. Im Herbst hatten wir hinter dem

Friedhof große Löcher zu graben, in die im Winter, wenn der Boden hart gefroren war, die Toten geworfen wurden. Ziel der Regierung war es, möglichst viele Deutschstämmige zu liquidieren. Bei kleinsten Vergehen drohte Erwachsenen, erschossen oder erschlagen zu werden. In dem kalten kontinentalen Winter 1945/46 wurde sechs Wochen gar kein Essen ausgegeben; Heizmaterial oder Öfen gab es nicht. Täglich saß man stundenlang, um Köpfe und Kleider nach Läusen abzusuchen. Geschwächte Alte und Gebrechliche wurden von dem Ungeziefer fast aufgefressen. Als im Winter eine alte Frau in unserem Haus starb, half ich meiner Mutter die Tote in ein Tuch einzunähen und sie auf den Totenkarren zu tragen. Ich erinnere mich, daß ich ganz erschrocken war, als ich die Löcher in ihrem Körper sah. Im Lager grassierten Ruhr und Flecktyphus, aber auch andere Krankheiten wie zum Beispiel Malaria. Ärzte gab es keine. Die deutschsprachigen hatte man bereits liquidiert und die anderer Ethnien kamen nicht ins Lager.

In der größten Notzeit schlich ich mich nachts wiederholt aus dem Lager, um in umliegenden Dörfern zu betteln. Wenn ich bei der Rückkehr erwischt wurde, gab es ordentlich Prügel, das Essen wurde weggenommen und ich wurde für mehrere Tage eingesperrt. – Trotz aller Bemühungen starb mein kleiner Bruder.

Nach über zwei Jahren wollte Jugoslawien die Überlebenden loswerden: Man lockerte die Posten ums Lager; die jugoslawischen Grenzer ließen nachts die Flüchtenden durch. Nach mehreren Versuchen glückte uns in einer Juninacht 1947 die Flucht nach Ungarn. Wir schlugen uns nach Österreich durch, denn dort hofften wir, durch das Rote Kreuz etwas über unseren Vater zu erfahren. In Österreich wäre ich gerne wieder in einer Schlosserei untergekommen, aber Flüchtlinge durften damals nur in der Landwirtschaft arbeiten. So wurde ich Kleinknecht und erhielt ein Ochsengespann. Nach einigen Monaten hörte ich von einem Aufbaugymnasium; es war für ehemalige Soldaten gedacht. Man hatte neben dem Studium auch zu arbeiten, aber dafür war die Pension für meine Mutter und Schwester erschwinglich. So besuchte ich mit 15 Jahren die erste deutschsprachige Schule.

DER WEG ZUR ETHNOLOGIE

Ich habe die Erlebnisse meiner Jugendjahre etwas eingehend geschildert, weil ich weiß, daß sie meine spätere Berufswahl Missionar zu werden entscheidend beeinflußt haben. Ich wurde in meiner Zeit als Hochschullehrer viele Male von Studenten und in Interviews gefragt, wie ich nur Missionar werden konnte. Nur aus heutiger Sicht mag die skeptische Verwunderung angehen, wer aber als junger Mensch Krieg, Hunger, Seuchen und Sterben so hautnah erlebt hat, denkt darüber anders. Als Albert Schweitzer 1952 den Nobelpreis erhielt und daraufhin seine Arbeit in Lambarene in der Presse und in Filmen immer wieder zur Sprache kam, wurde mein Vorhaben Missionar zu werden sehr bestärkt. Ich wäre gerne ein kleiner Albert Schweitzer geworden. Auf jeden Fall haben mich Afrika und die Afrikaner nie wieder losgelassen.

Nach fünf Jahren kam mein Vater aus der Sowjetunion zu uns nach Österreich. Ein Drittel der Verschleppten war in den Kohlengruben der Sowjetunion gestorben. Mein Vater fand gleich einen guten Arbeitsplatz, so daß auch meine jüngeren Geschwister studieren konnten. Nach sechs Jahren Gymnasium machte ich 1953 mein Abitur. Im Herbst des gleichen Jahres trat ich in das Missionspriesterseminar St. Gabriel, in Mödling bei Wien ein. Dieses Missionsseminar galt als Hochburg der Ethnologie. Hier hatte Wilhelm Schmidt 1906 die internationale Zeitschrift „Anthropos" und diverse wissenschaftliche Serien ins Leben gerufen. Im Jahre 1932 wurde das „Anthropos-Institut" gegründet. Zahlreiche Schüler von Schmidt haben von St. Gabriel ihren Ausgang genommen, so zum Beispiel Wilhelm Koppers, Lehrstuhl-Inhaber an der Universität Wien, Martin Gusinde, Forscher in Feuerland, Paul Schebesta, der bei den Semang auf Malakka und bei den Bambuti im Kongobogen forschte, Paul Arndt, der über die Ngadha auf Flores arbeitete, der akribische Joseph Henninger, Spezialist für das vorislamische Arabien sowie Zuarbeiter von Schmidt und viele andere.

Die Ausbildungszeit für den Missionarsberuf betrug damals sieben Jahre. Das erste Jahr, das sogenannte Noviziat, diente ausschließlich der geistlichen Einführung in das Ordensleben. Die zwei folgenden Jahre waren der scholastischen Philosophie, der Philosophiegeschichte und dem Sprachstudium – zum Beispiel Hebräisch und Griechisch – gewidmet. Man durfte aber auch Ethnologie und Religionsgeschichte belegen, wenn man in den Hauptfächern gute Resultate nachweisen konnte. So kam es, daß ich mich mit einem knappen Dutzend weiterer Missionarsanwärter im ethnologischen Seminar von Paul Schebesta einfand.

Ich habe mich anderweitig (Thiel 2001) ausgiebig zu dieser Lehrer-Schüler-Beziehung geäußert, deshalb möchte ich mich hier nur auf einige Punkte beschränken. Schebesta war 1911 als Missionar nach Mosambik geschickt worden. Da er deutscher Nationalität war, wurde er während des Ersten Weltkriegs in Lissabon interniert. Nach dem Krieg war er in Wien promoviert worden. Er unternahm zwei große „Expeditionen" zu den Negrito Asiens und vier zu den Bambuti im Ituri-Wald nördlich des Kongo-Bogens. Als ich ihn 1953 kennenlernte, galt sein ganzes Interesse Afrika und der zu revidierenden Missionsmethode. Nachdem er 1955 von seiner letzten Pygmäenreise aus Belgisch-Kongo zurückkam, war für ihn klar, daß die Kolonialreiche am Ende waren, aber die Mission sich auch ganz auf die Afrikaner und ihre Kulturen ausrichten müsse. Es sei höchste Zeit, die Kulturen Afrikas zu studieren, um den Umbau der Missionskirche zu einer autochthonen afrikanischen Kirche zu vollziehen. Der Afrikaner müsse in der Kirche seine Sprache und seine Riten wiederfinden. – Schebesta eckte mit seinen Ausführungen bei vielen Kirchenvertretern an, aber er war selbstbewußt genug, sich darum nicht zu kümmern. Er sprach wie einer, der die Probleme vor Ort kannte, und er hob sich wohltuend von den hohlen Phrasen der bestallten Missiologen ab, die Missionen nur vom Hörensagen kannten. Schebesta war für uns, seine Seminaristen, eine Vaterfigur.

Da ich meinem Vorbild Albert Schweitzer nacheiferte, war klar, daß ich mich für Bach und Medizin interessierte. Im Missionshaus St. Gabriel lebten damals an die 300 Personen. Da keiner krankenversichert war, gab es eine große und gut eingerichtete Krankenabteilung. Ich meldete mich zum Pflegedienst. Ein Arzt schaute, sooft es nötig war, vorbei. In den Ferien ging ich mehrere Jahre in Wiener Krankenhäuser, um mir unter anderem in Ambulanz, Hautabteilung und Labor Kenntnisse für Afrika anzueignen.

Der Direktor mehrerer Krankenhäuser, der mit meinem Onkel befreundet war, ließ mir durch diesen mitteilen, er wolle mir das Medizin-Studium bezahlen, wenn ich mich verpflichte, danach zehn Jahre in einem seiner Häuser zu arbeiten. Er wußte, daß ich große Freude an der Chirurgie hatte und daß meine Eltern mich nicht unterstützen konnten. Ich ging einige Tage in mich und überlegte: Da stiegen in mir die Bilder des fernen und geheimnisvollen Afrika auf – man könnte es auch Abenteuerlust nennen – und ich dachte an die Aufgabe, ein afrikanisches Christentum ins Leben zu rufen. Wenige Tage später ließ ich meinen Onkel wissen, daß ich lieber im afrikanischen Busch als in einem Wiener Krankenhaus arbeiten wolle.

Nach einigen Jahren konnte ich die Krankenabteilung des Missionshauses leiten. Die vielen Stunden, die ich bei Kranken und Sterbenden zugebracht habe, waren eine gute Lehre für meine Arbeit im Hinterland des Kongo, wo es damals keine Ärzte gab. Als ich 1961 in den Kongo ausreiste, erhielt ich von den Krankenhäusern viele Medikamente und einfache Instrumente für ein kleines Hospital im Busch.

Die eigentliche theologische Ausbildung dauerte vier Jahre. Ich interessierte mich besonders für Bibelwissenschaften, Kunst- und Kirchengeschichte und vor allem für Ethnologie. Die Kulturkreislehre, die zwischen den beiden Kriegen im Anthropos vertreten wurde, war in den 1950er Jahren bereits tot. Schebesta distanzierte sich immer wieder von ihr und dennoch kam sie in den Vorlesungen und Referaten des Seminars wiederholt zur Sprache. Heute habe ich den Eindruck, es war ein Aufbegehren Schebestas gegenüber seinem Übervater Schmidt. Der duldete nämlich keinen Widerspruch zu seinen Lehrmeinungen. Als Schebesta einmal im Beisein Schmidts sagte, die erfolgreichsten Pygmäen-Jäger würden sich auch eine Zweitfrau nehmen, erwiderte ihm Schmidt, er wolle Derartiges nicht gehört haben. Die „Urvölker" und zumal die Bambuti waren nach Schmidts These ausschließlich monogam.

Schmidts zwölfbändiges Werk „Der Ursprung der Gottesidee" war aber damals durchaus noch lebendig. Besonders in der katholischen Fundamentaltheologie werden Schmidts Thesen vom „Urmonotheismus" – diese Vokabel stammt übrigens nicht von ihm – teilweise bis in die jüngste Zeit hinein kolportiert. – Wer Schebestas Darstellung der Bambuti-Religion (1950) aufmerksam liest und dann mit seinen Schlußfolgerungen vergleicht, wird Diskrepanzen feststellen. Einmal ist „Tore" eine „Waldgottheit" (1950:43), dann wird ein „amythischer Urgott" postuliert, „ein persönlicher Gott [...], den sie ‚Vater' oder ‚Großvater' titulieren" (1950:215). Seine Existenz wird aber nicht bewiesen. Noch markanter ist die Diskrepanz, wenn man Schebestas Feldnotizen zum

Vergleich heranzieht. Ich habe den Eindruck, er hat Schmidt mit Rücksicht auf dessen Schmidts Monotheismus-Thesen nicht öffentlich widersprechen wollen. Die Publikation über Henri Trilles' ganz im Sinne Schmidts geschriebenes Pygmäen-Machwerk (1932) ist ja auch erst nach Schmidts Tod erfolgt (Piskaty 1957). Schebesta erzählte öfter, er habe Schmidt wiederholt auf die Unhaltbarkeit von Trilles' Schilderungen der Gabun-Pygmäen hingewiesen. Einmal hätte ihm Schmidt erwidert, wenn Trilles' Pygmäen-Werk nicht echt sei, könne er sich eine Kugel durch den Kopf schießen. Schmidt starb am 10.2.1954 außerhalb des Instituts. Einige seiner Schüler hatten ihn „abgeschoben"; in der Zeit danach vergossen sie Krokodilstränen. Die Wiener Gruppe um Koppers und Schebesta blies jedoch zum Widerstand gegen die vermeintlichen *parricidae* und Schmidts Nachfolger Fritz Bornemann verschwand daraufhin für viele Jahre in einem Archiv in Rom, von wo aus er eine „sehr subjektive" Geschichtsschreibung (ohne Fußnoten!) lancierte.

Als mein theologisches Studium 1960 zu Ende war, konnte ich zwar den Wunsch äußern, wo ich in der Mission arbeiten wolle, aber meist hielten sich die Oberen nicht daran. Man schickte die Neumissionare mit Vorliebe in andere Länder und Kulturen, um ihren Gehorsam zu erproben. Ich wollte der Sprache wegen nach Ghana, wurde aber in den Kongo geschickt. Einige Tage war ich enttäuscht, aber dann kaufte ich mir Bücher für Französisch und Kikongo, ging für ein Jahr nach Grenoble, lernte Französisch, studierte die Bantu-Grammatik und sah mich in Soziologie um; im Sommer 1961 reiste ich in den damals bereits unabhängigen Kongo. Da ich meine Oberen gebeten hatte, in einer kleinen Buschmission arbeiten zu dürfen, um möglichst viel Kontakt mit den Menschen zu haben, schickte man mich nach Banza Lute, einer jungen Mission im Hinterland, ca. 400–500 km östlich von Kinshasa. Mein Pfarrer, ein Westfale, mußte nach drei Monaten zur Operation nach Europa. So war ich allein. Ein Jahr später bezog ich den verwaisten Posten Manzasay, wo es zwar eine marode Kirche gab, wo ich mir aber noch ein Haus zu bauen hatte. Es gab hier immerhin recht aktive Schulklassen, auf die ich in den folgenden Jahren noch viel Energie verwenden sollte. Ich baute mein Haus am Rande des Dorfes, so daß ich in ständigem Kontakt mit der Bevölkerung lebte. Weiße kamen selten durch, da ihnen bekannt war, daß ich oft in meinem großen Schweifgebiet unterwegs war und keinen geordneten Haushalt hatte. Ich hätte ihnen also nur eine Konserve aufmachen können, wenn ich nicht gerade auf der Jagd erfolgreich gewesen wäre.

Wenn ich in den Dörfern unterwegs war, besuchte ich nachmittags die Alten und Kranken. Ich hatte immer einen Medizinkoffer bei mir, um helfen oder wenigstens raten zu können. Gegen Abend kamen die Leute von den Feldern. Dann versammelten sich die Christen und Interessierten. Wir sprachen über christliche Themen, religiöse Jahresfeste und bereiteten den Gottesdienst für den nächsten Morgen vor. Er fand immer recht früh statt, damit die Menschen noch den Tag vor sich hatten. Ich hielt viel von den stundenlangen Gesprächen am Abend mit den Dorfbewohnern. Vielfach wußte ich um Spannungen und Verdächtigungen im Dorf, Neid und Eifersucht, Anklagen wegen Hexerei und ähnlichem. Mit etwas Erfahrung merkt man sehr bald, ob man es mit einer harmonischen Gruppe zu tun hat. Nicht selten kamen auch die Dorfkapitas zu den Versammlungen, um bei dieser Gelegenheit offen über die Probleme des Dorfes zu reden.

Wenn ich auf der Mission war, verbrachte ich die Abende meist mit einigen Bewohnern. Wir hatten uns immer viel zu erzählen, zum Beispiel über Religion, Politik, Sprache, Literatur, Hexerei, Fetische und vieles andere mehr. Wenn ich Batterien hatte, ließ ich mein Tonbandgerät mitlaufen. Da ich die Bänder möglichst vor Ort abschrieb, kamen im Laufe der Jahre viele Tausend Seiten zusammen, die erst zu einem Bruchteil publiziert sind. Meine Gesprächspartner waren vorwiegend Bayansi, meist Männer, aber nicht nur Alte.

Die Bayansi stellen kein einheitliches Volk dar: Ihre geschichtlichen, politischen sowie religiösen Traditionen können von einer Gruppe zur anderen sehr verschieden sein; auch sprachlich sind die Unterschiede groß. Die Bayansi zählen heute etwa eine halbe Million. Zwischen 1961 und 1971 habe ich über vier Jahre bei ihnen verbracht. Die übrige Zeit war ich entweder in Afrika unterwegs oder ich studierte in Paris afrikanische Soziologie. Da die Missionsgesellschaft, der ich angehörte, ein großes Kolleg baute, und das Fach „afrikanische Soziologie" gelehrt werden sollte, schickte mich der Direktor zum Studium, um ein Diplom in diesem Fach zu erwerben und lehren zu können. Nachdem ich im Herbst 1966 in Paris an der École Practique des Hautes Études das Diplom bei Denise Paulme, Georges Balandier und L.V. Thomas erlangt hatte, gab es im Kongo neue Oberen, die auf meine Dienste am Kolleg keinen großen Wert legten. Sie gaben mir den Rat, auch noch zu promovieren. In einem kleinen Jeep fuhr ich 1966/67 von Bonn bis zum Kongo, schaute mir dabei West- und Zentralafrika an und kam nach Monaten wieder zu den Bayansi in den Busch, um weitere Materialien für meine Promotion zu sammeln.

Es war eine wunderschöne Zeit, die ich mit den Dorfbewohnern verbrachte: Abends saß ich mit guten Bekannten am Feuer oder um meine Petromax-Lampe und wir tranken Palmwein und erzählten Geschichten. Ich habe damals an die hundert Bayansi-Dörfer abgeklappert, um einen Gesamtüberblick zu bekommen. Anfang November 1967 wollte ich wieder in Paris sein, um meine Promotion in Angriff zu nehmen. Ursprünglich hatte ich vor, mit dem Wagen über Ostafrika und den Vorderen Orient zurückzufahren. Als ich aber in die Stadt kam, hörte ich, daß zwischen Israel und Ägypten der Sechs-Tage-Krieg stattgefunden hatte. So wählte ich das Flugzeug.

Zurück in Paris, besprach ich mit meinem Doktorvater Georges Balandier Einzelheiten meiner Dissertation. Auf seinen Wunsch hin ging es um die Religion der Bayansi. In der Diplomarbeit hatte ich die politischen Strukturen behandelt. In den beiden ersten Jahren besuchte ich noch 25 bis 30 Vorlesungen in der Woche, um die ganze Breite der Afrikawissenschaften in Paris kennenzulernen. Jetzt beschränkte ich mich auf Themen, die für meine Arbeit wichtig waren, so zum Beispiel Bantuistik bei Jacqueline Thomas, Religion bei G. Dieterlen, L. de Heusch und D. Zahan, Kunst bei D. Paulme und J. Maquet. Für die Soziologie wollte ich das Hauptseminar von Balandier gegen jenes von Cl. Lévi-Strauss wechseln. Beide hielten nämlich ihr Hauptseminar Freitags von 10 bis 12 Uhr ab. Für das von Lévi-Strauss benötigte man die Unterschrift des Meisters; ohne sie wurde man von Türsteherinnen zurückgewiesen. Als Lévi-Strauss hörte, daß ich meine These bei Balandier schreibe, sagte er mir, der Seminarraum sei zu klein. Im Collège de France freilich durfte ich den magistralen Vorlesungen des Meisters folgen.

DER BERUF: REDAKTEUR UND LEHRER

Im Sommer 1969 verließ ich Paris, um im Anthropos-Institut in St. Augustin meiner Doktorarbeit den letzten Schliff zu geben. Ich wollte bald abschließen, denn Ende des Jahres hatte ich vor, in den Kongo zurückzukehren. Im Herbst kam der neue Ordensobere vom Kongo vorbei und sagte, es sei zur Zeit in der Provinz kein Bedarf an Ethnologen. Er könne mir auch keine Stelle versprechen, wo ich Muße für ethnologische Studien fände. Ich war von seiner Aussage enttäuscht, denn ich hielt die Ethnologie für die Inkulturation der Kirche von großer Wichtigkeit und hatte vor, meine Studien für diese Sache einzubringen. Einige Wochen später bot mir der Direktor des Instituts die Stelle des Redakteurs für die Zeitschrift „Anthropos" und die vom Institut herausgegebenen Serien an. Ich übernahm die Stelle am 1.11.1969.

Die Arbeit war für mich nicht leicht. Ich war seit zehn Jahren aus dem deutschen Sprachraum, und meine Philosophie und Theologie waren ganz in Latein abgelaufen. Die Zeitschrift hatte ein Jahr Verspätung angehäuft. Die Mitglieder des Instituts waren alle alt und klebten vielfach noch an überkommenen Theorien. Es wurden Klagebriefe nach Rom geschickt, daß ich das Erbe von Schmidt kaputtmache, obgleich ich damals nichts gegen seinen Monotheismus geschrieben habe, wohl aber gegen die angebliche Monogamie der „Urvölker".

Ich mußte versuchen, die Zeitschrift für alle Richtungen zu öffnen, ob nun die Thesen der Autoren mit der Lehrmeinung der Kirche übereinstimmten oder nicht. Über ein Drittel der Auflage wurde in die USA verkauft, weit über die Hälfte in englischsprachige Länder. Um die Abonnentenzahl zu steigern, mußten veraltete Themen zurückgedrängt und jüngere Mitarbeiter gewonnen werden. Dazu habe ich Tausende von Werbebriefen an Institute verschickt und mich um Geschenkabonnements für zahlungsschwache Länder bemüht. Der Erfolg war, daß der Anthropos in 85 Länder ging. Mir war klar, daß Einzelpersonen in Ausnahmefällen die Zeitschrift halten würden. Den Archivcharakter der Zeitschrift wollte ich erhalten, also sollten lange Artikel mit ethnographischem Material wie Traditionen, Mythen und Rituale immer Raum bekommen. Deshalb sind die alten Jahrgänge so gefragt wie die neuen.

Auf dem Campus des Instituts entstand damals ein ethnologisches Museum, das als „Anthropos-Seminar" firmierte, später in „Haus Völker und Kulturen" umbenannt wurde. Es gab im Institut viele Aktivitäten wie Ausstellungen, Vortragsreihen und

Symposien. Als ich einmal Wilhelm Mühlmann für einen Vortrag einlud, machten mir mehrere Mitglieder Vorwürfe, weil ich einen aus der alten Gegnerschaft auftreten ließ.

Als der Amerikanist Udo Oberem von der Bonner Universität mir anbot, mich zu habilitieren, ging ich gerne darauf ein. Ich kehrte 1971 noch einmal für mehrere Monate zu den Bayansi zurück, um aufgetauchte Lücken zu schließen und auch jene Bayansi-Dörfer zu besuchen, in denen ich noch keine Aufnahmen gemacht hatte. Zahlreiche Ortschaften am Kwilu konnte ich nur mit dem Boot vom Fluß her erreichen. Doch die Ausbeute dort war enttäuschend: Da das Hinterland in der Kolonialzeit über die Flüsse erschlossen worden war, gab es in den Dörfern am Wasser kaum noch genuine Traditionen. Viele Männer hatten bereits auf den Dampfschiffen angeheuert; auch Mädchen waren in die Städte mitgefahren. Viele kamen zwar wieder zurück, blieben aber dem Dorfleben entfremdet. Dagegen konnte ich in den Savannendörfern zwischen Kwilu und Kasai noch zahlreiche geschichtliche Überlieferungen, Mythen und Erzählungen aufnehmen.

Durch meine Lehrtätigkeit an der Universität nach der Habilitation wurde die Verbindung zu den Studenten enger. Im Jahre 1976 wurde ich zum apl. Professor ernannt. Zwei Jahre davor hatte ich meine Mitgliedschaft in der Missionsgesellschaft aufgegeben, blieb aber noch bis Mitte 1977 Redakteur. Danach übernahm ich die wissenschaftliche Leitung des Museums Haus Völker und Kulturen. Die Serie „Collectanea Instituti Anthropos" habe ich vom Museum aus weiter betreut. Wie schon die Jahre zuvor, bemühte ich mich, in ihnen ethnographische Materialien von Missionaren so zu bearbeiten, daß sie verständlich und publizierbar wurden. Missionare haben oft gute Kenntnisse der Sprachen und Kulturen „ihrer Völker", sind aber nicht in der Lage, das Material wissenschaftlich aufzuarbeiten. Ich habe viele Missionare angeregt, ihr Wissen aufzuzeichnen und sie in Briefen ermuntert, Nachforschungen anzustellen, um die Ergebnisse dann im Anthropos oder in den Serien zu publizieren. Es war meist eine mühsame, aber wie ich glaube, für die Ethnologie auch verdienstvolle Arbeit. Ein Blick in die Zeitschrift und die Serien belegt, wie viele Missionare dort vertreten sind.

Obwohl das Haus Völker und Kulturen als ethnologisches Museum konzipiert worden war, konnte es als solches in seriöser Weise nicht geführt werden. Angeregt von meinem Studium in Paris, wandte ich mich den Gegenwartsfragen der ethnologischen Kulturen zu, das heißt ich begann Gegenwartskunst zu sammeln, und um leichter an Gelder zu kommen, legte ich meinen Schwerpunkt auf christliche Kunsterzeugnisse der Missionsländer. So konnte ich vielbeachtete Ausstellungen unter anderem über Afrika, Äthiopien, China und Armenien veranstalten. Selbst Leuten vom Fach war bis dahin oft nicht aufgefallen, was es schon an neuer Kunst gab. Manche Fachleute sprachen damals von Ramsch und Kitsch; einer meinte gar, die Afrikaner pinselten nur Picasso ab. Aber inzwischen beginnt sich die moderne Kunst der Völker der dritten Welt allmählich Gehör zu verschaffen.

Die Redaktion einer großen Zeitschrift ist wie eine Tretmühle: Wenn nach Mühen ein neues Heft erscheint, atmet man zufrieden durch, und dann drängt schon das nächste Heft. Anthropos hatte zu meiner Zeit drei Doppelhefte im Jahr mit großem Rezensionsteil. Mein amerikanischer Nachfolger in der Redaktion hatte vieles verändert, bis ihm offensichtlich den Überblick verloren ging. Er bat mich 1981/82 die Redaktion für einige Wochen wieder zu übernehmen, fuhr in die Staaten und tauchte nie wieder auf.

DER BERUF: MUSEUMSLEITER UND LEHRER

Als ich 1984 mehrere Anrufe aus Frankfurt erhielt, ob ich mich nicht für die freie Direktorenstelle am Museum bewerben wolle, tat ich es. Am 1.1.1985 übernahm ich die Aufgabe. Ich merkte aber bald, daß ich nicht bei allen Ethnologen an der Frankfurter Universität *persona grata* war: Als ich wegen Vorlesungen vorsprach, um die Kontakte zum Institut enger zu knüpfen – Kollege M. Münzel las damals außerhalb der Ethnologie –, kam die Rede darauf, meine *venia legendi* einzugrenzen oder auf Missionswissenschaft umzubenennen. Dies lehnte ich ab und nahm gerne die Einladung aus Mainz an, mich dort als apl. Professor für Ethnologie niederzulassen. – Erst gegen Ende meiner Dienstzeit am Museum (31.12.1998) war ich auch als Teilprojektleiter am SFB 268 Westafrikanische Savanne tätig geworden.

Ich hatte den Museumsberuf nicht von der Pike auf erlernt, aber auf Vorschlag meines Lehrers Balandier für Entwicklungshelfer mehrere Jahre lang Vorlesungen über afrikanische Kunst gehalten. Außerdem ging ich jahrelang im Musée de l'Homme ein und aus und Denise Paulme war mir eine großartige Lehrerin. Sie hatte vor ihrer Tätigkeit an der École des Hautes Études mit Michel Leiris die Afrikaabteilung im Musée de l'Homme geleitet. Für mich war die Verbindung von Museum und Universität immer wichtig genug, um auch in der theoretischen Auseinandersetzung zu stehen. Museumsethnologen können leicht der Versuchung erliegen, sich in „ihre Sammlung" zurückzuziehen. Nach einigen Jahren kennen sie diese besser als irgendein Spezialist. Aber so wichtig und unverzichtbar Objekte für ein Museum sind, so gilt es doch zu bedenken, daß Objekte viele Botschaften in sich bergen und immer nur jene Fragen beantworten, die eine Zeit an sie stellt. Auch Objekte unterliegen einer zeitlichen und dynamischen Interpretation. Das unveränderliche Objekt an sich gibt es in der Ethnologie nicht. Wie sich aber die Fragen in der Zeit verändern, erfährt man am besten in der Diskussion mit Kollegen und in der Auseinandersetzung mit Studenten. Die haben gewöhnlich wenig Scheu auch Lehrende auf Versäumnisse hinzuweisen.

Ich wollte ethnologische Museen nie auf die vorkoloniale Zeit reduzieren. Deshalb legte ich auch von Anfang an mit Zustimmung des damaligen Kulturdezernenten den Schwerpunkt auf die moderne Kunst der außereuropäischen Völker und ich regte umfangreiche Sammlungen an. Jeder Direktor eines ethnologischen Museums liebt „seine" ästhetischen Objekte und er hat gerne zahlreiche Besucher in seinem Haus, aber das dürfen in einem von der öffentlichen Hand finanzierten Museum nicht die wichtigsten Kriterien für eine Ausstellung sein.

Mein Ziel war es, die Museumsbesucher für fremde Völker und ihre Kulturen zu interessieren, sie für Fremde und Fremdes zu sensibilisieren sowie ihnen zu zeigen, daß auch archaische Kulturen geistige Hochleistungen erbringen und deshalb unseren Respekt verdienen. Wer in unserer modernen Gesellschaft lebt, kann feststellen, daß viele unserer Mitmenschen nicht an das Kulturniveau eines Pygmäen heranreichen: Sie sind im besten Fall passive Kulturkonsumenten, die nur den Radio- oder Fernsehknopf ein- und ausschalten können.

Der Hauptgrund, mich am Museum in Frankfurt zu bewerben, waren nicht die großartigen Sammlungen des Hauses, die kannte ich nur bruchstückweise, sondern die Aussicht auf einen Museumsneubau: Vom ersten Kontakt mit dem Kulturamt spielte der Neubau eine zentrale Rolle. Er sollte für fast sieben Jahre meine Hauptbeschäftigung werden. Hinzu kamen der Bau des neuen Depots in der Borsigallee sowie Renovierung und Ausbau der drei Villen am Main und des Kutscherhauses, in dem die Restauratoren-Werkstätten untergebracht sind. Laut meinen Terminkalendern habe ich im Laufe der Jahre an fast Tausend Bausitzungen teilgenommen. Manche dauerten nur einige Stunden, aber andere dehnten sich bis weit in die Nacht aus. Meist waren 20 bis 30 Personen anwesend: Architekten aus Braunschweig, Los Angeles oder New York, Innenarchitekten aus Mailand, Lichtdesigner aus Köln, Spezialisten aus diversen Ämtern Frankfurts und andere. Die Entscheidungsfindung in diesem Gremium war langwierig und von Partikularinteressen dominiert, hinzu kamen die Einflußsphären der politischen Parteien. Ich gewann oft den Eindruck, der Museumsbau sei für viele nur das Mittel, ihre Macht zu demonstrieren. Ich wußte bis dahin nicht, wie wenig Fachwissen für einen Politiker nötig ist, um sein Ressort zu leiten. Damit meine ich nicht die Kulturdezernenten Hilmar Hoffmann und Linda Reisch. An ihrem Engagement ist der Neubau nicht gescheitert. – Am Schluß der jahrelangen Baukampagne hatten wir Tausende Pläne und Ausgaben in zweistelliger Millionenhöhe, aber kein Museum.

Die Neubaupläne hatten aber nicht nur Negatives zu bieten. Im Hinblick auf das neue Haus wurde die Anzahl der Kustoden um vier erweitert, es gab Gelder für eine Bibliothek mit einer Bibliothekarsstelle sowie ein Bildarchiv mit Archivar, und es kam eine neue Restauratorenstelle hinzu. Auch Verwaltung und Sekretariat wurden erweitert. Dazu gab es die Möglichkeit, die vorhandenen Sammlungen im Hinblick auf den Neubau großzügig zu ergänzen und zu erweitern. Der größte Vorteil aber war, daß im Haus eine Aufbruchstimmung herrschte. Man saß viel zusammen und diskutierte den Neubau, seine Inneneinrichtung, die Museographie. Es war jeder Quadratmeter, jede Vitrine und jedes Objekt fertig geplant, sogar viele Texte standen schon fest. Dabei gab es auch kontroverse Diskussionen, aber da der *terminus ad quem* feststand, arbeitete man darauf zu, und dieses Ziel einigte und spornte alle zu intensiver Mitarbeit an.

In Gesprächen mit Studenten, aber auch mit Museums- und Universitätskollegen fiel mir auf, daß meine Gesprächspartner relativ wenig über andere ethnologische Institutionen in Deutschland wußten. Fast unbekannt waren deren Lehr- oder Ausstellungspläne, ihre Personalpolitik und Forschungsvorhaben, ihre Bemühungen um

Forschungsgelder und Kooperationen und vieles andere mehr. Die Instituts- und Museumsleiter trafen sich höchstens alle zwei Jahre bei der DGV-Mitgliederversammlung. Für die Referate, die vielfach von Nachwuchskräften gehalten wurden, haben sich die Institutsleiter nur ausnahmsweise Zeit genommen. Die Museums-AG wurde selten von einem Direktor besucht. Ich empfand es als Manko, daß die Studenten die maßgeblichen Vertreter der Ethnologie im deutschen Sprachraum und ihre Ideen nicht erleben konnten. Als ich im Vorstand der DGV war, habe ich sowohl in Münster (1981) wie in Wien (1995) Symposien mit Instituts- und Abteilungsleitern als Referenten organisiert, was von zahlreichen Studenten begrüßt wurde. Von 1986 an habe ich ein Dutzendmal die Museumsdirektoren der deutschsprachigen Länder nach Frankfurt eingeladen. Später haben wir eine ähnliche Runde – mit Unterstützung von Kollege Münzel und Frau Far-Hollender von der DFG – auch für die Institutsdirektoren der Universitäten organisiert. Diese Versammlungen haben ergeben, daß man mit einem gemeinsamen Programm mehr erreichen kann, als wenn jeder für sich dahinarbeitet.

Ein weiterer Schwerpunkt war meine Tätigkeit als Gutachter. Ich habe etwa 500 Gutachten für die DFG geschrieben; hinzu kamen solche für Universitäten und ‚Forschungseinrichtungen. Ich ermunterte meine Museumskolleginnen und -kollegen, die Forschungsvorhaben nicht ganz den Universitäten zu überlassen. Nur mehr ein Bruchteil der Anträge an DFG oder Stiftungen kommt aus den Museen. Da noch gut die Hälfte der festen ethnologischen Stellen an den Museen beheimatet sind, ist diese Situation für das Fach sehr bedauerlich. Wenn es um die Wahl der Fachgutachter für die DFG ging, hatten die meisten Museumsethnologen gar kein Stimmrecht mehr. Als ich bei der zuständigen Stelle in der DFG vorstellig wurde, sagte man mir, die Museen hätten sich darum nie gekümmert.

Sicher war es nach der Explosion der Ethnologie nach dem Kriege nicht mehr zumutbar, die Direktion der Museen und die Ordinariate der Institute in einer Hand zu belassen. Inzwischen haben sich aber die Museen derart weit von den Universitätsethnologen wegentwickelt, daß den einen die theoretische Sicht ihrer Objekte und den anderen die materielle Kultur abhanden gekommen ist. Aufs Ganze gesehen schwächt diese Amputation die eine wie die andere Seite. Gemeinsam wären sie stärker.

LITERATURVERZEICHNIS

PISKATY, Kurt
1957   „Ist das Pygmäenwerk von Henri Trilles eine zuverlässige Quelle?", *Anthropos* 52:33–48

SCHEBESTA, Paul J.
1950   *Die Bambuti-Pygmäen vom Ituri.* Band II/III: Die Religion. Brüssel (Mém. de l'Inst. Royal Colonial Belge. Sect. Sc. Morales et Politiques, 4/1.)

SCHMIDT, Wilhelm
1926–1955² *Der Ursprung der Gottesidee.* 12 Bände. Münster: Aschendorff

THIEL, Josef F.
2001   *Jahre im Kongo.* Frankfurt am Main: Lembeck

TRILLES, Henri
1932   *Les Pygmées de la forêt équatoriale.* Paris und Münster: Aschendorff

EIN LEBEN MIT AFRIKANISCHEN SPRACHEN[*]

Herrmann Jungraithmayr

> Dabei ist eine jede von ihnen
> mindestens so harmonisch aufgebaut,
> in sich perfekt abgestimmt
> und für den, der sie kennt,
> mindestens ebenso schön
> wie ein antiker Tempel
> oder eine gotische Kathedrale
> (Karl-Heinz Kohl).

1. URSPRUNG UND HERKUNFT

In dem oberösterreichischen Städtchen Eferding 1931 zur Welt gekommen und aufgewachsen, blieb mein Horizont in und nach dem Zweiten Weltkrieg auf die engere Heimat zwischen Donau und Salzkammergut begrenzt. Meine Eltern entstammten beide alten Bauerngeschlechtern aus der Umgebung Eferdings. Als junges Paar übernahmen

---

[*] Meinem verehrten Lehrer Wilhelm Czermak (1889–1953) gewidmet.

und führten sie den alteingesessenen Gasthof „Zur Traube" am Hauptplatz der alten Stadt, von der das Nibelungenlied zu sagen weiß, daß Kriemhild auf ihrem Weg nach Ungarn zu König Etzel durchgezogen sei.[1] Jedem Elternteil verdankt ihr Erstgeborener etwas Besonderes: dem Vater einen gewissen nüchternen Realitätssinn, auch Harmoniebedürfnis und ausreichende Bodenhaftung, der Mutter hingegen Wissensdurst und Neugier, Lust am Reisen und das Interesse für fremde Menschen, ihre Geschichte und ihre je spezifische Art zu denken und zu leben.[2]

Ein Fenster nach draußen in die weitere Welt wurde mir sowohl durch meinen Onkel Hans[3] als auch durch den Kunstmaler Rudolf Lamich, der gegen Kriegsende aus Schlesien nach Eferding gekommen war, aufgetan. Beides Junggesellen, wohnten sie im Starhemberg'schen Stammschloß zu Eferding, wenige Schritte von meinem Elternhaus entfernt. Während mein Onkel eine mich unwiderstehlich anziehende Bibliothek besaß, fesselte Rudolf Lamich meine Aufmerksamkeit durch seine Erinnerungen und Erzählungen aus einem reichen und bewegten Künstlerleben.

2. AUFBRUCH UND ERSTE SCHRITTE

Es waren die letzten Wochen vor dem Abitur (Matura) im Jahre 1950. Fragen der Berufswahl beschäftigten uns Primaner des Realgymnasiums in Linz an der Donau in zunehmendem Maße. Unser Klassenvorstand, Herr Dr. phil. habil. Ernst Burgstaller, gab das Fach Deutsch, trieb aber außerhalb der Schule auch volkskundliche Studien. Diesem erfahrenen Manne traute ich es zu, daß er meine eventuell vorhandenen Begabungen im Laufe der Jahre einzuschätzen gelernt hatte. Eine allgemeine Studienberatung gab es in Linz 1950 (noch) nicht. Wien aber, die nächste Universitätsstadt, lag 200 km weit weg, zudem innerhalb der sowjetischen Besatzungszone, also für uns außerhalb normaler Reichweite.[4] So wollte ich von meinem Lehrer Burgstaller, dem Germanisten und Volkskundler, wissen, ob es auch so etwas wie eine außereuropäische Volkskunde gäbe; als er dies mit dem Hinweis auf das Fach Völkerkunde bejahte, fragte ich weiter,

---

[1]   „Nun war gen Everdingen die Königin gekommen. Manche im Baierlande hätten wohl genommen den Raub auf der Strasse wie es ihr Gebrauch, und hätten so die Gäste mögen schädigen auch" (Simrock o.J.:349). – Eferding erhielt bereits 1222 das Stadtrecht und ist somit nach Wien und Enns die drittälteste Stadt Österreichs.

[2]   Auch bei meinem Bruder Alfred Jungraithmayr, der sich als Filmemacher unter anderem mit sozialkritischen Themen einen Namen gemacht hat, könnte ein besonderes Interesse für das Ungewohnte und Ungewöhnliche letztlich von daher stammen.

[3]   Lic. theol. Hans Jungreithmeier, Pfarrer an der evangelischen Kirche in Eferding, 1942 vom Pfarramt aus politischen Gründen suspendiert, danach bis Kriegsende in der Orientalischen (Hebräischen) Abteilung der Wiener Nationalbibliothek tätig.

[4]   Die Besatzungszonen wurden in Österreich nach dem 1953 mit den vier Besatzungsmächten geschlossenen Staatsvertrag aufgelöst.

ob ein Studium der Völkerkunde auch Sprachen miteinschlösse. Ohne Sprachen konnte ich mir ein mich befriedigendes Studium nicht vorstellen. Am Latein hatte ich immer schon Freude gehabt.[5] Was aber Afrika betrifft, so tauchte diese Welt erst an meinem geistigen Horizont auf, als ich den Erzählungen meines Schulfreundes Otto Maschke lauschte.[6]

3. DIE WIENER JAHRE (1950–1953)

Auf der Suche nach einem Studium von – wenn möglich, außereuropäischen – Sprachen und Kulturen schrieb ich mich zum Wintersemester 1950 an der Universität Wien für das Fach Völkerkunde ein. Das Institut für Völkerkunde unter der Leitung von Prof. Wilhelm Koppers befand sich damals noch am Heldenplatz im Museum für Völkerkunde. Die Vorlesungen der Professoren Wilhelm Koppers, Robert Heine-Geldern und Joseph Haekel vermittelten mir eine erste Orientierung, machten mir aber auch bewußt, daß ich hier umsonst nach Sprachen suchte. Ich verdanke es der Sekretärin des Instituts, Gräfin Anna Hohenwart-Gerlachstein, daß ich schließlich den mir gemässen Weg fand: Sie lud mich ein, sie zu der Hauptvorlesung am Institut für Ägyptologie und Afrikanistik in der Frankgasse zu begleiten. Der Institutsvorstand selbst, Herr Prof. Wilhelm Czermak, pflegte Freitag nachmittags eine öffentliche Vorlesung, die sich großer Beliebtheit erfreute, zu halten. In dieser Stunde entschied sich in der Tat mein Schicksal. Geist und Persönlichkeit dieses außergewöhnlichen Gelehrten und Menschen waren so überzeugend, daß sie von da an zum Maß und zur Richtschnur für mein ganzes Leben wurden (vgl. Czermak 1957). Der knapp Zwanzigjährige hatte gefunden, was er in seinem „dunklen Drange" gesucht hatte. Czermak stand in der Tradition und Nachfolge von Leo Reinisch, dem Begründer der Wiener afrikanistischen Schule.[7] Das Alte Ägypten, das Niltal, Nordostafrika standen im Mittelpunkt von Czermaks Vorlesungen und Seminaren. Seine Sprachlehrmethode war ungewöhnlich: Vom ersten Tag an lasen und analysierten wir unter seiner behutsamen und anregenden Führung aus den Somali-Texten von Leo Reinisch. Die Scheine aus den sogenannten Kolloquien, bei welcher Gelegenheit man sich einem Prüfungsgespräch – meist mit Tee! – stellte,

---

[5]   Dr. phil. Josef Zerobin, unser jugendlicher Lateinlehrer, hat manche von uns mit seiner Begeisterung für die klassischen Sprachen anzustecken gewußt.

[6]   Dr. jur. Otto M. Maschke, später als österreichischer Diplomat in zahlreichen Ländern – von Pakistan bis zu den Niederlanden und Spanien – tätig, war damals erfüllt von dem romantisch-jugendlichen Traum, einmal in und für Afrika tätig sein zu können. Er kannte die Jugendliteratur zur Kolonialzeit und begeisterte sich für ein Leben in Südwest- oder Ostafrika. Unser Plan, gemeinsam in Wien das Studium der Afrikanistik aufzunehmen, ließ sich aber nicht verwirklichen; seine Eltern hatten ihm dringend nahegelegt, Jus (Jura) zu studieren. Vergleiche Maschke (2004).

[7]   Reinisch verdankt die Wissenschaft manche großartige Trilogie, bestehend aus Grammatik, Texten und Wörterbuch, zu den kuschitischen Sprachen Ostafrikas (z.B. Reinisch 1900, 1902, 1903).

tragen Titel wie „Nubische Studien", „Koptisch: Schwerere Texte", „Lektüre libyscher Texte" oder „Eurafrikanische Sprach- und Kulturschichten". Bei den Einführungen in die afrikanischen Sprachen, etwa in das Nubische, das Somali oder Ewe, kam nicht nur der materielle Sprachstoff, sondern ganz besonders auch der jeweils dahinter stehende Sinn und Geist der sprachlichen Erscheinungen in lebendiger Gestaltung zur Sprache. Dabei beeindruckte mich vor allem der Enthusiasmus, die Begeisterung, die Czermak eigen war; aber nie ohne vornehme Disziplin in Gedankenführung, Rede und Haltung. „Höchstes Glück der Erdenkinder ist doch die Persönlichkeit" – Czermaks Persönlichkeit prägte mich und machte mich zu seinem Schüler.

Erste Gehversuche in „Feldforschung" unternahm ich im Rahmen eines Schilḥisch-Kurses,[8] als ich mich aufmachte, Schilḥisch-Sprecher unter den marokkanischen Akrobaten eines Zirkus, der gerade in Wien gastierte, für eigene Sprachaufnahmen zu gewinnen (Jungraithmayr 1953b). Nun öffnete sich auch in der Völkerkunde manch' neue Tür. In den spannenden Vorlesungen von Dominik Josef Wölfel, dem großen Mittelmeer-, Nordafrika-, Kanarische Inseln- und Megalithforscher, schloß sich mir eine neue Welt auf: die den alten Mittelmeerraum umgebende Welt Alteuropas und „Weißafrikas".[9] So deutete sich hier schon früh mein späteres Forschungsfeld an: die Sprachenwelt zwischen „Weiß-" oder Nordafrika und Schwarzafrika. – Im Jahre 1953 beteiligte ich mich an der Gründung der Zeitschrift „Wiener Völkerkundliche Mitteilungen".

Für mein erstes Wiener Jahr darf eine mich stark prägende Begegnung nicht unerwähnt bleiben: die Bekanntschaft, ja Freundschaft mit dem jungen Philosophen Renato Brancaforte, einem Schüler von Benedetto Croce (1866–1952). Er war aus Rom nach Wien gekommen, um die Wiener kulturhistorische Schule der Völkerkunde kennenzulernen. Wir fanden aneinander Gefallen und führten ausführliche Gespräche, die um kulturphilosophische und ethnologische Fragen kreisten, meist an Sonntagnachmittagen im Café. Renato war ein gutaussehender Gentleman vom Scheitel bis zur Sohle; durch seine gesellschaftlichen Verbindungen erhielt ich auch Zugang zu besten Wiener Kreisen.[10]

---

[8]   Grundlage war Hans Stummes „Handbuch des Schilhischen von Tazerwalt" (1899). Ich versuchte, diese meine ersten Kontakte zum Berberischen im Jahre 1953 fortzusetzen, als ich mich zu einer Studienreise nach Algerien aufmachte. Damals war Algerien noch ein Département von Frankreich, so daß ich der Überzeugung war, dafür kein Visum zu benötigen. Schon auf dem Schiff im Hafen von Marseille wurde ich aber eines Besseren belehrt. Ich mußte meinen Plan aufgeben und schiffte mich statt dessen nach Korsika ein (s. Jungraithmayr 1953a).

[9]   Wölfels bedeutendstes Werk trägt den Titel „Monumenta Linguae Canariae" (1965). – Mein bester Studienfreund war von Anfang an Andreas Kronenberg, mit dem mich bis heute eine treue Freundschaft verbindet. Erfreulicherweise kamen wir 1985 in Frankfurt wieder als Kollegen zusammen.

[10] Mein großer Wunsch, den Freund in den Jahrzehnten danach wiederzusehen, blieb trotz vieler Bemühungen bis heute unerfüllt.

Meiner geistigen Heimat in der Frankgasse mit ihren liebenswürdigen „Insassen", zu denen vor allem auch Frau Dozent (später: Prof.) Dr. Gertrud Thausing und Erich Winter (nachmalig Professor für Ägyptologie an der Universität Trier) zählten, war jedoch ein jähes Ende beschieden, als 1953 Wilhelm Czermak, erst 63 Jahre alt, aus dem Leben gerissen wurde: Der Tod ereilte ihn unmittelbar nach einer Promotionsfeier, die er als Rektor der Universität geleitet hatte. Wenige Wochen vorher – seinen Tod vorausahnend? – hatte er mir, seinem einzigen Hauptfachstudenten in Afrikanistik, den Rat gegeben, mich für den Fall, daß ihm etwas zustieße, wegen einer Fortsetzung meines Studiums entweder an Pater Gaston van Bulck in Rom oder an Johannes Lukas in Hamburg zu wenden. Die Entscheidung fiel für Hamburg. Ein bescheidenes Stipendium der Wenner-Gren Foundation, New York, das ich vor allem der Fürsprache von Prof. Robert Heine-Geldern verdankte, sicherte mir die materielle Grundlage meines Auslandsstudiums, das ich zum Wintersemester 1953 antrat.

4. Meine frühen Hamburger Jahre (1953–1956)

Die Befassung mit dem Nubischen und dem Ewe wie auch mit den Arbeiten von Leo Reinisch hatten mich schon in Wien daran denken lassen, in meiner nun bald anstehenden Doktorarbeit den damals nach Reinisch „verbum coniunctum" (heute etwa „serial verb") genannten Verbalbautypus näher zu untersuchen. Dieses Thema stieß aber am Hamburger Seminar nicht auf Gegenliebe, auch nicht bei dem gebürtigen Österreicher Johannes Lukas. Hier, im nüchterneren Norden Deutschlands, galt es vielmehr, ein weniger anspruchsvolles Feld zu bearbeiten; am besten in Gestalt einer handfesten monographischen Sprachbeschreibung. In diesem Sinne übergab mir Lukas Sprachmaterialien zum Tangale, die ihm in Berlin in den 1930er Jahren Diedrich Westermann zur Bearbeitung überlassen hatte. Sie stammten von Rev. John Hall, der seit 1917 als Missionar bei dem nordostnigerianischen Volk der Tangale tätig gewesen war und der ihm seine Aufzeichnungen anläßlich eines Besuchs in Berlin übergeben hatte (Hall 1994).

Mit dieser Arbeit am Tangale und dem Studium des Hausa, das ich bei kaum jemand anderem hätte gründlicher erlernen können als bei Lukas, betrat ich das Feld meiner lebenslangen Beschäftigung mit den tschadischen Sprachen. In den darauf folgenden fünfzig Jahren (1955–2005) sollten etwa zwanzig davon Gegenstand meiner Forschungen in Nordnigeria und im Tschad werden.[11]

---

[11] So vor allem Tangale, Angas (Ngas), Sura (Mwaghavul), Ron-Daffo, Ron-Bokkos, Ron-Scha, Ron-Kulere, Ron-Fyer, Zime, Migama, Mubi, Mokilko, Mawa, Birgit, Sibine (Sumray), Kwang, Gadang, Sokoro, Miltu, Sarwa.

[12] Die Familie der tschadischen Sprachen umfaßt etwa hundertfünfzig Einheiten. Das Tschadische ist seinerseits Bestandteil des hamitosemitischen oder afroasiatischen Sprachstammes, dem außerdem noch das Berberische, das Altägyptische, das Semitische und das Kuschitische/Omotische zugerechnet werden.

Das Tangale stellte sich über die Jahre hin als eine der am stärksten transformierten und innovierten Sprachen der gesamten Familie heraus.[12] Für die historisch-vergleichende Tschadistik hält es deshalb kaum archaisches Erbgut bereit – wenn aber vereinzelt doch, dann nur in bis zur Unkenntlichkeit degenerierter Gestalt. Es darf aber als ein Beispiel dafür gelten, wie extrem weit eine tschadische und damit hamitosemitische Sprache gehen beziehungsweise sich von ihrem Ursprung entfernen kann, ohne die Erinnerung daran gänzlich zu verlieren.

In Hamburg öffnete sich mir aber nicht nur – durch Lukas und seine dominanten Forschungsfelder Hausa und Tschadistik – das Tor zu meinem eigenen wissenschaftlichen Lebensweg. Durch August Klingenheben, der mich einerseits durch seine ungewöhnliche Gelehrsamkeit, gleichzeitig aber auch durch seine praktische Sprechfähigkeit (in Fulfulde, Vai und Amharisch), andererseits auch, zusammen mit seiner Gattin, Maria von Tiling, durch große Gastfreundschaft beeindruckte, sowie durch Ernst Dammann und Emmi Kähler-Meyer (Swahili, Bantuistik) weitete sich auch mein Blick hinein in die anderen großen Domänen der Afrikanistik. Dabei war der Geist Carl Meinhofs, der den Ruf der Hamburger Schule begründet hat, mit seiner meist nüchternen Achtung vor den sprachlichen Fakten und seiner klaren Methodik allgegenwärtig.[13] Darüber hinaus gehören Otto von Essens lebendige und anregende Phonetikvorlesungen (vgl. von Essen 1953) sowie Eberhard Ottos human-humorvoll gestaltete Lehrveranstaltungen zum Altägyptischen und Koptischen zum bleibenden Erinnerungsgut meiner Hamburger Studienjahre. An nahen Weggenossen und Freunden dürfen Carl Hoffmann, der später viele Jahre Professor an der Universität Ibadan, Nigeria, gewesen ist, Rolf Gundlach, nachmalig Professor der Ägyptologie an der Universität Mainz, Hans Fischer, später Professor für Völkerkunde, Hamburg, und Jürgen Zwernemann, nachmals Direktor des Museums für Völkerkunde, Hamburg, nicht unerwähnt bleiben.

5. ÄGYPTEN (KAIRO), SUDAN (DARFUR), TSCHAD (WADAI)

Nachdem ich mein Studium 1956 mit der Dissertation „Untersuchungen zur Sprache der Tangale in Nordostnigerien" abgeschlossen hatte, stand mir als erstes der Sinn nach praktischer Erlernung der arabischen Sprache, nicht zuletzt im Blick auf deren Unentbehrlichkeit bei künftigen Feldforschungen im zentralen Sudan.[14] Kontakte zu

---

13   Carl Meinhof (1857–1944), vor allem durch seine grundlegenden historisch-vergleichenden Arbeiten zu den Bantusprachen hervorgetreten, gilt neben Westermann als der Begründer der Afrikanistik. Seine weiterreichenden Schriften, etwa „Die Sprachen der Hamiten" (1912) oder sein Alterswerk „Die Entstehung der flektierenden Sprachen" (1936) müssen jedoch heute in ihrem Anspruch und ihrer Zielsetzung weitgehend als überholt gelten.

14   Arabisch-Kurse hatte ich sowohl in Wien als auch in Hamburg besucht. Es sei hier dankbar meiner Lehrer Ernst Bannerth (Wien) und Sobhy Labib (Hamburg) gedacht.

Prof. Murad Kamil an der Universität Kairo sowie ein Arbeitsvertrag mit dem Goethe-Institut, München, führten dazu, daß ich von Januar 1957 bis Ende 1959 an ägyptischen Gymnasien, vor allem am Orman-Mustergymnasium und am Ibrahimiyya-Gymnasium, an der Kairener Sprachenschule in Kairo-Dokki und schließlich auch an der Sprachenfakultät der Al-Azhar-Universität die deutsche Sprache lehrte, gleichzeitig aber auch einen Arabisch-Intensivkurs an der American University absolvierte.[15] Außerdem nutzte ich diese Zeit zu intensiven Sprachkontakten und Begegnungen mit den einheimischen Menschen, was mir über die Hunderte von Schülern und deren Eltern sehr erleichtert wurde. Die Verbindung zu Azhar-Studenten, die aus dem Sudan beziehungsweise aus dem Tschad stammten, weckte in mir bald den Wunsch, eine erste Forschungsreise in diese zentralafrikanischen Gebiete zu unternehmen.[16] Dabei übernahm ich als wissenschaftliche Aufgabe die Dokumentation der Daju-Sprache und ihrer Dialekte wie auch die Frage nach den Wanderwegen ihrer Sprecher, die sich heute inselhaft über Darfur und den östlichen Tschad, vor allem in Wadai, verbreitet finden. Die Reise, die ich schließlich mit meinem Bruder Alfred und mit Omar Ortner im Winter 1958/59 unternahm, gestaltete sich recht abenteuerlich. Auf den Spuren der Daju-Wanderungen entdeckten wir Felszeichnungen auf Inselbergen in Darfur (vgl. Jungraithmayr 1960a), erstiegen den von Fur bewohnten Gebel Marra (3042 m) und wurden schließlich in Mongo beziehungsweise Abéché, Préfecture Ouaddai, von der damals noch herrschenden französischen Kolonialregierung in einem Campement wegen des Verdachts der Spionage für die arabische Seite festgesetzt.[17] In Mongo kam ich zum ersten Mal mit Sprechern des Migama (Djonkor von Abu Telfan) in Kontakt, einer Sprache, die fünfzehn Jahre später zu einem zentralen Gegenstand meiner Tschadsprachenforschung werden sollte.[18]

So verdanke ich meinen ägyptischen Jahren – die den Sudan und den Tschad miteinschließen – entscheidende Impulse für meine weitere wissenschaftliche und menschliche Entwicklung. Ägypten, seine einzigartige Kultur- und Geistesgeschichte, die hochdifferenzierte Humanität seiner Menschen, das Neben- und Miteinander unterschiedlichster Ethnien und Sprachen, die seit vielen Jahrhunderten mehr oder

---

[15]   Daß meine Wahl auf Ägypten fiel, hatte einerseits damit zu tun, daß Afrika und dessen Menschen in diesem Land am Nil besonders vielfältig präsent sind, andererseits aber auch mit dem Wissen, daß mir auf diesem Wege schon so bedeutende Vorbilder wie Johannes Lukas und Werner Vycichl (vgl. Vycichl 1990) vorausgegangen waren.

[16]   An der Azhar-Universität lernte ich auch den Studenten Jomar Mekki kennen, der Sprecher einer osttschadischen Sprache war, des Jegu, von dem die Wissenschaft noch keine Nachricht besaß (Jungraithmayr 1961). Außerdem machte ich damals die Bekanntschaft von Malam Musa, einem Mimi-Sprecher, der leider – nach acht Jahren in Kairo, fern von seinem Dorf im Tschad – in seiner Muttersprache buchstäblich nur noch bis drei zählen konnte (Jungraithmayr 1971).

[17]   Unsere „Herkunft" von Ägypten und meine Galabiyya-Gewandung mochten diesen Verdacht ausgelöst haben. Vergleiche hierzu meinen Forschungsbericht (Jungraithmayr 1960b).

[18]   Jungraithmayr u. Adams (1992). Vergleiche auch Wilhelm Raabes Roman „Abu Telfan", dem ich einen kleinen Aufsatz gewidmet habe (Jungraithmayr 1992).

weniger gut gelungene Koexistenz von Muslimen und Kopten – all dies hat bleiben-
de Spuren in meinem Weltbild hinterlassen. Persönlich fühle ich mich bis heute mit
Fritz Steppat, dem damaligen Direktor des Goethe-Instituts in Kairo und seiner Gattin
Gertraud Steppat herzlich verbunden; ebenso mit dem Ehepaar Leon und Alice Ishk-
hanian, denen ich es verdanke, daß ich die Welt der armenischen Kolonie in Kairo
kennenlernen konnte.

6. *WIEDER IN HAMBURG (1960–1962)*

In Kairo erreichten mich fast gleichzeitig zwei Anfragen beziehungsweise Angebote
meine berufliche Zukunft betreffend: Das Goethe-Institut wollte einen neuen Tätig-
keitsbereich mit Sitz in Khartoum, der Hauptstadt der Republik Sudan, gründen, und
ich sollte die Leitung des neuen Instituts übernehmen. Eine wirtschaftlich sicherlich
attraktivere Alternative zu der Einladung von Johannes Lukas, als sein Wissenschaftlicher Mitarbeiter an das Hamburger Seminar zurückzukehren. Trotzdem entschied ich
mich für das Letztere und trat am 1. Januar 1960 die Stelle an, die von der Deutschen
Forschungsgemeinschaft (DFG) bescheiden finanziert wurde. Meine Aufgabe bestand
vor allem darin, tschadische Sprachmaterialien, die Lukas auf seiner letzten Reise gesammelt hatte, auf- und für den Druck vorzubereiten. Dabei standen das Gisiga (Lukas
1970) und das Bole im Mittelpunkt (Lukas 1970/71, 1971/72). Für das Jahr 1962 lud
mich Lukas zu meiner großen Freude ein, ihn – und seine Frau – auf eine einjährige
Forschungsreise („Expedition") nach Westafrika zu begleiten.

6.1. *Von der Elfenbeinküste nach Nord-Nigeria (1962)*

Nach einer unvergeßlichen Frachtschiffsfahrt, die uns in zwanzig Tagen von Hamburg
über mehrere Zwischenhäfen, unter anderem auch Lissabon, nach Abidjan führte, bra-
chen wir im Landrover von Abidjan auf, durchquerten von Süden nach Norden über
Bouaké und Ferkessedougou die Elfenbeinküste, machten Station in Ouagadougou,
Obervolta, heute Burkina Faso, und landeten schließlich in Niamey, der Hauptstadt von
Niger. Hier bemühte ich mich, während eines vierwöchigen Aufenthaltes, um ein Verständnis der prosodisch-tonalen und grammatischen Struktur des Songhay, der neben
dem Hausa wichtigsten Landessprache der Republik Niger.

   In den darauffolgenden Monaten in Nordnigeria lag mir zunächst daran, mich
mit dem Tangale, vor allem in seiner gesprochenen Form, vertraut zu machen, das ich
ja bis dahin nur aus schriftlichen Quellen und Unterlagen kennengelernt hatte. Dabei
stellten sich mir zwei zunächst unlösbar erscheinende Probleme in den Weg: zum einen
die akustisch wenig differenzierte Tonstruktur dieser Sprache, zum anderen die Ge-
setze der sogenannten Vokalharmonie, die in tschadischen Sprachen selten begegnet.
In beiden Fragen habe ich erst viele Jahre später, als ich nach meinem Exkurs in das

Osttschadische wieder zum Tangale zurückgekehrt war, den notwendigen Durchblick gewonnen. Die Monate aber, die ich in Kaltungo, dem Hauptort der Ost-Tangale zubrachte, haben mir viel wissenschaftlichen und menschlichen Gewinn gebracht. Die vorwiegend amerikanischen Mitglieder der Sudan Interior Mission (SIM) vor Ort sind mir mit großer Gastfreundschaft entgegengekommen. Zum Studium nicht nur des Tangale, sondern auch mehrerer Nachbarsprachen vor allem vom Adamawa-Typ, stellten sie Schüler aus dem von ihnen geführten „Teachers Training College", das Herr Van der Dussen leitete, frei und mir zur Verfügung.[19] So konnte ich das reiche Sprachenmaterial sammeln, das später unter andcrem zur Grundlage des Tangale-Wörterbuchs (Jungraithmayr 1991a) wurde sowie auch den Beitrag über die Klassensprachen dieser Region ermöglichte (Jungraithmayr 1968/69).

Das zweite Standbein meiner Arbeiten befand sich in Pankshin, etwa 70 km südlich von Jos, der Hauptstadt des heutigen Bundeslandes Plateau, einer ähnlich sprachenreichen Gegend wie es die um Kaltungo im Osten ist. Hier wie dort stehen tschadisch-sprachige Ethnien benue-congo- beziehungsweise adamawa-sprachigen Gemeinschaften gegenüber. Pankshin liegt im südlichsten Grenzbereich des hamitosemitischen Sprachstamms, eine für linguistische Fragestellungen höchst produktive Zone, sind doch hier Interferenzphänomene wie in einer Experimentierwerkstatt unter äußerst günstigen Bedingungen zu studieren.[20] Nachdem ich mir einen Überblick über die auf diesem Hochplateau (ca. 1200 m) zersplitterte Sprachenlandschaft verschafft hatte, konzentrierte sich mein Interesse auf den Sprachenkreis von Angas und Sura einerseits und auf die Ron-Sprachen andererseits. Typologisch beziehungsweise sprachgeschichtlich stehen sich diese beiden Kreise – zumindest in morphologischer Hinsicht – wie Jung- und Alttschadisch gegenüber.

An Ergebnissen aus meinen damaligen Untersuchungen erschienen in den folgenden Jahren mehrere Artikel über das Sura (Mwaghavul) (1963) und Angas (Ngas) (1964) sowie meine Habilitationsschrift über fünf Ron-Sprachen (1970); ein Sammelband über das Angas befindet sich in Vorbereitung.[21]

---

[19] Stellvertretend für viele andere möchte ich hier vor allem Babuga Afirka, mit dem mich bis heute eine herzliche Freundschaft verbindet, nennen und für seine treue Mitarbeit damals und in den Jahrzehnten seither danken.

[20] Vergleiche Wolff und Gerhardt (1977) sowie Jungraithmayr, Leger und Löhr (2004).

[21] Besonderer Dank gebührt Herrn (heute Chief Dr.) Jahota Jiwul (Pankshin) und Herrn Mafulul Lek aus Daffo, die mir den ersten Zugang zu ihren Muttersprachen – Angas beziehungsweise Ron-Daffo – ermöglichten. Mit beiden verbindet mich bis heute eine treue Freundschaft.

7. LEHR- UND FORSCHUNGSJAHRE IN MARBURG (1963–1985)

Noch in Nigeria erreichte mich eine Anfrage von Prof. Ernst Dammann, der 1962 an die Philipps-Universität in Marburg berufen worden war, ob ich die Assistentenstelle an der Afrikanistischen Abteilung zu übernehmen bereit wäre. Ich freute mich über das Angebot und trat die Stelle am 1. Februar 1963 an.[22] Zu meinen Aufgaben zählte vor allem die Lehre in den westafrikanischen Sprachen Hausa, Fulfulde und Ewe. Es war vor allem die intensive Beschäftigung mit dem Ewe, unter anderem in Zusammenarbeit mit (Dr.) Gedeon Aflissah, heute Denu/Ghana, die mir den Blick (richtiger: das Ohr) für das Wesentliche in einer afrikanische Tonsprache schärfte. – Im Jahre 1964 wurde Otto Rössler von Tübingen auf den Marburger Lehrstuhl für Semitistik berufen – eine für mich wissenschaftlich wie menschlich glückliche Fügung. Zwischen uns entwikkelte sich in zahllosen Gesprächen wie auch in gemeinsamen Lehrveranstaltungen ein äußerst fruchtbarer Gedankenaustausch, dem ich entscheidende Anregungen und Impulse für mein zunehmendes Interesse an einer historisch-vergleichenden Tschadsprachenforschung und darüber hinaus am Vergleich des Tschadischen mit den anderen Zweigen des Hamitosemitischen verdanke (Rössler 1950).

Nach Vorlage meiner Schrift „Die Ron-Sprachen. Tschadohamitische Studien in Nordnigerien" fand Anfang des Jahres 1967 meine Habilitation statt.

Von 1963 an lag mir auch sehr daran, an den Kongressen der West African Linguistic Society teilzunehmen, so unter anderem in Freetown (1963 und 1970), Ibadan (1964), Lagos (1967), Abidjan (1969) und Ife (1976), auf denen ich namhaften Kollegen wie Robert Armstrong, Joseph Greenberg, Kay Williamson, Gilbert Ansre, Lawrence Boadi, Ayo Bamgbose und anderen zum ersten Mal begegnet bin. Später, vor allem ab den 1990er Jahren besuchte ich vorwiegend den North American Congress of Afroasiatic Linguistics (NACAL) in Verbindung mit dem jährlichen Treffen der American Oriental Society sowie die zweijährlich stattfindenden italienischen Hamitosemitistenkongresse, zuletzt 2005 in Ragusa/Sizilien.

Drei meiner afrikanischen Studenten aus der Marburger Zeit sind heute in ihren Heimatländern Professoren: Carl Ebobissé in Yaoundé (Kamerun), Al-Amin Abu Manga in Khartoum (Sudan) und Khalil Alio in N'Djaména (Tschad).

Eine besondere persönliche Beziehung verband mich in Marburg mit dem Ägyptologen Helmuth Jacobsohn. Über Jahre hinweg trafen wir uns in seinem Haus in der Schückingstraße zur Lektüre altägyptischer Texte (Jacobsohn 1992).

---

[22]   In Marburg kam ich in das gastfreundliche Haus des Jura-Professors Heinrich Herrfahrdt, dem ich gelegentlich seines Besuchs in Kairo begegnet war. Bis heute verbindet mich mit den Töchtern Sabine und Ilsemarie eine herzliche Freundschaft.

7.1. *Africana Marburgensia (AM) und Marburger Studien zur Afrika- und Asienkunde (MSAA)*

Durch die Berufung des Afrikanisten und Religionshistorikers Ernst Dammann und die darauffolgende Einstellung von Hans-Jürgen Greschat und mir selbst als Assistenten in diesen beiden Fächern konzentrierten sich an der Marburger Universität Afrika-bezogene Studien, die bald zur Gründung der Publikationsreihen „Africana Marburgensia" (1968) und „Marburger Studien zur Afrika- und Asienkunde" (1973) führten. Dabei erhielten wir, die Herausgeber, volle Unterstützung seitens der Universitätsbibliothek, insbesondere durch ihren damaligen Direktor Prof. Wolf Haenisch, der, selbst Japanologe, mit aktivem Interesse unsere Unternehmungen begleitete. Von den MSAA sind bis heute über dreißig Bände erschienen, darunter auch Ernst Dammanns „70 Jahre erlebte Afrikanistik" (1999).

7.2. *Ein Lehrjahr in Washington, D.C. (1968/69)*

Auf Einladung des African Studies and Research Program, dessen Leiter damals der Ethnologe Charles Frantz war, verbrachte ich 1968/69 zwei Semester als Visiting Assistant Professor an der Howard University in Washington, D.C., einer der führenden afroamerikanischen Universitäten in den USA. Zu meinen Aufgaben gehörte es, neben dem Hausa-Unterricht vor allem einen Einblick in die Sprachgeschichtsforschung in Afrika zu vermitteln. Ich fand es reizvoll zu beobachten, auf welche Weise sich die afro-amerikanischen Studierenden, die natürlich die Mehrheit meiner Hörer ausmachten, mit Fragen und Fakten, die ihren Ursprungskontinent betrafen, auseinanderzusetzen bereit waren.

Das Jahr 1968 war für den schwarzen Bevölkerungsteil Nordamerikas schwierig: Martin Luther King wurde ermordet, und es gehört zum Ergreifendsten, das ich je erfahren durfte, mit welch' tiefer Trauer und leiderfahrener Haltung die *academic community* der Universität ihres großen Sohnes gedachte.

Unter den Kollegen in Washington ragt vor allem einer heraus, dessen ich in Dankbarkeit gedenken möchte: der Nigerianer Fela Sowande vom Volk der Yoruba, der mir die Augen öffnete für die häufig erschreckende Diskrepanz zwischen dem Melodieverlauf eines aus Europa nach Afrika importierten Kirchenliedes und der sprachlichen Tonstruktur des dazugehörigen aus der betreffenden europäischen in eine afrikanische Sprache übersetzten Textes (vgl. Sowande 1967).

Persönlich möchte ich für das Jahr 1968 meiner Freude Ausdruck geben, daß unser erstgeborener Sohn Martin im Columbia Hospital zur Welt kam, was uns einen amerikanischen Staatsbürger in unserer Familie bescherte.

In Deutschland hatte inzwischen die sogenannte 68er Bewegung auch die Afrikanistik erfaßt. Führende jüngere Kollegen trafen sich auf einer Tagung in Würzburg und gründeten die „Vereinigung von Afrikanisten in Deutschland". Zu meiner großen Überraschung wurde mir mitgeteilt, daß ich *in absentia* zum Ersten Sekretär, also Vorsitzenden gewählt worden sei. Damit geriet ich in ein meiner Natur fernliegendes Fahrwasser, das mir übrigens schon bald nach meiner Rückkehr aus den USA – betreffend die Nachfolge von Lukas auf dem Hamburger Lehrstuhl – zum Nachteil gereichen sollte.[23]

7.3. Sprachenkartenprojekt Südnigeria/Westkamerun

Im Jahre 1969, bald nach meiner Rückkehr aus den Vereinigten Staaten, stellte sich im Rahmen eines umfangreichen DFG-Projekts die Aufgabe einer kartographischen Erfassung der Sprachen Südnigerias und Westkameruns. Parallel zu meiner linguistischen Dokumentation unternahm Herbert Ganslmayr die Erfassung der ethnologischen Daten. Auf mehreren Survey-Reisen, die mich vor allem in die noch wenig erforschte Grenzregion zwischen dem nordöstlichen Yoruba- und dem nördlichen Edo-Sprachgebiet sowie in den linguistisch ebenfalls stark zerklüfteten Raum um Mamfe im Norden Westkameruns führten, konnten neuere Befunde erhoben werden, die in die Karte und in das sie begleitende Beiheft (Jungraithmayr u. Ganslmayr 1986) Eingang fanden.

7.4. DFG-Projekt zur Erfassung und Dokumentation der tschadischen Sprachen im Tschad (1970–1980)

Die etwa hundertfünfzig tschadischen Sprachen werden hauptsächlich in den drei heutigen zentralafrikanischen Staaten Nigeria (inkl. Niger), Kamerun und Tschad gesprochen.[24] *Grosso modo* entspricht dieser geographisch-politischen Dreiteilung auch die sprachklassifikatorische Einteilung in West-, Zentral- und Osttschadisch. Davon war letzterer, der Ostzweig, bis 1970 am wenigsten dokumentiert. Von den rund vierzig bis fünfzig Sprachen des mittleren Tschad, die dem hamitosemitischen Sprachstamm zugerechnet werden, angefangen vom Zime („Kado") um Pala im Westen bis zum Kadjakse im südlichen Wadai im Osten, gab es nur für sehr wenige erste Grundinformationen.[25]

---

[23]   Es muß hier vermerkt werden, daß mir Herr Lukas in einem vor meiner Reise in Marburg geführten Gespräch sagte, daß er sich mich als seinen Nachfolger auf dem Hamburger Lehrstuhl wünschte. Seine Emeritierung stand für 1969 an. Er wollte mich dies rechtzeitig wissen lassen, damit ich es in den USA im Falle anderweitiger Angebote berücksichtigen konnte. Nach meiner Rückkehr sah er sich aber nicht mehr an sein Wort gebunden.

[24]   Im Deutschen läßt sich der Unterschied zwischen „langues tchadiques" oder „Chadic languages", das heißt Sprachen des hamitosemitischen Sprachstammes auf der einen Seite und „langues tchadiennes" beziehungsweise „Chadian languages" – den Sprachen der Republik Tschad – auf der anderen Seite nicht wiedergeben.

[25]   Ausnahmen bildeten das Somrai/Sumray und das Mubi (Lukas 1937).

Es war daher ein Gebot der Stunde, hier Abhilfe zu schaffen. Mit großzügiger Unterstützung der DFG konnte ich auf fünf Reisen (1971/72, 1973, 1975/76, 1978 und 1980) zum einen den Verlauf der Südgrenze der tschadischen Sprachfamilie detailliert feststellen, zum andern aber auch zu mehreren der Sprachen umfangreiche Datensammlungen anlegen; so zum Zime, Sumray (Sibine), Kwang, Mokilko, Mawa, Migama und Mubi (Monjul).[26] Internationale Unterstützung erfuhr das Unternehmen vom Kollegen Jean-Pierre Caprile, Directeur de Recherche au CNRS (Paris), der sich vor allem dem Studium des Gabri-Tobanga und des Tumak widmete (vgl. Caprile 1975), und der Kollegin Karen Ebert, heute Professorin an der Universität Zürich, der wir eine repräsentative Trilogie zum Kera verdanken (1975, 1976, 1979).

Einer größeren Öffentlichkeit konnten zahlreiche Erzähltexte aus mehreren Tschad-Sprachen in Übersetzung zugänglich gemacht werden (Jungraithmayr 1981b).

Zwei Erlebnisse aus diesen Jahren verdienen es, hier festgehalten zu werden. Der vorübergehende Arbeitsort war Bousso, eine Stadt des alten Bagirmi-Reiches, am mittleren Schari gelegen. Mein Interesse galt hier den bis dahin nicht dokumentierten Minderheitensprachen Gadang, Miltu und Sarwa. Die katholische Pfarrei gewährte mir gastfreundliche Unterkunft. – Es ist Abend. Auf der Dachterrasse des Hauptgebäudes sitze ich mit einigen Patres und Fratres nach dem Abendessen beisammen. Der Blick fällt auf den Schari-Fluß, in dessen Wasser sich der Vollmond spiegelt. Das Gespräch geht zurück in die Zeiten vor der Unabhängigkeit, als die Republik Tschad noch eine französische Kolonie war. Der Abend ist fortgeschritten. Schließlich bin ich nur noch allein mit einem der Fratres. Er fragt mich: „Waren Sie damals schon einmal in diesem Land?" Ich bejahe und erzähle von meinem Erlebnis in Mongo, wo uns der damalige Chef de Canton auf höheres Geheiß hin eines Morgens im Garten des Missionars Barbezat in Gewahrsam zu nehmen und schließlich – im Militärflugzeug! – nach Abéché zurückzuschicken hatte. Nach einer ganzen Weile der Stille blickt er mich an und sagt: „Wissen Sie, wer dieser Chef de Canton damals war? – Das war ich!" Welch' eine Überraschung auf beiden Seiten! Welch' ein „Zufall"! Er war damals, offenbar 1960, aus dem sich auflösenden kolonialen Verwaltungsdienst ausgeschieden und in den Dienst der Kirche getreten.[27]

Das andere erinnernswerte Erlebnis: Es war an einem Sonntag des Jahres 1973 in Pala, im Südwesten der Republik Tschad. – Hochwürden Père Pierre Court hat mich zum Mittagessen eingeladen. Er spricht die lokale Sprache, das Zime. Im fortgeschrittenen, anregenden Gespräch berichtet er mir von manch' unerklärlicher Reaktion auf seine Predigten seitens der einheimischen Gemeindeglieder. Aus meiner Kenntnis der dialektalen Unterschiede, die innerhalb des Stadtgebietes von Pala bestehen, können

---

26 Siehe unter anderem Jungraithmayr (1978a, c, 1981a, 1990, 1992).

27 Mein Gesprächspartner, Frère De Clos, war später in der Diözese N'Djaména tätig, wo er eines Tages beim Zelebrieren einer Messe in der Kathedrale einem Mord zum Opfer fiel.

wir uns schließlich jene Mißverständnisse, zu denen es offenbar bei den Predigten von P. Court gekommen ist, verständlich machen: P. Court predigte im Dialekt A (Pala-Houa), den er gelernt hatte, jedoch nicht vor Sprechern und Hörern von Dialekt A, sondern von Dialekt B (Herde). Da die beiden Dialekte jedoch durch partiell polar entgegengesetzte Tonoppositionen in den Grundaspekten Perfektiv und Imperfektiv charakterisiert sind, mußte eine abgeschlossene Handlung im Dialekt A im Dialekt B als unabgeschlossen beziehungsweise auch umgekehrt (miß)verstanden werden. Zur Verdeutlichung sei hier ein Beispiel geboten (Jungraithmayr 1978c: 10):

	Dialekt A (Pala-Houa)	Dialekt B (Herde)
Perfektiv („er hat geschlagen"):	*ndúm pum* (hoch-mittel)	*ndum púm* (mittel-hoch)
Imperfektiv („er schlägt"):	*ndúm púm* (hoch-hoch)	*ndum pum* (mittel-mittel)

7.5. *Der Tschadische Wortkatalog/Chadic Word Catalogue (CWC)*

In den 1960er Jahren war eine spürbare Zunahme von Forschungsarbeiten über tschadische Sprachen zu verzeichnen.[28] Es lag also nahe, das immer umfangreicher werdende lexikalische Datenmaterial zentral zu erfassen, was spätere historisch-vergleichende Untersuchungen wesentlich erleichtern würde. So richteten wir in Marburg mit Unterstützung der DFG den Tschadischen Wortkatalog ein, ein Kartensystem für rund 1 000 Lexeme aus allen bisher bekannt gewordenen tschadischen Sprachen. Jedes bedeutungtragende Lexem umfaßt drei DIN-A4-Lochkarten, auf denen die Einzelsprachen in Feldern mit fortlaufenden Zahlen ihren Platz haben. Der Katalog befindet sich heute am Institut für Afrikanische Sprachwissenschaften in Frankfurt. In den Anfangsjahren oblag die Betreuung des Katalogs beziehungsweise die Einarbeitung des lexikalischen Datenmaterials Herrn N. Paul Knowlton (Marburg). Die Fortsetzung der Arbeit an diesem wichtigen Forschungsinstrument gestaltet sich zur Zeit schwierig.

7.6. *Rundbrief zur Tschadsprachenforschung/Chadic Newsletter*

Auf dem Westafrikanischen Sprachenkongreß in Abidjan (1969) wurde beschlossen, einen „Chadic Newsletter" herauszugeben, der in Marburg redigiert werden sollte. Von 1970 bis 1998 bin ich, unterstützt zunächst von N. Paul Knowlton, später von Michael Bross, diesem Auftrag mit der Herausgabe von 22 Nummern nachgekommen. Die Zen-

---

28   Neben den deutschen Arbeiten führten vor allem französische und amerikanische Initiativen zur Verbesserung unserer entsprechenden Kenntnisse.

tralbibliotheken der Universitäten Marburg und Frankfurt haben dabei wichtige logistische Hilfe geleistet (Druck, Binden, Versand). Im Jahre 2000 gab ich die verantwortliche Redaktion an Dymitr Ibriszimow (Bayreuth) ab.

7.7. Marburger Gelehrte Gesellschaft und Wissenschaftliche Gesellschaft in Frankfurt

Eine Möglichkeit, der allgemeinen Tendenz zur Spezialisierung der Wissenschaften ein wenig entgegenzuwirken, liegt in der Mitarbeit in interdisziplinär orientierten Gesellschaften. Hier trifft der Mediziner auf den Philologen und der Archäologe auf den Biologen. Jeder kann sich über die Hauptfragen und den Erkenntnisstand anderer Wissenschaftsgebiete in monatlich stattfindenden Vortragsveranstaltungen ein Bild machen. Die Mitgliedschaft erfolgt durch Kooptation. In den 1970er Jahren wurde ich zunächst (1973) in die Marburger Gelehrte Gesellschaft und 1976 in die 1906 in Straßburg gegründete Wissenschaftliche Gesellschaft an der Johann Wolfgang Goethe-Universität Frankfurt gewählt. In den vergangenen etwa dreißig Jahren habe ich aus den Vorträgen und Gesprächen in diesen beiden Gemeinschaften sehr viel Kenntnisgewinn gezogen. Von den zahlreichen Kollegen, denen ich auch persönlich-menschlich viel verdanke, möchte ich besonders den Indogermanisten und Tocharisten Werner Thomas, mit dem mich eine herzliche Freundschaft verbindet, nennen wie auch den Altphilologen Harald Patzer, den Indologen Wilhelm Rau, den Rechtshistoriker Adalbert Erler, den Nationalökonomen Karl Häuser, den Semitisten Walter W. Müller und den Historiker Roderich Schmidt. Seit vielen Jahren gehöre ich den Vorständen der beiden Gesellschaften an.

7.8. Einführung in die Hausa-Sprache (1976)

In Zusammenarbeit mit meinem Kölner Kollegen und Freund Wilhelm J.G. Möhlig entstand Anfang der 1970er Jahre ein Lehrbuch der Hausa-Sprache, das eine Lücke bei der Unterrichtung dieser neben dem Swahili wichtigsten afrikanischen Verkehrssprache – von mehr als dreißig Millionen Westafrikanern gesprochen – an deutschsprachigen Universitäten schloß. Die „Einführung" ist – nach weiteren Auflagen 1981 und 1986 – 2004 überarbeitet und in ganz neuem Kleide – nunmehr unter zusätzlicher Mitarbeit von Anne Storch – als „Lehrbuch der Hausa-Sprache" erschienen (Jungraithmayr, Möhlig u. Storch 2004).

7.9. Chadic Lexical Roots (1981 und 1994)

Auf der Grundlage des Tschadischen Wortkatalogs ist Ende der 1970er Jahre die Erstellung einer vergleichenden Untersuchung des tschadischen Wortschatzes in Angriff genommen worden. Für dieses Unternehmen konnte die Mitarbeit von Kiyoshi Shimizu gewonnen werden, der damals auf eine jahrelange Lehr- und Forschungserfahrung in Nordnigeria zurückblickte. Eine erste Fassung unserer Vergleichungs- und Rekonstruktionsversuche erschien Anfang der 1980er Jahre, wenn auch zunächst nur in einem Band (Jungraithmayr u. Shimizu 1981). Erst dreizehn Jahre später, 1994, konnten wir, zusammen mit Dymitr Ibriszimow, das von Anfang an in zwei Bänden – Dokumentation und Rekonstruktion – geplante Werk vollständig vorlegen (Jungraithmayr u. Ibriszimow 1994a, b). Ibriszimow war im Jahre 1989 meiner Einladung, aus Krakau beziehungsweise Warschau zur Mitarbeit nach Frankfurt zu kommen, gefolgt. Eine intensive, harmonische Zusammenarbeit zwischen Ibriszimow und mir, wobei sich unsere Sicht- und Vorgehensweise in der Regel auf das fruchtbarste komplementär ergänzte, führte schließlich zum erfolgreichen Abschluß des Werkes, „qui ne sera pas dépassé avant longtemps", wie es einer der Rezensenten ausdrückte.[29]

Es sei hier aus- und nachdrücklich des Anteils dankbar gedacht, den Otto Rössler (1907–1991) an dem Zustandekommen dieser Arbeit hatte. Mit großem Interesse und lebendiger Neugier nahm er vor allem die aufgrund unserer Feldforschungen in den 1970er Jahren sich stark vermehrenden neuen lexikalischen Datenzugänge aufmerksam wahr und bemühte sich, jedes neue tschadische Lexem auf seine mögliche hamitosemitische Verwandtschaft hin zu prüfen. Es war ein wahres Vergnügen, ihn in dieser seiner „Werkstatt" mit Phantasie, aber auch mit großer methodischer Disziplin operieren zu sehen. Für diese Erfahrung, einem Gelehrten klassischer humanistischer Prägung begegnet zu sein, werde ich stets dankbar sein.

7.10. Groupe d'Études Tchadiques (Paris)

Nach meiner Rückkehr aus Washington (1969) und im Blick auf die von mir ins Auge gefaßten Forschungsarbeiten im frankophonen Tschad (vgl. 7.4.) wandte ich mich an meine französischen Kollegen Luc Bouquiaux und Jacqueline Thomas mit der Bitte, mir einen geeigneten Mitarbeiter zu nennen. Sie schlugen Jean-Pierre Caprile vor, mit dem ich dann auch die erste Reise in den Tschad antrat: nach Übernahme der Wagen in Duala durchquerten wir Kamerun von Süden nach Norden. Mit dieser Zusammenarbeit setzte eine erfreuliche Tendenz hin zu vermehrten Kontakten mit französischen Kolleginnen und Kollegen ein, die schließlich zur Gründung der Arbeitsgruppe „Groupe d'Études Tchadiques" (G.E.T.) – im Rahmen des Centre National de Recherche Scientifique (CNRS) – führte, deren Koordination und Leitung mir 1979 übertragen wurde. Aus den jährlichen Arbeits- und Vortragstreffen in Paris ging eine selbständige Publikationsreihe hervor, die von Henry Tourneux und mir herausgegebenen „Études Tchadiques", von denen von 1987 bis 1991 im Verlag Geuthner vier Bände erschienen sind. Da neben Tschadisten – wie Daniel Barreteau, Claude Gouffé, Bernard Caron, Henry Tourneux

---

[29]   Caron (1996:399). – Daß unsere Arbeit in ungestörter und angenehmer Atmosphäre vonstatten gehen konnte, danken wir Frau Elsa Moench, in deren Haus in Bad Homburg unsere oft tagelangen Sitzungen stattgefunden haben.

und Véronique de Colombel – auch Vertreter benachbarter afrikanistischer Disziplinen – etwa Lionel Galand, Werner Vycichl, Luc Bouquiaux, Gladys Guarisma und Suzanne Ruelland – häufig an unseren Jahrestreffen teilnahmen, kam es zu einem lebendigen und fruchtbaren Austausch von Gedanken und Forschungsergebnissen, zum ersten
Mal in einem französisch-deutschen Rahmen.

Gleichzeitig führte diese enge Zusammenarbeit zwischen der Marburger und
der Pariser Tschadistik zu kürzeren oder längeren Arbeitsbesuchen und -aufenthalten
französischer Kolleginnen und Kollegen in Marburg. Dazu zählten Jean-Pierre Caprile,
Suzanne Ruelland, Michka Sachnine und Daniel Barreteau. Letzterer kam dann nach
1985 für ein ganzes Jahr auch nach Frankfurt.

Aus der Vielzahl der französischen Kollegen ragt einer heraus, dem ich besonders
viel verdanke: Claude Gouffé. Von Haus aus Klassischer Philologe – und privat außerdem leidenschaftlicher Entomologe –, wandte er sich früh dem Studium des Hausa zu
und entwickelte sich darin zum besten Kenner dieser großen westafrikanischen Sprache in Frankreich und – nach Fred W. Parsons – weltweit. Ich werde die mit Claude im
guten Gespräch verbrachten vielen Abende, zunächst in seinem Hause, später in Pariser
Restaurants, nie vergessen.

7.11. Association Méga-Tchad (Paris)

Aus den intensivierten tschadistischen Forschungsbemühungen, vor allem auf der breiten deutsch-französischen Kooperation seit 1970 fußend, erwuchs, fast konsequent, der
Wunsch nach einer über das Linguistische hinausreichenden allgemeinen Tschadforschung. So gründeten wir, Daniel Barreteau und ich, 1984 das Forum für interdisziplinäre Tschadforschung, für das ich den Namen „Méga-Tchad" vorschlug. Die ersten
Jahre stand ich der Association als Präsident vor. Die im Abstand von zwei bis drei Jahren stattfindenden Kongresse von „Méga-Tchad" – unter anderem in Sèvres, Frankfurt,
Orléans, Maiduguri (Nigeria) und Maroua (Kamerun) – erfreuen sich eines großen und
immer noch wachsenden Zuspruchs. Die daraus hervorgegangenen Publikationsbände
sind als „Actes du Colloque du Réseau Méga-Tchad" erschienen.

7.12. Übersetzung von Shehu Shagaris Lehrgedicht „Nigeria"

Im Jahre 1948 schuf der damalige Lehrer und spätere Bundespräsident von Nigeria
Alhaji Shehu Aliyu Shagari ein 500 Doppelzeilen umfassendes Lehrgedicht zur Landeskunde und Geschichte seines Heimatlandes: eine Ode auf das große und mit seinen
450 Ethnien beziehungsweise Sprachgemeinschaften volkreichste Land Afrikas (Shagari 1973). Die sonst bei solchen Themen meist gelangweilten Schüler lebten bei dieser
Lehrform auf, rezitierten und sangen freudig die rhythmisierten und gereimten zweizeiligen Hausa-Verse und beherrschten so schließlich das ganze epische Gedicht oft
auswendig. Der Lehrerfolg war auf diese Weise ohne Zweifel gewährleistet.

Als nun für 1982 ein Staatsbesuch des Präsidenten der Bundesrepublik Nigeria in der Bundesrepublik anstand, erbat der damalige Bundespräsident Prof. Dr. Karl Carstens einen Rat hinsichtlich eines passenden Geschenks für seinen hohen Gast. Meinen Vorschlag, ihm eine Übersetzung beziehungsweise Nachdichtung des genannten Hausa-Lehrgedichts in deutscher Sprache zu präsentieren, nahm er begeistert auf. So unterzog ich mich, unterstützt von meiner Frau Ellen, in den Sommerferien 1981 der nicht ganz leichten Aufgabe einer Übertragung des hausanischen Gedichts in eine formal und inhaltlich möglichst adäquate deutsche Sprachgestalt. Wir wählten die Form einer rhythmischen Prosa, die auf Reim verzichtet, jedoch auf Länge und Zahl der Hebungen in den Verszeilen achtet. So lautet zum Beispiel die 118. Doppelzeile (Shagari 1982):

> Wir kennen im äußersten Osten den Kreuzfluß,
> Im Westen den Ogun mit spärlichem Wasser.

Im März 1982 habe ich dann dem völlig überraschten und hocherfreuten Präsidenten Shagari bei einem Empfang in der Villa Hammerschmidt in Bonn das vollendete Werk überreicht.

7.13. Gastprofessur an der Universität Maiduguri (1982/83)

Im Wintersemester 1982/83 hatte ich aufgrund einer Einladung seitens der Universität Maiduguri (Borno State, Nigeria), initiiert durch Prof. C.M.B. Brann, Gelegenheit, am Department of Languages and Linguistics afrikanistische Vorlesungen und Seminare abzuhalten. Als besonders anregend und reizvoll empfand ich es dabei, unter einer großen Studierendenzahl immer wieder Dutzende von Sprechern unterschiedlicher tschadischer Sprachen vor mir zu haben, die sich ihrer linguistischen Verwandtschaft gar nicht bewußt waren. Bura und Bole oder Tangale und Margi sahen, erkannten (und hörten!) plötzlich aufgrund der von mir vorgeführten Verwandtschaftsregeln ihre gemeinsamen Wurzeln. Daß zum Beispiel Hausa *sanyi* mit Tangale *yibat* wurzelverwandt ist, kann den betreffenden Sprechern unmöglich einsichtig sein; so wie ja auch Französisch- beziehungsweise Italienisch-Sprechern nicht ohne weiteres klar ist, daß *eau* und *aqua* auf ein und dieselbe lateinische Wurzel zurückgehen. Jedes Mal, wenn so Sprecher tschadischer Sprachen ihrer gemeinsamen sprachlichen Herkunft und Vergangenheit gewahr wurden, kam dieses Erlebnis fast einem kleinen Pfingstwunder gleich.

Und noch eines: Hausa ist in Nordnigeria die wichtigste *lingua franca* und eine soziale Prestigesprache. Sprecher der zahlreichen kleineren Sprachen, die ihren Minoritätenstatus nicht unbedingt als Ehrensache ansehen, verstecken häufig ihre Muttersprache hinter dem Hausa. So tat es auch ein junger Higi-Mann namens Musa. Er bestand zunächst darauf, zuhause, das heißt in einem Dorf in der Adamawa-Provinz, nur Hausa zu sprechen. Am Ende des Semesters, in dem ich immer wieder auf die große Bedeutung jeder noch so „kleinen" Sprache für die historisch-vergleichende Sprachforschung, aber auch menschlich-sozial für die einzel-kulturelle Identitätsfindung und -bewahrung hingewiesen hatte, kam Musa zu mir, bedankte sich, daß ich ihm die Augen geöffnet hatte, und gestand, jetzt mit Stolz, daß seine Muttersprache Higi sei. Jahre später sah ich ihn wieder: Er hatte inzwischen seine Magisterarbeit über das Higi geschrieben und war jetzt ein Mitglied des linguistischen Department der Universität.

7.14. Lexikon der Afrikanistik (1983)

Anfang der 1980er Jahre haben wir am Marburger Fachgebiet für Afrikanistik in Verbindung mit dem Kölner Kollegen W.J.G. Möhlig, den Versuch unternommen, die Geschichte der Erforschung der afrikanischen Sprachen, die in ihren Anfängen auf das 16. Jahrhundert zurückgeht, in Form von Lexikon-Artikeln nachzuzeichnen. Es ging uns hauptsächlich um die Erfassung von oft nur mehr schwer erreichbaren Daten zu Kurzbiographien von Sprachforschern, aber auch um Artikel zu den bedeutenderen afrikanischen Sprachen sowie um die Erklärung linguistischer Termini, die eine besondere Relevanz für afrikanische Sprachen besitzen. Etwa dreißig Autoren haben Beiträge zu dem im Reimer-Verlag erschienenen Lexikon geleistet (Jungraithmayr u. Möhlig 1983). Im Anschluß an dieses Lexikon erschien in den 1990er Jahren, ebenfalls in Zusammenarbeit mit Möhlig, ein vergleichbares Nachschlagewerk zur afrikanischen Erzählforschung (Möhlig u. Jungraithmayr 1998).

8. DIE FRANKFURTER JAHRE (1985–1996)

In ersten Gesprächen mit Eike Haberland, dem damaligen Direktor des Instituts für Historische Ethnologie und des Frobenius-Instituts an der Johann Wolfgang Goethe-Universität in Frankfurt, die auf das Jahr 1973 zurückgehen,[30] wurden Überlegungen angestellt, wie die breit angelegte ethnologische Lehr- und Forschungslandschaft in Frankfurt durch das sprachwissenschaftliche Feld erweitert beziehungsweise ergänzt werden könnte. So kam es bereits ab 1978 zu entsprechenden Lehraufträgen am Frankfurter Institut, die ich von Marburg aus wahrnahm. Nach Einrichtung des Lehrstuhls für afrikanische Sprachen folgte ich dem an mich ergangenen Ruf und begann meine Arbeit, zusammen mit Gudrun Miehe und Rudolf Leger. Unser Lehrstuhl, zunächst in der Feldbergstraße unweit vom Institut für Historische Ethnologie angesiedelt, war anfangs auch institutionell letzterem zugeordnet. Erst Jahre später, vor allem im Zusammenhang mit unserem intensiven Engagement für den Sonderforschungsbereich 268, kam es zur Umwandlung des Lehrstuhls in das autarke Institut, das für mich von Anfang an als einzig sinnvolle und akzeptable Forschungs- und Lehrstätte in Frankfurt in Frage gekommen war. Die wachsende Fülle der Aufgaben, vor allem auch bedingt

---

[30]   Sie fanden vor allem auf dem Rückflug von Addis Abeba statt, wo wir gemeinsam am Internationalen Afrikanistenkongreß teilgenommen hatten.

durch die Anforderungen des SFB 268 im Bereich der Forschung, verschaffte dem Institut eine zweite Professorenstelle (C3), auf die 1993 Rainer Voßen berufen wurde; 1996, nach meinem Eintritt in den Ruhestand, folgte er mir als Nachfolger in der Leitung des Instituts nach. Die dadurch freigewordene C3-Stelle konnte bedauerlicherweise bis heute nicht wiederbesetzt werden.

Zu meinem 65. Geburtstag haben mich an die vierzig Kolleginnen und Kollegen durch ihre Beiträge zur Festschrift „Von Ägypten zum Tschadsse" geehrt (Ibriszimow, Leger u. Seibert 2001).

8.1. *Sprache und Oralität in Afrika*

Eine Veröffentlichungsreihe, die ausdrücklich den vorherrschend mündlichen Charakter afrikanischer Sprachen auf ihr Banner schreibt, fehlte – weltweit – noch bis in die 1980er Jahre. So wurde nach meinem Übergang von Marburg nach Frankfurt in Zusammenarbeit mit dem Reimer-Verlag und in Verbindung mit den Kollegen Luc Bouquiaux (Paris) und W.J.G. Möhlig (Köln) die Reihe „Sprache und Oralität in Afrika" 1987 ins Leben gerufen, die sich zur Aufgabe gestellt hat, bei der Rettung afrikanischen Geisteserbes mitzuhelfen und es wissenschaftlich zu dokumentieren. Inzwischen sind 23 Bände erschienen, darunter das über 3 300 Seiten umfassende, dreibändige *opus magnum* von Paul de Wolf „English-Fula dictionary: a multidialectal approach" als Band 18.

8.2. *Der DFG-Sonderforschungsbereich 268 „Kulturwandel und Sprachgeschichte im Naturraum Westafrikanische Savanne" (1988–2002)*

Als mit der Etablierung der Afrikanischen Sprachwissenschaften eine Erweiterung und Ergänzung des Fächerspektrums an der durch das Frobenius-Institut im besonderen Maße mit Afrika verbundenen Goethe-Universität erfolgt war, ging Eike Haberland an die Verwirklichung eines lange gehegten Traums, nämlich der Gründung eines Sonderforschungsbereichs, in dem möglichst viele Disziplinen bei der Erforschung eines bestimmten Kulturraums in Westafrika zusammenwirken sollten. Als Forschungsschwerpunkträume wurden Burkina Faso und Nordostnigeria ausgewählt. Ethnologie, Afrikanische Sprachwissenschaften, Geographie und Prähistorie boten sich als Ausgangsdisziplinen an. Eike Haberland, Arno Semmel, Jens Lüning und ich stellten den Förderungsantrag und vertraten ihn persönlich vor der Deutschen Forschungsgemeinschaft in Bonn. Die DFG entschied positiv, so daß wir die Arbeiten, zunächst erst noch in Frankfurt, in Angriff nehmen konnten. Unsere Forschergruppe brach am 2. Dezember 1989 in insgesamt fünf geländegängigen Mercedes-Wagen (GD 300) von Frankfurt auf und langte nach Überquerung des Mittelmeers von Marseille nach Tunis und der Durchquerung der Sahara auf der tunesisch-algerischen Nord-Süd-Route am 21. Dezember an der Universität Maiduguri in Nigeria an, mit der bereits 1988 ein partner-schaftliches Abkommen getroffen worden war.

In den ersten SFB-Teilprojekten „Der Kulturwortschatz des Hausa und Integra-tion des Lehnwortgutes" und „Kulturgeschichtliche Untersuchungen zu tschadischen Sprachen und Ethnien Nordostnigerias" ging es vor allem darum, die in den 1960er Jah-ren begonnenen und danach unterbrochenen Studien zum Tangale und zu den Tschad-sprachen des südlichen Plateau (Angas, Sura, Ron etc.) fortzusetzen und auszubauen, wobei vor allem der jeweilige Kontext historisch und interdisziplinär stärker einbezo-gen werden sollte. Auf mehreren Reisen – zwischen 1990 und 2002 – wurde die lingui-stische Materialbasis erweitert: so unter anderem weiteres, differenziertes Wortgut zum Tangale erhoben, Sprichwortsammlungen und umfangreiche Listen von „sprechenden" Personennamen angelegt. Ab 1996 ist als weiterer Vertreter der Angas-Sura-Gruppe die Sprache der Mushere in den Forschungskatalog aufgenommen worden. Aufgrund des besonders engagierten Einsatzes meines Mitarbeiters Philibus Diyakal liegen in-zwischen für seine Muttersprache eine über tausend Einheiten umfassende Sammlung von Sprichwörtern sowie eine Kurzgrammatik samt Vokabular vor; ein ausführliches Wörterbuch ist im Entstehen.

Für den sprach- und kulturwissenschaftlichen Bereich des SFB 268 wurde die Monographienreihe „Westafrikanische Studien", herausgegeben von mir, Norbert Cyf-fer und (seit 2002) Rainer Voßen, begründet, in der inzwischen dreißig Titel erschienen sind.

Im Jahre 2002 fand der SFB 268 nach 15 Jahren sein Ende, was durch eine Schluß-veranstaltung an der Universität Maiduguri markiert wurde.

8.3. *Wörterbücher zu tschadischen Sprachen (1989–1992)*

Für jede sprachvergleichend-historische Untersuchung sind solide Wörterbücher eine selbstverständliche Grundvoraussetzung. Außerdem führt ein Wörterbuch auch der betreffenden Sprachgemeinschaft sichtbar vor Augen, welch' reichen Wort- und For-menschatz ihre Sprache besitzt. Da aber die systematische Anlage eines Wörterbuchs ein analytisches Verstehen der Struktur der betreffenden Sprache voraussetzt, wurde jedem der hier zu nennenden Wörterbücher eine grammatische Einführung vorausge-schickt: „Lexique bidiya" (Alio u. Jungraithmayr 1989), „Lexique mokilko" (Jungraith-mayr 1990), „A dictionary of the Tangale language" (Jungraithmayr 1991a) und „Le-xique migama" (Jungraithmayr u. Adams 1992). Drei der vier Sprachen werden im zentralöstlichen Tschad, im Abu Telfan-Gebirge und westlich davon, gesprochen, das Tangale im Nordosten Nigerias. Die vier Publikationen basieren auf den in den 1960er und 1970er Jahren durchgeführten Feldforschungen.

8.4. Die Deutsche Morgenländische Gesellschaft (DMG)

Die DMG, 1845 gegründet, zählt zu den ältesten europäischen Institutionen, deren Hauptaufgabe in der Pflege und Förderung der Orientwissenschaften, also des Studiums orientalischer Sprachen und Kulturen, besteht. Im Unterschied zu der drei Jahre älteren American Oriental Society, deren Betätigungsfeld sich auf den Nahen, Mittleren und Fernen Osten, also auf Asien beschränkt, ist die DMG darüber hinaus ausdrücklich auch mit dem afrikanischen Kontinent befaßt. Ihre renommierten Veröffentlichungsorgane sind ihre Zeitschrift (ZDMG) und die „Abhandlungen für die Kunde des Morgenlandes" (AKM). Nachdem ich 1972 in den Vorstand der DMG berufen worden war, erhielt ich Ende der 1980er Jahre von dem damaligen Ersten Vorsitzenden Lothar Ledderose die Anfrage, ob ich bereit wäre, seine Nachfolge anzutreten. Nach einer längeren Bedenkzeit – während unserer Sahara-Durchquerung 1989 – nahm ich das ehrenvolle Angebot an und übernahm 1990 den Vorsitz – als erster Afrikanist in der damals schon fast 150jährigen Geschichte der Gesellschaft. Die Deutschen Orientalistentage in München (1991), Leipzig (1995) – wo gleichzeitig das 150jährige Bestehen der Gesellschaft gefeiert wurde – und Bonn (1998) gehören zu den Höhepunkten meiner Amtszeit bis 1999. Im Jahre 1995 stellte sich die Gesellschaft in einer eigenen Schrift mit ihren Aufgaben und Zielen vor; ihre Geschichte wurde ausführlich von Holger Preissler (1995) nachgezeichnet. Manfred Hake, dem Ersten Geschäftsführer der Gesellschaft, weiß ich großen Dank für die stets gute Zusammenarbeit. Herrn Theo Smets (Flörsheim-Dalsheim) ist für sein Engagement im technisch-gestalterischen Bereich zu danken.

8.5. Verleihung des Ehrentitels „Mai Yadak"

Seit dem 21. Januar 1995 gehöre ich zu den offiziellen Titel- und Würdenträgern des Hofes von Kaltungo, Sitz des Emirs („First Class Chief") der östlichen Tangale im nordnigerianischen Bundesland Gombe. Nach über vierzig Jahren wissenschaftlicher Befassung mit Sprache und Kultur der Tangale, eines etwa 150 000 Seelen zählenden Volkes in Nordostnigeria – 1991 war mein Tangale-Englisch-Wörterbuch erschienen – befanden die Ratgeber des Emirs, allen voran Alhaji Yunusa, Ciroman Kaltungo, daß ich offenbar weder ein Spitzel – in irgendwelchen Diensten – noch Neokolonialist oder Missionar wäre, sondern ein genuines Interesse an ihnen als Menschen sowie an ihrer Kultur und Sprache hätte und ich deshalb dafür mit einer Auszeichnung geehrt werden sollte. So kam es am 21. Januar 1995 zu einer großen Festveranstaltung mit dem „launching" des Wörterbuchs, der Investition und Turbanisierung des neuen „honorary chief" und der Verleihung des Ehrentitels „Mai Yadak", auf Hausa „Sarkin Yak'i" („Minister des Krieges", und zwar „da Jahilci", also „gegen die Unwissenheit"). Meine Frau Ellen konnte dies noch, neun Monate vor ihrem Tod, miterleben. – Vor wenigen Jahren ist eine umfangreiche Tangale-Textsammlung erschienen (Jungraithmayr 2002).

8.6. Übersetzung von Goethe-Gedichten ins Hausa

Zwei gute Voraussetzungen waren gegeben, daß der lang gehegte Plan, Poesie von Goethe in das Hausa zu übertragen, in die Tat umgesetzt werden konnte: zum einen meine fast lebenslange Beschäftigung mit Gestalt und Gehalt der an grammatischem und lexikalischem Formengut reichen Hausa-Sprache, zum andern auf Seiten meines hausasprachigen Partners Malam Yahaya Ahmed Sprachkompetenz sowie Freude und Neugier, die Möglichkeiten seiner afrikanischen Muttersprache auszuloten. Ahmed lehrt seit zwanzig Jahren Hausa an unserem Frankfurter Institut und ist mit den Feinheiten und Tiefen seiner Sprache gut vertraut. So haben wir 1999 begonnen, Gedichte von Goethe, insbesondere solche, die mit der islamischen Welt zu tun haben, so aus dem „Westöstlichen Diwan", ins Hausa, deren über 30 Millionen Sprecher zum allergrößten Teil Muslime sind, zu übersetzen. Als uns das erste Gedicht, „Wandrers Nachtlied", zu unserer eigenen Überraschung gut gelang, setzten wir die Arbeit mit wachsender Begeisterung fort. Damit findet zum ersten Mal etwas von Goethes dichterischem Werk Eingang in die afrikanische Welt (Jungraithmayr u. Ahmed im Druck).

8.7. Internationale Lehr- und Forschungszusammenarbeit

Neben der besonders engen Kooperation mit Paris (s. 7.10. u. 7.11.) wurde in den 1990er Jahren auch mit Neapel (Prof. Sergio Baldi) und Prag (Prof. Petr Zima) regelmäßig wissenschaftlicher Austausch gepflegt. Mit dem Warschauer afrikanistischen Institut fand die Zusammenarbeit einen besonders fruchtbaren Ausdruck in Stanisław Piłaszewicz' Bearbeitung und Herausgabe früher Hausa-Dokumente, die Adam Mischlich (1864–1948) von Imam Umaru erhalten hatte und danach über Heinz Sölken (1912–1980) an mich gelangt waren (Piłaszewicz 2000). – Im Rahmen eines deutsch-ägyptischen Abkommens kamen zu meiner Freude mehrere Studenten der Universität Kairo zur Betreuung ihrer Doktorarbeiten zum Hausa an unser Frankfurter Institut. – Die seltene Gelegenheit einer Zusammenarbeit des Tschadisten mit einem Ägyptologen und Hamitosemitisten bot der Forschungsaufenthalt des Humboldt-Stipendiaten Gábor Takács aus Székesfehérvár (Stuhlweissenburg) beziehungsweise Budapest, dem es vor allem auch um die Einbeziehung aller in Frankfurt verfügbaren tschadischen Sprachmaterialien gegangen ist (vgl. Takács 2004).

9. WIEN UND BAYREUTH

Zwei Vorgänge bedürfen noch im Rahmen meiner *vita* – wenn auch mit gehörigem Abstand – der Erwähnung.

Als das Institut für Ägyptologie und Afrikanistik an der Universität Wien Anfang der 1970er Jahre zweigeteilt wurde, erging der Ruf auf das somit neugegründete Institut für Afrikanistik an den Wiener Afrikanisten Hans Mukarovsky, der es dann in relativ kurzer Zeit zu einem bedeutenden Zentrum afrikanistischer Kultur- und Sprachforschung ausbaute. Seinem Wunsch, seine Nachfolge nach seiner Emeritierung im Jahre 1969 anzutreten, konnte ich, so ehrenvoll dieses Angebot auch war, aus persönlich-privaten Gründen leider nicht entsprechen. So wirkte ich zumindest bei der Arbeit der Wiener Berufungskommission zur Wiederbesetzung der Lehrkanzel als externes Mitglied mit und setzte mich dafür ein, daß Norbert Cyffer, der Lukas-Schüler und Kanuri-Spezialist aus Mainz, die Nachfolge Mukarovskys antreten konnte.

Die andere Begebenheit, die festgehalten zu werden verdient, betrifft die Besetzung der ersten an der Universität Bayreuth eingerichteten Professur für Afrikanistik. Was sich hier Anfang der 1980er Jahre zugetragen hat, ist kein Ruhmesblatt für diese junge Universität und wirft ein Licht auf das, was alles an Universitäten hinter den Kulissen der offiziell überlieferten Geschichte geschehen kann. Die Besetzungskommission hatte sich für keinen der zwölf Bewerber zu entscheiden vermocht. Nach einem Anruf und der Bitte, mich noch nachträglich zu bewerben – ich hatte dies unterlassen, da mir die Wahl eines bestimmten Bewerbers von vornherein festzustehen schien –, sagte ich nach einigem Zögern zu und hielt vor der Kommission meinen Vorstellungsvortrag. Noch am selben Abend erklärten mir die Kommissionsvorsitzenden Hinderling und Riess, daß sich die Kommission einstimmig für mich ausgesprochen hätte. Darauf erklärte ich meine Bereitschaft, die Stelle im darauffolgenden Sommersemester anzutreten. Da man den Lehrbetrieb aber bereits im unmittelbar bevorstehenden Wintersemester anlaufen lassen wollte, stellte sich die Frage nach einem geeigneten Vertreter für die Übergangszeit. Ich schlug die Wiener Kollegin Inge Hofmann vor, man entschied sich aber für den jüngst pensionierten und aus Nigeria zurückgekehrten Carl Hoffmann, meinen Studienkollegen aus den Hamburger Tagen. Dieser Vertreter wurde nun erstaunlicherweise schließlich auch noch in die Berufungsliste, die bereits abgeschlossen war, aufgenommen, und zwar zunächst an dritter, im Senat wohl an zweiter, danach sogar an erster Stelle, *pari passu* mit meinem Namen, und – *mirabile dictu!* – erhielt am Ende den Ruf! *Quod erat demonstrandum.*

10. QUINTESSENZ UND AUSBLICK

Der Blick auf den zurückgelegten Weg ruft auch einige allgemeine Reflexionen hervor, die hier schließlich noch angedeutet seien.

Was wollte – und sollte – ich in meinem Leben? War und ist alles „Zufall"? Oder doch auch Fügung und Führung? Planen wir unser Leben oder sind wir von vornherein „verplant"? Wir schreiten wohl von einer Weggabelung zur nächsten, halb bewußt, halb unbewußt, von innen getrieben, von außen gestoßen, weiter, immer weiter. Wir meinen zu entscheiden, doch wieviel Freiheit haben wir wirklich? Wenn ich auf meinen Lebensweg zurückblicke, will es mir scheinen, als hätte ein Sinn darin gewirkt. Von

Ernst Burgstaller, dem Linzer Volkskundler, über Gräfin Hohenwart-Gerlachstein, die Sekretärin am Wiener Völkerkunde-Institut, die mir den Weg zur Afrikanistik gewiesen hat, wo ich Wilhelm Czermak begegnete, meinem ersten großen Leitbild, über Johannes Lukas in Hamburg, der aus der Wiener Schule stammte und mich in seine wissenschaftliche Lebens- und Denkwelt einführte. So begann sich mir genau der Raum aufzuschließen, der mir seit der Begegnung mit Dominik J. Wölfel als Herausforderung und Aufgabe vor meinem geistigen Auge stand: Grenzregion zwischen „Weiß-" und Schwarzafrika. Die tschadischen Sprachen sind in diesem Sinne Produkte der Begegnung und Auseinandersetzung zwischen dem autochthonen „Nigritischen" und den aus dem Norden Afrikas, der sich heute größtenteils als lebensfeindliche Wüste Sahara darstellt, eingedrungenen Hamitosemiten. Jede von diesen Sprachen ein einmaliges, unverwechselbares Gebilde aus „Schwarz" und „Weiß", mit je eigener Geschichte und Gestalt. Doch herauszufinden, wieviel vom einen und wieviel vom anderen Erbe in diesen Sprachen steckt, diese Grundfrage kristallisierte sich in meinem Denken und Trachten von nun an immer mehr zur Forschungsaufgabe, der ich mein Leben widmen wollte.

Nach den Lehr- und Wanderjahren – über Wien, Hamburg, Kairo, Sudan/Tschad und Nigeria – war nun in Marburg unter und mit Ernst Dammann Gelegenheit, das Gelernte und Gesammelte ausreifen und zum Tragen bringen zu lassen. Wer hätte mir in diesem Abschnitt meines Weges willkommener sein können als Otto Rössler, der große semitistische Philologe und ungewöhnlich kenntnisreiche Vergleichende Hamitosemitist? In Frankfurt dann die Begegnung und Zusammenarbeit mit dem dynamischen Ethnologen und Kulturhistoriker Eike Haberland, eine Begegnung, die unter anderem zur gemeinsamen Organisation interdisziplinärer Forschung in Nordostnigeria, meinem bevorzugten Arbeitsfeld, geführt hat. Diese fruchtbare Verbindung mit dem Frobenius-Institut und seinem jetzigen Direktor Prof. Karl-Heinz Kohl fand schließlich auch in meiner Tätigkeit als Vorsitzender des Wissenschaftlichen Beirats des Frobenius-Instituts ihren Ausdruck.

10.1. Deskriptive und historisch-vergleichende Afrikanistik

Was mein Lehrer Johannes Lukas begonnen und in Gang gesetzt hat, habe ich versucht weiterzuführen. Da er am Anfang stand und Pionierarbeit leisten mußte, widmete er sich im Wesentlichen der Beschreibung und Dokumentation von Einzelsprachen. Meine Generation konnte sich bereits stärker auch an Aufgaben der Vergleichung und historischen Rekonstruktion wagen. So entstanden grundlegende Arbeiten wie Jungraithmayr (1978b, 1991b) und schließlich die „Chadic lexical roots" (Jungraithmayr u. Ibriszimow 1994a, b), davor schon Paul Newmans und Roxana Mas „Comparative Chadic" (1966) und Paul Newmans „Chadic classification and reconstructions" (1977).

10.2. Gedanken zur Arbeit eines Afrika-Linguisten

Das erste *movens* ist zweifellos Neugier und Wißbegierde. Das Fragen nach dem Unbekannten. Klettern die einen hunderte Meter in die Tiefen von Höhlen, tauchen die anderen tausende Meter tief zum Meeresgrund, ersteigen wieder andere 8 000 m hohe Berge, oder auch: sucht Goethe in Palermo nach der Urpflanze, so lauscht der Afrikanist der Stimme seines Informanten, testet die Laute und Tonhöhen der artikulierten Wörter, sammelt unzählige Paradigmen grammatischer Formen, nimmt Texte auf und arbeitet sich auf diese Weise langsam zu den Regeln und Gesetzmäßigkeiten vor, die die Sprache zu dem einzigartigen Kommunikationsmittel machen, das sie gerade in einer oralen afrikanischen Gesellschaft bildet. Ist man dann einmal in das Innere der Sprache eingedrungen, offenbaren sich oft Geheimnisse, von denen das meist unscheinbare Äußere, Vordergründige nichts ahnen läßt. Es würde sich wahrhaft lohnen, ein Buch über Wunder und Geheimnisse afrikanischer Sprachen zu schreiben. So wenig wir bis vor kurzem über die Mars-Oberfläche oder über den Tiefseeboden unserer Meere wußten, so wenig weiß bis heute der Nichtfachmann etwas über die innere Struktur und das Funktionsgefüge einer afrikanischen Sprache. In dieser Hinsicht muß und darf der afrikanische Kontinent bis heute noch als weitgehend unentdeckt gelten. Jede der rund zweitausend afrikanischen Sprachen stellt ein Universum für sich dar, eine je eigenständige Welt, in der aller Geistes- und Kulturbesitz der betreffenden Sprachgemeinschaft aufgehoben ist. Jedes dieser Wunderwerke muß uns auch Achtung vor ihren Erzeugern und heutigen Sprechern einflößen. Der afrikanische Mensch, durch Sklaverei und Kolonialismus in Jahrhunderten gedemütigt und durch Verachtung gezeichnet, sollte endlich im Lichte der Schönheit seiner Sprachen, die wir allmählich zu sehen und hören beginnen, seine Würde wiedergewinnen.

Die Sprache erschöpft sich aber nicht in Gestalt und Gehalt, sie ist auch Glied in einer viele Glieder umfassenden Kette von Einzelsprachen, die ein gemeinsamer Ursprung und dieselbe Herkunft verwandtschaftlich miteinander verbinden. Als solches wird sie zum Vergleichsgegenstand, der Auskunft über sein Alter und seine Entwicklung geben kann. Jedes einzelne Wort hat ja eine ihm eigene Geschichte, ein nur ihm eigenes sprachgeschichtliches Alter. Wenn „Fuß" im Ron-Daffo *sakur*, im Mafa *sak*, im Hausa *sau* („Fußsohle") und im Tangale *yoo* heißt, kann man davon ausgehen, daß sich vom Ron hin zum Tangale ein Entwicklungsprozeß vom konservativ Älteren zum innovativ Jüngeren abgespielt hat, der vergleichbar ist mit Veränderungen wie zum Beispiel von Latein *mater* zu Italienisch *madre*, Französisch *mère* und Portugiesisch *mãe*. So werden Sprachen zu Geschichtszeugen, die gerade in schriftlosen Gesellschaften eine besondere Bedeutung bei der Rekonstruktion der Sprach- bis hin zur Kulturgeschichte besitzen.

Wie in jeder Wissenschaft, müssen sich die Methoden der afrikanischen Sprachwissenschaft weiterentwickeln, verfeinern und vertiefen. Sofern solche Veränderungen in der Bearbeitung, Analyse und Darstellung der jeweiligen Sprache vor allem am

Menschen und dem Nutzen und Gewinn für ihn orientiert bleiben, sind sie voll zu bejahen. Nur sollte afrikanistische Forschungsarbeit nicht zum *l'art pour l'art* werden. „Moderne", das heißt nur jeweiligen theoretischen Moden folgende Methoden mögen Theorien dienlich sein, bringen uns aber im Allgemeinen in der noch immer großen Aufgabe, Gestalt und Gehalt des überaus umfangreichen afrikanischen Sprachenschatzes noch fünf Minuten vor zwölf zu dokumentieren und so für künftige Generationen zu bewahren, nicht weiter. Diese Einstellung hat mir manche Kritik eingebracht, konnte mir aber meinen Weg nicht verstellen. Durch möglichst intensive eigene Feldforschung gewonnene Sprachdaten zur Darstellung des Regelwerks von Wortschatz und Grammatik einer afrikanischen Sprache zu bringen, diente mir stets als oberstes Gebot und Ziel afrikanistischer Forschungsarbeit. Gleichzeitig lag mir auch immer sehr daran, die gar nicht zu überschätzende Rolle, die Sprache für die Menschen gerade in schriftlosen Gesellschaften spielt, in den Blick zu nehmen. Schließlich ist ja gerade dieses Anliegen bewußt Programm der in Frankfurt ins Leben gerufenen Monographienreihe „Sprache und Oralität in Afrika" (vgl. 8.1.).

10.3. *Laufende Arbeiten, Unabgeschlossenes, Pläne*

Es ist noch viel, sehr viel Arbeit zu tun, gerade auch auf dem Felde der deskriptiven Sprachdokumentation. Ein größerer Teil der Aufnahmen und Sammlungen vor allem aus meinen Tschadreisen (1970–1980) harrt noch der endgültigen Ausarbeitung und Herausgabe. Am weitesten ist die Arbeit am Mubi-Projekt fortgeschritten. Auch für das Sibine (Sumray) liegt das komplette Wörterbuch-Manuskript vor. Dem Kwang-Material jedoch ist erst noch eine feste Gestalt zu geben. Eine längst überfällige Bringschuld verbindet sich mit dem reichen Text-Corpus zum Mokilko. Frau Dr. Eleonore Adwiraah (Hamburg) hat davon bereits vor Jahren mit Unterstützung der DFG eine computerisierte Fassung in vorbildlicher Gestalt erstellt; das Manuskript harrt aber noch einer letzten redaktionellen Überprüfung. Das Gleiche gilt für ein etwas kleineres Text-Corpus in der Migama-Sprache. Auf nigerianischer Seite befinden sich zur Zeit zwei Manuskripte vor dem Abschluß: „Búun Saba", eine Tangale-Sprichwörtersammlung (Jungraithmayr im Druck), sowie 1 000 Sprichwörter in der Mushere-Sprache. Mittelfristig steht eine wesentlich erweiterte Neufassung des Tangale-Wörterbuchs von 1991 und eine Grammatik dieser mich nun schon über fünfzig Jahre beschäftigenden westtschadischen Sprache an. Ein sehnlicher Wunsch, den ich mir hoffentlich auch noch erfüllen kann, ist ein Wörterbuch samt ausführlicher grammatischer Einleitung zur Sprache der Angas (Ngas) auf dem zentralnigerianischen Plateau.

Das letzte Wort, ein Wort des aufrichtigen Dankes, geht an die Deutsche Forschungsgemeinschaft, ohne deren jahrzehntelange Unterstützung unsere Forschungen nicht möglich gewesen wären.

LITERATURVERZEICHNIS

ABU MANGA, Al-Amin
1999   *Hausa in the Sudan: process of adaptation to Arabic.* Köln: Köppe

ALIO, Khalil und Herrmann JUNGRAITHMAYR
1989   *Lexique bidiya.* Frankfurt am Main: Klostermann

CAPRILE, Jean-Pierre
1975   *Lexique tumak-français.* Berlin: Reimer

CARON, Bernard
1996   Buchbesprechung „Hermann Jungraithmayr u. Dymitr Ibriszimow: Chadic lexical
        roots. Berlin 1994", *Bulletin de la Société de Linguistique de Paris* 91:397–399

CZERMAK, Wilhelm
1957   *Wo Leben sich des Lebens freut.* Wien: Amandus

DAMMANN, Ernst
1999   *70 Jahre erlebte Afrikanistik.* Berlin: Reimer

DE WOLF, Paul
1995   *English-Fula dictionary: a multidialectal approach.* 3 Bände. Berlin: Reimer

EBERT, Karen
1975   *Sprache und Tradition der Kera (Tschad).* Teil 1: Texte. Berlin: Reimer
1976   *Sprache und Tradition der Kera (Tschad).* Teil 2: Lexikon/Lexique. Berlin: Reimer
1979   *Sprache und Tradition der Kera (Tschad).* Teil 3: Grammatik. Berlin: Reimer

ESSEN, Otto von
1953   *Allgemeine und angewandte Phonetik.* Berlin: Akademie Verlag (^{5}1979)

HALL, John
1994   *Religion, myth and magic in Tangale.* Herausgegeben von Herrmann Jungraithmayr und
        Jörg Adelberger. Köln: Köppe

IBRISZIMOW, Dymitr, Rudolf LEGER und Uwe SEIBERT
2001   *Von Ägypten zum Tschadsee.* Eine linguistische Reise durch Afrika. Festschrift für Herr-
        mann Jungraithmayr zum 65. Geburtstag, Würzburg: Ergon

JACOBSOHN, Helmuth
1992   *Gesammelte Schriften.* Herausgegeben von Herrmann Jungraithmayr. Hildesheim, Zü-
        rich, New York: G. Olms

JUNGRAITHMAYR, Herrmann
1953a   „Volks- und sprachkundliche Studien in Korsika", *Wiener Völkerkundliche Mitteilungen*
        1(2):42–48

1953b   „Studie zur Schilh-Sprache in Marokko", *Wiener Völkerkundliche Mitteilungen* 1(1):26–
          30
1956   *Untersuchungen zur Sprache der Tangale in Nordostnigerien.* Hamburg (Dissertation)
1960a   „Felsbilder von Süd-Darfur", *Afrika und Übersee* 44:193–207
1960b   „Bericht über eine Forschungsreise nach Darfur und Wadai", *Afrika und Übersee*
          44:81–93
1961   „Beobachtungen zur tschadohamitischen Sprache der Jegu (und Jonkor) von Abu Tel-
          fan (République du Tchad)", *Afrika und Übersee* 45:95–123
1963   „Die Sprache der Sura (Maghavul) in Nordnigerien", *Afrika und Übersee* 47:8–89, 204–
          220
1964   „Texte und Sprichwörter im Angas von Kabwir (Nordnigerien), mit einer grammati-
          schen Skizze, Teil I und II", *Afrika und Übersee* 48:17–35, 114–127
1968/69   „Class languages of Tangale-Waja District (Bauchi Province, Northern Nigeria)", *Afrika
          und Übersee* 52:161–206
1970   *Die Ron-Sprachen.* Tschadohamitische Studien in Nordnigerien. Glückstadt: Augustin
1971   „How many Mimi languages are there?", *Africana Marburgensia* 4(2):62–70
1978a   „Présentation d'un conte en sibine (sumray) – texte, notes et vocabulaire", in: Herr-
          mann Jungraithmayr und Jean-Pierre Caprile (Hrsg.), *Cinq texts tchadiques (Cameroun
          et Tchad)*, 177–211. Berlin: Reimer
1978b   „A tentative four stage model for the development of the Chadic languages", in: Pe-
          lio Fronzaroli (Hrsg.), *Atti del Secondo Congresso Intern. di Linguistica Camito-Semi-
          tica.* Florenz 1974, 381–388. Florenz: Università di Firenze, Istituto di Linguistica e di
          Lingue Orientali
1978c   „The Zime dialect cluster (‚Kado', ‚Dari') in southern Chad: its verbal aspect system",
          Afrika und Übersee 61:1–27
1981a   „Über die Mawa (Guera, Tschad) – Ethnographische und linguistische Notizen", in:
          Inge Hofmann (Hrsg.), *Festschrift zum 60. Geburtstag von P. Anton Vorbichler*, 47–70.
          Wien: Afro-Pub
1981b   *Märchen aus dem Tschad.* Köln: Diedrichs
1990   *Lexique mokilko: mokilko-français et français-mokilko (Guéra, Tchad).* Berlin: Reimer
1991a   *A dictionary of the Tangale Language (Kaltungo, Northern Nigeria).* Berlin: Reimer
1991b   „Centre and periphery: Chadic linguistic evidence and its possible historical signifi-
          cance", in: Stanisław Piłaszewicz und Eugeniusz Rzewuski (Hrsg.), *Unwritten testimo-
          nies of the African past*, 61–82. Warschau: Wydawnictwa Uniwersytetu Warszawskiego
1992   „Migama: Die Sprache von Wilhelm Raabes ‚Abu Telfan'", in: E. Ebermann, E.R. Som-
          merauer und K.É. Thomanek (Hrsg.), *Komparative Afrikanistik (Festschrift H. Mukaro-
          vsky)*, 199–212. Wien: Afro-Pub
2002   *Síndi: Tangale folktales.* Köln: Köppe
Im Druck *Búun Saba: Tangale proverbs.* Köln: Köppe

JUNGRAITHMAYR, Herrmann und Abakar ADAMS
1992   *Lexique migama: migama-français et français-migama (Guéra, Tchad), avec une introduc-
          tion grammaticale.* Berlin: Reimer

JUNGRAITHMAYR, Herrmann und Yahaya AHMED
Im Druck *Wak'ok' in Goethe – Goethe-Gedichte.* Köln: Köppe

JUNGRAITHMAYR, Herrmann und Herbert GANSLMAYR
1986   *Linguistik/Ethnographie – Westafrika (Nigeria, Kamerun): Sprachen und Ethnien in Süd-*
        nigeria und Westkamerun (samt Karte). Berlin, Stuttgart: Borntraeger

JUNGRAITHMAYR, Herrmann und Dymitr IBRISZIMOW
1994a   *Chadic lexical roots*. Band 1: Tentative reconstruction, grading, distribution and com-
        ments. Berlin: Reimer
1994b   *Chadic lexical roots*. Band 2: Documentation. Berlin: Reimer

JUNGRAITHMAYR, Herrmann, Rudolf LEGER und Doris LÖHR
2004   „Westwärts weht der Wind' – Migrationen im südlichen Tschadseegebiet", in: Klaus-
        Dieter Albert, Doris Löhr und Katharina Neumann (Hrsg.), *Mensch und Natur in West-*
        afrika, 169–195. Weinheim: WILEY-VCH

JUNGRAITHMAYR, Herrmann und Wilhelm J.G. MÖHLIG (Hrsg.)
1983   *Lexikon der Afrikanistik*. Afrikanische Sprachen und ihre Erforschung. Berlin: Reimer

JUNGRAITHMAYR, Herrmann, Wilhelm J.G. MÖHLIG und Anne STORCH
2004   *Lehrbuch der Hausa-Sprache*. Köln: Köppe

JUNGRAITHMAYR, Herrmann und Kiyoshi SHIMIZU
1981   *Chadic lexical roots: tentative reconstruction, grading and distribution*. Berlin: Reimer

LUKAS, Johannes
1937   *Zentralsudanische Studien*. Hamburg: Friedrichsen, de Gruyter & Co.
1970   *Studien zur Sprache der Gisiga (Nordkamerun)*. Glückstadt: Augustin
1970/71, 1971/72   „Die Personalia und das primäre Verb im Bolanci (Nordnigerien)", *Afrika*
        und Übersee 54:237–286, 55:114–139

MASCHKE, Otto M.
2004   *Europa auf Friedenssuche*. Wien: Golden

MEINHOF, Carl
1912   *Die Sprachen der Hamiten*. Hamburg: Friederichsen & Co.
1936   *Die Entstehung der flektierenden Sprachen*. Berlin: Reimer

MÖHLIG, Wilhelm J.G. und Herrmann JUNGRAITHMAYR
1998   *Lexikon der afrikanistischen Erzählforschung*. Köln: Köppe

NEWMAN, Paul
1977   „Chadic classification and reconstructions", *Afroasiatic Linguistics* 5(1):1–42

NEWMAN, Paul und Roxana MA
1966   „Comparative Chadic: phonology and lexicon", *Journal of African Languages* 5:218–255

PIŁASZEWICZ, Stanisław
2000   *Hausa prose writings in Ajami by Alhaji Umaru*. Berlin: Reimer

PREISSLER, Holger
1995   „Die Anfänge der Deutschen Morgenländischen Gesellschaft", *Erweiterter Sonder-druck aus der Zeitschrift der Deutschen Morgenländischen Gesellschaft* 145:1–92

RAABE, Wilhelm
o.J.   *Abu Telfan oder die Heimkehr vom Mondgebirge.* Berlin-Grunewald: Verlagsanstalt Hermann Klemm

REINISCH, Leo
1900   *Die Somali-Sprache.* Band 1: Texte. Wien: Alfred Hölder
1902   *Die Somali-Sprache.* Band 2: Wörterbuch. Wien: Alfred Hölder
1903   *Die Somali-Sprache.* Band 3: Grammatik. Wien: Alfred Hölder

RÖSSLER, Otto
1950   „Verbalbau und Verbalflexion in den Semitohamitischen Sprachen", *Zeitschrift der Deutschen Morgenländischen Gesellschaft* 100:461–514

SHAGARI, Alhaji Shehu
1973   *Wak'ar Nijeriya.* Herausgegeben von Jean Boyd. Zaria: Northern Nigerian Publishing Co.
1982   *Nigeria.* Ein Lehrgedicht, übersetzt, kommentiert und herausgegeben von Herrmann Jungraithmayr. Stuttgart: Institut für Auslandsbeziehungen

SIMROCK, Karl
o.J.   *Das Nibelungenlied.* Herausgegeben von Andreas Heusler. Sonderausgabe: Die Tempel-Klassiker. Wiesbaden: Emil Vollmer

SOWANDE, Fela
1967   *The Catholic Church and the Tone-languages of Nigeria.* Typoscript. Washington D.C.

STUMME, Hans
1899   *Handbuch des Schilhischen von Tazerwalt.* Leipzig: Historische Buchhandlung

TAKÁCS, Gábor
2004   *Comparative dictionary of the Angas-Sura languages.* Berlin: Reimer

VYCICHL, Werner
1990   *Dictionnaire étymologique de la langue copte.* Leuven: Peeters

WÖLFEL, Dominik J.
1965   *Monumenta Linguae Canariae.* Graz: ADEVA

WOLFF, H. Ekkehard und Ludwig GERHARDT
1977   „Interferenzen zwischen Benue-Kongo- und Tschad-Sprachen", *Zeitschrift der Deutschen Morgenländischen Gesellschaft.* Supplement 3:1518–1543

MEIN LANGER WEG NACH „ANGOLA"

Beatrix Heintze

ERSTE ETHNOLOGISCHE EINDRÜCKE

Mein ethnologischer „Stein" kam durch die Lektüre von Karl Mays „Winnetou" ins Rollen. Aber es hätte sicher auch ein ganz anderes Buch sein können. Zufälle haben jedenfalls in meinem Leben und ganz besonders in meinem beruflichen Werdegang eine herausragende Rolle gespielt. Damals lebte ich in Hannover und war eine etwa zwölfjährige Leseratte. Das in „Winnetou" geschilderte Schicksal der Indianer erschütterte mich und weckte mein Interesse für ihre Geschichte und ihre Kulturen. Auf die Abenteuerbücher folgte dann sehr bald anspruchsvollere Lektüre, wie Clark Wisslers „Das Leben und Sterben der Indianer", Kataloge indianischer Kunst und historische Überblicke mit dem neuesten Forschungsstand. Geographisch verlagerte sich das Interesse der Schülerin allmählich von den nordamerikanischen Indianern nach Mesoamerika und schließlich nach Südamerika. Wo immer ich konnte, besuchte ich völkerkundliche Ausstellungen und bekam dafür sogar schulfrei.

EINIGE STICHWORTE ZU MEINER FAMILIE

Beide Großväter stammten aus der Textilindustrie. Mein Großvater mütterlicherseits, Walter Cramer, war Vorstandsmitglied im damals größten Textilkonzern, der Kammgarnspinnerei Stöhr & Co in Leipzig, mein Großvater väterlicherseits, Hans Heintze, Generaldirektor der „Döhrener Wolle", der Wollwäscherei und Kämmerei in Döhren, Hannover. 1938 sollte mein Vater, Hans-Georg Heintze, in Korneuburg bei Wien für seinen Vater eine Zweigfirma errichten. Dort wurde ich am 13. Januar 1939 als erstes von zwei Kindern geboren. Als der Krieg ausbrach, mußte auch mein Vater seine Familie verlassen. Er geriet dann an der Seite von General Walther von Seydlitz-Kurzbach in den Kessel von Stalingrad und zählte zu den wenigen, die überlebten. In der russischen Gefangenschaft war er Mitbegründer des „Bundes Deutscher Offiziere" (BDO). Anschließend galt er jahrelang als verschollen. Erst durch die Verhandlungen Konrad Adenauers in Moskau erlangte er – nach sehr schweren Jahren im sibirischen Workuta und im Ural – seine Freiheit wieder und erreichte Weihnachten 1955, als unsere Hoffnung schon fast geschwunden war, mit einem der letzten Transporte seine Heimat. Es war das erste Mal, daß ich meinen Vater mit Bewußtsein wahrnahm.

Meine Mutter war 1944, um einer Zwangsevakuierung zuvorzukommen, mit ihren beiden Kindern von Wien zu ihren Eltern nach Leipzig übergesiedelt. Mein Großvater Cramer, der aufgrund seiner Erfahrungen mit den Nationalsozialisten seit langem in hohem Maße für die sogenannte „Judenfrage" sensibilisiert worden war, hatte sich – als einer der ganz wenigen deutschen Unternehmer – an der Seite seines politischen Freundes Carl Goerdeler, dem Oberbürgermeister der Stadt, dem aktiven Widerstand gegen Hitler und den Nationalsozialismus angeschlossen, mit dem Ziel, daß Hitler durch ein Attentat beseitigt, der Krieg beendet und, vor allem, der Rechtsstaat wieder hergestellt werde. Er war in die Attentatspläne eingeweiht und hätte im Falle des Gelingens für die Dauer des als notwendig erachteten Ausnahmezustands – man befand sich mitten im Krieg, es war mit entschiedener Gegenwehr zu rechnen und die Haltung der Bevölkerung war ungewiß – als „politischer Beauftragter" in Sachsen, also als eine Art Ministerpräsident, für die Umsetzung nicht nur der militärischen Ziele, sondern auch der politischen, rechtsstaatlichen Gedanken des Umsturzes Sorge tragen sollen. Es kam anders: Aufgrund einer Denunziation entzog man ihm Anfang April 1944 seinen Auslandspaß und leitete ein Verfahren wegen „Wehrkraftzersetzung" gegen ihn ein.[1] Schon zwei Tage nach dem mißlungenen Attentat vom 20. Juli 1944 erfolgte seine Festnahme durch die Geheime Staatspolizei. Es muß eine makabre Szene gewesen sein: Die Gestapo-Leute hatten noch mit der Familie gefrühstückt, bevor sie Walter Cramer abführten. Nach zahlreichen Verhören und Folterung wurde er, da seine Beteiligung

---

[1]   Nach der Besetzung Ungarns durch die Nationalsozialisten am 19. März 1944 hatte er auf einer Aufsichtsratsitzung, gefragt nach seinen Reiseplänen, geantwortet, daß er nach Budapest fahren müsse, um sich dort um seine „armen Juden" zu kümmern.

an der Verschwörung erwiesen war, schließlich am 14. November 1944 durch Roland Freisler zum Tode verurteilt und unmittelbar danach in Berlin-Plötzensee hingerichtet. Sein gesamtes Vermögen wurde eingezogen.

Viele Jahre später, nach der Wiedervereinigung, habe ich anhand seiner Briefe, aus dem Gefängnis geschmuggelter Notizen und in Leipzig erhalten gebliebener Firmenakten zwei biographische Bücher über ihn veröffentlichen können (Heintze 1993a, 2003), von denen das erste den Anstoß sowohl für eine würdige offizielle Gedenkfeier im Alten Rathaus (am 6. November 1994) aus Anlaß seines 50. Todestages als auch für die Errichtung eines (am 27. September 1996 eingeweihten) Denkmals im Johanna-Park durch die Stadt Leipzig gab.[2]

Die letzten Kriegsmonate und die Nachkriegszeit waren für meine Mutter, die grosse Mühe hatte, ihre Kinder durchzubringen, sehr schwer. Nicht nur finanziell, sondern weil unsere Familie noch jahrelang von vielen als Landesverräter angesehen wurde. Bei Naumburg bot uns ein ursprünglich nur für die Ferien gemietetes Wochenendhäuschen ein vorübergehendes Refugium, so daß wir nicht in Leipzig waren, als dort die Wohnung der Großeltern im Bombenhagel zerstört wurde. Bei Naumburg besuchte ich dann auch verschiedene Dorfschulen, bevor im Mai 1949 unsere Lage so prekär wurde, daß meine Mutter, da Kinder unter 14 Jahren noch die Grenze passieren durften, mich zu meinen anderen Großeltern, nach Hannover, schickte (zu denen sie meinen Bruder als „Stammhalter" schon vier Jahre zuvor in Obhut gegeben hatte) und selber wenige Monate später auf abenteuerliche Weise „schwarz" nachkam.

Nachdem ich nach längerer Krankheit aufgepäppelt worden war, besuchte ich in Hannover die Wilhelm Raabe-Schule und machte dort im Frühjahr 1959 Abitur. Meine Mutter hätte mich zwar gerne als Juristin gesehen, aber ich hatte inzwischen von der Studienberatung erfahren, daß „Völkerkunde" auch ein Studienfach sei, das ich unbedingt bei dem besonders renommierten Hermann Baumann in München studieren solle. Eine Promotion bei ihm böte die beste Voraussetzung, später auch eine Anstellung zu finden. Ich entschied mich deshalb für ein Völkerkunde-Studium in München, was meine Eltern, die mir immer sehr viel Freiheit bei meinen Entscheidungen gelassen haben, respektierten. Von meinen Plänen konnte mich auch ein Gespräch mit Helmut Petri vom Frobenius-Institut nicht abbringen.[3] Er wohnte damals (wie andere Ethnologen auch) in Frankfurt in der Myliusstraße 31 in einer Wohnung über meiner Großmutter Cramer, die inzwischen auch in den Westen gekommen war. Petri erklärte mir, daß das Studium der Völkerkunde ein „langer, langer Weg" sei, an dessen Ende ein Tor stünde, auf dem mit güldenen Lettern „Hunger" geschrieben stehe!

Bevor ich aber nach München umsiedelte, hielten meine Eltern etwas Haushaltslehre für angebracht und spendierten mir ein Vierteljahr in Genf. Dort verbesserte ich

---

2   Siehe auch Heintze (1994a, 1995a, 1999a) und von Aretin (2004).

3   Ich hatte mir in Frankfurt die Ausstellung „Ferne Völker – Frühe Zeiten" (Mai/Juni 1957) des Frobenius-Instituts und des Museums für Völkerkunde auf dem Messegelände angesehen und mir dann ein Herz gefaßt und Petri aufgesucht.

vor allem meine Französisch-Kenntnisse, was um so notwendiger war, als ich inzwischen beschlossen hatte, meinen Eltern zuliebe „zweigleisig", das heißt neben Ethnologie „sicherheitshalber" auch für das Lehramt Romanistik und Geschichte zu studieren. Meine gesamte Freizeit verbrachte ich jedoch im Genfer Musée d'Ethnographie, nicht ohne über die damals dort herrschenden minimalen Arbeitszeiten bei ausgedehnten Teerunden zu staunen. Dennoch habe ich dort eine ganze Menge gelernt, zum Beispiel über verschiedene Webtechniken und die Herstellung der peruanischen figurenförmigen Töpfe.

STUDIUM IN MÜNCHEN

Zum Wintersemester 1959/60 bezog ich in München als Untermieterin ein kleines möbliertes Altbauzimmer ohne Heizung, Warmwasser und Telefon. In den oft sehr strengen Wintern wurde dies zeitweise zu einem Gesundheitsproblem. Tauchsieder und ein kleines elektrisches Öfchen durften aus Kostengründen nur sehr sparsam eingesetzt werden, so daß ich dankbar war, wenn meine Vermieterin mich gelegentlich zu einem Tee mit Rum in ihre Küche einlud.

Die erste Begegnung mit Hermann Baumann war ernüchternd, denn er erklärte mir kurzerhand: „Sie sind eine Frau. Mit Ihnen gebe ich mich nicht ab. Denn wenn Sie später einmal heiraten, war ja alle meine Mühe umsonst!" Immerhin empfahl er mir, die von ihm, Richard Thurnwald und Dietrich Westermann zusammen herausgegebene „Völkerkunde von Afrika" (1940) zu lesen, mit der Bemerkung, daß ich mich, wenn ich bei ihm studieren wolle, nicht nur auf das Studium der Indianer beschränken könne. Damit hatte ich kein Problem. Schon drei Tage später traf ich ihn auf dem Institutsflur wieder. Auf seine Frage, welches Kapitel mir denn in seinem Buch am besten gefallen habe, antwortete ich „Südrhodesien" (das heutige Zimbabwe), da ich erst bis zu diesem Kapitel vorgedrungen war und der letzte Eindruck ja bekanntlich oft der stärkste ist. Von da an wurden mir stets Seminarthemen über diese Region zugeteilt und die „Spezialistin" für das südliche Zentralafrika war geboren. Ich arbeitete von morgens bis abends im Seminarraum des Völkerkundlichen Instituts, das damals im Deutschen Museum untergebracht war. Diese Hartnäckigkeit führte bald dazu, daß Baumann mein Engagement ernst zu nehmen begann und mich in meinem vierten Semester sogar schon mit der Abfassung des Kapitels über „Südrhodesien" in seiner neuen „Völkerkunde Afrikas" betrauen wollte. Ich fühlte mich dafür aber noch lange nicht kompetent genug und lehnte ab – ein weiser Entschluß, da dieses Buch nach unendlichen Geburtswehen dann erst posthum erschienen ist (Baumann 1975, 1979).

Im Gegensatz zu den Massenfächern Französisch, Neuere Geschichte und Alte Geschichte (zu letzterer wechselte ich später), in denen ich während des gesamten Studiums kein Gespräch mit meinen Professoren führte, war die Völkerkunde in München damals ein kleines Fach mit nur einer Handvoll Hauptfachstudenten. Baumann selbst hielt sich meiner Erinnerung nach fast täglich über Stunden in seinem Institut auf und häufig kam es dann zwischen ihm, seinem Assistenten (zu meiner Zeit vor allem der spätere Professor Johannes W. Raum) und zufällig vorbeikommenden Studenten zu den sogenannten „Türrahmengesprächen" über ethnologische und alle möglichen anderen Fragen. Baumanns NS-Vergangenheit war nur andeutungsweise bekannt, ebenso, daß er nach dem Krieg deshalb seinen Lehrstuhl verloren und sich jahrelang recht mühsam, unter anderem als Sargtischler, durchgeschlagen hatte. Es hieß auch, er sei in den 1950er Jahren der erste evangelische Professor an der „schwarzen" Münchner Universität gewesen. Ich sah keine Möglichkeit, diese Andeutungen zu konkretisieren.[4] Generell bin ich allerdings jahrzehntelang eher auf Verständnis für politische Verführbarkeit gestossen als auf Achtung und Anerkennung für den konservativen Widerstand gegen Hitler – selbst dort, wo bewußt das eigene Leben eingesetzt worden war. Konnte solcher Widerstand nicht geleugnet werden, unterstellte man häufig und apodiktisch „falsche" Motive.

Zusammen mit mir studierten damals unter anderem Hermann Amborn (später Professor in München), Klaus Born (später am Reiss-Museum in Mannheim), Wolfgang Marschall (später Professor in Bern), Klaus E. Müller (später Professor am Institut für Historische Ethnologie in Frankfurt) sowie für eine kürzere oder längere Zeit auch Johannes Fabian (später Professor in Amerika und in Amsterdam), Annemarie (Fiedermutz-)Laun (später Professorin in Münster), Eberhard Fischer (später Direktor des Museums Rietberg in Zürich), Herbert Ganslmayr (später Direktor des Übersee-Museums in Bremen), Matthias Laubscher (später Professor in München), Reimar Schefold (später Professor in Amsterdam und Leiden) und Renate (Wente-)Lukas (später Direktorin des Ledermuseums in Offenbach).

Obwohl der aus der Kulturkreistheorie kommende Hermann Baumann zweifellos eine überragende, stark prägende Persönlichkeit war, ist an dieser Liste vor allem abzulesen, wie sehr seine Studenten auf dem von ihm vermittelten ethnologischen Fundament später offen für vielfältige eigene Wege blieben. Das hat sicher auch mit Baumanns außergewöhnlich umfassendem Wissen zu tun, das sich auf alle Kontinente und auf alle Bereiche der Ethnologie erstreckte. Was ich jedoch vor allem bei ihm gelernt habe, ist, daß es in unserer Wissenschaft nie endgültige Antworten gibt und daß man das, was man glaubt gefunden zu haben, anhand neuer Forschungsergebnisse und neuer Gesichtspunkte ständig aufs Neue überprüfen und gegebenenfalls revidieren muß. Baumann ließ uns in seinen Vorlesungen immer wieder an seinen eigenen Zweifeln, den ihn gerade bewegenden Fragen und seinen neu gefundenen Antworten teilnehmen. Ich habe mich später methodisch sehr weit von ihm entfernt, aber diese Einstellung war das Beste, was er mir auf meinen wissenschaftlichen Weg mitgeben konnte. In meinem Stu-

---

[4]   Noch in den 1990er Jahren erhielt ich für mein Buch über Deutsche Forschungsreisende in Angola (Heintze 1999b) aus Datenschutzgründen keinen Zugang zu Baumanns Feldforschungsanträgen bei der DFG.

dienbuch finde ich unter anderem Vorlesungen Baumanns über die kulturhistorische Erforschung Afrikas, die „materielle Wirtschaft der Naturvölker", den traditionellen Bodenbau der Afrikaner, die Geschichte der ethnologischen Theorien und die religiösen Vorstellungen der Afrikaner.

Baumanns Darstellung der afrikanischen Kulturen in Zeit und Raum lagen zwei Konzepte zugrunde: erstens die von Leo Frobenius' und Bernhard Ankermanns „Kulturkreisen" abgeleiteten und von ihm weiterentwickelten „Kulturen", das heißt Gebiete gleichartiger Kulturgestaltung, die in einem bestimmten Altersverhältnis zueinander standen, und zweitens „ethnographische Provinzen" oder „Kulturprovinzen", in denen sich diese Grundkulturen innerhalb mehr oder minder fest umgrenzter Gebiete in „gleichmäßiger und typischer Mischung" aufgrund historischer, umweltbedingter oder anderer Gegebenheiten aktualisieren. Obwohl er Kulturen als funktionale Einheiten begriff, deren Teile in einem engen Wirkungszusammenhang stünden, blieb sein methodischer Ansatz grundsätzlich historisch-diffusionistisch. Er hielt es für möglich, anhand formaler Übereinstimmungen und räumlicher Verteilungsdichte eine Stratigraphie der Kulturen zu erstellen und durch Abdecken der jeweils jüngeren Schicht bis in große zeitliche Tiefe vorzustoßen. Wesentlich war ihm dabei die Berücksichtigung a l l e r kulturformenden Faktoren, namentlich auch der bis dahin vernachlässigten physischen Anthropologie, Vorgeschichte und geographischen Umwelt. Rasse, Kultur und Umwelt bildeten für ihn eine Einheit, auch wenn er die Identität von Rasse und Kultur – ein Einfluß des Nationalsozialismus – „noch nicht" überall nachzuweisen vermochte. Das Verhältnis von Kultur und Sprache sei dagegen sehr viel komplizierter. Neben Rassen als den Kulturträgern war für ihn „das geographische Milieu" ein entscheidender Faktor. Dieser sei aufs engste mit den Wirtschaftsformen verknüpft, die ihrerseits wiederum alle anderen Kulturteile beeinflußten (s. Heintze 2001:36–37). Während meines Studiums entwickelte Baumann diese Konzepte in seinen Vorlesungen weiter, ohne sie allerdings, krankheitsbedingt, noch in einer in sich schlüssigen Form publizieren zu können.[5]

Der andere für meine wissenschaftliche Entwicklung besonders wichtige Ethnologe am Institut war László Vajda, ein großer Anreger, der es verstand, seine Studenten mitzureißen und zu motivieren. Er war vor allem für die Übungen und Seminare zuständig und las zum Beispiel über die antike und mittelalterliche Ethnographie, Methoden der Ethnogeneseforschung und die Kulturen Westsibiriens. Vieles, was er in späterer Zeit veröffentlichte, wurde in seinen Übungen und Vorlesungen in ersten Ansätzen oder bereits als Quintessenz vorgetragen, sozusagen getestet und, soweit wir dazu überhaupt in der Lage waren, mit uns diskutiert.[6]

---

[5]   Siehe Heintze (1972a, 1999c:129–137, 2001) und Straube (1972).
[6]   Siehe zum Beispiel Vajda (1973/74, 1999). Beiden Aufsätzen hätte ich eine größere internationale Verbreitung gewünscht.

Sehr bald wurde ich mir bewußt, daß ich nicht alle Fächer mit derselben Intensi-
tät zu studieren vermochte und daß mein Herz doch vorrangig bei der Ethnologie war.
So wagte ich den Sprung, gab die Zweigleisigkeit auf und machte die Ethnologie zu
meinem ersten Hauptfach, behielt aber die anderen Fächer bei. Damals gab es vor der
Promotion noch keinen anderen Abschluß. Man machte zunächst in einem Hauptfach
und zwei Nebenfächern (in meinem Fall einem zweiten Hauptfach und einem Nebenfach) alle benötigten Seminarscheine und begann anschließend mit der Doktorarbeit,
für die in der Regel drei Jahre veranschlagt wurden.

Feldforschung galt damals nicht als Voraussetzung dafür. Von ihr war während
meines ganzen Studiums überhaupt recht wenig die Rede. Dies hatte sicher mit dem
theoretischen Ansatz unserer beiden wichtigsten Professoren zu tun, obwohl Baumann
1930 und 1954 selber ein begeisterter Feldforscher in Angola gewesen war. Eine Feldforschung lag auch außerhalb der (finanziellen) Reichweite der allermeisten Studenten.[7]
In der Regel kam sie frühestens nach einem erfolgreichen Universitätsabschluß in Be-
tracht, meist mit mehreren Teilnehmern, und hieß dann noch bis in meine Frankfurter
Anfänge hinein „Expedition". Die Abreise und Rückkehr der Kollegen war jedesmal
ein Ereignis, das entsprechend gefeiert wurde. Wenn wir während des Studiums mit
Feldforschungsergebnissen konfrontiert wurden, dann meist in Form von ethnographischen Beschreibungen und endlosen Dia-Schauen, die mich redlich langweilten. Die
sogenannten „Funktionalisten" wie zum Beispiel Radcliffe-Brown, Mead und Malinowski waren in München keine Vorbilder.

Dagegen galten großräumige „kulturhistorische" Vergleichsstudien auf der Basis
von Literatur als Standard. War die Doktorarbeit fertig und angenommen, folgte eine
mündliche Prüfung in den drei Fächern. Da man beim Hauptfach überhaupt kein Thema und bei den beiden anderen Fächern nur eines für die ersten zehn Minuten angeben
durfte, verursachte die Prüfung doch reichlich Streß, denn während der Zeit, in der
man an seiner Arbeit schrieb, hatte man vieles aus dem Studium wieder vergessen. In
meinem Fall war inzwischen auch der Ordinarius in Alter Geschichte gestorben, so daß
ich ein Semester anhängen mußte, damit sein Nachfolger mich noch „kennenlernen"
konnte.

Das Thema meiner Doktorarbeit „Besessenheitsphänomene im Mittleren Bantu-
Gebiet" (Heintze 1970a) erwuchs aus einer Seminararbeit. Abgesehen von einer Reihe
neuer Aspekte und einer umfassenden Literaturübersicht war ich selber mit den Ergebnissen nicht besonders zufrieden. Ich empfand zunehmend ein Unbehagen mit der
anzuwendenden Methode eines auf Tausenden von Exzerpten beruhenden „Elemente"-

---

[7]   Unabhängigkeit und Handlungsspielraum der Studenten sind in meiner Wahrnehmung seit jenen
      Zeiten enorm gewachsen. Ich erinnere mich, wie 1965 auf dem DGV-Symposium „Historische Eth-
      nologie – heute" in Wien von den anwesenden Professoren einige Zeit darüber debattiert wurde, ob
      man eine Wortmeldung eines Studenten – entgegen der Satzung – zulassen dürfe. Mit Baumanns
      Hinweis, daß es sich um einen Doktoranden handele, der unmittelbar vor der Promotion stehe, wur-
      de sein Diskussionsbeitrag schließlich – ausnahmsweise! – zugelassen.

Vergleichs über halbe Kontinente hinweg (und sei dieser auch noch so sehr in einen umfassenderen Kontext eingebettet) sowie mit den diffusionistischen Erwartungen meines Doktorvaters. So war ich denn froh, als ich im Sommersemester 1968 – wie es hieß, als erste Frau – im Fach Völkerkunde an der Universität München, promoviert wurde.

Angola kommt in Sicht

Auch damals schon waren die Berufsaussichten für promovierte Ethnologen alles andere als rosig. Ich war bereit, mich völlig neu zu orientieren, hatte aber wieder einmal Glück. Eike Haberland war an die Johann Wolfgang Goethe-Universität in Frankfurt berufen worden, was die ehrenamtliche Leitung des renommierten Frobenius-Instituts mit einschloß. An diesem Institut konnte er zwei neue Mitarbeiter-Stellen besetzen, für eine hatte er mich vorgesehen – wohl einerseits auf Empfehlung von Baumann, andererseits aber auch, weil ich, was damals noch unüblich war, bereits vor meiner Promotion einen Aufsatz veröffentlicht hatte, der ihm gefiel.[8]

Haberland, dessen Schwerpunkt bisher auf Äthiopien gelegen hatte, plante, die Forschungen des Instituts einerseits auf Afrika zu fokussieren, dem Kontinent, dessen gerade in die Unabhängigkeit entlassenen Staaten damals die Hoffnungen und Zukunftsvisionen der westlichen Welt besonders galten, andererseits aber langfristig durch die Zusammenarbeit mit anderen Fächern der Universität in einen interdisziplinären Kontext einzubinden. Das Sammelgebiet „Afrika südlich der Sahara" an der Universitätsbibliothek bot dafür zusammen mit den Archiven und der Bibliothek des Instituts eine gute Grundlage. Haberland war der Auffassung, daß das Institut nur mit einem geographisch etwas schärferen Profil Chancen hatte, in der unsere Wissenschaft dominierenden englisch- und französischsprachigen Welt international deutlich wahrgenommen zu werden. Gleichzeitig war es ihm wichtig, enge Kontakte mit afrikanischen Universitäten herzustellen und auszubauen sowie an die Stelle des bisher noch häufig vorherrschenden euroamerikanischen Zentrismus in unserem Fach, den Dialog und die Partnerschaft mit den „Erforschten", vor allem mit ihren neuen Eliten an den afrikanischen Universitäten, zu setzen. Dazu gehörte, daß die immer noch verwendeten Bezeichnungen „Eingeborene" und „Naturvölker" zu Unwörtern erklärt wurden. Als sehr erfolgreich erwiesen sich später der mit der UNESCO und anderen Institutionen in Afrika realisierte wissenschaftliche Wettbewerb, das daraus resultierende Symposium Leo Frobenius und andere Konferenzen, Wanderausstellungen in Afrika, die Veröffentlichung zahlreicher Arbeiten von afrikanischen Autoren in der Zeitschrift und in der Monographie-Reihe des Instituts, eine Reihe von Forschungsprojekten in Afrika, die nachdrückliche Befürwortung von Gaststipendien für Afrikaner und schließlich

---

8   Er beruhte auf einem Beitrag für eine unveröffentlichte „Schüler-Festschrift", die Baumann von seinen Studenten zu seinem 65. Geburtstag gewidmet worden war (Heintze 1967).

der Sonderforschungsbereich „Westafrikanische Savanne", der wesentlich auf Haberlands Initiative zurückging.

Noch aber war die für mich vorgesehene Stelle nicht verfügbar, so daß eine Über-
gangslösung gefunden werden mußte. Baumann hatte mir gegenüber wiederholt betont,
wie wichtig es wäre, die Quellenschätze der portugiesischen Archive zu heben. Für meine Doktorarbeit hatte ich bereits Portugiesisch gelernt und mich bei einem ersten Aufenthalt in Lissabon davon überzeugt, daß über die portugiesische Kolonie Angola kaum
ethnologische oder historische Arbeiten existierten, die einen vergleichsweise „modernen" Standard aufwiesen, wie er in denjenigen über englisch- und französischsprachige
Gebiete Afrikas bereits anzutreffen war. Darüber hinaus war Angola damals noch und
für längere Zeit ein ausgesprochenes Stiefkind der internationalen Forschung. Haberland bestärkte mich darin, künftig hier meinen regionalen Schwerpunkt zu setzen. Ich
erhielt ein viermonatiges Gulbenkian-Stipendium (1968/69) in Lissabon und anschließend eine Sachbeihilfe der DFG mit dem von Haberland inspirierten Thema „Königtum in Angola".

Das war der Wendepunkt. In den portugiesischen Archiven lernte ich als erstes,
daß es über Angola bis zurück ins 16. Jahrhundert eine unermeßliche Fülle von (nicht
oder völlig unzureichend inventarisierten) Schriftquellen gab, daß diese Quellen aber
kaum ethnographischer, sondern vorwiegend administrativer Natur waren. Vor allem
aber erfuhr ich, daß Angola seit dem 16. Jahrhundert in einem für mich unvorstellbaren
Ausmaß als Exportland für nach Amerika verkaufte Sklaven gedient hatte. Ich erlebte
in Lissabon noch die letzten Jahre der Salazar-Diktatur. Der portugiesische Sklavenhandel galt in dieser Zeit und noch für einige Jahre danach als ein absolutes Tabuthema.
Daß ich so unbehelligt meinen Studien nachgehen konnte, hatte ich wohl nur dem Umstand zu verdanken, daß ich noch ein „unbeschriebenes Blatt" war und daß keine der
maßgeblichen Stellen ahnte, was mich hier interessierte. Außerdem stellte ich fest, daß
die vorhandenen portugiesischen Veröffentlichungen über Angola explizit oder implizit
nahezu ausnahmslos aus dem Blickwinkel der Kolonialmacht verfaßt waren. Entsprechend schlecht kamen die Afrikaner in ihnen weg. Mit diesen Erkenntnissen wuchs in
mir allmählich die Überzeugung, daß ich mit der Art ethnologischer Arbeiten, wie ich
sie bisher betrieben hatte, nicht fortfahren konnte.

Als erstes mußte ich mir genaue Kenntnisse über die Geschichte der zurückliegen-
den Jahrhunderte aneignen und dann wollte ich, soweit es mit den vorhandenen Quellen irgend möglich war, afrikanische Geschichte mit einem besonderen Augenmerk
auch auf ethnologische Aspekte schreiben. Alle meine Studienfächer hatten mich auf
die eine oder andere Weise mit Fragen nach historischen Grundlagen, Geschehnissen
und Prozessen konfrontiert. Angesichts der historischen Tiefe, die mir nun plötzlich die
Archivschätze verhießen, stand für mich fest, daß auch meine künftige wissenschaftliche Arbeit historisch ausgerichtet sein sollte – und darin wurde ich von Haberland
unterstützt (s. Haberland u. Heintze 1984). Bis dann tatsächlich die ersten Ergebnisse
vorgelegt werden konnten, vergingen allerdings noch Jahre.

A M   F R O B E N I U S - I N S T I T U T   (1 9 6 9 – 2 0 0 4) :
S C H R I F T L E I T U N G   D E R   I N S T I T U T S P U B L I K A T I O N E N

Am 1. Mai 1969 übersiedelte ich nach Frankfurt, ein Jahr später konnte ich als Nachfolgerin von Hildegard Klein meine Arbeit als wissenschaftliche Mitarbeiterin am
Frobenius-Institut aufnehmen. Schon während der Zeit meiner DFG-Sachbeihilfe wurde ich hier in das neue, an Frobenius anknüpfende Institutsprojekt „Atlas Africanus"
integriert (s. Striedter 1971). Meine Hauptaufgabe bestand dann jedoch in der Betreuung der Institutspublikationen. Als Schriftleiterin (und nach dem Tod von Haberland
auch als Herausgeberin) der internationalen Zeitschrift „Paideuma" habe ich im Laufe
der Jahre 26 Bände veröffentlicht (Jahrgänge 1971–1997); von den „Studien zur Kulturkunde" (seit der Neugestaltung des Umschlags auch als „blaue Reihe" bekannt) entstanden unter meiner Ägide – ab 1992 war ich zusätzlich auch Herausgeberin, dann Mit-
herausgeberin zusammen mit dem neuen Direktor des Frobenius-Instituts, Karl-Heinz
Kohl – die Bände 28 bis 120 und 122. Durch meine zunehmenden internationalen Kontakte konnte ich selber zahlreiche Artikel und über 25 Sammelbände und Monographien für die Institutspublikationen „einwerben". 1995 gründete ich eine eigene kleine
Reihe, „Afrika-Archiv", die der Edierung von Quellen vorbehalten war. Abgesehen von
meinen eigenen drei Bänden (Heintze 1995b, 1999d, 2002a) und einer anderen Arbeit
sind alle weiteren Editionsprojekte für diese Reihe leider über das Planungsstadium
nicht mehr hinausgekommen.

    Als mir die Betreuung der Institutspublikationen übertragen wurde, befand sich
die Buchherstellung in einem technischen Umbruch. Ich hatte gerade noch die paradie-
sischen Zeiten der auch in der deutschen Sprache hervorragend ausgebildeten Bleiset-
zer erlebt, als uns das vielfältige Experimentieren mit neuen Satz- und Drucktechniken
– vor allem waren die häufig erforderlichen diakritischen Zeichen immer wieder ein
Problem – vor große Herausforderungen stellte. Eine normale, später eine elektrische,
Schreibmaschine war mein einziges Hilfsmittel. An Unterstützung durch eine Sekretärin oder Hilfskräfte war nicht zu denken. Wenn man Zitierweise und Fußnoten im
Dienste einer Homogenisierung anders gestalten wollte, mußte man alles noch einmal
abtippen. Den ersten Computer für meine Arbeit gab es erst Anfang der 1990er Jahre.
Zugleich wurde aber aus Kostengründen ein immer größerer Anteil der Satzherstellung
auf die Wissenschaftler, in diesem Fall auf mich verlegt.

    Aber mir machte diese Aufgabe von Anfang an große Freude. Ich kam durch sie
mit zahlreichen Kollegen im In- und Ausland in Kontakt und blieb auf diese Weise
quasi zwangsläufig auf vielen geographischen und sachlichen Gebieten unserer Wissenschaft auf dem aktuellen Forschungsstand – eine wichtige und notwendige Ergänzung
zu meinen eigenen, geographisch enger gehaltenen Veröffentlichungen. Ich empfand
diese Arbeit (abgesehen von dem lästigen „Ermahnen" säumiger Autoren) als mir so
sehr auf den Leib geschnitten, daß ich später Habilitationsangebote (zuletzt sogar für
eine kumulative Habilitation) ablehnte, weil für mich der Platz hinter dem Schreibtisch

geeigneter erschien als hinter einem Podium (und ich Frankfurt außerdem ungern verlassen wollte). Aber die Redaktionsarbeit nahm auch den größten Teil meiner Arbeitszeit in Anspruch. Deshalb empfand ich es als eine Chance, daß Karl-Heinz Kohl bei seinem Amtsantritt bereit war, die Zuständigkeiten für die Publikationen neu aufzuteilen und ich die Schriftleitung von „Paideuma" in jüngere Hände legen durfte.

EINE ZEITREISE IN DAS 16. UND 17. JAHRHUNDERT ANGOLAS

Da sich die intensiven Redaktionsarbeiten, zu denen ja auch das Lesen später abgelehnter Manuskripte gehörte, über das ganze Jahr hinzogen, wäre es undenkbar gewesen, das Institut für länger als wenige Wochen zu verlassen. Monatelange Feldforschungen, die meine Kollegen in die Ferne lockten, waren damit nicht zu vereinbaren. Da ich mich jedoch als einen in praktischen Dingen eher unbeholfenen, wenig strapazierbaren und schüchternen Menschen einschätzte, war ich darüber nicht bekümmert, zumal in meinem inzwischen etablierten Spezialgebiet Angola seit 1961 der Unabhängigkeitskrieg tobte und diesem, als das Land 1975 schließlich unabhängig geworden war, ein blutiger Bürgerkrieg folgte. Archivstudien waren für mich die ideale Alternative. Ich verbrachte deshalb, meist mit Unterstützung der DFG, immer wieder einige Wochen in Portugal, wo das Gros der erhalten gebliebenen Schriftquellen über Angola aus den ersten Jahrhunderten portugiesischer Besatzung archiviert war, wo aber auch alle nicht in Deutschland vorhandenen portugiesischen Veröffentlichungen in Bibliotheken eingesehen (nicht: ausgeliehen und nicht: kopiert!) werden konnten.

Zunächst war es nötig, überhaupt erst einmal die Bestände zu sichten, was sich bei kurzen Öffnungszeiten, fehlenden Inventarbüchern, fehlenden oder unzureichenden Kopiermöglichkeiten als überaus zeitaufwendig erwies. Das Ergebnis dieser Recherchen war eine Reihe von Artikeln, die sich am Anfang noch vorrangig auf veröffentlichte Quellen stützten und sich vorwiegend auf die Geschichte des damals noch wenig bekannten Königtums Ndongo bezogen.[9] Auf den Titel seiner Herrscher (*ngola*) ist der Name Angola der portugiesischen Konquista und Kolonie sowie des heutigen afrikanischen Staates zurückzuführen.

Ein entscheidendes Ereignis war es, als ich auf zwei umfangreiche, bisher wenig herangezogene Kodizes stieß, die in außergewöhnlich detaillierter Form Rechenschaft über die Regierungszeit des Gouverneurs Fernão de Sousa in Angola (1624–1630) ablegten. Sie erwiesen sich als eine der wichtigsten und unverzichtbaren Quellen für das 17. Jahrhundert. Nachdem ich einen Großteil der Dokumente transkribiert hatte – was

---

9   Siehe vor allem Heintze (1970b, 1972b, 1977, 1979, 1980a, b sowie auch 1981/82, 1989a, b, c, 1993b). Einige Artikel zu diesem Thema wurden später zu einem Sammelband vereint und in einer vereinfachten Form veröffentlicht (Heintze 1996). Eine überarbeitete, erweiterte und mit Fußnoten versehene portugiesische Edition ist mit angolanischer Unterstützung derzeit in Vorbereitung.

aufgrund der damals üblichen zahlreichen Abkürzungen, häufig fehlender Abtrennung oder willkürlicher Zertrennung der Wörter sowie der oft nur sehr schwer zu entziffernden Handschriften eine besondere Herausforderung für mich bedeutete –, war es mir möglich, eine neue Interpretation der Geschichte des Königreichs Ndongo in der ersten Hälfte des 17. Jahrhunderts vorzulegen (Heintze 1981, 1984a). Die Vorarbeit dafür war aber so gewaltig und die Quelle für die Geschichte des 17. Jahrhunderts derart bedeutend, daß ich es als meine Verpflichtung ansah, sie allgemein zugänglich zu machen. Ich konnte eine portugiesische Philologin, Maria Adélia Mendes de Carvalho, die gerade ihre Arbeit als Lektorin an der Frankfurter Universität beendet hatte, zur Mitarbeit gewinnen. Wir ergänzten uns ausgezeichnet, und so gelang es, mit Unterstützung der DFG, diesen historischen Schatz zu edieren und in zwei Bänden der „Studien zur Kulturkunde" zu veröffentlichen.[10]

Über Fernão de Sousa war damals kaum etwas bekannt. Ich verfolgte daher seine Spuren in Portugal und entdeckte unter anderem nicht nur sein Geburtshaus in Vila Viçosa (*1563), seine beiden Paläste in Lissabon (eine verfallende Schule, die inzwischen, renoviert, als Privatuniversität dient) und Amarante (nur noch Reste einer Ruine) sowie einen seiner Nachkommen. In dem Versteigerungskatalog eines Antiquariats stieß meine Mitarbeiterin Maria Adélia Mendes de Carvalho auf sein Testament, von dem ich später eine Kopie machen durfte, und ich selber fand durch Zufall (versteckt in einem ganz anderen Dokument) die privaten Aufzeichnungen des Gouverneurs über die Geburtszeiten und Taufdaten seiner neun Kinder. Schließlich entpuppte sich ein im Bus nach Évora neben mir sitzender und eine handschriftliche Genealogie studierender Herr als Nachkomme des Verwalters von Fernão de Sousa auf dessen angolanischen Gütern! Leider mußte ich ihm mitteilen, daß sein Vorfahre keineswegs, wie er dachte, ein enger Freund des Gouverneurs gewesen, sondern von diesem unehrenhaft entlassen worden war. – Und das alles 350 Jahre später in einem portugiesischem Bus: Wie sollte man da nicht abergläubisch werden!

HISTORISCHE FORSCHUNGSMETHODEN

Die intensive Beschäftigung mit Schriftquellen und die Probleme, mit denen ich dabei konfrontiert wurde, ließen immer wieder gravierende Defizite in unserem Fach bei der Verwendung schriftlicher Quellen für historische und ethnologische Arbeiten über Afrika erkennen. Es gab lebhafte und zuweilen heftige Debatten über die adäquate Interpretation oraler Traditionen, dagegen meinte man in der Regel, über den Gebrauch von Schriftquellen nicht weiter nachdenken zu müssen. Für viele Epochen

---

[10]   Heintze (1985, 1988). Beide Bände sind inzwischen vergriffen. Die letzten zehn Exemplare gingen als großzügige Spende des Steiner-Verlags nach Angola, wobei die angolanische Botschaft in Berlin freundlicherweise die Transportkosten und den Versand übernahm.

und Gebiete Afrikas waren sie außerdem derart spärlich, daß man froh war, überhaupt etwas in der Hand zu haben. Das führte dann oft zu kühnen Verallgemeinerungen auf minimaler und qualitativ höchst anfechtbarer Quellenbasis. Da vielerorts außerdem noch ein statisches Bild der „traditionellen" Kulturen Afrikas vorherrschte, hielt man es für gerechtfertigt, wahllos alle nur irgendwo vorhandenen Informationen zu einem Gesamtbild im „ethnographischen Präsens" zusammenzuwürfeln, ohne einen Gedanken auf die Umstände oder die Zeit ihrer Entstehung zu verschwenden.[11] Quellenkritik war für viele noch ein unbekannter Begriff. Ich hatte dagegen nicht nur in meinem Geschichtsstudium in dieser Hinsicht eine vorzügliche Schulung erhalten, sondern, was historische Methoden anbelangt, schon frühzeitig in Jan Vansina (Leuven, später Madison, USA) meinen Meister (und unerreichbares Vorbild) gefunden. Er war es, der jedem Wissenschaftler die Grundforderung des „systematischen Zweifels" mit auf den Weg gab (1974). Wie bei niemand anderem haben mich nicht nur seine Kreativität, sein ungeheures, bis heute noch laufend aktualisiertes Wissen und sein interdisziplinärer Forschungsansatz, sondern besonders auch seine zahlreichen Arbeiten zu Forschungsmethoden herausgefordert und beeindruckt. Inzwischen verbinden mich mit ihm auch viele Jahre des fruchtbaren Gedankenaustauschs und der Freundschaft. Die Gründung der amerikanischen Zeitschrift „History in Africa: a journal of method" 1974 durch David Henige bestärkte mich in der Bedeutung methodischer Fragen. Ich selber habe daher immer wieder in kleineren Arbeiten, gestützt auf angolanische Beispiele, versucht, den Finger auf entsprechende „Wunden" zu legen.[12] Auch gegen vereinfachende und stereotype Erklärungsmuster schrieb ich an (z.B. Heintze 2006) und nahm außer Texten auch historische Fotografien unter die Lupe (z.B. Heintze 1999e). Als dann Adam Jones (heute Professor für afrikanische Geschichte in Leipzig) nach Frankfurt kam, fand ich in ihm einen Gleichgesinnten und war dankbar, daß er sich bereit fand, ein internationales Symposium über „European sources for sub-Saharan Africa before 1900: use and abuse" mit mir durchzuführen, das einen nachhaltigen Erfolg erlebte. Ich hätte mir dafür keinen besseren Partner wünschen können.[13]

NEUORIENTIERUNG: DEUTSCHE FORSCHUNGSREISENDE UND AFRIKANISCHE PIONIERE

Nach dem Tod Haberlands (1992) wuchs meine Beanspruchung durch die Redaktionsarbeiten so stark, zumal in dieser Zeit auch ein neuer Verlag für die „Studien zur Kulturkunde" gefunden werden mußte, daß für längere Archivreisen keine Zeit mehr blieb.

---

[11] Siehe zum Beispiel die entsprechende Kritik von Vansina (1969).

[12] Siehe zum Beispiel Heintze (1976, 1982, 1983, 1984b sowie auch 2000a).

[13] Die Beiträge wurden im Band 33 von „Paideuma" unter demselben Titel veröffentlicht (Heintze u. Jones 1987). Siehe auch Haberland und Heintze (1984).

Inzwischen war aber auch international eine junge Generation von Afrika-Historikern herangewachsen, die in monate- und jahrelangen Archivbesuchen, meist im Rahmen ihrer PhD-Arbeiten, Hervorragendes leistete. Ich selber hatte auch Lust, künftig über weniger weit zurückliegende Zeiten zu forschen und sah mich nach Themen zu Angola um, für die ich als Deutsche privilegiert sein und über die ich auch von Frankfurt aus arbeiten könnte.

Mit dem Afrika-bezogenen Teil des Nachlasses von Baumann[14] hatte ich auch die Aufzeichnungen Alfred Schachtzabels über seine Forschungsreise nach Angola (1913–1914) erhalten. So entstand der Plan, in einer „integrierten Quellenedition" alle ethnographischen Resultate dieser Reise zu publizieren: veröffentlichte und unveröffentlichte Texte, Fotos und eine ethnographische Sammlung.[15] Eine solche Editionsarbeit hatte zudem den Vorteil, daß sie relativ leicht unterbrochen und wiederaufgenommen werden konnte. Ein anderes Projekt war die Edierung der für ausländische Wissenschaftler kaum erreichbaren, meist in Tageszeitungen „verlorenen" Veröffentlichungen Max Buchners über seine Expedition an den Hof des Lunda-Herrschers in Zentralafrika (1878–1882). Auch das von mir in München entdeckte, handschriftliche Tagebuch von Eduard Pechuël-Loesche über seine Forschungen in Loango (1874–1876) konnte ich mit einer Sachbeihilfe der DFG transkribieren lassen.[16] Angesichts der Tatsache, daß die Schriftquellen über Angola in mindestens acht europäischen Sprachen abgefaßt und ohne zeitaufwendige und kostspielige Reisen nicht zu benutzen sind, sah ich in der (noch immer viel zu wenig anerkannten und geförderten) Editionsarbeit auch eine Verpflichtung und – in der Hoffnung auf die eine oder andere künftige Übersetzung – eine kleine wissenschaftliche Wiedergutmachung für die europäische Zerstörung einheimischer Kulturgüter („Idole", „Fetische"!) sowie für die in Angola besonders lange und drückende Kolonialzeit.

Auf diese Weise befand ich mich plötzlich mitten im 19. und beginnenden 20. Jahrhundert. Mit einem gewissen Staunen stellte ich fest, daß überraschend viele Deutsche ethnographische Erkundungen in Angola durchgeführt hatten, obwohl dieses Land doch nie eine deutsche Kolonie gewesen ist. Ihre Arbeiten wurden jedoch nur von wenigen Wissenschaftlern herangezogen. So lag es nahe, diesen (und anderen deutschsprachigen) Forschungsreisenden ein Buch zu widmen (Heintze 1999a). In ihm stellte ich dreißig dieser Reisenden in Kurzbiographien mit umfassenden Spezialbibliographi-

---

14 Klaus E. Müller, an den der gesamte wissenschaftliche Nachlaß von Baumann gegangen war, hatte diesen Teil freundlicherweise an mich weitergegeben.

15 Siehe Heintze (1993c, 1995b). Nur die gerade von Leipzig an das Berliner Völkerkundemuseum zurückgegebenen Ethnographica dieser Forschungsreise konnte ich damals noch nicht berücksichtigen.

16 Da Pechuël-Loesches Notizen nur stichwortartigen Charakter haben, eigneten sie sich nicht für eine Veröffentlichung, doch enthalten sie wertvolle Hinweise auf die psychischen Belastungen seiner Feldforschung (s. Heintze 2000a). Diese Notizen können jetzt in einer gut lesbaren Form in der Staatsbibliothek München eingesehen werden.

en und Textbeispielen aus ihren Werken vor[17] und legte ein besonderes Augenmerk auf die Produktion ihres ethnographischen Wissens, auf das Bild, das sie sich von den afrikanischen Menschen gemacht haben und auf die Art und Weise sowie auch auf den Kontext, in dem ihre späteren Publikationen zustande gekommen sind.

Allmählich begannen mir jedoch diese Arbeiten, bei denen stets Europäer, wenn auch keineswegs in strahlendem Licht, im Mittelpunkt standen, Unbehagen zu bereiten. Ich fand es daher an der Zeit, mich nun einmal explizit den bisher eher „Unsichtbaren" oder Unterschätzten zuzuwenden: den afrikanischen und luso-afrikanischen Unternehmern, Karawanenführern, Dolmetschern und Trägern in Zentralafrika im 19. Jahrhundert. Der monumentale Reisebericht Henrique Dias de Carvalhos über seine vierjährige Lunda-Expedition bildete dafür eine schier unerschöpfliche Grundlage. Aus dieser Motivation heraus entstand mein Buch „Afrikanische Pioniere. Trägerkarawanen im westlichen Zentralafrika (ca. 1850–1890)" (Heintze 2002b). Dabei war es mir ein besonderes Anliegen, dem Leser die Lebensumstände der handelnden Personen mit Hilfe erzählender Passagen stärker zu vergegenwärtigen. Zahlreiche Portraitaufnahmen, die ich in einem unveröffentlichten Expeditionsalbum entdeckte, unterstützten mich dabei.

ANGOLANISCHE INITIATIVEN

Bereits seit vielen Jahren stand ich durch gelegentliche Treffen in Lissabon mit angolanischen Wissenschaftlern in Verbindung. Etliche meiner Arbeiten wurden aus eigenem Antrieb von der vor den Nationalsozialisten nach Lissabon geflohenen Lotte Pflüger ins Portugiesische übersetzt und an angolanische Wissenschaftler weitergegeben. Dank des besonderen Interesses und Engagements der großartigen angolanischen Historikerin Maria da Conceição Neto wurden zwei dieser Übersetzungen (Heintze 1994b, 1995c), von ihr selbst redigiert, noch während des Bürgerkriegs in Luanda veröffentlicht.[18]

---

[17]   Die mir in ethnographischer oder methodischer Hinsicht besonders signifikant erscheinenden Textbeispiele habe ich vor allem im Hinblick auf angolanische Wissenschaftler aufgenommen, die wohl noch für lange Zeit nur unter großen Mühen an diese Literatur herankommen werden. Da dieses Buch vergriffen ist, wird der Verlag Otto Lembeck in Kürze eine bearbeitete Online-Edition (mit kleinen Ergänzungen in den Kurzbiographien) unter dem Titel „Deutsche Forschungsreisende in Angola. Ethnographische Aneignungen zwischen Sklavenhandel, Kolonialismus und Wissenschaft" ins Netz stellen. Eine portugiesische Version des Buches ist in Vorbereitung.

[18]   Ich habe es immer als ein großes Defizit empfunden, daß ich nicht selber fähig war, in anderen Sprachen zu publizieren. Andererseits lege ich auch immer größten Wert auf einen präzisen und stilistisch möglichst ansprechenden Stil (sicher nicht immer mit Erfolg). Dennoch bot sich mir wiederholt die Möglichkeit, mit der Hilfe von Übersetzern einige meiner Arbeiten oder ihre Kurzfassungen im englischen, französischen oder portugiesischen Sprachraum bekannt zu machen. Das war dann wohl auch der Grund, warum ich, dauerhaft oder turnusmäßig, in den wissenschaftlichen Beirat einer Reihe von

Die Etablierung von E-Mail-Verbindungen mit Angola bedeutete dann geradezu einen „Quantensprung" in unseren gegenseitigen Beziehungen. 1997 wurde ich zu einer Konferenz über die Geschichte Angolas nach Luanda eingeladen und betrat erstmals angolanischen Boden. Leider flammten die Kämpfe nach einer kurzen Pause wieder auf, so daß von angolanischer Seite geplante Vorhaben (noch) nicht umgesetzt werden konnten.

Aber aufgeschoben war nicht aufgehoben. Fünf Jahre später ermöglichten es mir die Initiative von Rosa Cruz e Silva, der vor Energie und persönlichem Einsatz nur so sprühenden Generaldirektorin des Arquivo Histórico Nacional de Angola, sowie die großzügige finanzielle Unterstützung durch dieses Archiv, Baumanns in Dundo (Nordangola) lagernde ethnographische Sammlung aus dem Jahr 1954 in einem auf Baumanns Notizen fußenden, zweisprachigen Katalog in Deutschland zu veröffentlichen (Heintze 2002a) und einen Teil der Auflage mit Hilfe der angolanischen Botschaft in Berlin dem Archiv in Luanda zukommen zu lassen. Nachdem dann im selben Jahr der jahrzehntelange Bürgerkrieg beendet werden konnte, fand die Präsentation des Katalogs, zu der ich eingeladen wurde, im Rahmen der Unabhängigkeitsfeiern in einer feierlichen Zeremonie in Dundo statt, unter anderem in Anwesenheit des Provinzgouverneurs, des zuständigen Bischofs, des angolanischen Botschafters in Deutschland (Alberto Bento Ribeiro, der mich auch sonst in vielen meiner angolanischen Projekte ermutigte und unterstützte) und, *last but not least*, der bereits erwähnten Generaldirektorin des angolanischen Nationalarchivs, der ich das alles letztlich zu verdanken hatte.

Inzwischen nahte mein Ruhestand (Januar 2004), der allerdings nicht das Ende meiner wissenschaftlichen Arbeiten bedeuten sollte. In Fortführung meiner Studien über das 19. Jahrhundert im westlichen Zentralafrika erschienen mir Untersuchungen über die Rolle von Transport- und Kommunikationsverbindungen für die Schaffung oder Transformation sozialer Räume besonders lohnend zu sein. Ich war daher sehr dankbar, daß ich 2003 mit Achim von Oppen am Zentrum Moderner Orient in Berlin ein internationales Symposium über „Angola on the move: transport routes, communications, and history" veranstalten und dazu unter anderem auch eine Reihe von angolanischen Wissenschaftlern nach Deutschland einladen konnte. Das führte nicht nur zu intensiven und anregenden Diskussionen zwischen den Teilnehmern, sondern ermöglichte mir auch, die große Gastfreundschaft, die ich in Angola genossen hatte, zu erwidern.[19]

---

internationalen Zeitschriften gewählt wurde, wie zum Beispiel der „Revista Internacional de Estudos Africanos" (Lissabon), des „Journal of African History" (London) und des „International Journal of African Historical Studies" (Boston).

[19]   Dieses Symposium fand mit Unterstützung der Volkswagen-Stiftung statt. Siehe zu den Ergebnissen Heintze und von Oppen (2004a, b). Ein Veröffentlichung als Buch- und Online-Edition ist zur Zeit in Vorbereitung (s. Heintze u. von Oppen 2007).

Noch im selben Jahr wurde ich dann meinerseits wieder zu Vorträgen an die Agostinho Neto Universität in Luanda eingeladen. Die Anfrage, ob ich bereit wäre, auch eine Gastprofessur anzunehmen, empfand ich zwar als eine große Ehre, mußte sie aber aus einer Reihe eher persönlicher Gründe ablehnen. Im folgenden Jahr erschien gleichzeitig in Lissabon und in Luanda mit Unterstützung des Goethe-Instituts eine portugiesische Edition meiner „Afrikanischen Pioniere",[20] zu deren Präsentation ich 2005 wiederum nach Angola eingeladen wurde. Mit dieser Übersetzung hat auch die wunderbare Zusammenarbeit mit meiner portugiesischen Übersetzerin Marina Santos, die mir längst zu einer vertrauten Freundin geworden ist, begonnen.

Ähnliche Projekte sind bereits von portugiesischer und angolanischer Seite in Vorbereitung, und soeben habe ich eine erste Fassung eines Buchmanuskriptes über „Verwandtschaft und Politik im vorkolonialen Zentralafrika" fertiggestellt.[21] – „Angola" wird mich also wohl weiterhin noch ein Stück Weges begleiten.

LITERATURVERZEICHNIS

BAUMANN, Hermann (Hrsg.)

1975   *Die Völker Afrikas und ihre traditionellen Kulturen*. Band 1. Wiesbaden: Steiner (Studien zur Kulturkunde 34.)

1979   *Die Völker Afrikas und ihre traditionellen Kulturen*. Band 2. Wiesbaden: Steiner (Studien zur Kulturkunde 35.)

BAUMANN, Hermann, Richard THURNWALD und Dietrich WESTERMANN (Hrsg.)

1940   *Völkerkunde von Afrika*. Mit besonderer Berücksichtigung der kolonialen Aufgabe. Essen: Essener Verlagsanstalt

DEUTSCHE UNESCO-KOMMISSION

1974   *Symposium Leo Frobenius*. Perspectives des études africaines contemporaines. Pullach bei München: Dokumentation Saur KG

HABERLAND, Eike und Beatrix HEINTZE

1984   „Forschungen zur afrikanischen Geschichte. Aus der Arbeit des Frobenius-Instituts", in: Arbeitsgemeinschaft außeruniversitärer Forschungseinrichtungen in der Bundesrepublik Deutschland (Hrsg.), *Jahrbuch der historischen Forschung in der Bundesrepublik Deutschland*, 54–61. München *et al.*: Klett-Cotta

---

[20]   Heintze (2004a). Das Buch ist meiner langjährigen angolanischen Freundin, der Dichterin und Historikerin Ana Paula Tavares gewidmet.

[21]   Siehe zu diesem Thema auch Heintze (2007a, b).

HEINTZE, Beatrix[22]

1967   „Der südrhodesische *dziva*-Komplex", *Anthropos* 62:338–368

1970a   *Besessenheits-Phänomene im Mittleren Bantu-Gebiet.* Wiesbaden: Steiner (Studien zur Kulturkunde 25.)

1970b   „Beiträge zur Geschichte und Kultur der Kisama (Angola)", *Paideuma* 16:159–186

1972a   „Hermann Baumann. 9.2.1902–30.6.1972", *Baessler-Archiv*, N.F. 20:1–9

1972b   „Historical notes on the Kisama of Angola", *Journal of African History* 13:407–418

1976   „Oral tradition: primary source only for the collector?", *History in Africa* 3:47–56

1977   „Unbekanntes Angola: Der Staat Ndongo im 16. Jahrhundert", *Anthropos* 72:749–805

1979   „Der portugiesische Vasallenvertrag in Angola im 17. Jahrhundert", *Paideuma* 25:195–223

1980a   „Luso-african feudalism in Angola? The vassal treaties of the 16th to the 18th century", *Revista Portuguesa de História* 18:111–131

1980b   „The Angolan vassal tributes of the 17th century", *Revista de História económica e social* 6:57–78

1981   „Das Ende des unabhängigen Staates Ndongo (Angola). Neue Chronologie und Reinterpretation (1616–1630)", *Paideuma* 27:197–273

1982   „Written sources and African history: a plea for the primary source. The Angolan manuscript collection of Fernão de Sousa", *History in Africa* 9:77–103

1981/82 „Die portugiesische Besiedlungs- und Wirtschaftspolitik in Angola 1570-1607", *Aufsätze zur portugiesischen Kulturgeschichte* 17:200–219

1983   „Probleme der Interpretation von Schriftquellen. Die portugiesischen Richtlinien zur Angola-Politik im 17. Jahrhundert als Beispiel", in: Rainer Voßen und Ulrike Claudi (Hrsg.), *Sprache, Geschichte und Kultur in Afrika*, 461–480. Hamburg: Buske

1984a   „Angola nas garras do tráfico de escravos: as guerras do Ndongo (1611–1630)", *Revista Internacional de Estudos Africanos* 1:11–59

1984b   „Translations as sources for African history", *History in Africa* 11:131–161

1989a   „Traite de ‚pièces' en Angola: ce qui n'est pas dit dans nos sources. De l'esclavage durant le premier siècle de l'occupation portugaise", in: Serge Daget (Hrsg.), *De la Traite à l'esclavage*. Actes du Colloque international sur la traite des Noirs, Nantes 1985. Band 1, 147–172. Nantes und Paris: Centre de Recherches sur l'Histoire du monde Atlantique. Société Française d'Outre-Mer

1989b   „Zur materiellen Kultur der Ambundu nach den Schriftquellen des 16. und 17. Jahrhunderts", *Paideuma* 35:115–130

1989c   „A cultura material dos Ambundu segundo as fontes dos séculos XVI e XVII", *Revista Internacional de Estudos Africanos* 10/11:15–63

1993a   *Walter Cramer (1886–1944). Ein Leipziger Unternehmer im Widerstand.* Köln: Deutscher Instituts-Verlag

1993b   „Gefährdetes Asyl: Chancen und Konsequenzen der Flucht angolanischer Sklaven im 17. Jahrhundert", *Paideuma* 39:321–341

1993c   „Plädoyer für eine integrierte Quellenedition", *Baessler-Archiv*, N.F. 41:323–339

1994a   *Walter Cramer – Ein Leipziger Unternehmer im Widerstand gegen den Nationalsozialismus.* Leipzig (Texte des Leipziger Geschichtsvereins 10.)

---

[22]   Eine fast vollständige Liste meiner auf Afrika bezogenen Veröffentlichungen findet sich auf der *website* des Frobenius-Instituts: www.frobenius-institut.de.

[1995a] „Walter Cramer – Ein Leipziger Unternehmer im Widerstand", in: Kulturamt der Stadt Leipzig (Hrsg.), *Walter-Cramer-Ehrung der Stadt Leipzig 1994*, 15–27. Leipzig

1995c *Asilo ameaçado: Oportunidades e consequências da fuga de escravos em Angola no século XVII.* Luanda: Ministério da Cultura (Cadernos do Museu da Escravatura 2.)

1996 *Studien zur Geschichte Angolas im 16. und 17. Jahrhundert.* Ein Lesebuch. Köln: Köppe

1999a „Walter Cramer (1886–1944)", in: Reiner Groß und Gerald Wiemers (Hrsg.), *Sächsische Lebensbilder*: Band 4: 63–73. Stuttgart: Steiner

1999b *Ethnographische Aneignungen.* Deutsche Forschungsreisende in Angola. Frankfurt am Main: Lembeck

1999c „Hermann Baumann", in: Beatrix Heintze, *Ethnographische Aneignungen.* Deutsche Forschungsreisende in Angola, 129–151, 427–429. Frankfurt am Main: Lembeck

1999e „Die Konstruktion des angolanischen ‚Eingeborenen' durch die Fotografie", in: Michael Wiener (Hrsg.), *Ethnologie und Photographie*, 3–13. Fotogeschichte 19(71)

2000a „Feldforschungstreß im 19. Jahrhundert: Die deutsche Loango-Expedition 1873–1876", in: Sylvia M. Schomburg-Scherff und Beatrix Heintze (Hrsg.), *Die offenen Grenzen der Ethnologie.* Schlaglichter auf ein sich wandelndes Fach, 39–51. Frankfurt am Main: Lembeck

2000b „References in the humanities: strategies of being open, being obscure and being misleading", *History in Africa* 27:437–442

2001 „Hermann Baumann: ‚Völker und Kulturen Afrikas'", in: Christian F. Feest und Karl-Heinz Kohl (Hrsg.), *Hauptwerke der Ethnologie*, 40–45. Stuttgart: Kröner

2002b *Afrikanische Pioniere.* Trägerkarawanen im westlichen Zentralafrika (ca. 1850–1890). Frankfurt am Main: Lembeck

2003 *Walter Cramer, die Kammgarnspinnerei Stöhr & Co in Leipzig und die sogenannte „Judenfrage".* Materialien zu einer Gratwanderung zwischen Hilfe und Kapitulation. Leipzig: Leipziger Universitätsverlag (Erinnerungen 3.)

2004a *Pioneiros Africanos: Caravanas de carregadores na África Centro-Ocidental (entre 1850 e 1890).* Tradução de Marina Santos. Lissabon: Editorial Caminho. Luanda: Nzila

2006 „Contra as teorias simplificadoras: o ‚canibalismo' na antropologia e história de Angola", in: Manuela Ribeiro Sanches (Hrsg.), *„Portugal não é um país pequeno": Contar o Império na pós-colonialidade*, 213–226. Lissabon

2007a „The extraordinary journey of the Jaga through the centuries: critical approaches to precolonial Angolan historical sources, *History in Africa* 34 [im Druck]

2007b „Translocal ‚kinship ties' in Central African politics of the 19th century", in Ulrike Freitag und Achim von Oppen (Hrsg.), *Translocality: the study of globalising processes from a southern perspective* [in Vorbereitung]

HEINTZE, Beatrix (Hrsg.)

1985 *Fontes para a história de Angola do século XVII.* Band 1: Memórias, relações e outros manuscritos da Colectânea Documental de Fernão de Sousa (1622–1635). Stuttgart: Steiner (Studien zur Kulturkunde 75.)

1988 *Fontes para a história de Angola do século XVII.* Band 2: Cartas e documentos oficiais da Colectânea Documental de Fernão de Sousa (1624–1635). Stuttgart: Steiner (Studien zur Kulturkunde 88.)

1994 *Lwimbi, desenhos etnográficos dos Lwimbi.* Ngangela do Centro de Angola. Do espólio de Hermann Baumann. Tradução de Lotte Pflüger, revisão científica de M[aria] da Conceição Neto, edição revista pela autora. Luanda: Ler & Escrever

1995b   *Alfred Schachtzabels Reise nach Angola 1913–1914 und seine Sammlungen für das Museum für Völkerkunde in Berlin.* Rekonstruktion einer ethnographischen Quelle. Köln: Köppe (Afrika-Archiv 1.)

1999d   *Max Buchners Reise nach Zentralafrika 1878–1882.* Briefe, Berichte, Studien. Köln: Köppe (Afrika-Archiv 2.)

2002a   *Hermann Baumann: Die ethnographische Sammlung aus Südwest-Angola im Museum von Dundo, Angola (1954).* Katalog. A colecção etnográfica do Sudoeste de Angola no Museu do Dundo, Angola (1954). Catálogo. Köln: Köppe (Afrika-Archiv 3.)

HEINTZE, Beatrix und Adam JONES (Hrsg.)
1987   *European sources for sub-Saharan Africa before 1900: use and abuse.* Paideuma 33

HEINTZE, Beatrix und Achim von OPPEN
2004a   „Angola in Bewegung. Verkehrswege, Kommunikation und Geschichte", *Periplus* 14:214–227

HEINTZE, Beatrix und Achim von OPPEN (Hrsg.)
2004b   *„Angola on the move: transport routes, communication, and history",* http://www.zmo.de/angola

2007   *Angola on the move: transport routes, communication, and history.* Frankfurt am Main: Lembeck, Buch- und Online-Edition [in Vorbereitung]

STRAUBE, Helmut
1972   „Hermann Baumann 9. Februar 1902 – 30. Juni 1972", *Paideuma* 18:1–15

STRIEDTER, Karl Heinz
1971   „Der ‚Atlas Africanus' des Frobenius-Institutes. Konzeption und Perspektiven", *Paideuma* 17:206–215

VAJDA, László
1973/74   „Zur Frage der Völkerwanderungen", *Paideuma* 19/20:5–53
1999   „Greuelmärchen und Wunderland-Geschichten", in: László Vajda, *Ethnologica.* Ausgewählte Aufsätze. Herausgegeben von Xaver Götzfried, Thomas O. Höllmann und Claudius Müller, 467–483. Wiesbaden: Harrassowitz ([1]1995)

VANSINA, Jan
1969   „Anthropologists and the third dimension", *Africa* 39(1):62–67
1974   „The power of systematic doubt in historical enquiry", *History in Africa* 1:109–127
1986   „Knowledge and perceptions of the African past", in: Bogumil Jewsiewicki und David Newbury (Hrsg.), *African historiographies: what history for which Africa?*, 28–41. London *et al.*: Sage

VON ARETIN, Felicitas
2004   „Der wiederentdeckte Großvater – Beatrix Heintze und der Industrielle Walter Cra-
        mer", in: Felicitas von Arentin, *Die Enkel des 20. Juli 1944*, 203–218. Leipzig: Faber &
        Faber

WISSLER, Clark
1948   *Das Leben und Sterben der Indianer*. Wien: Danubia

VIVERE MILITARE EST
Eine autobiographische Skizze

Klaus E. Müller

KNABENJAHRE

Ich muß persönlich werden. Meine Geburt fiel auf Epiphanias 1935, das altchristliche Neujahrsfest, zu dem auch Jesus und Adenauer geboren wurden. Man sagt, ich sei ein ruhiges Kind gewesen und hätte niemals geweint – ein Zeichen frühreifer Resignation? Zu Hause tönte es teils konsonant, teils mischten sich Mißklänge ein. Meine Mutter war Konzertsängerin (und examinierte Pianistin), mein Vater diplomierter Elektroingenieur und bei den Vereinigten Elektrizitätswerken Westfalen (VEW)[1] beschäftigt. Wir bewohnten ein kleines Reihenhaus am Rand von Dortmund. Dienstboten gingen meiner Mutter zur Hand, allwöchentlich fand ein Kammermusikabend statt, wurde ich von Wohlklängen in den Schlaf gewiegt. Doch durchbrachen eben auch Dissonanzen mein frühes Knabendasein. Mein Vater neigte zu unmusikalischer Strenge. Wiewohl passio-

---

[1] inzwischen aufgegangen in den Rheinisch-Westfälischen Elektrizitätswerken (RWE)

nierter Laienflötist, griff er unnötig oft statt zum Blasinstrument zum Rohrstock, hieß mich die „Sepplhosen" abstreifen, und züchtigte mich, auch wenn ich mir keiner Schuld bewußt war. So lernte ich früh, Nachsicht mit den Fehlern anderer zu üben. Erst später begriff ich, daß er mit der Rute wohl auch eigene Probleme niederzuschlagen suchte. Anthroposoph und bekennender Christ, erklärte er sich offen wider den Nationalsozialismus. Kein Familienmitglied durfte die Hand zum „deutschen Gruß" erheben, mein (älterer) Bruder keinen Rang in der Hitlerjugend annehmen. Die Aufforderung, das Hetzblatt „Der Stürmer" zu abonnieren, wies er mit den unmißverständlichen Worten zurück: „Das Scheißblatt nehme ich nicht!" Mehrfach von Nachbarn, die treu zum Vaterland standen, angezeigt, war er gut dreimal „Gast" der Gestapo. Und jedesmal mußte die Familie befürchten, ihn nicht mehr wiederzusehen. Doch gab man ihn stets wieder frei – weil er zum Glück zwei einflußreiche Beschützer besaß: den Generaldirektor der VEW, der hoher Parteifunktionär, Alkoholiker und auf meinen Vater angewiesen war, weil er seine Arbeit mitübernahm, und einen Juden, den Generalfeldmarschall Erhard Milch (1892–1972), der unter anderem als Oberbefehlshaber der Luftabwehr im Ruhrgebiet amtierte und meinen Vater dringend zur Sicherstellung der Stromversorgung der Industrieanlagen und Rüstungsbetriebe brauchte.[2]

Anbei ein kleines Begebnis, oder, ethnologisch präziser, ein Omen: Am Vorabend des Kriegsbeginns am 1. September 1939 hatten wir den Pfarrer der örtlichen Christengemeinde – die geistliche Parallelorganisation zur Anthroposophie – zu Gast. Es war ein lauer Spätsommerabend, und wir saßen auf dem Balkon. Da flog eine weiße Taube flach über unsere Köpfe hinweg durch das geöffnete Fenster des Kinderzimmers ins Haus. Verwundert begaben wir uns nach oben und sahen das Tier regungslos auf einem Stuhl vor meinem Bett sitzen. Für Anthroposophen konnte da keinerlei Zweifel walten. Der Geistliche sprach zu meinem Vater: „Ihrem Sohn wird nichts geschehen". Tatsächlich überlebten wir alle, obwohl niemand aus unserer Familie wie auch der weiteren Verwandtschaft Parteimitglied war. Ich lernte, in kritischen Situationen auf Hilfe von oben zu vertrauen.

Zwei Jahre vor Kriegsende bezogen wir eine kleine Baracke, ein sogenanntes „Behelfsheim", an einem Waldrand nahe Sümmern bei Iserlohn im westlichen Sauerland. Dort hatte ich Gelegenheit, meine ersten Felderfahrungen zu sammeln. Die englischen Tiefflieger, als Briten passionierte Sportsleute, machten sich einen Spaß daraus, Zielschießen auf Schulkinder zu veranstalten. Doch wie schon in Nordafrika unterschätzten sie auch hier ihre Gegner. Wir lernten rasch, wie nahe man sie herankommen lassen mußte, bis sie ihre MGs in der (gläsernen) Kanzel nicht mehr schwenken konnten, und sprangen dann in den Straßengraben. Widrigenfalls bekamen wir die Patronenhülsen ab. Kurz vor Kriegsende, im Frühjahr 1945, wurde ich, enttäuschend formlos, vom Führer zu den Fahnen gerufen. Man rekrutierte mich, gerade zehnjährig, für den „Volks-

---

[2] Auf ihn bezog sich der bekannte Spruch Görings: „Wer Jude ist, entscheide ich!" Beide waren im Ersten Weltkrieg zusammen geflogen.

sturm". Begreiflicherweise blieb kaum mehr Zeit für eine gefechtstaugliche Ausbildung. Einige der zurückweichenden deutschen Soldaten unterwiesen mich binnen weniger Stunden im Handgranaten-, Panzerfaust- und Karabinergebrauch. Ob sie dabei patriotische oder zynische Empfindungen leiteten, soll dahingestellt bleiben. Das Gewehr konnte ich nur liegenderweise betätigen, da sein beträchtlicher Rückstoß, wie die ersten Versuche gezeigt hatten, mich umwarf. Ich erkläre das damit, daß zwei extreme Hungerjahre mit entsprechenden Mangelkrankheiten hinter mir lagen und meine Tagesration zur Einsatzzeit eine halbe Runkelrübe betrug.

Mein Kampfauftrag lautete, eine Panzersperre auf der Verbindungsstraße zwischen Menden und Iserlohn gegen die anrückenden amerikanischen Panzerverbände zu verteidigen und, falls meine Kräfte reichten, den Feind wieder über den Rhein zurückzuwerfen. Zu meiner Verstärkung war ein etwa siebzigjähriger Bauer, armiert auf altdeutsch-bodenständige Weise mit einer dreizinkigen Mistgabel, abkommandiert. Noch ehe wir indes Feindberührung hatten, rollte mein Vater, auf einem klapprigen Fahrrad von Dortmund aus unterwegs zu seiner Familie, auf uns zu. Mit einem Blick die Gefechtslage überblickend, befahl er mir, auf der Stelle zu desertieren. Streng erzogen, wie ich war, gehorchte ich widerspruchslos. Sichtlich erleichtert trat auch mein Kamerad den Rückzug an. Während ich meine Waffen ins Feld warf, behielt er die seine bei sich, wohl weniger aus Selbstschutz-, denn aus pragmatischen Gründen, da er davon ausgehen durfte, daß sie ihm auch später in Friedenszeiten noch gute Dienste leisten werde. So kam es, daß der Feind ungehindert bis ins Herz des Großdeutschen Reiches vorstoßen konnte.

Nach dem Krieg ging es mit uns rasch aufwärts. Mein Vater wurde Bezirksdirektor der VEW für das Sauerland mit Sitz in Arnsberg und genoß als politisch Unbescholtener das volle Vertrauen der britischen Besatzungsoffiziere, deren einige sich bald bei unseren häuslichen Kammermusikabenden einfanden. Ich machte meine ersten Erfahrungen mit „dem Fremden". Zunächst unschlüssig, ob ich es bei der Teilnehmenden Beobachtung belassen oder mich für das unmittelbarere *going native* entscheiden sollte, gab ich der distanzierten Betrachtung den Vorzug vor der Empathie. Doch erschien es mir rätlich, dies noch heute quälende Methodendilemma bei Kontakten mit den Töchtern der Offiziere elastischer anzugehen.

In Arnsberg besuchte ich das humanistische Gymnasium „Laurentianum". Dort wurden die Altsprachen jeweils von zwei Lehrern bestritten: Der eine war für die Grammatik und Formenlehre, der andere für das Literaturstudium verantwortlich. Andere Lehrer hatten sich durch wissenschaftliche Publikationen einen Namen gemacht. Dafür wurde der Sport vernachlässigt, wohl wegen seiner übertriebenen Pflege in der Zeit zuvor. Immerhin spielten wir einen passablen Fußball.

JÜNGLINGSJAHRE

1949 rückte mein Vater zum Leiter der Bezirksdirektion Bochum-Dortmund auf. Wir siedelten nach Dortmund über, wo ich bis zum Abitur (1955) das städtische humanistische Gymnasium besuchte. Kriegsbedingt war es in der Ruine eines Krankenhauses im Dortmunder Norden untergebracht. Da dort nur wenige Räume zur Verfügung standen, hatten wir sie umschichtig, die eine Woche vormittags, die andere nachmittags, mit den Schülerinnen eines Mädchengymnasiums zu teilen. Wählte man den Fußweg, mußte man die Bordellstraße passieren – für Heranwachsende eine Erfahrung der besonderen Art.

Doch boten sich auch Unterhaltungen auf höherem Niveau. Abgesehen von den weiterhin gepflegten musikalischen Soireen, nutzte mein Vater, der zunehmend an Strenge verlor, seine neuen Möglichkeiten, namhafte Physiker zu Vorträgen einzuladen, die dann, da es noch – Anfang der 1950er Jahre – an besseren Hotels fehlte, bei uns zu nächtigen pflegten. So ergab sich, daß man sich abends nach Tisch im „Herrenzimmer" zusammenfand und diskutierte. Da ich Interesse bekundete, durfte ich dabeisein. Besonders erinnere ich mich noch an die – auch mir gegenüber immer freundlichen „Onkel" – Pascual Jordan (1902–1980), Walther Gerlach (1889–1979) und Werner Heisenberg (1901–1976), der damals an einer „Theorie für alles" (einer „Weltformel") arbeitete und damit bei meinem über die Elektrotechnik hinaus immer „naturphilosophisch" hochinteressierten Vater auf viel Resonanz stieß. Zwar verstand ich als etwa sechzehnjähriger Pennäler so gut wie nichts, doch bekam ich irgendwie mit, daß es um Bedeutsames ging. Hierin lag wohl der Grund, daß ich Jahrzehnte später begann, mich intensiv mit Fragen der theoretischen Physik zu beschäftigen – aber sicherlich auch, weil mir die traditionelle Ethnologie epistemologisch zu „weich" erschien.

Zunächst entscheidender jedoch war ein anderes Ereignis: Ein Klassenkamerad, der als Statist an der städtischen Oper Dortmund sein Taschengeld aufbesserte, bat mich eines Tages, ihn zu vertreten. Ich sagte nur zögernd zu, da ich, mit klassischer Kammermusik aufgewachsen, nur wenig von der Oper hielt. So betrat ich denn erstmals als braun eingefärbter und dürftig geschürzter Lanzenträger in „Aida" die bekannten „Bretter" – um sie fortan für knapp acht Jahre nicht mehr zu verlassen. Die gleichsam unweltliche Atmosphäre aus Halbdunkel, Kulissenschein, fremdartigen Kostümierungen, gestelztem Verhalten, Musik, Gesang und Tanz nahm mich vom Fleck weg gefangen. Bald stand ich nahezu jeden Abend auf der Bühne; hatten wir nachmittags Schule, auch vormittags zu den Proben. Ich lernte mich schminken, um die Maskenbildner zu entlasten, und trat auf Bitten der Ballettmeisterin dem Ballett als „Hilfstänzer" bei, was freilich zwei unsäglich harte Jahre im Ballettsaal erforderlich machte, die auch das rüdeste Tennis- und Fußballtraining als erholsamen Ausgleichssport erscheinen ließen.[3]

---

[3]   Kenner wissen, was es zum Beispiel heißt, Krakowiak zu tanzen.

War ich vorher ein eher schüchterner Solitär gewesen, so durchlief ich im Ballettsaal einen ebenso drastischen wie sprunghaften Reifeprozeß, der den berüchtigten Initiationen in Teilen Neuguineas nur wenig nachgab. Fortan durfte ich mich als erprobten Frühgereiften betrachten.

Auf der anderen Seite boten meine und einiger meiner Klassenkameraden Theatererfahrungen die willkommene Möglichkeit, der Tristesse des Schulalltags mehr Abwechslung und Farbe zu verleihen. Wir studierten Summchöre ein, die irgendwo auftönten und woanders wieder verklangen, teils auch Operettenlieder im Walzertakt, beides vornehmlich während einer Klassenarbeit zu Gehör gebracht, um Spannungen abzubauen, inszenierten Ohnmachten und feierliche Geburtstagsfeiern in Abendgarderobe, mit Kerzen, Gesang, Ansprachen und einem reich besetzten Gabentisch für Lehrer, die nicht unseren Erwartungen entsprachen – und vieles andere mehr, was insgesamt sehr zur Belebung der Unterrichtsstunden beitrug, schließlich aber doch auch eine weniger erfreuliche Konsequenz nach sich zog. Ein Mitschüler und ich sollten der Schule verwiesen werden. Indes der Elternvertretung gelang es, das Ärgste abzuwenden – wenn auch mit einem unfairen Trick: Mein Freund war Jude, und so ließ man die Andeutung einfließen, es sähe so aus, als lebten im Lehrkörper noch antisemitische Ressentiments fort. Nunmehr ließ sich die Lehrerschaft ihren theatralischen Auftritt nicht nehmen. Spätnachmittags in der letzten Stunde zog sie in Prozessionsformation, Schulrat und Direktor an der Spitze, in die Klasse ein und stellte sich in frontaler Breite vor den Schülern auf. Der Direktor richtete einen moralischen Appell an die Klasse, der die didaktisch bedenkliche Aufforderung enthielt, „gewisse Elemente an die Wand zu drücken", und verlas abschließend ein Formular, von dem mir nur mehr die ersten und letzten Worte in Erinnerung geblieben sind: „Ich bemerke, daß die Reihe der Schulstrafen wie folgt lautet […] Androhung der Verweisung, Verweisung". Daraufhin erfolgte der Abgang, nicht unähnlich dem bei einer Chefarzt-Visite. Mir erschloß sich mit eindringlicher Anschaulichkeit, welch eminente Rolle szenischer Formalisierung, Ritual und Kult bei offiziellen Auftritten der Ältesten zukommt. Wir waren also mit einer „Androhung" davongekommen. Damit war, überspringt man die nächstliegende Zukunft, mein Studium der Ethnologie sichergestellt.

Unter dem Eindruck dieser bewegten Jahre erschien es mir nur kaum mehr vorstellbar, eines Tages wieder ganz in die Tagwelt des „bürgerlichen" Lebens zurückzukehren. Ich entschloß mich, Opernregisseur zu werden. Das bedeutete zunächst, daß ich den mit zwölf Jahren zugunsten des Sports aufgegebenen Klavierunterricht wieder aufnehmen mußte, was mir nunmehr merklich schwerer fiel, das heißt einen erhöhten Übungsaufwand erforderte. Ein günstiger Zufall wollte es, daß just zu dieser Zeit die Frau eines Freundes, der damals zu den bekanntesten jüngeren deutschen Konzertpianisten zählte (Günther Louegk), das Angebot erhielt, das Management des Intendanzbüros der Bayerischen Staatsoper in München zu übernehmen. Sie sagte zu, und beide siedelten nach München über. Zuvor hatte sie mir noch dringend geraten, sollte es mir ernst mit meinem Berufswunsch sein, nach München zu kommen und mich zu bemühen, Privatschüler von Rudolf Hartmann (1900–1988), dem Intendanten der Bayerischen Staatsoper und damals einem der renommiertesten Opernregisseure der Welt, zu werden; das sei zwar so gut wie unmöglich, doch wolle sie ein Treffen zu arrangieren versuchen.

STUDIENJAHRE

Ich ging also nach München, bezog eine bescheidene Studentenbude bei zwei ältlichen Wirtinnen, die ständig lautstark miteinander stritten (unter wechselweiser Androhung, „in die Isar zu gehen"), mietete mir ein Klavier und immatrikulierte mich an der Ludwig Maximilians-Universität. Wenig später erhielt ich meine erste „Audienz" bei Rudolf Hartmann, dessen distinguiertes, wenngleich nicht unfreundliches Auftreten mir zunächst allen Mut nahm. Er trug mir als Prüfungsaufgabe auf, ein Regiekonzept (samt Bühnenbild) für „Figaros Hochzeit" zu entwerfen. Ich wählte als Vorlage ein Puppenspiel auf drehbarer Bühne. Das gefiel ihm sichtlich (später legte er es einer eigenen Inszenierung zugrunde); er erklärte sich bereit, mich zu unterrichten – nicht ohne mir gleich die erforderlichen Zusatzbedingungen zu nennen: Daß ich die Klavierauszüge der Opern vom Blatt spielen konnte, setzte er voraus. Ich sollte jedoch auch Partiturspielen lernen,[4] und Gesangsunterricht nehmen, um beurteilen zu können, welche Stellungen man einem Sänger zumuten darf, damit seine Vortragsqualität nicht beeinträchtigt wird, beziehungsweise er hinreichend Atem holen kann. Weiter empfahl er mir, mich im Malersaal umzutun, mit der Bühnentechnik und Beleuchtung vertraut zu machen und morgens die Proben und abends die Vorstellungen zu besuchen (wofür ich Freikarten in den ersten Reihen erhielt). So begann wohl die härteste Zeit meines Lebens. Denn „nebenbei" studierte ich ja noch an der Universität – im Hauptfach Theaterwissenschaften (anfangs noch bei dem legendären Arthur Kutscher) und Germanistik, in den Nebenfächern Musikwissenschaft und Philosophie (mit dem Schwerpunkt Logik und Erkenntnistheorie), nahm Privatunterricht in Kompositionslehre bei einer Dozentin der Universität und sah mich alsbald genötigt, neben dem obligatorischen Englisch auch Italienisch, Französisch und Russisch zu lernen, da gerade damals damit begonnen wurde, die Opern in den Originalsprachen aufzuführen.

Gleichwohl war es eine aufregend inspirierende Zeit. Ich hatte Gelegenheit, namhafte Dirigenten (unter anderem Hans Knappertsbusch, Ferenc Fricsay, Karl Böhm und Joseph Keilberth) und große Sänger (wie Hans Hotter, Lisa della Casa, Leonie Rysanek und Wolfgang Windgassen) bei der Probenarbeit zu beobachten und an Komponisten persönlich Carl Orff, Karl Amadeus Hartmann und Paul Hindemith kennenzulernen.

---

[4]   Dazu sucht man sich die Klavierstimmen *ad hoc* selbst aus der Orchesterpartitur zusammen, was namentlich bei den in München viel gespielten Opern von Richard Strauß eine besondere Herausforderung darstellt.

Letzterer bat mich, ihm ergänzend zu seinem düsteren Balletteinakter „Der Dämon"
das Sujet für ein heiteres Gegenstück zu schreiben. Dazu kam es jedoch nicht mehr, da
er bald darauf starb. Ich machte die – zunächst für mich überraschende – Erfahrung,
daß die ganz großen Künstler eher „bürgerlich" lebten, bescheiden und zu jedermann
freundlich waren und vor allem eine strenge Arbeitsdisziplin besaßen. Vor allem aber
beeindruckte mich mein Lehrer. Auch wenn er bereits viele Stunden intensivster und
unterschiedlichster Tätigkeit hinter sich hatte, war er stets erschreckend konzentriert
und ließ weder die geringste Unaufmerksamkeit noch die kleinste Ungereimtheit bei
meinen Szenenentwürfen durchgehen. „Wieso lassen Sie den durch Gasse 2 rechts her-
einkommen (Garten), wo er sich doch zuvor durch Gasse 1 links in seine Privatgemä-
cher begeben hat?" Hartmann war, wie ich schon sagte, ein eher abweisender, unnah-
barer Charakter, auch seinen Künstlern gegenüber. Oft kamen Sänger zu mir und baten
mich, eine Aussprache mit ihm zu vermitteln. Mit der Zeit allerdings wandelte sich
unser Verhältnis. Zuletzt taute er mir gegenüber geradezu auf und begann mich – für
ihn äußerst ungewöhnlich – mit meinem Vornamen anzusprechen.[5]

Etwa um 1959 sah ich im Vorlesungsverzeichnis der Münchner Universität die
zweistündige Vorlesung „Der Mythos in ethnologischer Sicht" angekündigt. Das interessierte mich allein schon des mythischen Hintergrunds etlicher Opernstoffe wegen.
Hermann Baumann (1902–1972), der die Veranstaltung angezeigt hatte, war erst vor
kurzem berufen worden und mir daher unbekannt. Doch von der ersten Stunde an
schlug mich, was und wie er es vortrug, in den Bann. Nicht nur die universale Breite,
auch die Verankerung des Stoffs in der Literatur- und Philosophiegeschichte der Ro-
mantik, ja teils noch weiter zurück bis in die Antike, suchten im Spektrum des sonst
Gebotenen ihresgleichen. Ich hörte, staunte, blieb und belegte sofort alle weiteren Veranstaltungen Baumanns. Das ließ sich ohne weiteres machen, da das damalige Lehr-
deputat der Professoren lediglich vier Wochenstunden umfaßte und ich fand, demgegenüber auf anderes gut verzichten zu können. Wieder hatte ich es mit einem Lehrer
zu tun, der von seinem sichtlich überragenden Wissen keinerlei Aufhebens machte,
bescheiden, ja fast schüchtern, also in diesem Fall alles andere als eine dominierende
Persönlichkeit war und zudem Zeit für die persönlichen Sorgen und Anliegen seiner
Studenten fand. Allerdings stellte auch er große Anforderungen. Bei Seminarreferaten
setzte er ganz selbstverständlich voraus, daß man die gesamte dazu verfügbare Literatur
las und die Thematik global behandelte. Nichts sollte ausgespart bleiben – von der Ma-
terialdeskription über das Verbreitungsbild und die möglichen kulturgeschichtlichen
Zusammenhänge bis hin zur theoriengeschichtlichen Einordnung der vorliegenden

---

[5] Bei dieser Gelegenheit möchte ich einen eklatanten Fehler in dem bekannten Film „Mephisto" rich-
tigstellen: Nicht Gustav Gründgens, sondern Rudolf Hartmann, damals „Oberregisseur" an der
Staatsoper Berlin, inszenierte im Auftrag seines Intendanten Heinz Tietjen das berühmte „Sommer-
fest" für Hermann Göring, der bekanntlich ein passionierter Opernliebhaber war (vgl. Hartmann
1979:120–124).

Erklärungsansätze. Daher nahm die Ausarbeitung eines einzigen Referats – mindestens – die jeweils vorausgehenden Semesterferien in Anspruch. So erklärt sich wohl auch, daß wir innerhalb der schon damals als solche zu bezeichnenden „Massenuniversität" München (ca. 30 000 Studierende) ein kleiner Haufen von ca. 12 bis 15 Studierenden (bei annähernd gleicher Geschlechterverteilung!) blieben.

Ich begann, in meiner Berufswahl schwankend zu werden. Auf der einen Seite die „Traumwelt" der Oper mit ihren großen künstlerischen Möglichkeiten, auf der anderen der durch die Visionen Baumanns sich aufbauende kulturgeschichtliche Kosmos, in dem vieles noch dunkel erschien und der die intellektuell-kreative Herausforderung bot, Zusammenhänge zu ergründen und nach den Ursachen und Motiven der menschlichen Vorstellungsbildung und des Gruppenverhaltens zu suchen. Die Entscheidung fiel mir um so schwerer, als mich eben um diese Zeit Wieland Wagner (1917–1966) einlud, ihm in Bayreuth zu assistieren. Er hatte über seine jüngste Schwester, der ich bei Freunden in München begegnet war, von meinem Ethnologie-Studium erfahren. Wir probten damals gerade „Rigoletto". Während sich auf der Bühne über mehrere Wochen die Tragödie des Titelhelden vollzog, verzehrte ich selbst mich im Ringen um einen Entschluß. Endlich waren die Würfel gefallen: denkbar knapp 51 zu 49 Prozent zugunsten der Ethnologie! Nie werde ich den Abschied von Hartmann vergessen. Kaum etwas ist mir jemals so schwer gefallen. Er saß am Schreibtisch, als ich kam, erhob sich und hörte mir schweigend und regungslos zu. Dann wünschte er mir viel Glück und entließ mich. Erst später erfuhr ich, daß ihm die Trennung nahegegangen war. Vielleicht lag es daran, daß er selbst keine Kinder und in mir so etwas wie einen „Sohn" gesehen hatte. Aus einem großen Haus mit hunderten von Mitarbeitern und gefeierten Pult- und Bühnenstars wechselte ich in zwei enge Kellerräume über, in denen anfangs das Münchner Institut für Völkerkunde untergebracht war.

Die Entscheidung, mich nunmehr ganz der Ethnologie zu widmen, erforderte eine Umgruppierung meiner Nebenfächer. Wiewohl ich Schüler Baumanns war, gehörte mein regionales Interesse von Anbeginn an nicht Afrika, sondern Vorderasien und dem Mittelmeerraum sowie Inner- und Nordasien und im weiteren Sinne Europa und Süd- und Südostasien. Baumann begrüßte das sogar. Zwar stand Afrika im Mittelpunkt seiner Lehrveranstaltungen, doch bot er daneben immer auch Vorlesungen und Seminare über Ozeanien, Australien und Nord- und Südamerika an, beziehungsweise bezog in seinen allgemeinen Übersichtsvorlesungen alle Kontinente möglichst gleichgewichtig mit ein. Schließlich war er der führende Diffusionist seiner Zeit und überdies viele Jahre lang Leiter der Europa- und Asienabteilung des Berliner Museums für Völkerkunde gewesen. Insofern besaß er – und verlangte das auch von seinen Schülern – gediegene Kenntnisse gerade auch in der Ergologie und Technologie, von den Verfahren des Knüpfens, Flechtens und Webens über die Grabstock-, Hacken- und Hüttenformen samt Mobiliar bis hin zu den Gerb-, Färbe- und Töpfereitechniken (samt den entsprechenden Verbreitungsgebieten!). Wie bei allen Vertretern der „klassischen" Kulturhistorischen Ethnologie galt sein besonderes Interesse Ursprungsfragen.

Anders als nach Auffassung seines großen Kontrahenten Adolf Ellegard Jensen (1899–
1965) in Frankfurt, galt für Baumann als ausgemacht, daß alle wichtigeren postneoli-
thischen Impulse vom hochkulturlichen Vorderasien ausgegangen waren. Insofern kam
ihm meine regionale Interessenorientierung eher entgegen. Zu deren „Flankenabsiche-
rung" wählte ich nunmehr als Nebenfächer Turkologie, kombiniert mit Neuiranistik
und Islamwissenschaft sowie Mongolistik. Noch während meines Studiums wurde ich
von der Studienstiftung des deutschen Volkes und der Thyssen-Stiftung, danach der
Volkswagen-Stiftung und mehrfach der Deutschen Forschungsgemeinschaft gefördert.
Ethnographische Exkursionen auf eigene Faust führten mich mehrmals in die Osttür-
kei und zu den Kurden im nordwestlichen Iran. 1964 wurde ich promoviert und erhielt
sowohl für die Arbeit (Müller 1967) als auch das Rigorosum die Note *Summa cum laude*.

Von – mittlerweile historischem – Interesse sind vielleicht die Anforderungen, die
Baumann seinerzeit an die (eineinhalbstündige) mündliche Prüfung stellte: Mich fragte
er unter anderem über die Verbreitung der Stäbchenpanzer und schob, als die Antwort
zu seiner Befriedigung ausfiel, die weitere Frage nach: „Und welche Kulturelemente
(gemeint waren ebenso materielle wie soziale Institutionen und Glaubensvorstellungen)
besitzen dieselbe Verbreitung?" Die theoriengeschichtlichen Fragen machten etwa ein
Drittel der Zeit aus. Hier wollte er beispielsweise von mir wissen: „Worin weicht die
zweite Atlantische Theorie von Frobenius von der ersten ab?"

Nach der Promotion stellte sich die übliche quälende Frage: Was tun? Da sich
zunächst nichts bot, begann ich, gefördert von einem Stipendium der Volkswagen-Stiftung, mit dem Studium des Chinesischen. Doch schon nach wenigen Monaten schlug
meine Stunde. Jensen suchte einen Assistenten für das Frobenius-Institut und wandte
sich diesenthalben an Baumann. Die erbitterten Kampfhähne von einst lagen zu der
Zeit beide schwer leidend im Krankenhaus. Vermutlich trug das mit zu ihrer Aussöh-
nung bei. Die Kontaktaufnahme erfolgte zwangsläufig telefonisch. Jensen fragte bei
Baumann an, ob er nicht einen geeigneten Kandidaten hätte, denn tatsächlich lag ihm
sehr an einem Baumann-Schüler. Baumann empfahl mich.

Trotz aller Querelen während der Nachkriegszeit hatten beide großen Respekt
voreinander. Baumann brachte das auch in seinen Lehrveranstaltungen zum Ausdruck.
Wenn er sich überhaupt jemals öffentlich abfällig über einen Kollegen äußerte, dann
höchstens über Wilhelm Mühlmann (1904–1988), und zwar zum einen seiner, wie er
meinte, modisch „oberflächlich funktionalistischen" Einstellung, zum anderen seiner
stramm nationalsozialistischen Vergangenheit wegen, die er lange Zeit geflissentlich zu
verleugnen gesucht hatte (vgl. Mühlmann 1947). Baumann selbst war, entgegen anders-
lautenden (schlecht recherchierten) Darstellungen, lediglich Mitläufer gewesen, wie das
seinem schüchternen, konfliktscheuen Naturell entsprach. Solange möglich, deckte er
gefährdete Mitarbeiter. Dies war nicht zuletzt auch der Grund, warum ehemalige jüdische Kollegen, die noch rechtzeitig nach Amerika hatten auswandern können, wie allen
voran Paul Leser, ihn bereits kurz nach Kriegsende drängten, in die USA zu kommen,
wo sie schon eine Professur (ich weiß nicht mehr, an welcher Universität) für ihn bereit-

hielten. Baumann indes scheute sich, seine Heimat zu verlassen. Außerdem machte ihm Sorge, sich nicht ausreichend im Englischen ausdrücken zu können.

Noch ein abschließendes Wort zu seiner Person. Neben den Zügen, die ich bereits erwähnt habe, konnte er durchaus frohgemut sein, hatte Freude an schwungvollen Institutsfesten, zu denen möglichst jeder etwas beitragen sollte, und zog alljährlich im März mit uns zum Starkbieranstich auf den Nockerberg. Bei privaten Gesprächen machte er keinerlei Hehl aus seiner Parteimitgliedschaft und ermahnte uns eindringlich zu politischem Engagement, um die Chance, die uns die Demokratie böte, wahrzunehmen, damit es nie wieder zu der Achtlosigkeit und den Fehlern seiner Generation kommen könne. Daß ihm dies ein echtes Anliegen war, bestätigte mir seine Witwe, die ich nach seinem Tod 1972 regelmäßig besuchte und von der ich viel Persönliches von ihm erfuhr – über seine Jugend, sein Studium, seine Jahre in Berlin und Wien, seine enge Beziehung zu Leo Frobenius und vieles andere mehr. Baumann war gewissermaßen mein dritter „Vater". Immer, wenn er nach Frankfurt kam, verbrachten wir einen Abend zusammen. Zuletzt bekundete er mir sein besonderes, mich sehr anrührendes Vertrauen dadurch, daß er mir seinen wissenschaftlichen Nachlaß hinterließ. Aus weicherem Holz wie Rudolf Hartmann geschnitzt, war er gleichwohl für mich – und blieb es bis heute – eine „Ikone".

Mannesjahre

Im Herbst 1964 siedelte ich nach Frankfurt über. Jensen lud mich zum Vorstellungsgespräch zu sich nach Hause ein. Dabei sprach er meine ethnologischen Ambitionen nur nebenbei, eher höflichkeitshalber, an. Entschieden mehr interessierte ihn meine musikalische Vergangenheit. Nachdem wir uns darüber ausführlich unterhalten hatten, meinte er augenzwinkernd: „Nun, das reicht doch, um Sie als Ethnologen einzustellen". Dazu muß man wissen, daß er ein begeisterter Musiker war und mit Kollegen (anderer Disziplinen) Streichquartett spielte. Als Institutsleiter bestand er darauf, daß seine Mitarbeiter („Assistenten") mindestens zwei, am besten weit voneinander entfernt liegende regionale Interessenbereiche besaßen. Der älteste, Helmut Petri (1907–1986), war zum Beispiel neben Australien für den Mittelmeerraum (was seinen persönlichen Neigungen entsprach), Eike Haberland (1924–1992) für Nordostafrika und Neuguinea, Meinhard Schuster für Indonesien, Neuguinea sowie Nord- und Südamerika, Barbara Frank für Afrika und die Balkanländer zuständig. Mir selbst überließ er die Wahl. Ich entschied mich für den Kaukasus, einen kulturhistorisch – als allseitiges Rückzugsgebiet – höchst bedeutsamen, gleichwohl ethnologisch sträflich vernachlässigten Raum. Gleich Baumann besaß auch Jensen viel Frohsinn, hatte Freude an schwungvollen Institutsfesten, zu denen möglichst jeder etwas beitragen sollte, und war starken Getränken nicht abgeneigt.

Nach seinem Tod 1965 erhielt Haberland einen Ruf nach Mainz und bat mich, ihn als Assistent zu begleiten. Nachdem er mir zugestanden hatte, lediglich an zwei Tagen pro Woche Dienst tun zu müssen, sagte ich zu. Immerhin besaß ich ein gewichtiges Faustpfand: Haberland hoffte, durch meine Vermittlung Nachfolger Baumanns in München zu werden. Ich gewann auch Baumann dafür, doch ehe die Frage akut wurde, verstarb überraschend Carl August Schmitz (1920–1966), der Nachfolger Jensens, so daß Haberland nunmehr in Frankfurt seine Chance erhielt (was ihm auch lieber war). Also folgte ich ihm auch dorthin, nunmehr als Wissenschaftlicher Assistent am Institut für Völkerkunde. Im Frühjahr 1971 wurde ich mit dem ersten Band meiner „Geschichte der antiken Ethnographie und ethnologischen Theoriebildung" (Müller 1972) in Frankfurt noch von der alten Philosophischen Fakultät habilitiert[6] und im Herbst desselben Jahres in Frankfurt zum „Professor an einer Universität" ernannt – nach C 2, der untersten Stufe der neu geschaffenen Professorenhierarchie. Dort verblieb ich dann auch bis zu meiner Pensionierung im Jahr 2000.

Ein fiskalischer Kunstgriff der „Reformen" Anfang der 1970er Jahre war, für möglichst wenig Geld möglichst viele Lehrkräfte zu gewinnen und an alle die gleichen Leistungsanforderungen zu stellen – statt der früheren vier nunmehr acht Wochenstunden Lehre! Binnen kurzem mußte ich also ein entsprechendes Angebot regelrecht aus dem Boden stampfen. Das erforderte viel Arbeit, Entbehrungen und Opfer im Privatleben. Ich hielt meist zweistündige, systematisch aufeinander aufbauende Überblicksvorlesungen über praktisch alle Themen der Allgemeinen Ethnologie und Theoriengeschichte von der Antike bis zur Gegenwart, ergänzt durch entsprechende Pro- und Hauptseminare sowie Sonderveranstaltungen zu sonst weniger berücksichtigten Themen wie etwa zur Ethnopädagogik und Ethnophilosophie. Letzten Endes aber lohnte die Mühe. Ich besaß bald eine ebenso breite wie solide Grundlage, auf der ich, nicht zuletzt auch bei meinen Publikationen, aufbauen und die ich fortwährend ergänzen und erweitern konnte.

Das trug mir zwar Anerkennung bei den Studierenden (und einen entsprechenden Zulauf) ein, fand aber kaum Resonanz in der Zunft. Während meiner knapp vierzigjährigen sogenannten „aktiven" Zeit wurde ich ganze drei- oder viermal von Ethnologen zum Vortrag eingeladen – das erste Mal übrigens von Eva Lips (1906–1988) nach Leipzig. Anfangs noch arglos, bewarb ich mich auf höher dotierte Stellen. Manchmal ermunterte man mich auch ausgesprochenermaßen dazu. Doch am Ende ging immer alles aus wie das Hornberger Schießen (mit Querschlägern). Einmal hörte meine Frau nach meinem Vorstellungsvortrag den Kommentar des maßgeblichen Kollegen der betreffenden Universität, hinter dem sie unerkannt saß: „Brilliant, aber der Mann kommt mir nicht nach…" Ein andermal reiste ich, mehrere Jahre nach meiner Scheidung, mit meiner künftigen – heutigen – Frau zum Vortrag an. Obwohl man mir auch diesmal

---

6   In der Beratungspause nach dem „Probevortrag" kam Jürgen Habermas heraus, sprach mir Mut zu und teilte sein „Pausenbrot" mit mir.

große Hoffnungen gemacht hatte, wurde ich nach meinem Auftritt gleich ganz von der Liste gestrichen. Später erfuhr ich von einem Mitglied der Kommission, der Grund sei nicht mangelnde Qualifikation gewesen. Ein Kollege, der großen Einfluß besitze, habe den Standpunkt vertreten, daß ein Kandidat, der „mit seiner Freundin zum Vorstellungsvortrag erscheint", für die betreffende Universität untragbar sei. Und Ähnliches erlebte ich auch in anderen Fällen. Doch will ich keinesfalls ausschließen, daß meine erfolgreicheren Konkurrenten mir tatsächlich überlegen waren. Merkwürdig nur, daß sie nach ihrer Vokation fast ausnahmslos einen drastischen Publikationseinbruch erlitten.

Erfahrungen wie diese zehrten mein Wagniskapital zunehmend auf. Die Welt wurde mir in der Ethnologie zu enge. Ich fühlte mich gleichsam im Kreisverkehr gefangen und wandte mich anderen Horizonten zu. Ab 1978 engagierte ich mich neben meinen universitären Verpflichtungen für drei Jahre bei der „Deutschen Stiftung für Internationale Entwicklung" (DSE), hielt Lehrveranstaltungen im Rahmen der Referentenfortbildung und Kurse für „Entwicklungsbeauftragte" zu Fragen der interkulturellen Kommunikation. 1984 bis 1986 beteiligte ich mich auf Einladung der ARD am Funkkolleg „Psychobiologie: Verhalten bei Mensch und Tier" mit den Studieneinheiten „Familie und Kleingruppen" und „Gesellschaftliche Gruppen und Institutionen", im ersteren Fall in der Hauptsache zusammen mit dem Zoologen K. Eduard Linsenmair, der, sozusagen als Vorstufe zur frühmenschlichen Gesellschaft, das Sozialverhalten winziger Sahara-Frösche behandelte, im letzteren zusammen mit dem bekannten Soziologen Thomas Luckmann, mit dem ich bei dieser Gelegenheit erstmals gemeinsame Sache machte.

Mein Interesse an interdisziplinärer Arbeit wuchs, zumal ich bei den Kollegen, mit denen ich es zu tun bekam, auf mehr Aufgeschlossenheit, Neugier und Verständnisbereitschaft stieß. So kam es in rascher Folge zu teils kurz-, teils längerfristigen Kooperationen mit Geographen, Theologen beider Konfessionen (denen es etwa um Fragen der kultischen Neugestaltung des Gottesdienstes ging), mit Pädagogen, Psychologen und Psychiatern, Soziologen (speziell Kultursoziologen), Ethologen, Biologen (Primatologen), Historikern, Neurologen und Physikern. Eine festere, längerfristig institutionalisierte Form schien diese Art interdisziplinärer Teamarbeit Mitte der 1980er Jahre mit der Konzeption eines „Forschungsschwerpunkts" (damals die universitätsübergreifende Alternative zum „Sonderforschungsbereich") zum Thema „Kommunikative Formen der gesellschaftlichen Organisation des Wissens" anzunehmen, zunächst unter der Federführung von Thomas Luckmann und Irenäus Eibl-Eibesfeldt, die dann noch mich als Dritten baten, dem Gründungsgremium beizutreten. Nach zwei großen Planungskonferenzen und nachdem die Verhandlungen mit der DFG bereits aufgenommen waren, wurde das Projekt aus Gründen, an die ich mich nicht mehr entsinne, doch wieder aufgegeben. 1990 erfolgte meine Berufung in die „Commission on Theoretical Anthropology" der International Union of Anthropological and Ethnological Sciences, aus der ich mich aber bereits nach zwei Jahren wieder zurückzog, da dort nichts geschah, was mich ernsthaft hätte theoretisch herausfordern, geschweige denn befriedigen können.

Jeder Ethnologe stößt praktisch täglich – daheim, bei der Feldforschung oder in der Literatur – auf „Irrationales". Die meisten reagieren darauf entweder borniert oder stumpfsinnig. Aus einem epistemologisch irrigen, pseudo-klinischen Wissenschaftsverständnis heraus meinen sie, Kulturphänomene – denn um nichts anderes handelt es sich ja – wie Geisterglauben, Magie, Telepathie, Hellsehen und dergleichen für puren „Hokuspokus"[7] oder atavistische Rückstände aus wilder Vorväter Zeiten halten zu dürfen, in denen noch, wie Konrad Theodor Preuß (1869–1938) dezidierte, die „Urdummheit" die Gemüter beherrschte. Es bedarf wohl der Geduld eines Urchristen, derart vergletscherte Vorurteile abzuschmelzen. Andere genieren sich, wenn sie damit im Feld konfrontiert werden, das Erfahrene zu publizieren – bis auf einige wenige rühmliche Ausnahmen wie zum Beispiel Andrew Lang (1844–1912), Adolphus Peter Elkin (1891–1979) und Åke Hultkrantz (geb. 1920).[8] Ich selbst erlebte dergleichen sowohl in der eigenen Familie als auch während eines Feldaufenthaltes in Gilgit (Nordpakistan) und sah auch sonst keinen Grund, entsprechende Berichte anderer nicht ernstzunehmen – nach dem beherzigenswerten Apophthegma des heiligen Augustinus, daß „Wunder nicht wider die Natur, sondern nur gegen das geschehen, was als Natur bekannt ist".[9] Warum Menschen die Töpferei entwickelt haben, die patrilineare Abstammungsverwandtschaft verfechten oder an die endoethnische Wiedergeburt glauben, läßt sich unschwer erklären; wieso sie von der Existenz spiritueller Wesenheiten oder der Möglichkeit zu telepathischer Informationsübermittlung überzeugt sind, nicht – oder noch nicht. Mithin handelt es sich um echte Herausforderungen legitimen wissenschaftlichen Erkenntnisinteresses. Mich persönlich hat jedenfalls eher gelangweilt, was seit Jahrhunderten schon und lediglich von wechselnden Gesichtspunkten aus immer wieder und lediglich breiter ausgedroschen wurde. So kam ich zur Parapsychologie, stehe seit knapp zwanzig Jahren der „Wissenschaftlichen Gesellschaft zur Förderung der Parapsychologie", einer Vereinigung von Gelehrten der unterschiedlichsten, kultur- wie naturwissenschaftlichen Disziplinen, als 1. Vorsitzender vor und arbeite immer wieder auch mit Abteilungen des Freiburger „Instituts für Grenzgebiete der Psychologie und Psychohygiene" zusammen, seit kurzem auch in einem (internationalen) Arbeitskreis, der sich mit Fragen des Zusammenhangs von *mind and matter* befaßt und dem immerhin auch einige Nobelpreisträger angehören.

In der Zwischenzeit kam es gleichwohl noch zweimal zu größeren Projekten, die mich wieder näher an die eigene „Zunft" heranführten – und wohl daher zum Scheitern verurteilt waren. 1984 trat Frank Schwoerer, der Leiter des Campus Verlages, mit dem Ansuchen an mich heran, für Campus ein mehrbändiges Lexikon der Ethnolo-

---

[7] Abgeleitet von der Meßformel „Hoc est corpus!"
[8] Vergleiche Müller (2004:151–164).
[9] Vergleiche Augustinus *De civitate dei* XXI 8; XXI 4–8

gie herauszugeben. Ich bekundete mein Interesse, worauf er und sein Lektor Adalbert Hepp mir ihre Vorstellungen dazu entwickelten. Ich überlegte mir das Ganze reiflich, und nachdem ich den in dieser Hinsicht ebenso erfahrenen wie sachkundigen Kollegen Siegfried Seyfarth vom Frobenius-Institut zur Mitarbeit hatte gewinnen können, sagte ich zu und wir erarbeiteten den „Nomenklator". Ich will nicht ins einzelne gehen. Allein die Vorarbeiten zu einem derartigen Unternehmen – die Systematik der Sachgruppen, der Einzel- und Sammelartikel, die Auswahl der Autoren, die biographisch gewürdigt werden sollten, und nicht zuletzt die Korrespondenz in alle Welt, um möglichst kompetente Mitarbeiter zu gewinnen – verschlang unvorstellbar viel Kraft und Zeit. Glücklicherweise erklärte sich der Verlag bereit, aushilfsweise eine Schülerin von mir einzustellen, die neben den ethnologischen vor allem auch über die erforderlichen sprachlichen Voraussetzungen verfügte und mir insofern einiges an Korrespondenz und Organisation abnehmen konnte. Ungeachtet der üblichen Rückschläge (fehlerhafte oder unzureichende Artikel, unkorrekte Originalzitate, Nichteinhalten der Abgabetermine, Todesfälle und vieles mehr) schritt die Arbeit letztendlich zügig voran. Endlich nach zehn (!) Jahren lagen der erste Band druckfertig gesetzt und die Manuskripte zu den übrigen immerhin etwa zur Hälfte vor. Da erklärte mir eines Tages Herr Hepp, es hätten sich „ernsthafte Probleme" ergeben. Um finanzielle konnte es sich allein nicht handeln; die waren schon früher aufgetreten, so daß ich zuletzt, um das Projekt zu retten, die Bezüge der Mitarbeiterin im Verlag (ohne ihr Wissen) aus eigener Tasche bestritt. Nein, man bedeutete mir, ein „Kollege, der nicht namentlich genannt werden wolle" (wieso eigentlich nicht?) und dem hinter meinem Rücken eine Auswahl der fertigen Manuskripte zur Prüfung zugestellt worden war, habe erhebliche Bedenken geäußert. Erschiene das Werk, sei mit einem „Verriß in der FAZ" zu rechnen; das Ganze besäße einen viel zu „konservativen" Zuschnitt, womit, wie ich auf Nachfragen erfuhr, gemeint war, daß auch ältere Autoren und „längst überholte" Auffassungen mit berücksichtigt worden seien – bei Kompendien dieser Art bekanntlich eine Selbstverständlichkeit. Ich schlug dem Verleger vor, nach eigenem Gutdünken international renommierte Ethnologen anzuschreiben und um eine Stellungnahme zu bitten. Das geschah: Sämtliche Gutachter, darunter auch die deutschen Kollegen, äußerten sich einhellig positiv, ja teils geradezu euphorisch. Das änderte jedoch nichts, denn in Wahrheit ging es wohl doch um die Kosten – meines Erachtens eine Fehlkalkulation, da bis heute kein derart detailliert und umfassend angelegtes ethnologisches Nachschlagewerk existiert und sich das Lexikon mit Sicherheit gut verkauft hätte (zumal eine Übersetzung ins Englische geplant war). Aber wie dem auch sei: Man lag mir an, aus verlagskosmetischen Gründen „freiwillig" von dem Projekt zurückzutreten. In der Folge interessierten sich dann Gordon & Breach, E.J. Brill und C.H. Beck dafür. Mit letzterem Verlag hatte ich inzwischen beste Erfahrungen gemacht. Also ging ich noch einmal in mich. Allerdings bestand Beck darauf, daß es sich nur mehr um ein einbändiges, rein begriffs- und theoriengeschichtliches Lexikon handeln solle und alle Artikel von mir verfaßt sein müßten. Um mir eine genauere Vorstellung machen zu können, ließ ich mir die entsprechenden

Manuskripte von Campus (über Beck) zustellen. Dabei entdeckte ich dann, wer der anonyme Bedenkenträger gewesen war. Die Einwände sprachen, wenn ich hier einmal meinem vollen Busen Luft machen darf, für sich: Am Rand des Artikels über den grossen Geographen und Freund Alexander von Humboldts, Carl Ritter (1779–1859), fand ich „Nazi!" notiert. Der prominente italienische Ethnologe Vinigi L. Grottanelli (geb. 1912), ein bekannter Philanthrop, Gegner des Kolonialismus, Freund und Helfer der Afrikaner, wurde als „Rassist" diffamiert. Die übrigen „kritischen" Randbemerkungen tönten im gleichen Empörungstremolo und zeugten von analoger Kompetenzabstinenz bei gleichbleibend napoleonischem Selbstvertrauen auf die eigene Überlegenheit (*stultorum infinitus est numerus*). Verluststärkt überschlug ich das Ganze noch einmal, bedachte mein mittlerweile fortgeschrittenes Alter und entschlug mich des Angebots.

Nach der „Wende" wandten sich die russischen Kollegen Valerij Tiškov, damals Leiter des „Instituts für Ethnographie" der Russischen Akademie der Wissenschaften in Moskau (und damit traditionsgemäß „Scholarch" der russischen Ethnologie), später Minister für Minderheitenfragen im Kabinett Jelzin, und sein Kollege Sev'jan Izrailevič Vajnštejn, ein ausgewiesener Kenner der Altai-Kulturen, die von dem Campus-Vorhaben gehört hatten, mit dem Vorschlag an mich, gemeinsam ein ähnliches Projekt, und zwar eine Art Kompendium der ethnologischen Begrifflichkeit, herauszubringen. Dazu muß man wissen, daß die Russen in der ethnologischen Enzyklopädistik große Erfahrung haben. Sie besaßen zur Sowjetzeit eine eigene Disziplin „Ethnische Kartographie" (im Rahmen der „Ethnogeographie"), deren Forschungs- und Lehrzentrum das „Laboratorium für ethnische Statistik und Kartographie" bildete, zunächst an der Moskauer Staatlichen Universität, dann am „Institut für Ethnographie" der Akademie angesiedelt.[10] Zugegebenermaßen reizte mich das. Die Korrespondenz lief anfangs über eine Slawistin der vormaligen DDR-Akademie in Berlin. Ich überlegte nicht lange und sagte zu. Wir entwarfen das Konzept, ich arbeitete den Antrag für die DFG aus und erfuhr auf Anfrage, daß wir – wohl auch aus politischen Gründen – mit an Sicherheit grenzender Wahrscheinlichkeit mit der Bereitstellung der erforderlichen Mittel rechnen könnten. Nachdem so wieder einmal die mühselige Vorarbeit getan war, sahen andere die Gelegenheit gekommen, die zu erwartende Sahne mit dem eigenen Löffel abzuschöpfen. Ich erfuhr, daß ein Kollege, in ernster Sorge um die Reputation der deutschen Ethnologie, bei der DFG interveniert und menetekelt habe, ein Projekt von derartiger wissenschaftlicher Bedeutung und politischer Tragweite sollte doch besser „prominenten Vertretern des Fachs" (womit er sich selbst meinte) anvertraut werden. Wiewohl von irenischem Naturell, sah ich doch nunmehr meine Vulnerabilitätsschwelle endgültig überschritten. Mich nochmals eigens zur Wehr zu setzen, hielt ich für ebenso sinnlos wie Verschwendung unwiederbringlicher Zeit. Auf der Stelle schrieb ich den russischen Kollegen und der DFG, daß ich nicht mehr zur Verfügung stünde – womit das Ganze

---

[10] Das grundlegende Handbuch dieser Disziplin stellt S.I. Bruks „Osnovnye problemy ètničeskoj geografii" (1964a), ihr wohl berühmtestes Werk der „Atlas narodov miira" (1964b) dar.

in sich zusammenfiel; denn zum einen kannte sich der prominente Kollege weder in der russischen Ethnologie, geschweige denn der allgemeinen Begriffsgeschichte aus noch war er des Russischen mächtig, zum andern hatte Tiškov und Vajnštejn gerade an der Zusammenarbeit mit mir gelegen. Das Leben wird reicher mit jeder Erfahrung.

GREISENJAHRE

Was zum Heller geschlagen ist, wird kein Taler. Doch hat ein Heller immerhin die Chance, im Geldbeutel mit Talern zusammengewürfelt zu werden. Es dürfte dem einen oder anderen verständlich erscheinen, daß ich mein Heil mehr denn je jenseits des ethnologischen Zunftzirkels suchte. 1994 folgte ich der Einladung des Historikers Jörn Rüsen, mich an einem von ihm geleiteten interdisziplinären und international besetzten einjährigen Forschungsprojekt „Historische Sinnbildung" am Institute for Advanced Study „Zentrum für interdisziplinäre Forschung" (ZiF) an der Universität Bielefeld zu beteiligen. Dabei hatte ich die Freude, unter anderen Paul Ricoeur und Johan Galtung näher kennenzulernen. Ein Jahr später gewährte man mir, mich bis zur Pensionierung im Jahr 2000 beurlauben zu lassen, so daß ich einer abermaligen Einladung Jörn Rüsens nachkommen konnte, als „Fellow" in einer – wiederum interdisziplinären und diesmal auf fünf Jahre befristeten – Forschungsgruppe zum Thema „Sinnkonzepte als lebens- und handlungsleitende Orientierungssysteme" am Institute for Advanced Study „Kulturwissenschaftliches Institut Essen" (KWI), dessen Präsident Jörn Rüsen inzwischen geworden war, mitzuarbeiten. Parallel dazu wirkte ich von 1996 bis 2000 an einem gemeinsam von den USA, der Republik Taiwan und der Bundesrepublik Deutschland getragenen Forschungsprojekt „Chinese and Comparative Historical Thinking and Historical Culture", von 1999 bis 2005 in einer von dem bekannten Neurologen (und derzeitigen Präsidenten der „Studienstiftung des deutschen Volkes") Gerhard Roth geleiteten und wesentlich aus Biologen, Kognitions- und Neurowissenschaftlern bestehenden Forschungsgruppe „Transkulturelle Universalien" am Institute for Advanced Study „Hanse-Wissenschaftskolleg Delmenhorst" (dessen Rektor Gerhard Roth ist) mit. Schließlich ein letztes Mal (?) beteiligte ich mich von 2002 bis 2005 an einem gemeinsam von Thomas Luckmann, Hans-Georg Soeffner und mir entworfenen und organisierten interdisziplinären Projekt „Alltagsmoral. Versuch einer Grundlagenbestimmung und Systematik", wiederum am KWI. Seit 2001 bin ich Mitglied des „Instituts für Historische Anthropologie" mit Sitz in Freiburg i. Br., seit 2007 gehöre ich dem Wissenschaftlichen Beirat des „Instituts für transkulturelle Forschung" an der Universität Ulm an. In all diesen Jahren hielt ich zahlreiche Vorträge auf zahlreichen Tagungen oder als Gast zahlreicher Forschungsinstitutionen und schrieb zahlreiche Beiträge zu Lexika, Handbüchern, Kompendien und Sammelbänden. Einer Einladung, Vorlesungen und Seminare an der Central European University in Budapest zu halten, folgte ich nach reiflicher Überlegung nicht, da mich dies meiner unzureichenden

Kenntnisse des Englischen wegen zuviel Vorbereitungzeit gekostet hätte. Einige meiner Publikationen wurden ins Französische, Niederländische, Spanische, Englische, Italienische, Bulgarische, Koreanische und Chinesische übersetzt, andere teils etwa im Deutschlandfunk, teils in Fernsehsendungen der ARD besprochen beziehungsweise zur Diskussion gestellt.

Neben dem vielen, was ich gerade dank meiner interdisziplinären Forschungtätigkeit lernte, betrachte ich es als ganz besonderen Gewinn, dadurch die Gelegenheit erhalten zu haben, große Gelehrtenpersönlichkeiten kennenzulernen und teils längerfristig und eng mit ihnen zusammenarbeiten zu können, wie unter anderen etwa mit dem schon genannten Paul Ricoeur, mit Saul Friedländer, Reinhart Koselleck, Hans-Ulrich Wehler, Hermann Lübbe, Irenäus Eibl-Eibesfeldt, Jan Assmann, Philipp Reemtsma, Hans-Joachim Gehrke, Hans Primas und Gerhard Roth. Einige, wie insbesondere Thomas Luckmann, Jörn Rüsen, Hans-Georg Soeffner und unter den Ethnologen Justin Stagl und John Middleton, wurden mir gute Freunde.

Abschließend sei mir „ein Wort" zu meiner persönlichen Einschätzung der Ethnologie und ihrer allgemeinen Bedeutung erlaubt. Meiner Überzeugung nach hat die Ethnologie als die Grundlagenwissenschaft der Kultur-, Geschichts- und Geisteswissenschaften zu gelten, wie analog Physik und Biologie für die Naturwissenschaften, da sie alle erforderlichen, ja eigentlich die schlechthin idealen Voraussetzungen dafür besitzt. Ihr Erfahrungsbereich umfaßt, bezieht man die Prähistorische Archäologie (und andere eng benachbarte Wissenschaften) mit ein, annähernd die gesamte Kulturgeschichte. Über lange Zeiträume hin bestanden weithin stabile, wenn auch, regional bedingt, spezifisch divergierende Lebensformen, die mittels systematisch präziser, syn- wie diachroner Vergleiche exakte Typologien und tragfähige Verallgemeinerungen gestatten, die bekanntlich die Grundlage wissenschaftlich seriöser Erklärungen (beziehungsweise Hypothesen und Theorien) bilden. Allerdings setzt das voraus, daß man sich sowohl mit den erforderlichen epistemologischen und wissenschaftstheoretischen Voraussetzungen des Explizierens als auch den Erkenntnissen der relevanten Nachbarwissenschaften vertraut macht. Meiner in langen Jahren erarbeiteten und durch stete Überprüfung gefestigten Auffassung nach bildet das fundamentale Bezugssystem der Ethnologie der komplementäre Wechselverbund von Alteritätserfahrung und, in der Abwehrreaktion darauf, der Identitätsfiktion mit all ihren kulturellen Konsequenzen bis hin zur ethnozentrischen Alleinstellungsideologie. Als alternant kann praktisch jede „Abweichung" – eine unerwartete Bewegung, eine Abwendung, eine Unterlassung, ein Fehlverhalten, ein Unwetter oder ein Fremder – wahrgenommen und erlebt werden. Als analytisch paradigmatische Modellgruppen dieses Konzepts bieten sich frühagrarische („pflanzerkulturliche") Dorfgesellschaften an, weil sie weithin autark und autonom waren, seßhaft lebten und überschaubare Gruppengrößen sowie weltweit übereinstimmende Züge in ihren Sozial- und Vorstellungssystemen besaßen. Sind sie typologisch präzise bestimmt, lassen sich von ihnen aus sowohl „vorgängige", gewissermaßen noch „unvollständige" Formen, wie prädatorische („wild- und feldbeuterische") Gesellschaften, und „nebengängige", durch Reduktionsprozesse hochspezialisierte Formen, wie hirtennomadische oder durch gewerbsspezifische Spezialisierung geprägte Gruppen, als auch „nachgängige", differenziertere und komplexere, gleichsam hybride Formen, wie Stadt-, Hoch- und Überschichtungskulturen, wissenschaftlich überzeugend begründen, das heißt mittels definiter Kriterien, Prinzipien und Geltungssätze erklären.

Damit bekenne ich mich zum Essentialismus, wende mich also bewußt gegen den Trend. Man mag das meinem Alter zurechnen und als „Seniorenethnologie" abtun. Doch lag mir noch nie, den Mantel nach dem Winde zu hängen. *The gospel of postmodernism* kann mich ebensowenig wie andere wohlfeile Heilsverheißungen überzeugen. Wahllose Paradigmenpluralisierung und Multioptionseuphorie sind inexplikativ, sie liefern keine konsensfähigen Erklärungen, über die Menschen sich miteinander verständigen können. Differenzierungen stellen *per se* Oberflächenphänomene, das heißt Abweichungen von Grundlegenderem und Beständigerem, der „Tiefenstruktur", dar. Wer allein auf sie setzt, betreibt sozusagen „Seifenblasenethnologie". Wie im Grunde jede Wissenschaft besitzt die Ethnologie – und sie als Sozial- und Kulturwissenschaft *par excellence* mehr noch als andere – einen A u f k l ä r u n g s a u f t r a g, freilich nicht im missionarisch-zivilisatorischen, sondern vor allem im selbstbezüglichen, im Vernunftsinne Kants. Das schließt die Verpflichtung zum bedingungslosen Engagement in Forschung und Lehre, zu kognitiver Redlichkeit sowie, nicht zuletzt, zur soliden Popularisierung des ethnologischen Wissens und Erkenntniszugewinns ein.

Literaturverzeichnis

BRUK, S.I.
1964a *Osnovnye problemy ėtničeskoj geografii.* Metodika opredelenija ėtničeskogo kartografirovanija. Moskva: Izdatel'stvo „Nauka"
1964b *Atlas narodov miira.* Moskva: Institut Ėtnografii Akademii Nauk SSSR

HARTMANN, Rudolf
1979   *Das geliebte Haus.* Mein Leben mit der Oper. München: Deutscher Taschenbuch Verlag

MÜLLER, Klaus E.
1967   *Kulturhistorische Studien zur Genese pseudo-islamischer Sektengebilde in Vorderasien.* Wiesbaden: Franz Steiner
1972   *Geschichte der antiken Ethnographie und ethnologischen Theoriebildung.* Band 1. Wiesbaden: Franz Steiner
2004   *Der sechste Sinn.* Ethnologische Studien zu Phänomenen der außersinnlichen Wahrnehmung. Bielefeld: transcript

MÜHLMANN, Wilhelm E.
1947   *13 Jahre.* Hamburg: Hans von Hugo Verlag

NICHT ALLES VERSTEHEN

Mark Münzel

ZUR ETHNOLOGIE WEGEN DER SPRACHEN

> Wenn sie über den Lauf der Dinge spekulieren,
> suchen sie weder Allgemeinbegriffe festzulegen
> noch Wahrscheinliches zu errechnen,
> sondern sie streben danach,
> das Flüchtige und Einmalige zu erspähen
> (Auffassung des Sinologen Marcel Granet,
> 1985:256, vom chinesischen Denken).

Winnetou langweilte mich, gerne aber las ich von Buschverstecken vor Bandidos auf der Savanne. Doch muß ich zugeben, daß ich auf dem Schulhof bei „Trapper oder Indi?" (damit überfielen jugendliche Gewalttäter einen Schwächeren, und wenn der Glück hatte, antwortete er so, wie die Bande sich gerade definierte) einmal „Indi" antwortete. Leider war das gerade falsch, oder die Raufbolde definierten sich geistesgegenwärtig rasch um. Vielleicht war das der Anfang meines Verständnisses von Ethnizität.

Sie hatten es auf mich wegen eines Sprachfehlers abgesehen, der es mir schmerzhaft machte, Zischlaute auszusprechen. Ich entwickelte Taktiken, sie zu umgehen: „bereits" anstatt „schon", „prima" anstatt „schön". Die Angst bei jedem Satz, auf ein „sch" zu treffen und damit die Bandidos zu reizen, ließ mich über Wörter nachdenken, mich mit Umschreibungen und Stil beschäftigen (gesagt hätte ich ohne sch „befassen").

Interesse am Sprechen verband sich mit Freude an Exotik, für die ich keine Gründe weiß, allenfalls Erzählungen meines Vaters, der einst nach Afrika und Südamerika zur See gefahren war. Am Ende war er Rechtsanwalt geworden, und ich wußte noch nicht, daß seine Berichte von manchem juristischem Strauch, für ihn ein Spiel, mich auf fast so etwas wie (später hilfreichen) Spaß an Verwaltungsabläufen und Prüfungsordnungen programmierten. Ein älterer Bruder, von dem ich mich absetzen wollte, studierte Chinesisch. So kam ich auf die Idee, keinesfalls Chinesisch, sondern Indonesisch zu lernen. Mir gefiel ein Buch „Kunst der Welt: Indonesien". Ob der zuständige Professor in Frankfurt am Main, Karow,[1] mich abschrecken wollte oder mich, da ich mich ja für sein Gebiet interessierte, für hochbegabt hielt? Er versicherte mir, sein Fach sei einfach, anfangs nur Indonesisch und Niederländisch, erst im zweiten oder dritten Semester Chinesisch, erst ab etwa dem vierten Japanisch, mit Sanskrit und Arabisch hätte ich dann noch Zeit. Ich fühlte mich überfordert und ging zu den Ethnologen, die keine Sprachanforderungen definierten. Da mich Sprachen aber interessierten, studierte ich parallel Romanistik.

ETHNOLOGISCHE AUSBILDUNG

> Das chinesische Wort ist etwas ganz anderes als ein bloßes Zeichen,
> mit dessen Hilfe ein Begriff aufgezeichnet wird.
> Es entspricht nicht einer Vorstellung,
> deren relative Abstraktion oder Allgemeingültigkeit
> man so präzis als möglich festzulegen sucht.
> Es hebt vielmehr einen unumschriebenen Komplex
> bildhafter Vorstellungen ins Bewußtsein,
> wobei von diesen die aktivste zuerst in Erscheinung tritt
> (Granet 1985:23).

Jensen,[2] bei dem ich 1962 mein Studium begann, war ein bedeutender Theoretiker, doch das sagte uns niemand. Im Oberseminar durften Anfänger zuhören und suchten nach Sinn hinter Geheimnisvollem. Einen Referenten, der aus dem damals so genann-

---

[1]   Otto Karow (1913–1992); 1962 bis 1972 Professor für Ostasiatische Philologie und Kulturwissenschaft in Frankfurt am Main; Indonesien-Spezialist. Da er formal in der Sinologie lehrte, waren Chinesisch und Japanisch Pflichtsprachen.

[2]   Adolf Ellegard Jensen (1899–1965); 1946–1965 Lehrstuhl der Kultur- und Völkerkunde in Frankfurt am Main

ten Südrhodesien Zusammenhangloses (wie mir schien) berichtete, fragte Jensen nur
eines: Gab es dort Kegeldach- oder Kuppeldachhütten? Ich weiß die Antwort nicht
mehr, nur, daß Jensen zufrieden mit dem Kopf nickte. Ist das Weltbild das Bild des
Daches? Ich wagte nicht zu fragen. Sonst bekam ich von Jensens Ethnologie damals wenig mit. Nach seinem Tod würdigte ein Assistent ihn als noblen Menschen, das werde
bleiben, nicht seine Theorien. Jensens Nachfolger Schmitz[3] beschied einen Studenten,
der Jensen zitierte, barsch, die deutsche Ethnologie müsse nun umlernen, und strich
Frobenius' Kernbegriff Paideuma aus dem Namen der Institutszeitschrift.

Ich begriff Ethnologie als ein gleichsam trotzkistisches Fach: permanente Revolution, ständige Umerziehung, immer wieder Bekennen des Irrwegs anderer, neu anfangen als wäre man es nicht gewesen. Doch ist die Neigung zum immer erneuten Na-
menswechsel (ich zähle nicht mehr, wie viele Umbenennungen des Faches ich miterlebt
habe), um den jeweils Alten Adam und seine Sünden abzulegen, das Versteckspiel eines
Straftäters, der seine Identität bewußt verschleiert oder wurzelt es nicht eher im Protestantismus (in Spielarten des angelsächsischen Protestantismus heißt das: *to be borne
again*)?

In der „Kultur- und Völkerkunde" (später in Historische Ethnologie umbenannt)
hörte ich von einer Ferne ohne Bandidos erzählen. Haberland[4] und Schuster[5] waren
1961 in Neuguinea gewesen, Haberland und Seyfarth[6] reisten dorthin 1963. Sie berich-
teten von Bergen, die sie erklommen hatten, nur um dahinter neue Berge zu entdecken,
die es auch noch zu erklimmen gab. Ob sie dabei an Adolf Bastians (1986:vi–vii) Bild
von den Gipfeln dachten, hinter denen sich immer neue Gipfel auftun, so wie sich in
der Wissenschaft immer neue Fakten auftürmen, hinter denen wir (gleichsam Moses)
das Land des verheißenen Verstehens schon von ferne sehen, doch nicht mehr betreten
können? Ich meinte, grüne Dschungellandschaften zu sehen, die sich in Bergketten
hinter dem Horizont verlieren. Und dann sprachen sie untereinander im Spaß einige
Wörter des Pidgin der Papua, etwas wie „Yu fella rausi" (*You fellow* raus hier).[7] Heute
würde man die Vermischung von Englisch und Deutsch auf dem Hintergrund melane-

---

[3]   Carl A. Schmitz (1920–1966); 1965–1966 Lehrstuhl der Kultur- und Völkerkunde in Frankfurt am
      Main

[4]   Eike Haberland (1924–1992); 1950–1965 Wissenschaftlicher Assistent in Frankfurt am Main;
      1968–1992 Lehrstuhl der Kultur- und Völkerkunde, dann (nach Umbenennung) der Historischen
      Ethnologie in Frankfurt am Main

[5]   Meinhard Schuster (geb. 1930); 1959–1965 Wissenschaftlicher Assistent in Frankfurt am Main;
      1970–2000 Lehrstuhl der Ethnologie in Basel. Otto Zerries (1914–1999); 1934–1935 als Felsbild-
      forscher mit Frobenius in Libyen und Transjordanien, 1947–1956 Assistent am Frobenius-Institut
      in Frankfurt am Main, 1956–1979 Leiter der Amerika-Abteilung des Museums für Völkerkunde zu
      München. Er hat mich bei meiner Dissertation beraten. Schuster und Zerries arbeiteten 1954–1955
      als erste Ethnologen bei den Waika (Yanomami).

[6]   Siegfried Seyfarth (geb. 1930); 1960–1995 Leiter der Bibliothek des Frobenius-Instituts

[7]   So etwa meine ich es gehört zu haben. Es weicht von der korrekten Umschrift in Tok Pisin ab, die
      yupela raus lauten würde (Dank an Holger Jebens für den Hinweis).

sisch geprägter Syntax sprachliche Globalisierung nennen, damals sagte man es durch
Beispiele. Am meisten aber fesselten mich Berichte aus Südamerika. Dorthin waren
Hissink[8] und Hahn[9] schon 1952–1954 gereist, Schuster 1954–1955, und Schuster konn-
te erzählen wie kein anderer.

Seine Worte malten Lehmhütten der Dekuana, um die in Mundhöhe gleichsam
ein Zierfries lief, weil die Bewohner den Lehm abgegessen hatten. In heutigen Seminaren würde das als Nachweis von Ernährungsproblemen verstanden werden, brau-
chen doch alle Menschen die gleiche Ernährung und darf diese keinesfalls Lehm sein.
Damals hingegen sagte es mir, daß bei den Dekuana auch die Eßgewohnheiten die
unsrigen auf den Kopf stellen. Und laut Reiseberichten des 19. Jahrhunderts verbannten
Indianer nicht die Sexualität aus der Öffentlichkeit, sondern das Essen – wieder eine
Umkehrung des Gewohnten. Das freilich bestritt Egon Schaden,[10] dieses Tabu habe er
nie bemerkt. Schaden lehrte als Gastprofessor in Frankfurt am Main und wie Schuster
auf Südamerika hat Schaden mich auf den Alto Xingu gepolt. Auch er faszinierte mich
durch seine Sprache, nicht bildhaft durch meisterhafte Wortschöpfungen fesselnd wie
Schuster, sondern knapp, lakonisch und auf spannende Weise in dem einerseits reinen
Deutsch seiner Herkunft, das andererseits Klarheit und Witz des brasilianischen Portugiesisch besaß. Hybride Sprachkultur würde man das (wie das oben zitierte Pidgin)
heute nennen, aber das träfe nicht ganz die Verschmelzung zweier Kulturen zu etwas
reicherem Neuem. Durch Schaden hörte ich vom bäuerlichen Denken der Guaraní:
Als ein Guaraní von seinen Maisfeldern erstmals in den Hochhausdschungel São Paulo
kam, fragte er „Wo bekommen all diese Menschen ihren Mais her?" – Mit solchen Geschichten wurde ich ausgebildet.

Da war viel Verstehen dabei, und wenig Verallgemeinerung. Man schätzte (wie
Granet im obigen Zitat, das ja mehr sein eigenes Denken wiedergibt als das chinesische), die jeweilige Konkretisierung des Unfaßbaren. Zwar waren meine Lehrer durchaus auch in Theorien versiert, Schaden beispielsweise wandte sich der damals neuen
Kommunikationstheorie zu, doch erzählten sie uns davon weniger, als daß sie uns zum
Begreifen fremder Weltsicht durch Feldforschungserlebnisse führten. Ich mußte zur
nahverwandten Volkskunde gehen, um mehr von theoretischen Wurzeln zu erfahren,

---

8   Karin Hissink, später Hahn-Hissink (1907–1981); Schülerin des Altamerikanisten Walter Lehmann;
     1934–1935 (neben Zerries und anderen) als Felsbildforscherin mit Frobenius in Libyen und Trans-
     jordanien, 1947–1972 Kustodin und Oberkustodin am Frankfurter Museum für Völkerkunde (dort
     meine Vorgängerin). 1952–1954 ethnographische Forschung in Ostbolivien, 1962–1963 sowie 1969–
     1970 in Mexiko und Guatemala

9   Albert Hahn (1910–1995); wissenschaftlicher Zeichner; 1937–1938 mit Jensen in Indonesien und
     Neuguinea; ab 1952 auf den Reisen mit Hissink

10   Egon Schaden (1913–1991); 1950–1967 Lehrstuhl der Antropologia in São Paulo

11   Wolfgang Brückner (geb. 1930); 1968–1973 Lehrstuhl der Volkskunde in Frankfurt am Main, seit-
     dem in Würzburg

12   Wolfgang Lindig (geb. 1925); ab 1963 in Frankfurt am Main, zunächst als Assistent, dann von 1971
     bis 1990 auf einer Professur, die er auf indianische Kulturen Nordamerikas spezialisierte

die dort bei dem begnadeten Polemiker Brückner[11] Streitgegenstand waren. In der Ethnologie wurden sie als Beiwerk hinter die Fakten geschoben, und nur Lindig[12] sprach in Seminaren von Theorien, zumal von den (sonst in Frankfurt schon gar nicht gefragten) nordamerikanischen. Lindigs Schüler erkennen sich bis heute daran, daß sie vom „Ökosystem" schon in der damaligen nordamerikanischen Anthropologie wissen.

Amerikanisch war auch Lindigs unhierarchische Art. Ganz allgemein gingen Lehrende und Studierende zumindest in der Frankfurter Ethnologie nicht, wie man heute eher meinen würde, hierarchisch kühl miteinander um, sondern freundschaftlich. Vielleicht ließ die Kleinheit des Faches zusammenrücken oder auch die bis heute in der Ethnologie endemische Kränkung, die Welt würde uns nicht genügend wahrnehmen. Selbst noch der seiner Würde und Macht sehr bewußte Ordinarius (seit 1968) Eike Haberland fragte Studierende zunächst um Rat und Meinung in ethnologischen Fragen, als wären wir erwachsen. Strenger wurde der Ton erst mit der Studentenrevolte. Doch auch auf sie reagierte Lindig nicht mit herrschaftlicher Ablehnung, sondern indem er ein Buch über Rudi Dutschke las und Studenten um Erklärungen bat.

Auf Jensen folgte Schmitz, der uns das Nebeneinander von Rationalität und Religion daran erklärte, daß er nicht an das Horoskop glaubte, es sich aber jede Woche von seiner Frau lesen ließ. Ich bin dann 1965 nach Paris gegangen, wo mein in Frankfurt Gelerntes nichts mehr galt, weil es sich Pariser Fragen nicht zuordnen ließ. Der Pariser Horizont war unendlich weiter als der Frankfurter, man las mehr, diskutierte mehr, doch an der Métro-Station Châtelet am Nordrand des Quartier Latin war Schluß. Was ich von Belleville, einem damals arabisch geprägten Viertel von Paris erzählte, in dessen Nähe ich wohnte, interessierte nicht, Belleville liegt schon mehr als zwei Stationen nördlich von Châtelet. In den Seminaren blieb mir der tiefere Sinn oft ebenso verschlossen wie einst bei Jensens Frage nach den Kegeldachhütten. Nur waren die Redebeiträge länger und oft konfuser. Freilich scheute der Seminarleiter Lévi-Strauss sich nicht, seinen Ärger darüber zu äußern. Mit größter Höflichkeit bat er Redner, doch zu sagen, was sie eigentlich meinten. Das war autoritär, gewiß, aber auch erhellend. Lévi-Strauss selber war mündlich leicht verständlich und schüchterte jene ein, die keinen Sinn in der eigenen Rede fanden und deshalb Strukturalisten werden wollten. Er war das Auge eines Taifuns: ringsum Diskurse, in der Mitte er, klar, ironisch, ruhig. Bei ihm konnte man strikt und genau denken lernen wie bei sonst niemandem. Und bei ihm fand ich einen Sinn für das Paradoxe, den ich erst später aus einschlägiger Literatur als Erbe des Surrealismus einschätzen gelernt habe. Diesen Sinn habe ich sonst bei Ethnologen nicht wiedergefunden, wohl aber bei amazonasindianischen Mythenerzählern und Dichtern, wilden Surrealisten.

Schon vor Paris hatte ich Ferienkurse an der Universität Coimbra (Portugal) besucht. Das war Teil meiner Ausbildung in Romanistik, nicht in Ethnologie, eine weitere Erfahrung in einer anderen Kultur. Der Unterschied zwischen den Kulturen der Ethnologen in Paris und der Lusitanisten in Coimbra war, daß letztere noch mehr diskutierten, weniger wußten – und viel offener waren. Portugal war eine Diktatur mit bedrückender politischer Atmosphäre und überwiegend Provinz. Aber merkwürdigerweise habe ich dort mehr Menschen als in der Pariser Ethnologie getroffen, die sich für Deutschland oder Frankreich außerhalb von Paris interessierten, die viel wissen wollten und Argumente aufnahmen oder zu widerlegen suchten.

Nach einem Jahr in Paris heiratete ich eine Pariserin, bekam ein Stipendium der Friedrich Ebert-Stiftung, und wir gingen nach Recife (Brasilien). Hier führte ein deutscher Franziskaner mich zu Gilberto Freyre[13] in dessen wunderbares, hoch über Recife im Kolonialstil unter Palmen gebautes Herrenhaus und versprach ihm, im Gegenzug für meine Aufnahme in das von Freyre gegründete Instituto Joaquim Nabuco, die Ausleihe eines Kleintransporters. Die Bedeutung Freyres verstand ich damals ebensowenig wie zuvor die Jensens, in beiden sah ich zunächst nur wunderliche alte Männer, beide habe ich erst später aus Büchern schätzen gelernt. Am Institut beeindruckte mich damals der Gastdozent Câmara Cascudo,[14] Vater der brasilianischen *estudos de folclore*, eines wichtigen Parallelprojekts zur ethnologischen Mythen- und Kunstforschung, nur stärker ästhetisch orientiert und stärker sozialpolitisch engagiert als die damalige Ethnologie. Cascudo begann und beendete seine Seminare mit Witzen über die brasilianischen Volksüberlieferungen, und dazwischen machte er Witze über die Brasilianer. Schon bei Meinhard Schuster hatte ich begriffen, nun aber lernte ich, daß eine wissenschaftliche Darstellung auch eine Kunstform sein kann und nicht nur eine freudlose Predigt ohne Orgel.

In Recife besuchte ich Kulttänze des afrobrasilianischen Xangô und der Umbanda. Gerne hätte ich diese Religionen, deren Theatralik mich beeindruckte, und von denen damals in der deutschen Ethnologie noch kaum etwas bekannt war, zu meinem Forschungsthema gemacht, doch Schmitz, bei dem ich in Frankfurt promovieren wollte, reagierte zurückhaltend, mir gestellt gewesen sei doch ein amazonasindianisches Thema. Eigene Themensuche war nicht, so verließ ich Recife und ging ins Amazonasgebiet nach Belém do Pará, wo ich am Museu Paraense Emílio Goeldi Aufnahme fand.

Der Leiter der dortigen anthropologischen Abteilung, Eduardo Galvão,[15] hielt nicht so viel von grünschnäbligen Ausländern, die zu den Indianern wollten, und meine Referenzen stimmten ihn nicht milder: aus Paris nicht, weil damals in der brasilianischen Anthropologie ein Graben zwischen Anhängern der französischen und der nordamerikanischen Schulen klaffte und weil Galvão in den USA promoviert hatte; von C.A. Schmitz nicht, weil dieser in seinem Empfehlungsbrief Lévi-Strauss erwähnt hatte. Meine zu geringe Kenntnis der nordamerikanischen *anthropology* (ich hatte Lindig nicht genug zugehört) und der Verwandtschaftsethnologie (die in Frankfurt erst von Schmitz eingeführt wurde, zu spät für mich) verbesserte seine Meinung von mir nicht.

---

[13]   Gilberto Freyre (1900–1987); Boas-Schüler, Begründer des brasilianischen Tropicalismo, Autor von „Casa Grande e Senzala" (Herrenhaus und Sklavenhütte, 2004)

[14]   Luís da Câmara Cascudo (1898–1986), Autor des „Dicionário do Folclore Brasileiro" (1954)

[15]   Eduardo Galvão (1921–1976); 1955–1963 und 1965–1976 in Belém

Mit der Verwandtschaftsethnologie hatte er recht. Das wurde mir bei Amazo-nasindianern klar, als ich mich verzweifelt fragte, was ein Begriff bedeutete, den ich als WiSiDa-Da erkannt hätte, hätte ich das nur rechtzeitig gelernt. In Belém setzte ich mich in die Bibliothek und lernte mir ein bißchen von all dem an, was mir aus meiner europäischen Ausbildung fehlte: Verwandtschaftsethnologie, brasilianische Friktions-theorie, sozio-ökonomische Einordnung des Schamanismus (der in Paris eine rein gei-stige Sache gewesen war, in Frankfurt immerhin als Ergebnis einer Wirtschaftsform verstanden wurde), Ethnomethodologie.

Galvão und ich hatten zudem, beide halbtaub, akustische Probleme miteinander, zumal Galvão nuschelte und ich mit einem Sprachfehler sprach. Dennoch war er groß-zügig genug, mich aufzunehmen und erzählte mir, wegen seiner Schwerhörigkeit recht monologisch, von Indianern, die er kennengelernt hatte, und von Büchern, die er gerade las. Dialogischer konnte ich mit anderen Belémer Anthropologen reden, mit Expedito Arnaud,[16] der sich wie kein anderer in Fragen der Indianerpolitik auskannte, und für den gute Anthropologie Engagement für die Erforschten war; sowie mit Protásio Fri-kel,[17] einem zum brasilianischen Anthropologen gewordenen deutschen Missionar, der mir beibrachte, daß brasilianische Indianer vieles verzeihen, nur nicht Humorlosigkeit. Seine Begeisterung vermittelte Feldforschung als einen Weg, den kulturbedingt ver-schiedenen Witz (und Esprit) anderer Menschen kennenzulernen.

FELDFORSCHUNG ALS TEIL DER AUSBILDUNG

Für zwei Embleme,
die beide zwei konkrete Aspekte des Weltgefüges anzeigen,
gibt es keinen gemeinsamen Maßstab.
Eine Untersuchung der sekundären Ursachen ist uninteressant,
denn man hat keine Verwendung für sie.
Was über die Erscheinungen im einzelnen Aufschluß gibt,
sind nicht Kenntnisse über die Ursachen im einzelnen,
sondern das Tao
(Granet 1985:252).

Zu Amazonasindianern reisten wir nun, mit Galvãos freundlicher Unterstützung im Rücken – wir, nämlich auch Christine Münzel, die mich stets begleitet hat, und ohne die ich nie so weit gekommen wäre. Für die Feldforschung ausgebildet war ich, wie Hans Fischer es allgemein von der damaligen Ausbildung des Feldforschers schreibt: „[...] welche Methoden und Verfahren anzuwenden waren, wurde nicht gelehrt" (2002:10).

---

[16]   Expedito Arnaud (1916–1992); zunächst Mitarbeiter der staatlichen Indianerbehörde, dann zur An-thropologie gewechselt, bekannt durch Arbeiten zu Problemen indianischer Gruppen im Konflikt mit Siedlern und unter der offiziellen Politik

[17]   Protásio Frikel (1912–1974); Ethnograph vor allem der Tiriyó und Xikrín

Fischer selbst ist freilich klug genug, auch keine Methode anzugeben. Er stellt Einzel-
beispiele vor, die großenteils eben keine Methode lehren, sondern, daß Feldforschung
ein individueller Prozeß zunehmender Verständigung ist. Und auch mir war das unaus-
gesprochen in meiner Ausbildung vermittelt worden: Verschiedene Kulturen sind nicht
vergleichbar, so daß auch die Feldforschung keinen allgemeinen Regeln unterliegen
kann.

Gary Gossen hat mir einmal erzählt, daß er sich zum Studium der *anthropology*
entschloß, als er nach dem Abitur aus Kansas herauskam und in Mexiko und Mittelamerika merkte, daß es Gegenden gibt, wo man tagelang kein Englisch hört. So beschreibt
er das Erlebnis der Fremdheit (dessen bedrückende Seiten er ebensowenig verschweigt
wie seine Hilflosigkeit fern von Kansas, s. Gossen 1993). Plötzlich nicht nur sprachlicher, sondern allgemeiner Fremdheit ausgesetzt, erfuhr er ein zentrales Element der
Feldforschung: aus seiner vertrauten Nische gerissen, registriert der Forscher um so
sensibler Unvertrautes. Unter Amazonasindianer geworfen, ohne mich abends in eine
deutsche Herberge zurückziehen zu können, bemerkte ich rascher das unausgespro-
chen Andere etwa in der Körperhygiene, den Körperbewegungen, dem Tagesrhythmus,
dem Sprechrhythmus, der Art sich zu ärgern und (gerade bei Amazonasindianern exi-
stentiell erfahrbar, wenn man nicht in ein Hotel davonlaufen kann): zu streiten und sich
wieder zu versöhnen; kurz, in vielem, das half, intuitiv auch fremdem Denken näher zu
kommen. Demgegenüber sah man in Brasilien das Problem des Verstehens der Anderen weniger dramatisch, waren diese doch auch Brasilianer. Die Reise zu ihnen mochte
zwar bei den großen Entfernungen und prekären Verkehrsverbindungen beschwerlich
sein, doch war es nicht die Fernreise über Ozeane wie für Europäer. Man fuhr kurz einmal zu Amazonasindianern, dann wieder zurück nach Hause, dann wieder hin, während der Europäer erst einmal Brücken abbrechen, Abschied nehmen mußte.

Für meine Dissertation habe ich bei den Kamayurá (Alto Xingu) geforscht, damals 120 Menschen in einem Runddorf aus fünf großen Langhäusern (*malocas*). Gerne
hätten wir eine eigene kleine Hütte gehabt, aber der Verwalter der Reservation sagte
nein, das wäre der Anfang einer Auflösung des Langhaus-Kreises in eine formlose Fa-
vela. Letztenendes hat das anstrengende Wohnen in einem großen Gemeinschaftssaal
ohne wirkliche Privatsphäre, 18 von 24 Stunden am Tag von sich abwechselnden Dorfbewohnern aufgesucht und mit neugierigen Fragen, freundlichen Belehrungen oder
heftigen Forderungen auf Trab gehalten, uns viel intensiver in die fremde Gesellschaft
eintauchen lassen.

Der Verwalter Orlando Villas Bôas,[18] ein strikter Kulturrelativist, wollte Kulturen
bewahren. Deren rasche Einbeziehung in die Weltwirtschaft lehnte er ab, weshalb er

---

[18]   Orlando Villas Bôas (1914–2002); kam 1946 mit Vater und Bruder in die Alto Xingu-Region und
         setzte sich mit ihnen dort für Erhaltung indigenen Lebensraumes ein; 1961–1967 Verwalter der in-
         digenen Öko-Reservation Parque Nacional do Xingu. Villas Bôas (2000) ist mein ethnologisches
         Lieblingsbuch, von einem Nicht-Ethnologen eingängig geschrieben und nicht dick.

dann in der Phase der triumphalistischen Modernisierungs-, Waldrodungs- und Strassenbau-Euphorie der späten 1960er und der 1970er Jahre als reaktionärer Fortschrittsfeind marginalisiert wurde. Heute ehrt man ihn als eine große Figur des brasilianischen 20. Jahrhunderts. In den 1960er Jahren verwehrte er Touristen, Missionaren und Händlern nach Kräften den Zugang zur Reservation. Ethnologen, die von bestimmten Forschungsinstitutionen empfohlen waren, wie ich vom Museu Paraense, mußte er aufgrund von Abkommen aufnehmen, doch kontrollierte er sie scharf, ob sie nicht Veränderungen in die indigene Kultur brachten.

So mißfiel ihm neben unserem Wunsch nach eigener Hütte auch, daß wir – finanziell nicht in der Lage, all die Forderungen der Dorfbewohner nach Tauschwaren zu befriedigen – die Regel einzuführen suchten, nur zu geben, wenn man uns auch etwas gab. In den Augen des weißen Verwalters war das Kommerzialisierung, in den Augen der indianischen Dorfbewohner Geiz. Ein Kollege, der ähnlich mittellos mit für ihn unerfüllbaren Forderungen bestürmt worden war, erzählte uns später, daß er in seiner Verzweiflung all seine ärmliche Habe auf den Dorfplatz geworfen und – nun fast nackt und ohne Tauschwaren – sein Schicksal dem Dorf anheimgegeben hatte; von da an fütterte man ihn mitleidig durch. Wir hingegen versuchten unsere Autonomie zu bewahren, anstatt uns den Regeln des Dorfes zu unterwerfen, die wir nicht kannten und lösten Empörung aus. Der Verwalter nahm unseren Fall zum Anlaß, zu verlangen, das Museu Paraense solle keine unerfahrenen Nachwuchs-Ethnologen mehr schicken, die doch nur „cobaias da indiada" (etwa: Versuchskaninchen der Indianer) würden. In der Tat war es ein anstrengender Schnellkurs in fremden Regeln. Als wir 20 Jahre später in das gleiche Dorf zurückkehrten, sprachen die inzwischen alten Dorfbewohnern mit uns von jener Zeit wie von Erinnerungen an eine stürmische Jugend, und sie erzählten ihren Enkeln davon. Nun, nach Jahren, überwogen die Erinnerungen und Gemeinsamkeiten der gleichen Generation die kulturellen Differenzen. Nach 20 Jahren besuchten wir auch den Verwalter Orlando und seine Frau wieder, und Orlando erzählte von seinen Forschungen. Bei den Kamayurá hatten ihm teils die gleichen Personen Weltbild und Mythen mitgeteilt wie mir: der bald verstorbene Moi,[19] Dorfhäuptling Takumã (heute wie Orlando eine der großen historischen Figuren der brasilianischen Indianerpolitik); dazu kamen bei mir noch der Schamane und Sänger Tarakuái, die scharfzüngige Hausherrin Kanutsi und der Schamanennovize Wanyó, der sich die Zeit in seiner Initiationsabgeschiedenheit vertrieb, indem er mir weitergab, was er gerade lernte. Er lernte bei Moi, und dieser hat mir seine Mythen in ähnlicher Reihenfolge und Didaktik erzählt wie seinem Novizen. Doch Orlando hatten sie ungleich mehr erzählt, erst durch ihn habe ich Grundideen des Weltbildes der Kamayurá verstanden, die ich nur andeutungsweise erfahren hatte. Das lag neben der um zwanzig Jahre älteren Freundschaft Orlandos mit den Dorfbewohnern auch daran, daß er besser Kamayurá verstand als ich.

---

[19]   Aus religiösen Gründen der Kamayurá muß ich den Namen verstümmeln.

Immerhin: Die Kamayurá halfen mir bei meiner Dissertation und erzählten mir Mythen. Die in der Ethnologie gerne als „zweite Sozialisation" bezeichnete Feldforschung sozialisiert oft weniger in die Kultur der Fremden als in diejenige der Ethnologen, die vor Ort nämlich schon bekannt ist. Schon wenige Tage nach unserer Ankunft fragte der fröhliche Schamane Tarakuái mich, wo denn mein Tonbandgerät sei, er müsse seines Amtes walten und mir Mythen erzählen, das war das ethnologische Amt des „informante". Xingu-Ethnologen hatten üblicherweise nur einen Haupt-*informante*, Schamanen-Novizen nur einen Schamanen-Lehrer. Tarakuái wurde (ethnologisch) mein *informante* und ich (schamanisch) sein Novize, und deshalb lehnte der ältere, ernstere Schamane Moi meine Bitte, auch er möge mir Mythen erzählen, brüsk ab: „Du bist bei Tarakuái". Moi war es dann auch, der die Empörung des Dorfes über unseren (meiner Frau und meinen) Versuch, eigene Regeln zu setzen, bündelte und öffentlich verkündete. Später hat er uns verziehen, meiner Frau eine wunderschöne Holzskulptur geschnitzt und mir Mythen erzählt.[20] Während Tarakuái im Kreis seiner Familie und mindestens ebensosehr für diese wie für mich vortrug, den Job des *informante do antropólogo* aufs angenehmste mit seiner Liebe zu seinen Kindern und seiner Freude an Spaß und Pantomime verbindend, erzählte Moi an abgeschirmten Orten, ruhig und konzentriert, wobei er die Erzählungen in eine didaktische Ordnung brachte, fortschreitend vom Vordergründigen zu tieferem Verständnis. Die Mythen haben mich nicht mehr losgelassen. Im Lauf der Jahrzehnte habe ich sie immer wieder einmal neu, jedesmal wieder anders verstanden.

Neben den Kamayurá besuchten wir vor allem noch die Nadepa am Rio Uneiuxi in Nordwestbrasilien. Von den Kamayurá in die harte Lehre genommen, wollten wir nun alles richtig machen: keinen kommerziellen Umgang nach westlichen Regeln, radikale Befolgung des Willens der Dorfgemeinschaft. Doch die Nadepa lebten nicht in einem autonomen Dorf, sondern zerstreut in Weilern, in größter Abhängigkeit von Kaufleuten und deren halb kommerziellem, halb patriarchalischem Klientelsystem. Als ich Männer auf der Suche nach Waldfrüchten begleiten wollte, stellten sie sich in eine Reihe hintereinander und forderten mich als Weißen auf, das Kommando zum Abmarsch zu geben. Als wir mit den bei den Kamayurá erlernten Tauschregeln kamen, sagte man uns, das ist ja wie zu Zeiten der Großeltern, früher, als man (wie sie ihre frühere „Wildheit" nostalgisch verklärend erinnerten) nicht sagte „gib mir das und ich arbeite für dich", sondern „gib mir das oder ich erschlage dich". Letztlich zog man aber kommerzielle Regeln vor, wenn nicht die des Klientelsystems, so doch die der modernen Konsumgesellschaft, die diesen Nadepa anders als mir als Befreiung erschien. Pro halbe Stunde erzählter Mythe vereinbarten wir den Mindestlohn für eine Stunde im Bundesstaat Amazonas. Der Westen hatte uns wieder, zumindest was das Kommerzielle

---

[20]   Die Skulptur enthielt freilich auch eine drohende Anspielung. Ausführlicher habe ich die hier nur verkürzt resümierte Geschichte an anderer Stelle erzählt (Münzel 1988:579).

anging. Freilich war der Preis der Mythenstunde ebenso symbolisch und der Austausch in der Praxis völlig anders, wie auch sonst die Moderne nur Fassade war.

Wir waren zwei Motorboottage bis zu einer Hütte von 18 Nadepa gefahren. Noch weiter flußaufwärts zum nächsten Weiler mit 28 Nadepa war es eine Motorbootstunde, noch weiter flußaufwärts zum nächsten mit 30 einen Tag weiter. Doch hatten wir kein Motorboot, eines hatte uns nur hingebracht und holte uns wieder ab, dazwischen gab es nur das Kanu. Anders als bei den Kamayurá waren wir nicht unter über hundert Dorfbewohner geworfen, sondern in den Wald. Man erzählte uns von Geistern ringsum. Manchmal nahmen sie die Gestalt von Tieren an, manchmal waren sie Tiere, manchmal Menschen. Affenartige Wesen verführten Frauen, und verspielte Jaguare waren des Menschen gefährlicher Freund. Manche Nacht spielten die Männer am Waldrand auf heiligen Flöten, die Frauen durften das nicht sehen, hatten aber ihre Freude an der wunderschönen Musik, die in ihre Hütte drang. Ich durfte den Jaguar am Waldrand sprechen, als er katzenhaft freundlich und wild mit der Tatze nach uns schlug, knurrte und schnurrte (während wir mit den Flöten tanzten, die solche Töne hervorbrachten) und sich dann wieder in seinen Wald trollte.

ZURÜCK BEI DEN PROFESSOREN

> Die Beachtung protokollarischer Unterschiede
> und der herkömmlichen Harmonie,
> die eine Folge der gestuften Aufteilung der Lebenslose ist –
> dies ist es, was Riten und Musik
> den Chinesen einschärfen sollen
> (Granet 1985:310).

1969 kehrte ich an die Frankfurter Universität zurück, die mir fremd geworden war. Hier wurde nun Marx gelesen, Vorlesungen der Kritischen Schule wurden begeistert besucht und gestört. Eike Haberland war Ordinarius geworden, nun nicht mehr der junge Assistent, der die Studenten als ein etwas älterer Freund durch kluge und aufmüpfige Kurzkritiken auf den richtigen Weg brachte, sondern der König, leutselig, aber auf Distanz und Beachtung der Rituale bedacht. Er führte einen Zweifrontenkrieg: gegen die Überreste der Ergriffenheit und Intuition der Frobenius-Schule, der er Fakten der afrikanischen Geschichte entgegensetzte; und gegen Studenten, denen er wie die Verkörperung des von Frazer und Frobenius beschriebenen Heiligen Königs erschien, eine Autorität (und das hieß in der Zeit des Niedergangs der Herrschaft: ein Feind), deren Zeit sich dem Ende zuneigt. In Wirklichkeit kam Haberlands Zeit gerade erst, er verstand es, sowohl die intuitive Ethnologie als auch den Marxismus aus seinem Institut zu vertreiben und statt dessen nüchterne Regionalhistorie durchzusetzen, die sich bewußt von allgemeinen Theorien absetzte.

Ich suchte mein Heil zeitweise in der Soziologie und mehr noch in der (theorie-starken und der Intuition nicht feindlichen) Romanistik, so wie auch Kommilitonen von mir in Nachbarfächer wie die Volkskunde ausgewichen sind. Im Nachhinein muß ich mir freilich eingestehen, daß ich doch einiges bei Haberland gelernt habe, so seine Betonung der Autonomie des menschlichen Geistes gegenüber der sozio-ökonomischen Umwelt. Auch seine geradezu postmoderne Haltung, Wissenschaft nicht vom Wissenschaftler zu trennen, hat mich, wie ich erst viel später merkte, beeinflußt: Wie er schließe ich immer wieder vom Stil eines Kollegen auf dessen Inhalte, kann ich mich etwa auch nur mit Mühe überwinden, einem Studenten, der unstrukturiert daherkommt, strukturiertes Denken zuzutrauen – wiewohl ich weiß, daß ich mich da leicht irren kann.

PROTEST

Nach meiner Promotion bei Haberland 1970 sah ich zu, daß ich möglichst bald wieder nach Südamerika kam. In Paraguay war für verfolgte Aché eine Reservation eingerichtet worden, auf Veranlassung von León Cadogan,[21] einem ethnologisch forschenden Regierungsbeamten der Indianerverwaltung. Die Reservation geriet jedoch außer Kontrolle, Cadogan durfte nicht mehr hinein und der von ihm eingesetzte weiße Verwalter tat sich mit Menschenhändlern zusammen. Auch Pierre Clastres, der ebenfalls dort geforscht hatte, war von der Reservationsverwaltung verjagt worden, weil er die Zustände nicht billigte. Nun konnte Cadogan, der über gute Beziehungen zu höchsten Regierungskreisen verfügte, immerhin erreichen, daß ein deutscher Ethnologe einreisen durfte. Diejenigen, die darüber zu entscheiden hatten, wollten keinen Franzosen wie Clastres mehr, zu revolutionär, aber ein Deutscher, der war sicher brav. Cadogan fragte bei Otto Zerries um einen deutschen Ethnologen an, und so kamen Christine Münzel und ich nach Paraguay, wobei mich die Deutsche Forschungsgemeinschaft finanziell unterstützte.

Bei den Aché fand ich kaum Mythen (erst später haben andere Forscher mehr gehört), dafür Gedichte im Sprechgesang. Sie malen nicht wortreich aus wie die Mythen, sondern fassen pointiert zusammen, irgendwo zwischen Haiku und Erich Fried, und mit jenem Sinn für das Paradoxe, den ich schon bei Lévi-Strauss erwähnt habe. Selten sind sie fröhlich, meist tragisch und voller rebellischem Protest – oder sie waren es zumindest zu dem Zeitpunkt, als ich sie aufnahm, in Zeiten der Verfolgung.

Ich hatte gedacht, diesmal werde es eine schöne Feldforschung. Wie sie aber in den Schatten des Genozids geriet, beschreibe ich anderswo (2002). Hier nur kurz: Gemeinsam mit paraguayischen Kollegen (so Cadogan und dem sehr mutigen P. Bartomeu

---

21   León Cadogan (1899–1973); bekanntester Erforscher von Sprache und Kultur der Guaraní. Zu den Verfolgungen siehe Parellada und Beldi de Alcántara (2008).

Melià SJ, dem Sekretär der paraguayischen Bischofskonferenz für Mission) protestierten und publizierten Christine Münzel und ich gegen die Verfolgung der Aché. Als die Drohungen gegen uns konkret wurden, setzten wir unsere Bemühungen von Europa aus fort. Die damalige Diktatur dauerte von 1954 bis 1989. Eine Aufarbeitung beginnt erst in unserem Jahrzehnt. Von 2004 bis 2008 hat eine Comisión de Verdad y Justicia systematisch Opfer befragt. Eine Unterabteilung dieser Wahrheitsfindungskommission befaßt sich mit den Verbrechen an den Aché.[22] Die Untersuchungsergebnisse zeigen nun, daß es noch schlimmer war als ich damals erfahren hatte.

Der Verwalter der Reservation mochte mich als Zeugen nicht, und da er mich nicht erschießen durfte, verfluchte er mich und schoß dann einem Bauern zwischen die Augen (der überlebte). Wenige Tage später unterbrach ich den Aufenthalt in Paraguay für einen kurzen Heimaturlaub. Ich suchte meinen Doktorvater auf, der mich sogleich fragte, wie ich zur Gewalt stünde: Zwei meiner Studienkollegen hätten neulich einen Schrank vor die Tür einer Senatssitzung geschoben und so den Ausgang versperrt. Das sei Gewalt nicht mehr nur gegen Sachen, sondern auch gegen Menschen. In Unkenntnis des Hintergrundes seiner Frage (einer Diskussion um die Gewalt der RAF, die zu der Zeit Deutschland erschütterte, deren Zuspitzung ich aber im Ausland nicht mitbekommen hatte), genervt von dem Kontrast zwischen dem gewiß albernen Schieben eines Schranks und der Gewalt, die ich in Paraguay erlebt hatte, antwortete ich etwas neben der Sache, daß bei einem so weiten Gewaltbegriff auch die Gewalt eines Ordinarius, der einem Doktoranden die Promotion verweigerte, miteinbezogen werden könne. Unser Doktorvater hatte nämlich zuvor einem der Schrankschieber die Betreuung der (in der Tat unausgereiften) Dissertation aufgekündigt, worauf sich das Behindern des Ausgangs wohl auch bezog. Mein Doktorvater hat danach jahrelang nur noch das Notwendigste mit mir gesprochen, zumal ich dann in einem Aufsatz gegen den Begriff „Paideuma" polemisiert habe, und sich erst kurz vor seinem Tod wieder mit mir versöhnt.

Unterdessen war meine Ausbildung zunächst zu einem vorläufigen Abschluß gekommen. Meine weitere Laufbahn fasse ich hier nur zusammen, wobei ich das meiste auslasse.

KURZ: WIE ES WEITER GING

1973 wurde ich Kustos der Amerika-Sammlungen des Frankfurter Völkerkundemuseums (früher Völker-Museum, später Museum der Weltkulturen – auch hier der wortmagische Glaube, ein neuer Name bewirke einen Neuanfang). Gerade war ein neuer

---

[22]   Siehe das Kapitel 3.1., „El Caso Aché", in Comisión de Verdad y Justicia (2008). Eine leichter zugängliche Kurzzusammenfassung zur Verfolgung der Aché gibt der Anthropologe Jorge Aníbal Servín (2008).

Direktor ernannt, Heinz Kelm (1925–1986), in einer neuen Phase der Frankfurter Stadt-
politik, als eine eher linke SPD das Kulturdezernat von einer eher konservativen FDP
übernommen hatte. Kelm sollte das seit dem Zweiten Weltkrieg geschlossene Museum
mit neuem Konzept wieder eröffnen. Kurz zuvor hatte das Historische Museum mit
einem im damaligen Schema linken Blick auf die Frankfurter Geschichte neu eröffnet.
Kelm und ich, sein neuer Mitarbeiter, orientierten uns in der Präsentationstechnik an
diesem Nachbarmuseum, indem wir im Geist der Zeit viel Textinformation zwischen
die Ausstellungsstücke stellten. Damit waren wir in den Augen örtlicher Kulturpoliti-
ker von vornherein als Agenten des „linken" Dezernenten Hilmar Hoffmann abge-
stempelt, der uns in der Tat viel gegen kommunalpolitische Anfeindungen geholfen hat.

Kelm kam insofern aus einer einstmals linken Tradition der deutschen Ethnologie, als sein Lehrer Hermann Trimborn (1901–1986) bis zum Bürgerkrieg im republika-
nischen Madrid gelehrt und dort zum Kreis der spanischen Lateinamerikanistik gehört
hatte. Dort wurde diskutiert, ob das Inkareich ein mögliches Modell des Sozialismus
sein könne. In Peru hat Mariátegui die Verherrlichung des sozialistischen Inkastaates
in seine Variante des Bauernkommunismus übernommen, während in Frankreich Louis
Baudin daraus eine warnende Schreckensvision des Totalitarismus machte. Trimborn
sah, Mariátegui nicht unähnlich, im Inkareich einen Ausdruck der Kreativität des peruanischen Volkes. In dieser Tradition behandelte die erste Ausstellung des neueröff-
neten Museums 1973 die Geschichte Perus unter dem Titel „Herrscher und Untertan-
nen", der dem Trimbornschen Titel „Señorío y Barbarie" (1949, der sich allerdings auf
Kolumbien bezog) nachempfunden war. Daraus wurde jedoch bei dem im Naturell
pessimistischen und im Herzen anarchistischen Kelm eine Kritik des Inkareiches als
Exempel dessen, wohin autoritärer Sozialismus, aber auch überhaupt jegliche Entwicklung führe. Demgegenüber wollte ich (zuvor hatten Christine Münzel und ich in Peru
fotografiert und Objekte gesammelt, um den Alltag in Hochlanddörfern zu illustrieren)
vor allem in den Abschnitten Kolonialzeit und Gegenwart den möglichen Widerstand
gegen Unterdrückung und die Lebendigkeit der Ketschua-Volkskultur noch unter
Bedingungen der Armut zeigen. Das war eigentlich trimbornischer als die kelmsche
Darstellung unvermeidlicher Tyrannei. Die feinen Unterschiede unserer Darstellungen
wurden freilich unter dem Dach der Außendarstellung des Museums verwischt. Anders
als die Universität zeigt das Museum nach außen nicht gerne Meinungsvielfalt.

Nach der etwas pessimistischen Peru-Ausstellung wollte ich eine indigene Gesellschaft positiv zeigen und brauchte ich auch etwas Positives, nachdem meine Bemühungen um Bekanntmachen des Genozids an den Aché eine traurige Beschäftigung waren.
So zeigte ich 1977 eine amazonasindianische Gesellschaft, die Shuar in Ecuador (wohin
ich deshalb gereist war), die sich erfolgreich zur Wehr setzte und neue, an die Moderne
angepaßte Organisationsformen mit der Bewahrung von Traditionen verband. Oder
ich experimentierte 1988 damit, inwieweit indigene Mythen über ihren künstlerischen
Ausdruck verstehbar sind.

Ich bin froh, daß ich die beiden so verschiedenen Kulturen Universität und Museum kennengelernt habe. Bis heute ärgert mich die Ignoranz vieler Universitätsethnologen gegenüber dem Museum. Als ich meinem Doktorvater von meiner Sorge erzählte, für eine Museumsstelle nicht genug von Museographie zu verstehen, wischte er das mit dem Satz weg: „Das bißchen Abstauben ist doch kein Problem, und später wechseln Sie auf eine vernünftige Stelle an die Universität". Immerhin hatte Haberland mehr als andere ein sinnliches Verhältnis zu Museumsgegenständen, und hat er selbst eine schöne Sammlung angelegt und museumsethnologisch publiziert. Andere Universitätsethnologen denken ebenso verächtlich übers Museum, verstehen aber weniger davon. Auf der anderen Seite reagieren Museumsleute oft mit Trotz auf die Universität, die sie insgeheim selbst für überlegen halten, stilisieren sich etwa zu Praktikern, die mehr vom Leben wissen als die Universitären in ihrem Elfenbeinturm. Dabei haben beide, Universität und Museum viel mit Lebenspraxis zu tun und kommen beide ohne Theorie nicht aus. Allerdings ist die Praxis am Museum stärker mit Kulturpolitik verwoben und die Theorie ästhetikbezogen, womit Universitätsleute sich manchmal schwer tun. Es ist auch eine Frage der Stimmung: Das Betrachten kunstvoller Gegenstände regt mehr zum Nachdenken über Ästhetik an als das Hasten über marode Universitätsflure.

Größer als die inhaltlichen Unterschiede zwischen Universität und Museum sind die atmosphärischen, der Alltag. Das Museum ist hierarchischer und stabiler. Es erlaubt, verglichen mit dem universitären Semesterwechsel der Themen, längerfristiges Arbeiten. Typisch universitär sind Formulierungen wie die, daß ich mich mit einem Thema „beschäftigt" (Geschäftigkeit klingt an), mir eine Publikation „angesehen" habe, was nicht heißen muß, daß ich sie gelesen hätte. Typisch museal sind Hinweise auf „meine Sammlung", die mich permanent und geduldig immer wieder zu sich zurückholt. Wenn ich immer wieder zu den gleichen Mythen zurückgekehrt bin, die ich vor Jahrzehnten gehört habe, so war ich ein typischer Museumsmann, auch wenn die Sammlung aus Worten und nicht aus Objekten besteht. Es widerstrebt mir, ein Thema rasch aufzugreifen, um es wieder fallenzulassen, lieber verfolge ich einen Gedankenstrang über eine Reihe von Aufsätzen, in der ich das Thema immer wieder von einer jeweils etwas anderen Seite betrachte, ähnlich wie der Museumsethnologe über viele Jahre immer wieder über die eine Pfeilspitze schreiben kann. Das hat natürlich den Preis fehlender Aktualität, aber beschert eine größere Freiheit von Anpassungszwängen – ich fühle mich nicht verpflichtet, die neuesten Publikationen zu kennen, sondern lese sie, wenn ich Lust dazu habe.

Universität, Museum und Amazonasdorf sind Bühnen menschlichen Streits. Wo liegt der Unterschied zwischen der amazonasindianischen Gewißheit, hinter einem Unglück böse Menschen, die Hexer zu entdecken, und der Gewißheit vieler Museumsarbeiter, daß man ihnen Böses will? An der Universität habe ich einmal in einer Fachbereichsratssitzung erlebt, wie eine langjährige Freundschaft zweier Kollegen an dem Streit zerbrach, wem eine halbe studentische Hilfskraftstelle zuzuordnen sei. Am Museum sind es eher Kämpfe um Territorium (wie viele qm bekommt meine Sammlung), an der Universität um Prestige (wie viele Mitarbeiter habe ich). Am Museum verbrach-te ich endlose Stunden in dienstlichen Untersuchungen, Beschwerden über geöffnete Schubladen, Arbeitszeitfragen und ähnliches mehr. Danach an der Universität habe ich aufgrund dieser Erfahrungen Streit möglichst vermieden.

Aufgerieben in museumsinternen Kämpfen, starb Kelm 1986. Gelernt habe ich von seinem scharfen, oft karikierenden Blick und Witz. Sein Nachfolger Josef Franz Thiel (geb. 1932) war weniger revolutionär und verstand es besser, die Herzen auch von Andersdenkenden zu gewinnen und Intriganten freundlich zu neutralisieren. Dabei haben ihm seine Erfahrung als Seelsorger und seine in schlimmen Prüfungen gewach-sene Lebensreife geholfen. Er hat das Frankfurter Museum beruhigt und, gemeinsam mit Johanna Agthe (1941–2005), ästhetische gegenüber soziopolitischen Fragen in den Vordergrund gerückt.

Neben dem Museum habe ich bei den Frankfurter Romanisten unterrichtet, in einer wieder anderen Universitätskultur, in der ich mein altes Interesse an Sprache wie-derfand. Dafür haben Romanisten mehr Sinn als jene Ethnologen, die in Sprache nur ein Hilfsmittel sehen. Nur Ethnologen sind der Barbarei fähig, poetische Mythen als Mythen„material" zu verunglimpfen und große Mythendichter und -erzähler, wortge-waltige Interpreten ihrer Kultur, als „Informanten" oder „Gewährsleute" (Wörter wie aus CIA-Akten oder als wäre das Verstehen von Kultur ein Gerichtsverfahren). Sogar die Studierenden sind anders. Referate waren bei den Romanisten stilbewußter, sprach-lich ausgefeilter, kürzer und flotter vorgetragen, bei den Ethnologen hingegen innerli-cher, engagierter und mit einer Tendenz zur gründlichen Länge.

Weitere Fachkulturen, in die ich hineingeschnuppert habe, waren die der Geo-graphen und Soziologen (in Gießen, wo ich Lehrbeauftragter war und auch in einem Forschungsprojekt mitarbeitete). Bei den Geographen fiel mir die Verbindung der Leh-re mit Bildlichem auf. Sie zeigten schon Dias, als bei den Ethnologen noch mit dem Epidiaskop gearbeitet wurde, und Overheadfolien, als die Ethnologen bei ihren Refera-ten noch *handouts* verteilten. Als die Geographen zur Power Point-Präsentation fortge-schritten waren, kamen bei den Ethnologen die Overheadfolien an. Bei den Soziologen hingegen beeindruckte mich die Wortgewalt. Nebenfachstudierende aus der Soziologie in der Marburger Ethnologie hatten oft Probleme mit den (hier obligatorischen) Übun-gen an Museumsgegenständen, das war ihnen irgendwie zu konkret, aber sie konnten alles erklären.

Aus dem Frankfurter Museum hatte mich die Bürointrigenatmosphäre zu Bewer-bungen an der Universität getrieben, wo ich mir gesündere Luft erhoffte. Mehrfach kam ich auf Berufungslisten, aber berufen, und zwar auf eine Professur in Marburg, wurde ich just 1989, als die Lage am Frankfurter Museum sich gebessert hatte und ich eigentlich gar nicht mehr weg wollte – um so entspannter war ich, und so hatte ich mich besser beworben. Letztlich sagte ich zu, weil in Frankfurt die Pläne für einen Neubau des Völkerkundemuseums erneut scheiterten. Um diesen Neubau hatten die Frankfur-ter Museumsethnologen sich seit dem Ende des Zweiten Weltkriegs (in dem das alte

Gebäude zerstört worden war) immer wieder vergeblich bemüht. Meist schob man die Schuld dem jeweiligen Direktor in die Schuhe: Hermann Niggemeyer (Direktor bis 1972) war nicht aktiv genug, Kelm (bis 1986) zu aktiv und zu konzeptionell, jüngst hat man das Fehlen eines Konzepts bei Anette Rein (bis 2008) angeführt. 1989 fand man keine Argumente gegen den allseits beliebten Direktor Thiel, stattdessen ein Parkplatzproblem in der Straße hinter dem Museum und bedrohte Bäume (etwa vier mehr als von den Grünen zugelassen). Letztlich war es wohl immer wieder die Frankfurter Kultur, der Offenbach schon fern genug liegt.

In Marburg ist die Universität traditionsreicher, seriöser, manchmal auch weniger innovativ als in Frankfurt. In Frankfurt suchten zu Anfang eines Seminars von Raum zu Raum ziehende Studierende nach Stühlen und es kam vor, daß zwei Seminare zur gleichen Zeit in den gleichen Raum gelegt wurden, auch waren die Tafeln stets verschmiert. In manchen Hörsälen schliefen Obdachlose. In Marburg war alles würdevoller organisiert. Aber ein neuer Professor bekam nur dort und dann einen Raum, wo nicht ein Älterer immer schon las. Das ist eine Traditionsuniversität, an der man sich seinen (ordentlichen) Hörsaal über die Jahre erstehen muß. Inzwischen haben die beiden Universitäten sich etwas angeglichen. Auch Marburg hat sich an verschmierte Tafeln gewöhnt.

Nun war ich in Marburg und wollte alles, was ich an meinen Lehrern kritisiert hatte, besser machen. Aber von Marburg erzähle ich ein andermal. Hier nur so viel: Unterrichten hat mir viel Spaß gemacht, ich bin zufrieden, daß die Studierenden bei mir heute klar, knapp und ohne verquasten Diskurs formulieren, und sogar die viele Verwaltung konnte ich dank einer exzellenten Sekretärin irgendwie bewältigen.

Aus meinen Wanderungen durch die Fächer ziehe ich die Lehre, daß eine Abkapselung der Ethnologie von Nachbarfächern fachprovinziell ist. Ich habe mich nicht um ziellose Interdisziplinarität, sondern um inhaltliche und administrative Verbindung nur zu bestimmten Fächern bemüht. In Marburg war das vor allem die Religionswissenschaft, mit der ein gemeinsames Institut gebildet wurde, so daß ein religionsethnologischer Akzent gesetzt wurde. Daneben habe ich die fachgeschichtlich vorgegebenen, aber in der geschichtsvergessenen Ethnologie gerne mißachteten Brücken zur Volkskunde (die Ethnologie hat ihren Herder abgelegt wie so manchen Alten Adam) zu festigen gesucht. Und Bologna: Das hat die Marburger Ethnologie früher als andere Ethnologien umgesetzt, und ich stimme nicht in den Untergang-des-Abendlandes-Chor ein, sondern bin froh, daß sich endlich wieder einmal etwas bewegt, verändert, durchgeschüttelt wird.

WAS IST VON MEINER ETHNOLOGISCHEN AUSBILDUNG GEBLIEBEN?

In meiner Studienzeit liefen traditionsreiche Schulen der deutschen Ethnologie (Mühlmann, Jensen) aus, und keine neue originelle Schule bot Ersatz. Den Ausweg späterer

Zeit in Nordamerikanisches hatten erst wenige gefunden. Gerade in Frankfurt, wo einerseits die kulturmorphologische Schule tief im Institut verwurzelt war, andererseits aber alle wußten, daß es mit ihr nicht so weitergehen konnte, folgte daraus für die Studierenden generelle Skepsis gegenüber theoretischen Festlegungen und Abneigung gegen Systematisierungen (die in der Spätphase dieser Schule exzessiv betrieben worden waren). Die 68er Studentenrevolte war in ihrer Frankfurter Spielart betont anti-dogmatisch, mehr Adorno als Marx, was ihre Akzeptanz unter Ethnologiestudenten erleichterte. Mich hatten die ins Studium eingeschobenen Auslandsaufenthalte in meiner Skepsis gegenüber geschlossenen Denkgebäuden bestärkt. In Frankreich und (in geringerem Maße in dem intellektuell offeneren) Brasilien lernte ich Ethnologen kennen, die ihrer Richtung sicher waren, allzu sicher, nur jeweils anderer Richtung, und das empfand ich letztlich als weniger klug als die Unsicherheit der Frankfurter.

Die schwankenden Planken morscher Theorien ließ die Feldforschung vollends umkippen. Es ging nicht um Abenteuerurlaub. Der Tagesablauf einer Feldforschung ist meist eher monoton und anders als aus dem Dschungelcamp holt einen niemand raus. Wichtig war, eine Umkehr der Perspektiven zu erfahren und zu erlernen. Dazu gehört die Überraschung: Kann ich mich in Ruhe auf das vorbereiten, was mich erwartet, so verarbeite ich es zu Bestätigungen der eigenen Perspektive, ehe es mich erfaßt. Nur das Unerwartete (das nicht spannend sein muß) bringt mich auf unerwartete Perspektiven. So war die geringe theoretisch-methodische Vorbereitung auf die Feldforschung zwar einerseits sicher ein Mangel, andererseits aber auch ein Vorteil: Ich konnte die neuen Erfahrungen nicht gleich durch Einordnung zukleben. Meine Lehrer haben das, glaube ich, gewußt, auch wenn sie es nicht formuliert haben. Nicht in der Sicherheit des Meisterwissens ausgebildet, das wir stets zu verspotten bereit waren, fehlte uns die Einseitigkeit wissenschaftlicher Monokultur.

Sowohl die intuitive Ethnologie mit ihrem Mißtrauen gegen positivistisches Zählen und gegen scheinsicher durch Befragen ermittelte Fakten als auch die 68er Freude an kritischer Verunsicherung, beides sind heute selbst fragwürdig gewordene Werte. Der Wikipedia-Zugriff hinterfragt weniger, als daß er nach abfragbarem Wissen sucht und die systematische Befragung löst die intuitive Feldforschung vielleicht bald ganz ab.

Vermutlich ist es ja wirklich besser, an die Stelle der weder lehr- noch überprüfbaren Intuition klare Fragekataloge zu setzen. Anekdoten, deren Pointe der Anfänger selber finden muß, lassen sich in Klausuren weniger gut abfragen als gelehrt klingende (wenn auch nicht witzige) Begriffe wie Hybridität oder Globalisierung. Die ethnologische Ausbildung ist heute systematischer. Meine Dissertation würde gerade noch als gute Magisterarbeit durchgehen. Noch immer freilich verstehen Ethnologen nicht alles, noch immer können einige von ihnen staunen, sich überraschen lassen und mit surrealen Paradoxien leben, anstatt sie auflösen zu wollen. Und das bleibt hoffentlich auch so.

LITERATURVERZEICHNIS

BASTIAN, Adolph
1986   *Die Heilige Sage der Polynesier.* Kosmogonie und Theogonie. Osnabrück: Biblio ([1]1881)

CASCUDO, Luís da Câmara
2001   *Dicionário do Folclore Brasileiro.* São Paulo: Global Editora ([1]1954)

COMISIÓN DE VERDAD Y JUSTICIA
2008   *Dictadura de Stroessner y Pueblos Indígenas.* Informe final. Asunción del Paraguay: Comisión de Verdad y Justicia

FISCHER, Hans
2002   „Einleitung: Über Feldforschungen", in: Hans Fischer (Hrsg.), *Feldforschungen.* Erfahrungsberichte zur Einführung, 9–24. Berlin: Reimer (Ethnologische Paperbacks) ([1]1985)

FREYRE, Gilberto
2004   *Casa Grande e Senzala: Formação da família brasileira sob o regime da economia patriarcal.* São Paulo: Global Editora (Introdução à história da sociedade patriarcal no Brasil 3.) ([1]1933)

GOSSEN, Gary H.
1993   „Ser indio en una matriz euroafricana: Reflexiones personales sobre la identidad Tzotzil, Chamula", in: Gary H. Gossen *et al.* (Hrsg.), *De Palabra y Obra en el Nuevo Mundo.* Band 3: La formación del otro, 37–74. Madrid: Siglo XXXI de España

GRANET, Marcel
1985   *Das chinesische Denken.* Inhalt-Form-Charakter. Frankfurt am Main: Suhrkamp (Suhrkamp Taschenbuch Wissenschaft 519.) ([1]1934)

MÜNZEL, Mark
1973   *Erzählungen der Kamayurá, Alto Xingú-Brasilien.* Wiesbaden: Franz Steiner (Studien zur Kulturkunde 30.)
1988   „Der spielerische Sieg über die Dämonen: Die Kunst der Kamayurá", in: Mark Münzel (Hrsg.), *Die Mythen sehen.* Bilder und Zeichen vom Amazonas, 571–627, 729–730. Frankfurt am Main: Museum für Völkerkunde (Roter Faden zur Ausstellung 14/15.)
2002   „Genozid, Ethnozid und Ethnologische Forschung", in: Hans Fischer (Hrsg.), *Feldforschungen.* Erfahrungsberichte zur Einführung, 53–71. Berlin: Reimer (Ethnologische Paperbacks) ([1]1985)

PARELLADA, Alejandro und María de Lourdes Beldi de Alcántara (Hrsg.)
2008   *Los Aché del Paraguay: Discusión de un Genocidio.* Kopenhagen: IWGIA

SERVÍN, Jorge Aníbal
2008   „Stroessner, su dictadura y los impactos en el pueblo Aché", in: Alejandro Parellada und María de Lourdes Beldi de Alcántara (Hrsg.), *Los Aché del Paraguay: Discusión de un Genocidio*, 147–177. Kopenhagen: IWGIA

TRIMBORN, Hermann
1949   *Señorío y barbarie en el Valle del Cauca: estudio sobre la antigua civilización quimbaya y grupos afines del oeste de Colombia*. Madrid: Consejo Superior de Investigaciones Científicas, Instituto Gonzalo Fernández de Oviedo

VILLAS BÔAS, Orlando
2000   *A arte dos pajés: impressões sobre o universo espiritual do índio xinguano*. São Paulo: Globo

UNTER ETHNOLOGEN UND KÜNSTLERN

Fritz W. Kramer

1.

Mein Weg zur Ethnologie begann im Kunstunterricht meiner Gymnasialzeit. Unser Kunsterzieher, Herr Waldemar Kögler, der in der westfälischen Provinz der 1950er Jahre die Rolle des geachteten, etwas unheimlichen Künstlers hatte, unterrichtete konzentriert, sogar streng, aber hilfsbereit und ohne den abweisenden, einschüchternden Ton, der damals noch gang und gäbe war. Schritt für Schritt eröffnete er uns einen Zugang zur Kunst und – als Schüler Karl Hofers – besonders zur Kunst der Moderne, der die Mehrheit der Deutschen in der Nachkriegszeit widerwillig oder ratlos gegenüberstand. Dabei wurde eine Unterrichtsstunde vor einer Reproduktion von Picassos „Demoiselles d'Avignon" für mich zu einem Wendepunkt. Jungen unseres Alters kann die zwielichtige Erotik der Demoiselles kaum entgangen sein; und möglicherweise spürten wir auch den Widerspruch von Angst und Begehren, der den Künstler bei seiner Arbeit bewegt hat. Unsere Aufmerksamkeit wurde jedoch auf kunsthistorische Zusammenhänge gelenkt, auf verfremdete Zitate aus der Kunst Michelangelos und Gauguins und besonders auf die Kühnheit extremer Deformationen. Darin offenbarte sich der Bruch mit der Tradition, die Modernität des Bilds am deutlichsten; und dieser Schritt war das Ergebnis, so wurde uns erklärt, von Picassos Begegnung mit der „Kunst der Primitiven".

Das irritierende Ineinander des Modernen und des Primitiven veranlaßte mich, der Spur d i e s e r Primitiven nachzugehen. Ich entdeckte ihre Bräuche in T.S. Eliots „Waste land" von 1922 (Eliot 1957) und, den Anmerkungen des Dichters folgend, einige ihrer Vorbilder in James Frazers „Golden bough" (1963). Das Wechselspiel von Ferne und Nähe zog mich in der zeitgenössischen Kunst noch mehr an, vor allem im Werk von Mark Tobey. Tobey hatte, wie ich wußte, Zen-Klöster in Japan besucht, und in einem Bild, das auf der Documenta von 1959 ausgestellt war, evozierte das Gewirr von weißen Strichen auf grünem Grund ebenso sehr die Stille der Meditation wie die Modernität Amerikas. Das Faible für die fernen Quellen dieser Kunst führte mich in ein weiteres Feld, als ich mich als Student der Anglistik und Germanistik an der Universität Mainz in die mittelalterliche Versepik vertiefte und nebenbei Vorlesungen zu Religionsgeschichte, Volkskunde, Ethnologie und Prähistorie besuchte. Am meisten lernte ich dabei in Karl A. Nowotnys Seminaren über Kalender und Bilderhandschriften aus dem Alten Mittelamerika.

Nowotny, Kustos der nord- und mittelamerikanischen Sammlungen des Wiener Museums für Völkerkunde und für ein Jahr als Gast an der Universität Mainz, überschätzte die Vorkenntnisse seiner Hörer, und es fehlte ihm die Routiniertheit des Professors. Dafür sprach er mit Leidenschaft, aus der Lebenserfahrung eines Kustos, der seine Sammlung genau kennt und alle verfügbaren Quellen konsultiert hat, um sie zu ordnen und zu verstehen. Bei dieser Arbeit hatte er die Einsicht gewonnen, daß „nichts schwieriger ist, als dem Material gerecht zu werden", und daß jede Theorie von dieser Aufgabe ablenkt, weil sie sich auf wenige Tatsachen stützt und alle anderen außer Acht läßt, verfälscht oder absichtlich unterschlägt. Theorien dieser Art zu widerlegen, hielt er für ebenso leicht wie vergeblich. Denn die Ethnologie erschien ihm so, wie sie sich entwickelt hatte, als ein unlauterer, gefährlicher Kompromiß von Wissenschaft und Mythos, als vermischt mit „Blendwerk aller Art", das wohletablierte Interessen schützt, unbequeme, quälende Fragen beschwichtigt und deshalb hartnäckig verteidigt wird. So ernst er aber die strengen Kriterien der Wissenschaft für seine eigene Arbeit nahm, so entschieden lehnte er es ab, sie auf die mythischen Weltbilder selbst anzuwenden. Denn in ihnen sah er, im Gegensatz zu Frazer und anderen, nicht die Erzeugnisse einer unentwickelten, fehlerhaften Wissenschaft, sondern „Kunstwerke und Quellen von Kunstwerken" und insofern würdige Gegenstände der Forschung.[1]

---

[1]   Vergleiche Nowotny (1970:7). Daß der Begriff des Kunstwerks eigentlich nicht auf ein Weltbild angewendet werden kann, machte mich damals, 1964, nicht stutzig. Möglicherweise stand Nowotny der modernen Kunstreligion nahe. Ich vermute aber, daß er, sicher unbedacht, von „Kunst" sprach, um seine Achtung vor dem inkompatiblen Wahrheitsanspruch religiöser oder mythischer Weltbilder in eine einfache Formel zu fassen. Das erforderte sein strenger Begriff von Wissenschaft, der sich übrigens, wie mir ebenfalls erst später klar wurde, unter dem Einfluß von Moritz Schlick gebildet hatte.

2.

Mitte der 1960er Jahre bestand die Ethnologie an der Universität Heidelberg, an der ich mein Studium fortsetzte, aus zwei Richtungen, einer Abteilung des Südasien-Instituts, an dem Karl Jettmar lehrte, und einer Abteilung des Instituts für Soziologie und Ethnologie, das unter der Leitung von Wilhelm E. Mühlmann stand. Die Heidelberger Ethnologiestudenten sprachen von sich gern als von einem Stamm, den Jetmül, und von den Jet und den Mül als Moieties mit eingeschränktem Austausch und einigen Grenzgängern. Die verwandten Stämme an anderen Universitäten, an denen das Fach noch den altmodischen Namen einer Völkerkunde hatte, wurden von den Jetmül wenig beachtet. Die Mül studierten alle auch Soziologie – in diesem Sinn gehörte ich selbst zu ihnen –, und in diesem Studium wurden sie von Mühlmann auf die Phänomenologie Husserls verwiesen, von Ernst Topitsch dagegen auf den logischen Positivismus. Das warf wissenschaftstheoretische Fragen auf, die in dieser Moiety häufiger und engagierter als unter anderen Ethnologen erörtert wurden, sogar in den Weinstuben der Altstadt, und niemand war darin versierter als Hans Peter Duerr, als Ethnologiestudent ein Grenzgänger, der in Wien bei einem Nachfolger des Wiener Kreises um Moritz Schlick studiert hatte.

Nowotny hatte mich von der Unhaltbarkeit spekulativ-kulturhistorischer Schulen in der Völkerkunde überzeugt, und bei ersten Lektüren hatte mich der teils dunkel raunende, teils panegyrische Ton ihrer Schriften abgeschreckt. Mühlmann, das schwarze Schaf, der Soziologe unter den deutschen Völkerkundlern, schrieb dagegen selbst über so abgründige Themen wie Chiliasmus und Nativismus noch lesbar und verständlich (Mühlmann 1961). Einführungen in die Ethnologie im engeren Sinn hatte er als Professor in Heidelberg allerdings Assistenten überlassen, die keineswegs an seine „Ethnosoziologie" anknüpften. Lorenz Löffler und Ernst W. Müller behandelten in ihren Seminaren nämlich vor allem Verwandtschaftsterminologien und Allianzsysteme – zu der Zeit ein Novum in der deutschen Ethnologie, und wenn sie sich auch primär um formale, mathematisch anmutende Modelle bemühten, ohne auf die sozialen, politischen, mythischen und religiösen Dimensionen ihres Themas einzugehen, so eröffneten sie ihren Studenten damit doch den Zugang zum Kernbereich der modernen britischen, französischen und amerikanischen Ethnologie, in die sich jeder selbständig einlesen sollte. Mühlmann beschäftigte sich zu der Zeit beinahe ausschließlich mit Sizilien und sizilianischen Migranten in Deutschland, wobei Unterschiede zwischen Soziologie und Ethnologie keine Bedeutung hatten. Methoden empirischer Sozialforschung und Teilnehmender Beobachtung standen nebeneinander, wie moderne und vormoderne Organisationsformen sich in Sizilien vertrackt ineinander schieben. In Mühlmanns Seminaren und Colloquien wurden deshalb auch Phänomene wie Magie, Ritual, Religion und Trance erörtert, und zwar nicht, wie in der britischen Ethnologie, mit Blick auf Durkheim und Mauss, sondern im Anschluß an Max Webers Begriff charismatischer Herrschaft.

Mühlmann war ein humanistisch gebildeter Gelehrter mit strikt bildungsbürger-
lichen Umgangsformen. In der Praxis seiner Sizilienforschung – darüber kursierten
glaubwürdige Anekdoten – sorgte er peinlich genau für räumlichen Abstand zu erre-
genden, von Trancen begleiteten Ritualen wie den Prozessionen zu Ehren der Heiligen.
Im Seminar bedachte er Kollegen, die „zu schamanisieren beginnen, anstatt den Schamanismus zu analysieren", mit mildem Spott; und er selbst sprach über schamanische
Kulte, ekstatische Momente in der Dichtung oder chiliastische und nativistische Bewegungen kenntnisreich, nüchtern und betont wertfrei. Um hier einen „Sitz im Leben" zu
erkennen, hätte man mehr wissen oder ein schärferer Beobachter sein müssen als ich.
Am Institut erwähnte der Literatursoziologe Norbert Fügen gelegentlich „apologeti-
sche Züge" in Mühlmanns Schriften, so dezent wie kryptisch, aber die Mehrheit war
sich, wohl auch unter dem Einfluß des logischen Positivismus, darüber einig, den „context of discovery" als irrelevant auszuklammern; und im Seminar sprach man ohnehin
nicht über prekäre und möglicherweise peinliche Fragen.

Die Tabus, die mein sonst so lehrreiches Studium in Heidelberg behinderten, bezogen sich auf Ethnologie und Soziologie in ihrem Verhältnis zum Nationalsozialismus,
über das allenfalls vage Andeutungen gemacht wurden, auf Marxismus und Psychoanalyse, die selten und dann nur abschätzig oder polemisch zur Sprache kamen, und auf
Durkheim und seine ethnologischen Nachfolger in England und Frankreich, die man
nur wie durch einen Schleier wahrnahm. Diese Tabus wurden 1968 von protestieren-
den Studenten außer Kraft gesetzt. Statt des herrschaftsfreien Diskurses, den manche
erhofften, entstanden jedoch schwer erträgliche Spannungen zwischen erregten Studenten und verstörten oder erbitterten Professoren; beide Seiten neigten zu pauschalen,
teilweise grotesken Unterstellungen, die eine sachgerechte Verständigung vereitelten.
So begann 1968 für mich, wie für viele andere, die vor der Protestbewegung studiert
hatten, – ich schloß mein Studium 1969 mit der Promotion bei Mühlmann ab – eine
Zeit des nachholenden Lernens. Ich las Marx und kritische Marxisten wie Karl Korsch,
aus Deutschland vertriebene jüdische Intellektuelle und Philosophen wie Theodor
Adorno, Walter Benjamin und Karl Löwith, dessen Vorlesung über Valérys Kritik an
der Geschichte ich in Heidelberg hörte, und, nun ohne die Scheuklappen meines Studiums, die Grundtexte der *social anthropology*. Mit diesen Voraussetzungen trat ich
1971 am Institut für Ethnologie der Freien Universität Berlin eine Assistentenstelle an,
die mir die Möglichkeit gab, meine vorlaufigen Einsichten in Seminaren vorzutragen.
Dabei fand ich in Jacob Taubes und Lawrence Krader zwei außergewöhnliche Lehrer,
die mein nachholendes Lernen mit entscheidenden Hinweisen förderten und die mich
vor manchen Umwegen und Trugschlüssen bewahrten.

Lawrence Krader, Philosoph, Anthropologe und Mongolist, war in Harvard, wo
er mit Karl Korsch zusammengearbeitet hatte, auf das Spätwerk von Marx aufmerksam geworden; und als er 1972 als Ethnologe an die Freie Universität berufen wurde,
schloß er gerade seine kritische und kommentierte Edition von Marx' „Ethnological
notebooks" ab (Krader 1972). Er hatte sich die Aufgabe gestellt, die Marx'sche Theorie

der „asiatischen Produktionsweise", die zu der Zeit unter unorthodoxen, westlichen Marxisten als Kritik der evolutionistischen Theorie des Sozialismus in der Sowjetunion und in China diskutiert wurde, in den Kontext ihrer Entstehung einzuordnen und am gegenwärtigen Forschungsstand von Ethnologie und Sozialgeschichte zu messen. Das war aber nur ein Aspekt des erstaunlichen Vorhabens, die anthropologischen und gesellschaftstheoretischen Probleme der Philosophie, von Aristoteles bis zu Hegel, Marx und Durkheim, in der Perspektive des ethnographischen Wissens zu überdenken. Inwieweit ihm das gelang, kann nur sein enorm umfangreicher Nachlaß zeigen.[2] Auf jeden Fall hatte er auf diesem Weg erkannt, daß die sozialen und anthropologischen Theorien des 20. Jahrhunderts auf unvollständig verstandenen Gedanken und Begriffen aus der europäischen Tradition aufbauen, und daß diese Verkürzungen erkannt werden müssen, bevor man versuchen kann, sie im Blick auf die Geschichte der nichteuropäischen Gesellschaften zu reformulieren. Dabei zeigte sich Kraders intellektuelle Brillianz weniger in seinen Vorlesungen und Schriften als im Gespräch, wenn er frei über seine Arbeit sprach, Fragen erriet, bevor ich sie richtig zu formulieren verstand, und philosophische oder religions- und rechtshistorische Texte nannte, die mir häufig langwierige, unter Umständen vergebliche Lektüren ersparten.

Jacob Taubes, der mir zuerst in der Rolle des Religionssoziologen begegnete, weniger in der des Judaisten und Hermeneutikers, verdanke ich eine Fülle von Hinweisen auf das Nachleben der jüdisch-christlichen Tradition, das auch in der modernen Ethnologie spürbar ist. Von der alles überragenden Bedeutung der abendländischen Eschatologie überzeugt und erfüllt, war er nicht einfach ein Spezialist, der ein genau eingegrenztes Thema umfassend erforscht, die Ergebnisse zusammenfaßt oder systematisch in sein Fachgebiet einführt.[3] Die theologischen Voraussetzungen der Geschichtsphilosophie, eines seiner zentralen Themen, kannte ich in der skeptischen Interpretation Karl Löwiths, an der ich, in Distanz zu Taubes, auch festhielt, die Gnosis, über die er oft und auch in Zusammenhängen sprach, in denen es niemand erwartete, durch Hans Jonas, der schon in Mühlmanns Colloquien eine prominente Rolle gespielt hatte. Bei Taubes konnte man jedoch etwas lernen, was sich in diskursiver Form nicht vollständig ausdrücken läßt. Denn so gut er sich in der Schriftkultur auskannte, war er doch eigentlich ein mündlicher Erzähler, der von der Situation ausgeht, sein Gegenüber genau studiert und zu verstehen gibt, durch Gestik und Mimik, Geschichten und Anekdoten. Er kannte Mühlmanns Buch über Chiliasmus und Nativismus, wußte aber auch um die Nähe des Autors zum Nationalsozialismus (vgl. Michel 1995); und durch seine Bemerkungen, Blicke und Handbewegungen begriff ich erst, daß Mühlmann vom Faschismus – oder von Hitler – fasziniert gewesen war und nach dem Krieg versucht hatte, diese Faszination, ohne sie einzugestehen, durch allgemein gehaltene Studien zu

---

[2]   Nachlaßverwalter ist Cyril Levitt (Hamilton, Canada).
[3]   Vergleiche Faber, Goodman-Thau und Macho (2001).

millenaristischen Bewegungen, charismatischer Herrschaft und „irrationalen" Phänomenen aller Art zu begreifen und implizit zu rechtfertigen.

In derselben Zeit sah ich mich am Institut für Ethnologie mit einer Folgeerscheinung von 1968 konfrontiert, die mich nicht weniger überraschte als der Aufstieg der ökologischen Bewegung: Gab es zu Beginn meiner Arbeit als Assistent in Berlin vielleicht fünfzig Ethnologiestudenten, so waren es einige Jahre später schon 1.500. Berufsbezogene Studienfächer schreckten damals viele ab, und anderen waren sie durch den Numerus clausus versperrt. Einige erwarteten offensichtlich esoterische Lehren von weisen Schamanen oder fliegenden Hexen, aber die Mehrheit interessierte sich für nichts mehr als für entlegene Gebiete ohne aktuelle politische oder ökonomische Bedeutung. Die großen Theorien der Schulen und Richtungen der Ethnologie waren wenig gefragt, wohl aber die dargestellte Wirklichkeit der schlichten Ethnographie. Der Begriff der a n d e r e n Gesellschaften, sonst kaum mehr als eine verlegene Ersatzbezeichnung für die „primitiven Kulturen", hatte dabei den emphatischen Sinn einer Alternative zu Verhaltensweisen und Werten, in denen die meisten sozialisiert worden waren; man nahm diese Gesellschaften durchaus als Forschungsgegenstand wahr, oft aber auch, halb im Ernst, halb mit Ironie, als Modelle für die Gestaltung eigener sozialer oder privater Lebensformen. So galten segmentäre Systeme als Beweis für die Möglichkeit „regulierter Anarchie", die Befragung von Orakeln als attraktive Form des Umgangs mit Kontingenz sowie als pragmatisches Mittel zur Wiederherstellung gestörter Solidarität, der Gabentausch als Inbegriff einer humanen Ökonomie und das Geschlechtsleben der Trobriander oder Formen der Polyandrie, der Polygamie oder der Besuchsehe als Vorbild für die freiere Sexualität, die sich damals in der westlichen Welt durchsetzte und offensiv propagiert wurde.

Die bescheidene Lehrkapazität des Instituts, zwei Professoren und fünf Assistenten, stand in einem bizarren Mißverhältnis zur Zahl der Studenten – die Folge einer Politik, die den Zugang zum Studium erleichterte, während die Universität sich noch dem Ideal freier Bildung verpflichtet fühlte. Am Institut für Ethnologie führte dieser Widerspruch zunächst zu einem weitgehend improvisierten, teilweise chaotischen Studium, dessen Last in erster Linie die Assistenten zu tragen hatten.[4] Zu den Seminaren, zeitweise mit mehreren hundert Hörern, kamen die Organisationsaufgaben, die Arbeit in den Hochschulgremien, die sich gerade erst konstituiert hatten, der internationale Austausch, der sich allerdings beinahe beiläufig aus Kraders kosmopolitischen Beziehungen ergab, und wenig später die Feldforschungen, die von den Assistenten, Peter Bumke, Tirmiziou Diallo, Bernhard Streck und mir, vorbereitet und auch selbst durchgeführt wurden, besonders in der Türkei, unter türkischen Migranten, in Mali und im Sudan. Doch allmählich spielte sich die Arbeit am Institut ein; und als die Zeit des nachholenden Lernens für mich abgeschlossen war, formell mit der Habilitation 1977,

---

[4]   Vergleiche auch Karl-Heinz Kohl (2001), der diese Situation aus der Erinnerung an seine Studienzeit
        darstellt.

nutzte ich die Freiheit, um meine frühen ethnographischen Studien zu Kunst und Literatur wiederaufzunehmen.

3.

Meine ersten Einsichten in die Eigenart einer nicht-europäischen Kunst verdanke ich den Bilderhandschriften und Versepen der Cuna in Panama, die ich in den 1960er Jahren im Anschluß an mein Studium der europäischen Epik des Mittelalters und auf Anregung von Karl Nowotny im Ethnologischen Museum Göteborg untersuchte. Bei den Codices, von Erland Nordenskiöld und seinen Nachfolgern seit den 1920er Jahren gesammelt, handelt es sich um Lehrschriften, die Schamanen, Heilkundige und epische Sänger in ihrer Ausbildungszeit, aber nicht bei ihren Rezitationen benutzten. Wie der Vergleich mit Aufzeichnungen in lateinischer Schrift zeigte, sind darin nicht vollständige Texte notiert, sondern Stichworte, teils spärlich, teils dicht gedrängt, die der Sänger während des Vortrags zu Versen oder längeren Passagen ausbaut; der Mythos oder das Narrativ ist festgelegt, das Epos entsteht jedesmal neu, nach den Regeln der Verskunst, mit Formeln und exzessiven Parallelismen, gedehnt oder komprimiert. Selbst wenn die Transkriptionen vollständig wären, was sicher nicht der Fall ist, gäbe es statt einer Literatur im modernen Sinn nichts als die Interpretationen der Sänger (vgl. Sherzer 1990). Die Situation des Vortrags, in Nordenskiölds Ethnographie (1938) nicht überliefert, ergab sich, wenn auch nicht im Sinn einer A b b i l d u n g von Realität, aus den aufgezeichneten Epen selbst. Denn der Sänger beginnt mit alltäglichen Szenen, in denen sich die Krisen und Übergänge des Lebens abzeichnen – Tod, Wahnsinn, Wehen, Geschlechtsreife –, um dann die Reise eines Schamanen oder seiner Hilfsgeister – im Fall der Übergangsriten des Todes die Reise des Verstorbenen – in jenseitige Welten zu beschreiben. Die Darstellungen des Jenseits, in den Versen des Epos wie in den Bildzeichen der Handschriften, stammen dabei häufig nicht etwa aus alten, gar präkolumbianischen Überlieferungen, sondern aus der zeitgenössischen Wirklichkeit am Rand oder außerhalb des Cuna-Gebiets. Es sind Bilder und Beschreibungen kolonialzeitlicher Forts und moderner Städte mit Straßen und steinernen Gebäuden, und die Holzskulpturen, die von den Schamanen bei einigen exorzistischen Ritualen verbrannt werden, stellen Geister in alten spanischen Trachten dar (Kramer 1970).

Die Darstellungen von Europäern, transponiert in eine Geisterwelt erschreckender Mächte und trügerischer Verführungen, waren mit Theorien der Akkulturation oder des religiösen Synkretismus nicht zu erklären, weil sie wahrgenommener Wirklichkeit und nicht übernommenen Ideen nachgebildet sind. Ein Jahrzehnt später, nach 1977, untersuchte ich die rituellen Dramen afrikanischer Besessenheitskulte der Kolonialzeit, in denen Repräsentanten kolonialer Macht wie andere Figuren der Welt außerhalb des eigenen Gebiets, Orte, Tiere und Fremde als Geister der Wildnis von Trance-Medien verkörpert wurden. Zu einigen Kulten gehörten Skulpturen aus Holz, in denen sich die mit eigenem Willen begabten Geister ebenso verkörpern sollten wie in ihren mensch-

lichen Medien; und manchmal, etwa bei den Cokwe oder den Kalabari, konnten die
Geister, rituell aktiviert oder beschwichtigt, sogar zwischen menschlichem Körper und
Bildwerk fluktuieren. Darin glichen sie mentalen, kognitiven oder inneren Bildern, die
nur in einem materiellen Medium für andere sichtbar werden, die Medien aber beliebig
wechseln können. Die performativen Verkörperungen bildeten zwar charakteristische
Gesten, Accessoires und Handlungen von Missionaren oder kolonialen Machthabern
nach, aber nicht im Sinn einer realen Angleichung oder Anpassung, sondern als Mimesis, als nachbildende Darstellung im Drama der Besessenen; und die kolonialzeitlichen
Skulpturen und Masken, die in solchen Kulten ihren Ort hatten, erwiesen sich, mit wenigen Ausnahmen, etwa Kultbildern der Mami Wata, als eigenständige Entwicklungen
traditioneller afrikanischer Kunstformen (Kramer 1987).

Die 1980er Jahre, in denen ich mich auf die Kunst Afrikas sowie auf die Lieder
und Dichtungen der südlichen Nuba im Sudan konzentrierte, gelten allgemein als eine
Zeit des Abschieds, in der die Moderne, mit guten und schlechten Gründen, heftig
attackiert wurde. Neben der stichhaltigen Kritik an der Ethnologie (Fabian 1983), die
bis zu diesem Zeitpunkt ja ebenfalls ein Teil der Moderne gewesen war, gab es eine
Flut postmoderner und poststrukturalistischer Theorien, die mich möglicherweise von
meinem Faible für die Ethnologie der Moderne nicht abgebracht hätten. Die großen
Ethnographien der britischen Tradition hatten mich ohnehin nicht durch Systeme und
Strukturen, sondern durch die Stärke der Darstellung überzeugt, die sich manchmal ins
Epische weitet, wie in Malinowskis besten Schriften, und manchmal umgekehrt durch
Lakonie besticht, wie bei E.E. Evans-Pritchard. Doch mit der institutionellen Etablierung der modernen Ethnologie hatte sich ihre Sprache verändert, ihr Vokabular war zu
einer Fachsprache geworden, die sich eher zur Analyse von sozialen Strukturen als zur
Darstellung von Wirklichkeit eignet. Und deshalb wurden die 1980er Jahre für mich zu
einer Zeit des Übergangs. Als ich meine Studien über Kunst und Besessenheit in Afrika
ausarbeitete, 1983–1986, hatte ich einerseits technische Begriffe wie Deszendenz, komplementäre Filiation und Akephalie verinnerlicht, andererseits aber die funktionalistischen Theorien der Besessenheitskulte verworfen, weil sie auf alle Institutionen zutref-
fen und keine erklären. Begriffe wie Mimesis, Geist, Besessenheit und Ergriffenheit, die
in europäischen Traditionen der Ästhetik oder des Pietismus entwickelt worden waren,
kamen den afrikanischen Konzeptionen, wie ich glaubte, näher als moderne Theorien.
Die zahllosen *turns* der akademischen Welt, insbesondere auch die Debatten um *writing culture*, nahm ich nur verzögert und wie aus weiter Ferne wahr, zumal ich seit 1983
nicht mehr an einem ethnologischen Institut tätig war. Von den Zwängen des institu-
tionalisierten Diskurses befreit, folgte ich dem Programm einer „übersichtlichen Beschreibung", von Wittgenstein als Kritik an James Frazer formuliert, das mich seit seiner Erstveröffentlichung gefesselt hatte (Wittgenstein 1967). Auf der Suche nach einer
angemessenen Darstellungsform entwickelte ich die ethnographischen Miniaturen, die
ich, mit den so freundlichen wie bestimmten Ratschlägen von Karl Markus Michel,

für die Zeitschrift „Kursbuch" schrieb.[5] Nach meinem Empfinden war das moderne, analytische Idiom der Ethnologie am Ende der 1980er Jahre nicht nur für die Vermittlung, sondern auch für die Zwecke primärer Ethnographie untauglich geworden. Und als Gertraud Marx und ich die Feste und Dichtungen der südlichen Nuba darstellten, zogen wir die Fachsprache schon nicht mehr in Erwägung, obwohl technische Konzepte bei unserer Recherche selbst durchaus hilfreich gewesen waren. Die geläufigen, schlichten Ausdrücke unserer Gegenwartssprache schienen uns besser geeignet, die Atmosphäre der Feste zu beschreiben und die inneren Bilder wiederzugeben, mit denen Dichter und Sänger die Anwesenheit der Geister im jahreszeitlichen Wandel der Natur vergegenwärtigen.[6]

4.

Unterdessen hatte sich die zeitgenössische Kunst vor dem Hintergrund derselben historischen Bewegung entwickelt, die auch den Gang der Ethnologie bestimmte. Die Praxis der Annäherung des Entfernten, seine Zusammensetzung mit eigener Erfahrung, die den Primitivismus der Moderne gekennzeichnet hatte, war fortgesetzt worden, aber von der „Kunst der Primitiven" war nun auch in der Kunstszene nicht mehr die Rede. Die isolierten Formen exotischer Museumsexponate, die in der Kunst der 1950er Jahre, sogar im Werk von Mark Tobey, manchmal noch zitiert worden waren, hatten ihre Anziehungskraft verloren. Künstler wie Joseph Beuys bezogen sich nun sogar explizit auf museale Präsentationsweisen wie die Aufbewahrung in Vitrinen und damit auf die Erforschung ethnographischer und prähistorischer Artefakte und Relikte; und Objektkünstler wie Nikolaus Lang oder Rainer Wittenborn sammelten in abgelegenen Gegenden Fundsachen, Naturgebilde wie Artefakte, die sie in ihren Installationen als und wie Dokumente untergegangener oder vom technischen Fortschritt bedrohter Kulturen und ihrer natürlichen Umwelt präsentierten. Die Idee der a n d e r e n Gesellschaften, die die jungen Ethnologen in den 1970er Jahren so faszinierte, tauchte in der Kunst um 1968, von Beuys offen und mit Nachdruck ins Utopische gewendet, als die der „sozialen Plastik" auf, die im Rückgriff auf prähistorische, antike oder sibirische Kulturen durch Kunst zu verwirklichen sei. Und parallel zu diesen Entwicklungen wurden die Begriffe der philosophischen Ästhetik in der Kunstkritik und in den Selbstdarstellungen von Künstlern und Ausstellungsmachern durch das Vokabular der Ethnologie und der Religionswissenschaften ersetzt. Statt von Sensibilität, ästhetischer Erfahrung und Mimesis sprach man nun von Ikonen, Magie, Ritual, Schamanismus und sozialer Organisation. Manchmal waren das nur Schlagworte, die in einer glamourösen Sprache das „Irrationale" beschworen und die nicht mehr und nicht weniger bedeuteten als das ominöse *je-ne-sais-quoi* der traditionellen Ästhetik; und manchmal reflektierte dieser Sprachge-

---

5   Siehe zum Beispiel Kramer (2005:188–195, 231–265, 334–350).
6   Kramer und Marx (1993), Kramer (2005:273–350)

brauch die strikte, kühle Intellektualität eines Claude Lévi-Strauss, der das Konzept des „wilden Denkens" als *bricolage* seinerseits schon nach dem Vorbild moderner Collagen, die Figur des wilden Bastlers und Denkers nach dem Vorbild des surrealistischen Künstlers entworfen hatte.

In der Kunstszene der 1990er Jahre verlor diese Art der Annäherung des Entfernten, geschwächt auch durch den Einbruch des Kunstmarkts von 1991, allmählich ihre Attraktivität. Die werdenden Künstler, die ich von 1989 bis 2007 als Professor für kunstbezogene Theorie an der Hochschule für bildende Künste Hamburg unterrichtete, griffen zwar die Praktiken der Objektkunst und der Installation auf, um ihre alltäglichen Erfahrungen zur Anschauung zu bringen, setzten sie aber nur noch selten mit realen oder imaginären Elementen aus der nicht-modernen Welt zusammen. Möglicherweise war das, in Parallele zur Ethnologie, die sich in dieser Zeit verstärkt der *anthropology of the contemporary* zuwandte, eine Folge der Globalisierung, die den Eindruck erweckte, die weltweite Angleichung der Kulturen sei bereits abgeschlossen. Doch in einer inneren Umkehrung gewann das Verhältnis von Ferne und Nähe in der Gegenwartskunst nun durch die wachsende Zahl von Künstlern mit einem nicht-westlichen Hintergrund eine neue und noch größere Bedeutung. Diese Wende zeichnete sich nicht nur, aber doch besonders deutlich an den Kunsthochschulen des Westens ab, an denen die ausländischen Studenten in den 1990er Jahren nicht mehr nur aus Afrika, dem Iran, Südkorea und Japan kamen, sondern zunehmend auch aus dem sozialen Milieu von Einwanderern und, nach dem Ende des Kalten Kriegs, aus Osteuropa, aus Zentralasien und besonders aus China. Und die meisten dieser jungen Künstler hatten zu eigenen Formen gefunden, besonders wenn sie in ihren Herkunftsländern bereits eine künstlerische Ausbildung abgeschlossen hatten.

Der Kunstmarkt lancierte Arbeiten, denen man den Ort ihrer Entstehung nicht mehr anmerkte, um sie in allen Teilen der globalisierten Welt absetzen zu können. Der geschützte Raum einer Kunsthochschule, in der Kunst nicht als lehrbar gilt und Lehrer nur die Aufgabe haben, die eigenständige Entwicklung werdender Künstler mit Hinweisen zu unterstützen, bot aber jedem die Chance, bei sich zu bleiben, bei seiner Art, sich zu geben, frei von den Erfordernissen des Markts. Deshalb konnte ich bei meiner Arbeit in Hamburg beobachten, wie sich bei vielen Studierenden aus der nicht-westlichen Welt hartnäckig ein eigener Habitus durchsetzte, in Farbpräferenzen, Ordnungen, Darstellungs- und Malweisen und vor allem im Strich, der sich nicht nur als persönliche Handschrift zu erkennen gibt, sondern ebenso als kulturell geprägte Körpertechnik und Bildvorstellung. In Verbindung mit dem Ortswechsel ergaben sich daraus oft neue, frappierende Verschränkungen. Ungezwungene, spontane Malweisen, wie sie in Ostasien in Fortführung der Tradition immer noch eingeübt werden, verbanden sich mit den illusionistischen Techniken westlicher Ölmalerei; Künstler, die in einer strengen, hierarchischen Bildkultur ausgebildet worden waren, in der Tradition der Ostkirche, in der äthiopischen Malerei oder im Sozialistischen Realismus, entdeckten die Möglichkeiten freier, spontaner Äußerungen dagegen erst durch die Begegnung mit

der Gegenwartskunst des Westens. In den hybriden und doch in sich konsequenten Ge-
bilden, die daraus, mit Glück, hervorgingen, erschienen die sozialen Milieus des Ent-
stehungsorts, also Hamburgs, durch den selektiven Blick der Künstler und durch ihre
Darstellungsweise merkwürdig gebrochen, manchmal aber auch meditative Haltungen
oder Momente von Trance, etwa bei koreanischen Künstlerinnen, die in ihrer Heimat
in schamanische Kulte initiiert worden waren und überall persönliche und historische
Reminiszenzen an weltweit verstreute Orte, die diese Art der Gegenwartskunst mit
einer oder mehreren lokalen Traditionen verknüpften (Kramer 2005:256–265).

5.

Die moderne Ethnologie, die ich studiert habe und die meine frühen Arbeiten mitge-
prägt hat, ist spätestens seit den 1980er Jahren obsolet oder ins Reich des Klassischen
entrückt. Sie war, wie oft behauptet wurde, mit den ideologischen Voraussetzungen der
kolonialen Mission Europas zumindest nicht inkompatibel, und sicher hat sie sich in
mancher Hinsicht an den Bedürfnissen kolonialer Herrschaft orientiert; ihre intellektuelle Gestalt scheint mir jedoch eher vor dem Hintergrund der historischen Bewegung
Europas verständlich zu werden. Man muß annehmen, daß moderne Ethnologen seit
dem Ersten und mit Sicherheit seit dem Zweiten Weltkrieg ein Bewußtsein von den
Katastrophen, den Kriegen, der organisierten, entgrenzten Gewalt, den Lagern und
den Genoziden in der ersten Hälfte des 20. Jahrhunderts hatten. Anders als Freud, der
schon unter dem Eindruck des Ersten Weltkriegs den Begriff der Todes- und Destruk-
tionstriebe in die Psychoanalyse einführte, bezog sich die moderne Ethnologie auf diese
historische Erfahrung allerdings nur indirekt, als Negation und Umkehrung, indem sie
die „primitiven Gesellschaften" Afrikas und Ozeaniens auch und gerade im Hinblick
auf Krieg und Gewalt als ein Gegenbild der „Zivilisation" beschrieb. Wenn der Kul-
turmorphologe Ad.E. Jensen mit den Reifefeiern, den Menschenopfern, der Kopfjagd
und dem Kannibalismus das Töten zum entscheidenden Merkmal gerade „früher Kulturen" erhob (1966), so war das nichts als eine imaginäre Ethnographie, in der Gewalt
nur im Licht der romantischen Natursymbolik erschien, als rituelle Wiederholung des
Wechsels von Leben und Tod, Zeugen und Töten, des Werdens und Vergehens der
Vegetation, des Mondes und der Gestirne. Die reale Gewalt in „primitiven Gesellschaften" wurde dagegen geradezu geleugnet. Als Malinowski 1942 eine funktionalistische
Theorie des Kriegs entwickelte, behauptete er, daß der Krieg den „primitivsten Gesellschaften" unbekannt sei, indem er den Begriff im Anschluß an Clausewitz auf den
so genannten wirklichen Krieg zwischen souveränen „Stammesstaaten" mit politischen
Zielen einschränkte (Malinowski 1986). Im Übrigen bagatellisierten alle Funktionalisten und Strukturalisten Gewalt zu geringfügigen, leicht zu schlichtenden Fehden und
Kämpfen, um die friedlichen Institutionen der gegenseitigen Hilfe, des Gaben- und
Frauentauschs, der segmentären Dynamik oder des präskriptiven Altruismus um so
eindrucksvoller herauszustellen. Auf Historiker des Kriegs, wie John Keegan, wirkte

die moderne Ethnologie folglich naiv und wirklichkeitsfremd. Sie warfen ihr vor, Kriege „unterhalb des militärischen Horizonts" beinahe nie sachgerecht zu behandeln, noch weniger die entgrenzte Gewalt der „Hetzjagden", in denen Frauen und Kinder getötet und die Lebensgrundlagen des Feindes zerstört wurden.[7]

In den 1970er Jahren war die moderne Ethnologie für Studenten und junge Wissenschaftler – auch für mich – gerade durch ihre irenische Grundhaltung noch einmal attraktiv geworden, nicht zuletzt unter dem Eindruck des Vietnamkriegs und in dem Glauben, Krieg und Gewalt in postkolonialen Staaten seien v o l l s t ä n d i g auf die Einflußnahme imperialer Mächte zurückzuführen. Auch deswegen müssen die neuen, asymmetrischen und wilden Kriege, die sich seit den1980er Jahren in Afrika ausbreiten, Ethnologen überrascht und verstört haben, besonders wenn sie in Friedenszeiten in einer der betroffenen Regionen gearbeitet hatten – mehr, möglicherweise, als Historiker und Soziologen des Kriegs. Ich hatte 1987, zusammen mit Gertraud Marx, in den Nuba-Bergen die Ausweitung des Kriegs im Südsudan aus der Nähe beobachtet, aber eine baldige Rückkehr zur Normalität erwartet, wie die südlichen Nuba selbst; und die Islamisten aus dem Umkreis von Hassan al-Turabi, die uns damals begegneten, waren uns als zwar erschreckende, aber auch ephemere Gestalten erschienen. Doch 1992, drei Jahre nach dem Putsch der Islamisten, erklärte das Regime den *jihad*. Nuba, vielleicht mehr als 70 000, wurden getötet, zu Soldaten und Milizionären gepreßt oder verleitet, zum Töten ihrer Verwandten und Nachbarn gezwungen, vertrieben oder in Lagern interniert, versklavt, mißhandelt und planvoll vergewaltigt (Kramer 2005:351–378). Und noch schlimmere Nachrichten erreichten uns alle aus Ruanda, dem Ost-Kongo und anderen Ländern.

Es nimmt nicht Wunder, daß Ethnologen sich seither kaum noch für Verwandtschafts- und Allianzsysteme, Gabentausch, segmentäre Gesellschaften oder mythische Strukturen interessieren. Oft scheint überhaupt nur die Methode der Feldforschung und damit der strikte Gegenwartsbezug den Umbau des Fachs überstanden zu haben, wenn Ethnologen soziale Prozesse in der Finanzwelt, in Forschungslaboren, im Kunstbetrieb oder unter Migranten untersuchen, in lokalen oder translokalen Perspektiven die Diversifizierung der Moderne beobachten oder sich, politisch und humanitär motiviert, in der Entwicklungszusammenarbeit, der Krisenprävention oder der Katastrophenhilfe engagieren (Rabinow und Marcus 2008). Die älteren Ethnographien, die nur wenig zum Verständnis dieser Prozesse beitragen können, gewinnen nun aber eine neue Bedeutung als mikrohistorische Momentaufnahmen. Die Historische Anthropologie hat diesen Wert zuerst erkannt und die ethnologischen Studien über Alltagskultur, Familie und Verwandtschaft in dem Augenblick als historische fortgeführt, in dem die Ethnologie sie aufgab. Inzwischen könnte sie ein Modell für die Erforschung des uner-

---

[7]   Keegan (1995:135–179). Erst sehr spät, aber noch in der Tradition der *social anthropology*, hat Maurice Bloch (1992) eine anthropologische Theorie im Ausgang von der realen Gewalt entworfen, die Menschen erleiden und die sie, gegen andere gekehrt, zurückgeben.

schöpflichen Archivs sein, das die moderne Ethnologie in ihrem Jahrhundert, von den 1860ern bis in die 1970er Jahre, zusammengestellt hat und das sehr viel mehr enthält, als die notwendig selektiven, an zeitbedingte Perspektiven gebundenen Veröffentlichungen zu erkennen geben. Denn neben der mündlichen Überlieferung wird nur das ethnographische Archiv in Zukunft die Erinnerung an diese Gesellschaften bewahren: als Modelle für alternative Formen der sozialen Organisation und für die staunenswerte Fähigkeit, sich nach allen Katastrophen zu regenerieren, ganz abgesehen von dem humanen Wert, den sie in sich selbst haben.

Kunstbezogene Studien sind von dieser historischen Bewegung, teilweise auch vom Umbau der Ethnologie ebenfalls betroffen. Inzwischen ist es ethnologisch wie künstlerisch ein Atavismus, die traditionellen Skulpturen und Malereien Afrikas oder Ozeaniens, wie einige Ausstellungsmacher es noch immer favorisieren, mit Referenz auf den Primitivismus in der europäischen Kunst des 20. Jahrhunderts zu präsentieren. Eine imperialistische Geste war dies von Anfang an. Auch hat sich das Feld parallel zu dem der allgemeinen Ethnologie erweitert, etwa um die populären Künste der Musik, des Films, der Fotografie und Malerei aus den urbanen Zentren Afrikas und – in meiner Sicht – um eine neue, weltweit verbreitete Kunst und Literatur von lokaler und translokaler Eigenart. Doch die ältere Kunst der kleinen Gesellschaften außerhalb oder am Rand der großen Reiche gehört jetzt nicht einfach der Vergangenheit an. Sie hat, wie jede Kunst, ein Wirkungspotential, das zu jeder Zeit und überall spürbar werden kann, weil es nicht vollständig an seinen Entstehungsort und seinen ursprünglichen Zeithorizont gebunden ist. Der größte und wichtigste Teil des unerschöpflichen Archivs unserer ethnographischen Museen und Sammlungen besteht aus Kunstwerken und Kultgegenständen; und die performativen Künste der Musik, des Tanzes, der Maskeraden und der mündlich vorgetragenen Erzählungen und Dichtungen sind durch Fotografien, Filme, Tonaufnahmen und schriftliche Texte dokumentiert. Diese Werke zu interpretieren, soweit möglich durch Feldforschungen unterstützt, und sie durch die Präsentation in Ausstellungen, Filmessays, Editionen, Übersetzungen und Beschreibungen zu erschließen, ist nach wie vor Aufgabe der Ethnologie.

LITERATURVERZEICHNIS

BLOCH, Maurice
1992   *Prey into hunter: the politics of religious experience.* Cambridge: Cambridge University Press

ELIOT, Thomas Stearns
1957   *Das wüste Land.* The waste land. Wiesbaden: Insel ([1]1922)

FABER, Richard, Eveline GOODMAN-THAU und Thomas MACHO
2001   *Abendländische Eschatologie.* Ad Jacob Taubes. Würzburg: Königshausen und Neu-
        mann

FABIAN, Johannes
1983   *Time and the other.* New York: Columbia University Press

FRAZER, James George
1963   *The golden bough.* New York: Macmillan (¹1890)

JENSEN, Ad. E.
1966   *Die getötete Gottheit.* Weltbild einer frühen Kultur. Stuttgart: Kohlhammer

KEEGAN, John
1995   *Die Kultur des Krieges.* Reinbeck: Rowohlt

KOHL, Karl-Heinz
2001   „Geschichte und Emanzipation'. Reminiszenzen an Elba und Berlin", in: Heike Beh-
        rend (Hrsg.), *Geist, Bild und Narr.* Zu einer Ethnologie kultureller Konversionen, 12–
        20. Berlin: Philo

KRADER, Lawrence (Hrsg.)
1972   *The ethnological notebooks of Karl Marx.* Assen: Van Gorcum

KRAMER, Fritz W.
1970   *Literature among the Cuna Indians.* Göteborg: Etnografiska Museet
1987   *Der rote Fes.* Über Besessenheit und Kunst in Afrika. Frankfurt am Main: Athenäum
2005   *Schriften zur Ethnologie.* Frankfurt am Main: Suhrkamp

KRAMER, Fritz W. und Gertraud MARX
1993   *Zeitmarken.* Die Feste von Dimodonko. München: Trickster

MALINOWSKI, Bronislaw
1986   „Der Krieg im Laufe der Jahrhunderte", Bronislaw Malinowski, *Schriften zur Anthro-
        pologie*, 212–226. Frankfurt am Main: Syndikat (Malinowski, Schriften in vier Bänden
        4.2)

MÜHLMANN, Wilhelm E.
1961   *Chiliasmus und Nativismus.* Berlin: Reimers

MICHEL, Ute
1995   „Neue ethnologische Forschungsansätze im Nationalsozialismus? Aus der Biographie
        von Wilhelm Emil Mühlmann", in: Thomas Hauschild (Hrsg.), *Lebenslust und Frem-
        denfurcht.* Ethnologie im Dritten Reich, 141–167. Frankfurt am Main: Suhrkamp

NORDENSKIÖLD, Erland
1938   *An historical and ethnological survey of the Cuna Indians.* Göteborg: Göteborgs Museum, Etnografiska Avdelningen

NOWOTNY, Karl A.
1970   *Beiträge zur Geschichte des Weltbildes.* Horn: Berger

RABINOW, Paul und George E. MARCUS
2008   *Designs for an anthropology of the contemporary.* Durham: Duke University Press

SHERZER, Joel
1990   *Verbal art in San Blas: Kuna culture through its discourse.* Cambridge: Cambridge University Press

WITTGENSTEIN, Ludwig
1967   „Bemerkungen über Frazers *Golden Bough*", *Synthese* 17:233–253

MERGING HORIZONS

Jean Lydall and Ivo Strecker

ENCOUNTER WITH VERNACULAR ETHNOGRAPHY

When I came here, I saw a lot. But I did not know the language. I did not understand any-thing. I thought deep in my heart and said to myself: 'If only I could understand and speak to my new friends, wouldn't this be good?'

Well! Firstly I was astonished that the sun did not travel its familiar course. Also, I could not distinguish between night and day. In our country, day and night are equally long. The sun rises steeply and goes down straight, and then it is night. Secondly, smoke is everywhere. Does it come down from the sky; does it rise up from work places? Everything here is just grey. Thirdly, at first the rain fell *wololololl* and was water like usual. But then it hardened, became like stone, was slippery [laughs], and as I walked on it, I fell and bumped my head. All this I have seen well.

When first I arrived, everything seemed strange to me. They all had white skin and their hair was like grass. But when I then visited London and returned to Berlin everything became familiar. But my own skin seemed strange now, and I said to myself, 'I don't like the colour of my skin, it is bad'.

In Hamar I will call my age-mates and tell them of this. My wife will put on a pot of coffee, and I will speak to them: 'Let me tell you of the good and the bad I have seen, of how I had lost all orientation. I did not know anymore where my country was. Was it down there or over there?' This I will tell them. I will also speak of the good food I have eaten, the coffee I have drunk, the houses in which I slept, and how I sat here together with you in the studio, how I wore fine clothes.

This is how Aike Berinas, Baldambe (Father of the Dark Brown Cow), spoke in 1973 when Hans-Peter Krüger interviewed him for a television program for Sender Freies Berlin. Baldambe had been our host, friend, and mentor in Hamar (southern Ethiopia) for about two years when one day he said, 'I have shown you the grave of my father Berimba, let me also see the grave of your father, Sigmund'. So, supported by a grant from Carl Friedrich von Weizsäcker, Baldambe joined us on our next visit 'home' to England and Germany.

We have chosen this excerpt from Baldambe's talk to open up the account of our working as anthropologists because it vividly illustrates what we mean by m e r g i n g h o r i z o n s. It was Anne Salmond (1982) who first introduced this notion to characterise a particular anthropological 'stance' where *ego* and *alter* – observer and observed – share an ethos of equality. Both are grounded in their own particular cultures, but when they meet, they jointly explore how far their views of the world coincide and how far they differ. Both gain in this exchange and experience a merging of their horizons.

Interestingly, Baldambe not only mirrored our own experience of entering another culture, but also brought out what is most central to the ethnographic endeavour: to tell of astonishingly different physical and cultural worlds, where – as in this case – rain hardens and becomes like stone, where people have hair like grass, where smoke is everywhere and one does not know from where it comes. Particularly good to relate are those moments where the alien becomes familiar and the familiar becomes alien, like the colour of one's own skin. This chiastic reversal, which characterises not only the 'ethnographic journey' but also anthropology in general (Wiseman 2009, Strecker 2010), creates an entertaining and eye-opening irony, in which both narrator and listeners share.

Furthermore, Baldambe didn't simply tell what he thought and felt about Europe, but informed his audience how he would speak about things to his age-mates in Hamar. On his return he would call them and say, 'Let me tell you of the good and the bad I have seen'. In other words, it wasn't just his personal experiences that mattered, but the telling of them, and in the company of his age-mates, the sharing in a sense of wonder.

Ivo witnessed this when he accompanied Baldambe back to Hamar, as recorded in our diary:

> 14. April 1973: Hamar guests, Baldambe's age-mates, flood into Dambaiti and he tells them about Europe: the snow which falls like the flowers of the acacia tree, the rain that turns into sour milk… 16. April 1973: Throughout the day, Baldambe has many guests to whom he relates his stories about Europe. His accounts slowly get more patterned and stylized as they are repeated again and again. Others who have heard them already join in when Baldambe tells how the monkeys smoked and the elephants danced on their hind legs in the Sarasani Circus (Lydall and I. Strecker 1979a:92–93).

Baldambe's vernacular ethnography, as we like to call it, was not new to us. In fact, we began to savour it from the moment we moved to his homestead in October 1970. Here we were offered milk from a beautifully shaped milk container, quite different from those of the Hamar. We admired this precious piece of handicraft and soon learnt that it belonged to Baldambe's 'ethnographic collection'.

In his younger years, Baldambe had visited the Dassanech and Nyangatom. From his sojourns with these linguistically and culturally very different groups he returned not only with travel accounts, but also with detailed descriptions of what he had learnt about different ways of herding and caring for animals, about the age-set systems that were still functioning while the Hamar had lost theirs as a result of the Ethiopian conquest, speeches held at public meetings, particular forms of dancing, of blessing, dress and so on.

Baldambe shared this knowledge with neighbours, age-mates and friends during countless conversations around the coffee pot, under the many shade trees that serve as meeting places, and at night on the *boaka*, the cleanly swept space, in front of the homestead. His ethnographic collection backed up this knowledge of the customs of 'other cultures' and was a source of wonder and admiration: the milk container we have already mentioned, differently shaped and well-sounding bells for cattle or goats, spears with extraordinary broad blades, jewellery made from ostrich eggshells.

We were – and still are – much taken by the vernacular ethnography that we found in Hamar. It is based not on writing but on the spoken word (backed up by material objects) and does not involve the loneliness and alienation experienced by Western anthropologists who labour under the banner of science. Rather, vernacular ethnography is a performance in which the personal presence, facial expressions, gestures, prosody and rhetorical energy of the narrator, as well as the responses of the audience, have a role to play.

Ethnography as we know it, with all the problems of representation that it entails, is a fascinating genre. But would it be possible to provide more immediacy and authenticity than writing alone can achieve? Could one practice an ethnography in which performance and the spoken word would play a greater role? Would there be ways in which one could regain some of ethnography's intrinsic drama? These are the questions around which our work as anthropologists, both at home and in the field, has revolved, and to which we will return in what follows.

Naive trust

Much of our ethnographic endeavour has been based on a deep and naive trust in the world. Without this trust we would never have ventured into the bush of southern Ethiopia, carrying our young children with us. Then there were no roads, no towns, no hospitals in the region, so it meant having blind faith that we would overcome all hazards that potentially endangered our lives, especially those of our children. Also, had we lacked trust, we would not have dared to return again and again to Ethiopia, ridden with inner conflicts and war both within and outside her borders.

As we look back, we realize that we owe our naive trust in the world to our parents. They provided us with warm, joyful, even exuberant childhoods. Not that there were no objective reasons for fear, because we both were born during the war. But each respectively experienced the threats – missiles that reached London, bombs that fell on Magdeburg – from the safety of our mother's arms. Also, we experienced the years after the war, which were objectively marred by hunger and scarcity, subjectively as a time of plenty, with delicious foods gathered in gardens and fields, with porridge in the morning, occasionally shepherd's pie for lunch, and sometimes at night baked apples, pancakes or such like.

We never heard our parents complain of poverty or misery. Rather, we witnessed how glad they were that the bad times had ended, that there would never ever be war in the world again, and that now was a new epoch for the arts and sciences to flourish, and a time to dance, feast, and generally enjoy life. This positive spirit prevailed in both places where we grew up, and it had a lasting effect on us.

Our brothers and sisters, and the ever-growing circle of family and friends, also contributed to the feeling that we were welcome and had a home in the world. In addition there were the physical homes that our parents made for us after the devastations of the war. Here we each had our corners where we could read and begin to cherish books. We were not aware of how they influenced us, but retrospectively we can see that these 'story seeds', as Michael Carrithers (2009) would call them, made us aware of the many different worlds out there and nourished a wish to set out to explore them.

Finally, we should mention that our naive trust was coupled with a strong ambition that probably came from our respective fathers. In Germany it was Sigmund, a painter, who aspired to the very highest achievement of his art. He used all his energy to create, as he said, just a few paintings that could be counted among the greatest and find a place in the major museums of Europe. In England, and later in Australia, it was Harold, an economist, who had no lesser ambitions. As he wrote in his autobiography, 'My own thinking has been governed by careful empirical study, preferably at "grass roots" level rather than by elaborate econometric analysis of aggregate data […]'. Over forty years he used this approach to shed light on important issues, including the distribution of wealth and income, the dispersion of earnings, and the sources of growth. No doubt, the ambitions of our fathers were contagious.

But the arts, science and all other such endeavours are problematic, even dangerous. What if you err, go astray or get lost in this difficult terrain? You may lose yourself, may lose your mind, and if you fail may lose your 'face', your public self-image and self-esteem. *Si tacuisses!* Had you only kept silent! Therefore you need naive trust – in yourself and the public – to embark on ethnography and the more general task of anthropological theory building that invariably goes with it.

Or should we better speak of confidence when it comes to writing? Yes, perhaps we should, for although we never lack trust when it comes to fieldwork, we often lack confidence when we produce books and papers. In fact we tear out our hair as we try to decide what is relevant and what not, as we run into contradictions, or when we can't find the right words, when we feel our texts are boring, and we doubt the value of it all. But then again, when the deed is done and the text completed, we feel elated.

At the London School of Economics

The lines of our lives, which up to then had had much in common, crossed and merged at the London School of Economics and Political Science (LSE). Each of us independently chose this college, not only because it was illustrious and had political verve, but also because it was cosmopolitan and lay at the centre of 'swinging London'. The Beatles, the Stones, the Who, you name them, were all around us, and Mick Jagger – enrolled as a student at the LSE – gave Friday night concerts in the college building.

At first we only eyed each other at a distance as we attended Raymond Firth's lectures on current trends in anthropological theory, or listened to Robin Fox as he developed his provocative theory of kinship, or we sat in Isaac Schapera's seminar on comparative law. But then one day we found ourselves alone in the lift that from dawn to dusk carried – and still carries – students up and down the six floors of the LSE main building in Houghton Street. We exchanged pleasantries and then went to the student's common room to fetch mail from our respective pigeonholes.

Over the years, this encounter has acquired a mythical status in the tale of our lives. We always come back to it and see in it some deep significance: the lift moves upwards; for the first time we are face to face seeing ourselves in the mirrors; one tall, dark and lanky, the other short, blond and chubby. A very unlikely pair, we thought.

Jean

When I was 16 years old, I emigrated from England to Australia with my parents, sister and brother. There I finished school and went to university, majoring in economics and psychology. Then, with a group of other students, I made a visit to Papua New Guinea, which was to change the course of my life and draw me into anthropology.

We stayed at a mission station in the Highlands at a place called Tari, where we helped construct a building for a clinic. The missionaries were friendly, but it grated hearing local people sing dreary hymns. I pestered the missionary so much about the local people and their customs that he showed me an article a visiting anthropologist had given him. This gave me the idea that I too could become an anthropologist and do my own research. Young and idealistic as I was, I thought the study of anthropology would show me a way to help native people retain their traditional ways of life and self-esteem in the face of the change impinging on them. But when I enrolled at the London School of Economics, I soon found out that British social anthropology offered no formula for saving time-honoured ways of life, but was geared, rather, to comparative analysis of social organisation simply for its own sake.

Attending the seminars of Isaac Schapera and Raymond Firth, and lectures by James Woodburn, Robin Fox and others, I gained an enthusiasm for anthropological theory, as well as falling in love with that fellow who kept eying me. Ivo and I were dedicated students and used to work in the library until late at night, dashing to the nearest pub to drink a pint of bitter just before closing time and to talk earnestly about the things we had been reading. I had a lot to read in the two-year crash course, plus a dissertation to write, before gaining my diploma. Above all, I learnt about functionalism (Bronislaw Malinowski and A.R. Radcliffe-Brown), elementary structures of kinship and marriage (Claude Lévi-Strauss and Robin Fox), political systems of highland Burma (Edmund Leach), honour, family and patronage (J.K. Campbell), and the difference between substantive and formal economics (Karl Polanyi and Raymond Firth).

Having studied neoclassical economics as an undergraduate and visited Papua New Guinea, it was a matter of course that my dissertation should tackle the question of how to devise a formal model to analyse exchange in the New Guinea Highlands. Following my teacher, Raymond Firth, I argued that people everywhere can be seen to act rationally, but it became clear from my analysis that, in the absence of money, many things people take into consideration in an exchange situation are not measurable in unitary terms, and yet they are of the greatest importance and worthy of detailed study.

Our time at LSE was not only consumed by work. We also enjoyed swinging London: drag shows in the South London pubs, buying mussels from the dockyards, entertaining friends in our tiny loft flat and cycling over Waterloo Bridge on our bikes. We also took part in the LSE sit-ins in 1968, fired by an emerging political spirit that rejected paternalistic authoritarianism and demanded student involvement in all decisions concerning their affairs, including syllabuses and assessments. The time was also the beginning of the hippy movement, and my sister was way up front with her red hennaed hair, flowing dress and drug-induced trips. Ivo and I went in for more tangible trips: an excursion down the Danube, skiing in Austria where we barely survived an avalanche, sailing to Italy in a hijacked yacht....

I was enchanted by Ivo's spirit of adventure and decided to postpone my return to New Guinea in order to accompany him to Ethiopia and do fieldwork in a country that had never been properly colonised by Europeans. Besides being motivated to contribute to anthropological theory, I was still somewhat idealistic, thinking we should at the very least give an effective voice to those we studied. But my deepest desire was purely personal; I yearned to experience a world and way of life where there was no electricity or skyscraper, where people made a self-sufficient living from their immediate environment.

When I asked my professor for his support to obtain a research grant, he looked at my pregnant belly and proclaimed he was very sorry, but a woman with child could not do good fieldwork. Meanwhile, Ivo's grant-giving body offered him extra money because he had a wife, and when our son Theo was born, even more money!

This was my first encounter with gender discrimination something my upbringing had not prepared me for. But every cloud has a silver lining, and this one made me determined to prove my professor wrong and demonstrate that a woman with child can not only do fieldwork, but can do it particularly well because she has a child.

Ivo

I think that my interest in anthropology ultimately derives from the sailors, adventurers, 'savages' and lost souls that populate the novels of Jack London, Herman Melville and Joseph Conrad. These anti-heroes made me want to taste the salt of the sea and drove me to enrol as a deckhand on fishing boats, trawlers and cargo ships long before I heard of anthropology.

I even bought an old oaken fish cutter, named after the poet Gorch Fock, in which I planned to sail around the world together with Bernhard, my twin brother. But then, as so often happens, the sober wishes of our parents prevailed. They urged us to enrol at the University of Hamburg, where we could keep the boat nearby and use it to explore the shores of the North Sea and the Baltic Sea. We did this for a while, but when the weather turned foul, we took the mast down and began to motor south until we reached Heidelberg, where we left the boat for the winter.

I speak about the boat at some length because it played an important role in my first years of study. It mediated between my wish to be free and the need to prepare for a profession. In 1963 we left Heidelberg and one long summer moved slowly along French canals and the rivers Dubs, Soane and Rhone, until we reached the Mediterranean Sea. All the while the boat served as a moving forum on which my student friends joined me, and left, as they found convenient. We engaged in never-ending conversations about the subjects we had taken up for study. I was the only nascent anthropologist on board, while the others studied philosophy, psychology, sociology and religion. Of course our ambitions were high as we debated the ideas current in the early sixties, ideas of Adorno, Horkheimer, Habermas, Marcuse, as well as the great doyens of the past, Marx, Freud, Weber, Dilthey, Simmel.

A second summer followed when some of my best friends joined me again in Sète. We fished and collected oysters in the lagoons, smoked Gauloises, drank Pastis and lazed under a sunshade made from the sail where we kept reading to our hearts' content. Was it the slight breeze, the Mediterranean light, the stimulating smells that drifted in from the vineyards? Whatever it was, I never had found, and never will find, a more pleasant and animating library.

My tutors at the LSE, where I had enrolled in 1963 as a general course student, had given me a long reading list, and it was here on deck that I first got 'high' on anthropology, devouring such classics as Frazer's "The golden bough", Durkheim's "The elementary forms of the religious life", Hobbes' "Leviathan", Fustel de Coulanges' "The ancient city", and closely studying Malinowski's "Argonauts of the Western Pacific", Radcliffe-Brown's "The Andaman islanders", Firth's "We the Tikopia" and other monographs, which were then considered the backbone of British social anthropology.

I spent two periods at the LSE, which my professor in Hamburg, Erhard Schlesier, kindly supported. He said if he were young he would do the same, would not hesitate a moment but pack his bag and leave for London. However, when I first arrived I was dismayed by the huge reading load and disheartened by my poor command of English. So the initial period in London was very difficult, and I prefer to forget it, rather than talk about it.

When I returned to the LSE for a second time, things were much better. In 1966 I had begun research for a doctoral thesis on the history of British social anthropology. This opened doors for me to the departments and scholars who interested me. At LSE I was close to my tutors Anthony Forge and Robin Fox, and also to three of the more senior staff, Raymond Firth, Isaac Shapera and Maurice Freedman. Then there were the others: Evans-Pritchard, Geoffrey and Peter Lienhardt, Beattie, Needham, Pocock in Oxford; Leach, Goody, Fortes and Fortune in Cambridge; Forde, Douglas, Lewis, von Fürer-Haimendorf and others at University College and the School of African and Oriental Studies in London.

I attended their lectures, asked them questions and read their publications with the aim of pinning down the distinctive features of British social anthropology. In addition, I began a minute content analysis of selected monographs, marking in the margins whether specific passages were concerned with ethnographic description, or with method, general or specific theory, comparison, epistemological queries and the like.

This looks as if the 'crisis of representation' that later haunted anthropology was already in the air. Maybe it was, for I felt the need for a critical assessment of the often artificial and alienating nature of British anthropology. For this purpose I had analysed the textual strategies employed in outstanding monographs such as Malinowski' "Argonauts", Fortune's "Dobu", Bateson's "Naven", Leach's "Pul Eliya", Goody's "Ancestors" and so forth, and intended to compare and historically contextualise them.

But then, in the midst of this grand project, I came across an aphorism by philosopher Christoph Lichtenberg, who once uttered: 'Dear God, let me never write a book about books!' This eye-opening exclamation made me drop my over-ambitious project and allowed me to use some of the results of my textual analyses to write a thesis rapidly about particular methods of anthropological inquiry: the 'method of appropriate illustration' exemplified by the work of Fortes, and the 'extended case analysis' exemplified by the work of Turner (Strecker 1969). The decision to act fast and leave the complicated critique of British anthropology to others was also motivated by the fact that Jean and I had met and did not want to dally too long before going ahead with fieldwork.

ABOARD SIGNET

Here we would like to mention two boat trips that we shared together and that were important for our lives, strengthening our partnership and our resolve to undertake a joint venture to Ethiopia.

The first was a trip down the river Danube. In the summer of 1967 we hitchhiked to Regensburg and then set off on foot along the riverbank looking out for a boat, any kind of boat that might be available for a journey down the river. To our surprise it took less than a day before we found and were able to purchase exactly what we wanted, a more or less abandoned, old, long and wide wooden boat, which had formerly been used to carry straw, hay and small stock across the river. We threw our bags into the boat, took the oar and punting pole and waved goodbye to the owner, who watched us in some disbelief.

For days to come we drifted, rowed and – once we had erected a makeshift mast – sailed down the river, past villages and towns, between meadows, fields and forests. At night we moored the boat wherever we found fresh hay to sleep on. It was wonderful to be out in nature and to sleep under the stars, or, as sometimes happened, under clouds, lightening, thunder and rain. What memorable days. This journey proved that we shared a taste for simple, improvised outdoor life, and that we were good travel mates.

The second trip took us from the Isle of White to Rome. In the summer of 1968, a former navy officer called Don invited us to help him transfer a yacht from England to Italy. She was called Signet, and she was very beautiful. Built in a Southampton shipyard around 1880 and formerly used to meet grain-carrying clippers out in the open sea, she was black, sturdy and yet very slender. Her looks and the drama she had in store for us were as if she came directly from the novels Ivo has mentioned above.

At first we had no idea what lay ahead of us. Only as things unfolded did we realise we were involved in smuggling Signet out of a shipyard. The owner of Signet, an Italian film star, was not prepared to pay the huge bill for repairs, and Don had offered to whisk the yacht away by night and bring her across the Channel to Cherbourg. There we finished some repairs, took further crew on board and left for what became an epic journey.

Don, it turned out, was a kind of Ahab, a captain so tough on his crew that one after the other they abandoned ship, first in Gibraltar and then in Alicante. In the end, only we two were left as victims for Don's mania. He bullied us with all sorts of stupid commands, which we refused to obey. He accused us of mutiny and threatened to set us ashore in the port of Ibiza, where he had friends who would help him. We were shocked and angry, for hadn't we agreed to sail Signet all the way to Italy? What to do? Give in and leave the ship? After a hushed tête-à-tête on the foredeck we decided, no, we would never endure such an insult.

Don had to sail Signet single-handed into port, where he fastened her securely to the dock and left to fetch his friends. When he was out of sight, we started the engine and unfastened the ropes. But one knot would not open. Jean brought up a carving knife, 'Cut the rope!' and with a few strong strokes Ivo freed the boat from its tether.

There was a fresh breeze that in no time brought us across the bay and around the tip of the island. Although out of sight, we were nevertheless afraid that Don and his mates would catch us up in a speedboat. But no one came. Not even on the following days, when we were becalmed and kept scanning the horizon for pursuers. What a relief! But a difficult course lay ahead of us, for we had no clock or radio and couldn't calculate our exact position. With the help of charts and log we had to 'feel' our way across the Mediterranean, through the narrow straights of Corsica and Sardinia, and over the Tyrrhenian Sea to the port of Civitavecchia.

There we expected the police to be waiting. But it was siesta time and no one was there to detain us. We moored Signet, dodged across the quay into the safety of the streets beyond, and searched for the nearest post office to send a telegram to the owner of Signet, 'Il suo pamflo è arrivo!' Then we took the train to Genoa, where we devoured three pizzas each before catching the night train to Geneva, the current home of Jean's parents.

Safe at last, we slept in a room with closed curtains. In the middle of the night we woke up in great alarm. The room was heaving to and fro, and we thought we were still aboard Signet. Had one of the liners, which we had narrowly escaped before, rammed the boat? We thought we were drowning and it was the last moment of our lives.

Memories of these events have stayed with us throughout our lives. In fact they have become a narrative, a parable, an allegory to which we refer when we speak about our togetherness, our joint fieldwork in the bush of southern Ethiopia, and the fearlessness, even recklessness, that we share and which is needed when situations demand it: 'Cut the rope!'

We even followed this maxim in our own relationship, not only once but on several occasions. It is well known that couples who embark on joint anthropological fieldwork are doomed to split one day or another, like Margaret Mead and Gregory Bateson, who worked in Bali and New Guinea, or Laura and Paul Bohannan who did their research in West Africa. The reasons are manifold, some purely personal, but others clearly related to social conditions both at home and in the field.

In our case, Jean in particular often found it difficult when we were together in the field, because while Ivo was always invited to drink coffee and participate in lively discussions, she had to stay in our house and attend to our children as well as to the dozens of people who came demanding things. When she had a spell of fieldwork on her own, no longer shackled by husband or children, Jean experienced enormous liberation, as she wrote in her journal:

> 7.10.1973 I would like to make a trip to the cattle camps while I am here on my own, for I realise that only when I am on my own do I have the privilege of the ambiguous position of being neither male nor female, allowing me to venture as widely as I want. When Ivo is around, I would disturb his masculine status if I went about acting like a boy. When he is present, I should be static and with the women; I am not even accepted at the morning coffee sessions. Funny, but I've reached a stage where it seems better to be alone, single and not fixed in a definite social category (Lydall and I. Strecker 1979a:180).

From then on we decided to 'cut the rope' and take it in turns to be in the field.

In retrospect, Jean realised that her banishment from the coffee sessions was a hidden blessing, for it led to benefits she would otherwise have missed. She got to know intimately many women, youths and girls who were also banned from the coffee sessions, and who came to her for medicines, grain, tobacco or salt, bringing with them news and gossip, and their personal stories by way of which they persuaded her of their needs.

Later, upon returning to the LSE to write up her research, one of Jean's professors insinuated that, because she had done fieldwork together with her husband, it couldn't be regarded as her own original work. This spurred us to 'cut the rope' once again and give each other the time and space to demonstrate our own individuality and intellectual autonomy. However, when separated, even divorced, the bond between us that was forged aboard Signet never quite broke, and once we had proved ourselves in the eyes of the rest of the world, we returned to each other's side.

Later again, when Ivo became professor at the University of Mainz, we felt the need to 'cut the rope' and sail divergent courses. Ivo went to Ethiopia as a visiting professor to help build up an MA program in social anthropology at the University of Addis Ababa, in connection with which he founded the South Omo Research Center (SORC) in Jinka. Meanwhile, Jean was invited to make her first film in Hamar, then another and finally a third, for the BBC. After a longer period of estrangement and personal self-fulfilment, we found ourselves drawn back together again by the bond, which, according to our personal myth, derived its strength from the voyage on Signet. It was also on Signet that Jean conceived Theo, our first son, who accompanied us as we set out on our Ethiopian adventure, soon to be joined by his sister Kaira, later by his brother Dan, and many years later by Michael.

To Hamar

In the early summer of 1969, and with brand new degrees in our pockets, Ivo received a grant from the German Academic Exchange Service (DAAD), which allowed us to travel to Ethiopia, search for a suitable field site and begin our empirical studies. We used some of the money to buy an old Volkswagen van, which we loaded with books, clothes, kitchen utensils, a sewing machine, and a whole lot of other items that we thought might be useful for our stay in Ethiopia.

Ivo drove the van via Greece, Turkey and Iran to the Persian Gulf, where it was loaded on to the deck of a small cargo ship carrying dates destined for ports at the southern entrance of the Red Sea. From Assab, which then belonged to Ethiopia, it was a three-day journey by car on rough roads across the Danakil desert, up the steep slopes of the Ethiopian mountains and along the high valleys of Wollo and Shoa to Addis Ababa.

It would be tempting to tell more about this journey, which seemed more like a dream than a reality, especially in view of the great wars that have ravaged much of the region since then. But here we must be brief and simply say that Jean and Theo followed by plane, and that by the middle of October we had established ourselves in a charming, old-fashioned house on Russian Road, next door to the Pausewangs, who had also recently arrived.

Addis contained a mixture of rural and city life. Flimsy mud huts provided shelter for the poor, while beautiful villas, old and new, accommodated the rich. We foreigners (*ferenji*) belonged, of course, to the latter. The late sixties and early seventies were still years of imperial rule in Ethiopia, with all the glamour and *joie de vivre* of the well to do. Many scholars had recently arrived from abroad, especially philologists, historians, archaeologists, palaeontologists, geographers and anthropologists. They were all excited to be in Ethiopia, a country that seemed to offer unlimited opportunities for research.

Soon we also belonged to those who travelled in and out of the capital and joined the many parties where people told of their exploits. One day, Judy Olmstead feasted a number of her anthropological colleagues and friends. Among them was a man with a pipe, a glass eye and a broad scar over his forehead. After some conversation he said with a mischievous grin something we often quote: 'Go and study the deadly enemies of your friend David Turton'.

The Canadian anthropologist Asen Balikci who had come to Ethiopia in search of a 'purely pastoral tribe' that he wanted to film knew that we had studied with David at the LSE and had heard from him that the Mursi and Hamar were currently involved in fierce raiding and fighting. A few weeks later, when we had come to know each other better, Asen told us another reason why we should go to Hamar: Robert Gardner, an ethnographic filmmaker from Harvard, had filmed in Hamar a couple of years earlier. Now he planned to return to make a major film and had asked Asen to use part of his sabbatical to do research on the Hamar.

Asen had agreed to this but now found he had other priorities, that time was running out and that he had better allocate the task to us. After some discussions and phone calls to the US it was decided that we should go and stay with the Hamar for a few months and then return with a report for Bob. One thousand dollars, then a small fortune, was to bolster our budget. We set off without any hesitation, not knowing that the few months of research would turn into years, even decades, and that our provisional report would grow into an ethnographic project that would last a life-time.

Later, we received further funds from the Wenner-Gren Foundation, Carl Friedrich von Weizsäcker and the Deutsche Forschungsgemeinschaft (DFG), which allowed us to pursue research in Hamar for three more years. In our "Work journal" (Lydall and I. Strecker 1979a) we have provided an account of this first period of research with the Hamar, and therefore don't need to go into details here, although those years were probably the most intensive of our lives.

From Cambridge to Mainz

In 1974 Jean returned to England with our two young children, Theo and Kaira. She decided to settle in Cambridge, where our good friends, Stephen and Christine Hugh-Jones, were living and writing up their research on the Barasana of Colombia. Jean was offered a place and a grant to do a PhD in Cambridge, on condition that she did new fieldwork under Cambridge supervision. But she was committed to Hamar and the extensive research she had already done there. Fortunately, her former supervisor at LSE, James Woodburn, who also lived in Cambridge and commuted regularly to London, encouraged Jean to re-enrol at LSE, where she also received a research grant. The next four years were very stimulating for Jean as she worked on her Hamar material and exchanged ideas with a large number of fellow anthropology graduates, not only at LSE, but also in Cambridge. Besides working on her thesis, she also published a grammatical sketch of the Hamar language (Lydall 1976) and an article on Hamar colour symbolism (Lydall 1978). It was also an intensive period of single parenting and putting ideals of women's liberation to the test.

Meanwhile, back in Ethiopia, Ivo witnessed the collapse of the empire and the rise of a new regime. At first it looked like a 'gentleman's revolution', which would set right all that had been wrong in the past. The Governor General of Gamu Gofa, General Mebratu, for example, acted promptly when he found a petition from the Hamar asking the government to provide help to re-activate old irrigation channels in the Woito Valley (Lydall and I. Strecker 1979a:112–113). He called Baldambe and Ivo to a meeting at which he asked them to direct the project. Grain and tools were given by Brot für die Welt, and the Ethiopians provided the means of transport.

At Arbore, where the main dam was built, more than half a dozen culturally and linguistically different groups were involved. When the rain and the flood came, the dam was washed away, but part of the water found its way over to the Hamar mountains, with the result that peace developed between the Hamar and Arbore, who had previously been at war, quarrelling over water and pasture (see Strecker 1979a).

But the revolution, which had begun so promisingly, soon turned bad, and a Stalinist era followed with so much repression and violence that Ivo was happy to leave

Ethiopia for a while and turn to publishing some research results. He spent long spells in Berlin at the Dahlem Museum für Völkerkunde in order to produce a double album on the "Music of the Hamar". During a beautiful summer, he lived in Göttingen (thank you for your hospitality, Hannah!) and edited his first film, "The leap across the cattle", at the Institut für den Wissenschaftlichen Film (Strecker 1979b).

By 1978, we had found our ways back together. The three volumes of "The Hamar of Southern Ethiopia" were prepared and typed in Cambridge, and Jean's study mates, Paul Henley and Howard Reid, helped with editing and proof-reading. The books, the film and the records were all published in 1979, thereby rounding off the first chapter of our exploration of Hamar culture (Lydall and I. Strecker 1979a, b; Strecker 1979a).

Then followed exciting years in Cambridge, using the libraries, attending lectures and the weekly postgraduate seminar, and above all entertaining – and being entertained – by a wide and ever-changing circle of friends. Most importantly we were reading again, reading and reading like we had at the LSE more than a decade ago. Jean continued to work on the main topics of her thesis: kinship, economics and community. Ivo read and wrote about ritual and symbolism for his 'Habilitationsschrift'.

Consummating our reunion, Jean gave birth to our third child, a boy whom we called Dan after Dan Sperber, who had been our friend ever since we met in Ethiopia in 1969. With little Dan and his big brown monkey eyeing the passers-by, we blissfully pushed the pram along the banks of the River Cam and thoroughly enjoyed being back in Europe.

At the beginning of 1982, a letter arrived out of the blue from Mr Reile, Director of the Goethe Institute in Addis Ababa, applauding Ivo's double album, "Music of the Hamar" (Strecker 1979c), and inviting him to make a film to accompany it. The aim of the project, he said, was to contribute to the newly established Ethiopian Film Center, which the Goethe Institute was eager to support. As Ivo had finished his Habilitationsschrift, "The social practice of symbolization" (1988), and had handed it in at Göttingen University, we were free to accept the invitation.

There is no room here to detail all the fun and frustration that characterised the year and a half that followed, in which our children shared, but some of it can be gleaned from our films "Father of the goats" (which later won the Prix Nanook at the Bilan du film ethnographique in Paris [Strecker 1984]), "Song of the Hamar herdsman" and especially "Sweet sorghum: an ethnographer's daughter remembers life in Hamar" (Strecker, Lydall and Strecker 1995).

While we were away in Ethiopia, a commission slowly read Ivo's Habilitationsschrift, eventually decided that it was acceptable and invited him to give a talk in Göttingen. When this last ordeal was over, they wished him well on his road to become a professor. The blessing was very efficacious, for only a few months later he was appointed professor of cultural anthropology at the Johannes Gutenberg-University in Mainz.

We suspect that not only Ivo's, but also our joint written publications and films, some of which were shown on German television, helped to create an interest in our collaborative work and a consensus that we would fit in well as a couple at the Institut für Ethnologie und Afrikastudien, with its cheerful and non-conforming students and staff.

VERNACULAR ETHNOGRAPHY AT MAINZ (IVO)

When I began teaching in Mainz in 1984, much of it was routine and conventional. But in some of my teaching I tried to break away from a 'scientific', often alienating mode of ethnography. We have already mentioned above how much Jean and I liked the vernacular ethnography of the Hamar, which does not involve any lecturing but is best understood as a conversation in which thoughts and feelings are shared by narrators and listeners alike. As time went by I was also able to practice a similar kind of vernacular ethnography, turning the Institut für Ethnologie und Afrikastudien into a shade tree, or *boaka*, or a hut where we gathered around a coffee pot to converse about what it means to 'grasp other people's point of view', as Malinowski had put it so long ago (1922:25).

This was supported by a collection of Hamar material culture, a record of Hamar music and the films that Jean and I had made. We would listen to a piece on the record – perhaps a song, a woman grinding, people wailing, or elders blessing etc. – and after this shared experience, would speak about our mental and emotional responses, ask questions and explore possible answers. The films were especially useful in raising interests and questions that I could expound on. For example, "Father of the goats" begins with Baldambe and his brothers observing the sky at dawn. I remember that we spent several hours discussing this deceptively simple picture. What goes on in the heads of the men? What are the categories of time, place and action that guide their observation? What is the actual context that has aroused their interest and motivates them to decipher the sky? Of what are they persuading themselves, and of what will they try to persuade others?

But wonderful as it was to show the films and use my knowledge to speak about them, I soon felt that my teaching would be much enriched if Baldambe could come and share his knowledge with the students, speaking face-to-face with them while I translated and assisted in the difficult task of interpretation. Yet who would pay for this? How would I get the funds? This was a difficult question because my brand of vernacular ethnography did not fulfil normal academic standards. It used everyday language and did not 'conform to the canons of scientific rhetoric' that promote, as Stephen Tyler has put it, the 'absurdity of describing nonentities like "culture" or "society" as if they were fully observable, though somewhat ungainly, bugs' (1987:207). Rather, vernacular ethnography, is a cooperative effort 'consisting of fragments of discourse' intended to evoke in the minds of those who partake in them 'memories of the *ethos* of the community and thereby provoke hearers to act ethically' (Tyler 1987:202; italics in the original).

Evading the problematic notion of vernacular ethnography, I formulated a conventional research proposal explaining that we wanted Baldambe to help us make a detailed analysis of three Hamar films. To our delight the Deutsche Forschungsgemeinschaft (DFG) soon provided the necessary funds. So Baldambe spent the winter semester of 1986/87 with us in Mainz. Jean and I separately engaged him in research on language, politics and ritual, but far more important were his contributions to my seminars and lectures. As a result, we experienced how anthropology can be a joint project in which all parties gain, 'tune in' and learn from each other. Interestingly, this was not confined to the level of description, let's say of how a particular object is made or a ritual performed. Rather, general level themes also arose and became more and more central to our discussions: questions of morality, of good or bad life, of what it means to be human, and such like.

Baldambe had much to say on these topics, drawing on his knowledge of other linguistically and culturally different groups in Ethiopia, not only the Dassanech and Nyangatom we have mentioned already, but also the Aari, Tsamai, Konso, Arbore, Borana and, of course, the Habesha (highland Ethiopians) and the *ferenji* whom he had come to know quite intimately during the course of his life.

As I have mentioned already in an earlier biographical sketch (Strecker 2006), a curiously 'chiastic' development took place: over time, Baldambe's relations with the students became warmer, richer and more imbued with trust than my own relations with them. The students began to understand Baldambe – the 'alien', the culturally 'other', the 'exotic' – better than I, with whom they shared a common language and cultural background. Also, they felt that he, the old herdsman, spokesman and lion hunter, understood their individual feelings, their hopes and fears, their illusions, better than I, who was supposedly more familiar with their mental and emotional dispositions.

In 1988/89 Baldambe came again to continue our project of vernacular ethnography and would have come in 1995 but his fate and fortune (*barjo*) left him, and he passed away. In 1993 we were able to invite Choke, another very good friend of ours, to be with us in Germany. He came to help Jean with translations for one of her films and also had time to help with my teaching. In 1999 I invited Choke a second time. By then the terrifying regime of the Derg had collapsed and a promising new era had begun. With his irresistible charm, Choke enticed a number of students to go to Ethiopia in order to see, taste and feel for themselves what it was like to live in his part of the world.

As Susanne Epple was later to write in her PhD thesis, her interest in Ethiopia began when Choke came to Mainz. Choke then accompanied her and Nicole Mohaupt to their first field site:

> It was only much later that we actually learned what Choke had explained to the elders. He had told them that we were students of Theo-Imba (Ivo Strecker's Hamar name) and that we had come to Bashada to learn as much about them as Theo-Imba and Theo-Inda (Jean Lydall's Hamar name) had learned about Hamar [...] Now, he explained, we were

still girls, but we were going to stay for a long time and even if we left at some point, we would always return to Bashada. Having grown up, we later would be able to buy beads, clothes and other goods, and would bring medicine and sorghum in times of need, just as Theo-Imba and Theo-Inda had done for so long (Epple 2010:25).

FOUNDING THE SOUTH OMO MUSEUM AND RESEARCH CENTER (IVO)

As part of my teaching in Mainz, I founded an ethnographic museum as a kind of homage to the cultural genius of the people of southern Ethiopia. As I have already told (Strecker 2006) the idea for this emerged during the winter of 1986/87, when Baldambe was staying with us in Mainz. One day, as he was showing our students how to arrange an exhibition of Hamar objects, a visitor joined us: Dr Peter Truhart of the Ministry of Foreign Affairs. He watched for a while, and when we got talking he asked whether we knew of the Ministry's program for the preservation of cultural heritage in 'developing' countries. Of course we didn't, but we immediately became excited when he suggested that we apply for funds to build our own museum in southern Ethiopia.

Baldambe had by then visited museums with us in Berlin, London and Göttingen, and, as he said, already then he saw in his mind an ethnographic museum on the hills overlooking Jinka, the capital of the South Omo Province. Invited by Dr Truhart, we travelled together to Bonn, talked at length with members of the department and took all the background information with us that was needed for a full and well-formulated application. But although he helped conceptualise the museum, Baldambe was never to witness its construction dying shortly after the foundation stone was laid.

Overcoming innumerable vicissitudes, the museum was finally built, and what was first conceived as a simple cultural heritage museum became a research centre and 'forum for transcultural debate'. This change of focus had to do with funding: Once the main construction work had been completed, funding through the German cultural heritage program came to an end. But at the same time the SFB 295 of Mainz University – devoted to a study of contact phenomena in eastern Africa and western Asia – had come into existence. I was allowed to join and became director of a project on "Cultural contact, respect and self-esteem in southern Ethiopia".

The project provided funds not only for fieldwork, but also to complete interior work to furnish the centre with an exhibition hall, library and offices. That is, in many ways it helped us achieve precisely what we had wanted originally: to create a place that pays homage to cultural ingenuity. Echi Gabbert, Sophia Thubauville, Tina Brüderlin, Konrad Licht, Jean Lydall, Susanne Epple, Felix Girke and Shauna LaTosky collected items and arranged beautiful permanent exhibits in the museum, not because this was demanded of them as part of their work for the SFB, but because it was their way of expressing thanks to the people whose way of life they had come to love and admire. However, the argument that legitimised our work had changed. It no longer addressed the joy of being at home in one's own place, but rather the often agonising problems of cultural contact, as expressed in the title of the book that resulted from our studies: "The perils of face" (Strecker and Lydall 2006).

We moved even further in this direction when, in addition to the SFB, we received funds from a German good governance program. From then on peaceful accommodation and the transformation of existing cultural and social differences became the explicit goal of the centre. We postulated that seeking an understanding of one's own and other people's culture would enhance friendship. If people had an opportunity to debate their differences together, they would also soon come to discuss their similarities and the possibility of working together. In accordance with this aim, a number of exciting workshops and symposia have since been held dealing with such topics as the diversity of material culture, tourism, peace through intermarriage, culture contact and cultural self-esteem, and the pride and social worth of women. The main participants, of course, come from the various ethnic groups in South Omo, and a great deal of translation is always the order of the day, along with blessings during the coffee sessions, and laughter and dancing in the evenings.

FILMING WITH WOMEN IN HAMAR (JEAN)

There I was in the late summer of 1988, happily enjoying a new life-style living in the old farmhouse that we had bought on the advice of our friend Baldambe when he visited Germany in 1986. The telephone rang and an English woman's voice asked to speak to Jean Lydall. How long had it been since anyone called me anything but Frau Strecker? I stammered, that's me, and the woman said she was calling from the BBC! She explained that Chris Curling, an old acquaintance of ours, was now the producer of a new anthropological series called "Under the sun" and wondered whether I would be interested in making a film about Hamar women.

Some six years earlier Chris and I had considered making a film together, but nothing came of it. I had long forgotten about the idea, carried away on the tide of other projects: filming in Hamar with Ivo, and moving home from England to Germany when Ivo took up his chair in Mainz. Since moving to Germany I felt far removed from both England and Ethiopia and often wondered how to reincorporate these other horizons into my life. Now fate presented me with an answer: I would make a film in Hamar for the BBC, going back to Ethiopia for the filming and to England for the editing.

While Baldambe, being an elder, could take leave from home to visit Germany for long periods of time, it was never feasible for us to invite any woman friend to visit Europe, nor even Addis Ababa, because women were always too tied up at home with their children, herds of goats and fields. Now, I had the rare chance of introducing my Hamar women friends to a non-Hamar audience and have them speak about themselves and their lives, much in the way Baldambe had done in person. The film would be a vehicle for transmitting Hamar women's vernacular ethnography.

I knew from experience that Hamar women had plenty to say, but needed an informal and confidential setting in which to say it. To this end I thought it best that the film director and film crew should consist of women only. Chris Curling introduced me to Joanna Head, whom he considered an up-and-coming woman director, and we hit it off immediately. Because I had not been to Hamar for some years, I said I needed time there to prepare for the filming. Meanwhile Joanna set about finding an all-woman film crew.

The three months of fieldwork that I undertook for the film was a most satisfying experience. I returned to Hamar in the company of Baldambe. There we shared the same house, that is to say the house which Ivo and Ivo's brother had built in 1971 for myself and my children, and which Baldambe now used with his unmarried children from his first wife, who had died tragically in 1978. Baldambe soon left to visit his second wife and children, who lived in the mountains with his ninety-year-old mother. Baldambe's twenty-two-year-old daughter, Duka, was in charge of our household, and, as she laughingly said, although she called me mother, it was she who had to tell me what and how to do things.

In contrast to my early years of fieldwork, my horizons had already merged considerably with those of my Hamar friends. Whereas previously I viewed Hamar women from the perspective of women's liberation, seeing them as subordinated and enslaved, their very cheerfulness a requirement imposed on them by men, I now began to view things more from their perspective, recognising that the whole gender game was as much the product of women's agency as of men's, and that women, for manifold reasons, preferred to assert their will indirectly, from behind a guise of subordination and bewitching smiles.

As we discussed the topics I wanted to address in the film, the horizons of my women friends also merged more and more with mine. They grew used to explaining issues such as birth control, the acquisition and control of property, marriage, relations between husband and wife, mother-in-law and daughter-in-law, mother and child, and so on, in terms that I could comprehend. When Joanna arrived with the film crew and we started filming, the women were eager to provide commentaries that were reflective in the sense of being subjective and thoughtful, and reflexive in being adapted to what they thought I was interested in and would understand. They did far more than simply describe customs; they also analysed and evaluated them, doing so according to their own common sense. This was vernacular ethnography at its best.

We called the film "The women who smile" (Lydall and Head 1990), and as it was a success (winning the RAI film prize in Manchester), we were allowed to make a second film about the weddings of Duka and her cousin Gardi, who had both featured in the first film. While "The women who smile" was calmly introspective, the second film, which we called "Two girls go hunting" (and was awarded the Prix Nanook in Paris), was far more emotional since the girls were faced with real life changes, leaving their childhood home behind to join that of strangers (Lydall and Head 1991).

In response to the film, many people asked how married life had turned out for Duka (most regrettably Gardi did not survive an undiagnosed illness). Was Duka happy with her husband, who had been a total stranger before her marriage? Did he beat her? How did she get on with her mother-in-law, and what was it like being a mother of children?

With such questions in mind, I proposed making a third film, and the BBC agreed.

As with the first film, I spent three months in the field in preparation. As a personal experience and a merging of horizons, it surpassed all previous periods of fieldwork. I had no house of my own but moved in with Duka, her husband Sago and their two infant children, as well as Sago's mother and three of her children, plus a number of other dependants. The family had recently come as refugees to the area (in Banna, north of Hamar), and I witnessed, often unwittingly as a pawn, their struggle for acceptance in the local community. This gave me a rare view of community making in action.

As regards Duka's life as a married woman, I was mainly struck by how mute she had become in the presence of her husband and mother-in-law, and yet, as she let me know in private, she teemed inwardly with thoughts and feelings. In the film I wanted to explore the relations between Duka, her husband and mother-in-law, and their children, but more dramatic events came to dominate: a group of in-laws turning up to demand bridewealth, the sudden death and burial of Sago's grandmother, and the ritual whipping of girls when a cousin 'leapt across the cattle'. We called the film "Our way of loving", citing Duka's husband speaking about wife-beating (Lydall and Head 1994).

This third film turned out to be a complex and rather violent film, which appealed to the ethnographic film world (it received many prizes, including the Basil Wright Film Prize, Canterbury, and an Award for Excellence, Society for Visual Anthropology, Washington D.C.), but it left me feeling somewhat dissatisfied. I think the problem was that too many different dramas were crammed into the film without enough quiet time to explore and understand what was going on. Also, there was a problem with the eye behind the camera.

The camerawoman who filmed "The women who smile" and the cameraman who filmed "Two girls go hunting" both enthusiastically got to know people and built up friendships during the many hours between filming sessions. Not so the cameraman for "Our way of loving", who preferred to relax within his own familiar horizon, playing cards or reading books. Although he got right up close in the heat of action, there was always a perceptible absence of what Marcelo Fiorini would call 'mutual unselfconscious gaze between camera and film subject that entails reciprocity and respect' (2003:9).

Like Ivo's films, my films provide a fount of ethnography that is very useful for teaching purposes. They have also been shown during symposia at the South Omo Research Center, to the great delight of members of the various ethnic groups who participated in the meetings. Tourists visiting the SORC museum also watch the films, thus gaining an insider view they couldn't otherwise get, even though they had come so far to see the people of South Omo with their own eyes. For my own research I benefited greatly from the fieldwork I did in preparation for the films and from the many hours of recorded interview material, which I transcribed and translated before each film was edited. This material has stood me in good stead in all my subsequent writings.

Over the years that followed, I was able to visit Hamar regularly, keeping in touch with our friends, bringing them grain in times of hunger and taking patients to Arba Minch Hospital for treatment. Three years after we made "Our way of loving", Duka became very rundown following a severe bout of malaria and giving birth to twins. Her husband responded to the situation by marrying a young sweetheart and apparently lost all interest in Duka. I brought Duka to Arba Minch Hospital to get treatment for her swollen spleen. When I visited again in 1999, the second wife, Boro, had just become pregnant for the first time.

Duka told me she had big problems with her co-wife, but she hoped their relationship would improve once Boro had a child. It seemed to me that a film was clamouring to be made, so I suggested that I return with our daughter Kaira, Duka's longstanding friend, to make a new film when Boro's baby was due. Everyone was agreeable, and my next problem was to find a TV station to sponsor the film. First I consulted the BBC, but "Under the sun" no longer existed, and no other programme was interested in yet another film on Ethiopia. Then Ivo advised me to contact Werner Dütsch at Westdeutscher Rundfunk, where Michael Oppitz had made a most wonderful film, "Schamanen im blinden Land" (1980). After checking my credentials with Oppitz, Dütsch said he was interested. We worked out a budget, but before the contract could be signed Kaira and I had to leave – Boro's baby was soon due, and we wanted to film both before and after the birth.

We didn't plan on filming the birth as such; what was important was the relationship between the two co-wives. Since we were making the film as a contribution to the SFB 295 project on cultural self-esteem, which Ivo was in charge of, we were able to borrow film equipment from Mainz University. We packed our bags and set off with Kaira's four-year-old son, Tammo, in tow.

Shortly after our arrival, Boro went into labour and gave birth to a son. No one objected to Kaira filming; in fact the mother-in-law said, 'It's what you came for, isn't it?' We also filmed the naming ceremony, at which Boro's child received Tammo's name, and another occasion when Boro talked about the birth with her girlfriends. Besides other observational scenes, I conducted interviews with Duka, her husband Sago and his mother Sagonda. After five weeks of filming we returned to Germany, edited the footage and showed it to Werner Dütsch. He was pleased with what we had done, and the contract with WDR was finally signed.

Nine months later we returned for a second bout of filming because we wanted to find out how things had developed between Duka and Boro, their husband Sago and his mother since the birth of Boro's child. We found that Duka had just given birth to a son. When the boy's naming ceremony took place, Duka's mother-in-law took the opportunity to air her discontent with her son, Sago. The elders present adjudicated the dispute and decided that Sago should build a new house for his mother. We filmed these and other related events, as well as interviews concerning the relationships between the four main protagonists.

Working with Kaira as camerawoman was completely different to working with a professional camera crew. First of all she was my daughter, and we were well accustomed to each other's thoughts, feelings and habits. Secondly, and most importantly, Kaira was deeply in tune with Hamar. She had virtually been born in Hamar; when I was six months pregnant, I left Hamar to give birth to Kaira at my parents' home in England. Then we returned to Ethiopia and Hamar, where Theo and Kaira spent the next three years of their lives. Again, when she was eleven to twelve years old, Kaira spent another year in Ethiopia and Hamar, when she became the best of friends with Duka and her sister Shawa, learnt to speak Hamar, and dressed, ate, worked and played like a Hamar girl (see "Sweet sorghum").

In the early 1990s Kaira visited her Hamar friends on two further occasions. When we turned up at Duka's home in 2000, bringing Kaira's son Tammo with us, it was like coming home to dear old friends, and although Kaira's command of Hamar was rather rusty, this didn't prevent Duka and the others from chatting to her as if she were fluent and understood everything.

It was important too that Kaira was interested in the same topics as myself; we worked as a team without problems of diverging attitudes or concerns. To film the birth scene, it was crucial that Kaira was already acquainted with birthing, having given birth herself and having been present when a friend of hers gave birth. Last but not least, although Kaira was a trained camerawoman, Ivo could give her many good hints for filming in Hamar, especially to do with framing, panning and use of a tripod.

The resulting film, "Duka's dilemma" (Lydall and K. Strecker 2001), was like a dream come true, with the horizons of everyone on all sides of the camera merging into one harmonious whole. Before the film was screened publicly or broadcast on TV, I brought it back to show to everyone who had participated in it, and they gave their approval and permission to show it to others. The film was fêted by anthropologists and awarded many prizes, including the RAI film prize in Durham and the Award for Excellence in New Orleans. My hope was that "Duka's dilemma", like our other films, would lead to greater understanding, not least because of the intimacy involved, of our showing what viewers would otherwise never have the chance to see and hear.

The intimacy of the birthing scene, however, was sometimes subject to censure. While Fiorini praised it as 'some of the most stunningly powerful footage ever shot in ethnographic film' (2003:9), Sunil Kumar complained that 'such an intimate scene is well beyond the permissible limits of filming someone's privacy' (2002). Is it that some kinds of intimacy should never be viewed in public, or rather that some people's horizons are too rigid to merge?

All said and done, filming played a major role in my ethnographic enterprise, providing volumes of vernacular ethnography and enabling me to develop much more mature analyses of topics such as wife beating, women's self-esteem and the power of women in an ostensibly paternalistic society.

STUDIES IN RHETORIC AND CULTURE (IVO)

My professorship at Mainz allowed me not only to teach ethnography the way I wanted, it also provided me with the means to engage in general theory building. There were several topics I found important, like conflict, ritual and symbolism, but as time went by, rhetoric and its relevance for an understanding of culture began to overshadow all other interests.

It was Baldambe's verbal competence, which first directed my attention to rhetoric. Although I did not use the term 'rhetoric', on 18 September 1971 I noted how important it was to do justice to Baldambe's power of expression:

> In the evening, as Baldambe and I talk and I record his narratives, the project of our first possible Hamar book takes shape in my head: Baldambe describing his country, his people, his family, his father and himself. There is so much poetry and expression in his descriptions. These and the rhythm of his speech should be reproduced in a book: the fast passages and interludes, the accelerations, the lingering of his voice. What a job it would be to translate such tapes! But if we were able to manage the translation without losing the quality of the actual speech, then something beautiful could result (Lydall and I. Strecker 1979a:62).

The book I was then imagining became a reality a few years later. We called it, "Baldambe explains" (Lydall and I. Strecker 1979b). But the text does not just contain 'explanations': it also manages to evoke the spirit of Hamar culture and allows one to understand how Hamar ways of life are rhetorically created. Another book followed, "Conversations in Dambaiti" (Strecker 1979a), which similarly documented the rhetorical genius of Baldambe and his friends.

While Baldambe provided me with an inkling of the importance of rhetoric when I was still in the field, Stephen Tyler (Rice University, Houston, Texas) gave more shape and theoretical substance to it as I was writing up the results of my research. When still in Cambridge working on the puzzles of symbolism, I discovered Stephen's book, "The said and the unsaid" (Tyler 1978). Fascinated by it and eager to meet and work together with him, I invited Stephen to come to Mainz University shortly after I had begun to teach there. He agreed, came, and lectured in the style of his more radical and provocative essays assembled in "The unspeakable: discourse, dialogue, and rhetoric in the postmodern world" (published in 1987 and translated 1991 into German by one of my students, Thomas Seibert).

I have already told of the cooperation that followed and eventually led to the International Rhetoric Culture Project in which more than hundred scholars from various disciplines and countries were involved (Strecker 2006, Strecker and Tyler 2009). Here I will simply recall the first 'mythical moment' of the project that stands out in my memory. It was an early summer morning in 1995 as we walked in the sweet-smelling orchards that border the forests high above the River Rhine that I first broached the subject of a rhetorical theory of culture with Stephen. Karl-Heinz Kohl had invited an illustrious cast of anthropologists – among them Vincent Crapanzano, Fredrik Barth, Unni Wikan, Barbara and Dennis Tedlock – to debate the question of "Anthropology and the other". In this context Stephen and I found the time and inspiration to plan a theoretical venture that was first confined to a single workshop but later grew into a project that has occupied us ever since.

The workshop was conducted at the 5th Biennial Conference of the European Association of Social Anthropologists held at Frankfurt am Main in September 1998. Some of my closest students and young colleagues at Mainz helped with the preparation, and in the invitation we wrote that we wanted to overcome the state of limbo in which cognitive, symbolic, dialogic, and all sorts of discursive anthropologies had left us, and that we aimed at a new direction in the study of culture by making full use of the ancient insight that, just as rhetoric is founded in culture, culture is founded in rhetoric.

There is no room here to provide details of how we prepared and conducted the Rhetoric Culture Conferences that followed in 2002 and 2005. Instead I will quote from Michael Carrithers' report, which stressed the ambitious character of the conferences and summed up what happened:

> The International Rhetoric Culture Project originated in close cooperation between Ivo Strecker at Mainz and Stephen Tyler at Rice in the US, beginning in 1998. This led to two successful applications to the Volkswagen Foundation for a remarkably well-funded, ambitious, indeed monumental, series of conferences, organised by Ivo and his team at Johannes Gutenberg-University, Mainz (I mention especially Christian Meyer, Felix Girke, and Anna-Maria Brandstetter).
>
> I use the figure of a monument advisedly, since the conferences have been, and will be, established for the rest of the world in a variety of media. The papers will be published shortly as a series of volumes by Berghahn. The website launches the project into cyberspace, offering many fertile ideas as well as good candid photographs of the participants as they gesture and mime their thought as well as say it. There is also some reflection in these photographs of the splendid graphic environment of images and symbols built around the participants in the conference room at Mainz for their delight and edification. And for those who wish to experience fully the contributors' rhetoric in its setting, there is even a series of DVDs available, covering some of the presentations. The organisers gathered not only anthropologists, but also rhetoricians and other scholars from around the world, and so faced the challenge of achieving a sense of common enterprise.
>
> One way marker, laid down for us by Ivo Strecker at the February conference, was the meter-long *woko* stick, used by the Hamar of Ethiopia. The practical use of the stick is to

gather with the hooked end the fearsome thorn bush to build a cattle kraal, and to push the thorns into place with the forked end. Hamar use the stick in figurative work as well, in ceremonies of blessing and cursing. The speaker draws good fortune – rain, fertility and increase – toward himself and his fellows with the hooked end, and fends off enemies and bad fortune with the forked end.

And so, concluded Strecker, rhetoric finds its way into social life wherever we draw people and effects toward us or push them away. In this and other ways the organisers and participants kept the provoking idea of the conference, that culture is fundamentally rhetorical in character, continually at play.[1]

The conferences were indeed lavish and should have better been called symposia or 'drinking parties', as implied by the ancient Greek term 'symposion'. Contributors were urged not to prepare neat and polished papers in advance but to keep thinking and make notes until the very moment of presentation. In order to generate really new ideas, the *kairos*, the 'propitious moment' of insight, was to be kept open, and speakers should be allowed to absorb to the very last the thoughts and theses floated during the on-going discussions.

In fact, we encouraged everyone to feel free to come up with any kind of thought, reasonable or unreasonable, sober or drunk, as it might be. Our model for this procedure was an old custom told by Homer in his "Histories": when the ancient Persians had to decide an important but also difficult issue, they would hold a drinking party during which they noted down what they thought would be the best decision. Then, next day, they looked at their notes to see whether, having now sobered up, they would still agree with what they had decided in their state of intoxication.

The work of sober evaluation of the thoughts generated by our first four symposia has kept Stephen and me busy to this day, and will continue to do so for quite a while to come. But not only us! A host of other editors and contributors are also involved, among them Michael Carrithers, who edited "Culture, rhetoric and the vicissitudes of life"; Stephen Gudeman, who edited "Economic persuasions"; Christian Meyer and Felix Girke, who edited "The rhetorical emergence of culture"; Boris Wiseman and Anthony Paul, who are preparing "Chiasmus in the drama of life"; Jon Abbink and Frouke Krijtenburg, who are currently assembling contributions to "Rhetoric in social relations"; and Robert Hariman and Ralph Cintron, who plan to hold another symposium later this year (2011) for a volume on "The rhetorical texture of political action".

At the centre of all this activity is Marion Berghahn, who has generously launched a whole new series – "Studies in rhetoric and culture" – in which the results of the International Rhetoric Culture Project are being published. This has been very rewarding for our group, and for me personally nothing could be more pleasant than to see Marion once in a while to discuss new plans for our series.

---

[1]   For a shortened version of the report see Carrithers (2005).

Memories of my childhood add particular flavour to these meetings, for our mother instilled in us children a great respect for the publishing world. This was embodied in a kind of family shrine, a nineteenth-century canapé, which our parents somehow managed to save from the devastations of the war. The *kosöse* (playful distortion of *chaise longue*) occupied a revered place in our home, and with a mien full of meaning – almost awe – our mother would tell us children that in 1904, on this very piece of furniture, Reinhard Piper, famous for promoting the work of avant-garde artists at the beginning of the twentieth century, sat and negotiated with Arno Holz the publication of "Daphnis: a lyrical portrait", which was illustrated by her father, Richard Winckel (Holz 1904). Today, when I sit with Marion in a Broadway café or a pub in Oxford, invariably the *kosöse* will come to my mind, providing our meeting with an added significance. My mother was right, I keep thinking: the moment when an author and his publisher meet and agree that a particular piece of work should go into print has a special, very precious quality, for a dream is coming true.

UP'N HARDIGEN

During our many years of involvement with the Hamar, we would always worry about their welfare whenever we were away, but luckily, whenever we returned to Hamar, we found on our arrival that once again they had escaped the catastrophic droughts, diseases and wars that kept ravaging so many parts of Africa. Similarly, our friends in Hamar felt uneasy whenever we left them. Were we well? Were we safe from hunger? From Baldambe's account of his visit to Europe in 1973, they knew we had no home to call our own, and even worse had no fields, no pastures, no forest, where we could plant, keep herds, go hunting. So, when Baldambe visited us for a second time in 1986, he was adamant that we should acquire a farm with as much land as possible. This would put his and our other Hamar friends' minds to rest, by making sure we would have enough to live on, especially in old age.

By great fortune, shortly after Baldambe's arrival in Mainz, we received a phone call from an old friend, Lina Uffmann, telling us that the Hardigen was up for sale. Situated in northern Germany, near the Teutonic Forest and not far from Ivo's parents' home, this farm provided exactly what was wanted: enough land by Hamar standards to do the farming and herding (but not quite enough for hunting).

So, after an initial exploratory trip when Baldambe examined the soil, the grass and the trees, and a second trip when Jean had a closer look at the buildings, we soon found ourselves sitting in an auction room and bidding for this precious property. Although the farmers dropped out when the price had reached the value of the land, a rich dentist from a nearby town was as interested as we were. The auctioning went on and on, and if Baldambe had not nudged us into further bidding we would probably have given up. But as he later liked to recall, 'We three Hamar, an elder from Dambaiti, a girl from England and a boy from Germany' did not give in but held out for what was rightly ours. For had we not called out 'Kia'? ('Kia' is the Hamar word that someone calls out to claim the cow they consider their rightful share of the spoils of a raid. It's a bit like the English expression, 'I bags it!')

To begin with we enthusiastically made a kitchen garden and kept a few sheep, goats and a pony, but after a while we found ourselves spending so much time in Ethiopia that we decided such activities would have to wait until our retirement. For a number of years, our children, Kaira and Danny, lived at the Hardigen with their friends, and Kaira's second son, Luka, was actually born in the house. Thus, over the years the Hardigen has given us an ever-growing sense of mental and emotional security, of belongingness, of feeling at home. Here, Baldambe, his son Awoke, his daughter Duka and also Choke each came in turn to visit and acquire a taste for bread, cherries, plums, pears and apples, which later became favourite topics of conversation around the coffee pot in Hamar. And now, as we have finally retired, here is where we like to be the 'natives', the 'indigenes' whose habitat and way of life become the focus of interest and are admired by guests from abroad, like Tevon Dubois, a young American, who visited us last summer.

Tevon helped us renovate the farm for a while, took plenty of pictures, especially of the barley field right in front of our door, and then continued to India, from where he sent us the following mail:

> Ivo & Jean, Thought of you the other day and wonder how you are. How goes the renovation? Have the clay and cow shit stuck? Things are lovely here. Living in a stilted bamboo hut in North East Assam with a great family, recording lots of songs and stories. I showed some pictures of Germany to folks in this tribe and of all the photos they loved the ones of your barley most (they live off a species of rice that looks similar), and every day since, new people who have heard the rumours come to see. Much love, Tevon.

R E F E R E N C E S

CARRITHERS, Michael
2005   "Rhetoric? Culture? Rhetoric culture! A report", *Durham Anthropology Journal 13(2)*
2009   "Story seeds and the inchoate", in: Michael Carrithers (ed.), *Culture, rhetoric and the vicissitudes of life*, 34–52. New York and Oxford: Berghahn

EPPLE, Susanne
2010   *The Bashada of Southern Ethiopia: a study of age, gender and social discourse.* Köln: Köppe (Mainzer Beiträge zur Afrikaforschung 25.)

FIORINI, Marcelo
2003   "Powerful tools for practicing anthropology", *Anthropology News* 44(3):9–10

HOLZ, Arno
1904   *Daphnis und Cloe.* München: Piper

KUMAR, Sunil
2002   "Ethnographic films in Göttingen festival – and my problems", in: Berit Madsen and
          Anne Mette Joergensen (eds.), *NAFA – Network 9(3).* http://nafa.uib.no/newsletter/
          NETWORK_9_3_0.htm

LYDALL, Jean
1976   "Hamar", in: M. Lionel Bender (ed.), *The non-Semitic languages of Ethiopia.* East Lan-
          sing: Michigan State University
1978   "Le symbolisme des couleurs dans le rituel hamar (Ethiopie)", in: Serge Tornay (ed.),
          Voir et Nommer les Couleurs. Nanterre: Laboratoire d'ethnologie et de sociologie com-
          parative

LYDALL, Jean and Joanna HEAD
1990   *The women who smile.* Film. Bristol: BBC
1991   *Two girls go hunting.* Film. Bristol: BBC
1994   *Our way of loving.* Film. Bristol: BBC

LYDALL, Jean and Ivo STRECKER
1979a   *The Hamar of Southern Ethiopia.* Volume 1: Work journal. Hohenschäftlarn: Klaus Ren-
          ner Verlag
1979b   *The Hamar of Southern Ethiopia.* Volume 2: Baldambe explains. Hohenschäftlarn:
          Klaus Renner Verlag

LYDALL, Jean and Kaira STRECKER
2001   *Duka's dilemma: a visit to Hamar, Southern Ethiopia.* Köln and Göttingen: WDR and
          Institut für den Wissenschaftlichen Film

MALINOWSKI, Bronislaw
1922   *Argonauts of the Western Pacific.* London: Routledge and Kegan Paul

OPPITZ, Michael
1980   *Schamanen im blinden Land.* Film. Köln: WDR

SALMOND, Anne
1982   „Theoretical landscapes: on a cross-cultural conception of knowledge", in: David Par-
          kin (ed.), *Semantic anthropology*, 65–87. London: Academic Press

STRECKER, Ivo
1969   *Ethno-soziologische Probleme der Beobachtung und Beschreibung.* Hohenschäftlarn: Ren-
          ner (Arbeiten aus dem Insitut für Völkerkunde Göttingen 3.)

1979a   *The Hamar of Southern Ethiopia.* Volume 3: Conversations in Dambaiti. Hohenschäft-
          larn: Klaus Renner Verlag
1979b   *Music of the Hamar.* Double Album. Berlin: Museum für Völkerkunde
1979c   *The leap across the cattle.* Film. Göttingen: Institut für den Wissenschaftlichen Film
1984   *Father of the goats: sacrifice and divination in Hamar.* Film. Göttingen: Institut für den
          Wissenschaftlichen Film
1988   *The social practice of symbolization: an anthropological analysis.* London and Atlantic
          Highlands, NJ: Athlone Press
2006   "Aha, Aha! Oho, Oho! – Oho, Oho! Aha! – Kollage einer Professur", in: Anna-Maria
          Brandstetter and Carola Lentz (eds.), *60 Jahre Institut für Ethnologie und Afrikastudien.*
          Ein Geburtstagsbuch, 279–380. Köln: Rüdiger Köppe Verlag
2010   *Ethnographic chiasmus: essay on culture, conflict and rhetoric.* Berlin: Lit

STRECKER, Ivo and Jean LYDALL (eds.)
2006   *The perils of face: essays on cultural contact, respect and self-esteem in Southern Ethiopia.*
          Berlin: Lit

STRECKER, Ivo, Jean LYDALL, and Kaira STRECKER
1995   *Sweet sorghum: an ethnographers' daughter remembers life in Hamar.* Film. Göttingen:
          Institut für den Wissenschaftlichen Film

STRECKER, Ivo and Stephen TYLER (eds.)
2009   *Culture and rhetoric.* New York and Oxford: Berghahn

TYLER, Stephen
1978   *The said and the unsaid: mind, meaning and culture.* London and New York: Academic
          Press
1987   *The unspeakable: discourse, dialogue, and rhetoric in the postmodern world.* Madison:
          University of Wisconsin Press
1991   *Das Unaussprechliche.* Ethnographie, Diskurs und Rhetorik in der postmodernen Welt.
          München: Trickster

WISEMAN, Boris
2009   "Chiastic thought and culture: a reading of Claude Lévi-Strauss", in: Ivo Strecker and
          Stephen Tyler (eds.), *Culture and rhetoric,* 85–103. New York and Oxford: Berghahn

LEBENDIG BLEIBEN

Gerhard Baer

Als ich in Basel das Humanistische Gymnasium besuchte und 1953 kurz vor dem Abitur stand, lud unser Klassenlehrer Louis Wiesmann uns Schüler einzeln zu sich nach Hause ein, um uns über unsere weiteren Pläne, insbesondere die Wahl unserer Studienfächer zu befragen. Ich hatte damals gerade ein Buch über das Alte Ägypten gelesen, das von einem Fotografen verfaßt war, und hatte mich sofort für die Möglichkeit eines Studiums jener Kultur begeistert. Ich erzählte dies Herrn Wiesmann und sagte, als Nebenfächer könne ich mir Orientalistik und Ethnologie vorstellen. Herr Wiesmann überlegte eine Weile und sagte dann, dies würde eine akademische Karriere bedeuten. Ich stimmte zu und er meinte, daß dies für mich möglicherweise etwas schwierig würde (in meiner Verwandtschaft gab es keine Akademiker, das heißt, ich hatte von zu Hause keine Anregungen im Hinblick auf eine akademische Laufbahn erhalten, und in der Schule war ich lange kein besonders guter Schüler gewesen; erst in den letzten Schuljahren änderte sich das zum Besseren).

Ich nahm anschließend Kontakt zu Ursula Schweitzer auf, die damals Dozentin für Ägyptologie an der Universität Basel war. Sie akzeptierte meinen Vorschlag, bei ihr zu studieren, wies mich indessen darauf hin, daß ich bei ihr nicht promovieren könne (weil sie nicht Professorin war). Ich könne aber Ägyptologie im Nebenfach studieren. Danach sprach ich bei dem Orientalisten Fritz Meier, einem sehr angesehenen Spezialisten für den Sufismus, vor. Er machte mir klar, daß das Studium zweier Sprachen, des Arabischen und des Persischen, Voraussetzung für ein Nebenfach-Studium sei (er selbst sprach fließend arabisch und persisch).

Zuletzt wandte ich mich an Alfred Bühler und fragte ihn, ob ich bei ihm Ethnologie im Hauptfach studieren könne. Er antwortete mit der Gegenfrage, ob ich wisse, daß es für Absolventen der Ethnologie keine offenen Stellen gebe und daß dies in nächster Zukunft auch so bleiben werde. Ich sagte, daß ich dies nicht gewußt hätte. Herr Bühler fragte sodann, ob ich das Ethnologie-Studium dennoch aufnehmen wolle und ich sagte, das wolle ich. So begann ich das Studium in den drei genannten Fächern.

Wenn ich versuche, die Motive zu verstehen, die mich zum Studium der Ägyptologie, der Ethnologie und in der Folge auch der Orientalistik geführt haben, dann glaube ich, daß ganz am Anfang der Wunsch stand, zu den „Ursprüngen" zurückzufinden – zu den Ursprüngen der Hochkulturen und der Schrift (Ägyptologie), zu den ursprünglichen Formen menschlicher Gemeinschaften (Ethnologie sowie später – in Form von kurzen Einblicken – auch Urgeschichte) und zu den Ursprüngen der Kunst (ebenfalls Ägyptologie). Ich erinnere mich noch sehr gut an eine Ausstellung Alt-Ägyptischer Kunst in der Kunsthalle in Basel, bei der mich ein sogenannter Würfelhocker (des Alten oder des Mittleren Reiches) ungemein beeindruckte. Seine Faszination war vor allem in der perfekten Form einer Vereinigung von Religion und Kunst begründet. Mich überwältigte gewissermaßen die Geschlossenheit und Einheit der frühen Alt-Ägyptischen Kunst und Kultur. Daneben erregte das Studium früher Formen der Religion (Alt-Ägypten) ebenfalls meine Neugierde.

Die Ausbildung zum Ethnologen in Basel durch Alfred Bühler war ausgezeichnet. Er besaß ein profundes Wissen über Ethnographie und Ethnologie, mit Einschluß der Feldforschung und ihrer Auswertung, der Museumsarbeit in ihren verschiedenen Aspekten sowie der verschiedenen ethnologischen Schulen und Richtungen. Bühler benutzte in seinen Vorlesungen keine Manuskripte, sondern sprach frei, wobei er sich auf seine reichen Erfahrungen (Feldforschungen, Sammelreisen und Museumsarbeit, darunter Untersuchungen an Museums-Sammlungen, insbesondere Textilien) stützen konnte. Äußerst wohltuend war dabei sein Humor: Er erzählte gerne Witze, die er in seiner Feldarbeit oder bei Begegnungen mit Fachkollegen gehört hatte. Die Betonung in seinen Vorlesungen und Übungen lag nicht auf intellektueller und sprachlicher Brillanz, sondern auf seiner durch mannigfache Erfahrungen geprägten Menschen- und Sachkenntnis. Schwerpunkt seiner Vorlesungen und Übungen beziehungsweise Praktika waren Melanesien und Indonesien sowie die Technologien der von ihm begründeten Textilsystematik (zum Beispiel die sogenannten Reservemusterungs-Verfahren Plangi, Batik und Tritik).

Bühler war ein typischer Vertreter einer Ethnologie, die Universität und Museum verbindet und die Theorien nicht abgehoben von der materiellen Ausstattung der Gesellschaften entwickeln möchte. Dies wurde in der deutschsprachigen Ethnologie leider in den letzten Jahrzehnten etwas vernachlässigt, während es in der englisch- und französischsprachigen Forschung heute längst wieder aktueller Stand ist. Museum und Universität verbindend, war Bühler ein hervorragender Sammler von Ethnographica; das Museum in Basel verdankt ihm große und bedeutende Bestände. In theoretischer Hinsicht vertrat Bühler einen kulturhistorischen Ansatz, wobei er jedoch der von Pater Wilhelm Schmidt vertretenen Kulturkreisschule durchaus kritisch gegenüberstand. Besonderen Eindruck machte mir, daß er jede wissenschaftliche oder sonstige Ideologie vermied und ablehnte. Äußerst wohltuend war, daß bei ihm der Nachweis von kulturhistorischen Beziehungen zwischen verschiedenen ethnographischen Gebieten nicht auf einseitigen theoretischen Folgerungen beruhte, sondern daß er diese Beziehungen – speziell im Bereich der Textilien – durch genaue technologische Überprüfungen absicherte.

Die deutsche Ethnologie spielte in der Schweiz kurz nach dem Zweiten Weltkrieg keine überragende Rolle, obwohl dies vom sprachlichen Standpunkt aus naheliegend gewesen wäre. Bühler bezog sich in seinen Vorlesungen gerne auf angelsächsische Schulen, das heißt auf englische und amerikanische ethnologische Modelle, Methoden und Praktiken, in geringerem Maße auch auf französische (insbesondere Marcel Mauss, dessen grundlegende Studien über den Tausch er gerne hervorhob). Auch auf André Leroi-Gourhan, der ihm hinsichtlich des Interesses für ethnographische und urgeschichtliche Technologien nahestand, hat Bühler in seinen Vorlesungen wiederholt hingewiesen.

Die Situation der Ethnologie in der Schweiz war allerdings zu meiner Studienzeit (also vor fünfzig bis sechzig Jahren) durch eine klare Verschiedenheit zwischen dem deutschsprachigen und dem französischsprachigen Landesteil gekennzeichnet. Das erlebte ich deutlich, als ich nach dem Studium in Basel kurz am Genfer Museum tätig war (dort traf ich einmal Alfred Métraux). Als Vorbild diente klar das in politischer Hinsicht republikanisch engagierte Musée de l'Homme in Paris. Paul Rivet, Leiter des Musée d'Ethnographie du Trocadéro und dann des Musée de l'Homme, war ein sozialistischer Humanist und wie weitere französische Ethnologen während der deutschen Besatzungszeit in der als „Groupe du Musée de l'Homme" bekannt gewordenen Résistance-Gruppe tätig gewesen (Blumenson 1979). Im Vergleich der verschiedenen Schweizerischen Völkerkundemuseen scheint mir, daß die beiden Museen der Suisse Romande, Musée d'Ethnographie de la Ville de Genève und Musée d'Ethnographie (Neuchâtel), schon relativ früh an sozialen und politischen Aspekten der Ethnologie interessiert waren und daß dies einen gewissen Gegensatz zum Basler Museum darstellt. Bald sollte freilich auch Zürich, inspiriert vor allem von Peter Gerber, aktuelle Bezüge entwickeln.

Heute empfinde ich es als Mangel, daß ich während meiner Ausbildung in Basel nicht mehr von der französischen Ethnographie beziehungsweise Ethnologie gehört habe. Was die theoretischen Grundlagen der Ethnologie im Ganzen betrifft, so muß ich sagen, daß ich vieles erst nach meinem Studienabschluß 1960 kennengelernt und nachgeholt habe. Ein Beispiel dafür ist ein Intensivkurs in Linguistik (der unter dem Titel „Seminar für Sprachmethodik" 1966 in Wuppertal von einem deutschen Zweig des Summer Institute of Linguistics veranstaltet wurde), aber eine entsprechende Ausbildung war – und ist noch heute – an den schweizer und deutschen ethnologischen Instituten eher selten. Initiativen wie die von Bruno Illius, der in seiner Habilitationsschrift (1999) sowie mit Kursen in Freiburg, Marburg und Berlin versucht hat, Ethnologie und Linguistik zu verbinden, oder von Ernst Halbmayer, der nun in Marburg einen ethno-linguistischen Schwerpunkt zu begründen versucht (und damit in gewisser Hinsicht an die dort schon ältere und insbesondere von Mark Münzel fortgeführte Tradition der Verbindung von Ethnologie und Romanistik anknüpft), sind leider immer noch Ausnahmen. Dabei stellt doch die von Ferdinand de Saussure begründete moderne Linguistik – insbesondere mit der Phonetik und der Syntax, wobei die Semantik noch immer wenig entwickelt ist – auch eine Grundlage für den von Claude Lévi-Strauss vertretenen Strukturalismus dar. Auch diesen lernte ich verhältnismäßig spät kennen. Ich habe strukturalistische Ansätze nur kurz verfolgt, war aber von der „Anthropologie structurale" (1958, 1973) und insbesondere von den „Mythologiques" (1964, 1966, 1968, 1971) sehr beeindruckt.

Um 1954 lernte ich an dem von Bühler geleiteten Basler Museum für Völkerkunde den Assistenten Paul Hinderling kennen. Er erzählte mir eines Tages, er habe den Besuch von René Fuerst, einem jungen Genfer „cinéaste-explorateur", gehabt, der nach Brasilien reisen wolle und einen Begleiter mit ethnographischen Kenntnissen suche. Fuerst und ich faßten darauf den Plan, zusammen nach Zentral-Brasilien zu reisen, um dort noch wenig bekannte Indianergruppen zu besuchen. Durch die Fürsprache von Adolf Portmann und Alfred Bühler (die beide der Universität Basel angehörten) erhielt ich zwei Stipendien, die mir im Jahr 1955 – ich war damals 21 Jahre alt – die Teilnahme an einer Forschungsreise nach Zentral-Brasilien, in das Gebiet des Xingu-Quellgebietes (Mato Grosso), ermöglichten. Meine Aufgabe war es, für das Basler Museum eine Sammlung von Objekten der indianischen Kulturen des Xingu-Quellgebietes anzulegen. Dies gelang trotz einiger Schwierigkeiten beim Transport, bei dem ein wichtiges Gepäckstück mit den besten Gegenständen ohne mein Wissen abhandenkam. Fuerst, der ein Jahr älter war (und den ich später sehr für sein Engagement für indigene Völker bewundert habe) und ich kamen zu Beginn des Jahres 1956 nach Basel zurück. Ich setzte dort mein Studium fort, sah aber bald ein, daß die Kombination von Ethnologie im Hauptfach und den sehr anspruchsvollen Nebenfächern mit insgesamt drei Sprachen beziehungsweise dem altägyptischen Schriftsystem auf Dauer nicht aufrechterhalten werden konnte. So ergab sich schließlich ein Wechsel in meinen Nebenfächern: Diese waren nun Vergleichende Religionsgeschichte (bei Walther Eichrodt) und Soziologie (bei Edgar Sahlin).

Schon in den Jahren 1957 bis 1959 arbeitete ich am Museum für Völkerkunde in Basel als sogenannter Halbtagsassistent und war unter anderem damit beauftragt, bei der Vorbereitung der von Bühler ins Leben gerufenen sogenannten „Wechsel-Ausstellungen" mitzuwirken (neben Paul Hinderling und neben zwei Lehrern der Kunstgewerbeschule Basel, die ebenfalls als Halbtagsassistenten tätig waren). Auf diese Weise wurde ich schon früh mit der Konzeption und Gestaltung von Ausstellungen vertraut.

Ende 1959 – ich hatte mein Studium noch nicht abgeschlossen – ergab sich die Möglichkeit, in Genf am Musée d'Ethnographie de la Ville de Genève eine Stelle als Assistant Conservateur anzutreten. Dort wirkte ich ein Jahr lang und nahm dabei auch an Ausstellungsprojekten teil. Im Jahr 1960 fand in Genf meine Heirat mit der Textildesignerin, Zeichnerin und Malerin Mona Marina Montalvo aus Varberg (Schweden) statt, die mich auf weiteren Reisen häufig begleitet hat. Im Dezember 1960 schloß ich das Studium in Basel mit der Promotion bei Bühler ab (Note „insigni cum laude"). Die in Zentral-Brasilien angelegte Sammlung von indianischen Gegenständen aus dem gesamten Bereich der dortigen Kulturen bildete die Grundlage für meine Dissertation (Baer 1960). Diese Schrift entsprach in gewisser Weise einem „catalogue raisonné", das heißt einer Dokumentation der materiellen Kultur der Indianergruppen („Stämme") des Xingu-Quellgebietes. Das Thema lag aus verschiedenen Gründen nahe. So war Bühler in erster Linie am Studium von Sammlungen, das heißt am materiellen und technologischen Aspekt der Kulturen interessiert. Das zeigt sich im Besonderen an seinen textilkundlichen Forschungen, die in Basel zur Anlage einer weltweiten Textilsammlung auf der Grundlage der von ihm begründeten Textil-Systematik führten. Was mich betrifft, so hatte mein Dissertationsthema den großen Vorteil, daß ich mich mit der von mir selbst angelegten Sammlung befassen konnte, das heißt mit einem klar abgegrenzten Bereich, bei dem die Deskription im Vordergrund stand.

Von 1961 bis 1963 arbeitete ich am Comité International de la Croix Rouge (CICR) zunächst im Rahmen der Zusammenführung von Familien aus Ost und West (*annexe*) und dann vor allem im Service de Presse et d'Information. Im Jahr 1963 – in Basel war inzwischen Carl-August Schmitz Direktor des Museums und Professor an der Universität geworden – wurde ich als wissenschaftlicher Assistent am Basler Museum angestellt, 1965 erfolgte die Ernennung zum Konservator und 1967 schließlich die Wahl zum Museumsdirektor.

Im Jahr 1966 nahm ich an einer Studienreise nach Mexiko teil, wo ich altmexikanische Fundorte und archäologische Museen besuchte. Von 1968 bis 1969 fanden Reisen und Forschungen in Ostperu (Oberer Amazonas, Urubamba- und Ucayali-Gebiet) statt, die vom Schweizerischen Nationalfonds finanziert wurden und insgesamt 14 Monate dauerten. Damals galt Feldforschung als ein wichtiger Teil der Arbeit gerade auch des Museumsethnologen und deshalb stellte mich das Museum für diese lange Zeit von allen Verpflichtungen frei. Schwerpunkt meiner Tätigkeiten war bei den Matsigenka, den Piro/Yine(ru) und den Shipibo-Conibo das Sammeln von Ethnographica sowie die Feldarbeit zum Thema indigene Religionen. Dazu gehörte die Aufnahme von Mythentexten in den entsprechenden indigenen Sprachen und in spanischer Übersetzung. In dieser Zeit war meine Familie Gast der Schweizerischen Indianermission in Pucallpa. Die genannten Arbeiten in Ostperu konnten 1976 und 1978 für kürzere Zeit fortgesetzt werden. In jene Jahre fällt auch der Anfang der Abfassung meiner Habilitationsschrift zum Thema Religion der Matsigenka. 1983 erfolgte die Habilitation an der Philosophisch-Historischen Fakultät der Universität Basel für den Bereich Ethnologie (unter der Leitung von Meinhard Schuster, Ordinarius für Ethnologie in Basel). Meine Habilitationsschrift (Baer 1984) entsprach meiner langjährigen Vorliebe für das Studium fremder religiöser Systeme (zu Beginn meines Studiums hatte ich mich mit der Religion des Alten Ägypten und später mit der vergleichenden Religionswissenschaft beschäftigt). Dabei war es mir immer sehr wichtig, die verschiedenen Religionen in ihren jeweiligen kulturellen Einbettungen zu verstehen.

Von Januar bis September 1987 – nach dem unerwarteten Ableben von Udo Oberem – amtierte ich (nebenamtlich) als Lehrstuhlvertreter und Geschäftsführender Direktor des Seminars für Völkerkunde in Bonn. Die Situation, die ich dort vorfand, war nicht einfach: Unter den Studierenden gab es viele, die auf einen Abschluß warteten, darunter auch Kandidatinnen und Kandidaten für eine Promotion. Ich reiste alle vierzehn Tage (Donnerstagabend bis Samstagmittag) nach Bonn. Auf den Freitagmorgen, genau von 8:00 bis 9:00 Uhr, war jeweils die Sprechstunde angesetzt. Jeder Studierende hatte eine Viertelstunde Zeit um sein Anliegen vorzubringen und die wichtigen Punkte wurden schriftlich festgehalten. Auf diese Weise erfolgten 1987 und 1988 drei Promotionen und 17 Magister-Abschlüsse. Von November 1989 bis März 1990 wirkte ich im Nebenamt als stellvertretender Professor für Ethnologie an der Universität Tübingen.

In den späteren Jahren meines Wirkens am Basler Völkerkundemuseum und an der Universität Basel (dort wurde ich 1990 zum außerordentlichen Professor für Ethnologie ernannt) wandte ich mich verschiedentlich Themen zu, die aktuelle Fragen betrafen. Ein Beispiel dafür ist die Ausstellung „Menschen in Bewegung – Reise, Migration, Flucht" (Baer u. Hammacher 1990) – eine Wechselausstellung, die im Jahre 1990 stattfand, das heißt in einer Zeit, in der die Migrationsströme in politischer Hinsicht noch nicht als Bedrohung empfunden wurden (ich erinnere ich mich, daß die meisten Abteilungsleiter am Basler Museum damals die Ansicht vertraten, daß man ein solches Thema nicht ausstellen könne). Weitere Ausstellungen mit aktuellem Bezug waren „Jugend und Gesellschaft" (Baer *et al.* 1973) sowie „Japan: Selbstbild – Fremdbild" (Baerlocher, Birchler u. Baer 1993) – Ausstellungen, die ich in enger Verbindung mit anderen Ethnologen – im Falle von „Japan: Selbstbild – Fremdbild" mit Japanologen aus Zürich – vorbereitet und durchgeführt habe. Eine weitere Ausstellung, die auch aktuelle Bezüge aufwies, hieß „Ursachen des Krieges: Die ethnologische Diskussion". Im Dezember 1995 endete meine Tätigkeit am Basler Völkerkundemuseum.

Ich möchte an dieser Stelle hervorheben, wie wichtig am Museum die Mitarbeit der Konservatoren beziehungsweise der Abteilungsleiter war und weiterhin sein sollte, die alle im Bereich der Ethnologie promoviert hatten. Der Leiter des Schweizerischen Museums für Volkskunde war ebenfalls promoviert. Sein Mitarbeiter hatte, glaube ich, das Fach Volkskunde mit einem Lizentiat abgeschlossen. Zu Beginn meiner Zeit als Leiter des gesamten Museums im Jahre 1967 war ich noch für die Konzeption und Präsentation der Ausstellungen allein verantwortlich. In späteren Jahren konzipierten und organisierten die Abteilungsleiter der Ethnologie ihre Ausstellungen in eigener Verantwortung. Diese Dezentralisierung hat sich für das Museum äußerst positiv ausgewirkt. Pläne für kommende Ausstellungen wurden in den häufig stattfindenden Konservatorensitzungen besprochen und auf diese Weise ergab sich ein allgemeiner Konsens über die Grundlagen der jeweiligen Konzeptionen. Dabei kam dem Museum zugute, daß die Abteilungsleiter alle hervorragend ausgebildet waren und sich insbesondere in ihren Sammlungsbereichen bestens auskannten.

Das Jahr 1992 – 500 Jahre nach der sogenannten Entdeckung Amerikas – war für die westlichen Museen ein Anlaß, über die fünf Jahrhunderte europäischer Expansion nach Übersee und deren Folgen nachzudenken. So habe ich mich auch gefragt, welche Veränderungen im Laufe meiner Museumsarbeit in Basel, insbesondere auch im Bereich der Ausstellungen, stattgefunden haben. Die 1950er Jahre reflektierten noch ganz die postkoloniale Situation, in der sich Europa bis zum Ende des Zweiten Weltkrieges befand. Die Unsicherheit hinsichtlich des Begriffs der „primitiven Völker", der „Völker ohne Geschichte" oder der „primitiven Kulturen" rührte nicht nur daher, daß Europa sich in zwei Weltkriegen erschöpft hatte, sondern war auch dadurch begründet, daß sich Europas Führungsanspruch nicht zuletzt aufgrund der begangenen Gräueltaten überlebt hatte.

Mexiko ist dafür ein gutes Beispiel. Dort wurden bedeutende Ausgrabungen durchgeführt, so zum Beispiel im Zentrum der Stadt Mexiko (Templo Mayor), bei denen Tausende von Funden aus präkolumbianischer Zeit gemacht wurden. Auch der Tourismus wurde weiterentwickelt, wobei archäologische Fundstätten oft eine wichtige Rolle spielten.

Viele ehemals abhängige Länder waren bestrebt, die Kontrolle in der Archäologie und in der Ethnologie beziehungsweise Kulturanthropologie zu übernehmen und auch dadurch zu einer neuen Identität beizutragen. Heute ist es denkbar, daß sich die frühere Einheit der Ethnologie beziehungsweise Kulturanthropologie auflöst und daß sich aus ihr einzelne „Folkloren" oder nationale Ethnologien (oder Volkskunden) entwickeln, die nicht zuletzt von den Repräsentationswünschen der neuen Staaten bestimmt sind. Dabei stellt sich die Frage, was dies für die ethnischen Minoritäten bedeutet, die sich in ihren Ländern oft schlecht integriert und repräsentiert fühlen.

Und was bedeutet es für den (westlichen) Ethnologen? – Die Erfahrung zeigt, daß sich die Sichtweise der politischen Eliten der postkolonialen Länder auf die eigenen Minderheiten klar von der der westlichen Ethnologen unterscheidet. Der Ethnologe befindet sich in Verfolgung seiner wissenschaftlichen Arbeit in einem Spannungsfeld zwischen den Erwartungen der Vertreter des Gastlandes und denen der ethnischen Minderheiten. Dieses Spannungsfeld zwingt ihn, Stellung für die eine oder andere Partei zu nehmen und damit wird er Teil des von ihm zu untersuchenden wissenschaftlichen Feldes. Insgesamt ergeben sich dabei verschiedene Perspektiven:

- die der von der wissenschaftlichen Erforschung betroffenen Gesellschaft beziehungsweise Kultur (interne Perspektive)
- die der politischen Eliten des Landes, zu dem die Minoritäten gehören (externe Perspektive)
- die des Ethnologen (eine andere, aber ebenfalls externe Perspektive).

Weitere Perspektiven sind möglich, wenn der Ethnologe oder Anthropologe zum Beispiel selbst der zu untersuchenden Minorität oder einem anderen Teil des betreffenden Stammes gehört. – In jedem Fall sollte eine Art Polyphonie angestrebt werden, bei der die verschiedenen Stimmen der Interpretation und der Repräsentation unterscheidbar bleiben (Clifford 1993:109–158).

Viele Museumssammlungen stammen von heute „ausgestorbenen" Gruppen. Auch in den Fällen, in denen die „Autoren" der Sammlungen noch leben, sind die früheren Traditionen oftmals erloschen; so gibt es etwa Verbote, die eigene Sprache zu sprechen oder diese Sprachen dürfen im Schulunterricht nicht verwendet werden. In dieser Situation kommt den Sammlungen ethnographischer Museen die wichtige Aufgabe zu, die Sammlungsgegenstände zu hüten, zu pflegen, insbesondere auch zu dokumentieren und zudem weitere Aspekte der Sammlungen zu erkunden, die mit den Objekten verknüpft sind. Das alles ist nur in enger Zusammenarbeit mit den Ursprungsgesellschaften und insbesondere den erwähnten „Autoren" – oder ihren Nachkommen – möglich, wozu natürlich immer persönliche Verbindungen gehören, die entstehen, wenn man sich gegenseitig informiert. Voraussetzung für eine solche Arbeit ist, daß der Ethnologe mit den Interessen der „Autoren" – beziehungsweise ihren Nachkommen – vertraut wird, ja, daß er sich, wenn irgend möglich, diese Interessen zu eigen macht. Das ist nicht immer leicht. Doch nur so können die Ideen und Erinnerungen, die die „Autoren" – oder ihre Nachkommen – mit den gesammelten Objekten verbunden haben, in die Wissenschaft und die Ausstellungen einfließen. Das bedeutet auch die Verpflichtung zum *feedback*, das heißt zur Dokumentation unserer (wissenschaftlichen und musealen) Arbeit für die Ursprungsgesellschaft und namentlich für die „Autoren".

Hinsichtlich der Ausstellung dieser Sammlungsbestände ergibt sich auch die Frage, ob sie unter Beteiligung der „Autoren" – oder ohne sie – erfolgen soll. Dabei geht es um den Dialog mit den „fremden" Werken und mit den Menschen, die diese als Stimmen im Chor der menschlichen Geschichte geschaffen haben. Kann man also heute noch ethnographische Ausstellungen ohne direkte Teilnahme von Vertretern der Gesellschaften der „Autoren" durchführen? Freilich sind die Schwierigkeiten bei einem gemeinsamen Ausstellungsprojekt sehr real. Aber zumindest sollte es heutzutage schwierig sein, Ausstellungen über andere Gesellschaften und Kulturen allein aus unserer Perspektive zu entwickeln. Angesichts der praktischen Probleme wie den erhöhten Kosten und der Frage, wie wir unsere praktischen und museologischen Zwänge den ausländischen Partnern vermitteln sollen, die nicht immer auf unser Museumswesen eingestellt sind, wird es, wie ich finde, nicht immer notwendig sein, eine Ausstellung gemeinsam durchzuführen. Ein anderer Lösungsversuch wäre beispielsweise, eine Ausstellung in zwei Teile zu teilen, von denen einer von Vertretern der fremden Gesellschaft gestaltet würde. Es wäre sicher auch sehr lehrreich, im Einzelfall die Gründe für das Scheitern einer Zusammenarbeit zu diskutieren. Nicht die Hindernisse wären das Entscheidende, sondern der Versuch, sie zu überwinden und so von einem Monolog und hin zum Dialog und zur Polyphonie zu gelangen.

Eine letzte Frage ist die nach dem Verhältnis von Ethnologie und Volkskunde (beide wurden in Basel in einem gemeinsamen Museum zusammengeführt). Lange sind die Europäer nach Übersee gereist und haben dort Vertreter „fremder" Gesellschaften oder Kulturen getroffen und bei ihnen gesammelt. Heute, wo die Grenzen durchlässig geworden sind, kommen die Vertreter der untersuchten „fremden" Gesellschaften oder Kulturen zu uns. Die „Fremden" sind so unter uns und können auch hier studiert werden, so wie die „Fremden" uns studieren. Das bedeutet, daß das „Fremde" nicht ohne das „Eigene" verstanden werden kann und umgekehrt das „Eigene" nicht ohne das „Fremde". Die menschlichen Schicksale verweisen überall auf ähnliche fundamentale Bedingungen und auf ähnliche Dimensionen.

Ich komme damit zurück zu meinem Weg als Ethnologe: Im Jahr 1997 erfolgte auf Antrag von Mark Münzel die Ernennung zum Honorarprofessor an der Universität Marburg. Marburg war für mich interessant, weil es als einzige deutsche Universität den ethnologischen Hauptschwerpunkt auf Südamerika legt (Mark Münzel promovierte wie ich über die Kultur des Alto Xingu, wo er elf Jahre nach mir geforscht hat). Zudem verband die Marburger Ethnologie wie diejenige, die ich in Basel bei Bühler kennengelernt hatte, Universität und Museum in besonders enger Weise. Zwar ist die Marburger ethnographische Sammlung nur klein, aber ähnlich wie das Basler Museum bestimmte sie die Themen des ethnologischen Unterrichts und ähnlich wie in Basel waren Übungen in der Sammlung für die Studierenden obligatorisch. Darüber hinaus ist die Marburger Ethnologie ganz meinen Interessen entsprechend religionsethnologisch interessiert und sie überwindet manchmal die alte Grenze zwischen Völkerkunde und Volkskunde (sie bildet mittlerweile ein gemeinsames Institut mit der Religionswissenschaft sowie zusammen mit ihr und der früheren Volkskunde einen gemeinsamen Studiengang).

Im Jahr 2001 führte ich gemeinsam mit Katrin Marggraff und im Rahmen eines Abkommens mit der Universität Cusco eine Feldforschung in Ostperu durch (finanziert von der Deutschen Forschungsgemeinschaft, wobei ich den Antrag zusammen mit Mark Münzel gestellt habe). Dabei ging es um die Frage, inwieweit sich die traditionelle Auffassung der Matsigenka von der Person im Spannungsfeld aktueller Konflikte verändert hat (Baer 2003). Die in diesem Projekt aufgenommene Wendung der Ethnologie in den späteren 1970er und 1980er Jahren zur Postmoderne habe ich nachträglich verfolgt. Es scheint mir aber wichtig, diese Strömung, die wichtige Fragen nach „Autorität" und „Repräsentanz" beziehungsweise nach dem ethnologischen Diskurs überhaupt aufwirft, zu verstehen. Die Ethnologie ist für mich das Paradebeispiel für eine Wissenschaft, bei der man zeitlebens niemals ausgelernt hat.

Nachdem ich mich kurz zu neuen Strömungen in der Ethnologie geäußert habe, möchte ich zum Schluß nochmals auf die Museumsarbeit, insbesondere die Dauer- und die Wechselausstellungen zurückkommen. In Basel beruhten die Dauerausstellungen vor allem auf den Schwerpunktsammlungen, insbesondere der aus Ozeanien (einschließlich von Neuguinea) sowie auf der von Lukas Vischer zwischen 1828 und 1837 in Mexiko angelegten Sammlung, die hervorragende alt-mexikanische Gegenstände umfaßt. Nicht vertreten in den Dauerausstellungen war leider Indonesien, obwohl die Indonesien-Sammlung auch im internationalen Maßstab bedeutend ist. Die Wechsel- beziehungsweise Sonderausstellungen stellten eine Gelegenheit dar, bestimmte Sammelgebiete, die nicht zu den Schwerpunkten zählten, sowie besondere Themen zu präsentieren. Wechselausstellungen, die ich konzipierte oder realisierte, waren neben den bereits erwähnten Veranstaltungen mit aktuellem Bezug etwa „Alt-Amerikanische Kunst" (1964–1974), „Südamerikanische Indianer" (1965), „Peru – Indianer gestern und heute" (1971–1972) und „Die Azteken. Maisbauern und Krieger" (1985). Die Auswahl der Gegenstände der Dauerausstellungen beruhte auf der Qualität der Museumssammlungen (Leihgaben standen bei einem Gesamtbestand von über 300 000 Objekten nicht im Vordergrund). In den Ausstellungen wurde allgemein keine besondere Betonung auf den Kunstaspekt der Ausstellungsgegenstände gelegt.

Im Jahre 1979 veröffentlichte das Museum Basel die Publikation „Kulturen, Handwerk, Kunst" mit Beteiligung der Museumsleitung und insbesondere der Konservatoren beziehungsweise Abteilungsleiter der Völkerkunde sowie des Schweizerischen Museums für Volkskunde (Baer u. Hauser-Schäublin 1979a). In dieser Publikation wurden unter anderem die Themen „Formensprache", „Handwerkliche Meisterschaft" und „kulturelle Normen" kurz gewürdigt. Dort heißt es:

> Es gibt in allen Sammlungen des Museums zahlreiche Gegenstände, die durch ihre formale und handwerkliche Qualität bestechen. Solche Objekte werden in vielen Museen und Galerien als „Kunst" ausgestellt: als „Primitive Kunst", als „Kunst der Naturvölker" oder als „Kunst der schriftlosen Völker" [...] Haben wir es also mit „Kunst" zu tun? [...] vieles, was unser Museum bewahrt und ausstellt, ist tatsächlich „Kunst". [...] Für die Schöpfer dieser Gegenstände war der Formkanon ihrer Gemeinschaft und damit ihrer Kultur verbindlich, zwingend. Hielten sie sich an den Formkanon, wurde der von ihnen hervorgebrachte Gegenstand „richtig". War er „richtig", erzielte er eine Wirkung, die durch religiöse Akte noch gesteigert werden konnte. [...] Eine „richtige" Form, die oft auch die Verwendung richtiger, d.h. wirksamer Farben mit einschloß, war je eigentlich nur zu erzielen, wenn der Erschaffer aus der richtigen Gruppe (Familie, Linie, Klan, Sippe, Kaste kam,

die im Besitz des notwendigen „richtigen Wissens" war, und wenn er die alten, mündlich überlieferten Regeln, die Handwerkliches und Nichthandwerkliches zugleich enthielten, befolgte. Es gab also keineswegs freie, vom engeren sozialen Zusammenhang losgelöste Kunstwerke, sondern nur Werke, die aus einer engen [...] Bindung an die Gemeinschaft und deren Überlieferung, insbesondere deren Religion, entstand (Baer u. Hauser-Schäublin 1979b:11).

Außerdem wiesen wir in dieser Publikation darauf hin,

> dass es beim Präsentieren von Museumsgegenständen zu einem inneren Konflikt kommen kann: Sollen Objekte, die unserer Auffassung nach so formvollendet und handwerklich durchgestaltet sind, dass wir sie ohne Bedenken dem Bereich der Kunst zuweisen, dann auch nach formalen Kriterien als Kunst gezeigt werden? Oder soll man versuchen, diese Gegenstände primär als Dokumente eines kulturellen Zusammenhangs darzustellen und primär von der Wertung ihrer Hersteller ausgehen? (Baer u. Hauser-Schäublin 1979:11)

Fragen dieser Art sind bis in die neuere Zeit aktuell geblieben, so ist etwa das 1988 zuerst erschienene „The predicament of culture" von James Clifford mittlerweile in die zehnte Auflage gegangen.[1]

In meinem Verständnis handelt es sich bei Ethnographica in erster Linie um Dokumente einer bestimmten Kultur und einer bestimmten Zeit, in der sie hergestellt und in der sie gesammelt wurden. Ich meine damit auch, daß sie Aufschluss geben nicht nur über ihre Herkunft und kulturelle Zugehörigkeit, sondern auch über die historisch bedingten (Macht-)Beziehungen, die zwischen den Gesellschaften und Kulturen der Hersteller auf der einen und den Gesellschaften und Kulturen der Käufer oder Händler auf der anderen Seite bestanden.

LITERATURVERZEICHNIS

BAER, Gerhard
1960   *Beiträge zur Kenntnis des Xingu-Quellgebietes.* Basel (Dissertation, Universität Basel)
1984   *Die Religion der Matsigenka.* Monographie zu Kultur und Religion eines Indianervolkes des Oberen Amazonas. Basel: Wepf & Co.
2003   „,Liaisons dangereuses' am Rio Urubamba", in: Bettina E. Schmidt (Hrsg.), *Wilde Denker.* Unordnung und Erkenntnis auf dem Tellerrand der Ethnologie, 127–140. Marburg: Curupira (Curupira 14.)

---

[1]   Clifford (2002). Siehe dort insbesondere die „Introduction" sowie die Kapitel 9 („Histories of the tribal and the modern") und 10 („On collecting art and culture").

BAER, Gerhard *et al.*
1973   *Jugend und Gesellschaft*. Basel: Museum für Völkerkunde und Schweizerisches Museum
        für Volkskunde (Führer durch das Museum für Völkerkunde und das Schweizerische
        Museum für Volkskunde Basel, Ausstellung 1973/74)

BAER, Gerhard und Susanne HAMMACHER (Hrsg.)
1990   *Menschen in Bewegung*. Reise – Migration – Flucht. Basel: Birkhäuser (Mensch, Kultur,
        Umwelt 4.).

BAER, Gerhard und Brigitta HAUSER-SCHÄUBLIN
1979a   *Kulturen, Handwerk, Kunst – Art, Artisanat et Société – World cultures, arts and crafts*.
        Basel, Boston, Stuttgart: Birkhäuser
1979b   „Einleitung", in: Gerhard Baer und Brigitta Hauser-Schäublin, *Kulturen, Handwerk,
        Kunst – Art, Artisanat et Société – World cultures, arts and crafts*, 10–11. Basel, Boston,
        Stuttgart: Birkhäuser

BAERLOCHER, Nicolas, Martin BIRCHER und Gerhard BAER
1993   *Japan: Selbstbild – Fremdbild*. Herausgegeben von Nicolas Baerlocher und Martin
        Bircher. Konzeption und Gestaltung von Gerhard Baer. Zürich: Strauhof (Strauhof Zü-
        rich 7.)

BLUMENSON, Martin
1979   *Le Réseau du Musée de l'Homme: les débuts de la Résistance en France*. Paris: Éditions du
        Seuil

CLIFFORD, James
1993   „Über ethnographische Autorität", in: Eberhard Berg und Martin Fuchs (Hrsg.), *Kultur,
        soziale Praxis, Text*. Die Krise der ethnographischen Repräsentation, 109–157. Frank-
        furt am Main: Suhrkamp (suhrkamp taschenbuch wissenschaft 1051.)
2002[10] *The predicament of culture: twentieth-century ethnography, literature, and art*. Cambridge,
        Mass. *et al.*: Harvard University Press ([1]1988)

ILLIUS, Bruno
1999   *Das Shipibo*. Texte, Kontexte, Kommentare. Ein Beitrag zur diskursorientierten Unter-
        suchung einer Monaña-Kultur. Berlin: Reimer

LÉVI-STRAUSS, Claude
1958   *Anthropologie structurale*. Paris: Plon
1964   *Mythologiques I: Le cru et le brut*. Paris: Plon
1966   *Mythologiques II: Du miel aux cendres*. Paris: Plon
1968   *Mythologiques III: L'origine des manières de table*. Paris: Plon
1971   *Mythologiques IV: L'homme nu*. Paris: Plon
1973   *Anthropologie structurale deux*. Paris: Plon

„AM ANFANG STAND EINE KINDERGESCHICHTE"
Mein Weg zur Ethnologie und mein Wissenschaftsverständnis

Karl R. Wernhart

FAMILIÄRE STREIFLICHTER

Mein Vater, Doktor der Rechte und freiberuflicher Rechtsanwalt (1905–1964), kam nach der Volksschule im Weinviertel (Niederösterreich) in das Stiftsgymnasium Seitenstetten im Mostviertel, wo er vom benediktinischen Geist mit dem Leitgedanken „Ora et labora" geprägt wurde. Das Oberstufengymnasium und sein Studium absolvierte er in Wien, wo er auch seine spätere Gemahlin, eine Glasermeisterstochter (1906–1985) kennen und lieben lernte. Inmitten des Zweiten Weltkrieges kam ich 1941 zur Welt.

In seiner Wiener Gymnasialzeit war mein Vater mit zahlreichen jüdischen Mitschülern befreundet, deren Glauben, Festkalender und allgemeine Lebensumstände ihn sehr interessierten. Ob dieser Freundschaft durfte er sogar als Nichtjude in der Schülerfußballmannschaft des jüdischen Sportklubs „Hakoa" mitspielen. Die NS-Zeit war sowohl für meinen Großvater – Präsident der Niederösterreichischen Kaufmannschaft, christlich liberal ausgerichtet und Abgeordneter des Niederösterreichischen Landtages im Ständestaat der Ersten Republik Österreichs – wie auch für meinen Vater eine schwierige Zeit, da beide nicht linientreu sein konnten und wollten. Auf Grund dieser Situation wurde meinem Vater seine 1936 eröffnete Rechtsanwaltskanzlei nach dem Einmarsch Hitlers in Österreich von der NSDAP geschlossen. Die Freundschaft aus gymnasialer Zeit blieb für meinen Vater bindend, so daß er nach dem Ende des Zweiten Weltkrieges den wenigen aus der Emigration zurückgekehrten ehemaligen jüdischen Mitschülern – oder auch deren Witwen – bei Rechtsverfahren um ihre Ansprüche vor Gericht half. Aus diesen Erfahrungen heraus wurde mir die Achtung vor den Menschen in ihrer jeweiligen kulturellen, ethnischen und ethischen Verschiedenheit von Kindesbeinen an vermittelt. Damit war jede Diskriminierung eines anders denkenden Menschen für mich verpönt.

DIE IMPULSE

In der Nachkriegszeit, als ich die Volksschule besuchte, trat das erste prägende Ereignis ein: die Lektüre einer Erzählung über den Kasperl Larifari.[1] Diese Texte für Theater- und Puppenspiele waren damals sehr populär. Sogar das Theater der Josefstadt hatte im Jahre 1948 eine Aufführung unter dem Titel „Kasperl Larifari, Märchendrama" im Programm. Ebenso existierten Lesebücher für Kinder, die aus den Textbüchern gestaltet waren. Die Geschichte, die mich so beeindruckte, sollte den Kindern wohl die Kugelgestalt der Erde näher bringen sowie über die Lebenswelt der Antipoden informieren; sie hatte folgenden Inhalt: Der übermütige Kasperl Larifari klettert bei einer Bohrstelle für einen artesischen Brunnen auf die Bohrmaschine, fällt in das Bohrloch und kommt auf der anderen Seite des Globus wieder heraus: Er landet auf einer Südseeinsel in Polynesien. In der nun folgenden Landschaftsbeschreibung wurde kein Südseeklischee ausgelassen: Meeresstrände mit Riffen und Lagunen, Berge, Palmenhaine mit Kokosnüssen, mit Palmwedeln gedeckte Häuser, nicht zu vergessen die freundlichen Menschen. Der Kasperl und die Einheimischen lernen sich näher kennen und gegenseitig schätzen. Larifari ist so begeistert von den Menschen und ihrer Lebensart, daß er am liebsten bleiben will, aber er muß wieder zurück zu seiner Familie auf die andere Seite der Erde.

Diese Erzählung hat mich so sehr beeindruckt, daß ich die fremden Kulturen unbedingt kennen lernen wollte. So begann ich bereits im Schulalter, mich für Polynesien zu interessieren und wählte schließlich im Studium der Ethnologie den Schwerpunkt Südsee. Vorerst aber unterstützte mein Vater mein Interesse durch weitere Informationen aus Atlanten und demonstrierte am Globus die Antipodenfrage. Ich besorgte mir aus öffentlichen Bibliotheken Fachliteratur, wie den Band „Südsee" der Völkerkunde von Bernatzik oder Hans Nevermanns „Götter der Südsee" über die Glaubensvorstellungen Polynesiens. Diese Lektüre stellte den wichtigsten und e r s t e n I m p u l s

---

[1]   Sie gehört zu den Kasperlkomödien von Franz v. Pocci (1807–1876).

dar, der für meine Forschungs- und Lebensinteressen prägend und richtungsweisend wurde.

Den z w e i t e n I m p u l s erhielt ich in der Oberstufe des Gymnasiums (Lehrerbildungsanstalt), und der vermittelte mir die Auseinandersetzung mit dem Forschungsbereich der Archäologie. Daß es mich zur Ausgrabungstätigkeit für zwei Monate (Juli und August 1956) nach Osttirol verschlug, lag darin begründet, daß ich in Latein eine Wiederholungsprüfung hatte, weil meine Interessen eher auf Geographie, Umwelt und Geschichte lagen und weniger auf lateinischen Deklinationen und Übersetzungen. Meine Freunde hatten sich bereits als Hilfskräfte für eine Kampagne in Aguntum angemeldet,[2] daher entschied ich mich auch zu einem zweimonatigen Arbeitsaufenthalt bei diesen römischen Ausgrabungen, wobei das Ambiente im römisch-archäologischen Bereich auch das Deklinieren in Latein und die schriftlichen Übersetzungsübungen am Abend erleichterte. Tatsächlich bestand ich meine Nachprüfung im September mit Bravour und konnte außerdem mit dem erarbeiteten Geld meinen ersten Fotoapparat kaufen. Es entwickelte sich eine Serie von fünf aufeinanderfolgenden Sommeraufenthalten bei den Grabungskampagnen in Osttirol. So entstand eine neue „Liebe", nämlich die zur Archäologie, und zwar nicht zur „klassischen", da ich Altgriechisch nicht beherrsche, sondern eher zur „allgemeinen Feldarchäologie" sowie dem daraus hervorgehenden Wissenschaftsverständnis und der entsprechenden Theoriebildung. Mit meinen neuen Gesprächspartnern aus dem Österreichischen Archäologischen Institut, vor allem mit Gerhard Langmann (Honorarprofessor und später Direktor des ÖAI) und Dieter Knibbe (Professor für Alte Geschichte und Archäologie), kam es zu einem regen wissenschaftlichen Diskurs und Gedankenaustausch, der meine Forschungsinteressen stark auf die kulturgeschichtlichen, sozio-ökonomischen und religiösen Aspekte der Entstehung wie auch der Entwicklung von Kulturen (auch von Hochkulturen) und deren Periodisierung lenkte. Dies führte zu Forschungsthematiken, die mich bis zur Gegenwart beschäftigen (Wernhart 1994, 2012a). Die archäologische Komponente meiner Überlegungen zum „Konzept einer Kulturgeschichte" (Wernhart 1977, 1978), fokussiert auf den Schwerpunkt Polynesien (Wernhart 1983, Wernhart u. Wilding 1988/89), nahm bereits hier ihren Ausgang.

So wurde durch zwei völlig unterschiedliche Kindheits- und Jugenderlebnisse mein Weg in die Forschung und Wissenschaft bestimmt.

---

[2]   Aguntum ist eine frühere römische Provinzialstadt östlich von Lienz in Osttirol. Dort wurden von 1912 bis zur Gegenwart vom Österreichischen Archäologischen Institut (ÖAI) Ausgrabungen durchgeführt.

DIE UMSETZUNG

Nach der Matura (Abitur) versuchte ich meine bevorzugten Forschungsinteressen zu verbinden, indem ich an der Universität Wien „Völkerkunde und Neuere Geschichte" inskribierte. Zusätzlich mußte ich bei der Studienwahl auch die eindringlich mahnenden Worte meines Vaters mit berücksichtigen, der damals zu Recht meinte, daß man als Wissenschaftler auch eine Lebensbasis benötige. Daher zog ich eine „Sicherheitsschiene" in Form einer Ausbildung zum Lehramt für Geschichte und Germanistik ein, absolvierte alle Pflichtprüfungen und Seminare, legte aber bewußt zuerst den Schwerpunkt auf den Abschluß des Doktoratsstudiums, wobei man damals die Dissertation auch als Hausarbeit für das Lehramtsstudium anrechnen lassen konnte.

Von vier Lehrerpersönlichkeiten – neben vielen anderen – wurde ich besonders im Studium der Völkerkunde und der Neueren Geschichte geprägt. Alle vier Professoren waren der historischen Dimension verpflichtet: die Ethnologen Walter Hirschberg (1904–1996) und Josef Haekel (1907–1973), der Neuzeithistoriker Günther Hamann (1924–1994) und der Österreich-Historiker Erich Zöllner (1916–1996). Ersterer stand seit seiner Studienzeit der Kulturhistorie beziehungsweise Kulturkreislehre Wiener Prägung kritisch und ablehnend gegenüber, die damals als „Wiener Schule der Völkerkunde" (1929–1954) internationale Bedeutung erlangt hatte; sie wurde von Pater Wilhelm Schmidt (1868–1954) und seinen Mitbrüdern des Ordens SVD begründet und vertreten.

Meine Studien belegen, daß sich P.W. Schmidt in seinem Diakonatsjahr 1891 im Orden der Steyler Missionare intensiv mit den Inhalten des „Kulturkampfes" und der „Katholischen Soziallehre", bestimmt durch die Enzyklika „Rerum Novarum" von Papst Leo XIII., auseinandergesetzt hat. Für ihn wird die kulturhistorische Arbeitsweise und das ethnographische Material der Ethnologie zum Steigbügelhalter für die Schaffung seines Evolutionskonzeptes zur Bestätigung des Urmonotheismus im Verständnis der katholischen Kirche auf Grund der gebundenen Parallelisierung und einer relativen Konstanz der Kulturentwicklung. Der Ethnologie, hier der kulturhistorischen Ethnologie der Alten Wiener Schule, wurde eine politische Aufgabe in apologetischem Sinne aufgedrängt. Man mißbrauchte die Wissenschaft zur Bestätigung einer katholischen Theorie (Wernhart 2000). Diese Schule versuchte die Kulturentwicklung unter der Annahme zu erklären, daß die rezenten, am Rande der Ökumene lebenden niederen Jäger, Sammler und Fischer in einer Art von „Konservenkulturen" in statischem Gewande lebten. Die Bedeutung der Chronologie vernachlässigte man. Mit dem evolutionistischen Ansatz, der mit einer historisch ausgerichteten gebundenen Parallelisierung arbeitete, wurden die in Rede stehenden Kultur- und Gesellschaftsgruppen der Gegenwart mit paläolithischen Kulturgruppen – erarbeitet von der prähistorischen Forschung – verglichen und parallelisiert, um damit ein Entwicklungskonzept der Menschheit zu erschließen. Zudem wurden im Sinne Fritz Graebners die Wirtschafts-, Gesellschafts- und Religionsformen zu einem Kulturkreis verbunden, wobei in einer chronologischen Abfolge, von der Urkultur ausgehend, über drei Primärkulturkreise die weitere Kulturentwicklung stattgefunden haben sollte. Die Einfachheit der Kulturformen sollte ihr relativ hohes Alter bestätigen, um damit den Monotheismus als „Ursprung der Gottesidee" (Schmidt 1912–1955) an den Anfang der Menschheitsentwicklung stellen zu können. Josef Haekel gab im Jahre 1956 dieses Kulturkreiskonzept aufgrund interner Kritik aus den eigenen Reihen (Bornemann 1938) und vor allem von externen Vertretern des Faches auf (Haekel 1956:30–47), hielt aber an der Beziehungsforschung fest – bei einer zusätzlichen Neuorientierung an britischen und angloamerikanischen Ansätzen (Hirschberg 1974). Haekel hat sich auch sehr intensiv mit der Religionsethnologie befaßt (1971). Seine Religionsvorlesungen und -seminare über thematische Schwerpunkte wie Seelenbegriffe, Weltbilder oder Jenseitsvorstellungen haben mich stark beeinflußt (Wernhart 2003a, 2004).

Hirschberg hatte stets die Arbeitsweise eines Fachhistorikers in der Ethnologie vor Augen, der bei Auswertung verschiedener Quellentypen mittels Quellenkritik und Quellensequenz unter Einheit von Zeit und Raum zur ethnographischen Darstellung eines Ethnos gelangt (Salat 1974; Wernhart 1974a:43, 49–55). Er wollte keine Ursprungsfragen lösen, sondern die aufbereiteten historischen Fakten über ein Ethnos oder eine Gesellschaft zur Darstellung bringen. Da die Berichterstattung meist aus europäischen oder hochkulturlichen Quellen herrührte, mußte sie einer besonders strengen quellen- und ideologiekritischen Überprüfung unterzogen werden. Wenn es sich auf Grund der Quellenstruktur unter der angeführten räumlichen Einheit und chronologischen Kontinuität ergab, war der Einbau der Archäologie in Form einer Frühgeschichte möglich. Hirschberg bezeichnete diesen Forschungsansatz als „Ethnohistorie", wobei er stets die Vorläufer auf diesem Arbeitsgebiet und deren Aufbauarbeit berücksichtigte, wie unter anderem Clark Wissler (1870–1947) und – auf Wiener Boden – Fritz Röck (1879–1953). Der Altamerikanist, bei dem Hirschberg studiert hatte, sah schon in den 1930er Jahren im Gegensatz zur Wiener Schule die Ethnohistorie als den richtigeren Forschungsansatz an (Röck 1932, Hirschberg 1971). Mit seiner Berufung auf den Lehrstuhl „Völkerkunde II" am Wiener Institut im Jahre 1962 stellte Hirschberg die „Ethnohistorie" als neuen beziehungsweise wieder aktualisierten Forschungsansatz vor, den er mit Themen der materiellen Kultur (Ergologie, Technologie) und der Wirtschaftsethnologie in Bezug auf Afrika verband: Damit bildete Hirschberg am Wiener Institut eine klare Gegenposition zur damals noch vorherrschenden, aber bereits veralteten Kulturhistorie.

Das damalige Näherrücken Hirschbergs zu den Fachhistorikern und Geographen, das sich auch in einem gemeinsamen Kolloquium manifestierte, brachte der Ethnohistorie Anerkennung bei den Fachkollegen der Geschichtswissenschaften. Zu dem Wissenschaftshistoriker Günther Hamann, der als Professor für Neuere Geschichte die „Schule der Entdeckungs- und Kolonialgeschichte" auf Wiener Boden errichtete, gab es über den Bereich der Quellenkunde intensive Berührungspunkte. Ebenso war auch die Ur- und Frühgeschichte von der Zusammenarbeit besonders angetan. Die Kontakte ergaben sich hier über die 1870 gegründete Anthropologische Gesellschaft, in der

durch Richard Pittioni (1906–1985) auch der Fachbereich der Prähistorie vertreten war.
So kam es, daß sich die Forschungs- und Lehrrichtung der Ethnohistorie in der damaligen Philosophischen Fakultät als neue historische Völkerkunde etablierte (Wernhart
2008:41–54). In der Folge hat sich die Forschungsrichtung der Ethnohistorie weiterentwickelt und mit neuen historisch-sozialwissenschaftlichen und transkulturellen Ansätzen verbunden. Dies kann nach meiner Tätigkeit als Professor in Wien (1980–2002)
unter der Bezeichnung „Neue Wiener Schule der Ethnologie" als etabliert angesehen
werden.

Für mein weiteres Studium zeichnete sich eine Dissertation im Grenzbereich von
Neuerer Geschichte, Ethnohistorie und allgemeiner Völkerkunde ab. Der Titel lautete:
„Pedro Fernandez de Quiros. Der letzte große spanische Entdecker im Stillen Ozean"
(Wernhart 1967). Quiros, der als Mitreisender der Expedition von Mendaña und auf ei-
ner eigenen Reise (von 1567 bis 1605/06) zahlreiche Inseln Polynesiens und Melanesiens
„entdeckte", beschrieb die Menschen, ihre Kultur und ihr Weltbild einschließlich ihrer
Glaubensmanifestationen und lieferte damit für Ozeanien Quellenmaterial im Sinne
der Ethnohistorie. Voraussetzung zur Erstellung meiner Dissertation waren vor allem
Archivstudien in Spanien (Madrid, Marinearchiv; Simancas, Habsburgisches Staatsar-
chiv; Sevilla, Indien- und Überseearchiv) und im Vatikan (Archivo Vaticano Secreto)
in Rom. Die ethnographische und historische Interpretation von Quiros' Tagebuchein-
tragungen ermöglichte die Darstellung der kulturellen Situation der Südsee im 16. und
17. Jahrhundert.

Ein Gesichtspunkt galt dabei auch der Namensgeschichte des Australkontinentes:
Quiros hatte von König Philipp III. von Spanien und Papst Clemens VIII. den Auftrag,
die seit der Spätantike gesuchte Landmasse dieses Australkontinentes zu suchen und für
die Krone Spaniens als künftiges Erweiterungsgebiet in Besitz zu nehmen und damit
für die Christianisierung Missionsgebiete zu erschließen. Bei der Einfahrt in die sehr
geräumige Bucht der in Melanesien gelegenen Insel Espiritu Santo (zu Pfingsten des
Jahres 1606) glaubte Quiros, den Nordrand des Australkontinentes erreicht zu haben,
dessen Inexistenz erst Kapitän James Cook bei seiner zweiten Südseereise (1772–1775)
feststellte. Quiros gab 1606 dieser vermeintlichen Landmasse die Bezeichnung „La Au-
strialia del Espiritu Santo" und verband damit die geographische Namensgebung der
„terra australis" mit der dynastischen Bezeichnung des Hauses Österreich, indem er ein
„i" einfügte. Diese einzigartige Namensgebung, die für die Österreich-Historiker große
Bedeutung hat, weist in die Richtung einer inhaltlichen Namensnähe von Australien
und Austria. Besonders im Milleniumsjahr 1996 fand dieses wissenschaftsgeschichtli-
che Kuriosum bei dem Fest „1000 Jahre Österreich" Beachtung (Wernhart 1967:175–
194, 1995/99).

DIE CHANCE UND IHRE NUTZUNG

Im Jahre 1968 hat die konservative Alleinregierung der Österreichischen Volkspartei auf Grund der Schwerpunktsetzung auf Wissenschaftspolitik alle offenen Berufungs-zusagen aus den vorangegangenen Jahrzehnten erfüllt und damit auch Hirschberg sei-ne ihm 1962 in der Berufungsverhandlung zugesagte Assistentenplanstelle zugewiesen. Durch meine fächerübergreifenden Interessen und die sehr gut bewertete Dissertation (Promotion Dezember 1967) wurde ich von den Professoren Hirschberg, Haekel und Hamann für diese neue Planstelle vorgeschlagen und begann mit 1. April 1968 mei-ne Tätigkeit am Institut für Völkerkunde. Diese bestand darin, Hirschberg vor allem im Bereich der ethnohistorischen Forschung durch Übungen, später Proseminare, zu unterstützen, die besonders Theorieansätze, Methodenfragen (Quellen- und Ideologie-kritik sowie Quellensequenz), Quellenkunde, wie auch die Darstellung von Archiven, Bibliotheken und Museen zum Thema hatten. Daraus entwickelte sich später, nach mei-ner Habilitation 1974, die Lehrveranstaltung „Einführung in die Ethnohistorie", die auch heute noch im Lehrplan fix verankert ist (Wernhart u. Zips 2008).

Bei den „Ethnographischen Übungen" an Objekten legte Hirschberg Wert auf die Zusammenarbeit mit Mitgliedern des Museums für Völkerkunde in Wien, vor allem mit Alfred Janata (1943–1993) und Christian F. Feest (geb. 1945). Sie hatten gemeinsam mit Hirschberg eine spezielle Auswahlsammlung angelegt, die mit Erklärungstexten im Lehrbuch „Technologie und Ergologie in der Völkerkunde" (Hirschberg u. Janata 1980, Feest u. Janata 1999) veröffentlicht wurde. Dieses Lehrbuch war Grundlage für die gleichnamigen Vorlesungen wie auch für die erwähnten ethnographischen Übungen. Da Hirschberg im ersten Studienabschnitt in vier Semestern einen zweistündigen Vor-lesungszyklus abhielt (Ergologie, Technologie, Wirtschaftsethnologie und Einführung in die Völkerkunde Afrikas), mußten die ethnographischen Übungen inhaltlich an die jeweilige Thematik angepaßt werden. Es war meine Aufgabe, für diese Übungen Ob-jekte aus der genannten Sammlung auszuwählen und dazu passende ethnographische Filme der Encyclopaedia Cinematographica herbeizuschaffen. Das bedeutete, daß ich als Assistent auch an der Hauptvorlesung für die Unterstufe teilzunehmen hatte, um die Vorbereitungsarbeiten erledigen zu können; gelegentlich mußte ich auch – meist ohne Vorankündigung – die Vorlesung übernehmen. Diese „semper parat"-Situation war zwar stressig, eröffnete mir aber die Chance, mich in der akademischen Lehre zu bewähren.

Von Seiten des Institutes wurde mir jede Menge administrativer Aufgaben über-tragen, um mich am wissenschaftlichen Arbeiten zu hindern. Spürbare Ressentiments meiner Person gegenüber hatten sicher mit dem ablehnenden Verhalten des Institutes Hirschberg gegenüber zu tun, da dieser die katholische Kirche verlassen hatte und als profilierter Gegner der Alten Wiener Schule gegen die Neuetablierung dieses Wissen-schaftskonzeptes durch Engelbert Stiglmayr (1927–1996), den Assistenten der anderen Lehrkanzel, auftrat. Da ich mich als Hirschbergs Assistent und als Historiker für die

Ethnohistorie einsetze, war meine Karriere am Institut nicht erwünscht. So mußte ich alle Neuerwerbungen an Büchern und unzählige bis dato liegengebliebene Sonderdrucke inventarisieren wie auch den studentischen Leihverkehr und die Fernleihe durchführen. Die Überprüfung der Bibliotheksbestände mußte jährlich vorgenommen werden. Diese Mehrbelastung hatte aber für mich den Vorteil, daß ich sowohl über die Neuzugänge wie auch über den Gesamtbestand der Bibliothek bestens informiert war.

Der Ethnologe und Afrikaforscher Hermann Baumann (1902–1972), vom Berliner Museum für Völkerkunde als Abteilungsleiter und habilitierter Dozent in der NS-Zeit als NSDAP-Mann nach Wien berufen (von 1940 bis 1945), wurde Nachfolger von P. Wilhelm Koppers (1886–1961), den man als katholischen Ordensmann (SVD) entlassen beziehungsweise zwangspensioniert hatte. Baumann brachte eine große Sammlung – meistens Dubletten ethnographischer Objekte – nach Wien, trotz der Wiener Hofsammlungen im Völkerkundemuseum und obwohl Institut und Museum damals im gleichen Gebäude untergebracht waren. Nach Kriegsende 1945 blieben diese Objekte am Wiener Institut und in den 1950/60er Jahren sowie nach 2002 wurden sie an Berlin zurückgegeben. Seit der ersten Rückgabe hatte sich niemand mehr um diese Objekte gekümmert, daher mußte ich sie sichten, überprüfen und jedes Jahr einen Bericht an das Völkerkundemuseum in Berlin-Dahlem übermitteln. Die Weihnachts- und Semesterferien boten sich für die Kontrolltätigkeit von Bibliothek und Sammlung an.

Trotz der immensen Belastung von Institutsseite her konnte ich mit Unterstützung meiner Frau (geb. 1943, Eheschließung 1969) meine Karriere in der Wissenschaft und die Planung einer Familie (zwei Söhne, geb. 1970 und 1976) in Angriff nehmen. In den Sommerferien war neben Archivstudien die Bearbeitung wertvoller Sammlungen aus dem 18. Jahrhundert in Spanien, Deutschland und England mit dem Schwerpunkt Polynesien angesagt. Beides galt als Vorarbeit für eine spätere Habilitation. Bei meinen Archivstudien in Österreich mit inhaltlichem Schwerpunkt auf frühe Reisende aus der Zeit der Habsburger Monarchie und ihre ethnographischen Aussagen stieß ich im Privatarchiv der Grafen Harrach auf ein unveröffentlichtes Manuskript über die unfreiwillige Weltreise des kaiserlichen Hauptmannes Christoph Carl Fernberger von Egenberg (Oberösterreich) in den Jahren 1621 bis 1628. Der Bericht über diese Weltreise in westlicher Richtung um den Erdball – auf mehreren Schiffen, mit zwei Schiffbrüchen und der Errichtung eines Handelskontors für Gewürzhandel als selbständiger Kaufmann in Hinterindien und Indonesien – beinhaltet zahlreiche wertvolle ethnographische Beschreibungen der Ethnien und Gesellschaften Südostasiens und Indonesiens, aber ebenso der Patagonier und der Feuerlandindianer. Ferner finden sich hier die ersten Informationen über die Bewohner der Marianen in Mikronesien und auch über die Kap-Hottentotten Südafrikas: wertvolles Quellenmaterial aus der frühen Reisetätigkeit. Der Originaltext, mit einem kritischen wissenschaftlichen Kommentar versehen, erschien erstmals im Jahre 1972 im Europäischen Verlag (Wien). Eine völlig überarbeitete Neuausgabe mit einem erweiterten Kommentar für Südostasien und Indonesien von Helmut Lukas (geb. 1951) erschien 2011 im Lit Verlag, war binnen eines

Jahres ausverkauft und wurde daher 2012 nochmals aufgelegt (Wernhart 2012b). Damit ist eine Basispublikation für die österreichische Forschung und für die auf Österreich ausgerichtete Geschichtsschreibung im Grenzbereich von Ethnologie und Geschichtswissenschaft entstanden.

Die Fundierung der Ethnologie und Ethnohistorie

Als Grenzgänger zwischen zwei Disziplinen stand für mich in der Folge die Auseinandersetzung mit den Theorieansätzen der Ethnologie und der Geschichtswissenschaften auf dem Arbeitsprogramm, um daraus für die Ethnohistorie eine Weiterentwicklung nach Hirschbergs Start zu ermöglichen.

Die „Kulturanthropologie" als Wissenschaft von menschlichen Kulturen im Allgemeinen stand Anfang der 1970er Jahre bei mir im Vordergrund, aber weniger im Sinne der amerikanischen Ausrichtung (vgl. Marschall 1990) und auch nicht im Sinne der Gedankengänge von W.E. Mühlmann in „Homo Creator" (1962) oder der „Kulturanthropologie" von W.E. Mühlmann und E.W. Müller (1966), wenn auch verständlicherweise Beeinflussungen daraus erfolgten. Beeinflußt wurde ich ebenfalls durch die britische Sozialanthropologie, wobei mich die Konzeption des Funktions- und Strukturbegriffes stark beschäftigte, jedoch stehe ich eher der sozialwissenschaftlich ausgerichteten französischen Strukturgeschichte nahe (Wernhart 1971, 1979). Der Strukturbegriff in seiner historischen Dimension, ob in kurzen Zeitperioden faßbar oder in lange andauernden Perioden im Sinne von Braudels „Geschichte der langen Dauer" als Theorie des Wandels aufgefaßt (Chevron 2008a), war und ist für mich bis heute maßgeblicher Orientierungspunkt meiner Konzepte. Daher mußte es im Sinne der von mir vertretenen Kulturanthropologie eine „historische Dimension" geben. Diese kann mittels historischer Arbeitsweise – Ethnohistorie in einer zeitlich tiefer gehenden Verbindung zur Archäologie („Konzept einer Kulturgeschichte" [Wernhart 1977, 1978]) – erreicht werden, wie es unter anderem auch in der amerikanischen Kulturanthropologie von Clark Wissler schon 1909 als „ethnohistory" eingeführt worden war. Auch die historisch-marxistische Ausrichtung fand Berücksichtigung (Tokarev 1967, Wernhart 1981).

Ferner durfte nach meinem Verständnis von Kulturanthropologie auch eine „universale Dimension" nicht fehlen, die quer durch die Gesellschaften zu orten, also als transkulturell zu begreifen ist. Daraus wurde der von mir in den späten 1990er Jahren weiterentwickelte transkulturelle Forschungsansatz, der die Erkenntnisse der Strukturgeschichte und der Postmoderne sowie die Diskussion über die Transkulturation nach Fernando Ortiz aus dem Jahre 1940 mit berücksichtigte. Ortis verband mit dem Begriff eine reziproke oder bilaterale Akkulturation, die nicht nur die gegenseitige Beeinflussung der Kulturen ausdrückte, sondern ebenso die Dekulturation wie auch die Schaffung neuer Kultur- und Gesellschaftsphänomene mit einschloß (Husmann 1984:25, 35, 38–39). Damit wird der oder das Andere mit berücksichtigt, und ebenso wird auch dem

„Switchen" oder Wechseln zwischen Gesellschafts- und Kulturbereichen Rechnung getragen (*shifting identity*). So gesehen besitzt der transkulturelle Forschungsansatz auch
eine Zukunftsperspektive, da er die Globalisierung und die Vermischung der Gesellschaften und Kulturen berücksichtigt, der kulturellen Entwicklung Rechnung trägt,
aber nie die historische beziehungsweise ethnohistorische Dimension außer acht lassen
darf (Wernhart 2008:50–52).

Die Überlegungen zu einem Konzept über Menschen und Kulturen, das nicht
nur eine generelle, sondern auch eine historische Dimension mit einschließen müßte,
führten mich zur Thematik der Universalien. Zunächst galt mein Interesse den Uni-
versalienkonzepten aus der Biologie und der Humanethologie, ohne diesen jedoch
inhaltlich zu nahe zu kommen. Erst 1987 veröffentlichte ich dann mein Konzept der
„Universalia humana et cultura" (Wernhart 1987). Erstere betreffen die biogenetischen
Prädispositionen des Menschen (zum Beispiel die Fähigkeit, sich bewegen oder denken zu können), einschließlich der abstammungsgeschichtlichen Perspektive; letztere
charakterisieren den Lernprozeß, der mit dem Beginn der Menschheitsgeschichte einsetzte und bis zur Gegenwart reicht und der in aufsteigender vermehrender wie auch in
absteigender dekulturativer Form auftreten kann. Kultur ist nicht vererbbar, sondern
ein Lernprozeß, der die gesellschaftlichen, wirtschaftlichen und ethisch-religiösen Ma-
ximen der Menschen und Gesellschaften bestimmt und auch einen Wandel erfährt
(Wernhart 2008:47). Dieses Universalienkonzept findet sich in verschiedenen Arbeiten
wieder, wie zum Beispiel bei Marie-France Chevron, die auf die universellen Grundlagen gesellschaftlicher wie kultur- und sozialanthropologischer Phänomene rekurriert
und dabei auch auf die Sonderstellung des Menschen aus evolutionärer und soziokul-
tureller Sicht verweist.[3] In letzter Zeit hat sich Christoph Antweiler mit Universalien
in „Kultur und Kulturen" auseinander gesetzt, wobei er das Konzept der „Universalia
humana et cultura" und das (vom Jubiläumsfonds der Österreichischen Nationalbank
finanzierte) Forschungsprojekt „Menschliche Universalien und Kulturgeschichte" aus
den Jahren 2000 bis 2001 von Chevron und mir positiv erwähnt (Antweiler 2007:12).
Chevron gibt Antweiler in einer Rezension recht, daß

> bei den ethnologischen Forschungen im allgemeinen zwischen 1960 und 1990 vor dem
> Hintergrund des vorherrschenden Partikularismus zwar viele kulturvergleichende Stu-
> dien publiziert […], die Universalien in diesem Zusammenhang allerdings kaum explizit
> diskutiert wurden (Chevron 2008b:573).

Um die inhaltliche Weiterentwicklung der Ethnohistorie, der Kulturgeschichte und
der Universaliendiskussion der wissenschaftlichen Öffentlichkeit bekannt zu machen,
stand nur das (1870 gegründete) Publikationsorgan „Mitteilungen der Anthropologischen Gesellschaft in Wien" zur Verfügung, da Hirschberg zunächst im Vorstand

---

3   Siehe Chevron (1998, 2004) sowie Chevron und Wernhart (2001:15).

(Schriftleitung) und ab Mitte der 1960er Jahre Präsident dieser Gesellschaft war (Chevron 2011:185). Die Institutsorgane („Wiener Beiträge zur Kulturgeschichte und Linguistik" und „Acta ethnologica et linguistica") lagen dagegen in der Hand von Josef Haekel, Anna Hohenwart-Gerlachstein und vor allem Egelbert Stiglmayr, die nach ihrer Interessenslage nur diejenigen publizieren ließen, die der Alten Wiener Schule der Ethnologie eines P.W. Schmidt SVD und P.W. Koppers SVD nahe standen und nicht die „abtrünnigen Ideen" Hirschbergs und seines Assistenten vertraten. Auf Grund dieser Ausgrenzung entschloß ich mich im Jahre 1970, die „Wiener Ethnohistorischen Blätter" (WEB) zu begründen. Gegen die Verwendung der Institutsadresse konnte nichts eingewendet werden, auch nicht gegen die anfängliche Benützung der institutseigenen Abziehmaschine. Mit Anschaffung einer eigenen Druckmaschine und durch persönliche Arbeit an Wochenenden, konnten unter Mitarbeit meiner Frau, die die Fahnen (Matrizen) herstellte und mich gemeinsam mit meiner Mutter bei der Drucktätigkeit unterstützte, die ersten Hefte der WEB erscheinen. In späteren Jahren halfen gelegentlich einige treue Studierende aus dem „Hirschberg-Stall" bei der Drucklegung. So konnten ab 1970 in der Regel jährlich zwei Hefte publiziert werden; in unregelmäßiger Folge wurden auch Monographien als Beihefte veröffentlicht. Mit dem 2000 erschienenen Heft 46 wurde das dreißigjährige Bestehen der Wiener Ethnohistorischen Blätter durch Hermann Mückler (2000) gewürdigt. Bis zu meinem aus Gesundheitsgründen notwendigen Ausscheiden aus dem Institut im Jahre 2002 und nach Übergabe der Reihe an das Institut sind bis 2008 48 Hefte in Eigenproduktion und zuletzt im Lit-Verlag erschienen (Chevron 2011). Inzwischen ist das Engagement erlahmt und die WEB wurden von Institutsseite eingestellt, wenn auch die Forschungsrichtungen der Ethnohistorie und der Kulturgeschichte (historische Ethnologie) ein wesentlicher Bestandteil der Lehre, der Ausbildung und des Forschungsbereiches geblieben und in den Studienprogrammen fest verankert sind.

FELDFORSCHUNG IN POLYNESIEN – HABILITATION – WANDERJAHRE

Da die Quellen der Ethnohistorie und Kulturgeschichte von den frühesten Nachrichten bis zur Gegenwart reichen, ist dieser Forschungsansatz auch mit dem jeweiligen gegenwärtigen Endpunkt aus chronologischer Sicht zu verbinden, das bedeutet den Einbau der Feldforschung in das vorgelegte Konzept. Nach umfangreichen Studien der historisch bedeutsamen Cook- und Forster-Sammlungen aus dem 18. Jahrhundert in Europa und der veröffentlichten wie auch unveröffentlichten historischen Quellen (Bordtagebücher etc.) und Dokumente (Korrespondenz) über Zentralpolynesien (Tahiti-Archipel) entschloß ich mich, gemeinsam mit meiner Frau einen Feldaufenthalt auf den tropischen Inseln unter den Winden durchzuführen.

Diese Eilande waren in der Vergangenheit meiner Ansicht nach die aktiveren und kulturpolitisch interessanteren Inseln Zentralpolynesiens. Zudem befindet sich auf der

Insel Raiatea das Kultur- und Glaubenszentrum Gesamtpolynesiens mit dem *marae* Taputapuatea.[4] Die Wahl fiel auf die Nachbarinsel von Raiatea, Huahine, wo wir im Jahre 1973 im Dorf Tefarerii (wörtlich: „Haus der Häuptlinge") für vier Monate unser Standquartier aufschlugen; heute abseits der wichtigen Schiffstation Fare mit ihrem tiefen Naturhafen gelegen, war es einst das Inselzentrum. Unter Einbeziehung der Nachbarinseln, vor allem Raiatea, sollte die Frage geklärt werden, ob und welche Teile der alten polynesischen Kultur (Gesellschaft, Garten- und Feldbau, Handwerk und Technologien, Glaubenswelt) sich unter dem Einfluß der europäischen, vor allem französischen Zivilisation und unter dem Firnis des Christentums erhalten haben. Es ist hier nicht der Platz, über die Forschungsergebnisse im Detail zu referieren, aber es sei darauf verwiesen, daß sich der Bereich des traditionellen Handwerks und Teile der Sozialstruktur, vor allem aber die sogenannte Volksreligiosität mit alten Glaubensinhalten – wie unter anderem den Totengeist Tupapau betreffend (Weingartner 1997) – erhalten hatten. Wir konnten auch mit einem Filmteam des Wissenschaftlichen Filminstitutes aus Wien, das im letzten Monat unseres Aufenthaltes vor Ort war, neun wissenschaftliche Filmeinheiten abdrehen und damit eine Dokumentation des damaligen ethnographischen Ist-Zustandes festhalten.

Im Oktober 1973 nach Wien zurückgekehrt, begann die Auswertung der Feldforschung und die Erarbeitung eines Vergleiches der Gegenwartssituation mit der Kultur der Polynesier des späten 18. Jahrhunderts anhand der historischen Schrift- und Bildquellen, Dokumente und Sammlungen. Diese Analyse ist in der Habilitationsschrift „Mensch und Kultur auf den Inseln unter den Winden in Geschichte und Gegenwart. Ein Beitrag zur Ethnohistorie der Gesellschaftsinseln, Zentralpolynesien" im Juni 1974 an der Philosophischen Fakultät der Universität Wien eingereicht worden und im gleichen Jahr als Buch in der Anthropologischen Gesellschaft in Wien erschienen (Wernhart 1974b). Nach dem damals sehr zeitaufwendigen Habilitationsverfahren, bei dem jeder Schritt in der Fakultät beraten, beurteilt und abgestimmt werden mußte, wurde mir am 22. April 1975 die akademische Lehrbefugnis (*venia docendi*) für „Völkerkunde mit besonderer Berücksichtigung historischer Arbeitsweisen" verliehen, was bedeutete, daß ich ab diesem Zeitpunkt das Gesamtfach der Ethnologie lehren durfte und nicht auf einen Teilbereich eingeschränkt war.

In Folge der vorgelegten Forschungsergebnisse in Verbindung mit einer Studie über Tongas politische Geschichte und die Umstrukturierung der Herrschaftsverhältnisse im 18. Jahrhundert (Wernhart 1976) entstand ein polynesisches Langzeitforschungsprojekt über „Kultur- und Sozialwandel in Polynesien mit Vergleichsstudien in West- und Randpolynesien". In einer weiteren Feldforschung von März bis September 1985 mit finanzieller Unterstützung des „Fonds zur Förderung der wissenschaftlichen

---

[4]   Wernhart (1992a:72–75). Als *marae* bezeichnet man in Zentralpolynesien eine rechteckige Zeremonialstätte mit Versammlungsplatz, an dessen Ende sich eine steinverkleidete Plattform (auch Pyramide), manchmal mit Götterstatuen versehen, befindet (Wernhart 1992a:74–75).

Forschung in Österreich" (Projekt Nr. P 5631) wurde die Basiserhebung durchgeführt. Regionale Schwerpunkte waren in Westpolynesien das Dorf Ha'ateiho auf der Insel Tongatapu im Tonga-Archipel und in Zentralpolynesien wieder Tefarerii auf der Insel Huahine. Das Konzept für die Auswertung des erhobenen Quellenmaterials erschien als Beitrag in der Festschrift zum 75. Geburtstag von Gerd Koch (Wernhart 1997).

Der Sinn meiner Wanderjahre (von 1978 bis 1985), zunächst als junger Dozent und später als Professor zwischen dem Wiener Institut für Völkerkunde und dem Institut für Volkskunde an der Leopold Franzens Universität Innsbruck mit dem Vorstand Karl Ilg (1913–2000), bestand unter anderem darin, volkskundliche Themen wie Sitte und Brauch, Siedlungsformen, materielle Kultur (Gerätekunde) und Volksreligiosität aus der Sicht der Ethnologie zu ergänzen und auszubauen. Daher habe ich über „Fragen nach dem Gemeinsamen und Unterschiedlichen von Volks- und Völkerkunde", über Themen im Bereich der Gerätekunde, also Ergologie und Technologie betreffend, über sozio-religiöse Aspekte aus Volks- und Völkerkunde am Beispiel der Heilserwartungs- und Selbstfindungsbewegungen vorgetragen, immer wieder eine Ein- und Hinführung zu den Glaubensvorstellungen im ethnologischen Bereich (Universalien im Glaubensleben) gegeben und Fragen der Volksfrömmigkeit behandelt. Die Resonanz meiner Lehrveranstaltungen in Innsbruck war groß, was mich veranlaßte, mich immer mehr mit der ethnischen Glaubenswelt zu befassen und nach religionsethnologischen Universalien im Sinne von „Grundstrukturen des Religiösen" zu forschen. Im Jahre 1986 veröffentlichte ich in der Zeitschrift Anthropos mein Konzept des „Religiösen an sich" unter dem Titel „Religious beliefs per se': a human universality" (Wernhart 1986). Mit Faktenmaterial und regionalen Beispielen erweitert, entstand daraus das Buch „Ethnische Religionen. Universale Elemente des Religiösen" (Wernhart 2004). Den Anstoß zu dieser Publikation gab also meine Lehrtätigkeit in den Wanderjahren, unter anderem auch durch die Auseinandersetzung mit Volksreligiosität.

Es ist zu ergänzen, warum das Institut für Volkskunde an der Universität Innsbruck großes Interesse an der Ethnologie hatte. Ilg, der sich über die Migration der Walser aus der Schweiz nach Vorarlberg und deren Kultur habilitiert hatte (1949, 1956), setzte sich nach seiner Berufung auf den Lehrstuhl in Innsbruck intensiv mit den Tiroler Auswanderern nach Südamerika auseinander und führte zahlreiche Feldaufenthalte in Brasilien, Peru und Chile durch (1972, 1982). Bei seinen Studien in Südamerika mußte er sich auch mit den Indianerkulturen in den genannten Ländern beschäftigen und den Dialog zwischen den Tirolern und den autochthonen Ethnien berücksichtigen. Daher hatte er großes Interesse an der Ethnologie aus Wien, aber nicht im Sinne der Alten Wiener Schule, sondern als „brüderliches Fach" und Ergänzung zu seinem Verständnis von Volkskunde. Hinzu kam, daß Ilg schon Anfang der 1970er Jahre aus der traditionellen Volkskunde ausbrechen wollte und für eine „europäische Ethnologie" plädierte (1971). Das brachte ihn mit Walter Hirschberg und auch mit dem Nachfolger von Josef Haekel, Walter Dostal (1928–2011), zusammen, der ab Sommersemester 1975 in Wien den Lehrstuhl I übernommen hatte. Daher war für Ilg die Kooperation mit

Wien wichtig, und er dankte mir in einer handgeschriebenen Widmung für „alle Mithilfe am Innsbrucker Institut" (Ilg 1982:Vorblatt).

BERUFUNG NACH WIEN – INHALTLICHE UND REGIONALE ERWEITERUNG MEINER FORSCHUNG UND LEHRE

Da Walter Hirschberg Ende des Sommersemesters 1975 emeritierte und ab März gleichen Jahres der Österreicher Walter Dostal, aus Bern kommend, als Nachfolger des im
Jahre 1973 verstorbenen Josef Haekel am Wiener Institut die Lehrkanzel I für Allgemeine Völkerkunde übernommen hatte, entschied auf Wunsch Hirschbergs die Fakultät, den Allgemeinen Lehrstuhl Völkerkunde II für „Historische Ethnologie und Afrika" auszuschreiben. Nach Eingang der Bewerbungen wurden auf die Berufungsliste
die beiden „Altösterreicher" Peter Fuchs aus Göttingen und Andreas Kronenberg aus
Frankfurt am Main sowie Rüdiger Schott aus Münster gesetzt. Nachdem die Verhandlungen in dieser Reihenfolge mit den ersten beiden Bewerbern scheiterten und Rüdiger
Schott damals schon im fortgeschrittenen Alter war, empfahl das Bundesministerium
für Wissenschaft und Forschung auf Wunsch von Frau Bundesminister Dr. Hertha
Firnberg (Historikerin und Ethnologin), eine Neuausschreibung der Lehrkanzel II
nur auf „Historische Völkerkunde" ohne regionale Beschränkung durchzuführen. Auf
Grund der neuerlichen und erweiterten Ausschreibung lagen ungefähr 25 Bewerbungen vor, unter anderem auch meine, in der ich die Neuausrichtung der historischen
Ethnologie und eine inhaltliche wie regionale Erweiterung des Forschungs- und Lehr-
betriebes vorschlug, wie auch eine personelle Aufstockung im wissenschaftlichen wie
administrativen Bereich forderte. Von der Kommission und der Fakultät nach Vortrag
und Hearing auf den ersten Platz gereiht, begann ich im Januar 1980 mit den Verhandlungen und wurde nach positivem Abschluß mit 1. April gleichen Jahres auf das Ordinariat II der Völkerkunde berufen.
    Nun konnte die schon seit langem fällige inhaltliche Umstrukturierung unseres
Faches, die mit Dostal begonnen hatte, endlich fortgesetzt werden. Der von Hirschberg wieder in Wien eingeführte ethnohistorische Forschungsansatz wurde um die
sozialwissenschaftlich ausgerichtete Strukturgeschichte wie auch um den transkulturellen Forschungsbereich erweitert. Auch die Zusammenarbeit mit der Ur- und
Frühgeschichte wie der Archäologie im Sinne des „Konzeptes der Kulturgeschichte"
ist realisiert worden. Die thematische Erweiterung der Sachgebiete der Ethnologie in
meinem Bereich erfolgte – bei Beibehaltung von Ergologie und Technologie in Verbindung mit ethnographischen Übungen – vor allem in Form eines Neuverständnisses von
Religionsethnologie (Weiss 1987, Wernhart 2004). Die Bewußtseinsforschung, die sich
unter anderem mit schamanistischen wie auch parapsychologischen Aspekten ausein-
andersetzt, sowie die Cyber-Anthropologie (Kremser 1999) wurden einbezogen. Die
Rechtsanthropologie konnte neu von Werner Zips (2002, 2003a), Jurist und Ethnologe,

etabliert und die Wissenschaftsgeschichte in Verbindung mit der Universaliendiskussion von Marie-France Chevron (1998, 2004, 2011) auf Projektbasis weiterentwickelt werden.

Im Regionalbereich blieb zunächst der Ozeanien-Schwerpunkt bestehen, von mir auf Polynesien (Wernhart 1990), von Gabriele Weiss (1990) auf Papua-Neuguinea, Polynesien und Mikronesien und in späterer Zeit von Hermann Mückler (1998, 2001) auf Melanesien, besonders auf Fiji ausgerichtet. Die Erforschung und Darstellung der afrikanischen Kulturen und Gesellschaften wurde völlig neu gestaltet, indem der nordafrikanische Bereich (Maghreb-Länder) und vor allem die Diaspora Afrikas in der Inselwelt der Karibik (Afrokaribik), die afrikanischen Lebensbereiche in Mittel- und Südamerika, wie die des Indischen Ozeans (plurale Gesellschaften auf Réunion und Mauritius [Wernhart 2003b] mit einbezogen wurden. Diese inhaltliche Erweiterung des afrikanischen Forschungsbereiches hatte ich schon als Assistent Walter Hirschberg vorgeschlagen, sie war jedoch auf strikte Ablehnung gestoßen. Hirschberg wollte das kulturelle Erbe aus dem „Mutterkontinent" als Identitätsfaktor in den ehemaligen Sklavengesellschaften der Neuen Welt nicht berücksichtigen, da er meinte, die heutigen freien schwarzen Bürger seien keine „echten" Afrikaner mehr, sondern durch Coca Cola und Fast Food längst kulturell unbedeutsam geworden. Er hatte anscheinend vergessen, daß seine Schülerin Angelina Pollak-Eltz (1964) den „Maria Leonza-Kult" in Venezuela erforscht und bei ihm darüber dissertiert hatte. Heute ist die Karibik-Forschung am Institut stark vertreten. Vor allem unsere großen Forschungsprojekte in St. Lucia (Kremser u. Wernhart 1986, Wernhart 1992b), Jamaica (Zips 2003b) und Cuba (Wernhart u. Zips 1997) haben Hirschberg noch im hohen Alter zu einem Umdenken bewegen können.

In letzter Zeit habe ich mich neben theoretischen Fragestellungen auf die bereits erwähnte Universalienthematik spezialisiert, die ich mit den „universalen Elementen des Religiösen" in Beziehung stehen sehe (Wernhart 2004, 2013), wobei an speziellen Themen (zum Beispiel Alter und Altern) auch die kulturelle Entwicklung betrachtet wurde. In der Regionalethnologie habe ich meine Forschungsinteressen auf die tropischen Inselwelten (Polynesien, Karibik, Indischer Ozean) gelegt und dabei sowohl ökologische wie soziokulturelle und spirituelle Universalien erarbeitet und historische Fallbeispiele analysiert (Wernhart 2003b, 2012a).

AKADEMISCHE FUNKTIONEN

Mein Engagement am Institut und in der Professorenkurie der Fakultät brachte mir großes Vertrauen der Professorenkolleginnen und -kollegen wie des Mittelbaus (Assistenten, Lehrbeauftragte) ein, und so wurde ich trotz meines Forschungsfreisemesters in der Südsee (Sommersemester 1985) ab dem Herbst gleichen Jahres zum Dekan der Grund- und Integrativwissenschaftlichen Fakultät (GRUWI) bestellt und nach einer

Arbeitsperiode von zwei Jahren, bei Beibehaltung der vollen Lehrverpflichtungen am Institut, als Dekan wiedergewählt.[5] Meine klare Zielsetzung war es, aus den gesellschaftspolitisch differenten, in alle Richtungen auseinanderdriftenden Fachvertretern der vier Kurien (Professoren, Mittelbau, Studierende und Verwaltungspersonal) eine Fakultätsidentität zu schaffen, die in der „Fakultät der Wissenschaften vom Menschen" ihr Selbstverständnis findet. Meine offene Haltung im Akademischen Senat allen Fakultätsmitgliedern und auch den Instituten gegenüber haben mich plötzlich als Rektorskandidat erscheinen lassen. In der Universitätsversammlung wurde ich von über 700 Wahlpersonen (Frauen und Männern) mit absoluter Mehrheit im Juni 1988 zum Rektor der Universität Wien gewählt.

In meine Rektoratszeit der Studienjahre 1989/90 und 1990/91 fiel das 625jährige Jubiläum der Universität Wien, das ich ganz im Sinne meiner Intentionen als Öffnung der Universität Wien für die Stadt und das Land Wien sah. Das bedeutete, die Leistungen der Wiener Universität für die Bevölkerung der Stadt und damit auch für den Staat offen zu legen, unter anderem mit Ausstellungen und Vorträgen in der Volkshalle des Rathauses. Ebenso fand in dieser Zeit die politische Umgestaltung Europas nach dem Fall des „Eisernen Vorhangs" statt und damit die neuerliche Verbindung der ehemaligen Oststaaten mit Mitteleuropa. Daher war es mein Anliegen, das nur sechzig Kilometer entfernte Bratislava (Preßburg) wieder in die Nähe Wiens zu bringen: Ein Partnerschaftsvertrag mit der Comenius-Universität wurde abgeschlossen, Verträge mit den alten Partnern wie Berlin (Humboldt-Universität) oder Prag wurden erneuert und ein weiteres Abkommen mit Brünn wurde angedacht. Diese neue wissenschaftspolitische Ausrichtung führte dazu, daß ich das einseitig auf die USA und Westeuropa ausgerichtete Universitätsbüro für internationale Zusammenarbeit mit dem von mir ins Leben gerufenen Büro für Ostkontakte zu einem neuen „Außeninstitut" der Universität Wien umgestaltete. Im Rahmen der Jubiläumsfeiern wurde die Öffentlichkeitsarbeit verstärkt und die Forschungsergebnisse und -leistungen wurden durch eine neugeschaffene Pressestelle bekannt gemacht. Diese beiden Institutionen existieren, trotz vieler Neuerungen an der Universität Wien, bis heute (Mühlberger 2011). Im Rahmen meiner Mitarbeit als Rektor im Präsidium der Österreichischen Rektorenkonferenz wurde auch die Etablierung der Fachhochschulen vorangebracht und damit eine neue Schiene im tertiären Ausbildungsbereich in Österreich geschaffen (Wernhart 1992c).

Nach ersten Anzeichen von Gesundheitsproblemen durch die gewaltige Doppelbelastung von Dekanat und Rektorat, neben der vollen Lehr- und Forschungstätigkeit am Institut, verzichtete ich auf eine Kandidatur zur Wiederwahl als Rektor, war dann aber doch noch auf Wunsch des neuen Rektors und des Akademischen Senates

---

[5]   Durch das Inkrafttreten des Universitätsorganisationsgesetzes (UOG) 1975 wurde eine der neu gegründeten Nachfolgefakultäten der Philosophischen Fakultät zur „Grund- und Integrativwissenschaftlichen Fakultät". Dieser gehörten die Fächer Philosophie, Wissenschaftstheorie, Psychologie, Erziehungswissenschaften, Politikwissenschaft, Soziologie, Kommunikationswissenschaft, Geographie, Ethnologie, Theaterwissenschaft und Sportwissenschaften an.

weitere vier Jahre Prorektor und schließlich, nach Emeritierung von Walter Dostal im
Jahre 1996, Institutsvorstand bis zum Jahre 2000. Nach zwei Herzinfarkten und grossen gesundheitlichen Problemen im Sommersemester 2002 trat ich am 30. September
gleichen Jahres in den Ruhestand und seither widme ich mich der wissenschaftlichen
Aufarbeitung meiner Forschungsmaterialien, wie auch der positiven, aber kritischen
Auseinandersetzung mit unserer Wissenschaft und der Wissenschaftsgeschichte. In
„entschleunigter" Form kann ich mich in innerer Harmonie mit mir selbst, meiner fa-
miliären Umwelt und auch mit dem Fach Ethnologie vor allem mit den Grundstrukturen ethnischer wie universeller Glaubensvorstellungen auseinandersetzen.

ETHNOLOGIE, DIE WISSENSCHAFT VOM MENSCHEN FÜR DEN MENSCHEN

Walter Dostal hat bis zu seiner Emeritierung im Juni 1996 an dem Begriff „Völkerkunde" als Fach- und Institutsbezeichnung festgehalten, wobei er mit dem Begriffsinhalt
auch eine traditionelle Sichtweise vertrat und sich anscheinend mit einer Kunde, die
von den Völkern lehrt, abfand; hingegen wurde von ihm als wirklichem Mitglied der
Österreichischen Akademie der Wissenschaften die „Ethnologische Kommission" zum
„Institut für Sozialanthropologie" umgestaltet und inhaltlich erweitert. Vielleicht wollte er damit die Fortschrittlichkeit der Akademie gegenüber der Universität aus seiner
Sicht klar gestellt sehen. Auch sein Nachfolger am Lehrstuhl und in der Akademie,
Andre Gingrich (geb. 1952), versteht sich als Sozialanthropologe – mit Ausrichtung auf
den arabischen Raum und die Wissenschaftsgeschichte. Ab 1997 konnten wir beide,
Gingrich und ich, an eine Neuorientierung und -benennung des Wiener Instituts her-
angehen. Auf Grund der neuerlichen Umstrukturierung der Universitätslandschaft in
Österreich (Universitätsgesetz 2002) und der Neugestaltung der Fakultäten war die Zeit
dafür günstig. Unser Institut wurde auf Wunsch des Mittelbaus und der Studierenden
nun den Sozialwissenschaften zugerechnet und ist bis heute Mitglied dieser Fakultät.
Das Ergebnis unserer Diskussion war mit einem klar zeitgemäßen Selbstverständnis
des Faches der Name „Institut für Kultur- und Sozialanthropologie".

Wurde anfänglich noch „Ethnologie" als erster Begriff vorangesetzt, blieb dieser
in weiterer Folge weg, da die Volkskunde „Europäische Ethnologie" als Bezeichnung
führen wollte. Die Bezeichnung Kultur- und Sozialanthropologie bietet aus meiner Sicht
das größere, weitere und offenere Wissenschaftskonzept und vereint in sich sowohl den
vergleichenden wie den historischen Aspekt, sie schließt also die Universalienfrage wie
die Kultur- und Sozialgeschichte mit ein. Für mich vermittelt der Wissenschaftsbereich
der Kulturanthropologie das umfassendere Konzept, da es alle Bereiche der Gesellschaften oder Ethnien umfaßt, während Sozialanthropologie auch als eine „Sektorwis-
senschaft" mißverstanden werden könnte. Die Entwicklung unserer Wissenschaft von

der Völkerkunde zur Kultur- und Sozialanthropologie schätze ich sehr positiv ein; sie eröffnet neue Möglichkeiten, als eine Universalwissenschaft angesehen zu werden.

Im methodischen Bereich muß zusätzlich die kommunikative Komponente im Vordergrund stehen, und zwar sowohl bei der Feldforschung im traditionellen Sinne wie auch bei der Arbeit mit historischen Dokumenten und Quellen; kommunikative Interaktionen zwischen Forscher und dem zu Erforschenden sind nötig, um zu Ergebnissen gelangen zu können. Ebenso gewinnen die neuen Medien (*cyber anthropology*) weltweit an Bedeutung für die Wissenschaftskommunikation, wobei aber im Umgang mit Daten und deren Übersetzung (Translationswissenschaft) die wissenschaftliche Redlichkeit und Korrektheit immer vorausgesetzt werden muß.

Es bleibt daher für mich die Frage nach dem gesellschaftspolitischen Anspruch des Faches und seiner Leistung als Maß der Akzeptanz in der Bevölkerung bestehen. Wir Wissenschaftler bieten Forschungsergebnisse und -erkenntnisse von verschiedenen Kulturen und Gesellschaften oder Ethnien in allen Lebensbereichen in Geschichte und Gegenwart an, analysieren daraus Universalien beziehungsweise Trends oder zeichnen bedeutende Entwicklungen von historischen und gegenwärtigen Gesellschaften nach. Dazu gehören auch Untersuchungen zu Fragen der Globalisierung (Kreff, Knoll u. Gingrich 2011) und der Integration. Daher sind wir mit unserem Wissen und Forschungsmaterial „Bringer" wie „kritische Analytiker" von Informationen zum Verständnis der Gesellschaften und Kulturen, und wir können so Entwicklungen und Umbrüche in Gemeinschaften interpretieren und erklären. Die gesellschaftspolitische Umsetzung liegt allerdings außerhalb unseres Forschungs- und Lehrbereiches in der Verantwortung der Politik. Die Ethnologie ist daher im gegenwärtigen Selbstverständnis „die Wissenschaft vom Menschen für den Menschen" (Wernhart 1999, 2001), was sich auch im Wiener Institutslogo manifestiert, das einen stilisierten Menschen zeigt. Zu Recht hat unser Fach an der Universität Wien aktuell einen starken Zustrom von zukunftsorientierten Studierenden (zur Zeit etwa 3 000 inskribierte Hörer), die die kulturelle wie gesellschaftspolitische Bedeutung der Kultur- und Sozialanthropologie erkannt haben.

LITERATURVERZEICHNIS

ANTWEILER, Christoph
2007   *Was ist den Menschen gemeinsam?* Über Kultur und Kulturen. Darmstadt: Wissenschaftliche Buchgesellschaft

BORNEMANN, Fritz, P. SVD
1938   *Die Urkultur in der kulturhistorischen Ethnologie.* Eine Grundsatzstudie. Mödling bei Wien: St. Gabriel

CHEVRON, Marie-France

1998   „Man's special position in nature: the relationship between biological and cultural de-
        velopment", *Evolution and Cognition* 4(2):173–184

2004   *Anpassung und Entwicklung in Evolution und Kulturwandel.* Erkenntnisse aus der Wis-
        senschaftsgeschichte für die Forschung der Gegenwart und eine Erinnerung an das
        Werk A. Bastians. Münster: Lit

2008a   „Braudels Geschichte der ,langen Dauer' als ,Theorie des Wandels' und ihre Bedeutung
        für die historische Ethnologie am Beispiel der Wiener Ethnohistorie und Kulturge-
        schichte", in: Marie-France Chevron (Hrsg.), Erscheinungsformen des Wandels, 7–30.
        Wiener Ethnohistorische Blätter 47/48.

2008b   Rezension „Christoph Antweiler: Was ist den Menschen gemeinsam? Darmstadt 2007",
        Anthropos 103(2):573–575

2011   „Die Ethnologie in der Wiener Anthropologischen Gesellschaft von den 1950er Jahren
        bis heute", *Mitteilungen der Anthropologischen Gesellschaft in Wien* 141:177–193

CHEVRON, Marie-France und Karl R. WERNHART

2001   „Ethnologische Reflexion über die universellen Grundlagen gesellschaftlicher Phäno-
        mene. Der kultur- und sozialwissenschaftliche Forschungszugang", *Archaeologia Au-
        striaca* 84/85:15–22

FEEST, Christian F. und Alfred JANATA

1999   *Technologie und Ergologie in der Völkerkunde.* Band 2. Berlin: Reimer ([1]1989)

HAEKEL, Josef

1956   „Zum heutigen Forschungsstand der historischen Ethnologie", in: Josef Haekel, Anna
        Hohenwart-Gerlachstein und Alexander Slawik (Hrsg.), *Die Wiener Schule der Völker-
        kunde.* Festschrift zum 25jährigen Bestand (1929–1954), 17–90. Horn und Wien: Berger

1971   „Religion", in: Hermann Trimborn (Hrsg.), *Lehrbuch der Völkerkunde*, 72–141. Stutt-
        gart: Enke

HIRSCHBERG, Walter

1971   „Bemerkungen zu einer in Vergessenheit geratenen terminologischen Synthese von
        Fritz Röck", *Hamburger Beiträge zur Afrika-Kunde* 14:353–357

1974   „Josef Haekel † (1907–1973). Nachruf", *Mitteilungen der Anthropologischen Gesellschaft
        in Wien* 104:153–156

HIRSCHBERG, Walter und Alfred JANATA

1980   *Technologie und Ergologie in der Völkerkunde.* Berlin: Reimer ([1]1966)

HUSMANN, Rolf

1984   „Transkulturation bei den Nuba. Ethnohistorische Aspekte des kulturellen Wandels im
        19. und 20. Jahrhundert", *Arbeiten aus dem Institut für Völkerkunde der Georg-August-
        Universität Göttingen* 18.

ILG, Karl

1949   *Die Walser in Vorarlberg.* 1.Teil: Verbundenheit mit dem Boden, Siedlung und Wirt-
        schaft als volkskundliche Grundlagen. Dornbirn: Vorarlberger Verlagsanstalt (Schrif-
        ten zur Vorarlberger Landeskunde 3.)

1956   *Die Walser in Vorarlberg.* 2. Teil: Ihr Wesen, Sitte und Brauch als Kräfte der Erhaltung
        ihrer Gemeinschaft. Dornbirn: Vorarlberger Verlagsanstalt (Schriften zur Vorarlberger
        Landeskunde 6.)

1971   „Volk, Volkskunde, Europäische Ethnologie", *Innsbrucker Beiträge zur Kulturwissen-
        schaft* 16:445–455

1972   *Pioniere in Brasilien.* Innsbruck, Wien und München: Tyrolia

1982   *Heimat Südamerika, Brasilien und Peru.* Leistung und Schicksal deutschsprachiger
        Siedler. Innsbruck und Wien: Tyrolia

KREFF, Fernand, Eva-Maria KNOLL und Andre GINGRICH (Hrsg.)

2011   *Lexikon der Globalisierung.* Bielefeld: transcript

KREMSER Manfred

1999   „Cyber Anthropology und die neuen Räume des Wissens", *Mitteilungen der Anthropo-
        logischen Gesellschaft in Wien* 129:275–290

KREMSER, Manfred und Karl R. WERNHART (Hrsg.)

1986   *Research in ethnography and ethnohistory of St. Lucia: a preliminary report.* Horn und
        Wien: Berger (Vienna Contributions to Ethnology and Anthropology 3.)

MARSCHALL, Wolfgang (Hrsg.)

1990   *Klassiker der Kulturanthropologie.* Von Montaigne bis Margaret Mead. München: Beck

MÜCKLER, Hermann

1998   *Fidschi.* Zwischen Tradition und Transformation. Frankfurt: IKO

2000   „30 Jahre Wiener Ethnohistorische Blätter 1970–2000. Ein Rückblick", in: Hermann
        Mückler, Melanesien in der Krise. Ethnische Konflikte, Fragmentierung und Neuori-
        entierung, 139–145. *Wiener Ethnohistorische Blätter* 46.

2001   *Fidschi.* Das Ende eines Südseeparadieses. Wien: ProMedia

MÜHLBERGER, Kurt

2011   „Gratwanderung zwischen Traum und Realität. Karl Rudolf Wernhart als Rektor der
        Universität Wien in den Studienjahren 1989/90 und 1990/91", *Mitteilungen der Anthro-
        pologischen Gesellschaft in Wien* 141:9–26

MÜHLMANN, Wilhelm Emil

1962   *Homo creator.* Abhandlungen zur Soziologie, Anthropologie und Ethnologie. Wiesba-
        den: Harrassowitz

MÜHLMANN, Wilhelm Emil und Ernst W. MÜLLER (Hrsg.)

1966   *Kulturanthropologie.* Köln und Berlin: Kiepenheuer & Witsch

POLLAK-ELTZ, Angelina
1964   *Afrikanische Relikte in der Volkskultur Venezuelas.* Wien (Phil. Dissertation, Universität
        Wien)

RÖCK, Fritz
1932   „Versuch einer terminologischen Synthese der menschheitsgeschichtlichen Wissens-
        zweige: Rassenforschung, Kulturforschung (Urgeschichte, Völkerkunde, Volkskunde,
        Geschichte) und Sprachforschung", *Mitteilungen der Anthropologischen Gesellschaft in
        Wien* 62:295–304

SALAT, Josef
1974   „'Historical particularism' und Wiener Ethnohistorie. Bemerkungen zu wissenschafts-
        geschichtlichen Parallelen", in: Aus Theorie und Praxis der Ethnohistorie. Festgabe
        zum 70. Geburtstag von Walter Hirschberg, 21–31. *Wiener Ethnohistorische Blätter.* Bei-
        heft 3.

SCHMIDT, Wilhelm, P. SVD
1912–1955 *Der Ursprung der Gottesidee.* 12 Bände. Mödling bei Wien: St. Gabriel

TOKAREV, Sergei Alexandrowitsch
1967   „Das Prinzip des Historismus in der sowjetischen Ethnologie", *Ethnologia Europaea*
        1(2):117–124

WEINGARTNER, Christina
1997   *Der Glaube an den Totengeist oder Tupapau auf Tahiti und den Gesellschaftsinseln Zen-
        tralpolynesiens.* Ein tragendes Element der tahitischen Volksreligion im Wandlungspro-
        zeß. Wien (Diplomarbeit, Universität Wien)

WEISS, Gabriele
1987   *Elementarreligionen.* Eine Einführung in die Religionsethnologie. Wien und New York:
        Springer
1990   „Kurzbericht zum Forschungsprojekt Religion und Politik in Ozeanien. Analyse der
        kulturellen Umstrukturierungsprozesse pazifischer Gesellschaftssysteme – Papua-
        Neuguinea und Belau", *Wiener völkerkundliche Mitteilungen* 32:29–34

WERNHART, Karl R.
1967   *Pedro Fernandez de Quiros.* Der letzte große spanische Entdecker im Stillen Ozean.
        Wien (Phil. Dissertation, Universität Wien)
1971   „Zum Struktur- und Funktionsbegriff in der Ethnohistorie", *Wiener Ethnohistorische
        Blätter* 3:23–35
1974a   „Kulturhistorie – Ethnohistorie – Kulturgeschichte", in: Aus Theorie und Praxis der
        Ethnohistorie. Festgabe zum 70. Geburtstag von Walter Hirschberg, 39–68. *Wiener
        Ethnohistorische Blätter.* Beiheft 3.
1974b   *Mensch und Kultur auf den Inseln unter den Winden in Geschichte und Gegenwart.* Ein
        Beitrag zur Ethnohistorie der Gesellschaftsinseln, Zentralpolynesien. Horn und Wien:
        Berger (Anthropologische Gesellschaft in Wien, Völkerkundliche Veröffentlichungen
        1.)

1976   *Fatafee Paulaho, der 36. Tui Tonga (1740–1784).* Gesellschaftspolitisches Porträt eines
        tonganischen Herrschers am Ende des 18. Jahrhunderts. Horn und Wien: Berger (Wie-
        ner Beiträge zur Kulturgeschichte und Linguistik 19.)

1977   „Konzept einer Kulturgeschichte", *Mitteilungen der Anthropologischen Gesellschaft in
        Wien* 107:259–275

1978   „Überlegungen zum Konzept einer Kulturgeschichte", *Mitteilungen der Anthropologi-
        schen Gesellschaft in Wien* 108:169–177

1979   „Die Bedeutung des sozialwissenschaftlichen Ansatzes für Geschichtswissenschaft
        und Ethnohistorie. Eine wissenschaftsgeschichtliche Skizze", *Wiener Ethnohistorische
        Blätter* 18:39–76

1981   „Kulturgeschichte und Ethnohistorie als Strukturgeschichte", in: Wolfdietrich Schmied-
        Kowarzik und Justin Stagl (Hrsg.), *Grundfragen der Ethnologie,* 233–252. Berlin: Reimer

1983   „Zur Frage der Zusammenarbeit von Archäologie und Ethnohistorie im ozeani-
        schen Raum. Entwurf einer Kulturgeschichte Polynesiens", *Zeitschrift für Ethnologie*
        108(1):35–51

1986   „'Religious beliefs per se': a human universality", *Anthropos* 81:648–652

1987   „Universalia humana et cultura. Zur Frage von Mensch, Kultur und Umwelt", *Mitteilun-
        gen der Anthropologischen Gesellschaft in Wien* 117:17–25

1990   „Akkulturationsstudien in Polynesien. Ein Forschungsbericht", *Wiener Völkerkundli-
        che Mitteilungen* 32:15–28

1992a   „Aspekte der Kulturgeschichte Polynesiens", in: Hanns Peter (Hrsg.), *Polynesier.* Vikin-
        ger der Südsee, 53–88. Wien: Museum für Völkerkunde

1992b   „10 Jahre St. Lucia-Projekt, 1982–1992. Afrikanisch-karibische Kulturmanifestationen
        in der Diaspora. Ein Forschungsbericht aus dem Wiener Institut für Völkerkunde",
        Mitteilungen der Anthropologischen Gesellschaft in Wien 122:39–49

1992c   „Endbericht der Arbeitsgruppe Alternativen zum Hochschulstudium, ‚Fachakademi-
        en'. Vorschläge der Österreichischen Rektorenkonferenz zur postsekundären Bildung",
        Plenum Spezial 1992:68–71

1994   „Ethnohistorie und Kulturgeschichte, Theorie und Methode. Ethnoarchäologische
        Forschungsbeispiele aus dem Institut für Völkerkunde der Universität Wien", *Ethno-
        graphisch-Archäologische Zeitschrift (EAZ)* 35(3):325–340

1995/99 „‚Austria und Australien'. Ein Aspekt zur Namensgeschichte in Verbindung mit kul-
        turanthropologischen Fakten und kartographischen Kenntnissen über das Weltbild",
        Mitteilungen der Anthropologischen Gesellschaft 125/126:153–160

1997   „Polynesien im Wandel. Eine historisch vergleichende Skizze anhand sozioreligiöser
        Phänomene und materieller Objekte", in: Markus Schindlbeck (Hrsg.), *Gestern und
        Heute.* Traditionen in der Südsee. Festschrift zum 75. Geburtstag von Gerd Koch, 481–
        496. *Baessler-Archiv* N.F. 45.

1999   „Ethnologie. Wissenschaft vom Menschen für den Menschen. Dialogische Kulturwis-
        senschaft und Praxisbezug", in Walter Dostal, Helmut Niederle und Karl R. Wernhart
        (Hrsg.), Wir und die Anderen. Islam, Literatur und Migration, 23–27. *Wiener Beiträge
        zur Ethnologie und Anthropologie 9.*

2000   „Aspekte der Gründung des Institutes für Ethnologie an der Universität Wien",
        Mensch–Wissenschaft–Magie. Mitteilungen der Österreichischen Gesellschaft für Wis-
        senschaftsgeschichte 20:243–254

2001   „Die Ethnologie und ihre politische Verantwortung", in: Helmut Kletzander und Karl R. Wernhart (Hrsg.), *Minderheiten in Österreich*. Kulturelle Identitäten und die politische Verantwortung der Ethnologie, 21–40. *Wiener Beiträge zur Ethnologie und Anthropologie* 12.

2003a   „Ethnische Religionen", in: Johann Figl (Hrsg.), *Handbuch Religionswissenschaft*. Religionen und ihre zentralen Themen, 260–287. Innsbruck und Wien: Tyrolia, Göttingen: Vandenhoeck & Ruprecht

2003b   „Deportation und Zwangsmigration – Entstehung pluraler Gesellschaften", *Mitteilungen der Anthropologischen Gesellschaft in Wien* 133:111–123

2004   *Ethnische Religionen*. Universale Elemente des Religiösen. Kevelaer, Innsbruck und Wien: Topos plus

2008   „Von der Strukturgeschichte zum transkulturellen Forschungsansatz. Ethnohistorie und Kulturgeschichte im neuen Selbstverständnis", in: Karl R. Wernhart und Werner Zips (Hrsg.), *Ethnohistorie*. Dritte überarbeitete und veränderte Auflage, 41–54. Wien: ProMedia

2012a   „Die Bedeutung der Navigation für die Besiedlung, den interinsulären Kontakt und lokalen Fischfang auf den Kleinen Antillen Westindiens", *Mitteilungen der Anthropologischen Gesellschaft in Wien* 142:185–198

2012b   *Christoph Carl Fernberger*. Der erste österreichische Weltreisende 1621–1628. Völlig überarbeitete und neu kommentierte Ausgabe, mit einem ergänzenden Kommentar für Indonesien und Südostasien von Helmut Lukas. Wien und Münster: Lit

2013   „‚Altern in den Religionen' oder ‚langsamer Abschied vom Leben'. Eine Universalie?", in: Karl Baier und Franz Winter (Hrsg.), *Altern in den Religionen*, 261–280. Wien und Münster: Lit (Schriftenreihe der Österreichischen Gesellschaft für Religionswissenschaft 6.)

WERNHART, Karl R. und Maximilian WILDING
1988/89 „Zum Stand der archäologischen Erforschung der Besiedlung Polynesiens und der Aufgabe der Keramikproduktion", *Mitteilungen der Anthropologischen Gesellschaft in Wien* 118/119:381–412

WERNHART, Karl R. und Werner ZIPS
1997   „Ethnologie und Film zur Geschichte und Religion in Cuba. Ein Vorbericht zum laufenden Forschungsprojekt ‚Religionen afrikanischen Ursprungs in Cuba'", *Wissenschaftlicher Film Wien* 48/49:103–110

WERNHART, Karl R. und Werner ZIPS (Hrsg.)
2008   *Ethnohistorie*. Dritte überarbeitete und veränderte Auflage. Wien: ProMedia

ZIPS, Werner
2002   *Theorie einer gerechten Praxis oder: die Macht ist wie ein Ei*. Wien: Wiener Universitätsverlag (Wiener Beiträge zur Ethnologie und Anthropologie 11.)

2003a   *Das Stachelschwein erinnert sich*. Ethnohistorie als praxiologische Strukturgeschichte. Wien: Wiener Universitätsverlag (Anthropologie der Gerechtigkeit 1.)

2003b   *Gerechtigkeit unter dem Mangobaum*. Rechtsanthropologische Forschung zu einer Insel des Rechts, Wien: Wiener Universitätsverlag (Anthropologie der Gerechtigkeit 2.)

DIE MACHT DES SCHICKSALS, ODER:
ZUFALL UND NOTWENDIGKEIT
Wie ich zur Ethnologie kam (oder sie zu mir)

Christian Feest

Christian Feest,
Wien 1966

Die meisten Ethnologen meiner Generation (und wohl auch anderer) sind irgendwie in
das Fach hineingestolpert, in dem wir später eine sinnstiftende Aufgabe fanden. Was
sich im Nachhinein als zielgerichteter Lebensweg lesen läßt, war bei näherer Betrachtung von einer Vielzahl kontingenter Ereignisse bestimmt, von immer neuen Weggabe-
lungen, an denen sich jeweils die Notwendigkeit neuer Richtungsentscheidungen ergab.
Man kann zwar rückblickend diese Entscheidungen mit einschlägigen Vorerfahrungen
unterlegen, die aber umgekehrt nur als Folge dieser Entscheidungen signifikant geworden sind. Es hätte natürlich alles anders kommen können. Aber weil es eben so
gekommen ist, wie es ist, stehen im autobiographischen Narrativ die Wechselfälle und
Widerfahrten des Lebens im Mittelpunkt.

Daß ich als jüngster von drei Brüdern in zartem Alter häufiger, als mir lieb war,
bei diversen Indianerspielen an den Marterpfahl gebunden wurde, hätte eigentlich ab-
schreckende Wirkung haben sollen. Ebenso die Langeweile, die mich beim Lesen von
Karl Mays „Winnetou" (o.J.) überkam und die mich nach der ersten Hälfte von Band 1
veranlaßte, das Buch aus der Hand zu legen. Eine gewisse Faszination ging von einer

Episode im ersten Heft der „Mickey Mouse" aus, das mir in den frühen 1950er Jahren der Osterhase brachte: Hier wurde Donald Duck bei der Verfolgung seiner Neffen, die sich den ihnen zugedachten Arbeiten entzogen hatten, in einem Zirkus von den „wilden Weibern aus Borneo" verprügelt, von denen ich später mehr in einem Buch über die Kopfjäger in Borneo erfuhr, das ich bei einem Preisausschreiben einer Jugendzeitschrift gewonnen hatte. Nur ein paar Jahre danach schenkte mir ein Freund zu meinem 14. Geburtstag die eben erschienene deutsche Ausgabe von Margaret Meads „Sex and temperament in three primitive societies" (1959), dessen Lektüre in einem von Jesuiten betriebenen Ferienlager im Sommer 1959 mich zwar beeindruckte, aber ebenso wenig den Wunsch in mir beförderte, Ethnologe werden zu wollen, wie die Tatsache, daß mein Onkel (Vaterbruder) ein Jahr lang im Auftrag des Bundesfinanzministeriums als Berater des Königs von Afghanistan tätig gewesen war. Etwa zu diesem Zeitpunkt kehrte mein mittlerer Bruder Gerhard von einem mehrjährigen Aufenthalt in einem Internat der Societas Verbi Divini (SVD) zurück, in dem er sich zum Missionar hatte ausbilden lassen wollen; aber auch daraus wurde nichts – er wurde statt dessen Künstler. Karl May, Margaret Mead und die SVD sollten zwar später meinen Lebensweg kreuzen, bestimmend waren sie für ihn kaum.

HERKUNFT UND JUGEND

Ich kam im Juli 1945 in Braunau in Böhmen als Sohn eines Diplomaten zur Welt, den man kurz vor Ende des Zweiten Weltkriegs noch an die Front geschickt hatte und der im Kampf um Berlin verschollen war (und blieb). Meine Mutter, eine der ersten vier Frauen, die an der Universität Prag als Juristinnen promoviert worden waren, kam 1946 mit ihren drei Söhnen und ihrem Vater im Zuge der Aussiedlung der Volksdeutschen aus der Tschechoslowakei nach Österreich, wo ihre Mutter in der Nähe von Wien ein ländliches Anwesen in der damaligen sowjetischen Besatzungszone besaß. Obwohl aus einer altösterreichischen Familie stammend, war ich zehn Jahre lang von „ungeklärter Staatsbürgerschaft", bis mich (wie viele andere in meiner Lage) 1955 die Bundesrepublik Deutschland einbürgerte. Meine väterliche Großmutter lebte mit ihrem überlebenden Sohn zuerst in Stuttgart und später in Bonn, und wenn ich sie besuchte, hielten mich die anderen Zugreisenden bis Passau für einen Deutschen und nach der Grenze für einen Österreicher. Das hat sich nie wirklich geändert.

Im kleinen Ort Spillern bei Stockerau besuchte ich die Volksschule: eine Zwergschule mit drei Klassenzimmern für acht Jahrgänge. Da ich von meinen älteren Brüdern schon Lesen und Schreiben gelernt hatte, beschloß der Lehrer, der die erste und zweite Klasse gemeinsam unterrichtete, mich auf unbürokratische Weise bereits nach wenigen Monaten in die zweite Klasse zu versetzen und verschaffte mir dadurch einen lebenslangen Startvorteil. Da meine Mutter in Wien als Juristin zur Arbeit ging, war in diesen Jahren mein Großvater eine zentrale Bezugsperson. Der ehemalige Chirurg und Professor an der Universität Prag betätigte sich im Ruhestand als Gärtner und Hühnerzüchter. Ich vermute, daß die peniblen Statistiken, die er über gelegte Eier und geerntete Äpfel führte, mein Interesse an empirischen Daten und Ordnungsprinzipien als Grundlage wissenschaftlichen Arbeitens beflügelten. Ansonsten galten meine Interessen der Literatur, Kunst und Musik, wobei mein Geschmack in dieser Hinsicht entscheidend von meinen älteren Brüdern geprägt wurde, sich aber langsam eigenständig weiterentwickelte.

Das war vor allem in Wien möglich, wo ich ab 1955 das Gymnasium besuchte und wo an kulturellem Angebot kein Mangel bestand. Nachdem ich Bertolt Brecht mit vierzehn Jahren abgehakt hatte, entdeckte ich für mich Barockmusik und -literatur, allerdings in Kombination mit atonaler Musik und Jazz, letzterer vor allem vermittelt durch die von Willis Conover (1920–1996) moderierte, allabendliche Jazzsendung der „Voice of America" über den Kurzwellensender Tanger. Dank dieses Interesses lernte ich den damals arbeitslosen Klarinettisten Gerhard Kubik (geb. 1934) kennen, den Gründer der „Wirklichen Jassband", dessen Annahmen über die afrikanischen Wurzeln des Jazz ihn später nach Afrika führten und zu einem herausragenden Musikethnologen werden ließen. In dem Laden, in dem ich meine Schallplatten kaufte, verdiente sich als Student der spätere Leiter des Phonogrammarchivs der Österreichischen Akademie der Wissenschaften, Dietrich Schüller (geb. 1939), ein Zubrot. Daß wir alle einmal Ethnologen sein würden, wußte damals noch keiner von uns.

Wegen meines verkürzten Volksschulbesuchs erwarteten auch meine Gymnasiallehrer von mir herausragende Leistungen. Ich tat mein Bestes, um sie darin zu enttäuschen, hatte zwar nie Schwierigkeiten in der Schule (außer, als ich einmal versuchte, in meinen schriftlichen Arbeiten die radikale Kleinschreibung durchzusetzen), verfolgte aber lieber meine eigenen Bildungsziele. Als letzte Schule in Wien, in der Russisch als erste lebende Fremdsprache angeboten wurde, war das Gymnasium damals schon koedukativ und zugleich Anziehungspunkt für Kinder der kleinen kommunistischen Minderheit, was zur frühen Förderung von politischem Bewußtsein und Diskussionskultur beitrug. Obwohl mich meine Vorliebe für Claudio Monteverdi, Dizzy Gillespie und John Cage (an Stelle von Elvis Presley und Peter Kraus) eher zum Außenseiter prädestinierte, wurde ich fast jedes Jahr zum Klassensprecher gewählt. Ich las viel über Atomphysik und Astronomie, war Teil der Szene rund um Rolf Schwendter (1939–2013), den Theoretiker (und Praktiker) der Subkultur, wurde aber gleichzeitig Mitglied der Gesellschaft zur Pflege des Märchenguts der europäischen Völker, die wunderbare zweisprachige und wissenschaftlich annotierte Textausgaben herausbrachte. Antti Aarne und Stith Thompson, die Autoren der grundlegenden Werke zur Klassifikation von Volksliteratur und ihrer Motive (1961), wurden zu meinen frühen Helden, gemeinsam mit Albert Einstein und Max Planck.

Meine Reifeprüfung am Gymnasium legte ich noch vor meinem 17. Geburtstag ab und war mir durchaus bewußt, daß ich nun ausreichend Zeit für meine akademische

Weiterbildung hatte. Allerdings blieb bis zuletzt die Frage offen, ob es in Richtung Astrophysik oder Literaturwissenschaften gehen sollte.

Die Entdeckung der Ethnologie

Zu meinem 17. Geburtstag, im Sommer zwischen Abitur und Immatrikulation an der Universität Wien, schenkte mir mein älterer Bruder Johannes James Fenimore Coopers „Conanchet, oder die Beweinte von Wish-ton-Wish" (1962) in der Übersetzung und mit einem ausführlichen Nachwort versehen von Arno Schmidt (1914–1979), der auch meine spätere, beruflich bedingte Zwangslektüre von Karl May beeinflussen sollte. Ich fand ganz spannend, was Schmidt über Cooper (und die schlechten deutschen Übersetzungen des 19. Jahrhunderts) zu sagen hatte, und machte einen Streifzug durch die Wiener Antiquariate, wo man für ein paar Schillinge Einzelbände eben jener schlecht übersetzten Ausgaben erwerben konnte. Es gelang mir zwar nicht, einen kompletten Satz der Bücher zu ergattern, ich habe aber von den 34 Romanen damals etwa zwanzig gelesen und damit den Grundstein für ein Interesse an der amerikanischen Kultur- und Sozialgeschichte des späten 18. und frühen 19. Jahrhunderts gelegt.

Beeinflußt wurde mein Entschluß Germanistik zu studieren sicher durch einen Freund meines Bruders Johannes, den späteren Göttinger Germanistikprofessor Christian Wagenknecht (geb. 1935), der in Wien für seine Doktorarbeit über „Das Wortspiel bei Karl Kraus" (Wagenknecht 1965) (einschließlich der Wortspiele, die aus Fehlern des Schriftsetzers entstanden) recherchierte und oft in unserer Familie zu Gast war. Um so größer war die Enttäuschung, als ich feststellen mußte, daß das Studium der Germanistik in Wien ein von der Lehrerausbildung geprägtes Massenfach war, das einen engeren Kontakt zu den Professoren unmöglich machte und selbst renommierte Gelehrte wie Hans Rupprich (1898–1972), den Herausgeber der Schriften Albrecht Dürers, zu Rädchen einer anonymen Maschinerie werden ließ. Als Nebenfach wählte ich wegen meines Interesses an Märchenforschung die Volkskunde, wo zufälligerweise in diesem Wintersemester 1962/63 Leopold Schmidt (1912–1981), der Direktor des Österreichischen Museums für Volkskunde, eine Vorlesung über „Volkserzählforschung" anbot. Schmidt war ein Mann von ausschweifenden Kenntnissen und ein passabler Lehrer.[1] Aber da war auch noch der eben erst rehabilitierte, jedoch kaum reformierte Professor Richard Wolfram (1901–1995), der sich 1932 – ein Jahr vor ihrem Verbot in Österreich – der NSDAP angeschlossen hatte. Nicht nur war dies nicht meine Welt, es war schlicht widerlich.

Bei der Suche im Vorlesungsverzeichnis nach der Volkskunde stieß ich auf die gleich danach aufgelisteten Veranstaltungen der Völkerkunde. Professor Josef Haekel

---

[1]   In seiner Zeit als kommissarischer Leiter des Museums für Völkerkunde, 1953–1955, nannte man ihn „Leopold, der Alleswisser".

(1907–1973) bot Vorlesungen über „Religionsethnologie" und „Geheimbundwesen" sowie ein Proseminar an, das für mich attraktiv schien, weil ich als Ausländer die dreifachen Studiengebühren zu entrichten hatte: Eine Gleichstellung mit Inländern konnte nur durch den Nachweis bestimmter Studienleistungen erlangt werden, zu denen der erfolgreiche Besuch eines Proseminars zählte. Da Haekels Proseminar im Vorlesungsverzeichnis mit p.A. (persönliche Anmeldung) gekennzeichnet war, machte ich mich auf den Weg in die Reitschulgasse, wo das Institut seine Heimat hatte.

Hier fand ich alles in Auflösung, da eine Übersiedlung in das bis zu Semesterbeginn noch nicht fertiggestellte Neue Institutsgebäude in der Universitätsstraße bevorstand. Haekel erklärte mir, daß das Proseminar von seinem Assistenten Engelbert Stiglmayr (1927–1996) geleitet werden würde und begab sich mit mir auf die Suche nach ihm. Wir fanden ihn in der Bibliothek auf einer Leiter stehend, wo er seinem Chef von oben herab erklärte, daß er jetzt keine Zeit habe und Haekel sich doch selbst um die Studienberatung kümmern möge.[2] Haekel nahm mich also wieder mit auf sein Zimmer und wies mich darauf hin, daß das Studium der Völkerkunde ein zwar sehr interessantes sei, daß es aber kaum Berufschancen in diesem Fach gebe. Obwohl ich ihm rasch versicherte, daß eigentlich Germanistik und Volkskunde die Fächer meiner Wahl seien, erläuterte er mir geduldig, welche Lehrveranstaltungen ich für das Hauptfach Völkerkunde belegen müsse und daß der Lehrbetrieb erst in etwa sechs Wochen im neuen Institut beginnen werde.

Ich fand den älteren Herrn sehr vertrauenserweckend und folgte ohne weitergehende Absichten seinen Instruktionen. Als mir klar geworden war, daß ich in Wien sicher nicht Germanistik studieren würde, konnte ich so noch während des ersten Semesters ohne Zeitverlust einen Wechsel in das Hauptfach Völkerkunde vollziehen.[3]

Als ich nach etwa vier Wochen im neuen Institut Erkundigungen über den genauen Zeitpunkt des Vorlesungsbeginns einholen wollte, waren soeben die Tische und Stühle für die Hörsäle geliefert worden. Da der Institutsdiener die Aufstellung des Mobiliars allein nicht bewältigen konnte, faßte ich mit an, und in kurzer Zeit war alles an seinem Platz. Haekel, der Zeuge dieser Aktion wurde, bat mich nachher auf sein Zimmer und beteuerte, daß man solche Leistungen von Studenten nicht erwarten dürfe und er sich mir daher erkenntlich erweisen wolle. Auf seine Frage, was denn meine regionalen Interessen in der Ethnologie seien, fielen mir nicht Margaret Mead oder die „wilden Weiber von Borneo" ein, sondern Cooper. Zu Nordamerika, strahlte der Pro-

---

2   Der aus Wien stammende und später in Toronto tätige Ethnologe Helmuth Fuchs (1929–2007) erzählte mir in den 1980er Jahren, daß er im Jahr vor meinem Erlebnis die indische Botschaft in Teheran besucht habe, kurz nachdem dort Haekel und Stiglmayr als Mitglieder der „Österreichische[n]-Zentralindien-Expedition" ihre Aufwartung gemacht hatten. „Ja", habe der Botschafter berichtet, „der Professor aus Wien war hier mit seinem Diener!" Nachfragen ergaben, daß der Botschafter Stiglmayr für den Professor gehalten hatte.

3   Im Nebenfach landete ich auf Umwegen über die Botanik schließlich bei der Allgemeinen und Vergleichenden Sprachwissenschaft.

fessor, habe er erst jüngst einen Aufsatz über den „Hochgottglaube der Delawaren im
Lichte ihrer Geschichte" (1960) geschrieben, der mich sicher interessieren würde. Leider konnte er keinen Sonderdruck davon mehr finden, und so gab er mir seinen Aufsatz
„Über die Zusammenarbeit der ‚anthropologischen Disziplinen' vom Standpunkt der
Völkerkunde" (1961). Unerwartet wurde ich so mit einem Thema konfrontiert, das mich
später sowohl im Wiener Umfeld im Rahmen der Anthropologischen Gesellschaft als
auch im Zusammenhang mit der amerikanischen „four fields anthropology" beschäftigen sollte. Zugleich verstärkte das Erlebnis das Empfinden, ich sei hier zu Hause.

Vom Herdenbetrieb der Germanistik unterschied sich die Völkerkunde durch
eine angenehme Übersichtlichkeit. Im Jahre 1962 gab es in dem Fach gerade einmal
siebzig Studierende im Haupt- und Nebenfach. Jeder kannte jeden, ohne daß jedoch
der beständige Augenkontakt in Intimität ausartete. Mit den Kolleginnen und Kollegen
höherer Semester war man respektvoll per „Sie".

Mit Vorlesungsbeginn lernte ich Haekel als einen Mann von enzyklopädischem
Wissen kennen, das er sich offenbar in langen Nächten erarbeitete. Die Fenster seines
Zimmers im 4. Stock des Neuen Institutsgebäudes waren auch um Mitternacht noch
hell erleuchtet. Eine seiner großen Stärken waren systematische Übersichtsdarstellun-
gen, wie sie überhaupt die damalige Wiener Studienordnung kennzeichneten (vgl. auch
Feest 1977). Rund zwanzig Einführungsvorlesungen in die Ethnologie der großen Weltregionen und in die wichtigsten Themenfelder boten gemeinsam mit vier Proseminaren
zu Theorien und Methoden und zwei frei zu vereinbarenden schriftlichen Proseminararbeiten eine solide Grundausbildung, die mit einer Zwischenprüfung zum gesamten Stoff der ersten vier Semester abgeschlossen wurde. Problematisch waren dabei
aus meiner Sicht in erster Linie die von Stiglmayr geleiteten Proseminare, die noch
sehr stark von der alten Wiener kulturhistorischen Schule der SVD-Patres Wilhelm
Schmidt (1868–1954) und Wilhelm Koppers (1886–1961) geprägt waren, von der sich
Koppers' ehemaliger Assistent Haekel bereits unter großen persönlichen Qualen weitgehend abgewandt hatte. Koppers war erst im Jahr zuvor verstorben, und der der SVD
familiär verbundene Stiglmayr galt als sein auf dem Totenbett gemachtes Vermächtnis
an Haekel.

Stiglmayr war auch deshalb nicht in der Lage, mich für sich zu gewinnen, weil er
auf viele meiner Anfängerfragen keine überzeugende Antwort geben konnte, so zum
Beispiel, ob es nun „matrilinear" oder „matrilineal" hieße. Noch wußte ich nicht, daß
dies (und manches andere) nur der Unfähigkeit der Übersetzer geschuldet war und sich
seit Coopers Zeiten da nur wenig geändert hatte.[4]

Während Stiglmayr vollmundig die wahre Lehre verkündete und damit auf verständlichen Widerstand stieß, machte Haekel seine stets kritische (und selbstkritische)
Haltung zu einem erstrebenswerten Vorbild, auch wenn manche ihn wegen seiner Bescheidenheit und seiner manchmal etwas unbeholfenen Art belächelten. Seine Vorle-

---

[4]   Auf die Frage war ich bei Lektüre deutscher Malinowski-Übersetzungen gestoßen.

sung über Religionsethnologie bot eine ausgewogene Diskussion von Begrifflichkeiten und unterschiedlichen Forschungsansätzen. Ich hatte damals offenbar noch genügend Zeit, um meine Mitschriften zu Hause auf der Schreibmaschine abzutippen, und diese dienten mir noch lange als Hilfsmittel zur raschen Information.[5] Die Vorlesung über „Geheimbundwesen" ging von den Männerfesten der Feuerländer aus, wie sie in der monumentalen Ethnographie Martin Gusindes beschrieben wurden, und verglich dann einige ihrer charakteristischen Merkmale mit jenen der Männerbünde Amazoniens. Wenn ich, jenseits der Spezifika, etwas daraus gelernt habe, dann war es die zentrale Bedeutung des systematischen Vergleichs für die Gewinnung von Erkenntnis.

Sobald ich mein Hauptfach gewechselt hatte, erhob sich die Frage nach einer regionalen Spezialisierung. Nicht zuletzt auch wegen meiner nach einem längeren Aufenthalt in England bereits recht guten Kenntnisse des Englischen fiel die Wahl auf Nordamerika. In der Universitätsbibliothek fand ich eine Fülle von ethnographisch reichhaltigen Reisebeschreibungen des 18. und frühen 19. Jahrhunderts sowie anderer Quellenwerke über Nordamerika, und da man damals noch alle nach 1775 erschienenen Bücher entlehnen konnte, türmten sich bald auf meinem Nachttisch die Schriften der Pelzhändler James Adair (1775) und John Long (1791) oder die Werke des Captain John Smith (1884) (der jüngeren Generation vor allem aus Walt Disneys „Pocahontas" ein Begriff).

Außerdem fand ich heraus, wie man sich Bücher aus Nordamerika beschaffen konnte, was in Zeiten vor dem Internet zwar kompliziert, aber doch möglich und vor allem notwendig war, nachdem der Vorrat der Universitätsbibliothek zur Neige ging. Meine ersten so beschafften Bücher waren das Bändchen „The Indian tribes of the United States: ethnic and cultural survival" des Flathead-Ethnologen D'Arcy McNickle (1962)[6] und die Grammatik „Eastern Ojibwa" des großen amerikanischen Sprachwissenschaftlers Leonard Bloomfield (1956). Beide waren für mich wichtig für die Einsicht in die stete Veränderung von Gesellschaft, Kultur und Sprache, die im Widerspruch zur damals verbreiteten Lehrmeinung der Unveränderlichkeit oder „Konstanz" traditioneller Kulturen stand. Auch ohne weitere Hilfe konnte ich die Unterschiede zwischen der kleinen Ojibwa-Wörterliste bei Long (1791) und Bloomfields anderthalb Jahrhunderte danach aufgezeichnetem Vokabular erkennen, und beim Vergleich der Erzählungen der alten Reisenden mit McNickles Bestandsaufnahme aus der Mitte des 20. Jahrhunderts waren noch markantere Veränderungen festzustellen.

---

[5] Zu meinem Erstaunen fand ich 15 Jahre später, als ich selbst im Institut meine Tätigkeit als Lehrbeauftragter aufnahm, meine alten Mitschriften in der x-ten Kopie und durch zahlreiche Fehler entstellt (aber unter anderem erkennbar an der radikalen Kleinschreibung) weiterhin im Umlauf.

[6] Daß ich McNickle 1967 persönlich kennenlernen durfte und weitere zwanzig Jahre danach ein Jahr als Stipendiat der Ford Foundation an dem nach ihm benannten D'Arcy McNickle Center for Native American History zubrachte, ist wohl auch eher den Zufällen als den Notwendigkeiten zuzuschreiben.

Im zweiten Semester lernte ich auch den zweiten Professor des Instituts, Walter Hirschberg (1904–1996), kennen, der für Einführungen in die Ergologie, Technologie, Wirtschaftsethnologie und die Völkerkunde Afrikas zuständig war und in diesem Semester auch „Übungen an ethnographischen Gegenständen" aus der kleinen Sammlung des Instituts abhielt. Ich mußte mich mit einer der hautüberzogenen Masken der Ekoi der Cross River-Region auseinandersetzen, vertiefte mich auf Hirschbergs Anregung in Alfred Mansfelds „Urwald-Dokumente" (1908), fand das Thema aber sehr spröde. Hirschberg war in vieler Hinsicht das Gegenteil von Haekel: wortgewaltig-emotional, manchmal polternd und ein antiklerikaler Kritiker der SVD sowie zunehmend auch ihrer Ethnologie.[7] Während Haekel aus christlich-sozialem Hintergrund stammte, gehörte Hirschberg dem deutschnationalen Lager an, engagierte sich im Reichskolonialbund für die Wiedererlangung der deutschen Kolonien und verlor nach dem Zweiten Weltkrieg ebenso wie sein Direktor Fritz Röck (1879–1953) seine Stellung am Museum für Völkerkunde. Dank der Fürsprache von Robert Heine-Geldern (1885–1968), der selbst ein Kritiker der Kulturkreislehre gewesen und als Jude vor den Nazis in die Emigration in die USA geflohen war, wurde Hirschberg schließlich rehabilitiert und durfte wieder an der Universität lehren. Ich habe ihm, als wir uns besser kennenlernten, seine ehrliche Reue über begangene Fehler abgenommen – auch wenn es Momente gab, in denen in ihm alte Prägungen hochkamen und die andeuteten, daß er nie zur Gänze mit sich selbst ins Reine gekommen war.

Den absoluten Höhepunkt des Sommersemesters 1963 bildete aber die Gastprofessur von Thomas Sebeok (1920–2001) von der Indiana University in Bloomington, der in Wien wohl seiner ungarischen Heimat nahe sein wollte. Sebeok beeindruckte mich nicht nur als Lehrer, sondern auch durch seine Transdisziplinarität. Bei ihm, so dachte ich, könnte ich noch viel lernen, und da auch Stith Thompson in Bloomington unterrichtete, lag es nahe, nach Abschluß meines Grundstudiums in Wien nach Indiana zu gehen. Mit Sebeoks Hilfe besorgte ich mir die Antragsformulare für die Zulassung an die Universität. Daß ich sie aber niemals abschickte und erst fünfzig Jahre später erstmals Bloomington besuchte, lag an einem anderen merkwürdigen Zufall.

DIE ENTDECKUNG DES MUSEUMS

Gegen Ende des Sommersemesters 1963 verlas Haekel am Schluß seiner Hauptvorlesung eine Mitteilung der Direktorin des Museums für Völkerkunde, Etta Becker-Donner (1911–1975), daß in ihrem Haus ab sofort eine Vertretungsstelle für einen wegen eines Forschungsprojekts für drei Jahre karenzierten Mitarbeiter zu besetzen sei. Ich

---

7   Es gehört zu den Ironien der Geschichte, daß Hirschberg nach dem Krieg als Kalenderverkäufer für die Societas Verbi Divini überlebte und auch den Index für „Der Ursprung der Gottesidee" seines ideologischen Erzfeinds P. Wilhelm Schmidt erstellen durfte (oder mußte).

weiß nicht mehr, was mich dazu trieb – vielleicht war es die von Haekel erhaltene Mitteilung über die geringe Zahl von Planstellen für Ethnologen –, aber eine Woche später ging ich zu Haekel und bekundete mein Interesse. Es hätten sich, sagte er, schon zwei Bewerber gemeldet, er würde mich aber nun als dritten auf die Liste setzen.

Daß es in Wien ein Museum für Völkerkunde gab, war mir in meiner Schulzeit trotz meiner breit gestreuten Interessen verborgen geblieben. Wahrscheinlich angeregt durch Hirschbergs Übungen an ethnographischen Gegenständen hatte ich das Museum erstmals im Frühjahr 1963 besucht. Meine Erinnerung ist die an eine lange, düstere Flucht von Sälen voller Dinge, von denen ich auch am Ende meines Besuchs noch keine Ahnung hatte. An diesem Vormittag war ich offenbar der einzige Besucher und erregte daher die Aufmerksamkeit eines übergewichtigen Aufsehers, der dem noch minderjährigen Besucher unter allen Anzeichen der Verschwiegenheit einige broschierte Ausstellungsführer mit den Abbildungen weitgehend nackter Afrikanerinnen zum Kauf anbot.

Ich erfuhr dann noch, daß die freie Stelle mit dem eben promovierten Justin Stagl (geb. 1941) besetzt worden sei, der später als Soziologe in Bonn und Salzburg Karriere machte und aus dessen „A history of curiosity" (1995) ich seither viel Gewinn gezogen habe. Nach Ende der Sommerferien stellte sich heraus, daß Stagl in kürzester Zeit in Konflikt mit der Direktion des Museums geraten und daß sein Vertrag nach der Probezeit nicht verlängert worden war. Die an zweiter Stelle auf der Liste stehende deutsche Kommilitonin war nach den Ferien nicht mehr nach Wien zurückgekehrt, und so fand ich mich Anfang Oktober 1963 unvermutet in Becker-Donners Direktionsbüro zu einem Einstellungsgespräch wieder. Becker-Donner hatte ein großes Herz für junge Leute und hätte mich auch angestellt. Allein, meine deutsche Staatsbürgerschaft verhinderte meine Beschäftigung als Vertragsbediensteter der Republik Österreich.

Wenige Wochen danach nahm ich gemeinsam mit einer größeren Zahl von Wiener Studierenden an der Tagung der Deutschen Gesellschaft für Völkerkunde in Stuttgart teil. Becker-Donner war auch da und teilte mir zu meinem Erstaunen mit, sie habe doch eine Möglichkeit gefunden, mich zu beschäftigen, wenn auch nicht auf der vakanten Vertretungsstelle, sondern durch Verrechnung aus dem Sachleistungskonto für „Ordnungsarbeiten". Es war zwar nicht viel Geld, wurde aber jeden Monat bezahlt, und meine Arbeitszeiten waren so flexibel, daß ich mein Studium daneben problemlos fortzusetzen vermochte. Da ich noch im Haushalt meiner Mutter lebte, war es mir möglich, die Einkünfte fast zur Gänze in Bücher und Zeitschriften zu investieren. Der Erwerb von bedrucktem Papier stellte sich zwar langfristig als unheilbare Krankheit heraus, machte mich aber unabhängig von den Ankäufen der öffentlichen Bibliotheken, die nicht immer auf meine Forschungsbedürfnisse zugeschnitten sein konnten.

Als ich am 15. November 1963 mit gerade einmal 18 Jahren meine Tätigkeit am Museum für Völkerkunde Wien begann, konnte ich nicht wissen, daß ich dieser Einrichtung mit einer längeren und mehreren kürzeren Unterbrechungen bis 2011 verbunden bleiben sollte. Bloomington war vorerst aufgeschoben, und auch die Idee, später einmal in Göttingen Germanistik zu studieren, war noch nicht ganz ad acta gelegt.

Das Museum erwies sich als wahrer Zauberberg voller höchst eigentümlicher Protagonisten, der sich mir nur langsam durch teilnehmende Beobachtung erschloß und für
dessen ausführliche Schilderung hier nicht der Platz ist. Etta Becker-Donner, deren
1946 als erster österreichischer Gesandter in Chile erschossener Mann, Hans Becker,
in der Zeit des Dritten Reichs eine (austrofaschistische) Widerstandzelle geleitet hatte, hatte mit ihren in den 1930er Jahren in Liberia durchgeführten linguistischen und
ethnologischen Forschungen einiges Aufsehen in der Wiener Gesellschaft erregt und
wurde 1955, gegen den anhaltenden Widerstand des akademischen Establishments, als
erste Frau zur Direktorin eines großen Museums in Österreich und eines Völkerkundemuseums in Europa gemacht. Sie war politisch gut in der konservativen Österreichischen Volkspartei vernetzt, zugleich aber eine technologiegläubige Modernisiererin
(vgl. auch Feest 1978). Sie hatte es geschafft, die Zahl der wissenschaftlichen Mitarbeiter
auf acht (darunter drei Frauen) aufzustocken, auch wenn die damals im Vergleich etwa
zu deutschen Museen beschränkten Mittel keine großen Sprünge zuließen.

Als Nemesis der spät berufenen Amerikanistin Becker-Donner, für die er nur
Verachtung übrig hatte, fungierte der herausragende Mexikanist Karl Anton Nowotny
(1904–1978), der seine Stelle am Museum der Entlassung seiner 1945 als „belastet" ein-
gestuften Frau, der Sinologin Fausta Nowotny, zu verdanken hatte. Obwohl Nowotny
niemals in Mexiko gewesen war, schien er dort jeden Stein zu kennen und verfügte
jedenfalls nicht nur über eine stupende Kenntnis der Quellen, sondern auch über durch
seine mediaevistischen Studien geprägte Einsichten in deren Interpretation.[8] Seine Her-
zensgüte versteckte er gerne unter einem Mantel der schroffen Unnahbarkeit. Die Lehrveranstaltungen, die er in seinem Dienstzimmer im Museum abhielt, wurden in der
Regel von nicht mehr als fünf Studierenden besucht, und obwohl die meisten von uns
kaum ein Wort seiner Ausführungen verstanden, habe ich von ihnen enorm profitiert.
Über Vermittlung von Karl Jettmar (1918–2002) – ehemals Museumsmitarbeiter und
mittlerweile Professor in Mainz – erhielt Nowotny zuerst eine Gastprofessur in Mainz
und später eine Professur in Köln, wo ihm jener Erfolg zuteil wurde, der ihm in Wien
versagt geblieben war.[9]

Meine ersten Tätigkeiten im Museum waren Ordnungsarbeiten in der Bibliothek
und in dem von Becker-Donner eingerichteten Tonstudio, wo es zu meinen Aufgaben
zählte, die mehr durch Zufall als durch Absicht angehäuften Schallplatten und Tonbän-
der anzuhören und zu inventarisieren. Aus dieser zwar unterhaltsamen, aber etwas ein-
samen Tätigkeit rettete mich der junge Kustos Alfred Janata (1933–1993), dem ich beim
Abbau seiner Ausstellung „Außereuropäische Musikinstrumente" (1961) helfen durfte
und der mich in die eigentliche Museumsarbeit – den Umgang mit Objekten – einführ-

---

8   Die Erstausgabe von Nowotnys Buch „Tlacuilolli" (1961), das vom Stil und Inhalt mexikanischer
        Bildhandschriften handelt, hat wegen ihres deutschen Textes niemals eine angemessene Wirkung
        entfaltet. Aber selbst zum Zeitpunkt der englischen Übersetzung (2005) war das Buch immer noch
        bahnbrechend.
9   Vergleiche auch Feest (1979).

te. Mit Janata, der damals als rechte Hand Becker-Donners eine zentrale Rolle bei der Modernisierung des Museums inne hatte, verband mich bald eine enge persönliche Freundschaft, die nicht zuletzt auf der frappanten Ähnlichkeit unserer musikalischen und literarischen Interessen beruhte.[10]

Walter Dostal (1928–2011), der nach 1975 als Professor in Wien eine wichtige Rolle in meinem Werdegang spielen sollte, verließ das Museum nach seiner Habilitation und Berufung nach Bern schon 1965. Immerhin betraute er mich zuvor mit der ehrenvollen Aufgabe der stilistischen Korrektur seiner Habilitationsschrift vor ihrer Drucklegung. Die vakante Vertretungsstelle wurde nach dem Abgang von Stagl mit dem Mexikanisten Ferdinand Anders (geb. 1930) besetzt, der sich allerdings auch nur wenige Monate in der schwierigen Gemengelage des Museums behaupten konnte. Ihm verdanke ich die Einladung zur Mitarbeit an einem Projekt über den Schweizer Reisenden und Sammler Lukas Vischer.[11]

Da ich im Gegensatz zu Stagl und Anders den ersten Härtetest offenbar bestanden hatte, drängte Becker-Donner auf meine Festanstellung. Die Voraussetzung dafür – die Annahme der österreichischen Staatsbürgerschaft (und die Zurücklegung der deutschen) – war 1965 erfüllt und so wurde ich (letztlich auf der Stelle Nowotnys) als Kustos für Nord- und Mittelamerika eingestellt. Zusätzlich wurde ich in die Redaktion der Museumzeitschrift „Archiv für Völkerkunde" berufen, in der Janata und ich die meiste Arbeit machten, und wo ich viel über das Druck- und Verlagsgeschäft lernte.

An der Universität verfaßte ich im zweiten Studienjahr die zwei vorgeschriebenen Proseminararbeiten – bei Haekel zu einem Thema der historischen Ethnographie Nordamerikas, bei Hirschberg zur materiellen Kultur – und hatte das Glück, daß beide gleich veröffentlicht wurden (Feest 1965, 1966). Ich fragte mich zunehmend, was ich als in Europa tätiger Nordamerikanist wohl leisten könnte, und beschloß daher, mich auf Fragestellungen zu konzentrieren, bei denen mein exotischer Standort mehr Vor- als Nachteile mit sich brächte. Das waren einerseits die in Europa verwahrten ethnographischen Sammlungen aus Nordamerika, die noch weitgehend unerschlossen und vor allem in ihren Anfängen weit älter waren als die Bestände nordamerikanischer Museen. Andererseits war dies (bei allem Interesse an der Gegenwart) die historische Ethnographie der frühen Kolonialzeit, deren ungedruckte Quellen etwa in englischen Archiven mir leichter zugänglich sein sollten als amerikanischen Kollegen. So besuchte ich erstmals im Sommer 1964 das Public Record Office und das British Museum in London und setzte diese Arbeiten 1967 fort. Zugleich nahm ich jede Gelegenheit wahr, beginnend 1966 in Dresden und Braunschweig, die Sammlungen in europäischen Museen kennenzulernen.

Eine meiner „Entdeckungen" des Jahres 1964 war die in Bloomington erscheinende Zeitschrift „Ethnohistory", die in österreichischen Bibliotheken nicht vorhan-

---

[10] Vergleiche auch Feest (1993).
[11] Siehe Anders, Pfister-Burkhalter und Feest (1967) sowie Feest (1968a, 1976).

den war und die ich, einschließlich der bereits erschienenen zehn Jahrgänge, bestellte. Gleichzeitig regte ich die Erwerbung durch die Universitätsbibliothek Wien an. Auf die ersten zehn Bände hatte ich aber viele Jahre lang das Monopol in Österreich. Ich fand in dieser Zeitschrift zahlreiche nützliche Anregungen im Hinblick auf die Arbeitsrichtung, die mir vorschwebte.

Durch meine Proseminararbeit war Hirschberg auf mich aufmerksam geworden. Er kämpfte gerade mit seinem „Wörterbuch der Völkerkunde" (1965) und lud mich zur Lieferung von Beiträgen ein, für die ich mehr oder weniger kompetent zu sein schien. Es war nicht abzusehen, daß ich 1999 als Beiratsmitglied für die dritte und wohl letzte Auflage dieses Werks mitverantwortlich sein sollte (Hirschberg 1999). Für das Bibliographische Institut plante Hirschberg auch die Abfassung eines Lehrbuchs zur materiellen Kultur und verlegte daher seine einschlägigen Übungen von der Universität ans Museum, wo Janata und ich speziell für diesen Zweck eine systematische Studiensammlung anlegten. Wir gingen dabei bald über Hirschbergs Vorlesungsmanuskript hinaus und konnten ihn so von der Unverzichtbarkeit unserer Mitarbeit auch an der „Technologie und Ergologie in der Völkerkunde" (Hirschberg u. Janata 1966) überzeugen, von der am Ende mehr als die Hälfte von Janata und etwa ein Drittel von mir verfaßt wurde. Auch in diesem Fall lag dann nach dem Tod von Janata und Hirschberg die Verantwortung für die 4. und letzte Auflage (Feest u. Janata 1999) in meinen Händen.

Ende August/Anfang September 1965 fand in Wien der 12. Internationale Historikerkongress statt. Ein Freund meines Bruders Johannes war aus diesem Grund aus München angereist und wohnte bei uns zu Hause. Ich studierte das Programm, das er am ersten Tag vom Kongress mitbrachte, und meinte, mich würden nur zwei der Teilnehmer wirklich interessieren, deren Arbeiten mich im Rahmen der beginnenden Vorstudien für meine Dissertation beeindruckt hatten: der irisch-britische Kolonialhistoriker David Beers Quinn (1909–2002) und der Leiter des Office of American Studies der Smithsonian Institution in Washington, Wilcomb E. Washburn (1925–1997).[12] Aber wie sollte ich die beiden unter den Hunderten von Teilnehmern finden, und warum sollten sie mit einem zwanzigjährigen Unbekannten sprechen wollen? Am Donnerstagabend erzählte mir unser Hausgast, er habe auf dem Kongress eine ehemalige Studienkollegin (und Hirschberg-Schülerin) getroffen, die dort in der Bücherausstellung von Hirschbergs Verleger ADEVA arbeitete. Also stattete ich ihr am Freitagabend einen Besuch ab und bemerkte nebenbei, jetzt, wo ich schon hier sei, wolle ich eigentlich nur noch Quinn und Washburn treffen. Zu meiner Überraschung erfuhr ich, daß beide bereits Bücher bei ihr gekauft hätten, und daß sie Washburn erzählt habe, ich hätte in einem Seminar von seinen Büchern geschwärmt. Das änderte natürlich die Lage, und ich ersuchte sie, einen oder beide zu einem Gespräch mit mir am folgenden Samstag um 12 Uhr herbeizuschaffen.

---

[12]   Vergleiche Feest (1997).

Tatsächlich erwartete mich Washburn bereits am Bücherstand, als ich pünktlich dort erschien.[13] Ich führte Washburn ins Museum, und wir hatten ein langes Gespräch über meine geplanten Arbeiten, insbesondere über die Bildquellen zur Ethnographie des Küstenlands von Virginia im frühen 17. Jahrhundert. Er regte daraufhin an, ich solle doch diesen erst zu schreibenden Aufsatz dem soeben gegründeten „Smithsonian Journal of History" anbieten, wo er schließlich auch erschien (Feest 1967). Außerdem versprach er, mir den Kontakt zu den einschlägigen Ethnologen der Smithsonian Institution zu vermitteln, insbesondere zu William C. Sturtevant (1926–2007), dem späteren Herausgeber des „Handbook of North American Indians". Sowohl Washburn als auch Sturtevant wurden im Verlauf der Jahre zu prägenden Figuren meiner Entwicklung, weit über das von ihnen befürwortete „Post-Doctoral Fellowship" an der Smithsonian Institution 1972/73 hinaus. Sturtevant verdankte ich überdies die ersten Kontakte zu der Handvoll von Leuten, die sich damals für die materielle Kultur des indigenen Nordamerikas in historischer Perspektive interessierten, darunter insbesondere Norman Feder (1926–1995).[14] Was ich aus dieser Erfahrung noch mehr als alles Andere mitnahm, war die Einsicht in die Wichtigkeit des Vertrauens in junge Wissenschaftler und ihre bedingungslose Unterstützung, selbst wenn ihre Fähigkeiten noch nicht wirklich abzuschätzen sind.

Sturtevant war auch für meine damalige Beschäftigung mit „Ethnoscience" verantwortlich, die nahtlos an mein Interesse für Klassifikationssysteme, Typologie und Terminologie anschloß (Sturtevant 1964). Selbst wenn sich die Methoden der kognitiven Anthropologie nicht für den Umgang mit historischen Daten eignen, sind ihre Einsichten für die Beurteilung von historischen Quellen relevant. Außerdem lernte ich so den tatsächlichen Unterschied zwischen „emisch" und „etisch" kennen, der sich gravierend von dem unterscheidet, was über diverse Lehrbücher, die Marvin Harris' Mißverständnis dieses Unterschieds kodifiziert haben, in den ethnologischen Alltagssprachgebrauch eingedrungen ist (Headland, Pike u. Harris 1990). Haekel, immer für neue Ideen offen, ließ mich ein Seminar zu diesem Thema gestalten, während Hirschberg alle theoretischen Ansätze mit dem Schimpfwort „Soziologie" abqualifizierte.

Obwohl ich in erster Linie Haekels Schüler war, besuchte ich auch Hirschbergs Afrika-Seminar, da die von ihm gerade erst im Zusammenhang mit der Arbeit an seinen „Monumenta Ethnographica" (Hirschberg 1962) selbst erfundene ethnohistorische Arbeitsrichtung gewisse Ähnlichkeiten zu dem aufwies, was mir aus der amerikanischen Literatur bekannt war. Als kritischer Student war ich nicht immer mit allem einverstanden, was ich da zu hören bekam, aber das tat dem durch die anderen Arbeiten für ihn entstandenen Vertrauen keinen Abbruch. Bei einer Planungsbesprechung für einen zweiten Band der „Technologie und Ergologie", die wie üblich in einem Weinkeller der Wiener Innenstadt stattfand, erzählte ich Hirschberg von einem am Institut kursieren-

---

[13] Quinn besuchte mich am folgenden Montag im Museum.
[14] Vergleiche auch Feest (2001).

den Gerücht, das mich wegen seiner gänzlichen Haltlosigkeit amüsierte: nämlich, daß er mir seine neue Assistentenstelle angeboten und ich sie abgelehnt hätte. Hirschberg wurde erst etwas verlegen, faßte sich dann aber und sagte, wenn auch in etwas derberen Worten, ich müsse schon verstehen, daß er sich in seinem Alter so jemanden wie mich nicht mehr antun wolle. Der zweite Band der „Technologie und Ergologie" ist übrigens erst 23 Jahre später erschienen (Feest u. Janata 1989), weil es im Zuge der Vorarbeiten zu einem unheilbaren Zerwürfnis zwischen Hirschberg und Janata gekommen war, das eine gemeinsame Fortführung des Projekts unmöglich machte.

ENDSPURT MIT HINDERNISSEN

Langsam wurde es nun Zeit, an den Abschluß meines Studiums zu denken, auch um die vorgeschriebene Qualifikation für die von mir eingenommene Planstelle am Museum zu erlangen. Zuvor wollte ich aber noch eine Ausstellung der bis dahin in ihrer Bedeutung kaum gewürdigten nordamerikanischen Gegenstände des Museums fertigstellen und einen Katalog dazu verfassen. Zu diesem Katalog hatte ich sehr konkrete Ideen, vor allem zur Art der Dokumentation der Objekte als historischer Quellen, die allerdings etwas an den primär volksbildnerischen Zielen Becker-Donners vorbeiging. In diesem Moment der Frustration fragte ich mich, ob ich denn im Leben noch andere Optionen hätte oder nun mangels geeigneter Alternativen geduldig im Museum meiner Verrentung entgegen sehen müsse. Ich besuchte daher 1967 einen von einer Volkshochschule angebotenen Programmierkurs, bei dem es hauptsächlich um Grundlagen und die Arbeit mit Lochkarten ging. Der Kurs wurde vom jungen Chef des ersten damals in Wien betriebenen Großrechners (einer Bank) geleitet. Als er mich am Ende des Kurses fragte, ob ich an einem Job bei ihm interessiert sei, war ich total begeistert. Ich lehnte das Angebot dankend ab, wußte aber jetzt, daß es notfalls für mich auch andere Möglichkeiten gab. Und als fast zwanzig Jahre danach die digitale Welt die Museen zu erreichen begann, war ich darauf nicht gänzlich unvorbereitet.

Die Ausstellung samt Katalog (Feest 1968a) wurde im Frühjahr 1968 eröffnet, und so sehr ich heute die angesichts meiner damals noch unzureichenden Erfahrung fast zwangsweise vorhandenen Mängel erkenne und bedaure, so war es doch die erste umfangreiche Publikation der Nordamerika-Sammlung eines europäischen Museums (abgesehen von Berlin). Während ich nun glaubte, meine volle Konzentration der Dissertation widmen zu können, schwappten die Ereignisse an deutschen Universitäten des Jahres 1968 mit der üblichen Verzögerung und in deutlich abgeschwächter Form nach Österreich über. Trotz Barts und vergleichsweise langen Haaren war ich schon durch meine institutionelle Anbindung kaum der typische „Achtundsechziger". Aber offenbar genoß ich in ausreichendem Maß das Vertrauen der auf Veränderungen drängenden Studentenschaft, um 1969 gemeinsam mit meinem Freund und Kollegen Georg Grünberg (geb. 1943) zu den ersten Studentenvertretern am Institut für Völkerkunde gewählt zu werden. Die Reformvorschläge, die wir dem Institut vorlegten, waren überaus gemäßigt und stießen daher auf keinerlei Widerstand. Der spektakulärste „Erfolg" bestand darin, daß wir parallel zu den studentischen Bemühungen den bisherigen konservativen Vorstand der Österreichischen Ethnologischen Gesellschaft, der als Herausgeber der von Stiglmayr produzierten Institutszeitschrift „Wiener völkerkundliche Mitteilungen" fungierte, in einer demokratischen Wahl durch einen Vorstand aus institutsfremden Personen ersetzten. Langfristig war dies freilich ein Pyrrhussieg, da sich die Qualität der Zeitschrift eher noch verschlechterte und die Gesellschaft dahinsiechte, bis sie – dann schon zu spät – mehr als zwei Jahrzehnte später aufgelöst wurde.

Irgendwie habe ich es dann doch noch geschafft, meine Dissertation über „Virginia Algonkin, 1570–1703. Ethnohistorie und historische Ethnographie" abzuschließen. Daß ich, weil ich es für nicht relevant hielt und auch um einer offenen Kritik seines Ansatzes auszuweichen, in dieser Arbeit Hirschberg nicht zitierte, war zwar für ihn eine Enttäuschung, aber er hat es am Ende mit Fassung getragen. Zum Glück gibt es in Österreich keinen Druckzwang für Dissertationen. Eine Drucklegung der Arbeit hätte aus meiner Sicht noch erhebliche Veränderungen notwendig gemacht. So wurde ich im November 1969 zum Doktor der Philosophie promoviert und war nun zu einem amtlich bescheinigten Ethnologen geworden. Jetzt konnte es also richtig losgehen.

LITERATURVERZEICHNIS

AARNE, Atti Amatus und Stith THOMPSON
1961   *The types of the folktale: a classification and bibliography.* Helsinki: Academia Scientiarum Fennica. (Folklore Fellows' Communications 184.)

ADAIR, James
1775   *The history of the American Indians; particularly those nations adjoining to the Missisippi* [sic], *East and West Florida, Georgia, South and North Carolina, and Virginia: containing an account of their origin, language, manners.* London: Edward and Charles Dilly

ANDERS, Ferdinand, Margarete PFISTER-BURKHALTER und Christian F. FEEST
1967   *Lukas Vischer (1780–1840). Künstler – Reisender – Sammler.* Hannover: Münstermann (Völkerkundliche Abhandlungen 2.)

BLOOMFIELD, Leonard
1956   *Eastern Ojibwa: grammatical sketch, texts and word list.* Ann Arbor: University of Michigan Press

COOPER, James Fenimore
1962   *Conanchet oder die Beweinte von Wish-Ton-Wish.* Stuttgart: Heny Goverts

FEEST, Christian F.
1965   „Tomahawk und Keule im östlichen Nordamerika", *Archiv für Völkerkunde* 19:39–84
1966   „Powhatan: a study in political organization", *Wiener völkerkundliche Mitteilungen* 13:69–83
1967   „The Virginia Indian in pictures, 1612–1624", *The Smithsonian Journal of History* 2(1):1–30
1968a   „Lukas Vischers Beiträge zur Ethnographie Nordamerikas", *Archiv für Völkerkunde* 22:31–66
1968b   *Indianer Nordamerikas.* Wien: Museum für Völkerkunde
1976   „Lukas Vischer in the District of Columbia, 1825", *Records of the Columbia Historical Society* 49:78–110
1977   „Josef Haekel †", *Zeitschrift für Ethnologie* 102:165–169
1978   „Etta Becker-Donner †", *Indiana* 4:265–268
1979   „Karl Anton Nowotny (1904–1978)", *Archiv für Völkerkunde* 33:1–6
1993   „Alfred Janata (1933–1993)", *Archiv für Völkerkunde* 47:1–10
1997   „Obituary: Wilcomb E. Washburn", *European Review of Native American Studies* 11(1):65
2001   „Norman Feder and American Indian Art Studies", in: Christian F. Feest (Hrsg.), *Studies in American Indian art: a memorial tribute to Norman Feder*, 26–29. Altenstadt: ERNAS (ERNAS Monographs 2.)

FEEST, Christian F. und Alfred JANATA
1989   *Technologie und Ergologie in der Völkerkunde.* Band 2 (unter Mitarbeit von Sylvia S. Kasprycki und Margit Krpata). Berlin: Reimer
1999   *Technologie und Ergologie in der Völkerkunde.* Band 1 (unter Mitarbeit von Wilhelm P. Bauer, begründet von Walter Hirschberg). Vierte, grundlegend überarbeitete Auflage. Berlin: Reimer

HAEKEL, Josef
1960   „Der Hochgottglaube der Delawaren im Lichte ihrer Geschichte", *Ethnologica*, N.F. 2:439–484
1961   „Über die Zusammenarbeit der ‚anthropologischen Disziplinen' vom Standpunkt der Völkerkunde", in: Emil Breitinger, Richard Pittioni und Josef Haekel (Hrsg.), *Theorie und Praxis der Zusammenarbeit zwischen den anthropologischen Disziplinen*, 194–227. Horn: Berger

HEADLAND, Thomas N., Kenneth L. PIKE und Marvin HARRIS (Hrsg.)
1990   *Emics and etics: the insider/outsider debate.* Newbury Park: Sage

HIRSCHBERG, Walter
1962   *Schwarzafrika.* Monumenta Ethnographica. Frühe völkerkundliche Bilddokumente. Band 1. Graz: ADEVA
1965   *Wörterbuch der Völkerkunde.* Stuttgart: Kröner

1999   *Wörterbuch der Völkerkunde.* Begründet von Walter Hirschberg. Grundlegend überar-
         beitete und erweiterte Neuausgabe (Beirat: Christian F. Feest, Hans Fischer, Thomas
         Schweizer). Berlin: Reimer

HIRSCHBERG, Walter und Alfred JANATA
1966   *Technologie und Ergologie in der Völkerkunde* (unter Mitarbeit von Wilhelm P. Bauer
         und Christian F. Feest). Mannheim: Bibliographisches Institut

LONG, John
1791   *Voyages and travels of an Indian interpreter and trader.* London: Printed for the author

MANSFELD, Alfred
1908   *Urwald-Dokumente.* Vier Jahre unter den Crossflussnegern Kameruns. Berlin: Dietrich
         Reimer

MAY, Karl
o.J.   *Winnetou der rote Gentleman.* Karl May's gesammelte Reiseromane. Band VII. 36.–46.
         Tausend. Freiburg: Friedrich Ernst Fehsenfeld ([1]1893)

McNICKLE, D'Arcy
1962   *The Indian Tribes of the United States: ethnic and cultural survival.* Oxford: Oxford Uni-
         versity Press

MEAD, Margaret
1959   *Geschlecht und Temperament in primitiven Gesellschaften..* Hamburg: Rowohlt (Ro-
         wohlts Deutsche Enzyklopädie 92.)

NOWOTNY, Karl Anton
1961   *Tlacuilolli.* Die mexikanischen Bilderhandschriften. Stil und Inhalt. Berlin: Mann
2005   *Tlacuilolli: style and contents of the Mexican pictorial manuscripts with a catalog of the
         Borgia group.* Norman: University of Oklahoma Press

SMITH, John
1884   *Works, 1608–1631.* Herausgegeben von Edward Arber. Birmingham: Chilworth (The
         English Scholar's Library of Old and Modern Works 16.)

STAGL, Justin
1995   *A history of curiosity: the theory of travel 1550–1800.* Chur: Harwood

STURTEVANT, William C.
1964   „Studies in Ethnoscience", *American Anthropologist*, new series, 66(3, part 2):99–131

WAGENKNECHT, Christian Johannes
1965   *Das Wortspiel bei Karl Kraus.* Göttingen: Vandenhoek und Ruprecht (Palaestra 242.)

VERSUCH EINES „SELFIES"
UNTER BESONDERER BERÜCKSICHTIGUNG DER
NUR PARTIELL GELUNGENEN WIEDERVEREINIGUNG DER
DEUTSCHEN VÖLKERKUNDE

Bernhard Streck

> Man braucht weder ein Kriminologe
> noch ein Erkenntnistheoretiker zu sein,
> um zu wissen, daß auf Zeugenaussagen
> in eigener Sache kein Verlass ist
> (Enzensberger in Wittstock 2014:144).

I.

Wer in der folgenden kurzen Selbstbespiegelung des Verfassers eine ethnologische Konversionserzählung erwartet,[1] muß mit einer Enttäuschung rechnen. Das könnte ohnehin das Leitwort für diesen autobiographischen Essay sein, doch weniger pessimistisch als aufklärend gemeint, etwa im Sinne einer erfolglosen Demaskierung oder unverdrossenen Schälung der kernlosen Zwiebel. Die *wrapping culture* eines Ethnologenlebens bietet dafür unendlich viel Stoff; deswegen konzentriere ich mich im Folgenden auf das

---

[1]   Die Frage, wie ich zur Ethnologie kam, habe ich in einem Interview mit Dieter Haller am 27. Februar 2008 zu rekonstruieren versucht (Haller 2008).

für die Allgemeinheit Interessante, wie es sich in der holprigen Zusammenführung der beiden Ethnologien in West- und Ostdeutschland findet und bislang wenig publiziert ist. Ich möchte mich aber damit keinesfalls zu einem „Reichseiniger" hochstilisieren. Auch kann es meines Erachtens in der Ethnologie als der Wissenschaft von der Vielheit überhaupt nicht um Einheit oder Einigung gehen. Die Vorgänge nach 1990 in der Hauptstadt der DDR-Ethnologie Leipzig lassen sich eher als „Akkreszenz" deuten, so wie Richard Rottenburg (1988) einmal die Erweiterung des agrarischen Horizontes von Nuba-Bauern um den importierten Pflugbau beschrieben hat: So begrüßenswert die Neuerungen auch sein mögen, Vertrauen verdient nur das Althergebrachte.

Ich erspare mir also ausführliche Rückblicke auf meinen nicht gerade normgerechten wissenschaftlichen Werdegang, den ich in so vielen Bewerbungsschreiben immer aufs neue aufschminken mußte, um eine Zusammengesetztheit zu verdecken, die Zweifel an meiner Facheignung hätte wecken können. Wen interessiert auch meine Viergeteiltheit aus einer nachhaltig mißglückten Programmierung auf Bibelfundamentalismus, einer im Humanistischen Gymnasium tief eingelassenen Antikensehnsucht, einer zweijährigen Schulung im bundesrepublikanischen Postmilitarismus und der gar nicht erst versuchten Künstler-Karriere als Pianist, Lyriker oder Maler? Meine Einschreibung im Universalfach Ethnologie 1967 in Basel war insofern konsequent, als mich so ziemlich alles interessierte. Was der Textilfachmann Alfred Bühler über die Kultkrokodile am Sepik erzählte, verband sich darum ohne Sinn, aber passgenau mit dem Genossenschaftswesen, das Paul Trappe in Ostafrika für förderungswürdig hielt, Meinhard Schusters gekonnter Auslegung der American Indians von Julian Steward, der unverständlichen Philosophischen Psychologie von Hans Kunz, dem Europa Regionum, das der Georgeaner Edgar Salin als Zukunft nach dem im II. Weltkrieg gescheiterten Nationalstaat anpries, dem „extrauterinen Frühjahr" von Adolf Portmann, den Heiligen des Mittelalters von Wolfram von den Steinen, der mittelkykladischen Kunst von Karl Schefold, den gut besuchten „Hasspredigten" von Hansjörg Alfred Salmony gegen Schopenhauer und Heidegger, den Analysen des Sinai-Feldzugs 1956 durch den Divisionär Alfred Ernst, der Systematik außereuropäischer Musikinstrumente von Hans Oesch oder den altägyptischen Gottesvorstellungen Erik Hornungs.

Mein Wechsel nach Frankfurt am Main nach diesem – damals eben noch nicht formalisierten – „Grundstudium" war sicher auch von einem Wunsch nach Engführung und nach Erlösung von Versuchungen zu einem Fachwechsel in die Altphilologie – unter dem greisen Peter von der Mühll hatte ich schon Homer-Übersetzungen geübt – geleitet, obwohl mir Peter Weidkuhn mit seiner anregenden „Arbeitsgemeinschaft für Kulturanthropologie" und seinem großen Lob für mein erstes Referat über Alfred Louis Kroeber durchaus auch eine Richtung zu geben verstanden hatte. Doch mich zog vor allem die Neugier auf die Studentenrevolte, die damals noch nicht richtig den Rhein hinauf gelangt war, und in der ich dann auch gleich – eher bierselig als klassenfest – versank. Richtig gepackt wurde ich aber mehr von der „Zweiten" Frankfurter

Schule eines Robert Gernhardt und Peter Knorr als von der ersten, die Horkheimer und Adorno begründet hatten und die ab 1969 unter Habermas und Alfred Schmidt schon in ihre Epigonalphase eingetreten war. Die lokale „Basisgruppe" Ethnologie gehörte der hedonistischen Variante der breiten Protestbewegung an, das heißt die Marxexegese wurde gerne vernachlässigt zugunsten undogmatischer Ausflüge, wofür mir meine Erfahrungen mit der Basler Freiheit und mein immer noch weit gefächertes Interessenspektrum zustatten kamen. Mein fester Ankerplatz war aber das direkt neben dem feuchten Liebig-Eck gelegene „Sakralkönigtum" Eike Haberlands, mit dem ich mich bald in einem laokoonischen Ringkampf verhedderte. Die Spannungen zwischen den Instituten des Vorwärts und des Rückwärts, also zwischen Kritischer Theorie der Gesellschaft und einer in historistischem Neoafrikanismus restaurierten Kulturmorphologie habe ich in Thomas Hauschilds „Lebenslust und Fremdenfurcht" ausgebreitet (Streck 1995). Entsprechend verunglückt fiel meine Dissertation über den Unterschied in der antiautoritären (doch gleichwohl humanbiologisch angelegten) Psyche von Hirt und Bauer in Ostafrika aus, mit der ich gerade noch einmal davonkam.[2]

Karrierepläne, sofern meine Realitätsferne sie überhaupt zuließen, waren nun erst einmal beendet. Warum mußte ein solipsistischer Sucher, dem Unsinn keinesfalls mehr Schrecken einjagte als Sinn (daher die Liebe zum Primitiven?) und der mit moderner Effizienz, mit Nah- wie Fernkommunikation sowie mit (was bei altphilologisch Gebildeten gar nicht so selten vorkommt) der englischen Dominanzsprache Probleme hat, auch unbedingt Professor werden? Mit dem palästinensischen Ägypter und Abenteueranbieter Samir Lama erkundete ich damals über Monate hinweg die Ostsahara und den Nilsudan (hier war ich durch Seminare von Andreas Kronenberg in Frankfurt nicht ganz unvorbereitet), später reiste ich mit dem Dokumentarfilmer Walter Wilz in derselben Großregion. Meine ersten Vorlesungen hielt ich unter Dornbüschen ab, vor zäh konstituierten Erlebnisreisenden fortgeschrittenen Alters. Doch schien das akademische Gravitationsfeld mich nicht ganz aufgeben zu wollen: 1978 erhielt ich einen Lehrauftrag in der Geographie der Universität Gießen und in der dortigen Soziologie durfte ich dann mit Reimer Gronemeyer, Mark Münzel, Edith Gerth und Georgia Rakelmann den neuen Schwerpunkt T s i g a n o l o g i e mit aufbauen (Münzel u. Streck 1981), den ich fünfzehn Jahre später während meiner Leipziger Tätigkeit wiederbeleben und zu einem (nicht unumstrittenen) ethnologischen Minderheitenparadigma erweitern konnte (Streck 2008, 2011).

Mein eigener empirischer Beitrag zur Erhellung des familialen Wanderhandwerkes und seiner eher informellen „Para-Kultur" basierte auf mehreren Forschungen (zu-

---

[2]   Streck (1975). Bei der Promotionsfeier in der „Batschkapp", einer kürzlich erst abgerissenen, damals aber in hoffnungsvollen Anfängen stehenden Szenekneipe in Frankfurt-Eschersheim, wo ich mir meinen Lebensunterhalt verdiente, drückte mir der spätere Museumsdirektor (Hannover und Stuttgart) Thomas Michel den Doktorhut aufs Haupt. Er hatte ihn in einem Geschäft für Faschingszubehör besorgt. Die volle Bedeutung biographisch relevanter Neu- und Ummaskierungen erschloss sich mir aber nur allmählich.

letzt von der Stiftung Volkswagenwerk gefördert) unter Niltal-Zigeunern Nubiens, der sudanesischen Gezira und Kordofans. Heute erscheint es mir fast wie eine rationale Entscheidung, wenn ich mich im ethnologischen Feld weniger von den sturen, dafür bodenständigen Bauern, den stolzen, aber gewaltbereiten Hirten oder den verschlagenen, dafür cleveren Händlern angezogen fühlte (von den mir immer suspekt gewesenen Herrschern und Heiligen ganz abgesehen), dafür umso mehr von den Menschen, die mit ihren Händen Nützliches schufen und ganz besonders Abfall in Gebrauchsgegenstände verwandelten. Zum Leitbild bei diesem endlich enggeführten Erkenntnisinteresse wurde mir die auf einer Englandreise erworbene Studie „The African artisan" von Kenneth King (1977).[3] In dem Buch erkannte ich meine eigenen Erfahrungen in Nordostafrika und Forschungsinteressen in der Ethnologie überhaupt wieder. Meine Untersuchungen, die die zweite Hürde im Wissenschaftlerlauf, die Habilitation, zu nehmen erlaubten, sollten also dem handwerklichen Recycling an der industriegesellschaftlichen Peripherie gelten, als einem eigenständigen „Beitrag von unten" zur heutigen Weltzivilisation im Sinne des „authentischen Umgangs mit dem Unauthentischen" (Hermann Bausinger) im rasch expandierenden i n f o r m e l l e n   S e k t o r. Hinzu kam die Wiederbegegnung mit dem Zigeunerthema mitten im Sudan. Es war so etwas wie eine Sternstunde auf meinem ethnologischen Werdegang, als mir ein dicker Schrotteisenschmied, der Benzintonnenblech zu Küchenpfannen hämmerte und den seine Werkstattkollegen „tumsah" („Krokodil") nannten, zwischen zwei aus einer recycelten Tomatenmarkdose gekippten Schlucken illegal gebrannten Dattelschnapses am Ufer des Nils bekannte: „Wir sind ‚Aleppiner'" („Nihna Halab") – der oft verleugnete Sammelname für Zigeuner im Sudan (Streck 1990).

Damals war ich schon Berliner Ethnologe und genoß das einmalig fruchtbare Milieu der Frontstadt-Uni, wo ich mit Fritz Kramer, Richard Rottenburg, Irene Leverenz und vielen anderen einen Sudan-Schwerpunkt etablierte, der – unter Mithilfe des Orientalisten Stefan Reichmuth als Sprachlehrer – miteinander verbundene Feldforschungen zur Frage der tribalen Auseinandersetzung mit der Moderne erlaubte und zu einer Reihe beachtlicher Monographien führte.[4] Mit dem Scheitern der strukturellen Verstetigung dieses hoffnungsvollen Arbeitszusammenhanges war ich im Grunde meines Herzens schon wieder ausstiegsbereit. Ich heiratete eine Nichtethnologin (die aber dafür mit beiden Beinen im modernen Leben stand und steht) und verließ die immer noch fest ummauerte Stadt, um in einem ausrangierten Bahnhof in Oberhessen eine eigene Welt zu gründen, die aber dann doch viel mit dem Lehmgehöft gemeinsam hatte, das

---

[3]   Auch die sehr innovative Studie „Homo Faber" von Claude Alvares (1980) und die erst später erschienene Trickster-Veröffentlichung von Jürgen Grothues (1988) wären hier als Anstöße und Bestätigungen auf der in den späten 1970er Jahren aufgenommenen Spur zu nennen, die dann zu „Blechausstellungen" in Khartoum und Bayreuth führte und zuletzt in der Roma/Zigeuner-Ausstellung im Sorbischen Museum Bautzen (Serbski muzej 2009) sowie in Annegret Nippas Nomadismusausstellung in Hamburg (Nippa 2011) für „Hingucker" sorgte.

[4]   Siehe die Vorschau auf das Programm in Kramer und Streck (1991).

ich mit meiner jungen Familie zuletzt im Sudan bewohnt hatte. Kurz darauf rief mich
Mainz, wo ich mich ein paar Jahre vorher mit einer Kritik am Strukturfunktionalismus
beworben hatte – leider vergeblich.[5] Ab 1987 aber durfte ich dort über viele Semester
Vertretungen diverser Stellen wahrnehmen, konnte mich habilitieren (Streck 1996) und
erhielt schließlich in Heidelberg eine Hochschuldozentur.[6] Beide Stationen, Heidelberg
und Mainz, waren wie zuvor Berlin von überaus günstigen Konstellationen in der Kol-
legen- und Studentenschaft bestimmt.[7] Namentlich hervorheben möchte ich nur Ivo
Strecker, dessen Abwesenheitsdrang die Vorbedingung meiner Mainzer Lehrpräsenz
war, dessen Filmschaffen und vor allem seine R h e t o r i s c h e   E t h n o l o g i e mir aber
sehr imponierten, Gerhard Grohs, dessen soziologisch-politologisches Afrikabild einen
spannenden Gegenpol zu meinem Tribalismus darstellte, und Karl-Heinz Kohl, der
erst in Mainz, später in Frankfurt der Ethnologenzunft eindrücklich demonstrierte,
wie man auch ein marginales Fach zu universitätspolitischer Relevanz aufbauen kann.
Gerhard Grohs war es dann, der sich nach der Wende um Leipzig kümmerte und dazu
ausgerechnet mich ins Auge faßte, den Dünnhäutigen, der aber seiner Meinung nach
das für die notwendigen Anpassungen im unsicheren Anschlußland nötige „dicke Fell"
– ich glaube, er sprach sogar von „Hornhaut" – besitze.

II.

Warum aber erfolgte 1994 die „Wende" in der deutschen Ethnologie mit vierjähriger
Verzögerung? Zur Beantwortung dieser komplexen Frage müssen verschiedene Stimmen eingefangen werden. Katja Geisenhainer (2008) hat in ihrem gut recherchierten

---

[5]   Siehe Streck (1985). Das Netzwerk-Paradigma als „interessenethnologische" Alternative zur struktur-
      funktionalistischen Grundannahme „normaler" Rechtschaffenheit hatte ich – einer Anregung Tho-
      mas Hauschilds folgend – mit Hilfe von Jeremy Boissevains Transaktionalismus (1978) in mehreren
      Semestern mit begeisterten Studierenden in Berlin erarbeitet. Den Imponderabilien der Feldarbeit
      war dieses handlungszentrierte Forschungstableau dann doch nicht so gewachsen wie erhofft, und
      der Netzwerkbegriff selbst ist mit Thomas Schweizer (1996) und anderen bald zu einer etwas flexib-
      leren Alternativstruktur erstarrt, auch wenn Roman Loimeier und Stefan Reichmuth damit über-
      zeugend die oft über Schulgründungen erfolgte Islamisierung Afrikas beleuchten konnten. Siehe
      Reichmuth (2000) und Streck (2000a).

[6]   Zur Habilitationsfeier in meinem Bahnhof in Nieder-Ofleiden hatte ich ein Plakat des „Homo Ha-
      bilis" aufgehängt, einer vor allem durch Funde in Ostafrika belegten Frühform des Menschen mit
      Feuergebrauch, Totendienst und Kannibalismus. Auch wenn es noch andere Leitbilder in meiner
      anthropologischen Forschung gab, erschien mir die Rückbesinnung auf das Elementare lange vor
      dem in Philosophien und Schriftreligionen definierten „Kern" des Menschseins unverzichtbar.

[7]   Das einmalige Berliner „Milieu" hatte ich noch vor meinem Wegzug in dem Studentenorgan „Brüm-
      mer Zeitung" geschichtsmorphologisch charakterisiert (Streck 1984). Zu den Berliner Früchten dürf-
      te auch das von mir herausgegebene „Wörterbuch der Ethnologie" (Streck 1987) zu zählen sein, das
      ins Italienische übersetzt wurde (Streck 1991) und später eine erweiterte Neuauflage erfuhr (Streck
      2000b). Vorbild für das nicht Stichwörter erklärende, sondern Essays über Schlüsselwörter zusam-
      menfassende Vorhaben war Wilhelm Bernsdorfs „Wörterbuch der Soziologie" (1969).

Beitrag zur Leipziger Universitätsgeschichte darauf hingewiesen, daß der Übergang schrittweise erfolgte. Das damalige Haupt der Leipziger Ethnologie Dietrich Treide war noch im Amt, als 1993 der Name „Julius Lips" gegen seinen Willen aus der Institutsbezeichnung gestrichen wurde. Sein aktiver Widerstand begann aber früher, spätestens, als nicht nur die Institutsstellen, sondern auch die des Institutsdirektors (in der ZEIT vom 3. Juli 1992) – wie alle Professoren- und Dozentenstellen nach dem Sächsischen Hochschulgesetz – neu ausgeschrieben wurden. Infolge der noch anzusprechenden Verzögerungen bei der Neubesetzung übernahm Prorektor Günther Wartenberg Anfang Dezember 1993 das Institut, aus dessen Händen ich es schließlich im April 1994 entgegennehmen konnte. Der Theologe stutzte nur kurz, als ich mir beim Amtseid den Gottesbezug ersparte.

In dem 2012 von Barbara Treide herausgegebenen Rückblick ihres 2008 verstorbenen Mannes ist zu lesen:

> In den Jahren von 1990 bis 1993/94 hat der Lehr- und Forschungsbereich für Ethnographie „Julius Lips", auch als Erbe des Julius-Lips-Instituts für Ethnologie und Vergleichende Rechtssoziologie, trotz vielfältiger Anstrengungen, allmählich aufgehört zu existieren [...]. Das Leben am Institut bis 1992/93 war schon in vielen Punkten neue Normalität, als die personellen „Bestrafungen" fachlich und menschlich nicht zu beanstandender Wissenschaftler einsetzten. Das tat dem bis dahin mit viel Engagement Geleisteten und den weiteren gemeinsamen Vorhaben nicht gut. Es folgte ein unsensibler Abbruch, das Überbordwerfen eines geistigen Fundus und die Enttäuschung von Menschen, die voller Erwartungen und mit großem Einsatz auf das Neue zugegangen waren, auch das einbringend, was ihnen lange Zeit zu sagen und zu schreiben verwehrt war (Treide 2012:155–156).

Das Buch endet in bitteren Vorwürfen gegen mich als Treides Nachfolger, aufgehängt an dem Begriff „Staatsnähe", den ich im Vorwort zum ersten Kommentierten Vorlesungsverzeichnis (für das Wintersemester 1994/95) im Zusammenhang mit der DDR-Ethnologie gebraucht hatte.

In ihrem „Nachwort" zu dem Sammelband „100 Jahre Institut für Ethnologie der Universität Leipzig" hebt Geisenhainer (2014) die ab 1994 von beiden Seiten behutsam vorgenommene Zusammenführung der doch sehr unterschiedlichen Wissenschaftskulturen hervor, wobei die Asymmetrie von Kolonialisten und Kolonisierten von den Handelnden eher als zu vermeidende Gefahr denn als leitendes Muster wahrgenommen worden sei. Daß die Beendigung von Treides Institutsleitung aber von vielen als feindliche Übernahme empfunden wurde, belegt eine Dokumentation, die Christian Pommerening, damals Ethnologiestudent im 5. Semester und Vertreter der Fachschaft Afrikanistik/Orientalistik im „StudentInnenrat" der Universität Leipzig, am 21. Oktober 1993 angelegt hatte. Darin findet sich auch eine Stellungnahme der Arbeitsgruppe Ethik innerhalb der Deutschen Gesellschaft für Völkerkunde (DGV), die Anfang August 1992 unter ihrem damaligen Vorsitzenden Hermann Amborn in Göttingen getagt hatte (Pommerening 1993:3–5). Der Text warnte vor einem Verlust der lokalen Wissenschaftskompetenz im Osten und erinnerte an den Vorschlag des damaligen DGV-Vorsitzenden Matthias Laubscher vom 11. Mai 1991, eine Gesprächsrunde aller Beteiligten in Dresden abzuhalten. Amborn und Laubscher arbeiteten mit Erfolg darauf hin, daß im Oktober 1991 Treide zum neuen Vorsitzenden der DGV gewählt wurde und seine Stellung damit gesamtdeutsch gefestigt werde. „Soll Herr Treide als Arbeitsloser den nächsten DGV Kongreß in Leipzig vorbereiten?" fragte das Ethik-Papier und richtete diese Frage besonders an die Bewerber auf die Leipziger Stelle.

In der Begründung zu seinem umgehenden Austritt aus der DGV schreibt der Münsteraner Ordinarius Rüdiger Schott an Treide als Vorsitzendem, den er für den Text der AG-Ethik verantwortlich machte:

> Die Ausübung eines solchen Gewissensdrucks auf die Bewerber um eine Professorenstelle finde ich ethisch in hohem Maße verwerflich und widerwärtig; daß er vom Vorsitzenden der AG Ethik der DGV ausgeübt wird, ist eine der abstoßendsten Grotesken, an denen das akademische Leben in Deutschland leider immer noch reich ist (Pommerening 1993:9).

Dann findet sich in besagter Dokumentation auch ein Brief Christine Seiges vom Leipziger Museum für Völkerkunde (damals Schriftführerin der DGV) an Amborn mit einer Kritik an dessen möglicherweise auf Unkenntnis beruhenden Bewunderung der empirischen Erträge der DDR-Ethnologie: „Ethisch bedenklich ist der von Ihnen ausgeklammerte, aber bei Aufführung der Feldforschungsleistungen von in Leipzig ausgebildeten Ethnologen zu berücksichtigende Hintergrund politischer Zugeständnisse an die SED bzw. DDR-Regierung" (Pommerening 1993:12).

Weder das Kultusministerium in Dresden noch die Universität Leipzig ließen sich von der Beeinflussung von außen in ihrem Weg der Reinigung von der jüngsten Vergangenheit beirren. Die Kommission arbeitete einen Dreier-Vorschlag aus, den der Verfasser anführen durfte. Bald wurde bekannt, daß Laubscher, Amborn und Treide sich nun auf den Erstplatzierten einschossen. Dagegen nahm ein von einundzwanzig Ethnologen unterzeichnetes Schreiben (ohne Adresse) Stellung:

> Diesen Beeinflussungsversuch [den Vorsitzenden der DGV als Bewerber durchzusetzen] hätte man zunächst noch ad acta legen können, da er auf das laufende Verfahren offensichtlich keine Auswirkungen hatte. Die Berufungskommission hat ihre Arbeit erfolgreich abgeschlossen. Nachdem ihre Dreier-Vorschlagsliste inzwischen dem Kulturministerium vorliegt, werden nun jedoch erneut Versuche unternommen, das Besetzungsverfahren zu hintertreiben und von der Berufungskommission aufgrund ihrer besonderen wissenschaftlichen Qualifikation ausgewählte Bewerber zu diffamieren. Die Zielsetzung dieser Maßnahme ist offensichtlich (Pommerening 1993:17).

In einem Schreiben vom März 1993 wiederholte der Vorsitzende der AG Ethik, Hermann Amborn, seinen politisch wohlbegründeten Gewissensappell, mit dem die Bewerber erneut zum Rückzug bewegt werden sollten:

> Gäbe es keine Differenz zwischen Legalität und Moralität, das ganze Unterfangen einer Ethik wäre überflüssig. Geltendes Recht darf nicht das eigene Urteil ersetzen. Vor diesem Problem aber stehen heute Wissenschaftlerinnen und Wissenschaftler aus dem Westen, die sich auf frei werdende Posten im Osten bewerben (Pommerening 1993:20).

In seinem Kommentar zur Dokumentation weist Pommerening (1993) darauf hin, daß Treide im Oktober 1992 vom Rektorat der Vorruhestand nahegelegt wurde. Einen Monat später sei den Rektoren vom damaligen Kultusminister Meyer eine Liste mit 886 Namen zugeleitet worden, für die eine Weiterbeschäftigung grundsätzlich ausgeschlossen sei. Diese Liste sei im sächsischen Landtag beschlossen worden und hätte Personen bezeichnet, die Funktionen in den Parteien, Räten und Parlamenten, staatlichen und kommunalen Institutionen, Armee und Kampfgruppen sowie in Universitäten, Gewerkschaften und DRK innegehabt hätten. Es seien, so Pommerening, „politische Kündigungsgründe" gewesen, die rechtsstaatlichen Grundsätzen nicht standhielten. Die Hochschulautonomie sei durch den Einigungsvertrag außer Kraft gesetzt worden (Pommerening 1993:21–22).

Aber war sie in der Zeit davor in Kraft? – Längst im Ruhestand erzählte Treide Katja Geisenhainer bei ihren Recherchen zur Institutsgeschichte, Eva Lips habe ihn 1968 zwar als Nachfolger vorgeschlagen, entschieden aber habe die Partei. Nach der friedlichen Revolution wollten die Universitäten der Ex-DDR einen demokratischen Neuanfang wagen und da standen Parteimitglieder in Entscheidungsfunktionen in der Regel im Wege. Die Attacken, die Treides Unterstützer damals gegen mich geritten haben, von denen ich erst nach und nach erfuhr, die die Berufung aber erheblich hinauszögerten (weil man den teilweise ungeheuerlichen Vorwürfen nachgehen mußte), müssen wohl auch in diesem Lichte gesehen werden – als verzweifelte Abwehrmaßnahmen, deren Zweck alle Mittel heiligte. Doch ich habe auch ganz andere Erinnerungen an die Jahre nach der Wende.

Eigentlich hatte ich mich als Hochschuldozent am Südasien-Institut in Heidelberg unter dem überaus umgänglichen und innovativ denkenden Anachoreten-Forscher Richard Burghart (1944–1994) sehr wohlgefühlt. Er war auch ziemlich getroffen, als ich ihm im Sommer 1992 beiläufig mitteilte, ich hätte mich unter anderem in Leipzig beworben. Die Ausschreibung hing zusammen mit Dutzenden anderer Leipziger Stellenannoncen im Sekretariat des Südasien-Institutes. Mir war bei der eher routinemäßig und deswegen auch ohne große Hoffnung unternommenen Bewerbung nicht bewußt, daß es sich um den Stuhl des freundlich-jovialen Dietrich Treide handelt, den wir Mainzer Ethnologen kurz nach der Grenzöffnung in seinem Leipziger Institut besucht hatten. Im Uni-Hochhaus mit den rumpelnden Aufzügen hielt ich damals einen viel beachteten Vortrag über Politik und Religion im Sudan.[8] Untergebracht im noch kräftig nach DDR-Putzmittel riechenden Gästehaus sagte ich zu Karl-Heinz Kohl, ich

---

[8]   Siehe die Überarbeitung unter dem Titel „Mythos und Politik" (Streck 1997:99–114).

könne mir nicht vorstellen, daß so ein wohlplatzierter und offen erscheinender Institutsleiter wie Treide ersetzt werden müsse. Karl-Heinz antwortete, er schon, und zwar durch mich.

Etwas später traf ich Treide im Reiß-Engelhorn-Museum in Mannheim wieder. Die geplante Ausschreibung kannte ich noch nicht. Ich erinnerte mich voll Bewunderung an die imposanten Holzvertäfelungen in seinem Leipziger Institut. Traurig erzählte er mir, daß er mittlerweile die Beletage der Schillerstraße 6 habe räumen müssen, um im 3. Obergeschoß Zuflucht zu finden. Treide schrieb mir dann noch einen werbenden Brief, er habe in Schriften von mir gelesen, daß mir materialistische Gedanken nicht ganz fremd seien und er mit solchen Kollegen in den alten Bundesländern gerne Gedankenaustausch pflege. Auch bat er mich um Zusendung meines neuesten Sudan-Buches (Streck 1990b), gegen Rechnung. Ich schickte ihm ein Exemplar gratis, „aus Freude über die Wiedervereinigung", wie ich in meiner Naivität hineinschrieb.

Auf dem DGV-Kongreß, der Ende 1992 in Leipzig stattfand, erlebte ich Treide dann als wortgewaltigen Organisator, der aber mit der heterogenen Masse der westdeutschen Ethnologen sichtbar Koordinierungsprobleme hatte. Als auf der Mitgliederversammlung dann von einigen Kollegen sehr deutlich die Einmischung der DGV-Leitung in das laufende Berufungsverfahren kritisiert wurde und Barbara Treide zugunsten ihres Gatten eine üppige Sentimentalität einzusetzen versuchte, war der kulturelle Bruch zwischen der ziemlich hierarchischen DDR-Ethnologie und ihrem eher anarchischen, zumindest polyzentrischen BRD-Pendant für jedermann sichtbar. Ich hielt auf der damaligen Tagung ein Referat über Ahnenkult innerhalb der ethnologischen Wissenschaftlergemeinde (Streck 1994) – allerdings ohne expliziten Bezug auf den aktuellen West-Ost-Konflikt. Wie schwer es werden würde, gerade in der deutschen Ethnologie eine Wiedervereinigung zustande zu bringen, wurde mir erst später richtig bewußt.

Gerhard Grohs war, wie oben angedeutet, Mitglied in der von Theologen und Ägyptologen (den bisherigen Opfern der SED-Bevormundung) dominierten Berufungskommission und hatte sich für mich stark gemacht. Nach der Entscheidung teilte er mir meine Erstplatzierung telefonisch mit, fragte aber zugleich, was es mit den in den Verhandlungen offenbar bereits vorgelegenen gravierenden Vorwürfen gegen meine Integrität auf sich habe. Ich versuchte ihm klarzumachen, daß die Fragen der entsetzlichen Verfolgung von Zigeunern im sogenannten Dritten Reich und ihrer (kollektiven oder individuellen) Wiedergutmachung derart komplex seien, daß einem Forscher, der mit Opferverbänden nicht ganz konform gehe, leicht daraus Vorwürfe gemacht werden können. In ähnlicher Weise mußte ich mich auch vor weiteren bekannten und unbekannten Kapazitäten, die zur Begutachtung meines Falles und zur Untersuchung der gegen mich (von „anonymer" Seite) hervorgebrachten Bedenken herangezogen worden waren, rechtfertigen. Es gab dann wohl unter den westdeutschen Ordinarien auch Stimmen, die die Ersetzung eines gestandenen Hochschullehrers durch einen umstrittenen „Alt-68er" für problematisch hielten. Bis ich endlich mein Berufungsschreiben in der Hand hatte, verging ein ganzes Jahr voller Sonderüberprüfungen. Die zum Neubeginn in Leipzig großzügig bereitgestellten Universitätsgelder teilten sich inzwischen die Nachbarfächer ohne die Ethnologie auf.

Treide hatte sich dann wider Erwarten auf dem Gerichtsweg die Erlaubnis erstritten, die zwei Jahre bis zu seiner Verrentung wieder an der Universität lehren zu dürfen. Um meinen inzwischen mit großer Energie gestarteten Neuanfang nicht zu sehr zu stören, vermittelte der Dekan den akademischen Rückkehrer an die Kulturwissenschaften in der Nachbarfakultät Philosophie und Sozialwissenschaften. Mit dem Hinweis, daß es eine mit dem USA-Bezug verbundene „kulturanthropologische" Kontinuität über die beiden Lips bis zu Treide gebe, unterstützte ich diese Verortung, war aber dankbar, wenn sich der versierte Veteran an den umfangreichen Prüfungen am Institut beteiligte, deren komplexe Bestimmungen einst für die Handvoll handverlesener Studierender in der Zeit der bildungspolitischen Planwirtschaft geschaffen worden waren, die aber mit dem seit 1990 begonnenen Massenansturm auch in den mitteldeutschen Universitäten schlichtweg nicht kompatibel sein konnten.

Als die zwei Jahre abgelaufen waren, feierten Treides Studierende für sich einen Abschied, mir aber war es gelungen, auf Anregung und mit Hilfe von Wolfgang Liedtke, dem nach Treide wichtigsten Mann am alten Institut und am neuen die Verkörperung Leipziger Kontinuität, der von der Haushälterin seiner von ihm tief verehrten früheren Vorgesetzten viel Material erhalten hatte, ein „Eva-Lips-Archiv" zu eröffnen. Die Feier konnte ich mit einer „offiziellen" Verabschiedung Treides verbinden; und dieser gab meiner Bitte statt, die Festrede auf seine nicht nur in der ehemaligen DDR berühmte Lehrerin zu halten, in der er sich sogar zu einer vorsichtigen Distanzierung von deren „Pathos" durchrang. In Anerkennung seiner Verdienste um die Leipziger Ethnologie überreichte ich ihm einen Foto-Band von Lévi-Strauss. Danach erhielten die erfolgreichen Absolventen des Grundstudiums eine Urkunde mit der Aufschrift „Leipziger Ethnologicum", dessen Lehrinhalte (abgesehen von der Religionsethnologie) Treide und Liedtke wesentlich geprägt hatten.[9] Das war dann 1996 das definitive Ende der Ära Treide; zweimal noch machte er seinem Groll über die an ihm vorbei geschrittene Entwicklung Luft: Einmal auf dem am Max-Planck-Institut für ethnologische Forschung abgehaltenen Symposium „Studying peoples in the people's democracies" (Treide 2005), wo er die Kollegen aus Prag und Warschau um die dortigen Kontinuitäten beneiden mußte, und dann in der schon erwähnten und posthum erschienenen Rückschau „Erlebte Ethnologie" (Treide 2012).

---

[9] Siehe zur Leipziger Religionsethnologie Streck (2013). Es darf hier nicht unerwähnt bleiben, daß an deren Grundsteinlegung inmitten des die Wende überdauernden Materialismus und Positivismus der erste Betreuer des Indianer-Schwerpunktes am Institut, der heute in Kolumbien lebende Franz Xaver Faust, ebenfalls einen substantiellen Anteil hatte. Siehe Faust (1998).

III.

Ulrich Braukämper, mit dem ich manche prägenden Erlebnisse, auch solche im sudane-sischen Feld, teilte, meinte, als ich ihm einmal mein Desinteresse an einem so heraus-ragenden Lehrstuhl wie dem in Frankfurt begründete, ich wolle eben lieber „Erdherr" bleiben (in Westafrika der eher dunkle Gegenpol zum sichtbar strahlenden „König"). In diesem Sinne einer respektvollen, wenn auch nicht blinden Bindung an die Kräfte und Kraftlinien der Vergangenheit baute ich den Lehr- und Forschungsschwerpunkt Fachgeschichte am Institut für Ethnologie der Universität Leipzig auf – neben der schon erwähnten Tsiganologie die zweite Neuerung.[10] Die dritte, die Wiedereinfüh-rung der Religionsethnologie nach fast einem halben Jahrhundert materialistischem Schweigen über Geister und Geisterkulte, gelang mir in Komplementarität zur neuen Theologischen Dominanz an der zuvor „Rotes Kloster" genannten Universität und zur auf Schriftreligionen festgelegten (und deswegen im philologischen Umfeld hoch ange-sehenen) Religionswissenschaft. Mündliche Kulturen besitzen mündliche Religionen, wo es oft ungeordnet zugeht, die Götter als Geister auf Augenhöhe erschrecken und die Ethik – in den bekannten Monotheismen das Hauptanliegen – oft auf der Strecke zu bleiben scheint. Auch wenn die „ursprünglichen" Religionen durchweg aus Mysterien-kulten (im Sinne von Klaus E. Müller [2014]) bestehen und vor allem vom Unsagbaren ergriffen sind, offenbaren sie die elementaren Züge des *homo religiosus* unverfälschter als die verschriftlichten „Glaubens-Systeme". Nach Rudolf Ottos und Mircea Eliades Vorgaben, aber auch inspiriert von Hans Peter Duerrs „Sedna"-Publikation (1990), die den Jensen'schen Göttermord (Jensen 1965, Streck 1998) faszinationsethnologisch re-formulierte, teilte ich den unheimlichen Stoff in sogenannte Hierophanien auf und ver-setzte mit deren oft unerwartetem „Gottesschrecken" (Otto) den häufig „atheistisch" sozialisierten Studienanfängern einen zur Nachdenklichkeit anregenden Schock. Kurz nach meinem Abschied konnte ich die entsprechende Vorlesung, an der immer auch viele „ältere Semester" teilnahmen, als Buch zurückgeben.[11]

Sicher galt es auch auf dem weiten Feld der „Sozialen Beziehungen", neue Akzente zu setzen, etwa mit Max Webers Charisma-Begriff – der berühmte Soziologe durfte zur DDR-Zeit nicht zitiert werden – oder der „Asiatischen Produktionsweise" als außereu-ropäischen Staatsform, die nach Lenins und Stalins monoevolutionistischen Verdikten

---

10   Siehe meine Übersicht über die am Leipziger Institut entstandenen Publikationen (Streck 2014a). Die jüngste und vielleicht letzte Frucht meiner Bemühungen um die komplexe Fachgeschichte dürfte die Frobenius-Biographie sein, mit der ich auch frühere Fehltritte am Frankfurter Institut wiedergutzu-machen hoffe (Streck 2014b).

11   Streck (2013). Ich hätte das Werk gerne meinem verehrten Frankfurter Lehrer Klaus E. Müller ge-widmet, von dem die mögliche Übersetzung der Ethnologie als Heidenkunde stammt. Aus Respekt und Rücksichtname auf den ja immer noch produktiven Meister einer universalen Kulturgeschichte habe ich das dann doch nicht getan.

kaum noch Berücksichtigung fand.[12] Als ich mich aber auch in die Wirtschaftsethnologie einmischen wollte, ließ man schnell den Schlagbaum fallen. Marshall Sahlins
Theorie der Archaischen Überflußgesellschaft, Georges Batailles Sonnenökonomie,
Alexander Tschajanows Familienwirtschaft oder Karl Polanyis Markttheorie (die beiden letzteren Ansätze waren mir schon von Peter Weidkuhn in Basel nahegebracht
worden) waren unerwünscht. Wolfgang Liedtke war sich sicher, mit seinem Fokus auf
die bäuerliche Versorgungswirtschaft (vornehmlich in Afrika) keine westlichen Ergänzungen nötig zu haben.[13] Im selben unbeirrbaren Geiste, erweitert durch ein immenses
Wissen aus dem Nahen und Mittleren Orient, betreute sein Nachfolger Lothar Bohrmann, bis 1993 Assistent Treides, ab 2002 die Leipziger Wirtschaftsethnologie. Infolge
der sektoralen Aufteilung des immensen Lehrstoffes kam es glücklicherweise zu keinen
ernsthaften Konflikten: In der Wirtschaft regierte die praktische Vernunft, im sozialen
Bereich das Freund/Feind-Denken (modern formuliert: Inklusion/Exklusion) und in
der religiösen Welt der Wahn. Da hatte ich freie Hand und konnte mich wieder an die
Basler Freiheit (und Fasnacht) erinnern.

Sehr wichtig für die weitere Entwicklung des Faches in Leipzig waren die ethnologischen Neugründungen in der Nachbarstadt Halle an der Saale, also das Max
Planck-Institut für ethnologische Forschung unter Günther Schlee, Chris Hann und
dem Ehepaar Benda-Beckmann im Jahre 2000 und dann zwei Jahre später das Institut
für Ethnologie an der Martin-Luther-Universität Halle-Wittenberg, das – entgegen dem
allgemeinen Abbautrend auch in Sachsen-Anhalt – von der Max-Planck-Gesellschaft
zur Bedingung gemacht worden war. Nun begannen, eine halbe Stunde Bahnfahrt entfernt, Richard Rottenburg, Burkhard Schnepel und Shingo Shimada mit einer neuen
Ethnologie, die für das mit Studierenden aus Ost und West hoffnungslos überlaufene
Leipziger Institut eine Entlastung versprach. Aus dem anfänglich ins Auge gefaßten
gemeinsamen Bachelor- und Master-Studienplan wurde allerdings nichts; zu unterschiedlich mahlten die Kultusbürokratien in den beiden Hauptstädten Dresden und
Magdeburg.

Auf dem Gebiet der Forschungskooperation erwies sich die Nähe zu Halle aber als
recht fruchtbar. Als der Orientalist Stefan Leder dort mehrere „kleine Fächer" zusam-
menrief, gelang dasselbe in der Fakultät Geschichte, Kunst- und Orientwissenschaften
der Universität Leipzig, und von 2000 bis 2011 arbeitete der Sonderforschungsbereich

---

12   Die in der westlichen Linken engagiert geführte Debatte um die Asiatische Produktionsweise hatte
ich – zusammen mit Thomas Zitelmann und nach von Frankreich nach Frankfurt durch Ingolf Diener importierten Ideen über Ausbeutung in afrikanischen Vorklassengesellschaften – schon früh
mit einem eigenen Buch zu bereichern versucht (Streck und Zitelmann 1979). In Berlin wurde das
Konzept einer außereuropäischen Entwicklung von Lawrence Krader (1968) wieder aufgegriffen, der
früher einmal Mitarbeiter Karl August Wittvogels (vor dessen antikommunistischer Wende) war. Ich
selbst hatte mich längst anderen Themen zugewandt und war umso erstaunter, als mir der Nachfolger
Kraders an der Freien Universität Berlin, Georg Elwert, in den späten 1990er Jahren verriet, daß er
den „Streck/Zitelmann" immer noch seinen Studierenden empfehle.

13   Vergleiche Reichenbach, Seige und Streck (2002).

(SFB) 586 „Differenz und Integration" über das wechselvolle Zusammenspiel von seßhaften und nomadischen Bevölkerungsanteilen in allen Zeiten und Räumen (s. Leder u. Streck 2005). Hier brachte sich besonders die mir noch aus Berliner Zeiten vertraute Annegret Nippa mit ihrem Syrien-Schwerpunkt ein. Ihr Wechsel vom Völkerkundemuseum in Dresden an das Leipziger Institut, wo sie bald außerplanmäßige Professorin wurde, entschädigte etwas für die immer wieder gescheiterten Bemühungen um eine zweite ordentliche Professur an dem an Studierenden (bald fast ein halbes Tausend) überreichen, in der Ausstattung aber ärmlichst gebliebenen Haus. Umso wichtiger war mir der eigenständige Einsatz der regionalethnologischen Mitarbeiter, die den gerade aktuellen Modeströmungen im Fach auch nicht mit derselben Skepsis gegenüberstanden wie ich: nach dem schon erwähnten Franz Xaver Faust waren dies Bruno Illius, Andreas Brockmann und Jochen Schulz, bis zu ihrem Aufstieg zur Frankfurter Museumsdirektorin auch Anette Rein und im Orientschwerpunkt Anke Reichenbach sowie zuletzt Olaf Günther.

Wenn ich jetzt noch die fruchtbare Zusammenarbeit mit Kollegen aus anderen Fächern (zum Beispiel dem Afrikanisten Adam Jones oder dem Hallenser Pädagogen Alfred Schäfer) oder *extra muros* (zum Beispiel zum Grassi-Museum für Völkerkunde zu Leipzig und seinen Direktoren Lothar Stein beziehungsweise Claus Deimel oder auch zu Elka Tschernokoshewa und dem Sorbischen Institut in Bautzen) erwähne oder die internationalen Kooperationen (mit französischen, polnischen, tschechischen und bulgarischen Universitäten) oder die Gasttätigkeiten von Tullio Marañhao (USA), Jorge Branco (Portugal) und Akira Okazaki (Japan) am Institut oder gar die internationalen Konferenzen, die nicht nur im Rahmen des SFB 586 sondern auch eigenständig organisiert stattfanden, bekäme mein „selfie" den Charakter eines Rechenschaftsberichtes, wie ich ihn über all die Jahre in regelmäßigen Abständen vorzulegen angehalten war. Deswegen möchte ich zum Schluß nur noch einmal das Thema Enttäuschung aufgreifen, das, wie eingangs bemerkt, meines Erachtens einen zentralen Befund der Ethnologie bezeichnet. Mario Erdheim hat auf der vorletzten DGV-Tagung 2011 in Frankfurt am Main bekannt, daß er die Ethnologie für ein ganz außerordentlich reiches Fach halte, bis auf die viel gerühmte Feldforschung, die unter allzu viel Unaufgearbeitetem leide. Ich glaube, es geht dabei ganz besonders um die Enttäuschung, die jeder Forscher den Erforschten bereitet, wenn er wieder weggeht und nur selten wiederkehrt. Er hat getan, was man nicht tut, und gefragt, wonach man nicht fragt. Er kann seine vielen Fehltritte nicht wiedergutmachen und den an ihn gerichteten Erwartungen nie wirklich entsprechen. Ivo Strecker (1990) hat diesem wunden Thema einmal einen sehr wichtigen Aufsatz gewidmet, auf den hier nur hingewiesen werden kann.

Zu den Enttäuschungen im Feld kommen die Enttäuschungen und Fehleinschätzungen innerhalb der Wissenschaftlergemeinde. Der stets jugendlich erscheinende Ivo Strecker und der schon früh professoral daher geschrittene Karl-Heinz Kohl haben mir unabhängig voneinander gestanden (und das auch geschrieben!), daß sie mich eigentlich immer auf sechzig Jahre geschätzt haben; dabei war ich in meiner Mainzer Zeit nur wenig über Vierzig und subjektiv fühlte ich mich ohnehin meistens unter Zwanzig. Als mir Hans Bachmann, der Präsident des Verbandes Schweizerischer Geflügelzüchter, den ich in recht maladem Zustand 1976 eigenhändig in einem Einbaum über den Nil (zum nächsten *airstrip*) gerudert hatte, in Basel seine reichhaltige Sammlung afrikanischer Schnitzereien zeigte, glaubte er, dieselbe durch die Expertise eines promovierten Ethnologen aufwerten zu können. Ich mußte ihn enttäuschen, da mir das Thema afrikanische Skulpturen im Sinne des Kunstmarktes fern lag und ich die Echtheitsfrage vor allem für ein Geschäftsargument hielt. Fritz Kramer, von dessen strengem Denken ich in meiner Berliner Zeit ungeheuer viel gelernt habe, zeigte sich bei unserem letzten Zusammentreffen vor über einem Jahr tief enttäuscht von meinem weltanschaulichen Abdriften. Er rechnet mich wohl zu den Links-Rechts-Wanderern, die den Argwohn stationärer Wächter geradezu herausfordern und deren Horizonterweiterungen und -wechsel als „gefährlich" einzustufen sind. Der oben erwähnte Gerhard Grohs glaubte, als er mir mit großem Einsatz zur Professur in Leipzig verhalf, damit einen weiteren Stützpunkt der engagierten Afrika-Forschung geschaffen zu haben. Ich mußte ihn enttäuschen, da mich in Afrika etwas anderes als die offenkundigen Defizite des Sozialstaates interessierte. Liedtke hoffte, mit mir einen Vertreter der ökologischen Ethnologie als Westimport bekommen zu haben. Meine Leidenschaft für das Verschwenderische und Opake an den Stammes- und Randkulturen enttäuschte und irritierte ihn immer wieder aufs Neue. Stefan Leder glaubte, in mir einen begabten Kodirigenten für die Leipziger Sektion des SFB 586 gefunden zu haben. Daß ich mit meinem Teilprojekt „Dienstleistungsnomaden" schon nach der ersten Phase wieder den Verbund verlassen mußte, war für ihn eine herbe Enttäuschung. Der Frühneuzeitler Manfred Rudersdorf, der mich 2004 zum Mitglied der Sächsischen Akademie der Wissenschaft machte, gratulierte mir zwar noch zu meinem sonst wenig akklamierten Einstandsvortrag über die Täuschungspraktiken der Kultur,[14] mußte dann aber seinerseits enttäuscht mit ansehen, wie ich die akademische Vereinskultur nur recht widerwillig genießen konnte und mich so bald als möglich zum korrespondierenden Mitglied herabstufen ließ.[15]

Der einzige Kollege, der sich nun auch im Ruhestand nicht von mir (ent)täuschen ließ, ist der geist(er)reiche Mark Münzel, mit dem ich zusammen in Frankfurt studiert habe und mit dem ich in den Jahren 1996 bis 2004 (dann machten die Ehefrauen nicht mehr mit) die „Amöneburger Ethnologentreffen" veranstaltet hatte. Vielleicht läßt es sich der benachbart wohnende Freund auch einfach nicht anmerken. Oder er glaubt mit seinen meist überzeugenden Ratschlägen tatsächlich an einen Erfolg bei der gebotenen Verhinderung, daß ich mein Gesicht irreparabiler verliere und meine nachhaltige Un-

---

14   Siehe die Einleitung zu Streck (2007).

15   In meinem ersten und einzigen Beitrag zur regen Publikationstätigkeit der Philologisch-historischen Klasse betonte ich die Außenseiterposition der Ethnologie gerade auch auf dem Felde des Menschenbildes (Streck 2012). Ich war da schon nur noch korrespondierendes Mitglied, nachdem man mich über Jahre hinweg vergeblich in die Ethik-Kommission aufnehmen wollte. Meistens begründete ich die Verweigerung mit meinem starken Interesse an Ästhetik.

fertigkeit als maskiertes Geheimnis offenbar werde.[16] „Die Geste der Scham als Grundgeste des Theaters", lautete der Beitrag von Günther Heeg (2007) zu meiner Leipziger Ringvorlesung „Die gezeigte und die verborgene Kultur" im Jahre 2006. Münzel
(2005) hat mich in der Festschrift zu meinem 60. Geburtstag als Mensch „zwischen
den Stühlen" gefeiert,[17] er selbst hat in der Ethnologie die Theaterwissenschaft hoffähig
gemacht, und ich habe ihn zum 70. Geburtstag in der Marburger Aula als einen herausragenden Mythologen gepriesen, was in der modernen Ethnologie nicht gerade wie
ein Lob klingt. Im Grunde seines Herzens ist Mark Münzel aber ein selbst betroffener
Fachmann für Geisterglaube, Heteronomien und Besessenheiten, die alle dazu zwin-
gen, Verlustangst so lange zu maskieren, bis das Zerbrechen keine Rolle mehr spielt.
Von meinem Vorgänger Treide, den er noch in Amt und Würden besuchen konnte,
sagte er damals treffend, er sei ein begabter Professorendarsteller.

Das war ich sicher auch bis 2010, als ich am Ende meines großen und trotz der
vielen und oft bedauerlichen Enttäuschungen nicht gerade als gescheitert zu betrach-
tenden Selbstversuchs die schweren Schränke meines Amtszimmers ausräumte, bevor
mir die Studierenden mit feuchten Augen eine bibliophil ausgestattete Einmalausga-
be (ohne Titel!) in *tapa*-gemusterte Kassette und eine Ziege für meine kleine Herde
im Ohm-Tal überreichten.[18] Ich ziehe den Professoren-Talar auch immer wieder an,
wenn ich zu Verteidigungen nach Leipzig gebeten werde oder zu Festanlässen wie dem
100. Geburtstag des Leipziger Instituts am 6. und 7. November 2014, wozu mich meine freundliche Nachfolgerin Ursula Rao eingeladen hatte. Ich bekannte mich dort zu
einem radikalen Geschichts- und Kulturrelativismus. Anders kann man die Schlinger-
fahrt dieser ehrwürdigen Einrichtung nicht begreifen. Sie steht wohl für die gesamte
deutsche Völkerkunde, vielleicht auch für die deutsche Geschichte oder die Geschichte
aller abgelegenen Weltteile. Ob wir uns an der Zeitachse oder an der Raumachse ent-
lang tasten, es kann immer nur um einen Irrtumsvergleich (Enzensberger) gehen – ganz
wie im persönlichen Leben.

---

[16]   Richard Rottenburg, den und dessen Frau Gisella ich 1981 gegen ihren Willen auf dem Jebel Lebu in
      Südkordofan besucht hatte (Rottenburg 2005), schloß seine von großer Sympathie getragene Lauda-
      tio zu meinem 60. Geburtstag in Halle mit dem Satz, ich sei „noch nicht in der Moderne angekom-
      men". Es kann durchaus sein, daß ich das betreffende Haltesignal übersehen habe auf dem großen
      Rangierbahnhof der Ideen und Ideale.
[17]   Tatsächlich ist der „Zwischenraum" so etwas wie ein Leitbegriff meiner Leipziger Ethnologie ge-
      worden, nicht nur in der Tsiganologie (s. Streck 2008, Günther 2014), sondern auch bei dem ersten
      Afrikaner, der sich in Leipzig habilitieren konnte, dem langjährigen Mitarbeiter Günther Schlees am
      MPI Halle Youssouf Diallo mit seinen „Nomades des espaces interstitiels" (2008).
[18]   Eine Festschrift hatte ich schon fünf Jahre vorher bekommen (Geisenhainer und Lange 2005).

LITERATURVERZEICHNIS

ALVARES, Claude A.
1980   *Homo Faber: technology and culture in India, China and the West from 1500 to the present day.* The Hague *et al.*: Martinus Nijhoff Publishers

BERNSDORF, Wilhelm (Hrsg.)
1969   *Wörterbuch der Soziologie.* Stuttgart: Ferdinand Enke

BOISSEVAIN, Jeremy
1978   *Friends of friends: networks, manipulators, and coalitions.* Oxford: Basil Blackwell

DIALLO, Youssouf
2008   *Nomades des espaces interstitiels: pastoralisme, identité, migrations (Burkina Faso – Cote-d'Ivoire).* Köln: Köppe (Topics in African Studies 8.)

DUERR, Hans Peter
1990   *Sedna oder die Liebe zum Leben.* Frankfurt am Main: Suhrkamp ([1]1984)

FAUST, Franz Xaver
1998   *Totgeschwiegene indianische Welten.* Eine Reise in die Philosophie der Nordanden. Gehren: Escher

GEISENHAINER, Katja
2008   „Ethnologie", in Ulrich von Hehl, Uwe John und Manfred Rudersdorf (Hrsg.), *Geschichte der Universität Leipzig 1409–2009.* Band 4: Fakultäten, Institute, Zentrale Einrichtungen. 1. Halbband, 367–392. Leipzig: Leipziger Universitätsverlag
2014   „Nachwort", in: Katja Geisenhainer, Lothar Bohrmann und Bernhard Streck (Hrsg.), *100 Jahre Institut für Ethnologie der Universität Leipzig.* Eine Anthologie seiner Vertreter, 295–321. Leipzig: Leipziger Universitätsverlag

GEISENHAINER, Katja und Katharina LANGE (Hrsg.)
2005   *Bewegliche Horizonte.* Festschrift zum 60. Geburtstag von Bernhard Streck. Leipzig: Leipziger Universitätsverlag

GROTHUES, Jürgen
1988   *Aladins neue Lampe.* Recycling in der Dritten Welt. München: Trickster

GÜNTHER, Olaf
2014   *Im Zwischenraum – Zigeuner in Zentralasien.* Ein Vergleich postsowjetischer und afghanischer *mugat*-Gruppen. Leipzig (Unveröffentlichte Habilitationsschrift, Universität Leipzig)

HALLER, Dieter
2008   *Interviews with German anthropologists.* http://www.Germananthropology.com [zuletzt konsultiert am 31. Januar 2015]

HEEG, Günther
2007   „Die Geste der Scham als Grundgeste des Theaters", in: Bernhard Streck (Hrsg.), *Die gezeigte und die verborgene Kultur,* 71–80. Wiesbaden: Harrassowitz

JENSEN, Adolf E.
1965   *Die getötete Gottheit.* Stuttgart: Kohlhammer ([1]1948, Das religiöse Weltbild einer frühen Kultur. Stuttgart: August Schröder)

KING, Kenneth
1977   *The African artisan: education and the informal sector in Kenya.* London *et al.*: Heinemann

KRADER, Lawrence
1968   *Formation of the state.* Englewood Cliffs, NJ: Prentice-Hall

KRAMER, Fritz und Bernhard STRECK
1991   *Sudanesische Marginalien.* Ein ethnographisches Programm. München: Trickster

LEDER, Stefan und Bernhard STRECK (Hrsg.)
2005   *Shifts and drifts in Nomad-sedentary relations.* Wiesbaden: Ludwig Reichert (Nomaden und Sesshafte. Sonderforschungsbereich Differenz und Integration. Wechselwirkungen zwischen nomadischen und sesshaften Lebensformen in Zivilisationen der Alten Welt. Band 2.)

LOIMEIER, Roman
2000   *Die islamische Welt als Netzwerk.* Möglichkeiten und Grenzen des Netzwerkansatzes im islamischen Kontext. Würzburg: Ergon

MÜLLER, Klaus E.
2014   *Das Geheimnis.* Faszination des Verborgenen. Berlin: Lit

MÜNZEL, Mark
2005   „Bernhard Streck. In die Mitte, doch ohne Angst vor dem Raum zwischen den Stühlen", in: Katja Geisenhainer und Katharina Lange (Hrsg.), *Bewegliche Horizonte.* Festschrift zum 60. Geburtstag von Bernhard Streck, 5–12. Leipzig: Leipziger Universitätsverlag

MÜNZEL, Mark und Bernhard STRECK
1981   *Kumpania und Kontrolle.* Moderne Behinderungen zigeunerischen Lebens. Gießen: Focus

NIPPA, Annegret
2011   *Kleines Abc des Nomadismus.* Publikation zur Ausstellung „Brisante Begegnungen. Nomaden in einer seßhaften Welt" vom 17.11.2011–20.5.2012 im Museum für Völkerkunde Hamburg. Hamburg: Museum für Völkerkunde

POMMERENING, Christian
1993   *Der „Fall Treide"?* Unveröffentlichte Dokumentation. Leipzig: Universität Leipzig, Fachschaft Orientalistik/Afrikanistik

REICHENBACH, Anke, Christine SEIGE und Bernhard STRECK (Hrsg.)
2002   *Wirtschaften.* Festschrift zum 65. Geburtstag von Wolfgang Liedtke. Gehren: Escher

REICHMUTH, Stefan
2000   „‚Netzwerk' und ‚Weltsystem' – Konzepte zur Neuzeitlichen ‚Islamischen Welt' und ihrer Transformation", in: Roman Loimeier (Hrsg.), *Die islamische Welt als Netzwerk.* Möglichkeiten und Grenzen des Netzwerkansatzes im islamischen Kontext, 53–86. Würzburg: Ergon

ROTTENBURG, Richard
1988   *Die Lemwareng-Nuba.* Ein Beispiel kultureller Akkreszenz im heutigen Nil-Sudan. Berlin: Das Arabische Buch (Occasional Papers des Forschungsgebietsschwerpunkts Ethnizität und Gesellschaft an der Freien Universität Berlin 15.)
2005   „Die Figur des Dritten im Feld", in: Katja Geisenhainer und Katharina Lange (Hrsg.), *Bewegliche Horizonte.* Festschrift für Bernhard Streck, 153–163. Leipzig: Leipziger Universitätsverlag

SCHWEIZER, Thomas
1996   *Muster sozialer Ordnung.* Netzwerkanalyse als Fundament der Sozialethnologie. Berlin: Reimer

SERBSKI MUZEJ [Sorbisches Museum] (Hrsg.)
2009   *Moderni z Tradicije* [Modern aus Tradition]. Widy na kultury Romow/Cyganow [Ansichten zu den Kulturen der Roma/Zigeuner]. Bautzen: Sorbisches Museum

STRECK, Bernhard
1975   *Anthropologie und Ethnologie.* Ostafrikanische Unterschiede in der Behinderung struktureller Gewalt. Bamberg: Difo
1984   „Das Institut für Ethnologie an der Freien Universität Berlin. Kurzbericht einer fünfjährigen Feldforschung", *Brümmer Zeitung* 12:4–8
1985   „Netzwerk. Der transaktionale Einspruch gegen das Paradigma der struktural-funktionalen Ethnologie", *Anthropos* 80:569–586
1990a   „Die Minderheit der ‚Aleppiner' im Sudan", *Forschungsmagazin der Johannes Gutenberg-Universität Mainz* 6(2):19–25
1990b   *Tradition, Migration, Notstand.* Themen heutiger Sudanethnographie. Göttingen: Edition Re

1994   *Die Ahnen der „Scientific Community" oder: Warum wir über Ethnologiegeschichte for-schen.* Berlin: Das Arabische Buch (Freie Universität Berlin, Institut für Ethnologie, Schwerpunkt Sozialanthropologie: Sozialanthropologische Arbeitspapiere 55.)

1995   „Entfremdete Gestalt. Die Konstruktion von Kultur in den zwei Frankfurter Denk-schulen", in: Thomas Hauschild (Hrsg.), *Lebenslust und Fremdenfurcht.* Ethnologie im Dritten Reich, 103–120. Frankfurt am Main: Suhrkamp

1996   *Die Halab.* Zigeuner am Nil. Wuppertal: Edition Trickster im Peter Hammer-Verlag

1997   *Fröhliche Wissenschaft Ethnologie.* Eine Führung. Wuppertal: Edition Trickster im Pe-ter Hammer-Verlag

1998   „Die getötete Gottheit' von Ad.E. Jensen", in: Reinhard Kapfer *et al.* (Hrsg.), *Weg-marken.* Eine Bibliothek der ethnologischen Imagination, 131–134. Wuppertal: Edition Trickster im Peter Hammer Verlag

2000a   „Grenzen im Netzwerk. Für eine multiperspektivische Betrachtung gesellschaftlicher Verhältnisse", in: Roman Loimeier (Hrsg.), *Die islamische Welt als Netzwerk.* Möglich-keiten und Grenzen des Netzwerkansatzes im islamischen Kontext, 87–100. Würzburg: Ergon

2007   *Die gezeigte und die verborgene Kultur.* Wiesbaden: Harrassowitz

2008   „Kultur der Zwischenräume – Grundfragen der Tsiganologie", in: Fabian Jacobs und Johannes Ries (Hrsg.), *Roma-/Zigeunerkulturen in neuen Perspektiven. Romani/Gypsy cultures in new perspectives*, 21–48. Leipzig: Leipziger Universitätsverlag

2012   „Menschenbild und Ethnologie", in: Udo Ebert, Ortrun Riha und Lutz Zerling (Hrsg.), *Menschenbilder – Wurzeln, Krise, Orientierung*, 137–156, Stuttgart und Leipzig: Sächsi-sche Akademie der Wissenschaften zu Leipzig, in Kommission bei S. Hirzel

2013   *Sterbendes Heidentum.* Die Rekonstruktion der ältesten Weltreligion. Leipzig: Eudora

2014a   „Die Visionen der Vergangenheit. Das Leipziger Institut für Ethnologie im Spiegel sei-ner Veröffentlichungen", *Zeitschrift für Ethnologie* 139:131–152

2014b   *Leo Frobenius.* Afrikaforscher, Ethnologe, Abenteurer. Frankfurt am Main: Socie-tätsverlag (Gründer, Gönner und Gelehrte. Biographienreihe der Goethe-Universität Frankfurt am Main)

STRECK, Bernhard (Hrsg.)
1987   *Wörterbuch der Ethnologie.* Köln: Dumont
1991   *Dizionario di Etnologia.* Milano: Tasco
2000b   *Wörterbuch der Ethnologie.* Erweiterte Neuausgabe. Wuppertal: Hammer
2011   Para-Ordnungen/Para-Orders. *Behemoth.* A Journal on Civilisation IV(1)

STRECK, Bernhard und Thomas ZITELMANN
1979   *Die Herrschaft der Blutsbande.* Vorstudien zu einer Kritik der Gentilen Produktionswei-se. Gießen: Focus

STRECKER, Ivo
1990   „Forschung und Freundschaft", in: Karl-Heinz Kohl, Heinzarnold Muszinski und Ivo Strecker (Hrsg.), *Die Vielfalt der Kultur.* Ethnologische Aspekte von Verwandtschaft, Kunst und Weltauffassung. Ernst Wilhelm Müller zum 65. Geburtstag, 606–613. Ber-lin: Reimer

TREIDE, Dietrich

2005   „Onwards, but in which direction? Anthropology at the University of Leipzig between
         1950 and 1968", in: Chris Hann, Mihály Sárkány und Peter Skalnik (Hrsg.), *Studying*
         peoples in the people's democracies: socialist era anthropology in East-Central Europe,
         133–158. Münster: Lit (Halle Studies in the Anthropology of Eurasia 8.)
2012   *Erlebte Ethnologie.* Ein Rückblick auf die Geschichte der Universitäts-Ethnologie in
         Leipzig 1951–1993. Herausgegeben von Barbara Treide. Wiesbaden: Reichert Verlag

WITTSTOCK, Uwe

2014   „Liebe in den Zeiten der Revolution", *Focus-Magazin* 42:144–147

FLUCHT UND AUSFAHRT
Wege und Umwege zur Ethnologie

Volker Heeschen

ANFÄNGE UND KURSWECHSEL

Die im Titel genannten Themen beziehen sich zunächst einmal auf Momente meines Lebens: Wechsel und Neuorientierungen im Laufe des Studiums können auch als Flucht gedeutet werden, als Unfähigkeit, sich zu konzentrieren, als jeweiliges Ungenügen an dem, was geboten und geleistet wurde. Ich ziehe es natürlich vor, die Wechsel als Aufbruch in jeweils neue verlockende Wissensgebiete zu sehen. Ich begann mit dem Studium der Germanistik und Romanistik, scherte von da in die allgemeine und vergleichende Sprachwissenschaft aus, ließ mich von der Sprachphilosophie einnehmen, um dann den Verlockungen der linguistischen Feldforschung zu erliegen. Von da war der Weg zur Ethnologie vorgezeichnet, aber noch nicht die Ausflüge in Psycholinguistik und Humanethologie. Auch die Rückkehr zu literaturwissenschaftlichen, um evolutionäre Fragen bemühte Ansichten vom Menschen, der immer wieder ein in neue Geschichten „Verstrickter" (Schapp 1981) ist, war nicht vorgegeben.

Die Begriffe des Titels bilden außerdem einen konstruierten Rahmen, in dem das, was vielleicht nur Zufall und Sprunghaftigkeit war, einen Sinn finden sollte. Schließlich gehören sie zur Reihe der großen Erzählungen, zu den „Schemata von Ausfahrt und Heimkehr, von Trennung und Wiedervereinigung, von drohendem Unheil und schließlichem Sieg, von Mysterium und Aufklärung", und „sind nicht nur im Sagen-, Mythen- und Epengut der Völker zu finden, sondern ebenso in der bunten Presse wie in den Geschichtsphilosophien und in der politischen Rhetorik" (Eibl 2004:347). Und, so darf man hinzusetzen, sie sind Teil in den Konstruktionen einer jeden „Selberlebensbeschreibung" (Jean Paul 1967:1039–1103). Mit jenen großen Erzählungen sind aber auch die Themen gesetzt, die in der oralen Literatur kleiner Ethnien als Teile eines universalen Erzählgutes angesehen werden können. Erzählen fungiert als „Konsensmedium" (Eibl 2004:348) oder als Mittel zur Auflösung kognitiver Dissonanzen in imaginierten Welten, in denen in utopischer, upraktischer oder, in Karl Eibls Worten, in „kognitiver Quarantäne" (2004:249), Alternativen zur alltäglichen Praxis entworfen werden; vom Glück inmitten der Misere der Hungersnöte und der Allgegenwart ungeliebter Partner wird geträumt. Die Beschäftigung mit oralen Überlieferungen, mit der Edition von Texten und mit Übersetzungen dieser Texte führt mich im Folgenden zurück zu den Anfängen als Philologe und Literaturwissenschaftler, so daß Flucht und Ausfahrt zur Heimkehr werden.

FRÜHE ANREGUNGEN

Ich wuchs in Bremen auf: Aus den Erzählungen der Großeltern, Resten von Sammelbildern aus der Kolonialzeit und dem mächtigen Kolonialdenkmal – heute Antikolonialdenkmal – wehten den Schüler die miasmatischen Dünste der Herrschaft über ferne Ethnien an. Im Jahr 1954, gegen Ende des ersten Jahres auf dem Gymnasium, stellte unsere Erdkundelehrerin die Aufgabe, eine Bremer Institution zu besuchen. Ich ging ins Überseemuseum und schrieb einen Bericht über die Südsee, der zwar Klischees, aber keine Erinnerungen an koloniale Herrlichkeiten aufwies. Das frühe Interesse wurde dann später durch Publikationen in „rowohlts deutscher enzyklopädie" genährt: Da erschienen Ruth Benedicts „Urformen der Kultur" (1955) sowie Margaret Meads „Mann und Weib" (1958) und „Geschlecht und Temperament in primitiven Gesellschaften" (1959). In der gleichen Reihe erschienen dann später Bronislaw Malinowskis „Geschlechtstrieb und Verdrängung bei den Primitiven" (1962) sowie Benjamin Lee Whorfs „Sprache, Denken, Wirklichkeit" (1963), so daß ich mir als Student der germanischen und romanischen Sprachen Seitenblicke auf die Ethnologie und Sprachwissenschaft gewähren konnte. Parallel zu den sich verzweigenden Interessen verteilte sich das Studium auf die Universitäten Marburg, Poitiers, Bonn, Münster und Bochum. Seitenblicke und Umwege verhinderten nicht Rückblick und Heimkehr: Es war in der Wittheit zu Bremen, der Wissenschaftlichen Gesellschaft der Freien Hansestadt, ich glaube, in der ersten Hälfte der sechziger Jahre des vorigen Jahrhunderts, ein Vortrag von Hans Fischer über den Beginn seiner Forschungen in Papua-Neuguinea, der dem Studenten die Interessen des Schülers in Erinnerung brachte.

In der Rückschau kann man Konstanten und wiederkehrende Motive erkennen oder konstruieren. Für den, der Zusammenhänge sieht, bringen die älteren Sprachstufen etwa des Deutschen sowie Wörter und Texte der indogermanischen Sprachen insgesamt Beispiele für ethnologisch interessante und relevante Daten, seien dies nun Einzelfälle wie etwa der Terminus für Mutterbruder, mittelhochdeutsch „Oheim" („Onkel mütterlicherseits"), gegenüber undifferenziertem hochdeutschen „Onkel", oder größere, systematisch zu erfassende Bereiche wie Recht, Stellung der Frau oder das Vokabular des Gebens und Nehmens.[1] Wenn nur Namen, einige wenige Inschriften oder kurze Texte einer Sprache überliefert wurden, dann mußte zum Verständnis der Quellen ganz im Sinne der Dialektik Schleiermachers um diese Momente im Leben einer Sprache die Situation, die Gesellschaft und vielleicht das ganze Zeitalter der Sprecher rekonstruiert werden. Ich führe gern die Iguvinischen Tafeln als Beispiel an, Inschriften im umbrischen Dialekt, der zur gleichen Sprachfamilie gehört wie das Lateinische; man kann auch das Hildebrandslied oder die Reste kleinasiatischer oder iberischer Sprachen heranziehen: Kaum ein Wort, kaum eine Zeile wird man verstehen, ohne ihren Platz in Gesellschaft und Kultur zu rekonstruieren. So ist es heute noch mit mancher Wendung oder gar ganzen Texten in Sprachen, die ich in Papua erforschte. Der Blick für kleine, untergegangene und für sterbende Sprachen wurde im Studium geschärft. Ich war glücklich, wenn ich noch das Schottisch-Gälische auf den Äußeren Hebriden hörte oder den Spuren des Irischen auf der Blasket-Insel nachgehen konnte; die Keltologie war Teil des Studiums der indogermanischen Sprachen. Noch heute besuche ich gerne Sprachinseln, die Nordküste von Papua um Jayapura herum, wo fast jeder Weiler seine eigene Sprache hat, oder Gemeinden westlich von Oldenburg, wo das Saterfriesische überlebt.

VON DER PHILOSOPHIE ZUR FELDFORSCHUNG

Die sechziger Jahre des vorigen Jahrhunderts brachten mit Noam Chomskys generativer Transformationsgrammatik einen enormen Aufschwung der theoretischen Linguistik, der weg von behavioristisch geprägten, strukturalistischen Methoden der Beschreibung von einzelnen Sprachen zu Annahmen einer zugrunde liegenden Tiefenstruktur führte, die sich letztlich durch biologisch begründbare Universalien rechtfertigen ließ. Choms-

---

[1] Rechtsquellen repräsentieren oft die ältesten Sprachstufen. Vergleiche, um nur zwei Beispiele zu geben, Buma und Ebel (1963) sowie Thurneysen *et al.* (1936). Zum Vokabular des Gebens und Nehmens, siehe Benveniste (1969:65–202). Bekanntermaßen wertet auch Mauss' (1950) klassisches Werk über die Gabe alte Rechtsquellen aus.

ky ging im Laufe seiner Begründungen auch auf die Sprachphilosophie Wilhelm von Humboldts zurück; aber Humboldt hatte in der Sprachinhaltsforschung, die mir in Bonn Leo Weisgerber und Helmut Gipper vermittelten, und in den Diskussionen, die der Sapir-Whorf-These folgten, eigentlich Argumente geliefert, die für die Eigentümlichkeit einer jeden Sprache sprachen und die sich mit den Schlagwörtern vom Weltbild einer Sprache oder der einer jeden Sprache spezifischen Weltansicht klassifizieren lassen. In ihrer schärfsten, wenn auch nicht immer richtig vorgetragenen Form lautete die These, daß die Grammatik einer Sprache Philosophie und Weltbild bedingt; Whorf habe diese These durch den Vergleich der Grammatik des Hopi, einer uto-aztekischen Sprache, mit der Grammatik der europäischen Sprachen gewonnen.[2] Mit den Fragen, ob die Grammatik einer Sprache das Denken forme oder beeinflusse oder ob das Denken die Grammatik bestimme, war ich in der amerikanischen Ethnolinguistik und damit bei ethnologisch relevanten Fragestellungen angekommen.[3] Chomskys Wiederentdeckung Humboldts und die Arbeiten der amerikanischen Ethnolinguisten, die auch unter dem Begriff Neohumboldtianer gehandelt wurden, regten zur Lektüre Humboldts an und (ver)führten zur Sprachphilosophie.

Angesichts der konträren und, wie ich meinte, oft ohne Kenntnis der primären Quellen geführten Diskussionen ließ mich mein germanistischer Mentor, Siegfried Grosse, eine Staatsarbeit und dann eine Dissertation über die „Sprachphilosophie Wilhelm von Humboldts" schreiben (Heeschen 1972); ich wollte Humboldt selber und nicht nur Zitatenschwärme verarbeiten. Ich las alles, was an Schriften Humboldts gedruckt war, und entdeckte den Sprachwissenschaftler, dessen Sprachphilosophie immer auch als Einleitung zu empirischen Studien wie zum Baskischen, zu den nord- und südamerikanischen Indianersprachen und zu den Südsee- und westaustronesischen Sprachen gedacht war.[4] Der Wunsch, eine exotische Sprache zu studieren und Feldforschungen durchzuführen, erwachte; die Sprachphilosophie verführte zur Empirie. Ich konnte diesen Wunsch erfüllen, als ich von einem Projekt der Berliner Völkerkundler Klaus Helfrich und Gerd Koch hörte, an dem ich dann als Linguist unter Völkerkundlern, Medizinern, Biologen und Geologen teilnehmen durfte: Die Berliner planten ein interdisziplinäres Unterfangen, das unter dem Namen „Mensch, Kultur und Umwelt im zentralen Bergland von West-Neuguinea" lief und von der Deutschen Forschungsgemeinschaft finanziert wurde (Heeschen 2015:539). Im Verlauf dieses Projektes, das von 1974 bis 1976 und wieder für kurze Zeit 1979 und 1984 realisiert wurde und das ich dann ab 1979 mit gleichen Erkenntnisinteressen, aber anderer institutioneller Absicherung sozusagen auf eigene Faust fortsetzte, verwandelte sich der Germanist in einen Ethnolinguisten und, wenn man so will, notgedrungen, weil im Felde auf sich allein

---

[2]   Vergleiche Chomsky (1966) und Whorf (1963) sowie die umfangreiche Bibliographie in Whorf (2012).
[3]   Diese ethnologische Relevanz bezugen zum Beispiel Gippers ausgewogene Darstellung (1972) und Levinson (2012:vii–xxiii).
[4]   Vergleiche Mueller-Vollmer (1993) sowie Mueller-Vollmer und Heeschen (2007).

gestellt, in einen Ethnologen, ohne im Studium auch nur eine Stunde Ethnologie belegt zu haben.[5]

Die Forschung führte mich in das Gebiet der Mek-Sprachen im östlichen, zentralen Bergland von Papua, deren Sprecher zuvor unter dem kuriosen Namen „Goliath-Pygmäen" geführt wurden und von denen nur eine kurze Wortliste bekannt war.[6] Die Bewohner um den Goliath-Berg sprechen eine andere Mek-Sprache als die Eipo, zu denen uns das Verlangen der Ethnologen verschlug, eine nichtkontaktierte „Bevölkerungsgruppe" (wie es Gerd Koch, zitiert in Heeschen [2015:539], vorsichtig ausdrückte) zu besuchen. So wurde ich in eine Situation versetzt, die sich manche Einführung in die Linguistik verheißungsvoll ausmalt, die aber eigentlich nur von wenigen Angehörigen des Summer Institute of Linguistics erlebt wurde, nämlich die Situation der Einsprachigkeit, in der anfangs wenige Worte wie zum Beispiel „gut", „der Regen kommt" oder „Süßkartoffel" die Last der verbalen Kommunikation tragen, während der alltäglichen Kommunikation vorerst und hauptsächlich nonverbale Mittel dienen, bevor nach und nach rettende Sprachinseln aus dem Meer des Unverstandenen auftauchen.

Das erwähnte Projekt endete jedoch 1976 vorzeitig, weil es Querelen mit der Unevangelized Fields Mission gab, die sich große Teile des Mek-Gebietes zugesprochen hatte (vgl. Heeschen 2015:540–542). Ein kleines Areal im äußersten Nordwesten dieses Teiles Papuas, das Gebiet der Yalenang um die Missionsstation Kosarek herum, aber war der Protestantischen Kirche von Papua zugeteilt worden, die westlich von den Tälern der Mek-Sprecher im Bereich der Dani-Sprachen missionieren durfte. So erhielt ich, inzwischen, so schien es, in den Augen der Mission zu einem Experten für Mek-Sprachen gereift, eine Einladung der Kirche, in Verbund mit der Vereinten Evangelischen Mission zu Wuppertal, eben dort zu arbeiten, was ich von 1978 bis 1981 tat und was in der einen oder anderen Form und mit verschiedenen Finanzierungen bis heute andauern sollte. Wann immer ich in Kosarek war, konnte ich die Eipo besuchen oder einige Eipo-Mitarbeiter dorthin einladen. Die Zusammenarbeit mit einigen weniger auf die Heidenmission konzentrierten und liberalen Missionaren sowie mit Papua, die für ihre Kirche tätig waren, schuf glücklichere Momente der Feldforschung.

Da ich kein ordnungsgemäßes Studium der Ethnologie nachweisen kann, gibt es auch keine Lehrer, aber Gutachter wie Meinhard Schuster oder Gastfreunde und Herausgeber von Beiträgen in Sammelbänden wie Andrew Strathern, die verhüteten, daß

---

[5] Die Forschungen von 1974 bis 2014 wurden durch Rat, Gutachten und Hilfen von Irenäus Eibl-Eibesfeldt, Klaus Helfrich, Nikolaus Himmelmann, Gerd Koch, Mathias Laubscher, Klaus Reuter, Willem J.M. Levelt und Siegfried Zöllner ermöglicht. Finanziert wurden die Forschungen von der Deutschen Forschungsgemeinschaft, der Max-Planck-Gesellschaft, der Vereinten Evangelischen Mission und der VW-Stiftung. Logistische Hilfen und alle sonstigen Hilfen, deren der Feldforscher bedarf, erhielt ich von der Protestatischen Kirche Papuas, der Missionary Aviation Fellowship und dem Summer Institute of Linguistics, Irian Jaya Branch. Den genannten Personen und Institutionen spreche ich auch an dieser Stelle meinen sehr herzlichen Dank aus.

[6] Siehe zum Namen der Sprachfamilie und zur Geschichte der Kontakte Godschalk (1999) und Heeschen (2015:7).

der Linguist zu einer ethnologischen „Randfigur" (Fischer 2003) degenerierte; Mentoren wie der Germanist Siegfried Grosse (Bochum) oder die Sprachwissenschaftler Johann Knobloch (Bonn), Helmut Gipper (Bonn und Münster) und Georg Hincha (TU Berlin), der meine Habilitation an der TU Berlin betreute, oder der Ethnologe Hans Fischer, den ich in Hamburg besuchte, ermutigten mich, die Feldforschungen zu beginnen beziehungsweise fortzusetzen, obgleich ich zum wiederholten Male eine feste Anstellung würde kündigen müssen. Einflußreiche Forscher wie Stephen A. Wurm (Canberra) waren als Gutachter an meiner Habilitation („Prolegomena zu einer Grammatik des Eipo") beteiligt; die Aufenthalte in Papua brachten die Bekanntschaft mit linguistisch arbeitenden Missionaren und Völkerkundlern, nämlich Jan Godschalk, Myron Bromley, Siegfried Zöllner und Anton Ploeg. Schließlich wurden meine Forschungen für den Psycholinguisten Willem J.M. Levelt (Max-Planck-Institut für Psycholinguistik) und den Humanethologen Irenäus Eibl-Eibesfeldt (Forschungsstelle für Humanethologie in der Max-Planck-Gesellschaft) so interessant, daß dem heimkehrenden Feldforscher eine gewisse Anerkennung in der *scientific community* gewiß erschien und eine Anstellung ermöglicht wurde. Parallel zu den ausufernden Interessen und den verschiedenen Förderern verläuft die Geschichte meiner Anstellungen, sie begann nach dem Studium mit der Position des Studienassessors in Bremen und wurde fortgesetzt im Mittelbau des Romanischen Seminars der Ruhr-Universität Bochum, dann im Dienst der Vereinten Evangelischen Mission, von wo es zur Forschungsstelle für Humanethologie in der Max-Planck-Gesellschaft (1982–1996) und zum guten Schluß ans Institut für Völkerkunde und Afrikanistik der Universität München (heute: Institut für Ethnologie) ging (1996–2005). Ich habe mich an der Technischen Universität Berlin in Allgemeiner Sprachwissenschaft habilitiert und in München wurde ich zum außerplanmäßigen Professor für Ethnolinguistik ernannt.

Damals, 1974, war es zumindest für einen in traditionellen Bahnen arbeitenden Philologen und Linguisten durchaus ungewöhnlich, Feldforschung zu betreiben, das Klima war, wie schon erwähnt, grau-theoretisch, nicht grün-belebend. Man solle die Wilden doch in Frieden lassen, so wurde man zuweilen angefeindet. Das Interesse anderer Zuhörer galt oft weniger den harten Fakten, sondern den Stereotypen, wie sie heute noch Touristen aufgetischt werden, nämlich den Fragen nach Abstrakta, Zahlwörtern, Krieg und Kannibalismus. Die Ethnien im Bergland galten eben als Leute der Steinzeit, und die Eipo wurden im Spiegel als ein Musterfall für ungehemmte, ungezügelte Aggressivität dargestellt (s. Heeschen 2015:9). Erst heute, mit den vielen Versuchen, sterbende, bedrohte Sprachen zu dokumentieren, und mit den Linguisten, die vom Max-Planck-Institut für Psycholinguistik ausschwärmen, um Thesen, die mehr oder minder der Whorf'schen Problematik verbunden bleiben, zu testen, ist die Einsamkeit des Germanisten in Papua aufgehoben. Die Zusammenarbeit von Sprachwissenschaftlern und Ethnologen verläuft heute ohne Anfeindungen, sie wurde zur Regel.

EIN BLICK AUF FORSCHUNGEN, PROBLEME UND ERGEBNISSE

Der Ethnologie habe ich mich wohl immer von den Nachbardisziplinen her genähert. Der Gedanke liegt nahe, daß die Ethnologie nicht nur Impulse von diesen Disziplinen erhält, sondern daß ihr von diesen auch Merkmale ihrer Bestimmung und Definition zugewiesen werden. Sie hat sich, wie etwa die Werke von Alexander und Wilhelm von Humboldt und deren Lehrern, zum Beispiel August Ludwig Schlözer, zeigen, aus Geographie und Geschichte sowie Landes- und Sprachenkunde herausgeschält (s. Mueller-Vollmer u. Heeschen 2007) und sie wurde von Psychologie, Philosophie, Jura und Biologie vereinnahmt, genutzt, umgedeutet und definiert.[7] Daraus kann man folgern, daß die Ethnologie im besonderen Maße darum bemüht sein könnte, sich unabhängig von jedweder Methodologie ein nur ihr eigenes Objekt zu suchen und zu definieren: Diese Denkfigur oder eben das eigensinnige Bestreben nach dem Besitz eines eigenen Untersuchungsgebietes hat Claus Heeschen in einem Kapitel über Saussure (1972:22–34) für die strukturalistische Sprachwissenschaft untersucht; diese setzt die Sprache (*la langue*) als *fait social* im Sinne von Durkheim und stellt ihr das Sprechen (*la parole*) entgegen. Die Sprache als soziale Institution ist den Sprechern vorgeordnet, sie ist etwas ihnen Externes, hat präskriptive Kraft und existiert in den Individuen als Kopie. Unter diesen Prämissen würde die Sprachwissenschaft sich nicht um die Psychologie der Sprecher, um geschichtliche Entwicklungen oder um die sozialen Bedingungen des Sprechens kümmern müssen. Dieses Zurechtstutzen eines eigenen Objektes wirkt in die Ethnologie hinein:

> Wie ein Echo auf Durkheims und Saussures Prämissen wirkt die Feststellung von Lévi-Strauss (1978:26), daß es der Ethnologie darum gehe, „Sachverhalte auf ihre Natur eines symbolischen Systems zurückzuführen [...]. Wie die Sprache ist das Soziale eine [...] autonome Realität; die Symbole sind realer als das was sie symbolisieren, der Signifikant geht dem Signifikat voraus und bestimmt es" (Heeschen 2003a:3282).

Als Wissenschaft mit einem so verstandenen ihr eigenen Objekt würde die Ethnologie von der Praxis, der Geschichte und dem individuellen Werden abstrahieren. Neben der Problematik der Abgrenzung eines Objektes kann ein zweites Problem entstehen, für das noch keine Lösung vorliegt und das ich hier nicht weiter verfolge, obwohl es für „Die Eipo in Papua" (Heeschen 2015) einige Gesichtspunkte der Gliederung abgab: Man kann jede Kultur als ein System der Abgrenzungen, als ein Schutz des eigenen „Gartens", ansehen; denn mit jedem differentiellen Spiel der Zeichen, mit symbolischen Systemen, mit Systemen der nonverbalen und verbalen Kommunikation, mit Artefakten, mit symbolischen Handlungen (Riten) und mit der Welt der kunstvollen Sprachwerke entstehen Idiome und Idiosynkrasien. Mit ihnen entstehen aber auch in jeder

---

[7]   Siehe zum Beispiel Wundt (1900–1920), Cassirer (1964), Fikentscher (1995) und Eibl-Eibesfeldt (1997).

Kultur Wege, sich auf die Welt jenseits von Zaun und Grenze einzulassen. Die Dialektik von Abgrenzung und intellektueller Teichoskopie verdient eigene Überlegungen.

Dieses gewissermaßen territoriale Bestreben, das auch der Ethnologie eigen sein
mag, und die Versuche, Grenzen zu überschreiten, möchte ich aufgreifen, um wenigstens ein wenig von meinen Arbeiten vorzustellen. Die Selbstdarstellung, wenn man sie
denn zulassen will, nimmt dabei implizit Ideen der Disziplinen auf, die von der Peripherie her in Gebiete der Ethnologie einbrachen und ihr ihre Objekte streitig machen;
von außen her kommen Sprachtheorie, Philosophie, Ethnologie des Rechts und Biologie.[8] Dazu wähle ich ein kleines Beispiel aus der Grammatik, eines aus der vergleichenden ethnologischen Arbeit, ein weiteres, das ethnologische Fakten und humanethologische Annahmen zusammenzwingt, und schließlich das Thema, mit dem ich begann,
die These von dem Weltbild, das von einer Sprache ausgedrückt oder geformt werde.
Die Schlußbemerkungen greifen diese These auf, um die Beschäftigung mit Literatur
zu rechtfertigen und in größere Rahmen zu setzen.

Ditransitivität ist ein fester Begriff der Grammatik. Ein Satz mit Agens, Patiens
und Benefaktiv (indirektem Objekt) wie „Die Eipo gaben den Gästen Netze" ist ein
solcher ditransitiver Satz mit drei referentiellen Nominalphrasen. Auch viele Gramma-
tiken von Papua-Sprachen führen ditransitive Sätze an. Aber in der Realität des Sprechens gibt es keine solchen Sätze; zumindest eine, oft zwei Nominalphrasen sind durch
Pronomen realisiert, zum Beispiel: „Sie gaben den Gästen Netze" oder „Sie gaben sie
den Gästen". In der Rede ist eine Größe immer schon bekannt, die Einheiten eines
Satzes aber dürfen, Erkenntnissen der Sprachpsychologie folgend, nicht zu groß sein,
eine referentielle Nominalphrase pro Äußerung ist genug, denn die Sprecher planen
kleine Einheiten des Satzes gemäß „Wundt's principle" „without much lookahead and
backtracking".[9] Gespräche über ditransitive Sätze mit den Eipo- und Yale-Mitarbeitern
ergaben kleine Geschichten, zum Beispiel: „Die Gäste kamen, wir gaben ihnen Netze"
oder „Die Frauen hatten Netze geknüpft, und als genug Schweine da waren und die
Eipo die Gäste eingeladen hatten, da verteilten sie das Schweinefleisch und gaben ihnen
die Netze". Ich habe von Prinzipien der Verteilung und der Zusammenfassung in der
Sprachproduktion, im Sprechen, nicht in der Struktur der Sprache, gesprochen; mehrere Nominalphrasen werden auf Teilsätze verteilt, und erst am Ende einer Geschichte
kann der Erzähler zusammenfassen: „Die Netze, die gaben sie ihnen, den Gästen, die
Eipo waren das, die Eipo gaben den Gästen die Netze". Der ditransitive Satz entsteht
im Laufe der Rede und hat seinen Platz am Ende der Rede; er wird aktiv, durch *metalinguistic monitoring*, zusammengesetzt.[10] Der Zusammenhang von Reden, Werden der
Struktur und der Offenheit des Satzes mit festen Bestandteilen hat mich dazu verführt,

---

[8]   Vergleiche die Werke der in Fußnote 7 erwähnten Autoren.

[9]   Levelt (1989:125). Siehe weitere Nachweise und Beispiele in Heeschen (1998:67–68).

[10] In der Anfangsphase des Max-Planck-Institutes für Psycholinguistik war *metalinguistic awareness* ein
      Forschungsthema, an dem ich mitarbeiten konnte (vgl. Heeschen 1998:95–114).

versuchsweise den Satzbegriff aufzugeben, was in Kritiken zu verständnisloser Verwunderung führte.[11] Jedenfalls, so glaube ich, gehören das aktive, bewußte Strukturieren und die Möglichkeit, aus Varianten feste Strukturen zu bilden, zu Sprachbeschreibung und Typologie. Ebenso muß ja auch das, was die Mitarbeiter über bestimmte Riten denken und was sie aus Erinnerung und zahllosen Erzählungen als Standard für diese Riten setzen, zu einer ethnologischen Beschreibung gehören.

Im Mek-Gebiet arbeitete ich bei den Eipo im Zentrum und bei den Yalenang im Nordwesten. Die beiden Ethnien leben in ca. 100 km Entfernung voneinander und ihre Sprachen sind so verschieden wie etwa Deutsch und Niederländisch. Was mich irritierte, war das völlig verschiedene Verhalten bei Akten des Gebens und Nehmens. Wo die Eipo gemeinsam essen, zum Beispiel die Männer im Männerhaus, da gibt es keine Gemeinsamkeit bei den Yalenang; die Eipo kommen mit vollen Netzen aus den Gärten und geben im Weiler ab, die Yalenang kommen mit leeren Netzen oder verschwinden mit vollen in den Gartenhütten; so wurde es auch in Filmen von Irenäus Eibl-Eibesfeldt und in Filmen, die ich zusammen mit Dieter Heunemann machte, dokumentiert. Man war versucht zu sagen, daß „der" Eipo bittet und eine Gegengabe gibt und daß „der" Yalenang fordert und eine Gegengabe zurückhält.[12] Um die Verschiedenheiten zu erklären, beschrieb ich Geschichte und Expansion, Siedlungsgrößen, Heiratsregeln, Möglichkeiten der Konfliktregelung, Krieg und das Verhältnis zu den benachbarten Weilern und Tälern. Die Yalenang waren auf Expansion angelegt, sie mußten meistens Frauen aus benachbarten Weilern, oft aus anderen Tälern holen, obgleich sie keine Mechanismen hatten, institutionell Konflikte im Weiler zu regeln, auf Reziprozität zu achten und einen freundlichen Austausch mit den Frauengebern zu sichern. Sie haben sich auf den intimeren Kreis von Agnaten und einzelnen Handelspartnern zurückgezogen, trotz größer werdender Weiler.

> Sie begegnen dem Fremden, auch dem nicht näher Bekannten oder Verwandten im eigenen Weiler mit Mißtrauen, schirmen sich ab und zeigen nicht, was sie haben. Der Ausgleich zwischen den eigenen Ansprüchen, denen der Individuen, und den Ansprüchen der Gesellschaft wird nicht durch ritualisierte Tauschzyklen und Bündnisse geleistet, sondern durch Fordern und Zurückweisen ausgehandelt; dies bestimmt die Beschränktheit des Gebens und Nehmens und die Techniken des Verbergens und Zurückhaltens in der Kommunikation. Um den Kern bindender Verhaltensweisen, wie sie sich in der Hütte, im Gartendorf, im Wald oder in Arbeitsgemeinschaften zeigen, hat die Gesellschaft keine weiteren Ringe bindender, auf Zusammenhalt angelegter Verhaltensweisen gelegt (Heeschen 1989b:67–68).

---

11   Zu meinem Gedanken, daß Grammatik in der Rede entsteht, sagt Reesink (1999:559): „I have the feeling that I have entered another reality". Vergleiche Heeschen (1994), wo der Herausgeber Reesink die gleichen Gedanken durchgehen ließ.

12   Siehe Heeschen (1984) mit weiteren Beispielen.

Der Vergleich zeigt vielleicht das Dilemma ethologischer Annahmen im ethnologischen Feld: Die Humanethologie geht von universalen Interaktionsstrategien wie Grüßen, Verabschieden, Bitten, Geben und Nehmen aus. Die einzelnen Schritte solcher Handlungen werden im Gegensatz zu Instinktketten gelockert, durch Momente der Besonnenheit unterbrochen oder durch kontingente, durch Wahlfreiheit und Geschichte geschaffene zusätzliche Akte angereichert, verlängert oder eben aus den Schemata tierlichen Verhaltens in von Fall zu Fall mögliche Verhaltensweisen aufgelöst. Aus Blick und Augengruß wird der Tränengruß der Dani oder ein emphatisches Grußlied der Eipo.[13] In allen menschlichen Ritualen und Verhaltensweisen wirke ein viel höherer „Unsicherheitskoeffizient", Evolution verwandle sich in Geschichte, ein Tier müsse sich an Spielregeln halten, „der Mensch k a n n sich daran halten, tut es aber nicht stets" (Mühlmann 1966:46; Hervorhebung im Original).

In meinen humanethologischen Überlegungen zum Sprachursprung wollte ich mich nicht an Spekulationen beteiligen, ich habe lediglich in einem ersten Schritt tierliche und menschliche Kommunikation charakterisiert und dann in einem zweiten Schritt Fakten, die die Ethnographie der Kommunikation liefert, für die Sprachevolution geordnet (Heeschen 1989b); unter den Vorbedingungen für diese Evolution finden sich die Entlastung von den primären Trieben wie Paarung, Nahrungsaufnahme, Rangverhalten und Aggressivität sowie die Objektzugewandtheit der sprachlichen Zeichen. Die lange Sozialisation, der Übertritt von der Mutter in die Welt der Fremden, die Kooperation, vor allem in der Planungsphase eines Projektes, das agonale, spielerischwettstreitende Verhalten und die Konfliktregelung begünstigen die Sprachevolution. Dabei müssen die Produkte der Evolution – was Ethnologen oft nicht wahrnehmen – als Analogien, nicht als Homologien verstanden werden, das heißt zum Beispiel, daß verbales Drohen nicht aus dem Schlagen und daß Beschwichtigen nicht aus dem Lausen hervorging, sondern daß sich unter funktionellem Zwang äquivalente Verhaltensweisen entwickelten. In diesem Sinne erlauben die

> kleinen, nichtakkulturierten Gesellschaften [...], die These Jerisons (1976), daß Sprache als kommunikatives Instrument als „side effect" der Sprache als Abbild und Plan der Wirklichkeit entstanden ist, zu erhärten. Die Sach- und Objektzugewandtheit der Sprache ist primär. Im Benennen und Fragen liegt am ehesten ein „autonomer Antrieb" [...]. In kommunikativer Funktion geht Sprache 1. den Umweg über die Konstruktion einer gemeinsamen Wirklichkeit, 2. steht sie in Konkurrenz mit anderen Verhaltenssystemen (z.B. Austausch von Gaben, nichtverbale Kommunikation) und 3. bedarf sie der Absicherung durch Ritualisierungen, die das offene Programm des Sprechens für den sozialen Verkehr eingrenzen [...] (Heeschen 1989a:233).

---

[13]   Wenn sich zwei Dani treffen, die sich kennen und lange nicht gesehen haben, dann umarmen sie sich und drücken ihre Rührung so lange aus, bis Tränen fließen. Vergleiche Eibl-Eibesfeldt (1997:610) und zum Grußlied der Eipo Heeschen (1990:315–318).

Mit dem Sprechen geht der Mensch allemal einen Umweg, er verweist auf die Objektwelt und meint ein kommunikatives Ziel, dadurch kommt in alle sprachlichen Verhaltensweisen ein Moment der Besonnenheit, der Unbestimmtheit und eine Verzögerung des Handelns und sich daran anschließender Tätlichkeit. Das Moment der Reflexion, der Besonnenheit, wurde schon von Herder, später von Mühlmann, wie wir gesehen haben, hervorgehoben und den rigiden Verhaltensabläufen im Tierreich entgegengesetzt. Die Vielfalt der Sprechweisen und die Verschiedenheit der kommunikativen Haushalte illustriert die Versuche, das von Antrieben entkoppelte, freie, sozusagen ungezügelte und möglicherweise unvorsichtige Nennen zum sozialen Verkehr fähig zu machen. Das geschieht, zum Beispiel im Falle einer Anklage als Fall der Rechtsethnologie, durch Ironie oder vorsichtiges Nennen, Wahl eines Forums (Männerhaus, Thingstätte), Begrenzung der Zuhörerschaft und Zuweisen von Sprecherrollen. Die ethologische Analyse primärer Verhaltensweisen und die Analyse tatsächlicher Sprechakte, Situationen und Teilnehmer am Sprachgeschehen sollten in meiner Arbeit über die Sprachevolution zusammengebracht werden.

Die beiden letzten Versuche, der Vergleich alltäglicher Verhaltensweisen der Eipo und der Yalenang und die Aspekte der Sprachevolution, die vor allem ethologische Themen aufnehmen und in der Ethnologie ungeliebte Autoren, zum Beispiel Konrad Lorenz und Irenäus Eibl-Eibesfeldt sowie eine ganze Reihe von Primatenforschern zitieren, hätten mich beinahe so stigmatisiert, daß ein Übergang von der Forschungsstelle für Humanethologie zur Ethnologie an der Universität unmöglich gemacht worden wäre, wenn mich nicht die Publikationen von Grammatik, Texten und Wörterbuch entlastet und wenn darauf nicht, wie ich vermute, die ethnologischen Gutachter meiner Anträge hingewiesen hätten. So war wohl die Tatsache, daß Meinhard Schuster meine Anträge begutachtete und meine Arbeiten förderte, eine hinreichende Empfehlung an das Institut für Völkerkunde und Ethnologie in München, mir 1996 den Weg weg von der Forschungsstelle für Humanethologie hin zur Ethnologie zu ebnen. Zweifellos würden auch meine Arbeiten zur Weltansicht, die Sprecher in Lexikon und Grammatik einer Sprache ausdrücken, Entlastung bringen, ist die Frage nach den Zusammenhängen von Sprache und Weltansicht doch genuin in der Ethnolinguistik untergebracht. Heeschen (2013) faßt zusammen: Die Korrelationen und Disharmonien zwischen Sprachstrukturen und Weltansicht wurden in den Bereichen Antagonismus der Geschlechter, Zahlwörter, Wörter für Farben und Gerüche und Mittel der lokalen Deixis untersucht; Ansichten von Raum und Zeit gewann ich aus Grammatik, Mythen und nichtverbalen Kodes. So spielt, als Beispiel für eine Disharmonie, der Geschlechterantagonismus im alltäglichen Verhalten und in den Schöpfungsmythen eine große Rolle, etwa bei den Eipo, die die Welten der Männer und Frauen durch Rituale trennen, während die Sprache den Antagonismus gar nicht bezeichnet; und, als Beispiel für eine Korrelation, Verbkomposita, die Begriffe für „in der Runde sitzen", „in einer Runde stehen und teilen" und „in einer Runde sitzend essen" bezeichnen, sind deutbar als augenblickliche Harmonie von Sprache und Kultur, in der man in der Runde sitzt und tanzt oder in

einer Gruppe kriegerisch Pfeil und Bogen präsentiert. Für die Bestimmung einer Weltansicht sind das Ensemble aller Kodes wichtig, die Funktionslast, die einzelne Kodes
tragen, und die Aufgaben, die bestimmten Kodes zugewiesen werden; so kann Bitten
in der einen Kultur durch paralinguistische, in der anderen durch verbale Mittel ausgedrückt werden. In Erzählungen aber verhält sich die Sprache reflexiv zu allen anderen Kodes, und während zum Beispiel die Struktur der Sprache nicht die funktionalen
Zyklen wie Essen, Geschlechtsverkehr und Prüfung der Eßbarkeit durch Farbe und
Geruch abbildet, tauchen in den Erzählungen Worte, Metaphern und Wendungen auf,
die die Wichtigkeit dieser Zyklen beweisen, so zum Beispiel Wörter für die Üppigkeit
der Vegetation über einem in der Erde versunkenen oder verscharrten Wesen und die
Wörter für „frisch", „jung", „grün" und „reif".[14]

Meine Arbeiten, die sprachwissenschaftliche und ethnologische Daten brachten
(etwa Heeschen 2003a, 2013), aber eben auch die, die evolutionäre Fragen ansprachen
(Heeschen 1989b), wurden im Kreis der ehemaligen sprachwissenschaftlichen Kollegen
geschätzt; so mancher Sprachtheoretiker wünschte, daß auch er einmal ins Feld gegangen wäre, so 1989 die Zuhörer meiner Vorlesung „Das Lexikon in verschiedenen Kulturen" in der III. Sommerschule der Deutschen Gesellschaft für Sprachwissenschaft in
Hamburg. Zurück in den Kreis der Linguisten führte mich die Zusammenarbeit mit
Nikolaus Himmelmann und Sonja Riesberg (beide Köln) und mit ihnen die gemeinsamen Feldaufenthalte in Papua 2013 und 2014 und die Arbeit an der Digitalisierung
und Archivierung aller meiner Tonaufnahmen. Die Ethnologen reagierten auf dreifa-
che Weise: (1) sie hatten Respekt vor Linguisten, die, so sagte man mir einmal, ihnen
stets mangelnde Sprachkenntnisse vorzuwerfen geneigt wären; (2) sie waren entsetzt
über meine Ausflüge in die Ethologie; und (3) sie waren froh darüber, daß aus Westpapua, das von Indonesien okkupiert und zu dem der Zugang Wissenschaftlern ver-
wehrt wurde, schließlich doch einmal Nachrichten kamen, auch wenn sie möglicherweise tendenziell unprofessionell, aber unterhaltend mit allgemeinen, philosophischen
Randbemerkungen versehen waren; die freundliche Aufnahme meiner Beiträge in ihre
ethnologischen Sammelbände bezeugt eine von keinerlei Ethologie vorbelastete Zusammenarbeit (z.B. Heeschen 2003b).

AUSBLICK

Wilhelm von Humboldt schrieb einmal in seinem letzten Werk, „Über die Kawi-Sprache
auf der Insel Java, nebst einer Einleitung über die Verschiedenheit des menschlichen
Sprachbaues und ihren Einfluß auf die geistige Entwickelung des Menschengeschlechts"
(Berlin 1836–1839), das Sprachphilosophie und Erforschung der austronesischen Sprachen zusammenbrachte, daß da, wo nur die Sprache vorliegt, die Erkenntnis eines

---

[14]   Vergleiche Heeschen (2013) mit weiteren Verweisen.

bestimmten, in der Sprache niedergelegten Weltbildes nicht gewonnen werden kann, sondern daß dies nur da gelingen kann, „wo Nationen in einer mehr oder weniger ausgedehnten Literatur ihre Weltansicht niedergelegt und in zusammenhängender Rede der Sprache eingeprägt haben" (Humboldt 1907:73; zit. in Heeschen 2013:111). Diesem Zweck würden zwei große Textsammlungen Genüge tun (Heeschen 1990, 2015); eine weitere Sammlung von Texten in der Yale-Sprache ist in Arbeit. Den Wert von Textsammlungen hebt Fischer (1994:238) hervor – gerade auch in bezug auf die „ganzheitliche" Dokumentation des Lebens einer Gemeinschaft: Die Dokumentation würde die Daten sichtbar machen und könnte als Prolegomena zu tiefergehenden Untersuchungen gelten. So wehrt sich Fischer auch zu Recht gegen die Meinung Roy Wagners, daß Textsammlungen nur dann einen Wert hätten, wenn sie in einen theoretischen Rahmen gestellt würden (1994:242–243). Einen solchen Rahmen würde man erhalten, wenn man die Sammlungen interpretiert, um eben jene Weltansichten zu konstruieren; ein anderer, wenn auch mit Blick auf die Mühe, Sammlungen zu edieren und zu kommentieren, sicher schon zu ehrgeiziger Rahmen wäre es, wenn die Literatur kleinerer Ethnien von der evolutionären Psychologie genutzt würde, um Anpassung und Selektionswert des Erzählens überhaupt zu untersuchen. In der Literatur transzendieren auch kleine Ethnien die alltägliche Wirklichkeit und sie skizzieren fiktive Welten. Erzählungen stellen ein Experimentierfeld für ungelöste soziale Probleme dar. Geschichten sind wichtig, weil, wie ich in vier Beispielen darzulegen versuchte, in ihnen grammatische Phänomene ausgehandelt werden, weil sie die Genesis von Verhaltensweisen erklären, weil sie die Funktion des Sprechens im Verbund der kommunikativen Verhaltensweisen aufzeigen, weil sich in ihnen Individualität und die Fähigkeit, die Dinge von außen zu betrachten, niederschlagen und weil sie die anderen, im Sinne Cassirers niederen symbolischen Systeme reflexiv aufnehmen. Ethnologische Erkenntnis hebt mit Momenten des Sprechens an, die in die Gemeinsamkeit der großen Erzählungen überführt werden sollen: Das ist vielleicht mein Weg von ersten Tippelschritten in der Philologie zu Sprüngen in der Ethnologie.

Was die Völkerkunde selber zu erzählen vermag, gehört wohl auch zu den verführerischen „großen Erzählungen": die Frage, ob jenseits des Meeres oder der Gebirge Menschen leben; die Neugier, zu erfahren, wie sie leben; und der Gedanke daran, daß der Beobachter Alternativen zu seiner Lebensweise entdecken kann. Der Bericht vom Anderssein, von dem, was jenseits unseres Horizontes liegt, hat immer auch utopische Momente. In Fontenelles Dialogen über die „Mehrheit der Welten" (und in all den utopischen Romanen des 17. und 18. Jahrhunderts, die ich zum Staatsexamen las) wird immer wieder ein Anderssein erwogen, dessen Möglichkeit die Gestalt der Menschen und die gesellschaftlichen Regeln auf der Erde relativiert.[15] Relativität präzisiert das Eigene und erweitert den Begriff vom Menschen. Die Vielfalt der Ethnien, letztlich also

---

15   Ich gebe nur ein kleines Beispiel: „Cette Planete-cy jouit des douceurs de l'Amour, mais elle est
      toujours desolée en plusieurs de ses parties par les fureurs de la Guerre. Dans une autre Planete on

die Idee von einem möglichen Begriff des Menschen, zwingt auch zu anarchistischen Gedankengängen: Ich glaube,

> dass Ethnologen gar nicht anders können, als für Individuen und Minderheiten einzu-
> treten. Wandelt man ein Wort Wilhelm von Humboldts ab, dann kann man sagen, dass
> der Mensch als Idee erst im Individuum seine wahre Bestimmung erfährt: Ein Staat oder
> eine globale Weltgemeinschaft sind an der Art zu messen, wie sie lokale Gemeinschaften
> schätzen und behandeln, an der Art also, wie sie die Grenzen ihrer Wirksamkeit bestim-
> men. Der moderne Staat aber war bestenfalls der illegitime Vormund der kleinen lokalen
> Kulturen (Bodley 1983:23), er war stets und schlimmstenfalls „the enemy of people who
> move around", der Feind all derer auf den Bergen und an der Peripherie (Scott 1999:3)
> (Heeschen 2003b:155).

Der Gedanke ans Anderssein mag denn ein geheimer Antrieb sein, Wege der Ethnologie zu gehen; der Streit für die Möglichkeit dieses Andersseins, also für die Lebensbedingungen der kleinen Ethnien, wäre dann, wie ich glaube, eine Verpflichtung, die der
Ethnologe eingehen muß.

So ist vielleicht das Beste, was von meinen Feldforschungen gesagt wurde, das,
was Gemeindemitglieder einer Kirche in Münster sagten, wo ich vor einer Abreise 1979
einen Vortrag hielt: Ich spräche ja von den Heiden als Menschen, nicht solchen, die sich
wandeln sollten, denen etwas beizubringen oder mit denen etwas zu tun sei, sondern als
Personen, mit denen man redet, erwägt, lacht und tauscht, denen man Achtung bezeugt
und deren Nähe man sucht, denen man aber, wie es universale Regeln der Höflichkeit
und Etikette fordern, nicht zu nahe treten darf.

LITERATURVERZEICHNIS

BENEDICT, Ruth
1955   *Urformen der Kultur.* Hamburg: Rowohlt ([1]1934, Patterns of culture. Boston, Mass., und
        New York: Houghton Mifflin)

BENVENISTE, Émile
1969   *Le vocabulaire des institutions indo-européennes. 1. économie, parenté, société.* Paris: Les
        Éditions de Minuit

BODLEY, John H.
1983   *Der Weg der Zerstörung.* Stammesvölker und die industrielle Zivilisation. München:
        Trickster

---

jouit d'une Paix éternelle, mais au milieu de cette Paix on ne connoist point l'Amour, & on s'ennuye"
(Fontenelle 1966:80).

BUMA, Wybren Jan und Wilhelm EBEL (Hrsg.)
1963   *Das Rüstringer Recht*. Göttingen, Berlin und Frankfurt am Main: Musterschmidt

CASSIRER, Ernst
1964   *Philosophie der symbolischen Formen*. Band 1–3. Darmstadt: Wissenschaftliche Buchge-
        sellschaft ([1]1923–1929)

CHOMSKY, Noam
1966   *Cartesian linguistics: a chapter in the history of rationalist thought*. New York und Lon-
        don: Harper and Row

EIBL, Karl
2004   *Animal Poeta*. Bausteine der biologischen Kultur- und Literaturtheorie. Paderborn:
        mentis

EIBL-EIBESFELDT, Irenäus
1997   *Die Biologie des menschlichen Verhaltens*. Grundriß der Humanethologie. Dritte, über-
        arbeitete und erweiterte Auflage. Weyarn: Seehamer

FIKENTSCHER, Wolfgang
1995   *Modes of thought: a study in the anthropology of law and religion*. Tübingen: Mohr

FISCHER, Hans
1994   *Geister und Menschen*. Mythen, Märchen und neue Geschichten. Berlin: Reimer
2003   *Randfiguren der Ethnologie*. Gelehrte und Amateure, Schwindler und Phantasten. Ber-
        lin: Reimer

FONTENELLE, Bernard Le Bovier de
1966   *Entretiens sur la pluralité des mondes*. Éd. critique avec une introd. et des notes par
        Alexandre Calame. Paris: Didier ([1]1687)

GIPPER, Helmut
1972   *Gibt es ein sprachliches Relativitätsprinzip?* Untersuchungen zur Sapir-Whorf-Hypothe-
        se. Frankfurt am Main: S. Fischer

GODSCHALK, Jan A.
1999   „A.C. de Kock's encounter with the ‚Goliath pygmies'", *The Journal of Pacific History*
        32(2):219–228

HEESCHEN, Claus
1972   *Grundfragen der Linguistik mit einem Beitrag von Volker Heeschen*. Stuttgart: Kohlham-
        mer

HEESCHEN, Volker
1972   Die Sprachphilosophie Wilhelm von Humboldts. Bochum: Ruhr-Universität (Phil.
        Diss.)

1984   „Durch Krieg und Brautpreis zur Freundschaft. Vergleichende Verhaltensstudien zu den Eipo und Yalenang", *Baessler-Archiv N.F.* 32:113–144

1989a   „Geschichte(n) sehen – Feldforschung in Irian Jaya", in: Reiner Aster, Hans Merkens und Michael Repp (Hrsg.), *Teilnehmende Beobachtung.* Werkstattberichte und methodologische Reflexionen, 57–70. Frankfurt am Main: Campus

1989b   „Humanethologische Aspekte der Sprachevolution", in: Joachim Gessinger und Wolfert von Rahden (Hrsg.), *Theorien vom Ursprung der Sprache.* Band 2:196–248. Berlin: Walter de Gruyter

1990   *Ninye bún.* Mythen, Erzählungen, Lieder und Märchen der Eipo im zentralen Bergland von Irian Jaya (West-Neuguinea), Indonesien. Berlin: Reimer

1991   *Prolegomena zu einer Grammatik des Eipo.* Berlin: Technische Universität (Habilitationsschrift)

1994   „How long are clauses and sentences in a Papuan language like Eipo?", in: Ger P. Reesink (Hrsg.), *Topics in descriptive Papuan linguistics,* 50–74. Leiden: Vakgroep Talen en Culturen van Zuidoost-Asieæ en Oceanieæ. Rijksuniversiteit te Leiden (Semaian 10.)

1998   *An ethnographic grammar of the Eipo language spoken in the Central Mountains of Irian Jaya (West New Guinea), Indonesia.* Berlin: Reimer

2003a   „Semiotische Aspekte der Ethnologie: Ethnosemiotik", in: Roland Posner, Klaus Robering und Thomas A. Sebeok (Hrsg.), *Semiotik.* Ein Handbuch zu den zeichentheoretischen Grundlagen von Natur und Kultur. Teilband 3:3278–3296. Berlin: Walter de Gruyter

2003b   „*Ninye deyok* ,Stamm der Menschen'. Autobiografisches Erzählen bei den Eipo und Yalenang im Bergland von Westpapua", in: Elfriede Hermann und Birgitt Röttger-Rössler (Hrsg.), *Lebenswege im Spannungsfeld lokaler und globaler Prozesse.* Person, Selbst und Emotion in der ethnologischen Biographieforschung, 153–177. Münster: LIT

2013   „Weltansicht: Beiträge einer Feldforschung in Westneuguinea", *Zeitschrift für Semiotik* 35(1/2):109–140

HEESCHEN, Volker, in Zusammenarbeit mit Yakob BOLMERIN, Laik MALYO, Eneneas MALYO, Enus NABYAL und Filipus NABYAL
2015   *Die Eipo in Papua.* Weltbilder, Ethnographie und Erzählungen. München: E-Publikation (Studien aus dem Münchner Institut für Ethnologie 19:i–ix, 1–576). https://epub.ub.uni-muenchen.de/25303/ [zuletzt eingesehen am 6. April 2016]

VON HUMBOLDT, Wilhelm
1907   *Gesammelte Schriften.* Band 7,1. Herausgegeben von Albert Leitzmann. Berlin: Behr

JEAN PAUL
1967   „Selberlebensbeschreibung", in: Jean Paul, *Werke.* Sechster Band, 1039–1103. Herausgegeben von Norbert Miller. Nachwort von Walter Höllerer. Darmstadt: Wissenschaftliche Buchgesellschaft (¹1826)

JERISON, Harry J.
1976   „Paleoneurology and the evolution of mind", *Scientific American* 234(1):90–101

LEVELT, Willem J.M.
1989   *Speaking: from intention to articulation.* Cambridge, Mass.: MIT Press

LEVINSON, Stephen C.
2012   „Foreword", in: Benjamin Lee Whorf, *Language, thought, and reality.* Zweite Auflage.
        Herausgegeben von John B. Carroll, Stephen C. Levinson und Penny Lee, Einführung
        von John B. Carroll, Vorwort von Stephen C. Levinson, vii–xxiii. Cambridge, Mass.,
        und London: MIT Press

LÉVI-STRAUSS, Claude
1978   „Einleitung in das Werk von Marcel Maus", in: Marcel Mauss, *Soziologie und Anthro-*
        pologie. Band 1: Theorie der Magie. Soziale Morphologie, 7–41. Frankfurt am Main:
        Ullstein

MALINOWSKI, Bronislaw
1962   *Geschlechtstrieb und Verdrängung bei den Primitiven.* Reinbek bei Hamburg: Rowohlt
        ([1]1927, Sex and repression in savage society. New York: Harcourt, Brace)

MAUSS, Marcel
1950   *Essai su le don.* Paris: Presses Universitaires de France

MEAD, Margaret
1958   *Mann und Weib.* Das Verhältnis der Geschlechter in einer sich wandelnden Welt. Ham-
        burg: Rowohlt ([1]1949, Male and female: a study in the sexes in a changing world. New
        York und Westport, Conn.: Greenwood)
1959   *Geschlecht und Temperament in primitiven Gesellschaften.* Hamburg: Rowohlt ([1]1935,
        Sex and temperament in three primitive societies. New York: Morrow)

MUELLER-VOLLMER, Kurt
1993   *Wilhelm von Humboldts Sprachwissenschaft.* Ein kommentiertes Verzeichnis des sprach-
        wissenschaftlichen Nachlasses. Mit einer Einleitung und zwei Anhängen. Paderborn:
        Schöningh

MÜHLMANN, Wilhelm Emil
1966   „Umrisse und Probleme einer Kulturanthropologie", in: Wilhelm Emil Mühlmann und
        Ernst Wilhelm Müller (Hrsg.), *Kulturanthropologie*, 15–49. Köln und Berlin: Kiepen-
        heuer und Witsch

MUELLER-VOLLMER, Kurt und Volker HEESCHEN
2007   „W. v. Humboldts Bedeutung für die Beschreibung der südostasiatisch-pazifischen
        Sprachen und die Anfänge der Südostasien-Forschung", in: Peter Schmitter (Hrsg.),
        Sprachtheorien der Neuzeit III/2. Sprachbeschreibung und Sprachunterricht, Teil 2.
        Posthum herausgegeben, bearbeitet und mit einem Register versehen von Lefteris
        Roussos, 430–461. Tübingen: Narr

REESINK, Ger P.
1999   Buchbesprechung „Volker Heeschen: An ethnographic grammar of the Eipo language
         spoken in the Central Mountains of Irian Jaya (West New Guinea), Indonesia. Berlin:
         Reimer", *Linguistics* 37:559–563

SCHAPP, Wilhelm
1981   *Philosophie der Geschichten.* Frankfurt am Main: Klostermann

SCOTT, James
1999   „The state and people who move around", *International Institute of Asian Studies. News-*
         letter 19:3, 45

THURNEYSEN, Rudolf, Nancy POWER, Myles DILLON, Kathleen MULCHRONE, D.A.
BINCHY, August KNOCH und John RYAN, S.J.
1936   *Studies in early Irish Law.* Dublin: Hodges Figgis, London: Williams and Norgate

WHORF, Benjamin Lee
1963   *Sprache, Denken, Wirklichkeit.* Beiträge zur Metalinguistik und Sprachphilosophie.
         Reinbek bei Hamburg: Rowohlt (¹1956, Language, thought and reality: selected wri-
         tings of Benjamin Lee Whorf. Herausgegeben von John B. Carroll. Vorwort von Stuart
         Chase. Cambridge, Mass.: The M.I.T. Press)
2012   *Language, thought, and reality.* Zweite Auflage. Herausgegeben von John B. Carroll,
         Stephen C. Levinson und Penny Lee, Einführung von John B. Carroll, Vorwort von
         Stephen C. Levinson. Cambridge, Mass., und London: MIT Press

WUNDT, Wilhelm
1900–1920 *Völkerpsychologie.* Eine Untersuchung der Entwicklungsgesetze von Sprache, My-
         thus und Sitte. Band 1–10. Leipzig: Engelmann

MENSCHWERDUNG EINES AFFEN
Versuch einer Autobiographie der ethnographischen Forschung*

Heike Behrend

Heike Behrend, 1985

Im Jahre 1912 wurde in Stralsund das heutige Krankenhaus West als IV. Pommersche Heil- und Pflegeanstalt für psychisch Kranke gegründet. Bereits 1935, noch vor Beginn des eigentlichen Euthanasie-Programmes der Nazis, begannen Ärzte, dort Kranke zu ermorden. Während des Zweiten Weltkriegs diente es als Lazarett, nach dem Krieg als Lungenheilstätte. Mein Vater und meine Mutter arbeiteten als Ärzte zuerst im Kriegslazarett, dann in der Lungenheilstätte. Am Tag, als die Rote Armee auf Stralsund rückte, hatte mein Vater Dienst und lief, im weißen Kittel mit einer weißen Fahne in der Hand, den sowjetischen Soldaten entgegen. Er hatte Glück und traf auf einen Offizier, dem er die Lage des Krankenhauses erklären und den er an die Genfer Konvention erinnern konnte. Erst nach einer Woche kamen russische Soldaten und durchsuchten die Krankenbetten nach SS- und SA-Männern, um sie auf der Stelle zu erschießen. In diesem Krankenhaus wurde meine ältere Schwester 1946 geboren. Sie starb nach vierzehn Tagen an Diphterie. Im Mai 1947 kam ich zur Welt.

---
*   Ich danke Christine Noll Brinckmann, Shulamit Bruckstein, Birgit Meyer, Eva Meyer, Ulrike Ottinger und Jojada Verrips für freundliche Kritik.

Wenn ein „Ich" über sein Leben schreibt, gibt es die Möglichkeit, mit der Geburt anzufangen, wie ich das eben getan habe. Dieses „Ich" ist aber auch in einen sozialen Raum und eine soziale Zeit eingebettet, die älter sind als es. Die Anderen, zum Beispiel in Gestalt des Vaters, sind immer schon da. Die Geschichte des Vaters ist der meinen vorausgegangen und in ihr enthalten. Vor diesem Hintergrund fällt es mir schwer, das „Auto" in Autobiographie stark zu machen. Schreibe ich eine Autobiographie oder eine Biographie, wenn ich ins Zentrum stelle, wie Andere mich geführt und gesehen haben? Das Genre der Autobiographie beruht zwar auf einem einzigen Namen, mir jedoch wird es darum gehen, auch die Namen einzubeziehen, die mir im Lauf meines Lebens von Anderen gegeben wurden. Anstelle von Büchern und Bildern verbinde ich mich mit den Subjekten meiner Forschung und ihren Vorstellungen von mir. Ich biete mich also dem Leser nicht nur als Beobachterin, sondern auch als ein recht gut beobachtetes Subjekt an. Trotzdem bin ich es, die schreibt und beschreibt, wie sie von Anderen gesehen wurde. Auch möchte ich im Folgenden weniger eine intellektuelle (Auto)Biographie schreiben, die auf Texte – fremde und eigene – Bezug nimmt, sondern eine (Auto) Biographie der ethnographischen Forschung versuchen. Denn es waren vor allem die Möglichkeiten zu reisen, Abenteuer zu erleben und weit entfernt von zu Hause unter Fremden zu leben, die mich zur Ethnologie brachten und bei ihr bleiben ließen.

Aus einem diffusen Gefühl des Protestes begann ich 1966 das Studium der Ethnologie. Auch andere, spätere Entscheidungen in meinem Leben waren einer Haltung geschuldet, die vor allem Kraft aus Opposition und Verweigerung gegen das Vorherrschende schöpfte. Meine Eltern hatten – ohne Druck auszuüben – damit gerechnet, daß ich in ihre Fußstapfen treten und Ärztin werden würde. Im Alter von zwölf oder dreizehn Jahren sah ich den französischen Spielfilm „Es ist Mitternacht, Dr. Schweitzer!" (1952), ein schwülstiges, koloniales Machwerk, das mich aber zutiefst beeindruckte. Dieser Film verband sich auf heroische Weise mit dem Beruf meiner Eltern, verlegte aber das Geschehen in ein gefährliches, sehr fremdes Anderswo, nach Afrika. Und dort wollte ich hin. Als ich meinen Eltern erklärte, ich wolle nach Afrika und Ethnologin werden, schickte meine Mutter mich zu Eike Haberland, der damals noch in Mainz am Institut für Ethnologie arbeitete, bevor er Ordinarius in Frankfurt am Main wurde. Er erklärte mir äußerst freundlich und (damals) zufriedenstellend, was Ethnologie sei und lud mich ein, ihn auf seine nächste Feldforschung nach Äthiopien zu begleiten. Letzteres gefiel meiner Mutter gar nicht, ich reiste stattdessen nach München und begann dort das Studium der Völkerkunde bei Hermann Baumann.

Die Ethnologie oder Völkerkunde, wie sie damals genannt wurde, war eine seltsame Disziplin. Sie hatte sich ihren Gegenstand aus einem mehr oder weniger verachteten Rest gebildet, aus einem Sammelsurium von Kulturen, die nicht zu den sogenannten Hochkulturen gehörten, sondern durch Negation – keine Schrift, kein Staat und keine Geschichte – bestimmt wurden. Tatsächlich erfuhr die Ethnologie damals eine gewisse Geringschätzung, die sich erst nach 1968 mit der Neudefinition der Sozialwissenschaften ändern sollte.

Im Winter 1966/67 in München, meinem ersten Semester, habe ich als einzige Studentin mit dem Studium der Völkerkunde begonnen. Im Jahr davor hatte sich niemand für das Fach eingeschrieben. Nachwuchs und Zukunft des Instituts verkörperten sich für ein Semester in meiner Person. Ich wurde äußerst freundlich und nachsichtig behandelt und mußte mich nicht von Unterseminaren in Oberseminare hocharbeiten, sondern durfte an allem teilnehmen, was mich interessierte. Ich hatte damals keine Ahnung, wie tief Hermann Baumann in die Ideologie des Nationalsozialismus verstrickt war. Die älteren Studenten und Assistenten, wie zum Beispiel Hermann Amborn, schwiegen über Baumanns Vergangenheit. In seinen Vorlesungen und Seminaren standen „Kulturkreise" im Vordergrund, über deren Kennzeichen, Zusammensetzung und Geschichte manchmal recht heftig gestritten wurde. Das Unwort „Rasse" habe ich von Baumann nicht ein einziges Mal gehört.

Nach vier Semestern hatte ich genug von München, ging ein Semester nach Wien und dann im Januar 1968 nach Berlin, ins Zentrum der studentischen Proteste. Das Berliner Institut für Ethnologie war in diesem Jahr, nachdem die Studenten die Macht übernommen hatten, akephal geworden. Der Professor hatte sich nach Indien geflüchtet. Es herrschte eine merkwürdige enthusiastische Stimmung, getragen von einer (aus heutiger Sicht) naiven Hoffnung auf radikale Veränderung, die manchmal Charakteristika aufwies, wie ich sie später in der Prophetenbewegung der Alice Lakwena im Norden Ugandas wiederfinden sollte. Das Studentenleben bestand aus einer Reihe von ziemlich aufregenden sozialen Experimenten mit unsicherem Ausgang. Wir hatten einen wirklich großen Gegner, das kapitalistische System, und gefielen uns darin, aus dieser halluzinatorischen Opposition manchmal sehr fadenscheinige Rechtfertigungen für Krawall und alle möglichen Formen des Ungehorsams zu finden. Und oft genug gelang es, die Abstoßung vom Althergebrachten mit viel Spaß und Lust zu verbinden. Ich wohnte in einer alten Dahlemer Villa mit älteren Studenten in einer Wohngemeinschaft; wir lasen zusammen das „Kapital" und andere Texte von Marx, aber auch Bakunin und Kropotkin, und diskutierten Nächte lang, wie die Revolution zu bewerkstelligen sei. Wir feierten ausgiebig Feste, die manchmal das ganze Wochenende dauerten. Wir nahmen an Demonstrationen unter der schwarzen Fahne der Autonomen teil und fuhren nach Ostberlin in die kubanische Botschaft, um mit dem dort kostenlos verteilten Tagebuch von Che Guevara Spanisch zu lernen. Denn Ziel war es, uns als Ethnologen endlich nutzbringend in den Dienst von anti-kolonialen und anti-kapitalistischen Freiheitsbewegungen zu stellen.

Im Jahre 1971 endete die Akephalie. Fritz Kramer kam aus Heidelberg ans Berliner Institut. Damit veränderte sich meine Vorstellung von Ethnologie grundlegend. Kramer zeigte uns, daß Ethnologie nicht museal und exotistisch sein mußte; er brachte uns die Dialektik der Aufklärung nahe; mit ihm studierten wir (bäuerliche) Umsturzbewegungen und später die klassische britische Sozialanthropologie. Marx rückte zunehmend in den Hintergrund und machte Max Weber, Karl Löwith, Hans-Georg Gadamer und anderen Platz.

Etwas später kam Lawrence Krader aus New York ans Institut. Mit ihm, Fritz Kramer und Jakob Taubes fanden unvergeßliche Seminare statt. Und am religionswissenschaftlichen Institut lehrte Klaus Heinrich, die kritischen Potenziale der Psychoanalyse mit Religion, Philosophie, Kunstgeschichte und Ethnologie zu verbinden. Ich machte 1973 meinen Magister und unterrichtete als wissenschaftliche Assistentin von 1973 bis 1978 vor allem politische und ökonomische Anthropologie. Es gab keinen Studienplan; die Themen der Lehrveranstaltungen bestimmten die Studenten zusammen mit den Dozenten. Das änderte sich erst, als gegen Ende der 1970er Jahre die Ethnologie zu einem Massenfach wurde und in den Veranstaltungen plötzlich Hunderte saßen.

Mitte der 1970er Jahre fuhr ich nach Paris und lernte dort Jean Rouch kennen. Rouch, Schüler von zwei Marcels – Marcel Mauss und Marcel Griaule – hatte sich aufs ethnographische Filmemachen verlegt. Er nahm sich die Freiheit, gegen die akademische Textzentriertheit mit dem Medium Film zu experimentieren. In Opposition zu kolonialen asymmetrischen Methoden entwickelte er eine „geteilte Ethnographie" – ein filmisches Unternehmen, das die Bilder und Töne, die er vor allem von Besessenheitsritualen aufgenommen hatte, nach Afrika zurück brachte. In „Ciné-Trance", einer mimetischen Praxis, teilte er die Trance und Besessenheit, die Überwältigung durch fremde Mächte, mit den Gefilmten. Gerade die kinematographische Technik, die Verschaltung seines Körpers mit der Kamera, erlaubte ihm, sich fremden Geistern hinzugeben und eine reziproke Ethnographie zu praktizieren, die sich durch transkulturelle Feedbacks immer wieder selbst korrigierte.

In Filmen wie „Les Maitres Fous" (1958) und „Petit à Petit" (1969) behandelte Rouch auch das Thema des umgekehrten Blickes und die Gewaltsamkeit ethnographischer Methoden. In „Petit à Petit" zeigte er einen afrikanischen Ethnographen in Paris, der dort eine Feldforschung über die „Pariser Wilden" und ihre Probleme beim Wohnen in Hochhäusern durchführt. Durch die Umkehrung der Perspektive, die die Europäer zum Objekt der Feldforschung macht, kann der westliche Ethnograph erkennen, was es heißt, ethnographische Methoden erleiden zu müssen. Rouchs ethnographische Filmarbeit beeindruckte mich so stark, daß ich 1977 mit Ulrich Gregor, damals Leiter des Arsenals und der Freunde der deutschen Kinemathek, eine erste Retrospektive seiner Filme in Berlin organisierte und 1980 eine Ausbildung an der Deutschen Film- und Fernsehakademie (DFFB) begann, die ich vier Jahre später abschloß.

IN DEN TUGENBERGEN

Meine erste Feldforschung begann ich 1978 nach dem Ende der Kolonialzeit, als in Kenia – wie auch in anderen afrikanischen Ländern – eine optimistische Grundstimmung vorherrschte, die von der Hoffnung auf Modernisierung und Entwicklung (für alle) getragen war. Den damaligen Standards einer „Rettungsethnologie" entsprechend, war ich jedoch weniger an einer afrikanischen Moderne interessiert als an ihrem Gegenbild, an vom Kolonialismus möglichst unberührten Traditionen. Ich hatte mir deshalb eine Gegend in Kenia ausgesucht, die weit entfernt von der Hauptstadt lag, in einem eher schwer zugänglichen Gebirgszug, den Tugenbergen. Dieses steinige und nicht besonders fruchtbare Gebirge hatte schon im 19. Jahrhundert vielen Menschen als Rückzugs- und Zufluchtsort gedient. Dort, in dem Dorf Bartabwa, ließ ich mich nieder und begann meine Arbeit, ahnungslos und völlig ignorant, was die Methoden anging.

Nachdem ich meine Forschungsgenehmigung vorgezeigt hatte, stellte der wohlbeleibte Häuptling meinem Sohn Henrik und mir eine Hütte zur Verfügung. Henrik, damals sieben Jahre alt, war ein anti-autoritär erzogenes Berliner Kinderladenkind, offen, neugierig und rotzfrech. Da Bartabwa bis dahin nur von erwachsenen Europäern, zum Beispiel katholischen Missionaren, besucht worden war, avancierte er zu einer Sehenswürdigkeit. Von weit her kamen die Bewohner der Berge, um ihn anzuschauen. Henrik half in den kleinen Geschäften und lockte Kunden an; er bewachte mit den anderen Kindern die Maisfelder, hütete Ziegen und Schafe, lernte mit Keulen zu werfen und hantierte – wie Tarzan – mit Pfeil und Bogen. Er wurde mit Gaben überschüttet, bekam sogar eine Ziege geschenkt. Im Gegensatz zu mir lernte er die lokale Sprache in Windeseile und erzählte mir abends Klatsch und Tratsch. Er wurde nicht nach mir, sondern ich wurde nach ihm – wie bei den Tugen üblich – „Mama Henry" genannt.

Ich versuchte vor allem, mit den Ältesten, „die noch wie ihre Väter lebten", ins Gespräch zu kommen. Das war recht schwierig, zum einen, weil ich die lokale Sprache zwar erlernte, aber nicht wirklich sprechen konnte und zum anderen, weil viele der Ältesten überhaupt nicht mit mir reden wollten. Denn ich kannte die Regeln der Höflichkeit nicht, ja wußte nicht einmal, daß es sich für eine junge Frau nicht gehörte, einem älteren Mann Fragen zu stellen. Die aus ihrer Perspektive unverschämte Neugier, die mich antrieb und die, wie ich glaubte, selbstverständlich zum ethnographischen Unternehmen gehörte, führte zu Ablehnung. Da ich jedoch bis 1986 regelmäßig nach Bartabwa zurückkehrte und die Ältesten feststellen mußten, daß sie mich nicht los wurden („sie kommt immer wieder zu uns, das Ding liebt uns"), teilten sie mir einen jungen Mann mit Namen Naftali Kipsang zu, der mich bei all meinen Unternehmungen begleitete, mich „beschützen" sollte und als Übersetzer diente, mich aber vor allem kontrollierte. Er bestimmte zusammen mit den Ältesten, was und wen ich zu sehen bekam und was ich in Erfahrung bringen durfte. Die Illusion, Kontrolle über meine Arbeit zu haben, gab ich schnell auf. Naftali wurde zu einem der begehrtesten Gesprächspartner. Wenn wir von einem Gespräch mit einem Ältesten zurück ins Dorf kamen, machte er die Runde. Er wurde zum Bier eingeladen, um die neuesten Geschichten über mich zum Besten zu geben. Sie hatten hohen Unterhaltungswert; ich hörte das laute Gelächter, das sich mit ihm von einem Haus zum nächsten bewegte.

Zufällig erfuhr ich, daß ich „Affe" genannt wurde. Die Sprache der Tugen unterscheidet zwei Arten von Fremden: *bunik*, die nahen Fremden, gegen die man Krieg führt, die man aber auch heiratet; und *toyek*, die radikal Fremden, die sozial und kulturell so weit entfernt sind, daß sie den wilden Gegensatz bilden. *Toyek* leben wie Affen in der Wildnis, sind behaart, haben lange Schwänze, fressen Menschen, gehen auf dem Kopf und begehen Inzest. Die beiden Kategorien, die ganz Fremden und die nahen Fremden, bilden jedoch keinen absoluten Gegensatz, sondern können auch als aufeinander folgende Phasen in einem Prozeß der Inkorporation von Fremden gesehen werden. In Clan-Geschichten erzählten die Ältesten von wilden Männern, die in der Wildnis wie Affen leben. Ein Zufall bringt sie in die bewohnte Welt. Sie bringen den dort lebenden Menschen Hirse oder das Feuer und erhalten als Gegengabe eine Frau. Die Heirat verwandelt sie in Schwiegersöhne, die nach und nach ihre Fremdheit verlieren und durch ihre Kinder und Enkel vollständig in die bewohnte Welt integriert werden. Als Affe wurde ich also der Kategorie der ganz Fremden zugeteilt. Doch bekam ich die Chance, mein äffisches Wesen hinter mir zu lassen. Weil ich bereits verheiratet war, ein Kind hatte und deshalb nicht über eine Heiratsallianz integrierbar war, gaben die Ältesten mir eine Mutter, Kopcherutoi, eine hochangesehene alte Frau, die den Status eines „Bullen", eines Mannes und eines rituellen Ältesten besaß. Ich zog zu ihr auf einen Berg und schlug mein Zelt neben ihrer Hütte auf. Man nannte mich jetzt die „kleine Kopcherutoi"; ich gehörte dem Teriki-Clan an und mein Totem war der Elefant. Mit einem Schlag hatte ich zahlreiche Verwandte und wurde in ein Netz aus Freund- und Feindschaften eingebunden. Als ich meine neuen Verwandten zu einem Fest einlud und Maisbier braute – eine Tätigkeit, die von der kenianischen Regierung verboten wurde, in den Tugenbergen aber überall stattfand –, sagten Kopcherutoi und ihr Bruder Sigriarok: „Sie gibt uns zu essen, sie liebt uns!"

Doch war mit der Aufnahme in den Teriki-Clan meine soziale Karriere nicht beendet. Die Ältesten hatten mir bisher verboten, an ihren Ritualen teilzunehmen. Doch Sigriarok machte mir das Angebot, Sohro, das letzte und größte Ritual des Lebenszyklus, zu „kaufen". Tatsächlich erlaubten die Ältesten Fremden, die Tugen werden wollten, ihre Rituale zu „kaufen". Ich „kaufte" das Ritual, indem ich Geld für Honig und Mais zum Bierbrauen beisteuerte. Gegen den Widerstand von einigen Frauen und Männern setzte Sigriarok meine Teilnahme durch. Zum einen, so erklärte er, sei ich eine Teriki geworden und habe damit das Recht zur Teilnahme erworben. Andererseits, so tröstete er die Gegner, könne ich ja sowieso nichts verstehen und damit auch die Rituale nicht stehlen und mit nach Deutschland nehmen. Ich durfte an Sohro teilnehmen, wenn auch nur an Zeremonien, die von Männern und Frauen gemeinsam durchgeführt wurden. Von den Zeremonien, die allein den Männern oder allein den Frauen „gehörten", blieb ich dagegen ausgeschlossen. Drei Tage und drei Nächte dauerte das Ritual. Danach sagte Sigriarok zu mir: „Jetzt bist du groß geworden", lachte, und alle Anwesenden stimmten ins Gelächter ein.

Tatsächlich bin ich in meinem ganzen Leben nie so sehr ausgelacht worden wie in den Tugenbergen. Wie Clifford Geertz 1968 bemerkte, kann eine Feldforschung nur dann gelingen, wenn sich die Ethnographierten auf die Fiktion einlassen, daß der Ethnologe ein Mitglied ihrer Kultur ist – oder zumindest die beschränkte Mitgliedschaft anstrebt. Die Ältesten ließen sich auf diese Fiktion ein; sie erlaubten mir, mit ihnen Gespräche zu führen und an ihren Ritualen (begrenzt) teilzunehmen. Der Preis, den ich dafür zahlte, war die Übernahme der Rolle eines lächerlichen Menschen, einer Närrin. Jede meiner Handlungen konnte zu Heiterkeitsausbrüchen führen. Manchmal verstand ich die Ursache, meistens allerdings blieb mir der Grund verborgen; ich wußte nur, daß ich lächerlich war. Mit diesem Lachen schützten sich die Ältesten vor mir und führten mir vor Augen, daß ich weiterhin Eindringling und fremd war. Ihr Lachen markierte die Grenze, den Augenblick, an dem sie an der ethnographischen Fiktion, daß ich ein Mitglied ihrer Kultur sei, nicht mehr festhalten konnten – wie in der Pause eines Spiels, in der die Spieler einen Moment ihre Umwelt vergegenwärtigen, bevor sie zum Spiel zurückkehren.

Das Lachen der Ältesten eröffnete mir jedoch auch einen gesellschaftlichen Freiraum, den man nur einem lächerlichen Menschen zugesteht. Es ermöglichte mir, zwischen den verschiedenen Kategorien der sozialen Person und der Geschlechter hin und her zu wechseln und sie mit Fragen zu belästigen, die sie sich selbst so nicht gestellt hätten. Aber es gab auch einen Bereich, in dem sich meine Interessen mit denen der Ältesten trafen. Sie erkannten, daß mein Interesse für ihre Rituale sie aufwertete. Weil ihre Kinder und Enkel in der Schule lernten, daß die eigenen Traditionen primitiv seien und man sie aufgeben müsse zugunsten von Fortschritt und Moderne, weigerten sich viele, überhaupt an den Ritualen teilzunehmen. Dadurch stockte die rituelle Karriere der Väter und Großväter, die nun nicht mehr ihre soziale Person vervollständigen und sich in Ahnengeister verwandeln konnten. Mein Interesse für Traditionen und Rituale eröffnete ihnen eine neue Aufmerksamkeit und bewirkte immerhin, daß Naftali Kipsang sich entschloß, ein wichtiges Ritual durchzuführen, das nicht nur ihn, sondern auch seinen Vater zu einer „größeren Person" machte.

Mit der Arbeit „Die Zeit geht krumme Wege. Raum, Zeit und Ritual bei den Tugen im Nordwesten Kenias" promovierte ich 1987 an der Freien Universität Berlin. Ich schickte ein gedrucktes Exemplar an Naftali Kipsang. Lange hörte ich nichts von ihm. Dann kam ein Brief, in dem er mir für das Buch dankte. Er schrieb, in den Tugenbergen habe eine große Dürre geherrscht und weil alle so hungrig gewesen seien, habe eine Ziege mein Buch gefressen.

Zusammen mit Hille Sagel als Kamerafrau habe ich zwei ethnographische Filme in den Tugenbergen gedreht: „Im Bauch des Elefanten" (1981) und „Gespräche mit Kopcherutoi" (1985). Beide Filme zeigen die Ältesten, Kopcherutoi, Aingwo und Sigriarok, die vor der Kamera Geschichten erzählen sowie Szenen aus ihrem Alltagsleben. Da es in Bartabwa keine Elektrizität gab, drehten wir mit einer Bolex, einer Kamera zum Aufziehen, die Einstellungen bis zu 24 Sekunden erlaubt. Längere Szenen konnten wir nicht ohne Unterbrechung aufnehmen; auch Synchronton war nicht möglich. Bis heute halte ich beide Filme für mehr oder weniger mißraten. Obwohl sie auf Festivals in Berlin, Paris, Los Angeles und New York gezeigt wurden, habe ich mich immer geschämt, weil ich Ton und Bild auseinander gerissen und damit die Ältesten ihrer Sprachkunst, des schönen Zusammenspiels von Sprache und Gestik, beraubt habe.

Im Norden Ugandas

Nach der Ausbildung an der DFFB und der Promotion erhielt ich das Angebot, an der Universität Bayreuth zu unterrichten und im Rahmen des Sonderforschungsbereiches „Identität in Afrika" neue Forschungsprojekte in Angriff zu nehmen. Während ich meine Monographie über die Tugen noch im Paradigma der klassischen Sozialanthropologie geschrieben hatte, eröffnete mir die *Writing Culture*-Debatte der 1980er Jahre neue Perspektiven. Globalisierungsprozesse, die ich bei den Tugen kaum berücksichtigt hatte, die Problematisierung der Grenze zwischen dem Innen und Außen von Kulturen, die Kritik an der ethnographischen Autorität, das Verhältnis von Tradition und Moderne, die Vielfältigkeit ethnographischer Stimmen sowie die Rolle technischer (Massen)Medien beim Erschaffen (ethnographischer) Realität galt es nun in die Forschung einzubeziehen.

Unter meinen Studenten in Bayreuth befand sich ein junger Mann mit Namen Patrick Olango aus Norduganda, der mir von einem „Krieg der Geister" erzählte, den eine junge Frau mit Namen Alice Lakwena[1] anführte und der in den internationalen Massenmedien Schlagzeilen machte. Er schlug mir vor, nach Gulu, der Hauptstadt des Acholi-Distriktes, zu fahren und dort seine Familie zu besuchen. Ich stellte einen Forschungsantrag und flog 1987 nach Kampala, gerade als Alice Lakwena mit ihrer (Geister)Armee auf die Hauptstadt marschierte, in Jinja eine vernichtende Niederlage erlitt und nach Kenia flüchtete. Doch war der Krieg damit nicht beendet, denn ein Teil ihrer Soldaten, die überlebt hatten und nicht in Gefangenschaft geraten waren, schloß sich den Holy-Spirit-Bewegungen von Joseph Kony und dem Vater von Alice, Severino Lukoya, an und setzte den Kampf gegen die Regierung fort.

Im November 1989 schlug ich mein Zelt nicht in der Mitte eines Acholi-Dorfes auf, wie es Malinowski gefordert hatte, sondern zog in ein ehemaliges Luxushotel im Zentrum von Gulu. Das Hotel war zweimal geplündert worden, die Fensterscheiben waren immer noch zerschlagen, das bewegliche Mobiliar hatte man fortgetragen. Die mit Gewalt geöffneten Türen ließen sich nicht mehr verschließen, in den Zimmern stand nichts als ein Bett. Am Abend war ich der einzige Gast. Der Ober zog mir zu Ehren eine Livree an, und der Küchenjunge steckte ein Blumenarrangement aus Bougainvillea.

Während meines Studiums der Ethnologie hatte ich gelernt, die Menschen, mit denen ich arbeitete, zu verteidigen. Gegen die Diskriminierung in den Massenmedien wollte ich nun auch die Holy-Spirit-Bewegung (HSB) der Alice Lakwena aus einer Perspektive beschreiben, die ihrem Selbstbild entsprach. Ich nahm an, daß die HSB, wie so viele andere, eine Bauernbewegung gegen den Staat sei. Doch mußte ich bald feststellen, daß die meisten der anfänglichen Mitglieder keine Bauern waren, sondern Soldaten, die

---

[1]   Sie hieß Alice Auma, aber nannte sich Lakwena nach dem Geist, der aus lokaler Sicht die Bewegung anführte.

bereits im Bürgerkrieg von 1981 bis 1985 gekämpft hatten und nun keiner anderen Beschäftigung mehr als dem Töten und Plündern nachgehen konnten oder wollten. Ihr Ziel war es, sich zu bereichern, Rache zu üben und die verlorene Partizipation an der Macht des Staates zurückzugewinnen. Ich spielte mit dem Gedanken, die Forschung aufzugeben. Denn ich sah keine Möglichkeit, die HSB und ihre Geschichte darzustellen, ohne sie entweder ungerechtfertigt zu idealisieren oder aber koloniale Stereotypen zu wiederholen. Erst als mir ein ehemaliger Soldat, der von Anfang an in der HSB gekämpft hatte, von Alice Lakwenas ernsthaftem Versuch berichtete, einen Krieg gegen den Krieg und die Gewalt zu führen, gelang es mir, die notwendige Sympathie für den „Gegenstand" aufzubringen, welche die Voraussetzung für eine Ethnographie ist. Und obwohl ich mich bemühte, die innere Verwandtschaft von Humanismus und Terror sowie die Doppelbewegung von Befreiung und Versklavung in der Geschichte der HSB aufzuzeigen, mochte dieser Voraussetzung doch, so fürchte ich, eine gewisse Tendenz zur Idealisierung geschuldet sein. Diese war auch bei meinen Gesprächspartnern anzutreffen, die mich und meine Forschung nutzten, um ihren Krieg zu rechtfertigen.

Ich führte ausführliche Gespräche, manchmal über mehrere Tage, mit ungefähr fünfzehn ehemaligen Soldaten der HSB. Unter ihnen befand sich Mike Ocan, ein ehemaliges Mitglied des zivilen Flügels. Er war nach der Niederlage im Oktober 1987 gefangen genommen worden, hatte im Gefängnis gesessen, war in einem Lager „politisiert" und danach rehabilitiert worden und arbeitete, als ich ihn im Frühjahr 1991 kennenlernte, als Leiter einer Schule in Gulu. Weil er sich zum Historiographen und Ethnographen der HSB berufen fühlte, bat ich ihn, den „ersten" Text (im Sinne von Clifford Geertz) über die Bewegung zu schreiben. Darin berief er sich auf die Macht des Geistes Lakwena und schrieb: „The Lakwena bestowed upon me the authority to inform the world about his mission on earth and I feel duty bound to do so". Mike Ocans Text bildete die Grundlage für einen langen Dialog, den er und ich in Gulu, Bayreuth und Berlin führten. Er wurde das Kernstück des Buches, das ich über die HSB schrieb und mit dem ich mich in Bayreuth habilitierte (Behrend 1993).

Während ich bei der Forschung in den Tugenbergen zwischen meiner von außen kommenden Perspektive und der Innensicht der Tugen klar zu unterscheiden meinte, gelang es mir im Norden Ugandas nicht, diese Grenze aufrecht zu erhalten. Es war Israel Lubwa, der Vater von Patrick Olango, der mir die Augen öffnete. In unseren Gesprächen betonte er immer wieder seine „Befangenheit". Er habe zu viel gelesen, sagte er, und deshalb sei er kein authentischer Informant. Tatsächlich hatten viele meiner Gesprächspartner dieselben Bücher und Artikel gelesen wie ich. In ihren Antworten begegnete ich nicht so sehr einem originären lokalen Wissen als vielmehr meinen eigenen Kollegen und, in gewisser Weise, mir selbst. Ich stellte mir die Frage, ob mir eine fremde oder eine eigene Geschichte erzählt wurde und mußte erkennen, daß sowohl ihre als auch meine Geschichten Transformationen voneinander waren – Beispiele für eine geteilte, niemals endende Reflexivität.

Trotz der Gefahren, die eine Ethnographie in einem Kriegsgebiet mit sich bringt, habe ich mich während meiner verschiedenen Aufenthalte im Norden Ugandas erstaunlich sicher gefühlt. Ich vertraute den Menschen, mit denen ich zusammen lebte und arbeitete. Ich denke heute, daß es von Vorteil war, eine Frau zu sein. Ich wurde nicht ausgelacht, wie in den Tugenbergen, aber wurde vor Ort auch nicht wirklich ernst genommen. Da ich sehr dünn war, riefen mir die Soldaten „slim" hinterher; „slim" war die populäre Bezeichnung für AIDS und beruhte auf der Beobachtung, daß AIDS-Kranke immer dünner werden. Heute denke ich, daß ich diskret überwacht wurde und daß Carol und Margaret, die beiden Schwestern von Patrick Olango, mit denen ich zusammenarbeitete, ab und an dem District Commissioner Bericht erstatteten.

Als die englische Übersetzung meines Buches vorlag (Behrend 1999), schickte ich ein Exemplar an Alice Lakwena, die sich zu dieser Zeit in einem Flüchtlingslager im Norden Kenias aufhielt. Ich hatte zu Beginn meiner Forschung mehrfach versucht, sie dort zu besuchen, war aber immer wieder abgewiesen worden. Nach etwa zwei Monaten erhielt ich Antwort vom Office of his Holiness Lakwena; der Brief begann mit „Praise the Almighty God for the abundant opportunity He has availed to us to communicate". Alice schrieb oder ließ durch ihren „coordinator" schreiben, daß sie mir für das Buch zwar danke, daß aber alles, was ich geschrieben hatte, falsch sei; ich hätte zu ihr kommen müssen, um die Wahrheit zu erfahren. Sie lud mich ein, sie zu besuchen. Ich dankte ihr und schrieb, sie habe Recht, ich hätte mit ihr reden müssen. Und ich versprach, sie bald zu besuchen. Dann erhielt ich ein Paket vom Office of his Holiness Lakwena. Enthalten waren drei von Alice gehäkelte, dreieckige weiße Deckchen – die Trinität darstellend – und Hörkassetten mit frommen Liedern, die sie mit ihren Anhängern aufgenommen hatte. Ihre Großzügigkeit rührte mich tief; ich bedankte mich und wiederholte mein Versprechen, sie so bald wie möglich zu besuchen. Doch bevor ich es einlösen konnte, starb sie am 17. Januar 2007 im Alter von nur 51 Jahren. Ihr Leichnam wurde auf Geheiß des ugandischen Präsidenten in Gulu beerdigt.

Die englische Version meines Buches wurde nicht von einer Ziege gefressen, sondern auch in Uganda verkauft und rezipiert. Meist positive Besprechungen erschienen in lokalen Zeitungen. Unter dem Titel „Our history" veröffentlichte die Regierungszeitung New Vision Auszüge daraus. Apolo Nsibambi, Professor für Politologie an der Makerere Universität, dann Direktor des Institute of Social Research und schließlich Innenminister, gab Präsident Museveni mein Buch zu lesen. Da zu dieser Zeit Alice keine Gefahr mehr darstellte und Joseph Kony, der weiterhin gegen die Regierung kämpfte, den Status des Hauptfeindes erlangt hatte, setzte sich ein eher positives Bild der Prophetin durch. Heute, so wurde mir erzählt, tragen viele Mädchen in Norduganda den Namen Alice, und manchmal verkörpert sich auch ein Geist dieses Namens in einem Medium.

DIE KATHOLISCHE KIRCHE IN WESTUGANDA

Nach der Habilitation wurde mir 1994 eine Professur am Institut für Afrikanistik an der Universität zu Köln angeboten. Ich nahm an und lehrte dort bis zur Pensionierung im Juli 2012. Im Jahre 1995 lernte ich in Kampala zufällig Bram Stuyvenhagen kennen, einen Holländer, der im Dienst des Königtums von Tooro in Westuganda stand. Er arbeitete als Sekretär des Premierministers, eines Geschäftsmannes, der mit Devisen handelte und das Königtum finanzierte. Es war, wie die übrigen Königtümer in Uganda, 1967 von Milton Obote abgeschafft worden. 1993 erlaubte jedoch Präsident Museveni die Rückkehr der Könige unter der Bedingung, daß die Königtümer als kulturelle – und nicht als politische – Institutionen wieder aufgebaut würden. Das war nicht unumstritten, gerade in Tooro war die Mehrheit der Bevölkerung gegen eine Reetablierung des Königtums und in Ankole war der Widerstand so groß, daß man auf die Rückkehr des Königs überhaupt verzichtete.

Stuyvenhagen lud mich ein, in Tooro an den Feierlichkeiten zur Einsetzung des jungen Königs, einem großen Medienspektakel, teilzunehmen. An einem kalten, verregneten Tag fuhren wir nach Fort Portal, der Hauptstadt des Königtums am Fuß der legendären Mondberge, die heute Ruwenzori-Berge heißen. Die Regalia waren mit einem Lieferwagen aus dem Nationalmuseum in Kampala nach Fort Portal gebracht worden und wurden nun von rituellen Spezialisten, die sich aber kaum noch an die alten „Traditionen" erinnern konnten, „gereinigt", um sie so von musealen Schauobjekten in sakrale (zurück) zu verwandeln. Gleichzeitig wurde der größte Teil der Rituale, die öffentlich stattfanden, so transformiert, daß sie den Bedürfnissen der Massenmedien entsprachen. Die „Erfindung von Traditionen" im Rahmen der neu errichteten Königtümer in einer afrikanischen Moderne und ihre Übersetzung in moderne Massenmedien schienen mir ein interessantes Thema. So stellte ich bei der Volkswagen-Stiftung einen Forschungsantrag, der auch bewilligt wurde.

Als ich 1997 Tooro wieder besuchte, befand ich mich, so würde ich es heute beschreiben, im Herzen der Postkolonie, wie Achille Mbembe (2001) sie beschrieben hat. Der zerstrittenen Königsfamilie mit ihrem korrupten, aber finanziell potenten Premierminister gelang es nicht, der zunehmenden Verarmung weiter Teile der Bevölkerung entgegenzuwirken, während gleichzeitig eine kleine Minderheit exzessiv Reichtümer akkumulierte. Eine Politik des „vollen Bauches" sowie eine Ökonomie des Raubes konnten sich durchsetzen. Nicht nur verfügte der Premierminister über eine Bande von Killern, die er gegen seine Feinde einsetzte, er wurde – viel zu spät – auch des Mordes angeklagt und als er keine Bestechungsgelder mehr zahlen konnte endlich ins Gefängnis geworfen. Neben dieser eher spektakulären Kriminalität, die auch in den ugandischen Massenmedien verhandelt wurde, herrschte jedoch auch im Alltagsleben von Tooro große Rechtsunsicherheit, ja Rechtlosigkeit. Lehrer und andere Staatsdiener erhielten manchmal über Monate kein Gehalt, weil das Geld „verschwunden" war. Gefälschte Medikamente, Geldscheine, Tickets, Ausweise, Führerscheine und Zertifikate waren im Umlauf. Geschichten über satanische Geldnoten kursierten, die unschuldigen Leuten buchstäblich das Geld aus der Tasche zogen, ohne daß sie es merkten. Dieser „magischen" Verarmung standen Geschichten über „satanische Reichtümer" gegenüber, die durch den Tod eines Verwandten erlangt wurden und somit die Tatsache zum Ausdruck brachten, daß die Akkumulation von Reichtümern nur auf Kosten von Verwandten gelingen kann.

Die Epidemie AIDS forderte zahlreiche Opfer. Fast jede Familie war betroffen. Dazu kam wieder ein Krieg. Vom Kongo aus begann 1996 eine Guerilla-Bewegung, die „Allied Democratic Forces" (ADF), gegen die Regierung Musevenis zu kämpfen. Obwohl es ihr nicht gelang, die Unterstützung der lokalen Bevölkerung zu gewinnen, trug sie doch erheblich zur Verunsicherung und inneren Zerrissenheit in Tooro bei. Viele Leute, mit denen ich ins Gespräch kam, erklärten mir, daß sich die moralische Ordnung in ihr Gegenteil verkehrt habe. Sie lebten, so sagten sie, in einer Welt, in der es keine Sicherheit gab. Diese Welt bestand aus Täuschungen, aus absurden Regeln und war bewohnt von Menschen, Tieren und Dingen, die ihre Gestalt und Zughörigkeit ständig wechselten.

Sehr bald stellte ich fest, daß sich – außer der königlichen Familie – kaum jemand wirklich für das Königtum interessierte. Stattdessen wurde zu meinem Erstaunen viel über Kannibalen und Kannibalismus geredet. Frauen und Männer aus allen sozialen Schichten, in der Stadt wie auf dem Land, beklagten, daß Kannibalen ihre Verwandten, Nachbarn und Freunde auf finsteren Banketten verspeist hatten. Diese Kannibalen seien Hexen, so wurde erzählt, die ihre Opfer durch Verhexung töteten, sie aber nach der Beerdigung wieder auferstehen ließen, um sie gemeinsam mit Gleichgesinnten zu verspeisen. Kannibalen waren Teil eines radikalisierten Hexereidiskurses, in dem die Opfer nicht nur einmal, sondern durch die Auferstehung zweimal getötet wurden. Die Figur des Kannibalen stand also für einen gewalttätigen Exzeß, der den Tod noch zu überbieten suchte. Die kannibalischen Hexen waren in Tooro überall zu finden, in einigen Regionen sogar epidemisch. Dort herrschte eine moralische Panik, eine Furcht, gerade von jenen Menschen getötet und gefressen zu werden, die einem nahe standen, nämlich von Verwandten und Nachbarn.

Ich hatte nicht vorgehabt, die Kannibalen in Tooro zu studieren. Seit 1979 William Arens in „The man-eating myth" den Kannibalen für tot erklärt hatte, indem er behauptete, er habe nie existiert und sei nichts anderes als ein (koloniales) Stereotyp radikaler Fremdheit, galt das Thema innerhalb der Ethnologie als erledigt. Doch als ich immer häufiger mit kannibalischen Erzählungen konfrontiert wurde und mir niemand in Tooro begegnete, der deren Realität bezweifelt hätte, begann ich mich für die Institutionen und den Prozeß der Produktion von Kannibalen zu interessieren. Schon bald erfuhr ich, daß eine Laienorganisation der katholischen Kirche, die Gilde der ugandischen Märtyrer (GUM), einen „Kreuzzug" gegen Kannibalen führte. Daraufhin beschloß ich, die transnationale Institution der katholischen Kirche und ihre besondere lokale Ausprägung zum Thema meiner ethnographischen Forschung zu machen.

Seit Beginn der 1990er Jahre hatte die katholische Kirche in Westuganda nicht nur tausende Mitglieder an verschiedene Pfingstkirchen verloren, sondern sie begann auch, die „Supermacht" des Heiligen Geistes als Waffe im Kampf gegen Hexen einzusetzen. Während sie in Afrika für lange Zeit zumindest offiziell die Existenz von Hexen geleugnet hatte, erlaubte sie in Westuganda nun einer Laienorganisation, der bereits erwähnten GUM, sich als katholische Anti-Hexerei-Bewegung zu formieren und kannibalische Hexen zu jagen. Den europäischen Hexenjagden vergleichbar griff sie dabei auf Praktiken der Verfolgung zurück, um Macht und verlorene Seelen zu gewinnen beziehungsweise zurückzugewinnen. Und wie die Kirche oder die Inquisition in Europa das Konzept der diabolischen Hexe erfunden hatte, so trug sie in Tooro gerade durch ihre Gegnerschaft zur Entstehung und Vermehrung von kannibalischen Hexen bei.

Ich begann also, in Fort Portal mit Katholiken und vor allem Mitgliedern der GUM Gespräche zu führen. Die meisten von ihnen hatten vor gar nicht langer Zeit ein spirituelles Erweckungserlebnis gehabt und sich nach charismatischem oder pfingstlerischem Vorbild radikalisiert; viele fühlten sich vom Heiligen Geist ermächtigt, das Böse in Gestalt von Hexen und Kannibalen zu erkennen und zu heilen. Ich war protestantisch erzogen, hatte aber eine katholische Nonnenschule besucht und war nach 1968 aus der Kirche ausgetreten. In Fort Portal bemühten sich nun meine katholischen Freunde, auch mich, die Heidin, auf den rechten Weg zu bringen. Ich mußte beten und fromme Lieder singen und am Ende eines Interviews vor dem Hausaltar knien. Nicht nur für mich, auch für meine Forschung beteten sie gründlich; sie segneten meine Arbeit, so wie sie auch Autos, Häuser und Geldbörsen segneten. Während ich so einerseits den gütigen Mächten der katholischen Kirche überantwortet wurde, machte man mich andererseits immer wieder auf die Existenz böser Mächte aufmerksam, die überall lauerten. Als ein katholischer Priester, der ursprünglich aus Texas kam, mich einlud, einem von ihm durchgeführten Exorzismus beizuwohnen, warnte er mich davor, daß der exorzierte Geist sich meiner bemächtigen könne. Er konfrontierte mich also mit der Möglichkeit, meine Beobachterposition zu verlieren und von einem Geist ergriffen zu werden. Ich erschrak. Es fiel mir schwer, mich gegen diese Form der Inklusion zur Wehr zu setzen, umso mehr als ich von Katholiken umgeben war, die darauf aus waren, mir die Existenz von satanischen Geistern, Hexen und Kannibalen zu beweisen. Sie bombardierten mich mit Erzählungen über böse Mächte und wunderbare Heilungen.

Während ich mir bei meiner Forschung in den Tugenbergen noch einreden konnte, daß ich außerhalb von Hexerei-Anschuldigungen und Angriffen existierte, wurde mir in Westuganda unter Katholiken klar, daß ich mich mitten in einem „Feld von affektiven Intensitäten" (Favret-Saada 1990; Übersetzung H.B.) befand, das sich aus guten und schadenbringenden Kräften zusammensetzte. Auch mußte ich mir eingestehen, daß große Anteile der Erfahrung von Katholiken in Westuganda mir verschlossen blieben und daß Hexerei und (katholische) Magie sich immer dann meinem Verständnis entzogen, wenn ich glaubte, sie verstanden zu haben, als würde die westliche Rationalität einen Rest erschaffen, der Risse ins ethnologische Unternehmen treibt und dafür sorgt, daß das Ausgeschlossene als eine Art Gespenst zurückkehrt. Dieser Rest kann nur als eine Grenze markiert werden, jenseits derer die Effekte der Mächte gefühlt und erlitten werden.

Hexerei brachte nicht nur mich, sondern auch die Leute in Tooro an eine Grenze, die ihr Verständnis der Anderen beendete. Denn Hexerei beruht, wie James Siegel (2006) gezeigt hat, auf der Weigerung, den Anderen zu akzeptieren. Der Name der Hexe dient als Bezeichnung für das, was unverstanden ist und nicht eigentlich benannt werden kann. In den Diskussionen mit Katholiken über Hexen, Kannibalen und Hexenjagden wurden unsere unterschiedlichen Standpunkte deutlich. Während die meisten Leute in Tooro die Hexenjagden begrüßten, weil dadurch ihre Feinde entdeckt und nach einer Beichte gereinigt, also „unschädlich" gemacht wurden, sah ich in den identifizierten Hexen und Kannibalen, meist älteren Frauen und Männern, Opfer von Neid, Mißgunst und diffusen Ängsten der Ankläger. Obwohl ich zugeben muß, daß Anklagen auch als Heilung fungieren und daß Rache und Gewalt in (katholischen) Ritualen aufgefangen werden können, wurde meine Interpretation von den Mitgliedern der GUM nicht geteilt.

Während meine Arbeit über die HSB der Alice Lakwena vor allem eine historische Rekonstruktion war, die den Verlierern eine Stimme zu geben suchte, war die GUM zur Zeit meiner Forschung weiterhin aktiv. Ich fand mich in einem Dilemma, denn es war mir nicht möglich, die Handlungsweisen der Menschen, mit denen ich arbeitete, zu akzeptieren und zu verteidigen. Ich sah mich gezwungen, vor allem ihre Opfer zu verteidigen und die katholischen Hexenjagden publik zu machen. In dem aus der Forschung hervorgegangenen Buch „Resurrecting cannibals: the Catholic Church, witch-hunts and the production of pagans in Western Uganda" (2011) habe ich denn auch versucht, die Opposition zwischen Tätern und Opfern aufzubrechen und nicht unbedingt Komplizenschaft, aber doch Verständnis für beide Seiten zu erzeugen. Auch wenn ich Claude Lévi-Strauss und James Siegel in Teilen folgen und die angeklagte Hexe als Heilerin der Gesellschaft sehen konnte, die in ihrer Narration die unausgesprochenen Ängste der Mitmenschen artikuliert, so blieben doch viele Angeklagten trotz Reinigung stigmatisiert. Und manchmal gerieten sie – bei einem neuen Todesfall – in Gefahr, gelyncht zu werden.

Ich fürchte, daß auch ich während meines Aufenthalts in Tooro wie andere Europäer gelegentlich für eine Kannibalin gehalten wurde. Das ethnographische Unternehmen mit seiner klaren Einteilung in „wir" und „sie" geriet dadurch in ziemliche Unordnung, wurde ich doch mit mir selbst als radikal Andere, als Kannibalin, konfrontiert. Obwohl ich die von Katholiken identifizierten Kannibalen gerade nicht als Kannibalen sah, begegneten mir in der von ihnen imaginierten hybriden Figur des Kannibalen nicht nur ich selbst, sondern auch die Spuren christlicher Missionierung und kolonialer Medizin wie in der Projektion eines verzerrten Spiegels.

Ich habe das erwähnte Buch nicht an den Vatikan geschickt. Aber nach der Publikation wurde der fanatische Priester aus Texas, der die Hexenjagden in Tooro zu

Beginn angeführt hatte, zurück in die USA geschickt. Den charismatischen Bischof, der während der Predigt Hexen und Kannibalen identifiziert hatte, ersetzte man durch einen gemäßigten. Und die Mitglieder der GUM führten zwar weiterhin Hexenjagden durch, aber identifizierten keine Hexen oder Kannibalen mehr. Sie reinigten den Ort, ohne einen Namen zu nennen.

„SATAN GEKREUZIGT"[2]

Während meiner Forschungszeit besuchte mich 2002 der Künstler und Videomacher Armin Linke in Fort Portal, um einen Film über eine katholische Hexenjagd zu drehen. Der Präsident der GUM zeigte sich interessiert und fragte den Bischof um Erlaubnis, die auch gewährt wurde. Früh morgens fuhren wir in ein kleines Dorf nach Kyamiaga, wo die Mitglieder der GUM sich bereits versammelt hatten. Sie hatten sich bestens vorbereitet, um ein Bild von sich zu geben, das auch für ein westliches Publikum akzeptabel war. Die Teilnehmer, sogar jene, die von satanischen Geistern ergriffen waren, agierten gekonnt vor und für die Kamera. Sie nutzten die Präsenz des Mediums, um ihre eigene Bedeutung und spirituelle Macht zu demonstrieren; und sie benutzten uns, um eine Art Werbefilm für ihr Unternehmen zu produzieren. Die Macht der Kamera reflektierend erschufen sie eine domestizierte, mehr oder weniger gewaltlose Version einer Hexenjagd für lokale und westliche Konsumption.

Während sie Ereignisse für die Kamera inszenierten, trieb Armin Linke sein eigenes Spiel. Weit entfernt davon, nur eine beobachtende Perspektive einzunehmen, brachte er die Kamera als Akteur mit ins Geschehen ein; anstatt so zu filmen, als sei die Kamera nicht anwesend, zwang er die Gefilmten, mit ihr zu interagieren. Manchmal ging das so weit, daß die Präsenz der Kamera – wie bei Jean Rouch – das Ereignis schuf.

Wie versprochen, gab ich den Mitgliedern der GUM eine Kopie des Videos und organisierte mit ihnen eine Vorführung. Gemeinsam erforschten wir die im Video liegenden Möglichkeiten einer „geteilten Ethnographie". Die vielfältigen Kommentare und Kritiken halfen nicht nur mir, zahlreiche Aspekte besser zu verstehen, sondern führten auch zu einem langen wechselseitigen Prozeß interkultureller Übersetzungen, der die Mitglieder der GUM als Zuschauer, Produzenten, Regisseure und Cineasten mit einschloß.

---

[2]   „Satan gekreuzigt" (2011) ist der Titel des in diesem Abschnitt behandelten Filmes. Er bezieht sich auf ein Lied, das die Teilnehmer der gefilmten Hexenjagd sangen.

Fotografische Praktiken an der ostafrikanischen Küste

Bereits Anfang der 1980er Jahre entdeckte ich auf dem Weg zu den Tugenbergen ein Fotostudio in Nakuru, das sich „Berlin Studio" nannte. Der Eigentümer erzählte mir mit einem breiten Lächeln, daß er in Ostberlin Fotografie studiert und zur Erinnerung an eine schöne Zeit dem Studio seinen Namen gegeben habe. Wir wurden Freunde. Ich besuchte ihn regelmäßig, brachte ihm aus Berlin Materialien mit, die er brauchte, und er schenkte mir Studio-Fotos, den Grundstock meiner Sammlung.

Anfang der 1990er Jahre begann ich, fotografische Praktiken und Diskurse in Ostafrika zum Thema einer Medien-Ethnographie zu machen und setzte 1998 die Arbeit im Forschungskolleg „Medien und kulturelle Kommunikation" fort. Diese Forschung, die ich gemeinsam mit Henrike Grohs durchführte, verlangte nicht nur eine kritische Reflexion der Grenzen der herkömmlichen, sondern auch Experimente mit neuen Methoden. Sie lud dazu ein, das technische Medium, das es zu erforschen galt, als Instrument der Wissensproduktion einzusetzen. Der Forschungsprozeß, der – wie auch bei meinen anderen Forschungen – weitgehend von lokalen Akteuren bestimmt wurde, verlief auch hier weder nach Plan noch ohne Konflikte. Doch gerade die Akzeptanz und das Sich-Einlassen auf Zufälligkeiten und die Reflexion der Kollisionen lokaler Konventionen und Medienpraktiken mit ethnographischen Methoden erwiesen sich als äußerst produktiv und zwangen mich, in nicht vorhersehbare Richtungen zu denken.[3]

Während Ethnographen in der Kolonialzeit das besondere Privileg zukam, allein über technische Medien zu verfügen, gebrauchen heutzutage die Ethnographierten „im Feld" dieselben Medien wie ihre Ethnographen. Beide müssen vielfache Übersetzungen leisten; die Omnipräsenz von Medien und Medienpraktiken stellt sie vor die Aufgabe, sich in medial hergestellten Räumen, Zeiten und Relationen zu bewegen. Anwesenheit, Abwesenheit, situative Nähe und Distanz werden sozio-technisch organisiert, aber vor dem Hintergrund unterschiedlicher Mediengeschichten und kultureller Praktiken auf verschiedene Art konstituiert und reflektiert.

Während viele meiner Kollegen, die in Afrika oder anderswo über fotografische Praktiken gearbeitet haben, sich auch im Feld als Fotografen betätigten, habe ich während meiner Forschung kaum selbst fotografiert, sondern vor allem Fotos, die von lokalen Fotografen hergestellt waren, gekauft oder mir schenken lassen. Vor dem Hintergrund der gewaltsamen kolonialen Fotografie und in Opposition zu den zahlreichen westlichen Touristen, die seit den 1970er Jahren, als Kenia sich dem Massentourismus öffnete, hemmungslos und dreist Afrikaner und Afrikanerinnen fotografieren, ohne um Erlaubnis zu fragen, ließ ich meine Kamera lieber zu Hause. Mein Versuch, durch Nicht-Fotografieren Konflikte zu vermeiden, eröffnete jedoch nur ein anderes Kon-

---

[3]   In „Contesting visibility: photographic practices on the East African Coast" (2013) habe ich die Ergebnisse der Forschung veröffentlicht.

fliktfeld. Weil ich selbst nicht fotografierte, war ich auf den Erwerb bereits vorhandener Bilder angewiesen und schloß damit an die problematische Geschichte des ethnographischen Sammelns an. Diese ist eng verwoben mit der Geschichte der klassischen Ethnologie, einer Geschichte kolonialer Expeditionen, des ungleichen Tauschs, des Raubs und des Diebstahls.

Da es keinen eigentlichen Markt für fotografische Portraits gab – wie bei uns auf Flohmärkten oder in speziellen Geschäften – versuchte ich, in verschiedenen Fotostudios Fotos zu kaufen. Ich stellte jedoch sehr bald fest, daß mein Wunsch, Portraits zu kaufen, nicht immer auf Wohlwollen stieß, sondern auch Mißtrauen hervorrief. Tatsächlich, so brachte ich nach einiger Zeit in Erfahrung, wurden mir in etlichen Studios Fotos verkauft, die bestellt, aber nicht abgeholt worden waren. In Kenia zahlt der Kunde nach dem Foto-Termin den halben Preis des Fotos an und tilgt den Rest bei Abholung. Da viele Leute den Akt des Fotografierens an sich schon genießen, weil er etwas als Ereignis markiert und aufwertet, kommt es relativ häufig vor, daß die fertigen Bilder nicht abgeholt werden. Studiobesitzer und Fotografen verlieren somit Geld – bei einem ohnehin knapp kalkulierten Geschäft – und verfügen über ein ganzes Arsenal von Strafen für säumige Kunden. Ein Studiobesitzer präsentierte nicht abgeholte Fotos als Vergeltungsmaßnahme in seinem Schaufenster. Ein anderer steigerte die Bestrafung noch, indem er die Fotos säumiger Kunden auf den Kopf stellte. Und ein dritter stellte die Fotos auf einer Schautafel in den Regen. Der Verkauf von nicht abgeholten Fotos an Fremde wie mich gehörte in das Arsenal der Strafen für säumige Kunden. Er verband sich außerdem mit der Möglichkeit, das verlorene Geld wiederzubekommen. Gleichzeitig bedeutete der Verkauf aber auch eine doppelte Verletzung, einen doppelten Vertrauensbruch, weil das für die eher private Konsumption bestimmte Bild nun als Ware verkauft wurde, und zwar an eine Fremde.

Nicht abgeholte Fotos bildeten also einen nicht unwesentlichen Anteil meines Archivs und damit den Gegenstand meiner Forschung. Tatsächlich bestätigt sich hier die These von James Clifford, daß sich die Ethnographierten durch die Version von Kultur, die sie dem Ethnographen zur Verfügung stellen – in diesem Fall die Auswahl von Fotos – in die Forschung einschreiben. Das Mißtrauen, dem ich begegnete, und das Unbehagen, das sich bei mir einstellte, hatte offensichtlich mit dem lokalen Verständnis des Verhältnisses von Bild und Person zu tun. Denn in Kenia gehören Abzug und Negativ den Fotografierten. Während fotografische Portraits als Teil der fotografierten Person angesehen werden, wird die Autorschaft des Fotografen nicht stark gemacht. Er erscheint vor allem als Experte und Techniker, der einen Dienst leistet, indem er auf den Knopf drückt, die automatische Inskription auslöst und so zusammen mit dem Kunden das Foto erschafft. Doch haben mir die meisten Fotografen in Kenia nur dann Fotos verkauft, wenn wir uns besser kannten, wenn aus mir, der Fremden, eine Bekannte oder Freundin geworden war. Oft verkauften sie mir erst dann Fotos, wenn sie auch mich fotografiert hatten, wir also durch den Austausch von Bildern aneinander gebunden waren.

Maina Hatchinson, ein Freund und Straßenfotograf, der mich während meiner Forschung über viele Jahre begleitete, erzählte mir, nachdem wir schon länger miteinander gearbeitet hatten, daß er eine Serie von Fotos über meine Forschung hergestellt habe. Er war zu einem Meta-Ethnographen avanciert, der mich und meine ethnographischen Praktiken dokumentierte. Dadurch erzeugte er auch ein transkulturelles Feedback, das mich zum Objekt seiner Bilder machte. Von einigen Aufnahmen gab er mir Abzüge, aber behielt je eine Kopie und vor allem das Negativ. Foto und Negativ als Teil meiner Person verliehen ihm Macht und eine gewisse Absicherung einer damals noch fremden Person gegenüber. In gewisser Weise stellten die Fotos einen sozialen Vertrag zwischen uns her. In die Fotos eingeschrieben waren die Spuren von sozialen Beziehungen, von Begegnungen und Freundschaften, aber auch von Verrat und Abbruch der Beziehung. Das Lesen dieser Spuren eröffnete einen politischen Raum, in dem Anspruch auf das erhoben wird, was Ariella Azoulay (2008) den „civil contract of photography" nennt: Fotos in ihrer Eigenschaft nicht so sehr als ästhetische Objekte, sondern als ein politisches Instrument, das alle Personen, die an der Produktion, Zirkulation und Konsumption einer Fotografie teilhaben, in einem Vertrag bindet. Auf diese Weise dienen Fotos auch als Tribunal, das Verletzungen des Vertrages sichtbar macht.

Zum Abschluss

Seit 2011 bin ich nicht mehr in Afrika gewesen, aber das Ethnographieren habe ich noch nicht aufgegeben. Ich begann, über einen deutschen Propheten, Gustaf Nagel, zu arbeiten, der sich von 1896 bis 1950 am Arendsee in der Altmark aufhielt, dort einen Tempel baute und als Naturapostel, Rechtschreibreformer und Wanderprediger eine Gefolgschaft aufbaute. Im Hintergrund dieser Arbeit steht sehr deutlich Alice Lakwena. Sie ist zum Maßstab für den deutschen Propheten geworden.

Heute erscheint mir jede meiner ethnographischen Forschungen als erneute Suche nach Fragen, die ich mir zu Hause nicht hätte ausdenken können. Vielleicht war es auch die Wiederholung des Ausgeliefertseins in einer Fremde, die zunehmend weniger fremd wurde, um die es mir ging. Offensichtlich wollte ich möglichst viele Leben leben, um in einer Bewegung der Kritik die eigenen, aber manchmal auch die fremden Verhältnisse immer wieder zu hinterfragen.

Um an den Anfang dieses Textes zurückzukommen, vielleicht läßt sich diese (Auto)Biographie der ethnographischen Forschung als ein Prozeß der Akkumulation verschiedener Namen beschreiben, die mir in höchst unterschiedlichen Situationen von Männern und Frauen in Afrika gegeben wurden. Affe, Närrin, Slim, Heidin, Hexe und Kannibalin, um nur einige Versionen meiner Person aufzuzählen, bilden ein Mosaik von Alteritäten und sind nicht unbedingt schmeichelhaft. In gewisser Weise „enteignen" sie mich, erweitern aber gleichzeitig mein fragmentiertes Ich um Möglichkeiten, die ich mir nicht zugeschrieben hätte. Und wie ich vor allem in der Forschung über die katholische Kirche in Westuganda erkennen konnte, bergen diese Namen weniger das Andere der Anderen als vielmehr die Spiegelungen des Westens in der mimetischen Magie der Anderen. Während der Kolonialzeit nannten Europäer Afrikaner, die den westlichen Lebensstil zu übernehmen suchten, „Affen". Als die Ältesten in den Tugenbergen mich „Affe" nannten, bezog sich diese Namensgebung eben nicht nur auf mein ungehobeltes, „wildes" und äffisches Benehmen, sondern war auch eine Replik auf koloniale Erniedrigung und Beschimpfung. Offensichtlich stehen die Namen nicht mehr nur eindeutig in Relation zu dem, was wir „ihren eigenen kulturellen Kontext" nennen; es geht schon lange nicht mehr um einfache Umkehrung, sondern um einen Wirbel aus Splittern von Alteritäten (Taussig 1993), der schwindlig machen kann.

LITERATURVERZEICHNIS

AZOULAY, Ariella
2008   *The civil contract of photography.* New York: Zone Books

BEHREND, Heike
1987   *Die Zeit geht krumme Wege.* Raum, Zeit und Ritual bei den Tugen im Nordwesten Kenias. Frankfurt am Main: Campus
1993   *Alice und die Geister.* Krieg im Norden Ugandas. München: Trickster
1997   *La guerre des esprits en Ouganda 1985–96.* Le mouvement du Saint-Esprit d'Alice Lakwena. Paris: L'Harmattan
1999   *Alice Lakwena and the holy spirits: war in northern Uganda 1986–97.* Oxford: James Currey
2011   *Resurrecting cannibals: the Catholic Church, witch-hunts and the production of pagans in Western Uganda.* Oxford: James Currey
2013   *Contesting visibility: photographic practices and the ‚aesthetics of withdrawal' on the East African Coast.* Bielefeld: Transcript

FAVRET-SAADA, Jeanne
1990   *Etre affecté.* Paris: Musée du Quai Branly (Gradhiva 8.)

GEERTZ, Clifford
1968   „Thinking as a moral act: ethical dimensions of anthropological fieldwork in the new states", *Antioch Review* 28(2):139–158

MBEMBE, Achille
2001   *On the postcolony.* Berkeley: University of California Press

SIEGEL, James
2006   *Naming the witch.* Stanford: Stanford University Press

TAUSSIG, Michael
1993   *Mimesis and alterity.* New York und London: Routledge

Filmographie

BEHREND, Heike.
1981   *Im Bauch des Elefanten*
1985   *Gespräche mit Kopcherutoi*

LINKE, Armin und Heike BEHREND
2011   *Satan crucified*

ROUCH, Jean
1958   *Les Maitres Fous*
1969   *Petit à petit*

DANKSAGUNG

Dieses Buch versammelt achtzehn autobiographische Beiträge, die zwischen 2001 und 2018 in der vom Frobenius-Institut herausgegebenen Zeitschrift Paideuma erschienen sind. Ich danke Karl-Heinz Kohl, bis Ende 2016 Direktor des Frobenius-Institutes, und seinem Nachfolger Roland Hardenberg für die vertrauensvolle und einvernehmliche Zusammenarbeit, ohne die dieses Buch ebenso wenig möglich gewesen wäre wie ohne die großzügige Unterstützung durch die Hahn-Hissink'sche Frobenius-Stiftung. Beim Schreiben der Einleitung habe ich von Gesprächen mit Benedikt Burkhard, Elmar Lixenfeld, Eva Raabe und Markus Schindlbeck profitiert. Mein größter Dank gilt allerdings den Autorinnen und Autoren, die sich dazu verleiten ließen, von ihren Wegen und Umwegen in der Ethnologie zu berichten.

BILDNACHWEIS

Hans Fischer
Hans Fischer

Rüdiger Schott
Foto Sachsse (Bonn)

Meinhard Schuster
Otto Zerries

Lothar Stein
Ingrid Hänse

Josef Franz Thiel
Sylvia Schopf

Herrmann Jungraithmayr
Thomas Gebauer

Beatrix Heintze
Wonge Bergmann für F.A.Z.

Mark Münzel
Sol Montoya

Christian Feest
Christian Feest

Heike Behrend
Harun Farocki

NACHWEIS DER ERSTVERÖFFENTLICHUNGEN

Hans Fischer: Fünfzig Jahre Ethnologie
Paideuma 47:7–23 (2001)

Rüdiger Schott: Mein Weg zur und in der Ethnologie
Paideuma 48:7–31 (2002)

Meinhard Schuster: Studenten- und Assistentenjahre im Frobenius-Institut 1948–1965
Paideuma 49:7–30 (2003)

Horst Nachtigall: Vom Fernweh zur Wissenschaft
Paideuma 50:7–19 (2004)

Lothar Stein: Mein Weg zur Ethnologie
Paideuma 50:21–37 (2004)

Josef Franz Thiel: Über die Mission zur Ethnologie
Paideuma 51:7–21 (2005)

Herrmann Jungraithmayr: Ein Leben mit afrikanischen Sprachen
Paideuma 52:7–26 (2006), 53:243–254 (2007)

Beatrix Heintze: Mein langer Weg nach „Angola"
Paideuma 53:7–26 (2007)

Klaus E. Müller: *Vivere militare est*. Eine autobiographische Skizze
Paideuma 54:9–26 (2008)

Mark Münzel: Nicht alles verstehen
Paideuma 55:7–26 (2009)

Fritz W. Kramer: Unter Ethnologen und Künstlern
Paideuma 56:7–22 (2010)

Jean Lydall and Ivo Strecker: Merging horizons
Paideuma 57:7–35 (2011)

Gerhard Baer: Lebendig bleiben
Paideuma 58:7–18 (2012)

Karl R. Wernhart: „Am Anfang stand eine Kindergeschichte". Mein Weg zur Ethnologie und mein Wissenschaftsverständnis
Paideuma 59:7–29 (2013)

Christian Feest: Die Macht des Schicksals, oder: Zufall und Notwendigkeit. Wie ich zur Ethnologie kam (oder sie zu mir)
Paideuma 60:7–23 (2014)

Bernhard Streck: Versuch eines „Selfies" unter besonderer Berücksichtigung der nur partiell gelungenen Wiedervereinigung der deutschen Völkerkunde
Paideuma 61:7–26 (2015)

Volker Heeschen: Flucht und Ausfahrt. Wege und Umwege zur Ethnologie
Paideuma 62:7–24 (2016)

Heike Behrend: Menschwerdung eines Affen. Versuch einer Autobiographie der ethnographischen Forschung
Paideuma 64:7–26 (2018)

INDEX

Ägypten. Siehe Länder.

Ägyptologie. Siehe Fächer.

Ästhetik, 223, 236–237, 342 Fn. 15

Äthiopien. Siehe Länder.

Afrika, 9, 35–36, 78–79, 81, 86, 121, 124–127, 129, 131, 139, 143 Fn. 15, 147, 153, 156, 161, 163, 172, 174, 176–178, 180–182, 186 Fn. 22, 198, 200, 210, 236, 238–241, 291, 293, 300–301, 313, 318, 323, 333 Fn. 5, 340, 342, 368, 370, 374, 379, 382, 384. Siehe auch Afrikanistik, Nordafrika, Nordostafrika, Ostafrika, Südafrika, Westafrika.

Afrikanistik. Siehe Fächer.

Akkulturation, 98, 235, 295

Amborn, Hermann. Siehe Ethnologen (einzelne).

Amerika, 14 Fn. 31, 68, 71, 78, 82, 86, 173, 177, 199, 211 Fn. 5, 221, 230, 281. Siehe auch Mittelamerika, Nordamerika, Südamerika.

Andere, der/die/das, 19 Fn. 54, 27, 216, 295, 368, 380, 385. Siehe auch Fremde, Fremdheit.

Angola. Siehe Länder.

Anthropologie (*anthropology*). Siehe Fächer.

Archäologie. Siehe Fächer.

Australien. Siehe Länder.

Autorität, 83, 219, 284, 374

Basel. Siehe Städte.

Basler Museum für Völkerkunde. Siehe Museen (einzelne).

Baumann, Hermann. Siehe Ethnologen (einzelne).

Bayreuth. Siehe Städte.

Berlin. Siehe Städte.

Berliner Museum für Völkerkunde. Siehe Museen (einzelne).

Besessenheit, 175, 235–236, 343, 370

Biologie. Siehe Fächer.

Boas, Franz. Siehe Ethnologen (einzelne).

Bonn. Siehe Städte.

Brasilien. Siehe Länder.

Bühler, Alfred. Siehe Ethnologen (einzelne).

Chile. Siehe Länder.

China. Siehe Länder.

Christentum, 43–44, 127, 298

Cultural Anthropology. Siehe Kulturanthropologie.

Deutsche Forschungsgemeinschaft (DFG), 65, 83, 86, 91, 95, 97, 99, 134, 144, 148–150, 156, 163, 173 Fn. 4, 177, 178–180, 182, 202, 205, 220, 257, 260

Deutsche Gesellschaft für Völkerkunde (DGV), 18, 65, 83, 86, 134, 175 Fn. 7, 334–335, 337, 341. Siehe auch Gesellschaft, Völkerkunde.

Dialog, 176, 282–283, 299, 361, 375

Durkheim, Emile. Siehe Ethnologen.

Emigration, 49, 288, 318. Siehe auch Migration.

Enttäuschung, 9, 113, 124, 314, 325, 329, 334, 341–343

Ergologie. Siehe Fächer.

Ethnograph(en), 14 Fn. 34, 52, 57–58, 108, 215 Fn. 17, 370, 375, 382–384. Siehe auch Ethnographie.

Ethnographica, 92, 95, 106, 107 Fn. 3, 182 Fn. 15, 277, 280, 285, 323. Siehe auch Ergologie, Kultur (materielle), Objekte (ethnographische), Technologie.

Ethnographie. Siehe Fächer.

Ethnologe(n), 7, 11, 14–17, 19, 33–34, 37, 39–41, 44, 49–50, 53, 55 Fn. 13, 59, 65, 80–81,